Eberhard Cyran
Zeit läßt steigen dich und stürzen

Eberhard Cyran

ZEIT LÄSST STEIGEN DICH UND STÜRZEN

Friedrich II. und die letzten Staufer

Historischer Roman

ALBATROS

Neuausgabe 1999
© 1999 Patmos Verlag GmbH & Co. KG
Artemis & Winkler Verlag, Düsseldorf und Zürich

Bibliographische Information der Deutschen Bibliothek
Die Deutsche Bibliothek verzeichnet diese Publikation
in der Deutschen Nationalbibliographie;
detaillierte bibliographische Daten sind im Internet
über http://dnb.ddb.de abrufbar.

© 2005 Patmos Verlag GmbH & Co. KG
Albatros Verlag, Düsseldorf
Alle Rechte vorbehalten.
Umschlaggestaltung: butenschoendesign, Lüneburg
Printed in Germany
ISBN 978-3-491-96156-2
www.patmos.de

Zeit läßt steigen dich und stürzen,
Zeit heißt reden dich – und schweigen.
Zeit lehrt lauschen dich – und wissen,
Zeit gibt Mut, dich nicht zu beugen.
Sie läßt aus Träumen Taten werden,
schenkt uns Gedanken, die ins Ewige gehn.
Zeit kommt, da Schmähung dich nicht trifft.
Zeit wird, die dich nicht sehen läßt
noch hören
fremden Lebens Treiben.

KÖNIG ENZIO

Erstes Buch Der Adler

I
MONTE MALO

Über den Albanerbergen funkelten einzelne Sterne durch den verhangenen Novemberhimmel. Der fünfundzwanzigjährige König stand vor seinem Zelt auf dem öden Monte Mario, der in jenen Tagen ›Monte Malo‹ – der ›Böse Berg‹ – hieß. Drunten, im schwachen Licht nur erahnbar, breitete sich die Ewige Stadt. Man nannte sie noch immer so, obgleich gerade hier im Jahrhundert der ständigen Parteikämpfe, des Exils von Päpsten und Bürgern, weit mehr vernichtet als geschaffen wurde ...

Neben dem jungen König stand ein bärtiger Ritter, Mitte Dreißig, mit breiten, unbeirrbar festen Zügen.

»Genau acht Jahre und sieben Monate ist es nun her, seit ich als Siebzehnjähriger Rom zum ersten Mal sah. Ein langer Weg hin und zurück, Herr von Salza! Damals galt es, mich in mein so fernes wie fremdes Königreich jenseits der Alpen durchzuschlagen.«

»Das Ihnen dann doch ohne Schwertstreich zufiel, Hoheit!« ergänzte die metallene Stimme des Ritters. »Jetzt erscheint alles wie von wissender Hand vorgezeichnet. Damals war es ein ungeheures Abenteuer!«

Der König blickte schweigend auf die schwachen Lichter zu seinen Füßen hinab, wo einst das ›Caput Mundi‹, die Hauptstadt der Welt, gewesen war und deren Namen trotz aller Zeitenstürme noch immer geheimnisvoller Glanz umgab. Vieles im jungen Leben des blonden Königs war in der Tat wunderbar zugegangen. Als der elternlose ›Knabe von Apulien‹ heranwuchs, standen sich gleich *zwei* deutsche Rivalenkönige gegenüber, von denen der mächtige Papst Innozenz der Dritte nach langem Wägen zunächst den Braunschweiger, Heinrichs des Löwen Sohn, mit der Kaiserkrone bedachte. Da sich der stolze Welfe gegen den übermächtigen Herrscher auf dem Stuhle Petri auflehnte, zog dieser es vor, sein Wohlwollen dem botmäßigeren Herrn Philipp von Schwaben zuzuwenden. Der aber wurde von einem eifersüchtigen Wittelsbacher ermordet, und so beschloß der Heilige Vater, doch noch den einstigen Bedränger des Patrimonium Petri zu erhöhen. Nach wenigen Jahren mußte der so umsichtige Stellvertreter Christi erkennen, daß er sich wiederum geirrt hatte. Also wechselte er zur Ehre Gottes und zum Schutz der kämpfenden Kirche zum vierten Mal seine Gunst. So entsann er sich seines Mündels und Enkels des im Heiligen Land verschollenen Barbarossa, das ihm einst von der Mutter des Kindes, der Kaiserin Konstanze, ans Herz gelegt worden war. In dem so macht- wie mittellosen Stauferjüngling glaubte Herr Innozenz nunmehr das ihm gefügige Werkzeug gefunden zu haben. Während der abgesetzte Welfe seinem Erbe gemäß löwengleich gegen den staufischen Nebenbuhler kämpfte, kam es auf dem großen Laterankonzil zur dramatischen Entscheidung: Otto von Braunschweig blieb abgesetzt und im Bann; dem strahlendundurchsichtigen Friedrich wurde die Kaiserkrone zuerkannt. Acht Monate nach dem Konzil, das die Stellung der triumphierenden Kirche wie kaum je zuvor festigte, segnete der Papst das Zeitliche, nicht ohne von dem heiligmäßigen Apostel der Armen, Francesco d'Assisi, letzten Trost empfangen zu haben. Als symbolisches Satyrspiel plünderten Räuber den pompösen päpstlichen Katafalk und die Leiche aus.

Nachfolger des mächtigen Innozenz wurde der milde Honorius der Dritte.

Und nun sollte der morgige Tag, der zweiundzwanzigste November Anno Domini Zwölfhundertzwanzig, für den Normannenerben und Deutschen König Friedrich neuen, unerhörten Beginn einläuten ...

Der kühle Wind durchwehte die Lagergassen, Rauch der Wachtfeuer strich um Zelte und Wimpel. Rufe, leises Klirren der Waffen, schläfrig fast, verwehten im Dunkel.

Der junge König fühlte wieder jene Kraft, die schon seinen seltsamen Siegeszug durch Deutschland beflügelt hatte. Bei seiner ersten Krönung in Aachen wurde ihm Herr von Salza vorgestellt, seines Zeichens Hochmeister des Deutschen Ritterordens. Als Ordensmeister einer geistlichen und zugleich deutschen Bruderschaft dem Papst und dem Kaiser verpflichtet, diente Hermann von Salza in selbstlosem Eifer *beiden* – und oft genug gegensätzlich gesinnten – Seiten.

Als hätte er die Gedanken des Königs erraten, sagte der Ritter unvermittelt:

»Was für Sie, Hoheit, die Entscheidung Seiner Heiligkeit gegen den Welfen bedeutete, war für mich die Fügung, die mich Ihnen zu Aachen begegnen ließ. Eure Hoheit wissen, daß für jeden von uns die eigentliche Aufgabe noch bevorsteht.«

Friedrich war bekannt, was dem Ordensmeister für seine Person am Herzen lag. Im von undurchdringlichen Wäldern umgürteten Sumpfland zwischen Memel und Weichsel machten die heidnischen Pruzzen dem nordpolnischen Herzog Konrad von Masovien das Leben schwer. So hatte er sich an den Deutschen König mit der Bitte um Schutz und Hilfe gewandt.

»Jeder von uns lebt seinem Traum«, sagte der König in sich hinein. »Der meine schmiedet mich wie eine Kette an meine Vorfahren: die normannischen Eroberer und die schwäbischen Kaiser, die über die Alpen zogen, das abendländische Reich zu verwirklichen.«

Er wandte sich dem Ritter an seiner Seite zu: »Nicht zuletzt haben Sie, Herr von Salza, mit Ihrer Treue, Ihrer Vermittlung, das Ihrige dazu getan, daß ich heute hier stehe!«

»Die Kette, von der Sie sprachen, Hoheit«, gab der andere zurück, »schmiedet auch mich an Sie.«

Nachdenklich, leiser, fügte er hinzu: »Sie werden das Werk Ihrer Vorfahren vollenden, wenn Sie sich nicht in der Kette verfangen. Vergessen Sie niemals, von wem Sie morgen die Krone erhalten. Bei den Pruzzen geht es um Neuland – in Italien um das alte Patrimonium Petri!«

»Wer Honig essen will«, bemerkte der junge König mit seinem entwaffnenden Lächeln, das noch durch die Dunkelheit strahlte, »ertrage das Stechen der Bienen, sagen die Araber in Palermo.«

Schon manch unvorsichtiger Honigsucher habe die Bienenstiche nicht überlebt, erlaubte sich Herr von Salza zu erwidern.

Sie schritten hinüber zum Zelt. Im Luftzug, der durch die von der salutierenden Wache zurückgeschlagenen Bahnen hereinblies, flackerten die Lichter in den Öllampen. Ihr zuckender Schein huschte über die Gesichter der beiden Herren, die Friedrich außer dem Ordensmeister zu sich gebeten hatte.

Sie erhoben sich von ihren Sesseln: der zierliche, jetzt dreiundvierzigjährige Berard von Castacca, Bischof von Bari, und der scharfgesichtige, dunkeläugige Justitiar Petrus von Vinea. Mit dem Ordensmeister vertrat jeder von ihnen gleichsam einen Aufgabenbereich: Kirche, Rittertum, Recht und Stilistik.

Herr Berard hatte schon Friedrichs sizilische Jugendtage beschützt, und er war es auch, der dem künftigen Kaiser den so klugen wie strebsamen Juristen Vinea als nahen Mitarbeiter zugeführt hatte. An Jahren Friedrich nur um weniges voraus, ließen ihn Begabung und hohe Bildung in Verbindung mit seinem besonnenen Ernst als vollkommene Ergänzung des jungen Herrschers erscheinen. Als sich Friedrich nach der Rückkehr auf italienischem Boden die neuen Beamten seiner Umgebung vorstellen ließ, war ihm der tiefgründige, beherrschte Blick Vineas aufgefallen, der mit dunkler, wohllautender Stimme die beiläufige Erkundigung des Königs nach seiner Herkunft mit einem Wort erläuterte: »Capua, Hoheit.«

Friedrich schien aufzuhorchen:

»Für Capua habe ich Pläne.«

Auf jede Frage folgte präzise, umfassende Antwort. Schon jetzt erwies sich der neue Justitiar als Kenner herrscherlichen Anspruches und vollendeter Ausdrucksweise. In der Formulierung des Willens seines Herrn zeigte er Blick für das Wesentliche, ohne Geringes zu übersehen.

Vertraten die Herren Salza und Vinea gleichsam die Himmelsrichtungen Nord und Süd, so war des Königs Vertrauter seit je der Bischof von Bari. Berard von Castacca hatte bereits dessen früh verstorbenen Vater, Kaiser Heinrich den Sechsten, gekannt. Auch gehörte er dem Regentschaftsrat für den unmündigen Knaben Friedrich an, bevor er diesem vom Papst auf die gefährliche Reise nach Deutschland als Legat mitgegeben wurde.

Der König trat an seinen mit Papieren bedeckten Reiseschreibtisch. Er winkte; die Herren setzten sich.

Herr Berard sprach die Begrüßungsworte und den Wunsch aus,

Seine Hoheit möge das Südland in gleicher Weise wie den Norden sieghaft erobern.

»Welch kriegerisches Wort aus Ihrem geistlichen Mund«, sagte Friedrich mit seinem gewinnenden, ein wenig spöttischen Lächeln, das schon jetzt Freunde wie Feinde verzauberte und verwirrte. »Als ich, ein Knabe, damals von Palermo absegelte, schienen mir, wie Sie sich erinnern werden, dank der welfischen Anstrengungen von Genua ab alle Wege nach Deutschland versperrt.«

»Nun stehen Sie hier, Hoheit«, lächelte der Bischof gütig und glücklich, während er den schönen Kopf neigte. »Durch Ihre Macht über die Herzen und die Hirne der Menschen.«

»Und über die deutschen Fürsten«, stellte der Ordensmeister fest.

»Nicht zu vergessen die Heilige Kongregation, Hoheit«, fügte mit eindringlicher Stimme Herr von Vinea hinzu.

»Was meine Macht über die Herzen und Hirne angeht«, bemerkte der König leichthin, »so handelt es sich dabei wohl vor allem um ein nicht ganz neues Geheimnis, dessen Entdeckung ich mir keineswegs selbst zuschreibe.«

»Mit Verlaub, Hoheit«, warf der Ordensmeister ein, »scheint mir das Geheimnis allein in Ihrem glückhaften Auftreten, in der Kraft Ihrer Überzeugung und Ihrem persönlichen Geschick zu liegen.«

»Was nicht immer das gleiche zu sein braucht«, wehrte Friedrich ab. »Vor allem kam meinem glückhaften Auftreten, wie Sie es nennen, und meinem persönlichen Geschick einigermaßen zugute, daß ich all die frommen oder weniger frommen weltlichen oder geistlichen Herren neben nicht unbedenklichen politischen Zugeständnissen mit dem allzeit wirksamen Mittel ausreichender ›Handsalbe‹, sprich: Bestechungsgeldern, zu überzeugen vermochte, die ich – außer von der römischen – aus französischer Hand empfing. «

»Französischer – ?« fragte Vinea.

Der König nickte gelassen.

»Herr Otto von Braunschweig, der weniger in meiner unbedeutenden Person als im Allerchristlichsten Monarchen zu Paris seinen Hauptgegner sah, weil dieser mich protegierte, hatte beschlossen, dessen so schönes wie reiches Land anzugreifen. Der immer wieder aufflackernde welfisch-englisch-französisch-staufische Konflikt wurde dann gleichzeitig durch Herrn Ottos vernichtende Niederlage entschieden. So war der Weg ins altehrwürdige Aachen für mich nicht mehr allzu weit ... Von diesem Tag an, da ich dort gesalbt und mit der Reichskrone gekrönt wurde«, sagte Friedrich plötzlich hell und hart, »von da an gedenke ich meine Regierungsjahre zu zählen.«

»Mögen es unzählige werden, Hoheit!« rief Hermann von Salza.

»Mögen sie von Gott gesegnet sein«, nickte der Bischof Berard.

»Und alle Streitigkeiten endgültig hinter Ihnen liegen«, fügte Petrus von Vinea hinzu.

»Vor allem mit dem Heiligen Stuhl«, ergänzte Friedrich. »Mag das Reich Christi nicht von dieser Welt sein – das seiner Stellvertreter bleibt es um so mehr ... Im übrigen möchte ich darauf hinweisen, daß ich keineswegs sofort und aus eigenem Antrieb auf die Wahl der deutschen Fürsten und das Angebot Seiner Heiligkeit eingegangen bin.«

Und da er den Blick Vineas auf sich spürte: »Woher auch sollte ich jemals eine tiefere Bindung an das Land meiner schwäbischen Vorfahren gekannt haben? Aufgewachsen unter Menschen, die allen Grund hatten, die Deutschen zu verachten, wenn nicht zu hassen, schienen die dortigen Verhältnisse nicht nur meine Zukunft, sondern auch mein Leben zu bedrohen, wie Ihnen wohl bekannt ist.«

»Was bestimmte Sie dennoch, die Kaiserwürde anzunehmen, Hoheit?«

Petrus von Vinea mußte die Frage stellen, obwohl er die Antwort zu wissen glaubte.

Der grünblaue Blick des jungen Königs traf ihn wie ein alles durchdringender Speer.

»Vielleicht – gerade dieses Wagnis? Oder mein Charakter, der niemals eine Herausforderung zurückweisen kann? Oder auch ein Instinkt, der mir sagte, mein Verzicht würde die Stellung des Welfen so stärken, daß er die Lage nicht nur in Deutschland, sondern auch in Sizilien auf meine Kosten entscheiden könnte? Denn *dort*, meine Herren, müssen zuerst die Willkür der aufsässigen Barone,

Chaos und Zuchtlosigkeit dem Aufbau eines neuen, geschlossenen Staatswesens weichen – als ein Beispiel, nach dem vielleicht einmal das gesamte Reich seine Gestaltung erfahren wird ...«

Friedrich besann sich: »Vor allem aber steht der morgige Tag. In Ihren Händen, Herr von Salza, ruht die alte Kaiserkrone, die wir von Aachen mitgebracht haben. Sie werden dafür Sorge tragen, daß sie Seiner Heiligkeit erst in der Peterskirche – keinen Augenblick vorher! – überreicht und danach wieder an Sie zurückgegeben wird. Sie haften mit Ihrem Leben dafür. Den Krönungsmantel hütet Herr Berard. Sie werden ihn mir vor dem Aufbruch selbst anlegen. Ich wünsche keine Überraschungen, woher auch immer.«

»Darf ich daran erinnern, Hoheit«, gab der Bischof zu bedenken, »daß gerade dieser Krönungsmantel als Erbstück Ihrer normannischen Vorfahren mit den arabischen Buchstaben und Stickereien nicht nur eine Herausforderung für den Sie krönenden Papst, sondern auch einen Widerspruch für Ihre eigene Würde darstellt?«

»Sie meinen, daß ich darauf gerade *die* Symbole zur Schau stelle, die ich als Kaiser im künftigen Heiligen Krieg zu bekämpfen gelobt habe?«

Herr Berard nickte bekümmert; doch der König zeigte wieder sein strahlendes Lächeln: Eben das sei für ihn kein Widerspruch, sondern ein Programm:

»Das von mir erstrebte Reich, Herr Berard, schließt den Orient nicht aus, sondern ein!«

Und als sei der Erörterung künftiger Unternehmungen vorerst genügend Erwähnung getan, fuhr Friedrich, zu Petrus von Vinea gewandt, fort:

»Ich habe Ihre neueste Aufstellung der päpstlichen Forderungen – oder besser: Geschäftsgrundlagen – sorgfältig gelesen.«

»Sie enthalten handfeste Verpflichtungen, Hoheit!«

Friedrich lächelte wieder unergründlich.

»Bei allem Respekt vor Ihrer Ausarbeitung – wichtig ist zunächst die Tatsache der Krönung selbst.«

Und als handle es sich um eine reine Verwaltungsangelegenheit: »Sie sind ein geschliffener Stilist. Ihr Latein verrät klassischen Ausdruck und poetische Eleganz. Woher haben Sie die Kenntnisse?«

»Ich habe mich vorbereitet, Hoheit.«

Für eine Sekunde ruhten die Augen des jungen Königs in den abgründig tiefen des Justitiars. Friedrich richtete sich auf.

»Die ausführlichen Schriftstücke der Kurie, die uns bereits in Deutschland zugingen, sind Ihnen geläufig? Könnten Sie deren Inhalt noch einmal zusammenfassen?«

Wieder eine wortlose Bejahung um den schmalen, beherrschten Mund Vineas. Der Justitiar sprach, als läse er die Worte, sorgsam wägend, von einem unsichtbaren Blatt:

Honorius der Dritte bestünde darauf, die päpstlichen Bedingungen *vor* dem Krönungsakt in der Petersbasilika öffentlich bekanntzugeben. Erstens: Daß nach Meinung des Heiligen Vaters ohne Friedrichs alsbaldigen Aufbruch nach dem Morgenland die Angelegenheiten der Christen dort unrettbar zugrunde gingen. Zweitens: Daß er, entgegen seinen eindeutigen Versprechungen, nicht nur seinen Sohn, den König von Sizilien, zum Deutschen König habe wählen lassen, sondern jetzt auch die Prälaten und Großen Siziliens zur Kaiserkrönung berufe und von ihnen einen neuen Treueeid verlange. Durch all dies scheine Seine Hoheit auf bedenkliche Weise die von der Kirche niemals hinzunehmende Vereinigung beider Reiche zu bezwecken – zum Nachteil des Heiligen Stuhles und nicht minder zum Verderben seiner eigenen Nachkommenschaft!

»Dies die wörtliche Schlußformulierung des offiziellen Dokuments, Hoheit«, schloß der Justitiar sachlich.

»Eine bemerkenswert unverhüllte, massive Drohung«, stellte Friedrich ebenso fest.

»Und eine nicht zu unterschätzende Gefahr«, fügte Vinea hinzu. »Man hatte Ihnen bei Ihrer Krönung in Aachen bereits das Versprechen abgenommen, daß Sie den neuen Kreuzzug gegen die Ungläubigen im Heiligen Land am ersten Juni des Jahres Siebzehn, also vor nun dreieinhalb Jahren, antreten würden, Hoheit.«

»Wie die Zeit vergeht«, bemerkte Friedrich liebenswürdig. »Man wird sich damit abfinden, daß ich meine Termine selbst bestimme. Ist es im übrigen meine Schuld, daß seit nun zweieinhalb Jahren ein Kreuzfahrerheer unter einem ebenso aufgeblasenen wie unfähigen päpstlichen Legaten nicht etwa vor Jerusalem, sondern vor Damiette an der Nilmündung lagert, weil man glaubt, durchaus Kairo haben zu müssen? Nun, da das Prestige Seiner Heiligkeit auf dem Spiel steht, soll ich ihm seine Kastanien aus dem Feuer holen!«

»Nicht zuletzt war es gerade diese Rechnung, die den Papst veranlaßte, Ihnen den Vorzug bei der Kaiserkrönung zu geben«, bestätigte Herr Berard von Castacca.

»Weil ich angesichts der allgemeinen Kreuzzugsmüdigkeit weit und breit als einziger eine Zusage gab«, nickte der König. »Was mich bei den päpstlichen Verlautbarungen aufhorchen läßt, ist weniger die Auflistung meiner Sünden; das gehört wohl zum Geschäft. Woher aber die hintergründige Drohung: *Und nicht minder zum Verderben seiner eigenen Nachkommen ...?* Ist das die Sprache des friedfertigen Herrn Honorius? Wer steht dahinter?«

Der Bischof, ohne zu zögern:

»Der päpstliche Vikar, der Kardinal von Ostia!«

»Herr Hugolin«, besann sich Friedrich, »war schon damals in Aachen ein glühender Dornbusch. Er brachte es dazu, mich nicht nur auf den Kreuzzug, sondern auch auf einen Termin festzulegen. Wie alt ist die Eminenz jetzt?«

»Bereits über Siebzig, Hoheit!«

Herr Berard erläuterte: Der Vater des Kardinals sei ein Bruder des Dritten Innozenz gewesen, seine Mutter entstamme einer der vornehmsten Familien aus Anagni. Bereits mit neunzehn Jahren durch seinen Oheim zum Kardinal erhoben, leite Herr Hugolin seit dieser Zeit die Geschäfte der Kurie. »Obwohl selbst nicht Papst, verfolgt ihn offenbar die Erinnerung an Canossa. Er kennt die Gefahr des Kirchenstaates in seiner Lage zwischen dem sizilischen Regno und dem Deutschen Königtum, die Sie in Ihrer Person nun doch vereinen, Hoheit. Daher die Drohung. Alles, was aus Rom kommt, trägt *seine* Handschrift!«

»Der Zeuge des Hasses ist sein Blick, wie es bei den Arabern heißt«, erwiderte Friedrich in seiner überlegenen Unbefangenheit. »Ich gedenke dem Blick standzuhalten. Wäre sonst noch etwas von Belang für den morgigen Tag?«

Der Justitiar wies darauf hin, daß erfahrungsgemäß unerwartete Vorfälle von seiten der unberechenbaren römischen Bevölkerung möglich seien.

»Ich habe diese Leute in ihrer Art sogar als außerordentlich berechenbar rühmen hören«, gab der König zurück. »Mein Großvater Barbarossa mußte in aller Heimlichkeit gekrönt werden, weil man leider vergaß, die seit je unerläßlichen Almosen auszuteilen. Bei der Krönung meines weniger glücklichen Rivalen Otto von Braunschweig kam es zu blutigen Tumulten. Was mich angeht, so bin ich von Jugend her mit der Volksseele vertraut. Es ist dafür gesorgt, daß die lieben Römer mit Kuchen und Wein gefüttert werden. Außer den Spielen, die wir ihnen bieten, würden sie sich mit Brot wohl nicht mehr begnügen.«

Draußen klangen Stimmen auf. Ein Offizier trat ins Zelt:
»Seine Eminenz, der Vikar Seiner Heiligkeit, wünscht Eure Hoheit zu sprechen!«
Der König hob die Brauen:
»Glauben Sie, meine Freunde, an Gedankenübertragung?«
Er winkte. Die Herren verließen das Zelt.

In federnder Spannung, überwach, sah Friedrich dem Gast entgegen. Von dem Offizier und einem Pagen begleitet, trat Herr Hugolin ein; hinter ihm schlug der Vorhang zurück. Der Page verharrte neben der Tür.

Der Kardinal von Ostia, in unauffälligem Schwarz und trotz seines Greisenalters von hoher, gebietender Haltung mit großgezeichnetem Römergesicht, schien von verhaltenem Feuer durchglüht.

Für eine Weile maß man sich stumm. Der Kardinal hatte den jungen Staufer größer, schöner in Erinnerung. Friedrichs rötlichblondes Haar war kaum gewellt, die Gestalt unscheinbar, das Gesicht fast farblos-rosa. Alles aber wurde unwesentlich neben den blaugrün schimmernden, durchdringenden Augen.

Der König löste das Schweigen, begrüßte Seine Eminenz mit jener gefährlichen Anmut, die ihn für jeden Gegner bisher so ungreifbar machte.

Der erfahrene Kirchenmann war nicht gekommen, sich verwirren zu lassen. Er beabsichtigte auch nicht, bei überflüssigen Worten zu verweilen. Er hielte es für seine Pflicht, begann Herr Hugolin ohne Umschweife, vor der morgigen Feierlichkeit im Angesicht Gottes und der Welt noch einmal an das Gelübde zu erinnern, dessen Erfüllung Seine Hoheit – man wisse, warum – bei der Krönungszeremonie erneut feierlich bestätigen werde.

Er könne den Grund nur vermuten, nickte Friedrich und winkte dem am Eingang harrenden Pagen, dem Greis, der sich ohne Aufforderung in einem der Feldsessel niedergelassen hatte, eine wollene Decke zu bringen.

Es handle sich um das Kreuzzugsgelübde, bestätigte der Kardinal mit beherrschter, hochmütiger Stimme. Seine Hoheit wisse, worum es für die Christenheit dabei ginge.

Er wisse jedenfalls, worum es für Seine Heiligkeit ginge, sagte der König freimütig. »Und für mich, Eminenz.« Ob es noch weitere Anliegen zu solch später Stunde zu erörtern gäbe?

Während der Page die wärmende Decke über seine Knie breitete, blickte Herr Hugolin streng und unbewegt drein:

»Abgesehen davon, daß die Wahl Ihres Sohnes, der bereits König von Sizilien ist, gegen die Intentionen der Kurie zum Deutschen König erfolgte – abgesehen davon, weiß Eure Hoheit von dem Gift der Ketzerei, das Europa wie eine schwärende Wunde überzieht.«

Eine seltsame Verbindung zweier wohl einigermaßen unzusammenhängender Dinge, bemerkte Friedrich, als ginge es um Abrechnungen der Hofküche. Längst war er in Kenntnis gesetzt über die seit Ende des vergangenen Jahrhunderts sich überall erhebenden Bewegungen gegen die verweltlichte Kirche, die sich als Welle innerer Erneuerung und Bußfertigkeit im Abendland entwickelt hatte. Stimmen, Träume, Visionen von ›Erwählten‹ feierten überall Triumphe ...

Der päpstliche Vikar deutete Friedrichs Schweigen in seinem Sinne.

»Bei diesem sehr persönlichen zweiten Anliegen Seiner Heiligkeit entspräche es den staatspolitischen Notwendigkeiten, wenn Eure Hoheit in Verbindung mit der Kaiserkrönung ein allgemeines Reichsgesetz gegen die Ketzer erließe.«

Friedrichs Lippen waren zum schmalen Strich geworden. Er wußte sofort, wozu man ihn gebrauchen wollte. Was als Auflodern der Frömmigkeit begann, wuchs sich aus zum schrecklichsten Greuel. In Südfrankreich und Oberitalien war die Gemeinschaft der Katharer entstanden, von deren Namen man den Begriff ›Ketzer‹ ableitete als Bezeichnung gotteslästerlichen Frevelmutes gegen die allmächtige Römische Kirche. Diese wieder schmiedete dagegen das Instrument ihrer ›Heiligen Inquisition‹ zum Zweck der Rettung der unsterblichen Seele durch unvorstellbare Martern und Vernichtung des sündhaften menschlichen Körpers ...

Der Kardinal hatte seine weißen, vergeistigten Hände gefaltet, als er mit einem Schlangenblick verkündete:
»Papsttum und Kaisertum finden sich in der Gemeinsamkeit ihrer gottgewollten Aufgabe. Der eine ist der Arm des anderen!«
Der König, von Natur so hellhörig wie impulsiv, beherrschte sich. Nur ein Glanz in seinen Augen ließ erkennen, daß er die Ungeheuerlichkeit dieses Planes durchschaute. Es dauerte eine Weile, bis er, im Zelt auf- und abschreitend, erwiderte:
»In Mailand, Bologna, Turin, in Städten und Bauernhöfen stehen, wie man vernimmt, Gottbegeisterte vor der hingerissen lauschenden Menge und sprechen vom neuen Licht Gottes und der Süße des reinen Glaubens. Das Volk läuft ihnen nach, Adel und Knechte, Wahrheitssucher, taumelnde Schwarmgeister, wütende Eiferer ...«
Friedrich wandte sich dem Kardinal zu:
»Haben Sie nicht genug an Arnold von Brescia, den man öffentlich verbrannte? Nicht genug an den Scheiterhaufen der Albigenser? Erinnern Sie sich an den ›Kreuzzug‹ von Papst Innozenz gegen die Einwohner von Béziers, als man sicherheitshalber die gesamte Einwohnerschaft der Stadt hinschlachtete, wobei sich der päpstliche Legat darauf berief, Gott werde schon die Sünder unter ihnen ausfindig machen? Die Sehnsucht läßt sich nicht mit Hilfe von Scheiterhaufen austilgen, Eminenz! Wer eigentlich ist in Ihren Augen ein ›Ketzer‹? Der es wagt, Gott zu suchen auf eigenem Wege?«
»Den Weg bestimmt allein die Kirche, Hoheit!«
Dann, leise, wie ein sorgsam abgeschossener, giftiger Pfeil: »Ich wußte, was ich tat, als ich Seine Heiligkeit vor Ihnen warnte.«
Die ringgeschmückten Greisenhände leuchteten wie Krallen auf der wärmenden Wolle:

»Ich bin alt. Ich kenne die Welt.«
»Ich bin jung«, sagte Friedrich wie mit einem Aufatmen. »Ich liebe die Welt.«
»Die Liebe Christi gründet sich allein auf die Offenbarung der Heiligen Kirche!« bemerkte Herr Hugolin unerschütterlich.

Der päpstliche Vikar war aufgestanden, die Decke glitt von seinen Knien. Aufgerichtet, drohend fast, erhob sich der Greis im schwarzen Talar vor dem jungen König, der bei sich selbst feststellte: Die Lombarden, wo die Ketzer ihre Hauptanhänger haben, werden so zu den besten Verbündeten der Kurie. Die Kirche braucht nicht mehr in Erscheinung zu treten – der Sündenbock bin *ich*... Es war eine Forderung, würdig der hintergründigen Diplomatie eines Hugolin von Ostia. Wie, wenn er, Friedrich, ablehnte? Er wußte: Das bedeutete den Bruch, Kampf bis aufs Messer, schon jetzt. Er aber brauchte Frieden – und Zeit, Sizilien zu ordnen, das Reich, den Orient. Es galt, der Staatsidee des künftigen Weltkaisers den Boden zu bereiten. Die Kräfte durften nicht vorzeitig im Kampf mit der Kirche verzettelt werden ...

Unvermittelt wandte er sich im Schein der flackernden Lampen dem Greis in der Soutane zu, blitzten seine unergründlichen Augen:
»Die Ketzer übertreiben ihre jenseitige Besessenheit. Übertreibung aber bedeutet Zerstörung des Maßes. Eine erkannte Wahrheit dadurch zu verfälschen, daß sie auf Kosten anderer Wahrheiten eine Stelle erhält, die ihr nicht zukommt, ist frevelhaft.«
Mißtrauisch stachen die Augen des Kirchenfürsten zurück.
»Brauchen Sie Bedenkzeit, Hoheit?«
Friedrich, ohne Zögern:
»Warum, Eminenz? Wer gegen die Ordnung der Kirche aufsteht, gefährdet letztlich auch das Reich. Er verfällt dem Gesetz.«
Und über das fassungslose Erstaunen des Kardinals hinweg:
»Ich nehme an, Sie haben die entsprechenden Weisungen bereits schriftlich festgelegt und bei sich?«
Ganz gegen seine Gewohnheit verwirrt, nestelte Herr Hugolin aus seinem Gewand das vorbereitete Papier hervor.

Für eine Sekunde musterten sich die beiden Herren wieder mit eisigen Augen: der junge, blonde Staufer und der im Kampf der triumphierenden Kirche gestählte Greis.

Während Friedrich den Entwurf wortlos übernahm und durchsah, bemerkte der Kardinal:

»Der Erlaß dieser Gesetze muß natürlich als freier Entschluß des Römischen Kaisers erscheinen, keineswegs unter irgendeinem Einfluß oder gar Druck...«

Der König vertiefte sich in die Lektüre. Jedes Wort war dazu angetan, Schuld auf ihn zu häufen. Gedachte er nicht, sein Amt anzutreten als Verteidiger der Unterdrückten und Verfolgten? Wie war dieses Amt durchführbar, wenn jetzt auch die Scheiterhaufen in *seinem* Namen brannten?

Als er die Feder zur Hand nahm, hielt er noch einmal inne; dann setzte er mit raschem Strich seinen Namen auf das gefährliche Dokument. Mit unbewegtem Gesicht reichte er es zurück:

»Sie dürfen versichert sein, Eminenz, daß ich die Gesetze aus *eigenem* Willen unterschreibe!«

Herr Hugolin bemühte sich um die ihm gemäße Haltung und Stimme:

»Ich bete inbrünstig, daß sich Eure Hoheit der göttlichen Gnade unterwerfen möge!«

Soviel er sehe, handle es sich hier wohl mehr um die Erfüllung eines Vertrages als um die Gnade des Ewigen, der jedes Menschenwesen, auch im Kleide der Kirche, ausgeliefert sei, stellte Friedrich fest. »Jedenfalls mag sich Seine Heiligkeit noch einmal von meiner Loyalität überzeugen. Wie ich hörte, werde ich nach der Krönung von Ihnen das Kreuz entgegennehmen?«

Der Kardinal von Ostia ragte wie von Erz:

»Und den heiligen Eid leisten, noch im März des neuen Jahres einen Teil Ihres Heeres ins Heilige Land vorauszuschicken, um dann im August selbst nachzufolgen!«

Da der König beharrlich schwieg, hielt es Herr Hugolin für angebracht, seinen Besuch mit einer versöhnlichen Geste abzuschließen.

»Als Anerkennung Ihrer Bereitschaft und als Zeichen seiner väterlichen Gewogenheit hat der Heilige Vater in den päpstlichen

Werkstätten eigens für den morgigen Tag einen Krönungsmantel herstellen lassen, der in sinnfälliger Weise die Verbindung der geistlichen mit der weltlichen Macht zum Ausdruck bringt.«

Bei aller Anerkennung der väterlichen Gewogenheit, erwiderte Friedrich ebenso höflich, bedaure er, daß sich Seine Heiligkeit leider in unnötige Ausgaben gestürzt habe.

Wie das zu verstehen sei? erkundigte sich der Vikar mit eisiger Miene.

»Ich habe mich entschieden, den Krönungsmantel meines normannischen Großvaters, des Königs Roger, anzulegen.«

»Hoheit!« entfuhr es dem alten Kardinal. »Das wäre ein Affront gegen Seine Heiligkeit! Dieser Mantel ist ein Stück sarazenischer Arbeit, wie ich vernommen habe, also heidnischer Herkunft!«

»Und das Ornat meiner Vorfahren, Eminenz«, bestätigte Friedrich, »deren Erbe ich antrete. Und dieses, Eminenz, ist *nicht* heidnisch. Ebenso«, fügte er ruhig hinzu, »wie ich als neunundachtzigster Kaiser seit Augustus das Erbe des Imperium Romanum und des großen Carolus übernehme.«

Der Kardinal, der die Unmöglichkeit erkannte, auch hier den Willen des Papstes durchsetzen zu können, schoß einen letzten Pfeil ab:

»Ich darf Sie noch daran erinnern, daß Sie nach der Zeremonie in St. Peter Seiner Heiligkeit vor allem Volk den Steigbügel halten werden.«

»Ich erinnere mich«, nickte Friedrich gelassen. »Eine Formalität der Unterwerfung, die frühere Kaiser verweigert oder nur unter Zwang getan haben. Ich darf hinzufügen, daß ich mich zu den letzteren zähle.«

Es schien, als atme der päpstliche Vikar unhörbar auf. Wenigstens hier würde die Vasallenstellung des Kaisers vor aller Welt deutlich. Sein Besuch war nicht umsonst. Der Gefährliche blieb gewarnt und, wie Herr Hugolin überzeugt war, durch die an seiner Brust geborgene Unterschrift unter den Ketzer-Vertrag im Sinne der Kurie gebändigt.

Die Sänfte des Kardinals überquerte den öden Platz vor dem Lateranpalast. In seiner Mitte schimmerte im bläulichen Nachtlicht fast gespenstisch das alte Reiterstandbild des Kaisers Marc Aurel, das die Vernichtung durch fromme Kulturbarbaren nur aufgrund der Verleihung des christlichen Herrschernamens Konstantin überlebt hatte.

Der Lateranpalast selbst war von Papst Innozenz dem Dritten erweitert und mit sicheren, turmbewehrten Mauern versehen worden. Nicht weit davon, nahe den Thermen Kaiser Konstantins, erhoben sich zwei kolossale Türme, von denen der eine die Macht des Geschlechtes von Innozenz dem Dritten verkörperte. Über der gewaltigen, aus antiken Resten gefügten Basis schien er mit seinen drei sich verjüngenden Stockwerken und gezacktem Zinnenaufsatz als Wunderwerk der Zeit in die Wolken aufzuragen.

Die Palastwachen zeigten sich nicht überrascht; sie waren Besuche zu solcher Stunde gewohnt. Honorius, der an Schlaflosigkeit litt, bevorzugte späte Gespräche.

»Wir haben ihn unschädlich gemacht, heiligster Vater!« verkündete der Vikar triumphierend. »Nicht nur beim Kreuzzugstermin – jetzt ist er auch durch die Ketzergesetze vertraglich gebunden. Er kann nicht mehr zurück. Nur in einem Punkt widersetzte er sich halsstarrig Ihrer Güte.«

»Sie meinen Ihrer Überlegenheit?«

Herr Hugolin überhörte es.

»Er besteht darauf, morgen das alte Krönungskleid der sizilischen Könige anzulegen!«

»Schade um mein schönes Stück«, bedauerte Honorius achselzuckend. »Warum will er durchaus das andere?«

»Weil er ein Ketzer ist, Heiligkeit! Er leugnet die Abhängigkeit der unsterblichen Seele von der alleinseligmachenden Kirche!«

»Das tun manche«, bemerkte der Papst geduldig.

»Er ist ein Heide!«

»Er wuchs in der Stadt Palermo auf, Eminenz, und lernte die arabische Sprache eher als die deutsche. Er sieht in Sizilien seine Heimat!«

»Die er mit dem Kaisertum zu verbinden gedenkt – gerade das, was die Kirche niemals dulden kann und wird, Heiligkeit!«

»Ich bin Ihnen verbunden, daß Sie mich auf meine Pflichten aufmerksam machen«, sagte der Heilige Vater mit müdem Blick.

»Der Krönungsmantel ist nur ein Beispiel!« beharrte Herr Hugolin zornglühend.

»Er wird zur Vernunft kommen«, beschwichtigte Honorius. »Nicht umsonst hat ihn Herr Innozenz damals rechtzeitig mit einer reifen Frau verheiratet.«

»Einen Vierzehnjährigen mit einer Vierundzwanzigjährigen!« Der Papst hob die Schultern:

»Zwei Jahre danach kam sein Sohn Heinrich zur Welt. Was wollen Sie?«

»Und ein paar Jahre danach gebar ihm ein deutsches Edelfräulein seinen ersten Bastard«, ergänzte der Kardinal. »Seine sinnliche Natur ist maßlos in allem!«

»Die sinnliche Natur der Menschen soll, wie ich höre, auch in den Klöstern wie bei Eminenzen und Prälaten nicht ganz unbekannt sein«, bemerkte Seine Heiligkeit sanft.

Herr Hugolin richtete sich zu seiner vornehmen Größe auf:

»Er will seine Kraft an der Kirche Christi messen. Aber er wird noch zu meinen Füßen liegen!«

»Warum sollte er das, Eminenz?«

Honorius der Dritte hatte seinen Vikar selten in solch heiligem Eifer erlebt.

»Die Zeit wird seinen unbändigen Willen zähmen!«

Der Greis erhob sich.

»Es ist spät geworden. Wir haben morgen einen großen Tag.«

»Auch der größte Tag findet sein Ende!« sagte Herr Hugolin vieldeutig, triumphierend fast, während er sich zum Kuß des Ringes über die ihm entgegengestreckte Hand beugte.

Als der Kardinal gegangen war, blieb der Heilige Vater noch eine Weile im Gebet zurück. Was ihn ein wenig schmerzte, war der umsonst angefertigte samtene Krönungsmantel mit Kreuz, palmwedelumrankter Krone und den goldgestickten Initialen IHS. Im übrigen war Honorius der Dritte der Meinung, daß es nicht lohnte, alle Dinge auf dieser Welt mit Blei zu beschweren. Genügte es nicht, daß sein Vikar vom Feuer des Herrn glühte?

II
DER SCHWUR

Die einstige Stadt der Caesaren und jetzige Metropole der Christenheit, obwohl vom späten Sonnengold des windigen Novembertages umglänzt, machte ihrem hohen Ruhm geringe Ehre; glich sie doch einer von bemoosten Mauern umschlossenen, von Tälern und Hügeln durchzogenen mehr wüsten als bebauten Landschaft, aus der Türme und Klosterbauten, von Pflanzen umrankte Thermenreste, zerbrochene Wasserleitungen, Säulenreihen ehemaliger Tempel und in Bastionen verwandelte Triumphbogen emporragten. Zwischen ihnen zog sich, von Schutt unterbrochen, ein Gewirr enger Straßen an Ruinen hin. Der gelbe Tiberfluß durchströmte unter teilweise längst eingestürzten Brücken das traurige Wüstengelände. Wie Oasen breiteten sich Weingärten und Gemüsefelder bis zur einstigen Mitte der Stadt, dem Pantheon, dem Minervatempel oder zur Porta del Popolo. Überall erhoben sich trotzige Zinnentürme, grob gefügt aus den Resten alter Monumente. Kein Edler dieser Zeit, der nicht Türme sein eigen nannte. Die Wohnsitze der großen Familien verbargen sich in unheimlichen, mit schweren Ketten gesicherten Quartieren, aus denen heraus sie ihre Erbfeinde bekriegten ...

Der feierliche Zug bewegte sich vom Monte Malo her durch die Porta Collina.
Der junge König ritt auf weißem Pferd durch die mühsam zu feierlicher Pracht geputzten Straßen. Mit seinem sicheren, unbefangenen Strahlen – und kluger Berücksichtigung ihres unverzichtbaren Anspruches auf Wein, Kuchen und Geld – bändigte er das wankelmütige Herz der römischen Massen. Das rötlich-blonde Haar, durch schmalen Goldreif über der Stirn zusammengehalten, fiel wie eine helle Kaskade auf den Krönungsornat herab. Über weißem Brokatkleid trug der künftige Kaiser den leuchtendroten Mantel seiner sizilischen Ahnen, auf dem man vergeblich ein Kreuz

oder ein kaiserliches Symbol suchte. Auf dem Rücken teilte eine gelbe Dattelpalme die reichen Stickereien; unter ihr brachen rechts und links in symmetrischer Spiegelung unter den Pranken von Löwen zwei Kamele zusammen – Herrschaftssymbole des alten Orients. Orientalisch war auch das Saumband, das den Mantel abschloß: Die darauf angebrachten arabisch-verschlungenen Buchstaben verrieten dem Kundigen, daß dieser Mantel angefertigt worden sei
in der königlichen Werkstatt, in der das Glück und die Ehre, der Wohlstand und die Vollendung, das Verdienst und der Ruhm ihren Sitz haben, in der Stadt Siziliens, im Jahre Fünfhundertachtundzwanzig ...

Wobei die einst in Palermo von byzantinischen Gefangenen gewebte und von arabischen Bortenwirkern mit Perlenstickerei versehene Jahreszahl islamische Zeit angab: gerechnet von der Flucht des Propheten Mohammed von Mekka nach Medina, was nach dem christlichen Kalender dem Jahre Elfhundertdreiunddreißig, dem Zeitpunkt der Thronbesteigung des Normannenkönigs Roger des Zweiten, Friedrichs Großvater, entsprach ...

Weiter ritten im prächtigen Gefolge neben dem römischen Senator die Erzbischöfe von Mainz, Ravenna und Palermo, der Patriarch von Aquileja, die Bischöfe von Bari, Passau, Trient, Augsburg und Brixen sowie der Hochmeister des Deutschen Ordens. Unter den weltlichen Herren sah man den Herzog von Bayern und den Pfalzgrafen Heinrich; dazu Fürsten und Gesandte aus Deutschland, der Lombardei und des sizilischen Regno.
  Es folgte der Zug der Königin. Ebenfalls in Weiß, mit goldenem Haarreif, ernst, ergriffen fast, saß die hochgewachsene Konstanze auf weißem, geschmücktem Zelter. Die prunkvolle Hochzeit der damaligen Witwe des Herrschers von Ungarn, die bereits als Königin von Aragon regiert hatte, war ein unerhörtes Ereignis gewesen: ging es doch durch diese Verbindung des mächtigen Hauses Aragon mit dem Enkel Friedrich Barbarossas und Rogers des Zweiten um die Rückkehr des sizilischen Königreichs in die große Politik. Nicht weniger Aufsehen hatte der fast unglaubliche Altersunter-

schied zwischen dem verwahrlosten, elternlosen Halbwüchsigen und der um ein Jahrzehnt älteren Königin erregt, die bereits Mutter eines Sohnes gewesen war. Die jetzige Ehe, von der päpstlichen Politik gefügt, wies der Gattin allenfalls die Rolle einer mütterlichen Freundin zu, die dem frühreifen Knaben Friedrich den Schliff und die Konventionen europäischer Höfe vermitteln sollte. Zum ersten Mal hatte der Heranwachsende einen Menschen gefunden, der ihm Umgangsformen und Geborgenheit gab.

Die festlich-bunte Kavalkade zog mit Pferdegetrappel und Trompetengeschmetter, wehenden Fahnen und Zurufen des sich drängenden Volkes vorbei an Mauern, Gärten und Torsi versunkener Herrlichkeiten. Kämmerer warfen Gold- und Silbermünzen unter die sich balgende Menge.

An der von Türmen flankierten Brücke des Aelius ragte jenseits des Tibers das ins Befestigungssystem der Aurelianischen Stadtmauer einbezogene einstige Mausoleum des Kaisers Hadrian. Seine Größe und günstige Lage hatte die Römer schon lange vor Belisar veranlaßt, das herrliche Bauwerk als Festung und Gefängnis zu nutzen, woher es den Namen ›Kerker des Theoderich‹ trug. Als die Goten Rom eroberten, wurde der Riesenbau von den Griechen verteidigt, die die unzähligen marmornen Meisterwerke der Antike, die das Kaisergrab krönenden Statuen und Rosse, auf die stürmenden Horden herabwarfen. Der Hagel der zerbrochenen Bildsäulen, die vielleicht einst die Tempel Athens geschmückt hatten, und der Sieg Belisars bedeuteten den Untergang der unvergleichlichen letzten Wohnung eines der bedeutendsten Kaiser der Geschichte.

Als zum Ende des sechsten Jahrhunderts die Pest über Rom hereinbrach und Papst Gregor der Erste eine Bittprozession nach St. Peter anführte, erschien ihm über dem Grabmal der Erzengel Michael und steckte sein Schwert in die Scheide – zum Zeichen, daß die Seuche erloschen sei.

Von da an trug das Bauwerk mit seiner in der Höhe zu Ehren des Retters errichteten Kapelle den Namen *Engelsburg*. Obwohl der Porphyrsarkophag des Kaisers noch bis in die Tage Gregors in der Grabkammer vorhanden war, schien die ursprüngliche Bestimmung der jetzigen Stadtburg Roms für die Menschen vergessen. Kein Gebäude auf der Welt hatte eine ähnlich wechselvolle, tragische Geschichte aufzuweisen wie dieses. Schmucklos und völlig verwandelt, von Innozenz dem Dritten durch einen Wehrgang mit St. Peter verbunden, ragte es mit seinen geschwärzten Marmorquadern über den Tiber bis zu den Vatikanischen Gärten hin: ein zinnengekröntes, noch immer grandioses Rundgemäuer mit Türmen und Flankenmauern, vom Zeitensturm, den es dennoch überdauerte, grausam verstümmelt ...

*

Die konstantinische Petersbasilika erhob sich in Anlehnung an den von Innozenz dem Dritten zum Kastell ausgebauten Papstsitz auf dem Vatikanischen Hügel.

Zu Füßen der von Kaiser Konstantin im vierten Jahrhundert angelegten Freitreppe mit ihren fünfunddreißig Marmorstufen stiegen die Reiter ab und begaben sich unter erneutem Trompetengeschmetter zum alten Petersplatz empor, auf dessen vielfarbigem Marmorpflaster die Päpste Kaiser und Könige zu empfangen pflegten. In dem von Zypressen, Pinien und Palmen umsäumten, säulengeschmückten Vorhof ließ der antike Taufbrunnen aus einem ehernen Pinienzapfen sein Wasser ins Marmorbecken rinnen, das den einstigen Isistempel geschmückt hatte, überhöht von einem säulengetragenen ehernen Baldachin und bewacht von vergoldeten Pfauen vergangener Tage.

Nicht nur aus dem riesigen Circus Vaticanus, den Caligula einst in seinen Gärten auf dem Hügel anlegen ließ und wo der Apostel Petrus den Märtyrertod erlitt, von überall her hatte man Säulen, Architravstücke und Kapitelle zusammengerafft, die Basilika zu schmücken, ohne sich um Proportionen oder ursprünglichen Zweck der wiederverwandten Fragmente zu kümmern. Seit Konstantin hatten die Kaiser und die römischen Päpste die Peterskirche zum Schatzhaus der christlichen Kultur von fünf Jahrhunderten gemacht. Das Abendland kannte keine geweihtere Stelle – bis im neunten Jahrhundert die plündernden Sarazenen auch über den Tempel der Christenheit hereinbrachen ...

Der junge Staufer und sein Gefolge betraten das längst wieder im Glanz der Mosaiken und antiken Tempelreste erstrahlende Heiligtum durch die mittlere, die berühmte Silberpforte. Durch unzählige Kerzen und Öllampen erhellt, von Gold und Silber magisch leuchtend, nahm die Basilika den Menschenstrom auf. Der Papst empfing den zu Krönenden inmitten des hohen Klerus und führte ihn nach den vorgeschriebenen Huldigungszeremonien in die seitwärts gelegene Kapelle Santa Maria in Turri, wo Friedrich vor einem ihm entgegengehaltenen offenen Evangelium zu schwören hatte, daß er den Heiligen Vater und die Römische Kirche, ihre Ehre und ihren Besitz schützen werde. Unter Gesängen schritt man danach in die Peterskirche zurück, wo der künftige Kaiser am Altar des schwarzhäutigen Mauritius zwischen Schulterblättern und rechtem Arm gesalbt wurde.

Achtundzwanzig antike Marmor- und Porphyrsäulen führten zum Triumphbogen, der sich dem großen Mosaik entgegenwölbte, auf dem Kaiser Konstantin Christus und Petrus das Modell der Kirche darbot. In der Mitte des Querschiffes, über der Apostelgruft, trugen vier gewundene Säulen aus parischem Marmor einen hohen Baldachin aus Gold und Silber, beleuchtet von unzähligen silbernen Ampeln, deren mit Ambra gemischtes Öl orientalische Düfte verströmte. Da es sich um eine Grabeskirche handelte, gab es hier ursprünglich keinen Altar. Buntfarbige Teppiche aus dem Morgenland, golddurchwirkte Vorhänge und Silbergerät der Caesaren, glitzernd im Licht der Kerzen und Lampen, umwölkt vom Weihrauch und umrauscht vom Jubel der Chöre, verzauberten den Raum. Aus allen Weltteilen, vom Morgenland bis zum alten Ägypten, von den sizilischen Normannenpalästen bis zu denen der Kalifen und der spanischen Mauren, aus den nördlichen Barbarenländern und dem unerschöpflichen Reichtum Konstantinopels schimmerten die Schätze der Welt, zusammengetragen und geheiligt durch die Macht der Statthalter Christi.

Honorius der Dritte, alt, übermüde, ragte mit hoher Mitra am Grabbaldachin des heiligen Petrus auf; neben ihm, ganz gebändigte Glut, der päpstliche Vikar, der Kardinal von Ostia.

Friedrich und Konstanze ließen sich auf teppichgezierten Thronen nieder. Dann wurde die Epistel verlesen und das Graduale gesungen. Hierauf erhob sich der Staufer und schritt zu den Stufen des Hochaltares. Der Papst setzte ihm die Mitra clericalis und darüber die Kaiserkrone aufs Haupt, die ihm zuvor Hermann von Salza überreicht hatte. In vielstimmigen Huldigungsgesängen erklangen die uralten Worte:

»Der Römer unbesiegtem Kaiser Segen und Heil!«

Während des weihevollen Rituals durchzuckte es den jungen Herrscher: Einst hatte sich hier der achtundfünfzigjährige Carolus Magnus im Angesicht des Heiligen Vaters die Krone *selbst* aufs Haupt gehoben. Dies aber war der Wandel gegenüber der Krönung vor vierhundert Jahren: Aus dem kaiserlichen Beschützer des Papsttums war der päpstliche Schützling auf dem Kaiserthron geworden. Die von dem jungen König eigentlich ererbte Krone – nämlich die von Apulien-Sizilien – fand keine Erwähnung. Sie gehörte formell Friedrichs neunjährigem Sohn Heinrich, der bereits nach dem ersten Lebensjahr zum sizilischen König gewählt und derzeit aus kluger väterlicher Berechnung jenseits der Alpen unter Aufsicht eines Kronrates gleichsam als Waise zurückgelassen worden war ...

Doch der Gedanke verwehte, da dem Staufer Weltkugel und Zepter überreicht wurden. Friedrich richtete sich auf, als er vom Stellvertreter Christi, geheiligtem Brauch gemäß, das kaiserliche Schwert empfing. Nach Auffassung Innozenz' des Dritten verhielt sich die päpstliche Gewalt zur kaiserlichen und königlichen ›wie die Sonne zum Mond‹. Dem Heiligen Vater gehörten *zwei* Schwerter als Zeichen kirchlicher und weltlicher Gewalt. Das geistliche Schwert führte der Oberhirte selbst; das weltliche übergab er den Fürsten, ›damit es für die Kirche geführt werde‹. Friedrich schwenkte den armlangen Stahl – zum Zeichen, daß er als Kaiser nun der Verteidiger des Stuhles Petri sei. Der Kardinal von Ostia trat auf ihn zu, ihm das Schwert wieder abzunehmen. Ihre Blicke, kühl der des Staufers, lodernd der des Mannes im Purpur der Kirche, begegneten einander. Beide, jeder für sich, begriffen den Sinn der Zeremonie; und sie begriffen ihn *ganz*.

Es folgte die Krönung Konstanzes. Ihr blasses, bereits welkendes

Gesicht, der Prunk des Krönungsgewandes, das Funkeln der Krone wurde umleuchtet vom noch immer vollen, blonden Haar der Kaiserin.

Beim anschließenden Hochamt legte Friedrich, zur Bekundung des geistlichen Charakters des Kaiserlichen Amtes, die Zeichen der neuen Würde ab und ein Priestergewand mit blauer, gestickter Dalmatika an. Sie trug die Symbole der Weltmächte: Sonne und Mond. Kaiser und Kaiserin empfingen von der Hand des Papstes Hostie und Friedenskuß.

Dann wurden alle Kerzen gelöscht. Drückende Stille senkte sich über den Kirchenraum. Laut hallend ertönte die Stimme des Kardinals Hugolin:

»Verflucht und gebannt seien in dieser Stunde alle Ketzer und ihre Helfer, wo immer sie zu finden sind!«

Auf ihre Throne zurückgekehrt, wurden Kaiser und Kaiserin erneut mit Krone und Mantel bekleidet. Darauf trat der Kardinal wiederum zu Friedrich hin, in seiner Hand das hölzerne Kreuz, Symbol des Aufbruches zur Befreiung des Heiligen Landes. Mit unbewegter Miene empfing der junge Kaiser das Zeichen und leistete den verlangten Eid, daß er im kommenden August den Kreuzzug antreten werde ...

Nach der Krönungsfeier wußte Herr Hugolin die Zeremonie so einzurichten, daß der Kaiser, nachdem er dem Papst in den Steigbügel geholfen hatte, den weißen Zelter des Heiligen Vaters ein wenig länger führen mußte, bevor auch er aufsaß. Der Kardinal hatte die Demütigung klug gelenkt; doch er irrte auch hier: Friedrich gönnte dem greisen Papst gern das nur den Nächststehenden sich offenbarende, dazu kostenlose Schauspiel. Er war gesalbter Kaiser *und* behielt das Königreich Sizilien. Sein Sohn war Deutscher König. Acht Jahre hoher diplomatischer Kunst hatten in dieser Stunde den Sieg davongetragen ... Unwillkürlich maß Herr Hugolin noch einmal die blühende Kraft des jugendlichen Herrschers am eigenen Alter. Mochte der Gerechte und Allmächtige die letzten Jahre seines eifrigsten Jüngers stählen, damit er den unberechenbar Ungebärdigen zuletzt doch noch in den Staub zwang!

Der Heilige Vater erinnerte sich an den verwahrlosten, in Armut aufwachsenden Knaben, der ihm vor vierzehn Jahren in Apulien vorgeführt worden war: Ihn hatte er heute zum Herrscher über ein Reich gekrönt, das beinahe das gesamte Abendland umfaßte. Für Honorius bedeutete dieser Tag einen Sieg der triumphierenden Kirche. Hatte der junge Staufer nicht, gemäß den Beschlüssen des Konzils, erneut und unwiderruflich den Kreuzzug gelobt und im Namen des Papstes bereits eine Reihe von Gesetzen zum Schutz der Geistlichkeit erlassen – und vor allem das am schwersten wiegende zur Vernichtung aller Feinde Christi?

Der Kaiser wieder dachte: Er, Friedrich der Zweite, würde die ihm verliehene Herrschaft in allen angestammten Rechten und Pflichten wahrnehmen. Er würde seine Länder die ordnende Hand spüren lassen wie der große Carolus, an dessen Grab er vor fünf Jahren zum König gekrönt worden war, oder wie Justinian, der letzte wahre Weltkaiser. Aus dem gestaltlosen Chaos in Folge des frühen Todes seines Vaters Heinrich des Sechsten erhob sich vor dem Erben nun, nach zweieinhalb Jahrzehnten Wirrnis und Auflösung diesseits und jenseits der Alpen, die Vollendung der überkommenen Aufgabe: das Kaisertum als Hort weltlicher Macht über die nationalen Grenzen hinweg – der Traum vom ›modernen‹ zukunftweisenden, trotz namenloser Vielfalt einheitlichen Staatenbund, von dem das schwäbische Stammland und der deutsche Raum nur Teilgebiet waren und bleiben mußten. Damit aber würde wieder die Gefahr der Auseinandersetzung mit der anderen, tausendjährigen Weltmacht wachsen: der Kirche.

Mit unerhörter Zielstrebigkeit und Klugheit hatten die Stellvertreter Christi auch ihr Erbe verwaltet und sich und der Kirche eine Stellung geschaffen, die mit nichts vergleichbar war, was jemals eine Glaubensgemeinschaft besaß und beherrschte ... Dennoch: Er, Friedrich, der Sohn von Fürsten und Königen, würde ihren Ränken widerstehen, ihnen stets von neuem bestätigen, daß Kaisertum und Papsttum *gemeinsam* und nicht gegeneinander ihre Herrschaft auszuüben hatten. War er, der Kaiser, auch von neuem auf den fragwürdigen Kreuzzug festgelegt – er gedachte den Kampf zu *seiner* Zeit und auf *seine* Weise zu führen. Warum sollte es nicht gelingen, den gebildeten, toleranten Sultan von Ägypten für seine

Idee eines neuen Weltreiches der Kultur, des friedvollen Zusammenlebens ohne Gebrauch der Waffen zu gewinnen? Er, Friedrich, der alle Sprachen beherrschte – die deutsche wenig, dafür die italienische, die lateinische, die arabische, die griechische und die französische –, würde seinen offiziellen Titel IMPERATOR SEMPER AUGUSTUS zum Weltkaisertum erhöhen ... Er, im abendländischen und morgenländischen Geiste gleichermaßen beheimatet, war wie wenige Kaiser des Heiligen Römischen Reiches zum Herrscher geboren. In seinem ungeheuren Willen traf sich das Erbe staufisch-schwäbischer Ritterlichkeit, staufisch-kaiserliches Selbstbewußtsein mit normannischem Entdecker- und Eroberungsdrang, kristallisiert in der farbensprühenden Welt, in der der Waisenknabe großgeworden war: Byzanz, die arabische Welt, das Abendland, zusammengedrängt auf dem uralten Kulturboden Siziliens ...

Der glänzende Zug, an der Spitze Seine Heiligkeit, bewegte sich zurück durch die engen, von Menschen, Fahnen, Festlichkeit gesäumten Straßen, die von St. Peter zum Tiber führten. Bei der kleinen Kirche Santa Maria in Transpontina trennten sich Kaiser und Papst in einer letzten Umarmung. Beide spürten, daß sie sich nicht wiedersehen würden. Der Gruß des Kardinals Hugolin war hoheitsvoll undurchsichtig. Auch er würde dem Gekrönten nicht mehr von Angesicht zu Angesicht begegnen – doch man würde sich nicht aus den Augen verlieren ...

*

Noch im feierlichen Schmuck empfing Friedrich die Glückwünsche der Vertreter des Reichs und der fremden Mächte. Niemand von ihnen, auch nicht die mißtrauischen Lombarden, vermochten sich der gelassenen Hoheit, dem lebendigen Geist des Fünfundzwanzigjährigen zu entziehen.

Als letzte traten der Bischof von Bari und der Deutschordensmeister, beide noch voll Erschütterung, auf den Kaiser zu. Während sich Herr Berard von Castacca beglückt, wortlos verneigte, als wolle er den von Kindheit an Betreuten umarmen, blickte der soldatische Ordensmann dem Kaiser in die Augen:

»Sie haben eine große Schlacht gewonnen, Majestät. Mögen die kommenden unter gleich gutem Stern stehen!«

»Seit heute ahne ich, was mich erwartet«, erwiderte Friedrich ebenso. »Bleiben Sie mir nahe, Herr von Salza.«

»Seit heute, Majestät – ?«

Die Hand des Ordensmeisters umfaßte den unter dem weißen Umhang mit dem Kreuz verborgenen Schwertgriff:

»Auf der Uhr einer deutschen Kirche fand ich einen Spruch. Er könnte Ihr Wahlspruch werden, Majestät.«

»Mein Wahlspruch«, sagte Friedrich mit einer Handbewegung, als bedürfe es keiner Erläuterung, »heißt: Sieg!«

Der Hochmeister hielt noch immer den Blick auf seinen Herrn gerichtet, als er, Wort für Wort betonend, fortfuhr:

»Der Spruch lautet: *Jede Stunde bringt Kampf – die letzte den Frieden.*«

Und, da der Kaiser seinem Sinn nachhorchte: »Friede ist mehr als Sieg, Majestät.«

»Als Soldat *und* Christ«, erwiderte Friedrich nach einer Weile, »dürfen Sie das sagen.«

Er reichte den beiden Herren die Hand.

»In drei Tagen brechen wir auf. Ich gedenke bei Capua die Grenze meines Königreiches zu überschreiten. Dort werden die ersten Staats-Gesetze mit Herrn von Vinea formuliert und verkündet.«

Die Nacht war Musik. Der Kaiser ließ sich seinen Mantel reichen und trat hinaus vor das Zelt. Über dem Monte Malo standen hoch und funkelnd die Sterne, flimmernder als gestern, Bilder goldener Töne.

In Deutschland ist nun Winter, dachte Friedrich. Wie fern waren die nebligen Wälder und Ebenen, die Weinberge im schwäbischen, elsässischen, fränkischen Land, die trutzigen Burgen und Pfalzen, die streitbaren, rauhen Bewohner ... Dazwischen ein junges Frauenantlitz: Adelheid ... Eine samtene Nacht in einem der Landsitze zwischen Bodensee und Nürnberg. Verweht, vorbei ...

Der Mond hob sich blutigrot aus der römischen Trümmer- und Turmlandschaft. Der flüsternde Novemberwind, der von den Hügeln ringsum herüberwehte, schien Echo seiner unhörbaren Wanderung.

Konstanze wartet, dachte Friedrich. Ich verdanke ihr viel – bis heute. Er blickte noch einmal empor zu dem rötlich aufsteigenden Gestirn, schlug den Mantel um sich und trat zurück ins Zelt, wo zunächst Justitiar und Schreiber seiner harrten.

III
LA FAVARA

Nach seinem ersten Hoftag in Capua, dem blühenden Zentrum der Terra di Lavoro und strategisch wichtigen Ort nahe dem Kirchenstaat, ging der junge Kaiser sogleich an die Neuordnung des sizilisch-apulischen Regno. Durch das Rahmenwerk der ›Akzisen von Capua‹ sollte dort der fortschrittlichste Staat Europas entstehen.

Auf dem nächsten Hoftag zu Messina folgten weitere Verordnungen zur Verwaltung und die von der Kirche verlangten Maßnahmen gegen diebische Landstreicher und fahrendes Volk, Gotteslästerer und unangemeldete Ausländer. Juden hatten fortan himmelblaue Kleider mit einem gelben Fleck sowie einen Bart zu tragen; nur so wurde ihnen kaiserlicher Schutz zuteil.

Im Vorfrühling sah Friedrich Sizilien wieder – das Zauberland seiner Jugend, das Griechen und Römer, Sarazenen und Normannen, Anhänger der griechisch-orthodoxen und römisch-katholischen, jüdischen und islamischen Glaubensrichtungen vereinte. Noch immer bestimmte der orientalische Einfluß das Bild der Hauptstadt in ihrem so unvorstellbaren Gegensatz zu dem von Trümmern und toten Flächen gezeichneten Rom. Während dort hab- und raubgierige Patrizier in düsteren, aus gestohlenen Relikten gefügten Burgen herrschten, gab es zu Palermo wie zuvor den Luxus und die verfeinerten Sitten des mohammedanischen Lebensstils. Moscheen von erlesener Pracht, Paläste und Lusthäuser mit Wasserkünsten und Tierparks, Werkstätten geübtester Handwerker, Seidenweber und Mosaik-Künstler, Waffenschmiede und Juweliere machten die südliche Hafenstadt nicht nur politisch zur Metropole. Da die Normannenherrscher erkannt hatten, daß die Muslims auch die fähigsten Beamten waren, entwickelte sich der sizilische Hof zu einem Weltzentrum der Kultur und Wissenschaft. Zum ersten Mal fanden sich hier auf europäischem Boden die

Übersetzungen verschollener antiker und arabischer Werke von Ptolemäus, Platon und Aristoteles bis zu den neuesten geographischen und medizinischen Werken zeitgenössischer arabischer wie christlicher Autoren zusammen mit höfischer Dichtkunst und Musik.

Die königlichen Gärten und Paläste erinnerten in ihrer kostbaren Stuckornamentik, ihren Höfen und Brunnen an Granada und Cordoba. Neben dem mächtigen normannischen Palazzo Reale bevorzugte Friedrich das von seinem Großvater Roger dem Zweiten erbaute Märchenschloß La Favara, dessen Pracht zu schildern arabische und israelitische Reisende zu preisen nicht müde wurden. Hierher, in den endlosen, wasserumflossenen Park der Sommerresidenz seiner Mutter mit seltenen Bäumen und duftenden Blumen, Lorbeer, Myrrhe, Orangen- und Limonenhainen, hatte sich der elternlose Knabe nach dem Tode der Kaiserin Konstanze geflüchtet. Früh weckte in ihm der Reichtum paradiesischer Natur Anteilnahme an den Geheimnissen des Tierreichs, die auch dem Kaiser Zuflucht und Entspannung bieten sollte.

Jetzt erwachte der orientalische Zauber der alten Pavillons und Gärten zu neuem Leben. Nach acht Jahren erfolgreicher Sicherung des deutschen Königtums sollte hier die eigentliche Regierungsarbeit beginnen: das stolze Glück, aus dem verzerrten Schatten des Reiches, aus Wirrnis und Auflösung ein neues Staatsgefüge zu schaffen.

Neben den bewährten Freunden Berard von Castacca und Hermann von Salza war Petrus von Vinea in erstaunlich kurzer Zeit zum Oberhofjustitiar und Kanzler des Kaisers aufgestiegen. Einer schien des anderen Ergänzung und Widerspruch zugleich; beide wuchsen daran und entfalteten ihre Kräfte. Auch Friedrich war noch nie bisher von einem Mann aus der eigenen Umgebung so gefordert worden. Vinea, der vollendete Stilist und hochgebildete Staatsrechtler, kannte Sizilien und Palermo kaum. Der Capuaner, der bisher nur in Neapel die gemäße Residenz des apulischen Reiches sah, wußte wenig von Friedrichs tiefer Bindung an die sizilische Hauptstadt, die, als der normannische Großgraf Roger, der

Bruder Robert Guiscards, die Insel zwischen Afrika und Europa eroberte, bereits seit zwei Jahrhunderten von Mohammedanern beherrscht worden war.

Der Kaiser, im leichten arabischen Gewand, empfing den Kanzler umgeben vom Glanz der Gärten, wo die perlenden Wasser von Schale zu Schale rannen und bunte Vögel in den Lorbeer- und Orangenbäumen flöteten. Marmorne Statuen aus alter Zeit erhoben sich in heidnischer Nacktheit inmitten der arabischen Pavillons und Arkaden.

»Sehen Sie sich um, Vinea!«

Wie in einem jäh aufsteigenden Glücksgefühl breitete Friedrich die Arme aus. »Das ist meine Welt: Orient und Okzident – und kein Platz für Kapellen oder Kruzifixe! Ist es das, was mich bei Herrn Hugolin so verdächtig macht?«

»Vor allem, Majestät«, ging der Justitiar auf die Frage absichtlich und mit Betonung ein, »scheint es mir, wenn ich dies aussprechen darf, Ihr Anspruch zu sein, daß Gott die Welt durch *Sie* lenkt.«

»Meinen Sie den Anspruch oder die Tatsache? Wer sonst wäre befugt oder beauftragt?«

»Fragen Sie Seine Heiligkeit, Majestät.«

Der Kaiser machte eine Handbewegung:

»Herr Hugolin ist befangen in überlebten, archaischen Traditionen.«

»Sie sind weder archaisch noch überlebt, Majestät. Der sie schuf, war Ihr Vormund, Herr Innozenz der Dritte.«

Ein seltsames Licht glomm in den verhangenen, dunklen Augen des Kanzlers, als er hinzufügte: »Wer die Welt regieren will, muß nach dem Maß der Menschen sein. Der Mensch rächt sich an jedem, der ihn über sich selbst hinauszuführen strebt. Nicht nur der Galiläer mußte ans Kreuz.«

»Welcher Aspekt«, bemerkte Friedrich, »wenn es *nicht* so gekommen wäre! Wo befände sich da die Heilige Kirche? Aber was mich angeht, Vinea, so zweifle ich nicht, daß schon verschiedene Kreuze bereitstehen. Vorerst aber gedenke ich die Menschen in meinen Ländern nach *meinem* Willen zu lenken.«

»Nach Gottes Willen, Majestät!«

»Räumen Sie dem Kaiser Gottes Willen im *irdischen* Bereich ein, so bestätige ich Ihnen oder den Herren in Rom gern die Herrschaft über die unsterblichen Seelen ihrer Schäfchen.«

Was den irdischen Bereich anginge, stellte Vinea mit einem etwas verwirrten Blick auf die seidene Galabeja des Kaisers fest, so brächte er allerdings das doppelte Erbe Seiner Majestät nicht leicht zusammen. »In Rom erlebte ich Sie noch erfüllt von Ihren deutschen Aufgaben; jetzt sehe ich Sie im Gewand eines Kalifen. Welches wiegt schwerer – das Erbe Ihrer schwäbischen oder das der normannischen Vorfahren? Sollte das Hauptgewicht Ihres Reiches nicht eher im Norden angesiedelt sein?«

»Wie ich sehe, kommen Sie gerade aus Rom, wo man sich gleichen Hoffnungen hingibt«, lächelte Friedrich. »Meine eigentliche Heimat nimmt man offenbar ungern zur Kenntnis. Sie wird es bleiben – mit allen Konsequenzen.«

Die dunklen Augen des Justitiars streiften wieder die veränderte Erscheinung des Kaisers:

»Darf ich Eure Majestät daran erinnern, daß die vereinbarte Frist für die endgültige Einschiffung des Hauptteiles Ihrer Truppen ins Heilige Land gerade in diesen Tagen abgelaufen ist?«

»Ah, ist sie das?«

Friedrich zuckte die Achseln. »Ich erinnere mich für meine Person an den August-Termin. Habe ich im übrigen nicht, und mehr als nötig, Vorräte und Truppenverstärkungen abgeschickt? Man möge zur Kenntnis nehmen, daß ich zuerst hier in Sizilien mein Haus in Ordnung zu bringen habe. Abgesehen von der unübersehbaren Lage im Reich und der Möglichkeit heimtückischer Angriffe von allen Seiten gegen das gefährdete Südland, weiß jeder, daß die Staatsfinanzen den Aufwand eines Kreuzzuges im Augenblick nicht zulassen. Für mich geht es nicht um exotische Abenteuer oder fromme Illusionen. Für mich gelten allein *Zweck* und *Zeitpunkt*. Man wird sich weiterhin gedulden.«

»Für den Papst Honorius geht es um das verpflichtende Erbe seines Vorgängers Innozenz und die Erfüllung seines heiligsten Anliegens, bevor er diese Erde verläßt, Majestät!«

»*Meine* Anliegen erscheinen mir im Augenblick wichtiger!«

Der Kaiser wandte dem Justitiar seinen leuchtenden Blick zu:

»Das Vordringlichste bleibt zunächst die Niederwerfung der allzu selbstherrlichen Barone. Herr von Salza steht mir dabei zur Seite. Außerdem müssen die Beschlüsse von Capua in die Tat umgesetzt werden. Die seinerzeit von meinem Vater mit blutiger Gewalt erreichten Rechte sollen auf mildere Weise zum gleichen Erfolg führen. Die neue Gesellschaftsordnung wird nicht mehr von den durch Geburt oder Besitz Privilegierten, sondern vom Staat getragen. Bis diese Ordnung eines Tages auch auf das heillos zerstrittene Reich jenseits der Alpen übergreifen kann, bedarf es großer Arbeit – und Ihrer Hilfe. Sie, Vinea, werden der Mund sein, durch den ich zu meinen Ländern spreche.«

Sie schritten durch die duftenden Bosketts, beide versunken in die Vision künftigen Tuns.

Neben dem Kampf gegen die Barone gäbe es noch eine andere Aufgabe, die für ihn vor der Durchführung des Kreuzzuges stünde, fuhr der Kaiser, sich wieder auf die Gegenwart besinnend, fort: »Die Bergsarazenen im Innern Siziliens haben seit Jahrhunderten keinen Herrn über sich erkannt. Als steter Schrecken der Küstenländer sind sie immer wieder in die Pflanzungen und Weinbauernstädte eingebrochen. Nicht einmal Palermo blieb verschont.«

Friedrich ließ sich auf einer Marmorbank nieder. »Wie, meinen Sie, Vinea, könnte man die wilden Söhne des Propheten wirkungsvoll bändigen?«

»Man sagt, Majestät, Ihr Herr Vater habe seinen Triumph damit gekrönt, daß er die besiegten Feinde unter Anklage neuerlicher Verschwörung stellte, um sie endgültig ...«

»Sprechen Sie es ruhig aus«, unterbrach der Kaiser. »Mein Vater hielt es für angebracht, sie zu blenden, zu kastrieren, bestialisch zu ermorden – oder, wie den toten Normannenkönig Tankred, noch aus dem Grabe reißen und seine Gebeine vor den Augen des Volkes enthaupten zu lassen. Das geschah übrigens gerade an dem Tag, an dem ich in Apulien geboren wurde ...«

Friedrich senkte den Kopf, als spräche er zu sich selbst. »Ich hörte vieles von ihm, Erstaunliches und Schreckliches zugleich. Bin ich sein Erbe in *jeglichem* Sinn? Wo darf, wo muß ich ihm folgen – worin nicht? Was steht für mich und mein Haus am Ende?«

Wie erwachend fuhr der Kaiser auf, blickte in die frühlingsumleuchtete Welt und auf sein arabisches Gewand, als er nachdenklich hinzufügte:

»Von dem Kalifen Abdallah stammt eine nachdenkenswerte Betrachtung über das Wesen des Herrschers in dieser Welt. Sie lautet: ›Wer an die Macht gelangen will, tut gut daran, diese Gelüste durch Ansprüche der Moral oder der Religion zu verschleiern. Doch darf ein Machthaber nicht einmal als Kind daran glauben, daß er Gutes bewirken solle – außer für sich selbst. Nur wer Macht um ihrer selbst willen genießt, wird sie behalten. Wer sich *nicht* um das Leben seiner Untertanen sorgt, wird verehrt. Wer das Volk nach den Prinzipien *belügt,* wird glaubhaft. Die Liebe des Volkes ist kein Fundament für den Herrscher. Die wahren Grundlagen eines geordneten Staates sind Angst, Geld und ein zu folgsamen Hunden dressiertes Heer. Nur so läßt sich die Macht genießen wie eine Frau‹ ... Dies war auch die Maxime meines Vaters. Ihm ging es nur um die Vollendung seines Weltreiches. Die Vorherrschaft über den Erdkreis im Sinne des alten römischen Imperiums, seit dem großen Carolus ideelle Aufgabe und Verpflichtung des abendländischen Kaisertums, wurde von meinem Vater, wie Sie wissen, beinahe verwirklicht. Seine Pläne zur Gewinnung Kastiliens sind bekannt; auch lag die Eroberung des oströmisch-byzantinischen Reiches, die meinen normannischen Vorfahren schon fast geglückt war, in erreichbarer Nähe. Zypern, Antiochien und Syrien unterstanden seiner Oberhoheit; die Fürsten von Marokko und Tripolis entrichteten ihm Tribute, in Armenien herrschte ein durch Gottes und seine Gnade eingesetzter König. Nicht zuletzt strebte er nach rücksichtsloser Eingliederung des von meiner Mutter als Erbe eingebrachten sizilisch-apulischen Regno, die unter anderem zu der unüberwindlichen Spannung zwischen meinen Eltern führte.«

Zögernd erkundigte sich der Kanzler:

»Sie liebten Ihre Mutter, die Kaiserin Konstanze?«

»Ich liebe diese Räume, diese Gärten, in denen sie ihre letzten Lebensjahre verbrachte. Hier hat sie, die Normannenerbin, ihrem Gatten vergeblich den Geist ihrer sizilischen Heimat zu erklären versucht. Hier hat sie vergeblich gewartet, bis er ihr erlauben würde, ihren dreijährigen Sohn, nämlich mich, aus Spoleto zu sich kommen lassen zu dürfen. Erst der überraschende Tod meines Vaters ermöglichte dann meine Heimkehr. Meine Mutter setzte es noch durch, daß Herr Innozenz mein Vormund und ich gekrönt wurde, während sie die Regentschaft übernahm. Ein Jahr danach starb auch sie. Von nun an war ich als der eltern- und anhanglose ›puer Apuliae‹ in Palermo mir selbst überlassen – voller Abscheu gegen die deutschen Barbaren des noch von meinem Vater ernannten Reichstruchseß Markward von Annweiler, der in meinem Königreich waltete und gegen den ich machtlos war. Nachts lag ich wach und las von den Heldentaten meiner normannischen Vorfahren.«

Petrus von Vinea dachte daran, wie er, als Kind herumgestoßen, Vater und Mutter früh in Not und Schulden verlor, und Hunger des Leibes ebenso wie Hunger nach Wissen und Anerkennung unter den Menschen seine jungen Jahre gezeichnet hatten.

»Wer niemals die Geborgenheit der Jugend kannte, weiß vom Ausgestoßensein des Einzelnen«, sagte er mit seiner verhangenen Stimme. »Und von gemeinsamer Einsamkeit ...«

Der Kaiser, von eigener Erinnerung erfüllt, fuhr, ohne die Worte des anderen aufzunehmen, in seiner Betrachtung fort:

»Mit vierzehn war ich mündig. Wie den Vater hatte ich auch den großen Papst Innozenz, meinen Vormund, nie gesehen. Mein Wissen verdankte ich dem damaligen Legaten in Sizilien, dem Kardinal Savelli und jetzigen Papst Honorius, während der Kanzler Pagliari das Land beherrschte. Alle waren vollauf damit beschäftigt, ihre eigenen Interessen auf sizilischem Boden zu sichern. Ich hatte einen Lehrer, der mir Latein beibrachte, und ein sogenanntes ›Familiarenkolleg‹, das mich betreuen sollte. In Wahrheit wuchs ich auf in einer von Verrat und Eigennutz bestimmten Umgebung von Erwachsenen, abhängig von der Freundlichkeit der Bürger von Palermo, die mich in ihren Häusern beköstigten. Ich dankte niemandem. War ich nicht ein König? Manchmal, wenn ich darauf hinwies, lachten sie und strichen mir über das Haar. Armer Junge, poveretto, sagten sie. Sie schenkten mir Früchte und ein Stück Brot, und ich nahm es. Frei, allzu ungebunden trieb ich mich durch die Gassen und Plätze der halb orientalischen Stadt. Der

Umgang mit dieser bunten Welt lehrte mich grenzenlose persönliche Freiheit – und mehr noch: Verstehen der unendlichen Verschiedenheit menschlicher Lebensgewohnheiten und Vorurteile. Damals wuchs mein Wille, die ungewisse Zukunft selbst zu bewältigen, das zu vollenden, woran der Tod meinen Vater gehindert hatte. Er starb mit zweiunddreißig Jahren. Ein zweiter Alexander, sagte man damals. Alexanders Erbe verrann im Sand der Geschichte. Ich wollte es nicht verrinnen lassen. Die Welt ist voll neuer Gedanken. Der Abt von Fiore predigte schon vor Jahren die große Reinigung in der Kirche. Für das Jahr Zwölfhundertsechzig ist nach dem Erscheinen des Antichrist der Weltuntergang prophezeit. Die Katharer in Romanien sprechen von einer Zeitenwende. Der Osten winkt mit ungeheuren Bildern. Fahr ed-Din, der Vertraute des Sultans, berichtete mir über die wunderbare Lehre des indischen Prinzen Gautama Buddha. Sie erinnert mich an die Gestalt des Mannes von Assisi, der angeblich jede Gewalt ablehnt, die Einsamkeit sucht, und dennoch eine gefährliche Anhängerschaft findet. Er hat sich der Armut verschworen und bleibt zugleich ein treuer Gefolgsmann des Heiligen Vaters. Wem ist zu trauen? Alles stößt sich im Raum, Welfen stehen gegen Staufer, Sarazenen gegen Sizilier, Adel gegen Klerus, Fürst gegen Fürst, Stadt gegen Stadt. Ich bin Süd- und Nordländer in einem, Abendländer und Freund arabischer Kultur, Erbe der ewigen Roma und Nachkomme der Normannen, Einiger der Christenheit und ein Balken im Auge des Mannes auf dem Stuhle Petri. Wer von uns wird überleben, welche Idee, welche Macht den Sieg davontragen? Werden *beide* zum Untergang verurteilt sein? Wissen Sie, daß mich meine Mutter nach ihrem eigenen Namen und dem Kaiser, der sich auf dem Totenbett zum Christentum bekannte, ›Konstantin‹ taufen lassen wollte? Für sie war dieser Name ein Programm: Der ›Beständige‹ – worunter sie vor allem den ›Einigenden‹ verstand für ihre sizilische Heimat ... Ist es das, was mich in dieses Land zurücktrieb?« fragte Friedrich fast versonnen, während seine Augen durch die Gärten des sarazenischen Normannenpalastes schweiften. »Okzident und Orient zu einer Einheit zu verschmelzen – die Einheit in der Vielfalt. Solange sich die Einzelinteressen im Raum stoßen, muß das heilige Reich ein vielleicht tödlicher Traum bleiben!«

Der Kanzler schüttelte den Kopf:

»Nicht, Majestät, wenn es Ihnen gelingt, in der anziehenden und ausgleichenden Kraft einer Confoederatio, einer freiwillig anerkannten Oberhoheit, die Führung in der Hand zu halten und sich nicht im Kleinkrieg – etwa mit der Kirche – zu verzetteln.«

»So wie mir Deutschland die Krieger, Sizilien die finanziellen und wirtschaftlichen Mittel für meinen Kampf zu stellen haben, kann ich die sizilischen Erfahrungen aus der Normannenzeit nicht ohne weiteres auf den deutschen Raum übertragen«, sagte Friedrich entschieden. »Wo eine höhere Einheit geschaffen werden sollte, haben sich noch immer die Nutznießer der kleineren mit Händen und Füßen gesträubt – vor allem in Deutschland! Die Zugeständnisse, die ich den deutschen weltlichen und geistlichen Herren bei meiner Kaiserwahl und der meines Sohnes zum Deutschen König bewilligen mußte, sind gefährlich genug und für mich keineswegs auf alle Zeit gültig. Das Reich ist keine Schimäre, Vinea, wo man sich durch Intrigen im Namen des Ewigen auf die eine oder andere Seite schlägt, um den derzeitigen Regenten möglichst schwach zu halten, wenn es nur der allgemeinen Verwirrung nutzt! Wie Sie richtig sagten: Ich darf meine Kraft nicht im Kampf gegen jenseitige Querelen vertun und dabei meiner Hauptaufgabe entzogen werden, auch wenn die Kurie darin *ihre* Hauptaufgabe zu sehen scheint. Für mich muß vor allem das Wort gelten: Ein Puppenspieler zeige nicht seine Hände!«

Friedrich roch an einer Hibiskusblüte, als nähme er nicht wahr, daß ihre leuchtende Schönheit kaum Duft kannte: »Was mir im Reich vorschwebt, soll hier im kleinen begonnen werden. Zunächst geht es um die Befriedung und Eingliederung von Minderheiten.«

»Auch der Sarazenen?«

»Sie sollen meine Getreuesten werden.«

»Als Leibeigene?«

»Nein, Vinea. Ich möchte ihnen eigenen Lebensraum zuweisen, wo sie sich ihre Sprache, ihre Sitte, ihren Glauben nicht zu erkämpfen brauchen.«

»In Sizilien, Majestät?«

Der Kaiser winkte ab.
»Unweit meiner künftigen Residenz.«
»Neapel?«
Friedrich hatte einen Zweig aufgehoben und zeichnete die Kontur Süditaliens in den Sand. Er wies auf einen Punkt an der Adriaküste:
»Foggia.«
Nahe seiner dortigen neuen Residenz gedenke er die Sarazenen anzusiedeln und aus ihnen seine Leibtruppe zu bilden. »Sie besitzen eine unvergleichliche Stärke: Sie sind immun gegen die Drohungen der Kirche.«
Seine Majestät möge die Nähe des Kirchenstaates bedenken, wandte der Kanzler ein. Man könnte in Rom ...
»Man *soll* es zur Kenntnis nehmen, daß ich meine Sarazenenstadt gerade auf dieser Hochebene bauen will, die man Tavoliere – Spielbrett – nennt! Ein passender Name für die römischen Freunde, nicht wahr?«
Den Zweig schwingend, fügte Friedrich hinzu: »Das Land der Capitanata ringsum wird zum Herzstück des sizilisch-apulischen Regno – nicht nur als reiches Wald- und Jagdgebiet, sondern auch wegen seiner seit der Antike bevorzugten zentralen Lage im Schnittpunkt vieler Straßen von Nord nach Süd, West nach Ost übers Meer. Die Dichterschule, nach dem Vorbild der provenzalischen Lyrik hier in Palermo begonnen, wird einer neuen Kultur des Herzens und der Sinne das Tor öffnen. Der Ritter und der Troubadour, der Flame und Franzose, der Provenzale wie der deutsche Sänger aus der Schule Herrn Walthers von der Vogelweide sollen einander begegnen und wetteifern in ihrer Kunst!«
Wie man höre, sei dieser teutonische Barde der hohen Minne ein seltsamer Herr, bemerkte Petrus von Vinea.
»Seine Dichtung beschränkt sich keineswegs auf die hohe Minne«, bestätigte Friedrich. »Nicht weniger besingt Herr Walther die Kreuzzüge und die fragwürdigen Heldentaten seiner Gönner. Von den Babenbergern wechselte er zum Hof Philipps von Schwaben, von da zum welfischen Otto, in dessen Chor er den Heiligen Vater beschimpfte, daß ihm, wie er es selbst dichterisch ausdrückte, ›der Atem stank‹. Nun tönt er zu meinen Ehren.«

»Also ein guter Deutscher, wie es scheint.«

»Und ein Spiegel unseres zerrissenen Jahrhunderts.«

Der Kaiser blickte wieder in das zauberische Gewirr von Hecken, Blüten und Brunnen, das sie beide umgab. »Mehr noch als an den Dichtern und Sängern liegt mir an der neu zu gründenden Universität in Neapel.«

Ob der Majestät nicht Salernos Ruf genüge?

Neapel werde das zu weit südlich liegende Salerno als Zentrum der Rechtskunde ergänzen. Unter den Herren Thaddeus von Suessa, Roffred von Benevent und Petrus von Vinea würden in Neapel die künftigen Anwärter für das Beamtentum und die Gerichte herangebildet werden. Wobei er hoffe, lächelte Friedrich, daß Herrn von Vinea dabei noch genügend Zeit für sein Kanzleramt bleibe wie für seinen literarischen Ehrgeiz ...

Und auf das erstaunte Gesicht des Justitiars hin: »Sie sehen, ich kenne Ihr geheimstes Tun!«

Vinea bemühte sich, ebenso zurückzugeben: »Auch Ihre Dichtungen blieben mir nicht unbekannt, Majestät.«

Der Kaiser ging darüber hinweg:

»Artige Spielereien, modische Fingerübungen zum Zeitvertreib. Zudem liegt es bei uns in der Familie. Mein Vater war nicht nur Herrscher, auch ein Poet, wie man sagt. Der höfische Stil verlangt es. Vor allem handelt es sich ja auch bei unseren Trovatori oder Troubadouren um mehr oder weniger zarte Aufmerksamkeiten für mehr oder weniger vernachlässigte Frauen, deren Gatten abwesend sind oder sonst ihre Pflichten versäumen ...«

Unvermittelt fügte Friedrich hinzu: »Eine mir von früher bekannte Dame ist mit ihrem Söhnchen aus Deutschland zu Besuch eingetroffen. Leider werde ich ihr nicht viel Zeit widmen können.«

Die Vögel lärmten im Gesträuch. Die violetten Schatten wurden länger, der Duft der blühenden Büsche lag wie eine Glocke über der südlichen Pracht. Die Brunnen raunten.

Sie wanderten wieder zusammen durch den Park. Der Kaiser blickte wie befreit in das Glück ringsum. Wann hatte er je solche Gespräche mit einem Ebenbürtigen geführt? Hermann von Salza, der unerschütterliche deutsche Ritter, der Gott *und* seinem kaiserlichen Herrn diente? Er war kein Philosoph. Die Bischöfe, die deutschen Fürsten – ? Was war dort an Weisheit zu gewinnen?

Wie zu sich selbst wiederholte Friedrich ein arabisches Sprichwort, das ihm dabei einfiel:

»Ein Blinder sagt zu einem Blinden: Ein schwarzer Tag, an dem wir heute zusammengetroffen sind! Gilt das nicht auch und vor allem für die frommen Eiferer? Wieviel näher dem Leben sind die Dichter. Sie sehen die Schönheit der Welt, sie besingen die Liebe und den Abschied. Ist das nicht auch Frömmigkeit?«

Der Kaiser besann sich: »Ich kenne noch eine andere Weisheit des Ostens. Sie lautet: Tausend Verse wiegen nicht ein einziges Weizenkorn auf. Das ist *unser* Kreuzzug, Vinea! Machen wir die Felder fruchtbar, sorgen wir, daß die Menschen ihren Acker bestellen. Die unsterblichen Seelen werden es uns nachsehen, denn sie leiden keinen irdischen Hunger.«

»Unterschätzen Eure Majestät nicht den menschlichen Hunger nach frommen Illusionen und übersinnlicher Hoffnung«, wandte der Kanzler ein. »Nicht umsonst hat das Papsttum bisher alle irdischen Herrscher überlebt. Wer es in unseren Tagen wagen wollte, diesen irrealen Stützpfeiler der Menschheit zum Wanken zu bringen, liefe Gefahr, selbst unter die herabfallenden Gewölbesteine zu geraten!«

Friedrich widersprach:

»Es geht nicht darum, Pfeiler zu untergraben – für mich wenigstens nicht, Vinea –, sondern Aufgabengebiete abzugrenzen. Das Reich ist eine Realität. Was aber für ein unnützer Kult mit der menschlichen Seele! Sie vergeht wie ein Hauch und wird verzehrt wie ein Apfel, den man vom Baum abpflückt. Zu untersuchen wäre, ob es eine *Welt*seele geben könnte, die vielleicht den Menschen in seiner Art über die Kreatur hinaushebt. Woher aber sollte die Kirche das wissen wollen?«

Die Kirche Christi, bemerkte der Justitiar, habe, gegründet auf die Offenbarungen, in allen diesen Fragen nicht nur verbindliche Meinungen verkündet, sondern besitze auch die Macht, sie gegen jeden, der sich dagegen auflehne, zu verteidigen!

»Wer von uns, die wir in dieser Zeit leben«, sagte der Kaiser ungeduldig, »käme darum herum, die Macht der Kirche zu leugnen? Oder gar ihren Gottesbegriff, den sie übrigens durchaus mit anderen Religionen teilt. Es geht darum, ihr ihre Grenzen zuzuweisen.«

»Wir kennen aus persönlicher Erfahrung«, erwiderte Petrus von Vinea, »nicht nur aus geschichtlicher Sicht, was die Kirche zur Bindung nicht nur des einzelnen, auch der Massen und der Staaten, zu leisten vermocht hat – gleich ob Sie, Majestät, diese Bindung persönlich eingehen können oder nicht.«

Friedrich schien angesichts der paradiesischen Schönheit, die sie beide umgab, den Einwand des Kanzlers zu überhören.

»Ich bin nicht ohne Sinn für die ewigen Fragen. Ich kenne die Angst vor dem Tod und dem Unendlichen: das Gefühl des Unrechts, vielleicht der ›Sünde‹ im höheren Sinn – nicht unbedingt im Sinne der Kirche – und jedenfalls der Pflicht des einzelnen vor sich und Gott!«

»Sie gehören, Majestät, wenn ich es so aussprechen darf«, gab Vinea unerschrocken zur Antwort, »zu jenen gefährdeten Geistern, denen es nicht an religiöser Tiefe fehlt – die aber zu klug, zu frei, zu sehr gegen sich selbst gerichtet sind, um sich einer Religion auszuliefern. Sie können eigentlich weder mit noch ohne Glauben leben. Sie glauben, aber sie wissen nicht, was. Dennoch meine ich, daß unserer Vernunft zuletzt nichts übrigbleibt, als sich den von Gott offenbarten und von der Vernunft vertretenen Gesetzen zu beugen.«

Der Kaiser, wie immer, wenn sein ruheloser Geist ihn umtrieb, beschleunigte seine Schritte.

»Die Weltgesetze, sagen Sie, sind Offenbarungen Gottes, denen sich die Vernunft unterwerfen muß. Ich hingegen stelle fest: Die Hand des Herrschers eint die Welt mit den Mitteln der Welt!«

»Auch die Kirche kennt die Mittel der Welt, Majestät!«

»Gewiß«, nickte Friedrich, als ginge es um eine einfache Klarstellung. »Ebenso sagen Sie, daß sie der irrationale Pfeiler der Menschheit sei. Ich lege Wert darauf, der *Ratio,* der Vernunft der Menschen, zum Durchbruch zu verhelfen. Die Mittel der *Welt* reichen mir aus. Vielleicht komme ich so zu einer Einigung mit Ihnen?«

»Nicht mit mir, Majestät«, gab der Kanzler zurück. »Denken Sie an den, der Ihnen zu St. Peter die Krone auf Ihr gesenktes Haupt drückte!«

Um sie schlossen sich die endlosen, von Wassern und blühenden Büschen und Beeten umsäumten Wege der Gärten von La Favara. Nach einer geraumen Weile fuhr Friedrich fort:
»Ich frage mich, Vinea, warum ich Ihnen seit unserer Begegnung kurz vor der Krönung in Rom so schnell vertraute. Die Gesichter um mich haben in diesen letzten Jahren gewechselt wie Masken in einem Mummenschanz, den die Kirche ihren Schäfchen zu gewissen Zeiten erlaubt. Vielleicht wollen die Menschen damit zeigen, daß es keinen gibt, der nicht irgend etwas verbergen will?«
»Was ich jedenfalls *nicht* verbergen will, Majestät«, antwortete der Justitiar, »ist meine Dankbarkeit, daß ich Ihnen dienen darf.«
»Sie sind kein Diener, Vinea.«
Die dunklen Augen strahlten in verhaltener Glut.
»Ich habe gelernt, was mir in meinem Stande zu lernen möglich war. Ich sehe darin die Erfüllung meines Lebens, daß ich es für *Sie* nutzen darf.«

Der junge Kaiser dachte an die unzähligen Menschen, die seine Nähe gesucht oder nicht gesucht, jedenfalls seinen Weg gekreuzt hatten. Er dachte daran, daß es der gütige, kluge Berard von Castacca gewesen war, der ihm den Juristen zuführte. ›Er ist Ihnen verwandt‹, hatte der Bischof gesagt. ›Er besitzt hohe Bildung und einen unabhängigen, stolzen Geist. Er kann Ihr zweites Ich werden. Ich kenne sein Herz nicht, aber er wird Ihre Aufgabe zu der seinen machen. Er ist Italiener, und das heißt: grenzenlos ehrgeizig. Phantasie und Genie machen Sie zu seinem Herrn – aber er wird eine Brücke zu den Menschen sein, denen Sie entrückt sind. Sie werden sich niemals in die Hand eines anderen geben, wie er nur seinem Ehrgeiz dienen wird – und Ihnen, dem künftigen Kaiser‹ ... So die Worte des Bischofs.
Nach Berard und Hermann von Salza war dieser Advokatensohn aus Capua der wichtigste Mensch an Friedrichs Seite gewor-

den. Es schien schon jetzt kaum denkbar, daß jemals eine Gewalt dieses Vertrauen stören oder gar zerstören konnte.

»Ich habe der Kurie Herrn Berard von Castacca als neuen Erzbischof von Palermo vorgeschlagen, und er ist gerade bestätigt worden«, sagte Friedrich unvermittelt.

Vinea stimmte zu:

»Wenn einer in seinem Wesen unwandelbar ist, dann Seine Eminenz.«

»In unserem tieferen Wesen sind wir wohl alle unwandelbar«, sann der Kaiser nach. »Wir lassen es die Umwelt nur nicht immer erkennen. Vielleicht verhält es sich damit wie mit der Liebe. Auch sie ist unwandelbar in uns – es bleibt nur die Frage, wie weit wir sie *leben* dürfen.«

Friedrich spürte die Frage im Schweigen des anderen. Nach einer Weile sagte er, als gelte es auch für ihn, eine Antwort zu finden:

»Was ist Liebe? Ständiges Sehnen nach Entspannung. Es gibt viele Frauen. Manche heiraten wir. Andere glauben wir zu lieben. Einige schenken uns Kinder. Manche unserer Kinder lieben wir. Für den, der in die eisige Höhenluft hineingeboren wurde, gelten eigene Gesetze.« Er wandte seinen Blick dem Kanzler zu. »Hat an Ihrem Leben eine Frau Anteil, Vinea?«

»Ich gedenke, *ich* zu bleiben, Majestät.«

»Das Ich kann durch einen zweiten Menschen erhöht werden.«

»Sollte das«, fragte der andere nach einer Pause, »nicht noch mehr für den gelten, der sich einem Größeren verschreibt?«

»Sie sind kein Priester, Vinea.«

»Nein, Majestät. Obgleich man mich für den geistlichen Stand bestimmt hatte.«

»Wer weiß«, scherzte der Kaiser, »ob Ihnen nicht eines Tages der Kardinalspurpur angeboten wird? Männer von Ihren Kenntnissen sind bei der Kurie rar. Auch dort gilt seit je das arabische Wort: Jede abfallende Frucht findet eine Hand, die sie aufhebt ...«

Friedrich schüttelte den Kopf: »Der Gedanke an Herrn Hugolin macht mich bitter. Wie sind die Nachrichten aus Catania?«

Ihre Majestät verlasse das Kastell kaum noch, erwiderte der Justitiar. Frau Konstanze habe alle Ärzte weggeschickt und gäbe sich in ihrer Zurückgezogenheit ganz dem Studium frommer Schriften hin. Dann sagte er zögernd: »Es hätte ihrer Gesundheit sicher gut getan, ließen Sie Eure Majestät hier an den Schönheiten Ihrer Umgebung teilhaben. Sich weder als Gattin noch als Mutter bewähren zu dürfen, ist schmerzlich ...«

»Als geborener Spanierin«, stellte Friedrich höflich fest, »fällt ihr das Verständnis für meine Lebensauffassung, und vor allem für meine arabische Vorliebe, schwer.«

Er lächelte: »Die größte Geschicklichkeit wäre, auch in der Ehe, unsere Schwächen in Zierden zu verwandeln – in der Art, wie Caesar seine Glatze mit dem Lorbeer zu verdecken wußte ... Lassen Sie ihr jedenfalls meine Wünsche übermitteln, und daß ich nicht versäumen würde, ihr gelegentlich meine Aufwartung zu machen.«

Nach einer Weile: »Vielleicht ist es unser beiderseitiger Stolz, der uns seit der Krönung in Rom endgültig trennt?«

Und als sei damit die Sache abgetan: »Als Jüngling sah ich in Cefalù einen normannischen Sarkophag aus rotem Porphyr mit einem ebensolchen Baldachin. Mein Großvater Roger hatte ihn einst für sich selbst arbeiten lassen. Ich möchte, daß dieser Sarkophag hier im Dom zu Palermo Aufstellung findet.«

»Ein leerer Sarkophag – ?«

»Noch lebe ich«, lächelte Friedrich. »Noch habe ich einiges zu tun.«

Am anderen Tag ritt der Kaiser, nur begleitet von einem etwa zwölfjährigen Pagen in arabischem Gewand, auf der Straße, die durch die fruchtbare Conca d'Oro nach dem Mons Reale führte, zum Lustschlößchen La Cuba. Der letzte Normannenherrscher Wilhelm der Zweite hatte sich den Bau im charakteristischen maurischen Stil inmitten ausgedehnter Fischteiche geschaffen. Am Portal nahm ihnen ein sarazenischer Wächter mit Turban und Krummschwert die Pferde ab. Friedrich schritt durch die zauberische Nachmittagsstille der Alleen und Gärten. Über den mit Seerosenblüten überstreuten Wasserspiegel glitt ein Nachen zu einem kleinen, aus dem Wasser steigenden Kuppelpavillon. In dem Boot saßen eine blonde junge Frau und ein etwa fünfjähriger Knabe, der mit hellem Kinderlachen nach den glitzernden Fischleibern griff, die den Nachen im stillen Wasser umschwärmten.

»Falle mir nicht ins Wasser, mein Enzio«, rief der Kaiser hinüber, »bevor du schwimmen gelernt hast!«

Er winkte dem in ehrfurchtvoller Entfernung harrenden Pagen: »Bringe etwas zu trinken, Occursio!«

Der Genannte eilte davon. Friedrich blickte zum See hinüber, wo sich der Nachen dem Ufer näherte. Die Dame erhob sich. Der Kaiser schritt hinzu, ergriff ihren Arm und führte sie die Marmorstufen zum Park empor. Bevor sie etwas zu sagen vermochte, hatte sich das Kind an den Kaiser gehängt.

»Die goldenen Fische wollen sich nicht fangen lassen, Herr Vater. Kannst du mir nicht helfen?«

Friedrich legte seine Hand auf den hellen Scheitel.

»Ich fürchte, sie werden es bei mir kaum anders halten!«

»Du bist der Kaiser«, sagte der Kleine, streng zu ihm emporblickend. »Muß dir nicht alles gehorchen?«

»Vielleicht könnte dir der seltsame Heilige von Assisi helfen?« erwiderte der Kaiser ebenso. »Es heißt, daß er den Fischen und den Tieren des Waldes predigt.«

»Können sie ihn verstehen?«

»Da müßtest du die Tiere fragen ... Mir bereiten die Menschen Mühe genug. Aber wenn du groß bist, nehme ich dich mit auf die Jagd.«

Die Augen des Kindes waren blau und leuchtend.

»Ich *bin* groß, Herr Vater! Wann gehen wir auf die Jagd?«

»Enzio!«

Die Dame nahm das Kind an der Hand. »Die Majestät hat jetzt andere Dinge im Kopf!«

Der Kleine hatte den Pagen entdeckt, der mit Gläsern und Karaffen zurückgekehrt war und, sich in anmutiger Haltung verneigend, das Tablett darbot.

Friedrich überreichte der Dame ein Glas.

»Der Vater meines kleinen Mundschenks fiel bei Damiette. Seine Mutter starb an einer Seuche in Trani, als sie vergeblich auf die Rückkehr ihres Mannes wartete. Auch Occursio ist ein Opfer der frommen Abenteuer. Auch ihm hat man die Jugend nicht vergönnt.«

Das Kind ergriff die Hand des Knaben.

»Darfst du immer hier sein? Wirst du mir helfen, die Fische zu fangen?«

Während der zierliche Page errötend schwieg, sagte der Kaiser: »Occursio hat sein Amt. Ich nehme von niemand anderem zu trinken als von ihm.«

»Wenn Occursio bei dir bleiben darf«, sagte der Kleine, »will ich es auch!«

»Du siehst, Adelheid«, lächelte der Kaiser zu der Dame hinüber, »es ist schwer, gegen seine Entschlüsse anzukommen.«

»Er ist Ihr Sohn, Majestät!«

Ihrer beider Augen trafen sich für eine Sekunde.

»*Unser* Sohn«, sagte Friedrich. Nachdenklich fügte er hinzu: »Vielleicht muß die Liebe dem Menschen schon im Mutterschoß, vor seinem Eintritt in die Welt, gegeben werden. Wem es nicht zuteil wird, mag von der Sehnsucht wissen – die Liebe in ihrer Tiefe kann er nicht mehr lernen.«

Er wandte sich dem Kinde zu: »Ich habe einen Namen für dich, mit dem nur ich dich nennen darf!«

Der Kleine schüttelte ernsthaft den Kopf:

»Aber ich heiße doch Enzio!«

»Für mich bist du Falconello – mein kleiner Falke«, sagte der Kaiser. »Die Falken sind die klügsten und kostbarsten Vögel, die es gibt. Ich will ein Buch über sie schreiben. Vielleicht wirst du mir dabei helfen.«

»Dann bleibe ich bei dir?« fragte das Kind mit strahlenden Augen. »Wir gehen auf die Jagd, und dann lerne ich schreiben und dichten. Bleibt Frau Mutter jetzt auch bei dir?«

Die Augen des Kindes und des Kaisers lagen auf der Dame, die wie in sich selbst hinein erwiderte:

»Abschied ist immer dort, wo wir lieben ...«

Und zu dem Kinde: »Wir können nicht zu jeder Zeit haben, was wir wollen, mein Enzio. Du weißt, daß ich nach Deutschland gehöre.«

Während der Blick des Kaisers hinüber zu dem veilchenfarbenen Wasser von La Cuba streifte, in dem sich die Kuppeln des

Schlößchens und des winzigen Pavillons, von Seerosenblüten umspielt, widerspiegelten, dachte er an jene Tage in Nürnberg, als der Zweiundzwanzigjährige beim großen Fest in der hochragenden Burg einem Mädchen begegnet war; wie er danach beim Ritt durch die Wälder des fränkischen Hügellandes in der verwunschenen Stille eines efeuumrankten Herrenhauses eine Nacht mit der strahlend Umworbenen verbrachte. Frau Konstanze hatte den Knaben frühzeitig die Ehe gelehrt; der Taumel der blühenden Jugend kam später. Es blieb ein Rausch, den Friedrich niemals auf *einen* Menschen fixieren wollte und konnte. Das Leben war unendlich weit; das des Herrschenden umschloß mehr auch an Sinnlichkeit, als es die pflichtgemäße Ehe verlangte ...

Wie erwachend sah der Kaiser die Augen der Frau in den seinen, hörte er ihre Stimme: »Abschied ist immer dort, wo wir lieben ...«
 Er sah, wie ihre Lippen zitterten. Leise sagte er:
 »Ich bin stolz auf unseren Sohn, Adelheid.«
 Fern, abwesend fast, berührten seine Lippen ihre Stirn. Sie ließ es bewegungslos geschehen.
 »Bewahren Sie ihm Ihre Liebe, Majestät. Auch Enzio wird sein Schicksal als Kaisersohn auf sich nehmen müssen. Gott segne Sie und ihn.«
 Sie suchte noch einmal den Blick des Kaisers, dann trat sie in raschem Entschluß, das Kind an der Hand, in den Schatten der Laubengänge zurück.

IV
FERNES GROLLEN

Der Kaiser hatte den alten Freund und neuen Erzbischof von Palermo zur Beglückwünschung zu sich in das dritte der normannischen Landschlösser, La Zisa, geladen, das, weiter nördlich am Rande der Conca d'Oro gelegen, vor der sommerlichen Glut der Hauptstadt angenehme Kühlung gewährte.

Man ruhte auf seidenen Polstern im dem antiken Atrium angefügten Brunnenhaus, wo unter maurischen Stalaktitengewölben über eine Marmorkaskade Quellwasser in zwei im Fußboden eingelassene Becken herabrann.

Die Stille des Raumes bot in ihrer Abgeschiedenheit den geeigneten Rahmen für Gespräche, die sich dem höfischen Betrieb des Palazzo Reale entzogen.

So fern Friedrich, nicht zuletzt dank seiner sizilisch-unbefangenen Kindertage, jeder Art von Glaubenskämpfen gegenüberstand, sah er sich durch seine Auseinandersetzung mit der Kurie und die Kreuzzugsverpflichtung in die großen Bewegungen seiner Zeit entscheidend hineingestellt: die Idee einer Reinigung der verkrusteten Strukturen und Dogmen der Kirche wie des Aufbruches zu den Kulturreichen des Ostens im Namen des Kreuzes, ohne deren Einfluß weder das Papsttum noch sein eigenes Kaisertum in letzter Tiefe deutbar blieben.

Bereits in den vierziger Jahren des vergangenen Jahrhunderts hatte der Brief eines Bischofs an seinen Lütticher Amtsbruder Aufsehen erregt, worin die Rede gewesen war von Menschen, die die christliche Ehe als Unsinn verwarfen, sich aller fleischlichen Speise enthielten und sich weigerten, auch nur das geringste Lebewesen zu töten. Außerdem übten sie – als Höhepunkt gotteslästerlicher Anmaßung – untereinander das Auflegen der Hände, das nach geheiligter Sitte nur den Bischöfen zukam, zur Spendung der Kraft des Heiligen Geistes. Ebenso vergifteten sie mit großer Beredsamkeit die Herzen frommgläubiger Menschen, daß selbst einfältige Seelen sich den gelehrtesten katholischen Unterweisungen überlegen fühlten.

Über den Bischof von Bari hatte der junge Herrscher auch von jenem Sohn des reichen Tuchhändlers Pietro Bernardone aus Assisi vernommen, der sein junges Leben in Tavernen und bei kriegerischen Plänkeleien mit seinesgleichen vertat, bis er eines Tages ganz gegen seine Gewohnheit das vor den Toren seiner Vaterstadt gelegene Kirchlein San Damiano betrat. Dort hörte er, wie es hieß, vom Kruzifix her unvermittelt eine Stimme, die ihn mahnte: ›Siehst du nicht, wie mein Haus verfällt? Geh und stelle es wieder her!‹ Wobei der junge Mann die Aufforderung zunächst wörtlich nahm und daranging, die im Tal gelegene, verfallene Portiuncula-Kapelle mit seinen ersten Gefolgsleuten auszubessern …

Auch diesmal brachte Herr Berard das Gespräch auf die von jenem umbrischen Ort ausgehende Strahlungskraft des zuvor ganz unfrommen Bürgersohnes. Friedrich zeigte sich wenig beeindruckt.

»Mancher hört heutzutage Stimmen. Immer in Zeiten des Umbruchs gibt es Erscheinungen und Wunder mit oder ohne Segen der Kirche. Mancher Bruder Leichtfuß beschließt, dem allgemeinen Besitzstreben zu entsagen. Was also zeichnete den plötzlich so veränderten Kaufmannssproß besonders aus?«

»Daß für ihn von jetzt an vor dem Gebet und dem Büßen die *Tat* stand«, erwiderte der Bischof. »Daß er in kaum faßbarer Rücksichtslosigkeit seinen Weg änderte.«

»Wahrscheinlich«, sagte der Kaiser, »hat der junge Mensch von dem indischen Prinzen Siddharta gelernt, der dann als der ›Erleuchtete‹ jene gewaltige religiöse Bewegung auslöste, die möglicherweise der des ein halbes Jahrtausend später predigenden Nazareners zugrunde liegt. Auf sie wieder mag auch die von Ihnen erwähnte Reinigungswelle zurückgehen. Für Buddha beginnt die Kette des Leidens mit der Geburt. Er meint, daß das Leid nur durch Verzicht auf jedes Begehren überwunden werden kann. Vielleicht hat etwas davon auch im Geist des jungen Mannes aus Assisi Gestalt angenommen?«

Der Bischof ergänzte:

»Francescos Vater war als Kaufmann viel auf Reisen, besonders in Frankreich, wo ja der Weizen der Katharer blühte. Ihre Gedanken fielen bei manchen der Handelsleute auf fruchtbaren Boden – vor allem in Umbrien, wo sich katharische Gemeinden bildeten.«

Sie waren in den Brunnenhof hinausgetreten. Die Sonne spielte in den Arabesken der Mosaiken und des rieselnden Wassers.

Was ihn am bedenklichsten stimme, begann der Kaiser von neuem, als ließe ihn die Gestalt des seltsamen Mannes von Assisi nicht los, sei die Tatsache, daß dieser, obgleich er für die Kirche doch in fast allen seinen Ansichten und Praktiken die Voraussetzungen eines verdächtigen Ketzers erfülle, gerade dort so offenkundige Schonung gefunden habe.

Die absolute Unschuld, mit der dieser Mann nicht gegen sie, sondern *in* der Kirche revolutionieren wolle, sei allerdings das Erstaunlichste, bestätigte Herr Berard.

Er sähe darin keine Unschuld, vielmehr äußerst kluge Berechnung, hielt der Kaiser dagegen. »Wie aber«, fuhr Friedrich fort, »kann er, wenn er schon den klugen Innozenz überzeugte, sich nicht nur der Duldung, sondern gar der Unterstützung des unerbittlichen Fanatikers kirchlicher Macht, des Kardinals von Ostia, erfreuen?«

Vielleicht gedächte Seine Eminenz an diesem milden Licht das ausgebrannte Feuer der Ecclesia von neuem zu entzünden? bemerkte der Erzbischof.

»Mit Hilfe der Ketzer? Herr Hugolin eifert gegen sie und beschützt sie zugleich. Die Anhänger dieses zweifelhaften Aufrührers werden seine besten Verbündeten sein – gegen mich! Obendrein hat sich, wie ich hörte, der Apostel der Gewaltlosigkeit auch noch den Kreuzfahrern angeschlossen. Wie kann man zwei Wassermelonen in einer Hand halten?«

»Er wäre wohl nicht er selbst gewesen«, erwiderte Herr Berard, »wenn er nicht, beeindruckt von dem eindeutigen Mißerfolg dieser Unternehmung, den Weg seiner gewaltlosen Mission auch im Heiligen Land gegangen wäre. Er wanderte über das Schlachtfeld von Damiette, ohne Waffe, ohne Gepäck. Er betete mit den Sterbenden, half den Verwundeten. So fiel er in die Hände der Mohammedaner – und erreichte es, daß man ihn vor den Sultan brachte. Jeder erwartete, daß sich al-Kamil, der hochgebildete Neffe des großen Saladin, einen kurzen Spaß mit dem kleinen, abgerissenen Mönch der Christen machen würde.«

Wie ihm berichtet worden sei, warf Friedrich ein, habe man den seltsamen Pilger sogar mit Achtung behandelt.

Herr Berard bestätigte: Der Sultan habe ihn sogar eingeladen, eine Zeitlang an seinem Hof zu bleiben. »Das aber war nicht das Erstaunlichste – sondern die Antwort des kleinen Mönches an den Herrscher der Muslims!«

»Was sagte er?«

»Francesco willigte ein – unter der Bedingung: der Sultan möge sich zum christlichen Glauben bekennen. Und dieser verabschiedete sich von ihm mit den Worten: ›Bete für mich, daß Gott mir den Glauben offenbaren möge, der ihm am angenehmsten ist!‹«

»Ich bewundere vor allem die Langmut des Sultans!« stellte Friedrich kopfschüttelnd fest.

»Ich wieder meine«, erwiderte der Erzbischof, »daß dieselben Worte auch aus dem Munde Eurer Majestät stammen könnten.«

Nach einer Weile sagte der Kaiser:

»Es gibt eine alte orientalische Geschichte von einem sterbenden Vater, der seinen drei Söhnen, die er gleich liebte, von dem zu vererbenden geheimnisvollen Familienring zwei Kopien herstellen ließ und ihnen auf diese Weise *drei* äußerlich gleiche Ringe übergab – wobei jeder glauben sollte, er allein sei im Besitz des einen echten. Wer konnte jenen wahrhaft erweisen? Und betrifft das nicht jeden Glauben aller Völker? Wem offenbart Gott schon den *ihm* angenehmsten? Wer sagt im übrigen, daß nicht der *erste* Ring schon eine Fälschung war – ?«

Friedrich richtete sich auf: »Wie auch immer – für meine Krone gilt derlei Fragwürdigkeit nicht. Wenn wir uns darauf verlassen, daß die *anderen* die mühsamen Geschäfte dieser Welt besorgen, ist es leicht, den Lilien auf dem Felde oder den Tieren des Waldes zu predigen. Gilt nicht auch hier das Wort von dem einzigen Weizenkorn, das von tausend Versen nicht aufgewogen werden kann? Sagen Sie mir, was Sie wollen, Eminenz: Solange der heilige Asket unter dem Schutz des Kardinals von Ostia steht und seine minderbemittelte Bruderschaft von ihm als Stoßtrupp gegen mich eingesetzt wird, sehe ich den Mann aus Assisi als meinen persönlichen Feind an!«

»Vielleicht sollten Sie sich vom Wesen und den Absichten dieses Mannes von ihm *selbst* berichten lassen, Majestät?«

»Wäre er auch wirklich so harmlos, wie Sie sagen«, gab der Kaiser zurück, »ich halte mich lieber an das arabische Wort: Ein leerer Brunnen wird nicht vom Tau gefüllt!«

*

In den folgenden Monaten, da Friedrich bemüht war, mit Herrn von Salzas Hilfe die aufsässigen sizilischen Barone und die Bergsarazenen endgültig zu unterwerfen und die während seiner Minderjährigkeit verlorene Ordnung in seinem Mutterland wiederherzustellen, erreichte ihn ein Schreiben des Heiligen Vaters:

Mein Sohn!

Gott, dem nichts verborgen ist, der keine Geheimnisse kennt, ist Mein Zeuge, mit welcher Sehnsucht des Geistes, mit welcher Freude des Herzens Ich den Tag herbeigewünscht habe, wo Ich Dir die Kaiserkrone reichen würde. Ich habe mich über Deine Erhöhung gefreut wie ein Vater über die Erhebung seines Sohnes, in der Überzeugung, daß daraus für die Kirche und die ganze Christenheit der größte Gewinn hervorgehen müsse. Je mehr Verdienste die Kirche um Dich hat, desto mehr muß sie von Dir erwarten, desto mehr mußt Du Dich vor Undankbarkeit und Beeinträchtigungen hüten; desto weniger darfst Du vergessen, mit welchen Eiden und Versprechungen mancher Art Du Dich gebunden und verstrickt hast. Schon vor Deiner Krönung warst Du wegen Versäumnis der Fristen dem Bann verfallen, und Ich habe ihn nur aufgehoben, weil Du schwurest, den Befehlen der Kirche zu gehorchen. Bisher aber hast Du ihre und der morgenländischen Christen Hoffnung getäuscht.

Gern will Ich alles befördern, was Deine und Deines Reiches Ruhe erfordert: aber hüte Dich, in die Fußstapfen Deiner Vorfahren zu treten, welche von Gott so gestraft wurden, daß außer Dir kaum noch einer von ihrem ganzen Geschlechte übrig ist; hüte Dich, solchen Dein Ohr zu leihen, welche bei einem Streite zwischen Dir und der Kirche im trüben zu fischen hoffen. Überlege, eingedenk der nächstvergangenen Zeiten, ob Du von einer offenen Fehde mit der Kirche Vorteil erwarten könntest. Bedenke, daß Dein Sohn nicht minder durch den Einfluß der Kirche, als durch seine eigene Kraft ruhig in Deutschland herrscht; bedenke, daß Ich viele Augen und Ohren habe und sehr wohl weiß, wie vielen in Deutschland und Apulien Ich einen Gefallen täte, wenn Ich unangenehme Maßnahmen gegen Dich ergriffe!

»›Bedenke, daß Ich viele Augen und Ohren habe ...‹« wiederholte Friedrich vor sich hin. »Mir scheint, daß sich der Heilige Vater vor allem *eines* Paares Augen und Ohren bedient. Das ist die zweite Drohung in solcher Deutlichkeit.«

»Sie haben auch die letzte Frist, den August, zum Antritt des Kreuzzuges versäumt, Majestät«, erinnerte der Kanzler. »Sie wissen, wer Ihnen gegenübersteht. Jetzt haben wir Oktober.«

»Ich kenne den Kalender«, wehrte Friedrich ungeduldig ab. »Habe ich nicht meinen guten Willen bewiesen, indem ich Truppenverstärkungen unter Führung des bayerischen Herzogs und des Bischofs von Passau ins Heilige Land den Kreuzfahrern zu Hilfe sandte? Weitere Schiffe folgten mit Lebensmitteln und Soldaten. Man weiß nur zu gut, daß es nicht meine Schuld ist, wenn sich die Dinge dort nicht wie erhofft entwickelten; ebenso ist der Kurie bekannt, welche Läuse ich hier im Pelz habe! Die Genuesen hassen mich, weil ich ihnen ihre alten Rechte in den sizilischen Häfen genommen habe; für Pisa gilt Ähnliches. Wenn ich mich jetzt nach Palästina auf den Weg machte, hätte man im Fall einer endgültigen Niederlage den willkommenen Sündenbock – und zudem hier durch meine Abwesenheit freie Hand. Man könnte meine mühsam begonnene Aufbauarbeit ebenso planvoll zunichte machen; die gerade unterworfenen Barone nähmen ihre Räubereien wieder auf, die Kontrolle über die schwer zu bändigenden Sarazenen fiele weg. Meine Finanzen würden wirkungsvoll geschwächt – kurz: man hätte gerade den von Herrn Hugolin so sehnlich erwünschten Zustand! Wer denkt hier ›im trüben zu fischen‹? Der Erfolg, den ich anstrebe, muß *gesichert* sein! Das Spiel, das man betreibt, ist der römischen Weisheit würdig. Offenbar unterschätzt man meine Widerstandskraft!«

»*Einer* unterschätzt Sie jedenfalls nicht, Majestät!«
Friedrich machte eine Handbewegung, als vertreibe er ein Insekt.
»Ich werde Seiner Heiligkeit eine Botschaft zukommen lassen. Ich brauche Aufschub.«
Noch ehe der Kanzler etwas erwidern konnte, fuhr Friedrich fort: »Sie werden das Schreiben aufsetzen und persönlich überreichen. Scheuen Sie keine Schmeicheleien und unverbindlichen Versprechungen! Dabei könnten Sie auch den Frangipanis einen Besuch abstatten; sie gehören zu den reichsten und einflußreichsten Familien in Rom. Leider kosten sie mich einiges, aber in der Nähe der Laterans ist eine solche Bastion nicht zu unterschätzen. Vor allem aber bemühen Sie sich um den Kardinal von Ostia. Erwähnen Sie mit keinem Wort die in dem Brief des Papstes enthaltenen Drohungen. Im übrigen habe ich nur für meine Person, nicht für meinen Sohn Heinrich geschworen, das Reich und Sizilien niemals zu vereinigen. Wer will mir verwehren, mindestens bis zu seiner Großjährigkeit im Regno zu herrschen? Seien Sie verschlagen, noch undurchschaubarer als die Herren auf und neben dem Stuhl des heiligen Petrus!«
In diesen Tagen schickte der Kaiser den Erzbischof Berard zusammen mit dem kleinen Enzio nach Catania zu seiner Gemahlin Konstanze; Friedrich hoffte, daß die Kaiserin an dem Kinde Gefallen finde. Zudem war für italienische Erzieher gesorgt; der Knabe sollte vergessen, daß er aus Deutschland stammte.
Die kränkelnde Kaiserin wies den Besuch ab. Ihre frommen Übungen erlaubten ihr keine andere Beschäftigung.

*

Im kleinen Audienzraum des Heiligen Vaters im Lateranpalast stand der Kardinal-Vikar hochaufgerichtet vor dem greisen Honorius. Mit gepreßter Stimme und vor Zorn gerötetem Gesicht trug Herr Hugolin aus einem Papier vor, das er in seinen Händen hielt:

Ob Wir gleich, Heiliger Vater, mit Ehrfurcht und Anerkennung alle Eure Hinweise stets berücksichtigt und entkräftet haben, so vernehmen

Wir doch, daß die Kirche, Unsere Mutter, noch immer über die Erhebung Unseres geliebten Sohnes beunruhigt sei, weil Wir diesen schon längst ihrem Schoße anvertraut und versprochen hätten, für ihn, nach völliger Entlassung aus der väterlichen Gewalt, keine weiteren Bemühungen zu übernehmen. Jedoch scheint es Uns, Heiligster Vater, als könnte Euch – bei der großen Liebe, die Ihr für Uns und Unseren Sohn hegt – jene Wahl aus keinem anderen Grunde lästig erscheinen, als weil Ihr daraus auf eine Vereinigung des deutschen und sizilischen Reiches schließt. Dies soll aber die Kirche, Unsere Mutter, weder fürchten noch argwöhnen. Die Tat und der Ausgang soll Euch überzeugen, daß Wir hierin wie in allen anderen Dingen, uns stets so gegen Eure Heiligkeit benehmen werden, daß die Kirche mit Recht sich freuen könne, einen solchen Sohn gezeugt zu haben. Ja, wenn auch die Kirche gar kein Recht an das Königreich hätte, so wollten Wir es, im Fall eines kinderlosen Todes, doch weit lieber ihr vermachen als dem Kaiserreich.

Zwar wird Uns oft gesagt: alle Liebe, welche die Kirche gegen Uns zeige, sei nicht aufrichtig und werde nicht beständig sein; aber Wir glauben solchen giftigen Einflüsterungen nicht und dürfen auch von Euch, Heiliger Vater, erwarten, daß Ihr an Unseren Maßnahmen keinen Anstoß nehmen und in Unserer Abwesenheit so für das Reich sorgen werdet, daß Euer Sohn an Ehre und Würde keinen Schaden leide. Was den zweiten Hauptpunkt, das Antreten des Kreuzzuges betrifft, so haben Wir Euch die nach und nach oft ganz unerwartet entstandenen Ursachen der Verzögerung mehrere Male angezeigt. Die Fürsten baten und forderten mit Recht, daß die des Reiches Ehre betreffenden Angelegenheiten vor Unserem Aufbruche gebührend zu Ende gebracht werden. Nach Beseitigung dieser Hindernisse wollen Wir ohne allen weiteren Verzug aufbrechen, wie es Unseren und Euren Wünschen gemäß ist.

Seine Heiligkeit saß zusammengesunken im hochlehnigen Stuhl unter einem engelumschwebten byzantinischen Kruzifixus, dessen verzerrter Gesichtsausdruck im goldstrahlenden Heiligenschein dem des Greises zu seinen Füßen von ferne nicht unähnlich schien.

»Haben Sie Herrn von Vinea die erbetene Audienz bei mir zugesagt, Eminenz?« fragte Honorius matt. »Was soll ich ihm antworten?«

»Nichts, Heiligkeit«, kam die eisklare Stimme des Vikars. »Wozu eine Audienz?«

»Aber seine Erklärung ...«

»Bedarf keiner besonderen Antwort. Ein Notenaustausch. Das Spiel geht weiter.«

»Und wie, Eminenz?«

Der Kardinal wiederholte voller Abscheu die Worte:

»Weil wir die Trennung jener Reiche auf alle Weise bezwecken‹ – ! Welch hinterlistige Verkleidung der Tatsachen!«

Herr Hugolin legte das undurchsichtige Dokument wie einen giftigen Gegenstand zur Seite. Mit einem genialen Schachzug hatte der Staufer das Spiel zu seinen Gunsten verändert. Nur für seine Person, nicht für seinen Sohn galt der Schwur, das Reich und Sizilien niemals zu vereinigen! Nur für seine Person hatte der Lehenseid gegenüber der Kirche gegolten! Die Zusammenfassung in einer Hand, die zu verhindern der Dritte Innozenz die halbe Welt in Aufruhr gebracht hatte, stand nun als neue Bedrohung über der Kurie.

Bebend vor Zorn fügte der Kardinal hinzu: »Der Wolf ändert sein Fell, nicht seine Natur. Er bleibt die Herausforderung, die die Kirche Christi nicht hinnehmen darf!«

Der Heilige Vater blickte, sich das Kinn reibend, mit müden Augen zu seinem Vikar hinüber:

»Unsere Vorstellung, Eminenz, erzwingt nicht immer die Erfüllung unserer Wünsche!«

»Er ist wie eine Fata Morgana«, stieß der hagere Herr in der Soutane hervor. »Man kann ihn nicht fassen. *Er* spricht von möglicher Kinderlosigkeit! Er, der seine Gemahlin wie eine Gefangene hält, während er von seinen jungen Mätressen schon jetzt mehrere Söhne und Töchter hat! Der den deutschen Bastard nach Sizilien holte, um ihn in seiner Nähe erziehen zu lassen, während er den legitimen Sohn in Deutschland sich selbst überläßt!«

»Wo sonst«, fragte der Papst, »sollte sich der Deutsche König aufhalten?«

»Ein hüftlahmes Kind, das der Pflege bedürfte! Und die Mutter, die es hinnahm, daß die Amme das Kind unglücklich fallen ließ und daß es ohne jede Fürsorge, lediglich unter den vom Kaiser bestellten Erziehern, sich selbst überläßt – verdient sie diesen Namen?«

»Es geschah auf Befehl des Kaisers, daß der junge König in diesem, wie Sie sagen, ›fremden Land‹ – das sein Königreich ist! – aufwächst, Eminenz! Heinrichs Pfleger und Reichsverweser, der Erzbischof Engelbert von Köln, ist, wie Sie wissen, der mächtigste deutsche Fürst.«

»Und vor allem dem Kaiser allzu treu ergeben!«

»Was ihn nicht hindert«, betonte Honorius, »in Köln einen der gewaltigsten und herrlichsten Dome Europas zu planen – zu Ehren des Herrn und Seiner Kirche. Er gedenkt dort die Gebeine der Heiligen Drei Könige aufzubewahren.«

»Herr Engelbert plant ein wenig zu hoch in den Himmel. Mir besitzt er zu viel Anhang in Deutschland, zu viel Einfluß auf den jungen König und zu viel eigene Macht. Er stärkt die Stellung des Kaisers in einer Weise, die ich mit Sorgen betrachte. Man wird etwas unternehmen müssen, Heiligkeit.«

»Unternehmen ...«, wiederholte der Papst verdrießlich. »Könnte es nicht auch einmal für den Frieden sein?«

»Nicht mit dem, der zur Zeit die Kaiserkrone trägt, Heiligkeit! Dieser Staufer wird uns immer hintergehen«, beharrte Herr Hugolin. »Er selbst liebt es, das arabische Wort zu zitieren: ›Was das Auge nicht sieht, tut dem Herzen nicht weh‹. Er hat kein Herz. Wie sollte ihm selbst das Sichtbare weh tun?«

Honorius, der die Übereifrigen gewähren ließ, aber wenig liebte, hob die Hand:

»Wir beide sind alt. Wollen wir ihm seine Jugend neiden? Vielleicht gehört mehr Herz dazu, auf einen Sohn um der Aufgabe willen zu verzichten, als ihn im warmen Nest aufzuziehen? Er muß sein Haus bestellen, bevor er den Weg ins Heilige Land antritt. Wer weiß, ob er jemals zurückkehrt? Denken Sie an seinen Großvater Barbarossa. Auch sein Vater starb in jungen Jahren. Zudem war unser letzter Brief offensichtlich von Wirkung. Hätte er sonst seinen engsten Vertrauten zu uns entsandt?«

Der Kardinal preßte die Lippen zusammen.

»Er verhöhnt die Kirche. Aber der Apfel fällt nicht weit vom Stamm. Man weiß genug über die wahrscheinlich niemals vollzogene Ehe des gottlosen Herrn Heinrich mit seiner um elf Jahre älteren normannischen Gattin!«

»Wie das nicht nur in Herrscherhäusern zuweilen üblich ist«, nickte der Papst beschwichtigend. »Sie beziehen sich offenbar auf die Versicherung, die man der Kaiserin Konstanze abverlangte, bevor mein Vorgänger die Patenschaft über das vaterlose Kind übernahm?«

Herr Hugolin verbesserte:

»Es war ein heiliger Eid, daß es sich bei ihrem nach achtjähriger, kinderloser Ehe endlich geborenen Sohn *nicht* um ein untergeschobenes Kind handelte! War dergleichen in Herrscherhäusern bisher so ganz ohne Anlaß üblich, Heiligkeit?«

»Feindschaft ist ein schlechter Ratgeber für einen Weisen«, murmelte der Greis in seinem Lehnstuhl. »Die Kaiserin zählte immerhin über vierzig Jahre ...«

»Ihr erstes und einziges Kind – in einem Alter, wo sonst kaum noch eine Frau zu gebären imstande ist«, beharrte der Kardinal. »Dazu in Jesi, einem verlorenen Nest in der abgelegenen Mark Ancona – und in Abwesenheit des Gatten!«

»Die Kaiserin befand sich auf der Rückreise von Deutschland in ihre sizilische Heimat, als sie von den Wehen ergriffen wurde.«

»Und mußte darum diese Geburt am zweiten Weihnachtstag, also mitten im Winter, in einem eiligst errichteten Pavillon mitten auf dem Marktplatz geschehen? Gab es für die Vorbereitung eines solchen Ereignisses nicht vorher genügend Zeit? Warum also diese ›zufällige‹ Geburt – ich wiederhole, Heiligkeit, an solch abgelegenem Provinzort und mit so merkwürdiger Demonstration für die öffentliche Aufmerksamkeit?«

»Sie sagen es«, erwiderte der Papst abwehrend, »eben *weil* die ganze Stadt an dem Vorgang teilnehmen und dadurch die vielleicht naheliegende Kindesunterschiebung vor aller Augen unglaubwürdig oder verhindert werden sollte!«

»Warum aber«, stieß Herr Hugolin unerbittlich nach, »die nicht weniger seltsame Tatsache, daß das Kind gleich nach seiner Geburt dem damaligen Herzog von Spoleto und Grafen von Assisi, Herrn Konrad von Urslingen, anvertraut wurde, während sich die Kaiserin mit offensichtlich wenig mütterlichem Gefühl zu ihrem Gemahl zum Reichstag nach Bari begab? Wird dadurch das Verhalten sowohl des Kaisers wie seiner ihm kaum in Liebe verbundenen Gemahlin nicht um so fragwürdiger?«

»Lag es für den mißtrauischen Kaiser nicht nahe«, wandte Honorius ein, »einen vertrauenswürdigen Gefolgsmann aus seiner Heimat mit der Betreuung des Kindes zu beauftragen? Und ebenso, daß er mit Rücksicht auf die nicht mehr junge Wöchnerin keinen größeren Ort mit allem Aufsehen und allen Anstrengungen für sie wählte? Warum sollte das Neugeborene gerade in dieser Jahreszeit unnötig einer beschwerlichen Reise ausgesetzt werden – nur, um es unter der Obhut der Mutter zu lassen?«

»Welcher Mutter? Meinen Eure Heiligkeit die Herzogin von Spoleto, die das Kind bis zum Tode seines Vaters aufzog?«

Da der alte Papst schwieg, fuhr der Kardinal fort, als wolle er die Gestalt seines Gegenspielers bis in den allerletzten Winkel ausleuchten:

»Wie waren die Auskünfte, die Sie über das Kind in dieser frühen Zeit erhielten, Heiligkeit?«

»Sie sprachen von einem ungewöhnlichen Knaben mit erstaunlicher Auffassungsgabe, ja Selbstüberzeugung«, sagte der Papst. »Zugleich erschien der Kleine wieder in sich versunken, eigensinnig, auf keinen Ruf hörend. Empfindsam – doch ohne tieferes, starkes Gefühl, wie man mir sagte. Allein und neugierig, ging er allem nach, was ihn gerade fesselte. Bei jedem Spielzeug, so er welches besaß, wollte er erforschen, was ›dahinter‹ oder ›drinnen‹ steckte.«

Mit verlorenem Lächeln fügte Honorius hinzu: »Ich erinnere mich der frühen Berichte an Herrn Innozenz. Sie sprachen von den strahlenden Augen des Kindes: unergründlich, ohne Wärme – aber mit einem Ausdruck, der alle und alles durchdrang. Man weiß, mit welchem Trotz er sich gegen den deutschen Usurpator Markward von Annweiler im väterlichen Palast zu Palermo zur Wehr setzte. Auch lobte man seine Geschicklichkeit im Waffengebrauch. Er war ein ebenso glänzender Reiter wie ein unersättlicher Leser. Alle Sprachen, die in seiner Umgebung gesprochen wurden, alle Denkungsarten nahm er in sich auf.«

Der Papst hob den Blick: »Jedenfalls zeigte er sich früh besonders geeignet, Menschen zu führen ...«

»Und zu *ver*führen, Heiligkeit!«

»Dabei«, fuhr Honorius fort, ohne auf das letztere einzugehen, »mit einem fast erschreckenden Mangel an Zartheit, wie es immer wieder deutlich wurde; allzu früh selbständig bis zur Rücksichtslosigkeit ...«

»Also ganz Sohn seines Vaters!«

»Heinrich der Sechste war ein Tyrann«, wehrte der Heilige Vater ab.

»In seinem Sohn lebt möglicherweise etwas vom arabisch-östlichen Einfluß, bestimmt durch seine normannische Mutter.«

Herr Hugolin hüstelte:

»Möglicherweise ...«

Unwillig blickte der Papst zu dem vor ihm aufragenden Kardinal auf:

»Gehen diese Gerüchte von einem bestellten Beischläfer oder dem untergeschobenen Kind des Metzgers von Jesi noch immer um?«

»Mancherorts und in Deutschland gewiß«, erwiderte der Kardinal mit unterdrücktem Triumph. Und wieder mit einem Räuspern: »Es wird dafür gesorgt ... Übrigens hörte man ja auch, daß die Kaiserin an dem so überraschend frühen Tod ihres Gemahls nicht ganz unbeteiligt gewesen sein könnte ...«

Der Heilige Vater hob die zitternde, ringgeschmückte Hand:

»Sind derlei unfruchtbare Erörterungen nicht allzu vermessen, Eminenz?«

»Es gibt verschiedene Arten von Ruhr. Man kann auch nachhelfen!«

»Irgendein Höfling«, wehrte Honorius wieder ab, »der zur Zeit von Heinrichs Tod in Messina war, will von den Leuten des Markward von Annweiler etwas von Arsen flüstern gehört haben. Ist es nicht abscheulich, dem Pöbel solche Brocken hinzuwerfen? Die Jahrhunderte werden sie wiederkäuen.«

»Die Taten des Tages sind nicht weniger abscheulich, Heiligkeit!«

Der zusammengesunkene Greis in seinem Lehnsessel murmelte müde: »Lassen wir den Toten ihre Ruhe. Die Lebendigen quälen sich gegenseitig genug.«

Der Kardinal von Ostia bebte in schwelendem Zorn.

»Es liegt an uns, Heiligkeit, sich nicht unnütz quälen zu lassen. Wenn wir der Schlange nicht den Kopf zertreten können, müssen wir sorgen, daß sie anderswo um sich beißt. Herrn Engelbert in Köln könnte etwas zustoßen. Es sind schon andere deutsche Fürsten ›privaten‹ Fehden zum Opfer gefallen. Der sizilische Kleinkrieg läßt sich mit ein wenig Nachhilfe beliebig verlängern. Den Rest besorgen unsere lombardischen Freunde. All das zusammen gibt uns Zeit, den letzten Schlag vorzubereiten. Vergessen wir nicht, Heiligkeit: Auch sein Vater starb im Kirchenbann!«

Der alte Papst schüttelte den Kopf:

»Das wäre das letzte Mittel. Das allerletzte. Ich will in Frieden mit dem Kaiser leben. Ich will im Frieden mit der Welt sterben.«

Das Schweigen raunte wieder im düster-kühlen Raum, wo der Gekreuzigte über dem Betstuhl mit verzerrtem Gesicht in seiner Glorie auf die beiden Greise herabblickte.

Während der Kardinal unbeweglich verharrte und den Heiligen Vater mit seinen brennenden Augen zu bannen schien, sagte Honorius mühsam:

»Sind Sie nicht ein Jünger des Bruders Francesco? Haben Sie nicht erfahren, daß wir in unserem Leben immer an Grenzen stoßen? Wenn die Kirche auch ihren Kampf auf sich nehmen muß – warum der Haß?«

Noch immer stand Herr Hugolin wie eine Statue:

»Er ist Luzifer. Er muß fallen!«

*

Petrus von Vinea verließ den Lateranpalast, ohne dem Papst Friedrichs Gruß entboten zu haben. Herr Hugolin hatte ihn zu warten beschieden. Danach wurde ihm bedeutet, Seine Heiligkeit habe das Schreiben des Kaisers mit Genugtuung entgegengenommen und würde es gebührend bedenken. Mit ausgezeichneter Höflichkeit war der Kanzler empfangen – und wieder entlassen worden.

Er durchschritt die prunkenden Gemächer und düsteren Treppenhäuser, die Säulenhöfe und gedeckten Gänge der festungsgleich unbezwingbaren Papstresidenz. Erhaben ritt draußen der von brüchigem Gold schimmernde Kaiser Marc Aurel auf dem unordentlich umbauten Platz.

Nachdem Herr von Vinea erneut die bewaffneten Wachen am Tor passiert hatte, wandte er sich der Straße zu, die, umsäumt von Gräbern, Ruinen und Hütten, zu dem seiner Statuen und marmornen Sitzreihen beraubten gigantischen Oval des Colosseums führte, das seinen Namen der einst dort aufragenden, jetzt ebenfalls verschwundenen Riesenstatue des Kaisers Nero verdankte.

Unweit des Steingebirges dieses Flavischen Circus lag der gewaltige Stadtpalast der Familie Frangipani; sie gehörte zu den eigentlichen Herren der Stadt Rom – jenen wenigen, in den unberennbaren Überresten der antiken Großbauten verschanzten, ebenso machtgierigen, käuflichen und oftmals räuberischen wie unter sich zerstrittenen Sippen in grausamer Zeit.

Türme, neu oder auf alten Monumenten aus Ziegeln gefügt, entstanden gerade in dieser Epoche überall in Rom; kein Triumphbogen der Caesaren, der nicht übertürmt worden war. Allein die Frangipanis hatten die Bogen des Titus und des Konstantin ebenso wie mehrere Janusbogen zu ihren Festungen gemacht. Nicht weit vom Titusbogen erhob sich am Fuß des Palatinhügels an der Via Sacra der mächtige Hauptturm ihrer Burganlagen, errichtet auf den Resten des alten Äskulaptempels. Auch der Circus Maximus starrte von den Zinnentürmen der Frangipanis, die außerdem auf dem Caelius-Hügel herrschten. Mit den Frangipanis gedachte der Kaiser Verhandlungen über den Erwerb eines Teiles des Colosseums einzuleiten, der ihnen wiederum von den ebenfalls mächtigen Annibaldis streitig gemacht wurde.

Als Petrus von Vinea im Auf und Ab der von Trümmern und Ruinenbergen gesäumten Straßen sein Ziel, den verbarrikadierten Adelspalast, erreicht hatte und sich wie von ungefähr zurückwandte, schien es ihm, als husche ein Schatten, der ihm gefolgt war, hinter einen Mauervorsprung zurück. Es war ein Irrtum zu glauben, daß die ›Augen und Ohren‹ der Kurie auch nur für einen Wimpernschlag untätig blieben.

V
BEGEGNUNG IN BARI

Ein milder, windiger Wintertag lag mit früher Dunkelheit über dem im Umbau befindlichen Kastell zu Bari. Die alte Hafenstadt an der südlichen Adria war vor vierhundert Jahren wichtigste Festung der Sarazenen gewesen, bis sie der Normanne Robert Guiscard endgültig dem oströmischen Reich entriß. Jetzt förderte der Stauferkaiser die Neugestaltung der Wehrburg als eines seiner ersten Bauwerke. Die gewaltige, von vier Ecktürmen beherrschte, meerumrauschte Anlage umgab auf der Landseite ein Wassergraben. Drohend erhoben sich die zyklopischen Mauern aus Tuffstein bis zu fünfunddreißig Metern Höhe. Der Hauptzugang auf der West- und Seeseite war – wie der Treppenaufgang im Hof des Kastells – bewacht vom Kaiserlichen Adler, stehend über einem erlegten Hasen.

Friedrichs Wohnräume befanden sich oben, zum Meer hin. In den Marmorkaminen brannten wohlriechende Feuer; an den Wänden, vor seidenen Teppichen, leuchteten arabische Edelsteinampeln und Lampen von Bergkristall. Die geschnitzten Stühle und Bänke schmückten golddurchwirkte Kissen, ebenso die Ruhebetten in den Nischen. Auf Podesten standen in geprägten Lederbänden die Werke des Aristoteles und wissenschaftliche Bücher in arabischer Sprache, auch naturgeschichtliche Folianten etwa über Falken und Hunde, exotische und bisher unerforschte Tierarten mit Miniaturen persischer oder sizilianischer Herkunft.

Zum ersten Mal residierte Friedrich in Apulien. Er wollte den Winter nutzen, die Zentralverwaltung des Reiches in Angriff zu nehmen.

An jenem Januarabend befahl der Kaiser dem sarazenischen Diener, der, die Hand am Krummschwert zur Seite, im Gemach seines Herrn Wache hielt, den Burgvogt zu ihm zu schicken. Friedrich, im fußlangen, pelzbesetzten Gewand aus orientalischer Taftseide, das durch einen Gürtel aus vergoldetem Leder zusammengehalten wurde, sah von seinem Arbeitstisch nicht auf, als der Sizilier eintrat:

»Hast du, wie angeordnet, den frommen Mann in den Gastzimmern des Nordostturmes geziemend untergebracht?«

Und als der Veteran, der noch der Kaiserin Konstanze gedient hatte, sich bejahend verneigte:

»Wie sieht er aus? Verschlagen? Gefährlich?«

Der Kastellan stand, ohne sich zu rühren:

»Man nennt ihn den ›Spielmann Gottes‹, Majestät. Er genießt die Verehrung aller, die ihn kennen.«

»*Ich* kenne ihn nicht. Darum ist er hier. Hast du ihm befohlen, ein Bad zu nehmen?«

Der Kastellan bejahte wortlos mit einer Andeutung von Unwillen.

»Tat er es?«

»Es scheint so, Majestät. Er zögerte zunächst.«

»Nahm er die angebotenen Speisen?«

»Nur Brot und Wasser.«

Der Kaiser lächelte leise:

»Und den Besuch, den ich zu ihm schicken ließ – wie verhielt es sich damit?«

Der Burgvogt erwiderte fest, als er sah, daß sich Friedrich ihm fast neugierig zuwandte:

»Eure Majestät hätten einer solchen Probe nicht bedurft.«

Eine unwillige Handbewegung:

»Berichte!«

Langsam und widerstrebend kam die Antwort des alten Mannes:

»Als ich die sarazenische Tänzerin zu ihm führte, begrüßte er sie arglos als Schwester und fragte sie, was sie von ihm wolle. Sie verstand ihn offenbar nicht.«

»Was geschah dann?«

»Sie ging zu ihm hinüber auf sein Lager und ließ sich bei ihm nieder. Daraufhin verließ ich, dem Befehl gemäß, den Raum.«

»Dem Befehl gemäß hattest du das Weitere durch das Türschloß zu beobachten. Was sahst du?«

»Nichts, Herr. Ich zog mich zurück. Es genügte mir, was ich hören mußte.«

»Was hörtest du?«

»Für eine Weile vernahm ich die leise, freundliche Stimme des Bruders. Dann ein Hantieren; darauf laute Schreie.«

»Des Mönches?«

»Nein, Majestät, des Mädchens.«

»Sie schrie?« merkte der Kaiser auf. »Sollte der fromme Mann doch – ?«

Der Kastellan verharrte unbeweglich.

»Als die Schreie immer wilder wurden, betrat ich den Raum. Er war nicht verriegelt.«

»Was sahst du?«

»Ich sah, wie der Bruder mit dem Kaminbesteck die brennenden Holzscheite herausriß und auf dem Steinfußboden ausbreitete.«

»Holzglut auf dem Fußboden?« fragte Friedrich ungehalten. »Gedachte er die Burg in Brand zu stecken?«

»Er bot der Versucherin das glühende Lager an, wie er erklärte.«

»Warum das?«

»Er wolle sich neben ihr ins Feuer legen, sagte er, um sie auf diese Art von seiner Standfestigkeit zu überzeugen.«

Der Kaiser lachte auf.

»Ein solch delikates Abenteuer hat die erfahrene Dame gewiß noch nicht erlebt. Ist sie von der Glut verletzt?«

»Es kam nicht dazu, Majestät. Ihr ohrenzerreißendes Geschrei schreckte wohl auch den verzweifelten Bruder, der vor ihr zurückwich. Mir blieb nichts, als die Glut wieder in den Kamin zurück – und die Tänzerin so schnell wie möglich hinauszubefördern. Sie will bei Eurer Majestät Klage erheben wegen Mordversuchs.«

Die Miene des Kaisers war noch immer erheitert:

»Ich werde ihr ein Schmerzensgeld anweisen.«

Dann, nachdenklicher: »Wenigstens in diesem Punkt scheint er nach seiner Lehre zu leben. Ich wünsche ihn jetzt zu sprechen.«

Selten in der Geschichte der Menschheit standen zwei Männer in solch äußerem Gegensatz einander gegenüber wie der Stauferherrscher im Glanz seines jungen Kaisertums und der um zwölf Jahre ältere Mönch: der Vertreter der absoluten Macht dieser Erde – und der der absoluten Demut und Besitzlosigkeit. Der Kaiser liebte die Kultur und die Freuden des Lebens, und er besaß die Liebe des Gelehrten zur Wahrheit. Sein Kampf gegen den Anspruch der Kirche – und besonders den Besitzanspruch ihrer höchsten Vertreter – verband ihn im Grunde mit dem friedfertigen, fast unkörperlichen Mönch, der hier in seiner schmutzigen, ausgefransten Kutte aus grober Sackleinwand, den Strick um den Leib und barfuß, bescheiden, und doch einen ungewollten Stolz ausstrahlend, vor ihm erschien.

Über Friedrichs vielschichtiges Wesen, seinen glänzenden Geist wie sein diplomatisches Geschick waren die Meinungen gespalten. Feierlichste Lobeshymnen der kaiserlichen Partei und zugleich abgründigste Verleumdungen der Gegenseite durchhallten schon jetzt das Abendland und fanden ihr Echo jenseits der Meere.

Der ›Poverello‹ aus Assisi dagegen schien keine Feinde zu haben; die Lauterkeit seines Herzens, die wehrlose Eindringlichkeit seines Beispiels war bis zu dem grundsätzlich mißtrauischen Kaiser durchgedrungen. Geschah es durch Zufall, daß die Begegnung gerade hier in Bari, dem Angelpunkt der wirtschaftlichen, geistig-kulturellen wie auch kriegerischen Auseinandersetzung zwischen Ost und West, zwischen Byzanz und Westrom, zwischen Sarazenen und Christen stattfand? Diese Burg bot sinnvollen Raum für das Zusammentreffen zweier Männer, deren ausgreifendes Streben die ganze damalige Welt einbezog. Gerade Apulien, das Friedrich von Hohenstaufen so liebte, war wie ganz Süditalien bereits seit den Tagen von Magna Graecia die Spannungszone jener Welt. Hier vermischten und bekämpften sich die Völker, und hier schuf der junge Herrscher seinen von Recht und Gesetz geordneten Staat. Noch war der strahlende Mittag seines Lebens nicht voll angebrochen.

Der vierzigjährige Mönch aber stand nahe der Schwelle. Hinter ihm lag der lange Weg einer außergewöhnlichen Nachfolge Christi. Schon zählte sein Orden der ›Demütigen‹, der ›Minderbrüder‹, nach Tausenden; längst hatte die Idee der rigorosen, militanten Christusliebe begonnen, die Menschen zu entzünden.

Der Kaiser wußte, daß es der scharfsinnige Kardinal von Ostia gewesen war, der den predigenden Bruder Francesco zur Regel seines Ordens überredete, und wahrscheinlich hatte sein Freund Dominicus in Spanien recht, wenn er den Bruder in Christo wissen ließ, die Vielen müßten eine Ordnung haben ... Nun sahen sich Kaiser und Mönch in die Augen.

»Friede sei in deinem Hause!«

Der Kaiser blickte, während ihn der Mann in der Kutte ehrerbietig, doch ohne jede Befangenheit auf solche Weise begrüßte, aufmerksam in das nie geschaute Gesicht. Es war schmal, weiß, von asketischer Versenkung fast durchscheinend, kaum von Blut durchströmt. Tiefe, unwahrscheinlich dunkle, sich in ihrer Glut fast verzehrende Augen schienen das Unsagbare zu wissen. Um so klarer spürte Friedrich die unendliche Kluft zwischen diesem unscheinbaren Mönch und der schwelenden Gefahr, die, eingebettet in die Macht der Kirche, aus seiner sehnsüchtigen Inbrunst gegen beide Institutionen dieser Welt erwachsen konnte.

Fast schämte er sich jetzt seiner Absicht, gerade *diesen* Mann in Versuchung führen zu wollen. Er hatte gelernt, den ›Frommen‹ noch tiefer zu mißtrauen als den weltlichen Herren. Zum ersten Mal ahnte er etwas von der absoluten Reinheit, die auch im armseligsten Gewand einherschreiten kann.

Friedrich zog es vor, die Unterredung mit einer gastgeberischen Geste zu beginnen. Er ließ Falerner bringen und dem Mönch anbieten, obgleich er wußte, daß dieser ablehnen würde. Der kleine Mann ihm gegenüber, der nur seine brennenden Augen in denen des Kaisers ruhen ließ, nahm von dem Anerbieten keine Notiz. Ein Wink, und der Sarazene zog sich auf seinen Platz neben der Tür zurück.

»Du heißt Giovanni Bernardone?«

Der Mönch schüttelte ruhig den Kopf:

»Meine Brüder nennen mich Francesco. Einen Familiennamen habe ich nicht.«

Der Kaiser lächelte ein wenig.

»Eine gewisse Gemeinsamkeit zwischen uns. Ich pflege den meinen auch nicht zu gebrauchen.«

Der Mönch verzog keine Miene:
»Der Vater im Himmel fragt nicht nach unserer Familie.«
»Du hieltest es für angebracht«, bemerkte der Kaiser, »deine Unschuld mit einigermaßen ungewöhnlichen Mitteln zu verteidigen. Wie gut, daß meine Gewölbe massiv gebaut sind.«
»Herr, ich hatte nicht meine, sondern die Unschuld der Schwester zu verteidigen.«
Wieder versuchte es Friedrich mit seiner leisen Ironie, indem er den Kuttenmann beglückwünschte, daß dieser auch bei anderer Gelegenheit dem Flammentod entgangen sei. Daß er sich und seine Anhänger vor dem gefährlichen Brandmal der Ketzerei bewahrt habe, obwohl die Minoriten wohl manches mit den von Rom so grausam verfolgten Patarenern, Waldensern, Albigensern oder Katharern gemeinsam zu haben schienen.
»Diese Verfolgung geht, wie Sie wissen, Herr, auf Ihren Befehl zurück!« gab der Mönch unerschrocken zur Antwort.
»Ich mußte Seiner Heiligkeit entgegenkommen«, bemerkte der Kaiser leichthin. »Der Bischof Berard hat mir von dir berichtet. Er erinnerte mich auch daran, daß wir noch etwas gemeinsam haben: den Taufstein im Dom San Rufino zu Assisi, wo wir beide, du wie ich, die christliche Weihe empfangen haben.«
Auch darauf ging der schmächtige Mönch nicht ein. Er erwiderte, daß er nichts weiter als ein bescheidener Diener der Kirche sei, und erinnerte an das Wort, nach dem es in seines Vaters Haus viele Wohnungen gebe.
Der Kaiser nickte: Eine dieser Wohnungen stünde wohl auch ihm, als dem Vertreter der weltlichen Belange der Menschen, zu. Obwohl die Kirche, der der andere diene, einschließlich seiner so anspruchslosen Minderbrüder, ihm diesen Platz streitig zu machen bestrebt sei. Wie er, der heilige Mann, es tragen könne, daß seine Lehre, die doch wohl aus dem Herzen käme, sich immer mehr zum Feldgeschrei gegen den vom Papst gekrönten Herrscher auswüchse?
Ein Zug von Trauer lag wie eine Wolke über Augen und Mund des schmächtigen Mannes mit der Tonsur, doch verwehte er schnell.
»Herr, es geht nicht um das Mißverständnis zwischen Wahrheit

und flüchtigem Schein, sondern um *Gottes* Ordnung. Er kann sich in allem kundtun – auch in Aufruhr und Verwirrung. Das Maß der Dinge kommt von ihm.«

»Gottes Ordnung kann nicht im Chaos sein«, sagte der Kaiser bestimmt, »sondern in Zucht und großem Willen. Nicht der Traum bestimmt das Schicksal der Welt, sondern die Tat.«

Wieder ruhten die dunkel glühenden Augen in den hellen des Kaisers, als er es zum zweiten Male wagte, keine Antwort zu geben. Dafür stellte der Mönch ruhig und ohne jeden Übergang fest, daß er am Treppenaufgang in der Eingangshalle das kaiserliche Wahrzeichen lange und nachdenklich betrachtet habe.

»Euer Wappen, Herr, zeigt einen Adler, der in seinen Fängen einen toten Hasen hält.«

Er kenne sein Wappen, bestätigte Friedrich mit klingender, kühler Stimme. Es befinde sich an allen seinen Bauten, und ebenso in vielen Darstellungen auf Mosaik, Teppichen, Fresken. Wenn der Mann in Rom seine Schlüssel als Zeichen überlieferter Macht im Wappen führe, stünde es ihm wohl zu, den König der Lüfte als Triumphator darzustellen.

»Als Triumphator über einen Hasen?«

Der Kaiser nickte:

»Ich bin Jäger. Ich liebe die Jagd.«

»Der Jäger liebt das Töten.«

»Jede Kreatur«, sagte der Kaiser ungeduldig, »lebt vom Töten.«

»Der Hase tötet nicht, Majestät. Er flieht vor allem, was ihm nachstellt. Er ist friedlich und sanft.«

»Vielleicht wird er darum so oft zum Opfer seiner Verfolger?«

Einen Augenblick war Stille in dem gewölbten, einer Schatzkammer gleichenden Raum, durch dessen geschlossene Samtvorhänge das Rauschen des Meeres drang. Da hinein hörte Friedrich die demütige Stimme des Mannes in der Kutte:

»Der Hase ist mein Bruder, wie er der Bruder des Gekreuzigten ist.«

Der Kaiser lächelte dünn, während er den Becher mit Falerner füllte und bedächtig trank.

»Ich habe nicht die Absicht, dich oder deine Brüder zu verfolgen, obwohl sie die Menschen im Namen jenes Gekreuzigten gegen mich aufwiegeln, wie man mir immer wieder berichtet.«

»Der Adler schlägt jedes Opfer, das er erreicht«, beharrte der Mann in der Kutte. »Er ist eine unwissende Kreatur. Was beim Tier Instinkt sein mag, ist beim Menschen Vergehen gegen das Gesetz.«

»Auch beim Menschen gibt es nur ein Gesetz – wie bei der Kreatur: das des Stärkeren. Erkundige dich in Rom, Bruder Giovanni.«

Der Kaiser sagte es ohne Schärfe, fast mit nachdenklicher Trauer. »Alles Schöne und Gute muß verteidigt werden – gegen jeden, der es in Frage stellt.«

»Das Schöne in dieser Welt ist unwesentlich«, erwiderte der Mönch. »Es lebt nur in Gott und unserem Herrn Jesus. Wer Ihm nachfolgt, verzichtet auf irdische Macht und ihren trügerischen Glanz.«

»Hast du das auch dem Heiligen Vater gesagt, bevor er dich segnete?«

Der Mann in der Kutte antwortete mit gesenktem Blick:

»Als ich den Heiligen Vater das erste Mal aufsuchte, um die Predigterlaubnis für meine Brüder und mich zu erbitten, schickte er mich fort mit den Worten: ›Sicherlich findest du ein paar Schweine, Bruder, die dich in ihren Stall aufnehmen. Ihnen magst du predigen; einem Schwein gleichst du jedenfalls eher als einem menschlichen Wesen!‹«

»Aber dann nahm dich der Papst doch in Gnaden auf«, sagte der Kaiser, schwankend zwischen Widerwillen und Erstaunen gegenüber der entwaffnenden Offenheit des kleinen, schmutzigen Mönches, der unbefangen fortfuhr:

»Der Kardinal Colonna war es vor allem, der den Heiligen Vater von meiner Treue zum Evangelium überzeugte. So durfte ich von neuem vor den in Gold und Purpur gehüllten Herren erscheinen und zu ihnen sprechen, nachdem mich der Herr Kardinal in seinem Hause hatte baden und mir die Haare schneiden lassen.«

»Und was erklärtest du den hochwürdigen Herren?« erkundigte sich der Kaiser noch immer ein wenig belustigt.

Der Kuttenmann antwortete in seinem demütigen Ernst:

»Was ich zu dem Heiligen Vater und den Kardinälen sagte, war dies: ›Eine kleine und schlichte Herde sind wir, die minderen Brüder. Mindere nennen wir uns deshalb, weil wir uns weigern, Vorgesetzte zu werden. Schaut euch die Lerchen an! Unscheinbar und fröhlich suchen sie am Wegesrand ihre Körner. Sie fliegen zum Himmel empor und singen dabei. Ihr Gewand hat die Farbe der Erde, und mit ihrer kleinen Kapuze gleichen sie uns, den minderen Brüdern. Sind wir nicht dazu da, wie fahrende Sänger den Menschen Freude zu machen?‹«

»Nun«, nickte der Kaiser, und es war seiner Stimme nicht anzumerken, ob er es anerkennend meinte oder in Bitterkeit, »jedenfalls bist du dem römischen Glanz nicht verfallen und hast dennoch Gnade vor den Herren in Gold und Purpur gefunden. Die Kirche kann großzügig sein, wenn sie ihren Vorteil erkennt.«

»Niemand hat einen Vorteil, Herr«, gab der Mönch bescheiden zurück. »Der Papst ist ein Stellvertreter, die Kirche meine Mutter. *Ich* durfte die Armut wählen, um meiner geistigen und leiblichen Reichtümer willen.«

Der Kaiser machte eine wegwischende Geste und setzte den Becher nieder. Er hatte sich erhoben und schritt im Raum auf und ab, während das bunte Edelsteinlicht der Ampeln seine rotblonden Haare umspielte.

»Am Tage meiner Krönung sagte mir der Ordensmeister Hermann von Salza einen Spruch, den er in einer deutschen Kirche gefunden hatte: ›Jede Stunde bringt Kampf, die letzte den Frieden.‹ Auch der Verzicht fordert Kampf, Bruder Giovanni.«

Der kleine Mönch erwiderte:

»Herr, erlaubt mir eine Variante: Jede Stunde wartet auf Liebe, die letzte auf Gott. Gott ist die Liebe.«

»Man lehrt es«, bemerkte der Kaiser ohne Ironie. »Auch ich lernte es. Wer aber gibt uns den Kampf?«

»Wir«, sagte der Mönch mit unbeirrbarer Stimme. »Nur aus uns selbst kommt der Kampf. Gott ist der Friede.«

Der schmächtige Mann in der Kutte hatte mit wachsender Inbrunst gesprochen. Friedrich spürte die Unschuld dieser seltenen Seele, doch ebenso empfand er die Kluft; über sie führte kein Steg.

»Wie ich hörte, warst du jung und reich, Bruder Giovanni. Du liebtest das Leben und seine Freuden.«

»Ich liebte nicht einmal mich selbst. Niemals war ich reicher als damals, als ich alles und alle verließ«, kam die Antwort. »Ich war leer und arm, Herr.«

Der Kaiser nahm den Vorhang zur Seite, und es schien, als könne er durch die kleinen Fenster hinausblicken über das winterliche Meer.

»Ich war niemals jung«, sagte er wie zu sich selbst. »Ich kannte nicht meinen Vater und kaum meine Mutter. Ich war unendlich ärmer als du. Ich trieb mich in den Gassen von Palermo umher und sah die Kneipen und Bordelle, die groben Priester und die prassenden Barone, die kranken Bettler und die Matrosen aus aller Welt. Ich wuchs auf unter Arabern und Juden, Normannen und Siziliern, Deutschen und Negern. Ich war ein Kind – doch ich war ein Fremder und mit zehn oder zwölf Jahren uralt. Als ich vierzehn Jahre war, wurde ich verheiratet. Ich suchte Sinnlichkeit, Wissen und Schönheit wie ein Verdurstender. Heute habe ich alles, und ich will auf nichts verzichten. Du aber hast nichts als deinen Glauben. Doch der Glaube allein ordnet nicht diese chaotische Welt.«

Friedrich wiederholte: »Die Welt lebt von der Tat.«

»Ich lebe der Stimme, die mich rief«, sagte der kleine Mönch. »Ich besitze nichts und bedarf keiner lauten Tat.«

»Und trotz deines Verzichtes bist du zum Führer einer ständig wachsenden Masse von Männern geworden, die gelobt haben, dir nachzufolgen – und die dennoch Menschen bleiben in ihrer Habsucht, in ihrer Feindschaft mir gegenüber und in ihrer Unfreiheit gegenüber ihrem obersten Herrn, dem Papst.«

Der andere gab schlicht zurück:

»Ich kenne meine Brüder und muß ihnen verzeihen. Ich erkenne, daß Gott ihre Zahl täglich vermehrt, und ebenso, wie die alte Glut lauwarm wird. Ich sagte ihnen, daß ich in Wirklichkeit wie ein Henker auftreten müßte, hauend und schlagend wie die Mächtigen dieser Welt.«

»Warum tust du es nicht?« fragte der Kaiser. »Glaubst du, daß Duldung allein zum Ziel führt?«

»Herr, das Hauen und das Schlagen besorgen die Schergen Gottes!«

»Wen meinst du damit?«

»Ich meine die *unsichtbaren* Vollstrecker«, erwiderte der Mönch demütig. »Jeder geht *seinem* Ziel entgegen. Jeder muß wissen, was er hingibt und was er empfängt. Ich werde nicht aufhören, den Brüdern durch meinen Wandel den Weg zu weisen, den Gott mir gewiesen hat.«

»Und gelingt es dir?«

Der Mann in der Kutte senkte den Kopf:

»Nein, Herr. Im Gegenteil, sie stehen gegen mich auf und schreien: ›Du mit deiner Armseligkeit und weltfernen Denkungsart machst uns Vorschriften?‹ Sie wollten mich, zu meiner Beschämung und Schande, absetzen. Und so habe ich ihnen diesen Wunsch erfüllt. Als ich mich von ihnen trennte, sagte ich zu ihnen: ›Von jetzt an bin ich tot für euch.‹ Da weinten viele.«

»Macht dich dieser Verzicht nicht traurig und mutlos?« fragte Friedrich ohne Verstehen. »Wie willst du auf solche Weise den Demütigungen und Enttäuschungen entgehen?«

Der andere lächelte wieder in einer kindlich-wissenden Unbefangenheit, die den Kaiser verwirrte.

»Muß ich mich über eine solche Erfahrung, gerade *weil* sie vor der Welt eine Demütigung ist, nicht freuen? Ist es nicht gerecht, wenn sie mich nicht als ihren Vorgesetzten haben wollen?«

»Bäume, die keine Frucht, sondern nur Blätter tragen«, sagte der Kaiser, »pflegen ohne Mark zu sein. Man muß sie kennen: die einen zum Nutzen, die anderen zum Schaden.«

Nachdenklich fügte er hinzu: »Du bist allen gleich nahe und fern. Gibt es keine, die dir die Nächsten sind?«

»Die Ärmsten«, kam die unerschütterliche Antwort. »Die Ärmsten der Armen – die Kranken und Aussätzigen.«

Der Mönch schien einen Augenblick nachzudenken. Dann fuhr er leise fort: »In der Ebene unter Assisi befindet sich ein Leprosenheim. Ich hatte Angst, auch nur in diese Richtung zu sehen, und hielt mir die Nase zu, wenn mir ein Aussätziger über den Weg lief – und Sie wissen, Herr, wie viele es davon gibt ...«

»Auch ein Geschenk der Kreuzfahrer«, stellte der Kaiser fest, als ginge es um eine abgeschlossene Rechnung. »Was ist mit den Aussätzigen?«

»Der Anblick war mir entsetzlich, als ich noch der Sohn meines

Vaters war. Dann, als ich den Entschluß faßte, mich Gott hinzugeben, bekämpfte ich diesen Widerwillen. Ich nahm ihn als Probe, und ich bat den Herrn, die Angst und Abscheu von mir zu nehmen und mich zu ihnen zu führen. So geschah es. Ich übte Barmherzigkeit an ihnen. Als ich von ihnen ging, verwandelte sich das Bittere in mir in Süßigkeit der Seele und des Leibes.«

»Wie ich hörte, predigst du auch den Tieren?«

Der kleine, schmutzige Mann lächelte unbefangen:

»Ich spreche zu ihnen, ja. Die Menschen glauben oft, zwischen ihnen und den Tieren sei ein Abgrund.«

»Und was glaubst du?«

»Wir alle sind Kinder einer Einheit. Um die Natur zu erkennen, muß man ihre Geschöpfe verstehen.«

»Du verstehst sie?«

»Um ein Geschöpf zu verstehen, muß man in ihm den Bruder sehen«, erwiderte der Mönch. Und mit jäher Eindringlichkeit: »Auch der Jäger ist Kain!«

Für einen Augenblick zuckte es im Gesicht des Kaisers. Die blauen Augen verdunkelten sich.

»Jeder Mensch ist Kain. Wer sich behaupten will, kann es nur auf Kosten des Schwächeren.«

Der Mönch hob seinen brennenden Blick zum Kaiser auf:

»Der Schwächere ist zuletzt der Stärkere.«

Friedrich schwieg. Dann sagte er nachdenklich:

»Die Welt ist nicht reif für deine Milde, Bruder Giovanni. Sie wird es niemals werden.«

»Sie muß es werden«, beharrte der Mönch. »Auch wenn, wie es heißt, Gott des Bösen bedarf. An wen sollte er sonst seine Gnade verschwenden?«

»Die Welt wird niemals reif für diese Art von Gnade«, stellte der Kaiser fest. »Solange es Menschen gibt, haben Menschen gebetet. Ich glaube nicht, daß diese unzähligen Gebete ihr Ziel erreichten oder gar auf das Schicksal der Menschen von Einfluß waren. Ich habe Juden beten gesehen und Christen, Araber und Neger, zerlumpte Bettler und die Bischöfe von Rom in ihrer byzantinischen Pracht. Ich sah Kinder und Greise, Gesunde und Sterbende, Krieger und Mönche – und jeder erflehte das Seine. Wie kann das persönliche Gebet eines einzelnen, und sei er noch so heilig, ewig sein in seiner Bedeutung für die Menschen?«

»Dann gäbe es auch keinen Gott«, sagte der kleine Mann mit den flammenden Augen. »Meint Eure Majestät nicht, daß die Zeit reif ist?«

»Reif für die Erkenntnis, daß sich der Mensch sein Gottesbild nach der eigenen Sehnsucht schuf?«

»Nein, sondern reif für das Reich des allumfassenden Friedens, der Einheit der Kreatur, der Natur und der Menschen, der sich auch die Herrschenden unterordnen müssen!«

Nach einer Pause bemerkte der Kaiser mit einem ungeduldigen Blick, als ginge es darum, das Gespräch zu beenden:

»Man sagte mir, daß du den Sultan von Ägypten mit ähnlichen Worten bekehren wolltest. Du vermagst es nicht einmal bei deinen Brüdern!«

Das Kaminfeuer flackerte im dämmrigen, von bunten Edelsteinblitzen erhellten Raum. Draußen brandete das Meer. Friedrich fügte hinzu:

»Bei deiner Pilgerfahrt ins Heilige Land erlebtest du vor Damiette die Schrecken des Krieges. Du sahst, wie christliche Soldaten morden und zerstören im Namen des Herrn, dessen Land sie zu befreien vorgeben von der Herrschaft der Heiden. Und obwohl du das sahest, wolltest du den mächtigsten Mann der islamischen Welt von der Überlegenheit deines Glaubens überzeugen? Erkanntest du nicht die Vermessenheit?«

Wieder zeigte der magere, ungepflegte Mann in der Kutte ein fast heiteres Gesicht.

»Ist es nicht das scheinbar Vermessene, das auch Ihrem Leben als Herrscher Sinn gibt?«

Und nach einer Weile – wieder mit dem eindringlich-suchenden Blick der dunklen Augen: »Warum kämpfen Eure Majestät gegen alle Welt und geben die Idee vom irdischen Reich nicht auf?«

»Du sagst es«, erwiderte der Kaiser hart. »Es geht um den Kampf, und es geht um die Idee. Mir wurde erzählt, daß auch der Sultan dir ein zärtliches Mädchen ins Zelt geschickt hat, als du sein Lager aufsuchtest. Aber anstatt daß er dich zur Anerkennung dieser Welt bekehrte, hast du gewagt, ihn zu belehren. Wie ich hörte, ließ er vor dir einen prächtigen Teppich ausbreiten, dessen Muster aus vielen Kreuzen gewebt war.«

»Eure Majestät sind gut unterrichtet«, bestätigte der Gast. »Es ist dort Brauch, Überläufer aus den christlichen Heeren über die Kreuze gehen zu lassen – zur Prüfung ihrer Bereitschaft, das heilige Zeichen der Christen mit Füßen zu treten.«

»Du tatest es natürlich *nicht*«, sagte der Kaiser, als sei diese Feststellung unzweifelhaft. Der magere Mönch lächelte.

»Doch, Herr. Ich *bin* über diesen Teppich geschritten.«

»Du? Über die Kreuze – ?«

»Ja, Herr.«

Friedrich hatte davon erfahren, doch es weder geglaubt noch für möglich gehalten. Jetzt ahnte er etwas von der inneren Freiheit dieses schmächtigen Kuttenmannes, der schlicht fortfuhr:

»Auch der Sultan war erstaunt, wie Sie. Er ließ mich durch den Dolmetscher fragen, und es schien, als verachte er mich: Warum ich so bedenkenlos das mir heilige Zeichen geschändet habe?«

»Was hast du erwidert?«

»Ich sagte: ›Wisse, o Sultan, daß zusammen mit unserem Heiland zwei Diebe gekreuzigt wurden. Da *wir* nun das wahre Kreuz Christi haben und andächtig verehren, können *deine* Kreuze nur jene bedeuten, an denen die Diebe gehenkt wurden.‹ Darum bin ich auch ohne Zögern über sie hinweggeschritten!«

»Was sagte der Sultan dazu?«

Der Kaiser konnte sich eines Lächelns nicht erwehren ob des theologischen Witzes des scheinbar so naiven kleinen Mannes.

»Der Sultan lud mich ein, sein Gast zu sein«, kam wieder die leise Antwort.

»Und wie verbrachtest du die Zeit?«

»Es war schwierig, Herr. Der Sultan hat einen Ratgeber, den angesehenen islamischen Mystiker Fahr ed-Din.«

»Wir sind Freunde«, bemerkte der Kaiser. »Der Wesir ist ebenso klug wie gebildet. Mancher unserer frommen Hirten könnte von ihm lernen.«

»Der Sultan ließ auch Rechtsgelehrte kommen und Richter, um mich zu befragen.«

»Was sagten die weisen Männer?«

Friedrich dachte an seine Gespräche mit den islamischen Gelehrten am Hof zu Palermo.

»Die Herren sahen mich mit schiefem Blick an«, erwiderte der kleine Kuttenträger nicht ohne leise Heiterkeit, die die Gefahr dieses überstandenen Besuches kaum wahrzunehmen schien. »Sie rieten dem Sultan, sich in keine Debatte mit dem unbedeutenden Mönch der Ungläubigen einzulassen. Sie sagten: ›Unser Gesetz verbietet uns, jenen zu lauschen, die ein uns fremdes Wissen verbreiten. Solchen sind vielmehr unverzüglich die Köpfe abzuschneiden.‹«

Der Kaiser nickte:

»Es ist überall das Gleiche mit der Frömmigkeit. Denke an die Ketzer, Bruder Giovanni.«

Der Gefragte hob wieder den Kopf:

»Die Ketzer sind arme, unwissende und vor allem aufbegehrende, leider auch der Gewalt angeklagte Gesetzesbrecher.«

»Das ist mir bekannt«, warf der Kaiser ein. »Wie also reagierte der Sultan?«

»Er war, wenn Sie erlauben, ein Bruder Eurer Majestät im Geiste. Er erteilte mir das Wort. Ich sollte den Gelehrten und Richtern antworten.«

»Und was sagtest du?«

»Ich antwortete etwa dies: ›Meine Lage ist schwierig, o Fürst. Denn aus der Bibel zu argumentieren, ist mir von vornherein verwehrt, weil deine Gelehrten sie verwerfen. Ferner ist ja unsere Überzeugung, daß die Vernunft dem Glauben nachfolgt und nicht vorangeht, und die, daß das Licht der Vernunft nur den erleuchten kann, der bereits zum Glauben gelangt ist. Der Glaube ist über jede menschliche Vernunft erhaben. Diese hat sich nach jenem zu richten.‹«

Friedrich wehrte ab:

»Ich kenne solche Thesen bis zum Überdruß. Für mich gilt nur das mathematisch Beweisbare. Immerhin durftest du vor dem Sultan deine Meinung sagen. Glaubte er dir?«

»Natürlich nicht, Majestät. Das war nach Lage der Dinge auch nicht zu erwarten. Dennoch wollte ich alles tun, um ihn wenigstens von *meinem* Glauben zu überzeugen.«

»Auf welche Weise?«

»Ich erklärte mich bereit, zusammen mit dem mich begleitenden Bruder Illuminato und den muslimischen Gelehrten des Sultans ein großes Feuer zu durchschreiten.«

Der Kaiser nahm einen Schluck Wein und lachte auf:

»Du scheinst eine Schwäche für derlei brenzlige Proben zu haben. Immerhin war es klug ausgedacht. Wer macht so etwas schon freiwillig mit?«

Der kleine Mann in der Kutte blieb unbewegt.

»Herr, ich wollte unseren Glauben beweisen. Wer unverletzt bliebe, so erklärte ich dem Sultan, habe damit die göttliche Bestätigung erhalten.«

»Dadurch wäre auch jeder kriegerische Konflikt gleichsam illegitim geworden. Du bist ein Schlaukopf, Bruder Giovanni.«

Der Mönch schüttelte den tonsierten Kopf und senkte die Augen:

»Ich mußte so handeln.«

»Und der Sultan mußte ablehnen«, sagte der Kaiser, noch immer amüsiert. »Wie konnte er seine Gelehrten einer solchen Gefahr aussetzen!«

Der andere nahm es nicht wahr.

»Ich wollte den Frieden um jeden Preis – auch auf das Risiko hin, daß Gott sich den Muslims zuneigte und Bruder Illuminato und ich in den Flammen umkommen würden!«

»›Illuminato‹ – übrigens ein hübscher Name für einen Mann, der sich anschickt, ins Feuer hineinzugehen«, bemerkte Friedrich, wieder ohne Echo. »Was tatest du, nachdem der Sultan seine Imams nicht zu opfern bereit war?«

»Was sollten wir tun, Herr? Bruder Illuminato und ich – wir erklärten uns bereit, *allein* durch die Flammen zu wandern. Ich sagte zum Sultan: ›Wenn ich unverletzt aus dem Feuer hervorgehe, dann sollst du und dein Volk den Christenglauben annehmen. Verbrenne ich jedoch, mögt ihr dies meinen Sünden zuschreiben.‹«

»Keine schlechte Sprache gegenüber dem kultivierten Beherrscher der Gläubigen«, stellte der Kaiser fest. »Du brachtest ihn in Verlegenheit. Er konnte nicht anders, als dich ziehen zu lassen. Von seinen heiligen Männern hätte gewiß keiner einen solchen Vorschlag gewagt.«

Nachdenklich fügte Friedrich hinzu: »Und wer weiß, welcher von den Getreuen des Beherrschers der Gläubigen in Rom dazu fähig wäre!«

Der Mönch besann sich. Es war, als lausche er in das Knistern der Flammen im Kamin und der von fern hereindringenden Stimme des Meeres hinein, als er erwiderte:

»Es braucht niemand äußerlich dieses Kleid zu tragen, der den Weg zu Gott geht. Vielleicht ist unser Tun und Denken nur ein Traum, aber weil wir träumen, wachen wir für das, was eigentlich hinter allem ist.«

»Und was ist dieses Eigentliche?«

»Der Friede«, wiederholte der kleine Mann schlicht.

»Hast du ihn in deiner Mönchszelle gefunden?«

Der andere schüttelte den Kopf.

»Darum mußte ich meine Brüder verlassen, um hinauszuziehen in die Wildnis. Ich habe den Frieden nicht finden können in meiner Zelle, in keiner Bußübung und in keiner Meditation am Bildnis des Erlösers, der mich einst in San Damiano ansprach. Ich konnte das Schauen nicht lernen, das allein zum Frieden führt in dieser Welt der Täuschungen, der Schuld und des Irrtums. Mich faßte ein Entsetzen vor der Menschheit, wie ich unter ihr gelebt hatte und wie ich sie Tag um Tag vor Augen sah, und ich begriff nicht, warum ich in diese Welt gestellt war. Ich konnte auch nicht meinen Rosenkranz beten, wenn sich die Menschen draußen vor den Mauern des Klosters stritten, schlugen und sich verleumdeten, wenn sie ein Grauen waren sich selbst, den Menschen und den Tieren.«

»Und so beschlossest du, als ein einzelner zu leben, nachdem du Anhänger gefunden hast, denen du ein Beispiel geben wolltest.«

»Ich weiß nicht, ob ich ein Beispiel sein darf«, sagte der kleine Mönch. »Ich will ja nur meinen Weg gehen – so, wie jeder Mensch zuletzt *seinen* Weg gehen muß. Es war nicht leicht für mich, die Brüder zu verlassen. Aber ist nicht alles Abschied auf dieser Erde? Abschied vom Tag, vom Morgen und vom Abend, von dem Frieden der Nacht zum neuen Tagewerk, Abschied von Menschen, Tieren, Blumen? Es ist ein ewiger Weg und keine Wohnung auf dieser Erde, auch nicht in den gewaltigen Burgen und Schlössern Eurer

Majestät. Es gibt nur den Trost: daß es *ein* Weg sein kann zu einer Heimstätte, die jeder sucht, der guten Willens ist. *Alle* sind Gottes Kreatur.«

»Was bedeutet dieser ›gute Wille‹?« fragte Friedrich in seiner Ungeduld. »Wer hat ihn, wer hat ihn nicht? Glaubst du, daß ich den Menschen dienen würde, nähme ich die Kutte wie du und überließe sie sich selbst, wie du es tust? Was ist *ein* Beispiel?«

»Alles«, sagte der Mönch. »Alles beginnt mit einem Beispiel, wie es der Gekreuzigte gab.«

Der Kaiser schüttelte den Kopf.

»Glaubst du, daß du mit deinem Gebet und deiner Zurückgezogenheit, deiner Armut und deiner Meditation wenigstens der Kreatur hilfst, wenn schon nicht der Menschheit? Siehst du nicht, daß auch die Tiere den Menschen fürchten und fürchten müssen?«

Der Mönch nickte mit zuckenden Lippen.

»Eure Majestät sagt es: die Tiere *müssen* den Menschen fürchten. Aber müssen sie es wirklich? Als ich mich zu den Tieren begab, begriff ich voller Entsetzen, daß sie den Menschen in mir flohen. Daß der Mensch, der das Bildnis Gottes sein sollte, ein Geächteter ist in Gottes Schöpfung. Daß der Mensch Menschen und Tiere mordet, eine blühende Erde mit Blut besudelt und daß sich vor ihm alles Leben angstvoll und in Grauen verbirgt.«

»Und was tatest du, als du dies erkanntest?«

Der Mönch zögerte; dann erwiderte er:

»Ich sank neben dem Sack mit meinen wenigen Habseligkeiten in die Knie und weinte wie niemals zuvor in meinem Leben. Ich verstand auf einmal, daß es entsetzlich ist, ein Mensch zu sein.«

Wieder war die Stille in dem großen Raum mit seinem steinernen Gewölbe und den erlesenen Möbeln und Teppichen, den arabischen Lampen und Polstern in den Fensternischen.

»Flucht ist keine Lösung«, klang plötzlich die harte Stimme des Kaisers auf. »Wer flieht, wird von seinen Verfolgern eingeholt. Wer sein Schicksal auf sich nimmt, bleibt Sieger. Es kann herrlich sein, sich als Mensch zu fühlen. Für den, der sie bewältigt, gibt es nichts Größeres auf dieser Erde als die Macht – auch wenn er immer wieder an die Grenzen des Möglichen stoßen muß. Der Mensch glaubt ja, ein Recht zu haben, sein Brot zu essen, zu wohnen, sich zu kleiden und gesund zu sein. Der die Macht besitzt, aber muß nach dem *Un*möglichen streben, vielleicht sogar nach dem, was Gott *nicht* will. Der Wille Gottes – lebt er nicht zuletzt nur in der Sehnsucht des Menschen? Will Gott wirklich jenen Zustand, bei dem der Wolf satt wird und die Schafe heil bleiben? Ja, Bruder Giovanni, unsere Welt ist grausam – aber sie ist ebenso gewaltig, groß und reich. Wer sich diese von Gott – oder welchen Namen du nennen willst – geschaffene Erde untertan macht, braucht auch den Menschen nicht zu fürchten.«

Die letzten Worte des Kaisers hatten die Kraft eines unendlichen Triumphes, dem sich auch der kleine Mann in der zerfetzten Kutte nicht entziehen konnte. Doch dann besann er sich seiner eigenen Verzweiflungen, auf die Ohnmacht der Mächtigen dieser Welt, die nicht weniger zum Tode verurteilt waren als jede Kreatur unter der Sonne. Er sah den leuchtend-überlegenen Blick des Herrschers im pelzbesetzten, goldgegürteten Seidengewand, und er sagte mit seiner leisen, leidenschaftlichen Stimme:

»Auch die Krallen des Adlers werden einmal stumpf. Auch er wird zum Gejagten.«

Und er wiederholte in sich hinein, als horche er auf ein Echo, das in dem Monarchen vor ihm wiederklingen könnte: »Es ist entsetzlich, ein Mensch zu sein. Es ist entsetzlich, aus dem Reich der Liebe zu allen Wesen herausgebannt zu werden in einen menschlichen Körper – ein Gezeichneter zu sein in einer Welt der Wunder, die wirr geworden ist über dem ersten Brudermord. Es ist kein Friede, Herr, den weder Sie noch ich gefunden haben. Es bleibt die große, eisige Einsamkeit, durch die jeder von uns hindurch muß – vor allem der, der Gott sucht auf dieser entheiligten Erde.«

»So meinst also auch du«, fragte der Kaiser, »daß das Opfer Christi nicht für alle und für immer Geltung habe?«

Der Mönch hob abwehrend eine Hand auf. Friedrich erschrak: Unter dem zurückfallenden Kuttenärmel glaubte er auf der Handoberfläche ein blutig-verkrustetes Mal zu erkennen. Der andere bemerkte den Blick; hastig zog er beide Ärmel nacheinander über die mageren Hände herunter.

»Das Opfer ist geschehen«, sagte er ruhig. »Es geht um die Nachfolge. Wofür hätte Er gelitten, wenn niemand Ihm nachfolgte?«

Das Gesicht des Kaisers blieb unbewegt.

»Du tust es auf deine Weise, Bruder. Dein Weg ist nicht der meine. Was also würdest du mir raten zu tun, wenn ich nach deiner Vorstellung regieren sollte?«

»Heilige alles Leben«, erwiderte der Mönch. »Das allein ist dein Königtum. Herrschen kann nur, wer auch im kleinsten Geschöpf den Bruder achtet.«

»Und wenn ich wie ein Heiliger leben wollte«, sagte der Kaiser, »ich muß Kriege führen, solange ich herrsche. Frage deinen Herrn in Rom, ob er es anders sieht.«

»Es muß niemand Kriege führen, der weise ist«, antwortete schlicht der Mann in der Kutte. »Nicht die Könige oder der Papst führen Kriege – der Krieg führt *sie*. Lassen Sie sich nicht vom Krieg führen, Herr, und Sie werden keinen Krieg zu führen brauchen, weder mit den Menschen noch auf der Jagd gegen die Tiere. Lassen Sie den Hasen aus Ihren Krallen. Es gibt Frieden für jeden, der ihn sucht – selbst für den Mächtigen auf dieser Welt. Das Laster eines Weisen gilt für tausend.«

Ein bitterer Zug zeigte sich wieder in den Augen des Kaisers.

»Ich kenne den Koran besser als du, Mönch.«

Und wie um der eigenen Bestätigung willen fügte Friedrich hinzu:

»Die Welt entfaltet sich an der ewigen Spannung zwischen Geist und Stoff. Wo die Kirche ihren geistlichen Auftrag über irdischem Machtstreben vergißt, hat sie diesen Auftrag verspielt.«

»Den Auftrag bestimmt Gott«, sagte der Mönch. »Wer Ihm dient, findet die richtigen Mittel.«

»Die richtigen Mittel ...«, wiederholte der Kaiser. »Für dich sagt sich das Wort leicht, Bruder. Für mich bedeutet es die Schlaflosigkeit meiner Nächte und die Folter meines Gewissens. Ich kann nicht annehmen, Bruder Giovanni, daß du jemals erfahren hast, welchen Schmerz wir erleiden, wenn wir uns immer und immer wieder die Flügel am bösen Willen oder an der sträflichen Dummheit in dieser Welt blutig stoßen.«

Der andere hielt den blau-grünen Augen stand.

»Ich habe diesen Schmerz erfahren, Herr. Vielleicht ohne es anfangs ganz zu wissen. Wie hätte mich sonst die Stimme von San Damiano erreichen können?«

»Ich habe immer nur die Stimme in mir selbst gekannt«, sagte der Kaiser mit schmalen Lippen kaum hörbar. »Mich hat keiner gerufen. Ich bin hineingeboren in mein Amt. Oder wie du es aussprachst: in die eisige Einsamkeit, durch die jeder hindurch muß, der die Macht in seinen Händen hält auf dieser Welt.«

Der Mönch machte eine Geste mit seiner Hand, doch es schien eher wie ein sich selbst unterbrechender Segen.

»Ich sprach von der Einsamkeit, durch die vor allem derjenige hindurch muß, der *Gott* sucht auf dieser von den Mächtigen entheiligten Erde.«

»Und was *tust* du, Bruder Francesco?«

Zum ersten Male wählte der Kaiser diesen Namen. Und er hörte die Antwort des anderen:

»Ich *segne,* wie ich kann, und mehr, als ich kann ...«

Die Worte verfingen sich im Samt der Vorhänge, im Geglitzer der Edelsteinlampen, in den Stickereien der Kissen.

»Was also willst du, das *ich* tue?« beharrte Friedrich abschließend. Das Gespräch schien ihm am Ende.

Der kleine Mann in der Kutte hielt sein Haupt gesenkt:

»Da du zum Kaiser gesalbt bist, bekenne dich zu dem Gekreuzigten. Gib *Ihm* deine Macht. Verfolge niemanden. Tue Gutes denen, die dich hassen.«

Draußen rauschte, raunte das Meer, das farbige Licht der Ampeln zitterte durch den Raum, mischte sich mit dem flackernden Gold des Feuers aus dem großen Kamin, an dem sich der Herrscher in Seide wärmend die Hände rieb. Es dauerte wieder eine scheinbar unendliche Weile, bis Friedrich in den Flammenschein hinein fragte:

»Und wenn ich es nicht kann?«

»Ähnlich sprach der Sultan damals zu mir«, erwiderte der Mönch mit seiner leisen, ruhigen Stimme. »Was aber, Majestät, suchen Sie?«

Wie eine Fanfare klang es auf:

»Ich werde die Welt verändern. Jede Stunde bringt Kampf. Ich werde die Menschen nicht ändern, aber ich werde ihnen meinen Willen aufzwingen. Es geht um das Heilige Reich, das von *dieser* Welt ist, auf das die Völker warten und in dem die Kirche den ihr gemäßen Platz einnimmt.«

Der Kaiser spürte die brennenden Augen des anderen auf sich ruhen, demütig und schweigend. In ihm erhob sich die Frage: Was wird sein, wenn der friedvolle Papst Honorius nicht mehr ist? Wird das Reich nicht immer als Herausforderung der kämpfenden Kirche den Angriffen und der Bevormundung von Rom ausgesetzt sein?

Er dachte voll Bitterkeit: Anstelle des notwendigen Tuns träumt der fromme Mann hier von der wahrhaftigen Nachfolge des Nazareners. Wann hätte Leiden je erlöst?

Die wandernden Gedanken des Kaisers wurden unterbrochen von der Stimme des Mönches, und sie kam aus einer Ferne, die zugleich Widerhall und Antwort war:

»Auch Leiden ist Tun.«

Friedrich schwieg. Es gab keine Brücke. Endlich sagte er, und er hörte seine eigenen Worte wie die eines Fremden:

»Du hast keinen Teil am Unfrieden der Welt, Bruder. Jeder folgt der Stimme, die ihn rief.«

Für einen Augenblick war es dem Kaiser, als streife ihn ein Schatten. Konnte es geschehen, daß ihn selbst, den als ›Antichrist‹ geächteten Herrn der Welt, in seiner letzten Stunde eine Mönchskutte umschließen würde? Daß sein Werk einmal von den Krallen jener anderen Macht überwältigt würde – ?

Der Träumende wischte den Schatten hinweg. Der Sarazene, der an der Tür Wache hielt, sah den Wink. Der Gast war entlassen.

Bevor der Mann in der Kutte sich umwandte, sagte er noch einmal seinen Gruß, doch es klang wie in eigener Betonung:

»Friede sei in deinem Hause.«

Der Kaiser schien es nicht mehr zu hören. Zum Kaminfeuer hin, dessen blutige Lichter ihn umzuckten, wiederholte er das alte Koran-Wort:

»Das Laster eines Weisen gilt für tausend ...«

Noch einmal begegneten sich der dunkel-glühende Blick des von Krankheit gezeichneten mageren Mönches in der verwahrlosten Kutte und der des in Seide und Pelz gehüllten ›Wandlers der Welt‹, wie man den Kaiser schon jetzt rühmte.

Der eine war fast am Ende seiner irdischen Wanderung. Er hatte sein Ziel erreicht: den absoluten Verzicht in der vollkommenen Nachfolge dessen, den man den Erlöser nannte.

Der andere sah vor sich sein herrscherliches Riesenwerk: das im Gottkaisertum geeinte Abendland. Der die Krone trug, hatte *ihr* zu dienen.

VI
DER SCHWARZE ADLER

Im Frühjahr erreichte den Kaiser die Nachricht, daß seine Gemahlin zu Catania ihren Leiden erlegen war. Seit seiner Aachener Erhöhung hatte sie ihr Leben fern von ihm, wenn auch mit allen einer gekrönten Regentin zukommenden Ehren in frommer Einsamkeit verbracht.

Die noch nicht Vierzigjährige wurde in einem weißmarmornen, mit antiken Reliefs geschmückten Sarkophag im Dom zu Palermo nahe den Gräbern von Friedrichs Eltern beigesetzt. Konstanzes Körper umhüllte ein mit Perlen und Gold besticktes Gewand. Die ihr beigelegte Krone einer sizilischen Herrscherin zeigte neben großen hellblauen und rosa Saphiren Ornamente mit Delphinen und kufisch-mohammedanischen Schriftzeichen; das noch immer leuchtende, blonde Haar schmückte byzantinisches Geschmeide. In den Sarkophag ließ der Kaiser die lateinische Inschrift einmeißeln:

Ich war Siziliens Königin und Kaiserin, Constantia.
Hier wohne ich nun, Friedrich, deine Frau.

Von seiner neuen Residenz in Foggia verfolgte Friedrich die allmähliche Aus- und Übersiedlung der sizilischen Mohammedaner nach der neu entstehenden Sarazenenstadt Lucera auf dem nahen Tavoliere, während der Kampf gegen die rebellischen Barone nur langsam seinen Abschluß fand. Zugleich führte der Kaiser Verhandlungen im Nahen Osten, um der Forderung der Kurie nach Erfüllung seines Kreuzzugsgelübdes nicht nur durch finanzielle und militärische Vorbereitungen entgegenzukommen. Auch hier bewährte sich der Deutschordensmeister als von allen Seiten geschätzter Diplomat.

Die Wahl Foggias als Zentrale von Hof und Verwaltung erwies sich als glücklicher Gedanke. Hier trafen sich die Verbindungswege zwischen dem Reich und den sizilischen Erbländern. Die nahegelegenen apulischen Häfen sicherten den kaiserlichen Galeeren den Zugang zu den Ländern jenseits der Adria.

Die Stadt, aus bäuerlichem Ursprung aufgestiegen zum strahlenden Sitz der Majestät, wurde nun, obgleich einer der heißesten Plätze Italiens, als Herz seiner geliebten Capatinata zugleich das seines Reiches.

Der weite Horizont der Ebene des Tavoliere, das offene Hügelland der Murgie wie die einsamen Wälder des Monte Vulture verkörperten für Friedrich den Zauber Apuliens und – nach Palermo – seine eigentliche Heimat.

Umgeben von einem wachsenden Kranz von Jagdhäusern und Kastellen, besaß der Palast zu Foggia keine militärischen Anlagen; dafür bot er Ausmaße und Schönheit, die selbst für diesen gebildeten, orientalischer Lebenskultur ergebenen Herrscher alles übertrafen. Auch hier fanden sich die dem Kaiser vertrauten arabischen Eigentümlichkeiten: Marmor in allen Farben an Wänden und Säulen, Brunnenbecken mit wasserspeienden Löwen, Statuen und Kolonnaden im Licht der südlichen Höfe, erfüllt vom Duft der Palmen und Zypressen und umraunt von perlenden Wassern. Über den Toren wie von Säulenkapitellen grüßte der kaiserliche Adler, entnommen den Legionszeichen der Caesaren und des Carolus Magnus, dessen Reich der Staufer im neuen Glanz zu erwecken gedachte. Von einem der Portale kündeten die stolzen Worte:

KAISER FRIEDRICH HAT GEWOLLT, DASS SICH FOGGIA WANDLE AUS EINES KÖNIGS HAUS IN KAISERLICH RUHMVOLLEN SITZ!

Während im Reich der Deutschen noch die Wölfe heulten, kaum eine Burg über Glasfenster, Wasserversorgung oder gar Bäder verfügte, sahen hier die festlichen Empfänge in ihrer Pracht bis zu vierzigtausend Gäste. In den Hallen und Höfen, den Pavillons und seidenen Zelten der fontänenumrauschten Gärten klangen Flöten und Trommeln, Tamburins und melodischer Gesang, trieben Frauen in spinnwebfeinen Gewändern, verschleierte Odalisken und leichtfüßige Tänzer mit Blumen im Haar, Herren in europäischen und morgenländischen Kleidern, Gaukler und Troubadoure in heiterem Gewoge durcheinander.

*

Im zweiten Jahr nach dem Tod der Kaiserin Konstanze ritt zu später Stunde ein Herr im weißen Ordensmantel mit dem schwarzen Kreuz, begleitet von kleinem Kuriergefolge, durch das von Fackeln erhellte Palasttor ein. Der Kaiser, im Festkleid, empfing den bärtigen Ritter sofort und mit Ungeduld. Seit nunmehr fünf Jahren, seit den Krönungstagen in Rom, hatten sie sich nicht mehr gesehen, nur korrespondiert. Hermann von Salzas politischem Geschick war es zu danken, daß nicht nur die sizilischen, sondern auch die Kämpfe im Heiligen Land vorerst zum erträglichen Abschluß gebracht worden waren. Zuletzt hatte der Deutschordensmeister wegen des unvermeidbaren neuen Kreuzzuges zwischen Papst und Kaiser vermittelt. Gerade aus Syrien zurückgekehrt, war er unmittelbar nach der Landung vom Heiligen Vater in Rom empfangen worden.

Ohne den näheren Bericht seines besten und treuesten Diplomaten abzuwarten, bedrängte Friedrich den Deutschordensmeister sogleich mit bohrenden Fragen: Ob man im Lateran endlich begreife, daß sich die Kreuzzugsunternehmung nicht in der Weise übers Knie brechen ließe, wie es die Herren der Kurie offenbar voraussetzten, nachdem man den Kanzler mit leeren Worten abzufertigen beliebte? Ob Herrn von Salza die erbetenen weiteren zwei Jahre Aufschub bewilligt worden seien? Der Ritter, ermüdet und ohne Erfrischung nach fast zwanzigstündigem Ritt, ließ sich in eins der orientalischen Polster fallen:

»Mit Verlaub, Majestät. Man bewilligt Ihnen eineinhalb. Am Johannistag des Jahres fünfundzwanzig müssen Sie die Kreuzfahrt antreten.«

Der Kaiser winkte seinem Mundschenk, dem Gast Speisen und Wein zu bieten. Während Occursio eilfertig das Befohlene herbeibrachte und Herr von Salza zugriff, kam Friedrichs kurze Erkundigung:

»Was kostet der Aufschub?«

Friedrich wußte, daß dieser Kreuzzug auch für Salza und seinen Orden ein schwieriges Unternehmen blieb. Der Deutschmeister, zwischen zwei Feuern, zählte die Liste von Forderungen an Geld und Rittern auf, an Galeeren und Transportschiffen. Zudem sei als Garantie ein Fonds von hunderttausend Goldunzen an die Kurie zu zahlen, die dem Kaiser bei Ankunft im Heiligen Land zurückerstattet werden sollte ... Mit einem stählernen Glitzern in seinen Augen wandte sich dieser wieder dem Ritter zu:

»Kommen Sie zum Ende. Was ist mit dem anderen Plan Seiner Heiligkeit?«

Es handelte sich um eine politische Angelegenheit, die Herr von Salza eingeleitet, von Honorius dem Dritten gewünscht und vom Kaiser höchst widerstrebend erwogen worden war.

»Der Heilige Vater begrüßt Ihre neue Heirat, Majestät!«

Friedrich blickte verständnislos drein.

»Ein zwölf- oder dreizehnjähriges Kind – !«

»Aber die Thronerbin des Königreiches Jerusalem!«

»Bah!« machte der Kaiser. »Herr Johann von Brienne ist längst von seinem Thron vertrieben und seine Tochter Yolanda eine Bettelmagd. Sie bringt kein Land mit und nicht einmal einen Titel. Ihr Anspruch gilt erst von ihrer Mündigkeit an.«

»Jedenfalls bringt sie durch ihre Mutter Titel und Krone eines Königtums der Hauptstadt Palästinas mit, Majestät!«

»Und neue Kosten, neue Kämpfe, neue Verpflichtungen«, ergänzte Friedrich. »Dazu unter fast hoffnungslosen Bedingungen in einem Land jenseits des Meeres!«

»Dafür«, erwiderte der Ordensmeister, »erscheinen Sie im Heiligen Land nicht wie Ihre kämpferischen Vorgänger als Eroberer – sondern mit legitimen Rechten.«

Ließe sich auf so unsicherem Boden wirklich das Wagnis eines neuen Kreuzzuges gründen? fragte der Kaiser. »Wenn ich, gestützt auf solche eheliche Verbindung, als König von Jerusalem auftrete, so trage *ich* die Last der ganzen Unternehmung allein. Welcher deutsche Fürst macht da mit, wem kann ich irgendeine Beute versprechen? Und Sie wissen sehr wohl«, fügte Friedrich mit schmalen Lippen hinzu, »welch fragwürdige Rolle die Befreiung des kaum weniger fragwürdigen Grabes bisher in Wahrheit gespielt hat!«

»Immerhin, Majestät, wird künftig unter Ihren Gesetzen und Erlassen zu lesen sein: ›Römischer Kaiser, König von Sizilien, *Jerusalem* und dem Arelat‹ – ! Wer in der Geschichte des Reiches trug jemals diesen Titel? Die Heirat mit der Prinzessin Yolanda ist eine politische Notwendigkeit. Außerdem versöhnt sie Sie mit dem Papst.«

»Herr Honorius braucht sie auch nicht zu heiraten«, bemerkte Friedrich. »Ist sie wenigstens hübsch?«

Abgesehen davon, daß sie liebenswürdig und gut erzogen zu sein scheine, sei das Abkommen bereits in Anwesenheit ihres Vaters, Herrn Johann von Brienne, dem Patriarchen von Jerusalem, dem Hochmeister der Johanniter und dem Präzeptor der Templer feierlich besiegelt worden. »Zudem«, fuhr der Ordensmeister fort, »steht auch *mein* Name darunter, Majestät – in Ihrem Auftrag!«

Der Kaiser lehnte sich in seinen Sessel zurück. Ohne eine Miene zu verziehen, erkundigte er sich:

»Welche Art von Puppen ich als Hochzeitsgebinde zu übersenden habe, ist in dem Abkommen nicht vermerkt?«

*

Die Vermählung wurde in der Kathedrale der alten Hafenstadt Brindisi mit festlichem Gepränge vollzogen. Eine Krönung wie bei der Kaiserin Konstanze war nicht vorgesehen.

Die kindjunge Yolanda, begleitet von Vater und Bruder, den Herren Johann und Walther von Brienne, stand verwirrt neben dem in Frauenbeziehungen und höfischer Galanterie längst erfahrenen, mehr als doppelt so alten Gemahl. Während der feierlichen Huldigung, bei der sie das schwere Prunkkleid fast zu erdrücken drohte, dankte die Braut mit tapferem Lächeln den Bischöfen, Baronen und ihr zuwinkenden Menschen.

Beim großen Festmahl im Kastell zu Brindisi bedachte der zum blühenden Jüngling herangewachsene Mundschenk Occursio, daß die neue Herrin, die kaum an dem ihr kredenzten Becher zu nippen wagte, als Gespielin für ihn selbst wohl besser taugte als für den offenbar wenig aufmerksamen Herrscher.

Als die in glücklichem Stolz Strahlende zu dem hohen Gatten an ihrer Seite aufsah, mußte sie feststellen, daß seine blaugrünen

Augen nicht ihr, sondern einer schönen jungen Frau zugewandt waren – dort, wo die syrischen Hofdamen in aufgeputzt-heiterer Reihe mit dem ritterlichen Gefolge des Kaisers tafelten. Und alsbald erkannte Yolanda das Ziel seiner begehrlichen Blicke: nämlich ihre eigene Base Mathilde von Antiochia, die, über die normannische Verwandtschaft von Friedrichs Mutter, zugleich auch seine Cousine war ...

Der weitere Verlauf der Vermählungsfeierlichkeiten erfuhr dergestalt noch schlimmere Trübung, die obendrein im Lateranpalast ihren schmerzlichen Höhepunkt fand. Der Vater seiner gedemütigten Tochter, Herr Johann von Brienne, konnte nicht umhin, sich alsbald mit einem Faustpfand der erwiesenen Untreue des kaum vermählten Schwiegersohnes zu dem greisen Papst Honorius zu flüchten.

Der Bericht Johann von Briennes – besser: die flammende Anklage gegenüber dem ›Bastard‹, wie er den Kaiser zu nennen beliebte – enthüllte allerdings Arges:

Nicht nur, daß schon bei der Trauungszeremonie jedermann Zeuge der anstößigen allerhöchsten Blickrichtung wurde – das Schmählichste war am selben Abend und vor allem am Morgen nach der Hochzeit in Brindisi offenbar geworden. Ohne der soeben angetrauten Gemahlin nach der Feierlichkeit auch nur den kürzesten formellen Besuch abgestattet zu haben, sei der Kaiser verschwunden. Noch in der Hochzeitsnacht habe er Brindisi verlassen – und der gesamte Hof sei Zeuge gewesen!

»Wieso Hochzeitsnacht?« fragte der Heilige Vater, der dem Bericht offenbar nicht ganz gefolgt war, um sich dann freundlich weiter zu erkundigen: Ja, wo sei er denn nun gewesen?

Wer das Unvorstellbare ans Licht gebracht habe, kam die Antwort, sei Yolandas Bruder, Herr Walther von Brienne: nämlich, daß sich die Majestät nicht allein, sondern zusammen mit seiner syrischen Cousine heimlich entfernt hatte!

»Mein Sohn, der zuerst an ihre Entführung glaubte«, erklärte Herr Johann, »fand nun heraus, daß der Schuldige der hohe Gemahl seiner betrogenen Schwester Yolanda war. Und nicht nur das, Heiligster Vater! Bevor mein Sohn Walther, von grimmigstem Haß gegen den kaiserlichen Ehebrecher und Schänder seiner unschuldigen Cousine erfüllt, mit ihr die unverzügliche Rückreise nach Syrien antrat, gab er mir dieses Papier!«

Damit stieß Herr Johann ein engbeschriebenes Blatt vor die Augen des zurückweichenden Papstes.

»Lesen Sie das schamlose Dokument, Heiligkeit, das meiner entehrten Nichte entrissen wurde und auf ewig die Schande besiegelt!«

Zögernd nahm Honorius das Corpus delicti in die Finger und warf einen kurzen Blick darauf.

»Ein Gedicht – ?«

»Lesen Sie, Heiligkeit!« rief der noch immer fassungslose ehemalige König von Jerusalem. Und Seine Heiligkeit las mit wenn auch schwacher, so doch anteilnehmender Stimme:

> *Weh mir, denn ich vermag es nicht zu fassen,*
> *daß es mir brächte solche Herzensnot,*
> *von meiner Herrin Abschied zu erbitten.*
> *Denn kaum, daß meine Süße ich verlassen,*
> *da schien mir wünschenswert nur noch der Tod,*
> *gedenkend, wie sie neben mir geschritten.*
> *Nie litt ich so als jenen Augenblick ...*

Honorius unterbrach seinen Vortrag und hüstelte ergriffen, als sei er selbst zum Abschied verurteilt, bevor er sich entschloß, viele Verse überspringend, zum Ende überzugehen:

> *Doch freudestrahlend ziehe hin, mein Lied,*
> *die Blume Syriens von mir zu grüßen,*
> *und der Geliebtesten entbiet,*
> *daß sie den treuen Knecht zu ihren Füßen*
> *in ihrer edlen Großmut nicht vergißt,*
> *in dem so sehr der Liebe Qualen wüten,*
> *wenn er, was sie befiehlt, nicht ganz erfüllt ...*

»Einigermaßen begabt«, stellte Seine Heiligkeit fest, das Papier sinken lassend. »Darf ich mich erkundigen, wer hier wem so umständlich die Qualen seiner Liebe offenbart?«

Es handle sich um ein Machwerk des allerhöchsten Bräutigams, erklärte Herr Johann schwer atmend. Leider gälten die Verse eben durchaus nicht dessen ihm soeben angetrauter Gemahlin!

Der Heilige Vater, allmählich begreifend, blickte freundlich auf den beleidigten Brautvater:

»Dennoch meine ich, mein Sohn, sollte man von derlei Gelegenheitsverslein nicht zu viel unnötigen Aufhebens machen!«

Zur vollkommenen Empörung des landlosen Königs, der sich mangels anderer Möglichkeit entschlossen hatte, sein weiteres Wirken in Anlehnung an den Heiligen Stuhl von Rom aus zu tätigen, traf ihn alsbald neue Schreckensnachricht mit doppelter Wucht: daß sich der ›Bastard‹ Friedrich unmittelbar nach der Vermählung offiziell des Titels eines Königs von Jerusalem bemächtigt habe und als solcher bereits sämtliche Urkunden mit entsprechendem Siegel veröffentliche. Wobei Herr Johann nicht unterließ, den Heiligen Vater darauf hinzuweisen, daß dieser Titel, zum mindesten bis zur Volljährigkeit seiner Tochter Yolanda, noch immer ihm selbst zukomme!

Friedrich erwiderte kühl auf die ihm von der Kurie zugeleitete Anklage: Er habe das mittellose Mädchen aufgrund der Absprache mit Seiner Heiligkeit, Herrn Johann von Brienne und dem Deutschordensmeister allein um dieser Hinzufügung willen geehelicht.

Der Vikar des Papstes, Herr Hugolin von Ostia, gab seine Meinung noch deutlicher kund: Der Kaiser sei nicht befugt, die Krone der morgenländischen Christenheit zu *stehlen*, sondern beauftragt, sie zu *erobern!*

Herrn Johann von Brienne aber wurde Genugtuung zuteil: Der Heilige Stuhl verkündete feierlich seine Weigerung, den Kaiser als König von Jerusalem anzuerkennen.

*

Wie sich im südlichen Königreich die Dinge allmählich klärten, auch Reichsitalien die Gegenwart des Kaisers spürte, war es, als türme sich im nördlichen Italien – also im entscheidenden Verbindungsgebiet zwischen den dies- und jenseits der Alpen liegenden Ländern – eine wie von unsichtbarer Hand gefügte Mauer. Die großen lombardischen Gemeinwesen, im Vollgefühl ihrer unabhängigen Wirtschaft und ihres Selbstbewußtseins, zeigten wie zur Zeit Barbarossas wenig Neigung, sich unter kaiserliches Regiment zu beugen.

Neben den Geschlechterfeindlichkeiten der Magnaten, den lokalen und sozialen Spannungen wie den alten Rivalitäten der Städte untereinander bildeten sich jetzt zwei bis aufs Blut verfeindete Parteien: die staufertreuen *Ghibellinen* – abgeleitet vom Namen des schwäbischen Ortes Waiblingen – und die papsttreuen *Guelfen* – abgeleitet von den stauferfeindlichen Welfen. Es kam dazu, daß die Lombarden die Alpenpässe an der Etsch besetzten. Das bedeutete: Abriegelung der Verbindung zwischen dem Kaiser und seinem Sohn, dem Deutschen König, die sich seit sechs Jahren nicht mehr gesehen hatten. Auf einem in Cremona angesetzten Reichstag erschienen nur wenige der geladenen Vertreter der lombardischen Städte; die meisten verharrten in feindlicher Ablehnung.

Dem Kaiser unwandelbar treu und ebenso geschätzt vom Heiligen Vater, von Reise zu Reise gehetzt für seinen kaiserlichen Herrn, von beiden gesucht als Vermittler, stand Hermann von Salza wieder vor Friedrich, diesmal im zinnengekrönten, arkadengetragenen Palazzo Arrengo zu Rimini. Der schwierigen Machtlage und aller lombardischen Verzögerungen und Ausflüchte zum Trotz hatte der Ordensmeister den Papst, der um die Durchführung seines heiligsten Anliegens bangte, die Lombarden so weit zur Nachgiebigkeit gebracht, wie es die mit der Kirche Verbündeten gegenüber dem Kaiser gerade noch ertragen konnten. Friedrich, der hinter allem den lautlosen Gegner spürte, der ihn reizen und zermürben sollte, wies Hermann von Salza mit blitzenden Augen die letzte päpstliche Epistel vor:

»Außer meiner neuerlichen Verpflichtung zur Ausrottung der Ketzer – was gerade hier in der Lombardei den Haß gegen mich schüren muß! – besteht Seine Heiligkeit darauf, daß ich mich mit meinem Schwiegervater, Herrn Johann von Brienne, aussöhne, den er zum päpstlichen Statthalter im Kirchenstaat erhoben hat, während dessen würdiger Sohn Walther die noch immer tätigen sizilischen Aufrührer unterstützt. Und das alles in dem Augenblick, da man von mir verlangt, daß ich mich endlich zum Kreuzzug rüste!«

Seine Majestät werde die Geduld aufbringen müssen, bemerkte der Ordensmeister. Die Tage des Papstes seien gezählt; Honorius wolle und könne sein Lebensziel nicht aufgeben.

»Seine Heiligkeit lebt noch immer im Geiste des Dritten Innozenz!« seufzte Friedrich. »Außer dem König Ludwig von Frankreich glaubt kein Mensch mehr an den Sinn dieser Unternehmung! Trotz aller Bemühungen und Bestechungen bei den sonst so einnehmenden deutschen Fürsten hat man nur unverblümt zu verstehen gegeben: Jede nach Asien gerichtete Unternehmung sei überflüssig, ja töricht. Von den für den Kreuzzug ausgeschriebenen Steuern wird kaum etwas pünktlich bezahlt. Der Herzog von Österreich hat offen erklärt, er halte einen kriegerischen Einfall in Böhmen für erheblich einträglicher als die weite Reise ins Gelobte Land. Nicht anders verhält es sich mit den Engländern, Franzosen oder gar den Lombarden!«

Gerade darum müsse er um so dringender an das ablaufende Ultimatum erinnern, beharrte der Ordensmeister.

»Zudem sieht es für Sie in Palästina, wie Eurer Majestät bekannt ist, günstig aus. Der Emir Fahr ed-Din schmiedet Ihr Eisen beim Sultan!«

Als der Wesir im Vorjahr mit einer Delegation des Sultans al-Kamil beim Kaiser erschienen war, hatte der Staufer über den früheren Briefwechsel hinaus sogleich etwas wie Freundschaft zu dem hochgebildeten Muslim empfunden. Wie Friedrich war der Vertraute des Beherrschers der Gläubigen ein Kenner nicht nur der Kriegskunst, sondern auch der Falkenjagd und ein Liebhaber edler Pferde. Beide schätzten den Disput in der kunstvollen Dialektik der arabischen Sprache.

Die Mission Fahr ed-Dins hatte einem politischen Anliegen gegolten, das dem Kaiser nur zu gelegen kam. Nachdem das Reich des großen Saladin unter drei Brüdern aufgeteilt worden war, herrschten nun al-Kamil in Ägypten, al-Asraf in Babylon und al-Muazzam in Damaskus, zu dessen Bereich Jerusalem und die heiligen Stätten gehörten. Al-Kamil – in nicht weniger verworrene

Streitereien verwickelt als der Kaiser – fürchtete kriegerische Auseinandersetzungen mit seinen Brüdern. Durchaus bereit, dem Kaiser die heiligen Plätze als Gegenleistung für dessen Hilfe zu überlassen, hatte er sich in Damaskus eine barsche Abweisung geholt. Al-Muazzam, der die Absicht des Bruders kannte, dachte nicht daran, das Gewünschte herauszugeben ...

Der Sultan brauche ebenso wie er selbst keinen Krieg, sondern Frieden, bestätigte der Kaiser. Weshalb er Herrn von Salza zu sich gebeten habe, beträfe anderes. Im Nordosten des Reiches hatte sich die Lage wieder zugespitzt. Unter Ablehnung aller Bekehrungsversuche waren die dortigen Pruzzen erneut zum Angriff übergegangen. Herzog Konrad von Masovien hatte den Orden wie schon früher zu Hilfe gerufen. Er konnte nicht mehr zurück.

So ergab sich jetzt für den zum Ende des vorigen Jahrhunderts während der Belagerung des wichtigen Kreuzfahrerhafens Akkon ursprünglich als Hospital gegründeten, bald danach von Heinrich dem Sechsten in einen Ritterorden umgewandelten Deutschen Orden – und damit für Hermann von Salza – die entscheidende Aufgabe.

Doch war auch für den Ordensmeister die Lage schwierig. Kam man dem masovischen Herzog zu Hilfe, schwächte man damit das ohnedies schwer zu sammelnde Kreuzfahrerheer. Andererseits lag dem Papst an der Christianisierung der heidnischen Pruzzen nicht weniger, als es dem Kaiser um die Unterwerfung ging. Hermann von Salza, im Besitz des Vertrauens von Kaiser *und* Papst, strebte nach einem staatsrechtlichen Zustand, der dem Orden weitgehende Landeshoheit gewährte. Seine Mitglieder waren Ritter, Priester und dienende Brüder. Der Besitz des Ordens lag in Palästina, Armenien, auf Zypern, in Apulien und Sizilien, seit der Jahrhundertwende auch in Deutschland, wo er das Ordenshaus in Halle gegründet hatte. Jetzt bot sich seinen Mitgliedern unter anderen Bedingungen ein neues Betätigungsfeld; den jungen Adligen aus dem übervölkerten Mittel- und Westdeutschland zeigten sich zukunftsweisende Möglichkeiten.

Die Kirche wiederum sah ihre wichtigste Aufgabe in der Bekehrung der Heiden und beanspruchte ihrerseits die Führung.

Immer mehr drängten sich in den mächtigen religiösen Strom die Wellen der weltlichen Politik, erhielten politische und wirtschaftliche Motive den Vorrang.

»Sie, Herr von Salza, wissen wie ich, daß die Erfüllung dieses neuerlichen Wunsches des masovischen Herzogs – ebenso wie die Unternehmung im Heiligen Land – eine unzweifelhafte Aggression bedeutet.«

»Und zugleich einen weltgeschichtlichen Auftrag, Majestät«, ergänzte der Ordensmeister. »Es geht um die Ausbildung von Rittern zu Landwirten, Baumeistern, Priestern. Herzog Konrad wird uns zur Seite stehen. Es gilt, in dem großen Spannungsfeld zwischen Kaisertum und Kurie auf politischem Neuland einen eigenen, einmaligen Staat aufzubauen!«

Friedrich bestätigte:

»Wenn dieses Land für das Reich erschlossen wird, wird es nicht zum Eigentum eines hochmütigen Fürsten, sondern ein Teil des Reiches unter dem Schutz des Reiches.«

Der Kaiser nahm von seinem Schreibtisch eine in goldgeprägter Hülle mit großem Siegel versehene Urkunde:

»Hier ist *Ihr* Auftrag. Es sind Ihre Gedanken und Entwürfe, die ich mit Herrn von Vinea formuliert habe. Dieses Schriftstück ist zugleich ein Schwert und eine Würde. Sie soll das neue Ordensland herausheben unter den Ländern der Kaiserkrone. Von Thorn und Kulm über Marienwerder und Elbing wird die Weichsel gewonnen, das Meer erreicht werden. Es wird Aufstände, Rückschläge und blutigen Kampf geben – doch keine Ausrottung der Pruzzen. Bäuerliche und städtische Gründungen unter Berücksichtigung der polnischen Siedlungen werden entstehen. Im Bund mit dem Bürgertum, vor allem mit den schöpferischen Kaufleuten von der Hanse wird sich der deutsche Ordensstaat entfalten. Lübeck erhält die Reichsfreiheit. Die Hanse und der Orden werden die Ostseeländer erblühen lassen. Je deutlicher sich die Idee dauerhafter Eroberung des Heiligen Landes als Irrtum erweisen wird, um so mehr kann das Reich durch koloniale Arbeit im Nordosten gewinnen!«

Als Hermann von Salza das Schriftstück entgegennahm, wußte er: Das hier war *sein* Werk – und im höheren Sinne das des Kaisers, ohne dessen Weitsicht und Wagemut die Durchführung undenkbar gewesen wäre.

»Damit«, stellte Friedrich fest, »sind Sie ein unabhängiger Reichsfürst – unabhängig auch von der Kirche. Das ist ein in der Geschichte Europas bisher einziger Vorgang: gewiß fragwürdig von der Seite der gewaltsam annektierten slawischen Bevölkerung aus gesehen – für das Reich aber im Sinne des großen Carolus. Im übrigen gibt es für das von Ihnen zu Schaffende noch nichts außer unseren Wunschvorstellungen. Wir kennen nicht einmal die künftigen Grenzen. Zuerst muß also ein Land erobert, dann eine Beamtenschaft aufgebaut und eingesetzt, das Bürgervolk zur Einwanderung herbeigerufen werden, ehe wir militärische Stützpunkte zu Städten ausbauen, Marktflecken und Dörfer anlegen können. Es gibt kein Beispiel für das vor Ihnen Liegende!«

Es gäbe eins, widersprach lächelnd der Ordensmeister. »Nämlich Ihr apulisch-sizilisches Königreich, Majestät, mit der modernsten Verwaltung in unserer Zeit!«

Die von Hermann von Salza aufgestellten Ordensregeln, die dieser für den Krankendienst von den Johannitern und für den Militärdienst von den Templern übernommen hatte, wurden jetzt zur Grundlage eines neuen, totalen Staatsgebildes in der Hand eines straff organisierten Männerbundes, der das Fehlen jeder familiären Bindung des einzelnen durch mehr als eine nur militärische Gemeinschaft ersetzte:

Drei Dinge sind die Grundfesten eines jeglichen geistlichen Lebens. Das erste ist die Keuschheit;
das andere Verzicht eigenen Willens, nämlich Gehorsam bis in den Tod;
das dritte Angelobung der Armut.
An diesen drei Dingen, Keuschheit, Gehorsam, zu leben ohne Eigentum, liegt der Regel Kraft. Nur der Orden in seiner Gesamtheit darf besitzen Land und Äcker, Mühlen, Festen, Pfarren, Kapellen, Zehnten und sogenannte Dinge, nach dem ihm seine Privilegien verliehen sind.

Die Komture sollen sorgen, daß den Siechen an ihrer Kost und ihrer Notdurft nichts gebreche.

Alle Brüder sollen sich befleißigen, in brüderlicher Minne einmütig im Geist der Sanftmut zu leben. Hat aber ein Bruder sich gegen den anderen vergangen, so soll er die Sonne nicht untergehen lassen über seinem Zorn.

Der Meister, der aller Vorgesetzter ist, soll den Brüdern ein Vorbild sein. Er soll nach des Propheten Wort in seiner Hand die Rute und den Stab führen, zu strafen die Ungehorsamen, zu trösten die Kleinmütigen. Eine der schwersten Strafen sei Absonderung von der Gesellschaft und dem Tische der anderen Brüder.

In ihren Häusern essen die Brüder je zwei und zwei miteinander, nur Brei und Trank hat ein jeder für sich (aus besonderer Schüssel und besonderem Kelch), und alle, die da essen, sollen mit Schweigen hören.

Alle gesunden Brüder sollen an einer Stätte beieinander schlafen, jeder in besonderem Bett. An einem Sack, einem Kopfkissen, einem Laken und einer Decke soll sich jeder genügen lassen.

Kein Bruder darf ein Siegel haben oder Briefe absenden oder lesen ohne des Obersten Erlaubnis, der, wenn es ihm gefällt, Einsicht nehmen kann. Sie dürfen keine Vorlegeschlösser an Koffern, Büchsen und Schreinen haben. Wer in die Bruderschaft aufgenommen wird, dem soll man eine Probezeit gestatten, es sei denn, daß er selbst darauf Verzicht leiste. Knaben soll man nicht vor dem vierzehnten Jahr beim Orden annehmen. Weiber zum Dienste der Siechen und des Viehs können Halbschwestern werden; sie müssen aber außerhalb des Bruderhauses wohnen ...

Mit der Urkunde von Rimini bestimmte der Kaiser neben dem schwarzen Kreuz auf dem weißen Rittermantel auch einen schwarzen Adler als Wappentier für den neu zu schaffenden Staat. Sein Name, zurückgehend auf die heidnischen Ureinwohner, sollte künftig PREUSSEN sein.

Friedrich entließ den Ordensmeister noch mit einer anderen Mission: Zur Unterstützung der päpstlichen Forderung hinsichtlich des Kreuzzuges sollte er mit Hilfe sizilischen Goldes die Anwerbung der Ritter betreiben.

Anläßlich dieser Reise Hermann von Salzas über die Alpen bewegte den Kaiser zudem ein besonderes Anliegen. Es betraf den jungen König Heinrich, dessen Umgang und Aufführung zu Sorgen Anlaß gab – um so mehr, da Heinrich, nicht zuletzt gerade darum zum Hoftag nach Cremona zitiert, nicht erschienen war.

Der Ordensmeister kannte den ungebärdigen Knaben, der als ältester ehelicher Sohn des Kaisers schon nach dem ersten Lebensjahr König von Sizilien und dann, im Krönungsjahr des Kaisers, als Neunjähriger Deutscher König geworden war. In Sizilien geboren, war der eigenwillige und bei aller äußeren Ähnlichkeit dem Vater sehr entgegengesetzte Heinrich um der ehrgeizigen Pläne des Kaisers willen im fernen Deutschland wie eine Waise herangewachsen. Nun geschah es, daß der so herrische wie rechtlich unerschütterliche und zuverlässige Vormund, der Reichsverweser und Erzbischof von Köln – gemäß der Andeutung des päpstlichen Vikars – von ›unbekannter‹ Hand ermordet und der junge König dadurch seines wesentlichen Halts beraubt wurde. Als neuen Pfleger Heinrichs hatte Friedrich den Herzog Otto von Bayern ernannt, über dessen Haltung jetzt ebenfalls widersprüchliche Meldungen beim Kaiser eingingen.

»Der Wittelsbacher beugt sich dem Einfluß des Kardinals von Ostia, wogegen sich wieder mein Herr Sohn auflehnt und sich damit die Feindschaft der Kurie zuzieht. Wie soll ich mich auf die ständig miteinander in Fehde liegenden teutonischen Herren im geistlichen und weltlichen Gewande verlassen, wenn Heinrich vor allem sein Vergnügen sucht, während Deutschland in Anarchie versinkt?«

Die Majestät habe die Königswahl seines Sohnes mit allzu vielen Privilegien für die nimmersatten Reichsfürsten erkauft, mahnte Salza den Kaiser im Hinblick auf dessen eigenes Geständnis. Nun sei Herr Heinrich bei seiner Jugend ein Spielball ihrer Launen und Forderungen.

»Sie wissen, Salza, daß ich keine andere Wahl hatte! Da die von mir verliehenen Ämter nicht erblich waren, bedeuteten sie für mich geringe Gefahr. Jetzt neigt mein Sohn dazu, ohne Gegenleistungen Rechte von unschätzbarem Wert zu verschenken.«

Der Ritter blickte besorgt drein. »Ein guter Teil seiner Schwäche kommt wohl von seiner körperlichen Behinderung – nicht nur bei der Jagd, die er wie Sie, Majestät, liebt. Ein fünfzehnjähriger König, der alles tun muß, vor seinen Freunden und dem Volk zu verbergen, daß er ein hinkender Krüppel ist! Dazu schön von Angesicht, ein Staufer mit allem Stolz und allem Ehrgeiz, sein Königtum mit Glanz und Menschlichkeit zu erfüllen!«

»Er ist ebenso aufsässig wie unreif«, erklärte der Kaiser mit einer Unerbittlichkeit, die den Ordensmeister erschreckte.

»Er ist ein Knabe, Majestät!«

»Ich hatte in seinem Alter keinen Vater, der, wenn auch nur von fern, meine Interessen vertrat!«

»Hat *er* einen *Vater,* Majestät – ?«

Friedrich ging nicht darauf ein.

»Was mir obendrein Sorge bereitet, ist die mangelnde Kreuzfahrerbegeisterung der deutschen Fürsten. Es wird Ihre Aufgabe sein, Herr von Salza, die zugänglichsten von ihnen, wie den Herzog von Limburg und den Landgrafen von Thüringen, ein wenig anzutreiben. Dem Thüringer könnte man die Einkünfte der Stadt Meißen anbieten. Zunächst aber geht es um ein Treffen der Herren in Aachen, wo Sie der edlen Versammlung meine Vorstellungen und Angebote unterbreiten werden.«

Bewußt beiläufig fuhr der Kaiser fort: »Anschließend finden dann in der Burg zu Nürnberg die Hochzeitsfeierlichkeiten für meinen Sohn mit Margarethe, der Schwester des Herzogs von Österreich und Steiermark, statt. Sie werden daran als mein offizieller Vertreter teilnehmen. Es soll an nichts gespart, das Heer der deutschen Fürsten mit Prunk und großzügigen Festen beeindruckt werden. Versuchen Sie, die Stimmung in meinem Sinn zu beeinflussen – und Herrn Heinrich am übermäßigen Genuß von Wein zu hindern. Zugleich möchte ich das Zeremoniell als Doppelhochzeit veranstaltet sehen: Am selben Tage soll der Bruder der Braut mit der Tochter des Landgrafen von Thüringen vermählt werden. Es liegt mir an der Einbindung der Babenberger in die Reichspolitik.«

Der Ordensmeister, obwohl an überraschende Entscheidungen des kaiserlichen Herrn gewöhnt, erlaubte sich die Frage: Ob König Heinrich bereits entsprechend in Kenntnis gesetzt worden sei?

»Er wird es von Ihnen erfahren. Er strebt nach Volljährigkeit, zeigt sich ungeduldig gegenüber jeder Bevormundung. Die von mir bestimmte Ehefrau wird ihn auf den rechten Weg bringen. Ich war im gleichen Alter, als man mich ebenfalls mit einer älteren Frau verheiratete. Es hat mir gutgetan.«

Herr Heinrich verehre, wie Seine Majestät wisse, die Schwester des englischen Königs, die schon Bischof Engelbert von Köln als Gattin für den jungen Herrn vorgesehen habe, gab Hermann von Salza zu bedenken. »Sowohl König Heinrich von England wie Ihr Sohn hatten bei Eurer Majestät bereits deswegen angefragt.«

»*Mir* ist die österreichische Verbindung wichtiger – gerade weil es dort Schwierigkeiten gibt. Die Vorbereitungen sind abgeschlossen. Da mein Sohn die Engländerin so wenig gesehen hat wie die allerdings weder so junge noch so hübsche Babenbergerin, wird es ihm nicht schwerfallen, meinem Willen gemäß *sie* zu verehren!«

Wie aber, erwiderte Hermann von Salza, solle er Herrn Heinrich erklären, warum der väterliche Ehestifter nicht selbst bei der Hochzeit erscheine?

»Sie werden die einzig zutreffende Antwort geben: daß mich die Vorbereitungen zum Kreuzzug hier festhalten. Jede Entfernung von Italien zu diesem Zeitpunkt wäre für mich nicht zu verantworten!«

In einem unvermittelten Anflug von Herzlichkeit legte der Kaiser dem Ordensmeister die Hand auf die Schulter: »Seien Sie meinem Sohn ein Freund, wie Sie es zu jeder Zeit mir waren. Sagen Sie ihm, um was es hier geht. Immer wieder erfahre ich, daß er mich mit wenig freundlichen Worten bedenkt. Versichern Sie ihn meiner väterlichen Liebe – und der kaiserlichen Strenge. Jeder von uns, der eine Krone trägt, ist in der Pflicht. Für mich steht im Augenblick Wichtigeres auf dem Spiel als die Tändelei eines Hochzeitsmahles. Der päpstliche Segen und das sizilische Gold mögen Sie erfolgreich begleiten!«

Und, als läge das soeben Besprochene schon wieder weit zurück, fügte Friedrich hinzu: »Inzwischen werde ich den Grafen von

Acerra als meinen Statthalter nach Syrien auf den Weg schicken. Jetzt bleibt mir nur noch die Sorge, ob mein Schiffbauprogramm der Anzahl der Ritter gewachsen ist. Auf Wiedersehen in Brindisi!«

VII
KREUZZUG

Nachdem Honorius der Dritte zehn Jahre und acht Monate lang das Schifflein Petri durch einigermaßen ruhige Gewässer gesteuert hatte, ging er seiner letzten Stunde entgegen. Im selben Jahr, unmittelbar bevor der Kaiser den überfälligen Zug ins Heilige Land antreten sollte, legte er sich ohne Aufsehen, müde, wie immer mild verdrossen, im Lateranpalast zum Sterben nieder.

Der Kaiser besprach mit seinem Kanzler die finanziellen Belange im Hinblick auf die Versorgung der Ritter wie der Ausrüstung und Zusammenstellung der Flotte für die Einschiffung des Heeres nach Palästina. Es war Ende März; die Sonne durchleuchtete die weiten Säulengänge und Brunnenhöfe der Kaiserlichen Residenz zu Foggia.

Während Friedrich mit Petrus von Vinea die diffizile Frage erörterte, ob man den beim Sultan al-Kamil angesehenen Erzbischof Berard noch einmal mit neuen Verhandlungsangeboten nach Ägypten entsenden sollte, überbrachte ein Kurier neue Nachricht aus Rom.

Auf einen Wink des Kaisers öffnete Vinea das Schreiben. Es bestand aus zwei Blättern. Als der Kanzler das erste überflogen hatte, verdunkelten sich Friedrichs Augen:

»Das Ergebnis des Konklave – ?«

»Ja, Majestät.«

»Wer?«

»Der Kardinal von Ostia ist bereits am Tag nach dem Tode seines Vorgängers als Gregor der Neunte mit triumphalem Prunk zum Papst gekrönt worden.«

In den Zügen des Kaisers arbeitete es. Als er den Blick zu dem Kanzler schickte, war er wieder voll kühler Beherrschung:

»Herr Hugolin möchte an seinen großen Vorgänger anknüpfen, der Kaiser Heinrich den Vierten nach Canossa zwang. Von mir darf er kein Canossa erwarten. Glaubt er seine mittlerweile acht Lebensjahrzehnte verleugnen zu können?«

Der neue Papst habe den von Natur gesunden Körper durch seine asketische Lebensweise ungeschwächt bewahrt, erklärte der Kanzler und überreichte dem Kaiser das andere Schreiben. Friedrich hob es an seine Augen; es waren nur wenige Zeilen:

Gott hat Dir die Gabe der Wissenschaft und der vollkommenen Vorstellungskraft verliehen. Hüte Dich, daß Du Deinen Geist, den Du mit den Engeln gemein hast, nicht tiefer als Deine Sinne stellst, die Du mit den Tieren und Pflanzen gemein hast. Dein Geist wird geschwächt, wenn Du der Sklave Deiner Sinne bist!

»Seine Heiligkeit geruht, mich an seine moralische Überlegenheit zu erinnern«, bemerkte der Kaiser, während er das Papier zur Seite legte. »Offenbar hat Herr Johann von Brienne von meinem Gedicht, das in seine Hände fiel, ausgiebigen Gebrauch gemacht. Es kränkte ihn wohl, daß meine ›Blume aus Syrien‹ eher niedergekommen ist als seine Tochter, bei der es noch einige Monate dauern wird. Oder bereitet man mir einen neuen Hinterhalt?«

Die Stimme des Kanzlers tastete sich vor:

»Eure Majestät wird auf ein Äußerstes gefaßt sein müssen.«

*

Indessen war es hoher Sommer geworden. Über die alten Pilgerstraßen strömten die Kreuzfahrer durch die apulische Ebene, wo sie in ihren Lagern den Befehl zur Einschiffung erwarteten. Auch der Hafen von Brindisi bot in wenigen Wochen eine bunte Heerschau. Der Name des neuen Papstes, die Erwartung auf Ablaß aller Sünden und die nicht weniger lockende Aussicht auf Plünderung der märchenhaften Schätze des Orients gaben auch den letzten Zögernden Mut.

Die Kreuzritter fanden sich aus Frankreich und Reichsitalien ein, aus Spanien und England. Die Schiffe der Seerepubliken lagen im Hafen neben den kaiserlichen Galeeren mit Friedrichs sarazenischer Leibgarde. Die deutschen Verbände bildeten nur einen verhältnismäßig geringen Teil der Truppen. Wie mit dem Ordensmeister Salza vereinbart, sollte sich etwa die Hälfte in Brindisi einschiffen; die andere ritt unter Befehl des ersten Landmeisters in Preußen, Hermann Balk, durchs Kulmer Land nach Osten.

Da die Stadt Brindisi nicht ausreichte, die Massen der Kreuzfahrer aufzunehmen, wuchsen am Meeresufer und weiter im Lande die Zeltlager in gedrängter Fülle. Glühende Hitze lastete über dem dunstigen Meer und der baumlosen Küste Apuliens.

Da geschah das Unheil.

Pesthauch durcheilte die Lagergassen, schwang sich an Bord der träge dümpelnden Schiffe, legte sich auf den Atem, ließ alle Lieder, alle Hoffnung erstarren. Die abends noch lärmten und lachten, lagen am Morgen röchelnd im Ansturm des Todes. Die erbarmungslose Augustsonne wandelte die Sümpfe in brütende Giftkessel.

Entsetzen lähmte die noch Gesunden; Ordnung und Zucht lösten sich. Den Tod im Atem und Gedärm, schlichen sich viele davon, doch der Tod holte sie ein. Andere schleppten sich aus den Lagern ins Land, trugen die Seuche weiter.

Der Tod hielt weiter Ernte. Auf Friedrichs Befehl hin war Hermann von Salza an der Spitze der ersten Geschwader in See gestochen. Der Kaiser blieb in Brindisi, die weiteren Einschiffungen zu fördern. Bei ihm war der Landgraf von Thüringen, der Gatte der heiligmäßigen Elisabeth und einer der erfahrensten Kenner des Orients. Friedrich hatte ihn zu seinem Stellvertreter bei der Führung des Kreuzzuges ernannt.

Als erste von den geistlichen Herren starben die Bischöfe von Augsburg und Anjou. Bald wurden auch Friedrich und Konrad von Thüringen vom Fieber befallen. Dennoch beschloß man, an Bord zu gehen. Auf den anderen Schiffen begannen sich die Hundertschaften in der Seeluft zu erholen. Zaghaft erklangen Lieder, erwachte von neuem das Wunder der Christenheit, lebte es auf in Erzählungen und Legenden der Älteren, die zuvor die sagenhafte Fahrt bestanden.

Dafür wütete die Seuche auf der kaiserlichen Galeere. Drei Tage nach der Abfahrt von Brindisi schloß der thüringische Landgraf stöhnend die Augen. Auf ihn, als den neben dem Ordensmeister zuverlässigsten Mittler zwischen ihm und der Kirche, hatte Friedrich seine Hoffnungen gesetzt.

Der Kaiser ließ dem Schiff, auf dem sich Hermann von Salza befand, Signal geben. Unter dem Sonnensegel, bebend im Fieber, empfing er den herbeigeeilten Freund. Der Hochmeister erschrak, als er die verwandelten Züge des Kaisers sah, seine brennendheiße Hand berührte. Es gab nur eines: sofortige Umkehr, Überführung des Kranken nach den heilenden Quellen von Pozzuoli. Die anderen Schiffe sollten unter Salzas Befehl den Kurs nach Akkon fortsetzen.

Als die in Brindisi verbliebenen Pilger von der Krankheit des Kaisers erfuhren, verließ sie der Mut. Geschwächt und ohne Glauben verloren sie sich im apulischen Land, bettelnd und raubend, während der hilflose Herrscher in die Abgründe seiner Fieberträume versank.

*

Lange Wochen lag Friedrich in Pozzuoli, umsorgt von dem jungen Occursio und betreut von seinen arabischen Ärzten, für Stunden nur bei Bewußtsein.

Als die Tage verblaßten, fand der Leidende ins Leben zurück. Noch bevor er sich nach Pozzuoli bringen ließ, hatte Friedrich die Bischöfe von Reggio und Bari, zusammen mit dem Herzog von Spoleto, seinem einstigen Ziehvater, nach Anagni gesandt, wo der Papst den Sommer verbrachte. Sie sollten Gregor alle Umstände des mißglückten Kreuzzuges berichten und den Kaiser entschuldigen.

Ungehört wies der Papst die Gesandten ab.

Während seiner Gesundung nahm Friedrich die Vorbereitungen für die Durchführung des Versäumten alsbald wieder auf. Zugleich mußte er erfahren, daß der Heilige Vater und seine Umgebung nicht nur der Nachricht von seiner Erkrankung keinen Glauben schenken wollten; man gab sich auch davon überzeugt: Der Kaiser habe den Landgrafen von Thüringen als den getreuesten Gefolgsmann des Papstes vergiften lassen. Die nicht zu leugnende Seuche erkannte man als deutliches Zeichen, daß der Herr den Wortbrüchigen verworfen habe ...

Indessen schickte Friedrich den Erzbischof Berard noch einmal nach Ägypten, die Verhandlungen mit dem Sultan wiederaufzunehmen.

Als der Kaiser in den ersten Oktobertagen Petrus von Vinea empfing, den neuen Aufbruch und die bisher bereits aufgewendeten riesigen Summen mit ihm zu besprechen, fiel ihm das düster-abwesende Gesicht des Kanzlers auf.

Vinea möge zur Kenntnis nehmen, daß er nicht mehr krank und schonungsbedürftig sei, bemerkte er ruhig.

»Neuigkeiten von Seiner Heiligkeit?«

»Er hat Sie gebannt, Majestät.«

Langsam, als gelte es, das Ungeheure erst zu erfassen, richtete sich Friedrich von seinem Lager auf:

»Da er nicht an meine Krankheit glaubt, folgt er seinem Haß ...«

Der Heilige Vater habe für November eine Bischofssynode einberufen und eine Enzyklika veröffentlicht, berichtete Vinea weiter. Er zählte die Anklagen auf: Der Kaiser sei des Verrates an der Kirche schuldig, da er alle Mißerfolge der christlichen Ritter im Heiligen Land durch Hintertreibung zu verantworten habe. Damiette sei verlorengegangen; auch trage Friedrich an den Ausschreitungen der enttäuschten Kreuzfahrer die Schuld. Ferner sei der Gebannte über die Vereinbarungen des letzten Termins hinaus seinen finanziellen Verpflichtungen nicht nachgekommen; zuletzt habe er, aus Unfähigkeit oder gar absichtlich, den ungesunden Hafen Brindisi gewählt und das Kreuzfahrerheer nicht ausreichend mit Lebensmitteln versorgt. Außerdem sei vom Heiligen Vater die Beziehung zu den Lombarden durch Ernennung mehrerer Kardinäle aus ihren Reihen enger gestaltet worden.

»*Noch* enger ...!«

Unversehens schien der Kaiser die frühere Überlegenheit und Spannkraft zurückgewonnen zu haben.

»Zunächst werden Sie, Vinea, dem neuen Herrn auf dem Stuhle Petri in meinem Namen mitteilen: Obgleich von meiner Krankheit nicht völlig genesen – das unterstreicht noch einmal die falschen Behauptungen Seiner Heiligkeit –, nehme ich die Verantwortung für den nicht angetretenen Kreuzzug auf mich. Ich erkenne die Berechtigung des Bannfluches Seiner Heiligkeit an!«

Der Kanzler glaubte nicht richtig verstanden zu haben. Friedrich, ganz Energie, nahm es nicht wahr:

»Sie werden ebenso darauf hinweisen, daß ich mich erbiete, jede erforderliche Buße – Leben bei Wasser und Brot, härenes Gewand, Prozessionen und Gebete in beliebiger Anzahl – abzuleisten. Und vor allem: daß ich mich verpflichte, die verschobene Kreuzfahrt im Mai kommenden Jahres endgültig durchzuführen!«

Während Vinea, kaum begreifend und in Verwirrung, Notizen aufschrieb, sprach Friedrich in eisiger Klarheit weiter:

»Hat sich nicht auch der kleine, schmutzige Heilige aus Assisi nur dadurch vor der Verfolgung als Ketzer gerettet, indem er sich der Kirche, die ihm zuwider war in ihrer Veräußerlichung, bedingungslos unterwarf?«

»Das heißt für Sie, Majestät?«

»Daß ich, der Gebannte, durchaus das zu tun gedenke, was Seine Heiligkeit *nicht* erwartet! Herr Gregor setzt voraus, daß meine Exkommunikation, die Ausstoßung aus dem Schoß der Kirche, das Ende aller Kreuzzugspläne bedeutet und ich damit für alle Zeit als Vertreter der irdischen Macht ausgeschaltet bin. Es geht ihm um die Machtprobe. Sie werden also weiterhin veröffentlichen, Vinea, daß ich auf Annahme der kirchlichen Buße bestehe. Daß ich mit oder ohne päpstlichen Segen die heiligen Stätten der Christenheit zurückerobern werde! Herr Hugolin ist klug, mächtig und alt. Wenn ich ihm Jerusalem zu Füßen lege, habe ich ihn mattgesetzt. Er muß den Bann aufheben. Was hätte er von mir noch zu fürchten?«

»Sie wissen es, Majestät«, sagte der Kanzler tonlos. »Er gibt so wenig auf wie Sie.«

»Also?« fragte Friedrich hellwach.

»Die Lage im Heiligen Land ist undurchsichtiger denn je. Bei Ihrer begrenzten Heeresmacht werden Ihre Feinde hier wie drüben um so emsiger wühlen. Die würdigen Minderbrüder werden als Fußvolk Herrn Gregors das Ihrige tun. Man wird Ihnen möglicherweise – was man hier nicht wagt – nach dem Leben trachten!

Auch ein Friedrich Barbarossa kehrte aus dem Heiligen Lande nicht zurück.«

Vinea stockte. »Dennoch glaube ich an Ihren Stern. Sie, Majestät, müssen das Kreuz im wahrsten Sinn auf sich nehmen!«

*

Der Herbst verrann, der Winter kam. Mit dem Kaiser erholte sich der Rest des Kreuzfahrerheeres. Von seiner Residenz Foggia aus kontrollierte Friedrich die Vorbereitungen und Finanzierung des neuen Aufbruches. Er wußte: Tausend Augen beobachteten ihn.

In dieser Zeit, da Vinea den Weg nach Rom angetreten hatte, begab sich der Kaiser nach Otranto, wo seine Gemahlin Yolanda, sicher vor Ansteckung der noch immer nicht ganz erloschenen Seuche, ihrer Stunde entgegensah. Ende April gebar sie zur Freude Friedrichs einen Sohn.

»Nach dem ersten Staufer auf dem deutschen Königsthron soll er Konrad heißen«, bestimmte der Kaiser. »Sein Name wird für ihn Verpflichtung bedeuten, wenn ich nicht mehr bin.«

Die Augen der jungen Frau lagen weit und bittend in denen ihres Gemahls:

»Schützen Sie ihn, wenn *ich* nicht mehr bin. Überlassen Sie ihn nicht sich selbst wie Heinrich. Auch ein König braucht den Vater!«

Und kaum vernehmbar, mit einem schmerzlichen Lächeln: »Möge unser Sohn niemals eine Krone tragen müssen ...«

Sie tastete nach seiner Hand. Friedrich entzog sie ihr leise.

»Alle Ihre Kinder brauchen Liebe«, hörte er die schwache Stimme. »Nicht nur der, der Deutscher König ist. Auch der Sohn Ihrer syrischen Cousine, den Sie nach Ihnen selbst nannten. Nicht jeder vermag soviel Kraft zu ziehen aus einer elternlosen Jugend. Ich bin keine Kaiserin, nur ein Mädchen, das Sie zu Ihrer Frau erhoben. Eine von vielen in Ihrem Leben. Ich beklage mich nicht. Aber erlauben Sie mir, daß ich Sie an Ihre Kinder erinnere.«

Der Kaiser strich ihr die Locken aus der feuchten Stirn.

»Sorge dich nicht um unseren Sohn.«

Während sie ihm mit ihren kindgroßen Augen nachblickte, spürte Yolanda, daß er in seinen Gedanken längst nicht mehr bei ihr war.

*

Friedrich wartete unruhig auf die Rückkehr des Kanzlers aus Rom. Als Petrus von Vinea vor ihm stand, zeichnete wieder der Schatten sein dunkles, kluges Gesicht.

»Hat der Papst meine Unterwerfung angenommen?«

Er sei wie beim letzten Mal bei Seiner Heiligkeit nicht vorgelassen worden, erwiderte Vinea. Dafür habe er erfahren müssen, daß es Herr Gregor für angebracht gehalten habe, noch ein zweites *und* ein drittes Mal in furchterregenden Riten gegen den ›von Gott Verfluchten‹ vor aller Welt den Bann zu verkünden.

Friedrich nahm es hin, als habe er mit keiner anderen Botschaft gerechnet.

»Und das Volk? Was sagt man in Rom?«

»Während der Heilige Vater zu St. Peter die Ostermesse las, folgte statt andächtiger Stille plötzlich ein Geschrei wie Hundegebell. Herr Gregor wurde gezwungen, die Messe abzubrechen. Mit lauten Beschimpfungen bedrohte man Seine Heiligkeit. Die Stadt Rom ist ein Vulkan. Der Papst beschloß seine sofortige Abreise nach dem guelfischen Viterbo, doch die aufständischen Römer verfolgten ihn weiter nach Rieti und Perugia. Die Gegend um Viterbo wurde verwüstet, das Kastell erobert. Bevor er von dort weiter floh, schleuderte der Papst noch den Bann auf seine Verfolger.«

»Er erntet, was er gesät hat«, nickte der Kaiser. Es lag keine Genugtuung in seiner Stimme. »Wie leicht wäre es für ihn gewesen, nun, da er meinen ernsten Willen erkennen muß, die seinem Amt gemäße christliche Haltung zu üben ...«

Wie immer fing sich Friedrichs Zuversicht schnell wieder. »Dafür steht es im Heiligen Lande besser. Mein Schwiegersohn Graf Thomas von Acerra hat in Syrien gegen die Moslems gesiegt. Dazu ist der unbeugsame Sultan von Damaskus gestorben. Sein Bruder wird mir die so heiß umstrittenen heiligen Stätten abtreten. Das heißt: Ich werde die Krone Jerusalems erringen!«

Der Kanzler erwiderte langsam:

»Gerade das wird es sein, was Ihnen Seine Heiligkeit niemals vergeben kann, Majestät. Für ihn wird es den Pakt mit den ungläubigen Teufeln bestätigen, denen Sie das Heil Ihrer Seele verschrieben haben! Und doch: Sie haben die tückische Krankheit überstanden – Sie werden auch den Kirchenbann überleben.«

»Überleben ...«, wiederholte Friedrich in Gedanken. »Was heißt das – ?«

Unvermittelt erkundigte er sich: »Gibt es Nachricht aus Otranto? Ist das Kind gesund?«

»Ja, Majestät.«

»Die Geburt war nicht leicht«, murmelte der Kaiser. »Yolanda ist zu jung ...«

»Sie *war* zu jung«, verbesserte Petrus von Vinea. »Ich muß Eure Majestät davon in Kenntnis setzen, daß Ihre Gemahlin dem Kindbettfieber erlegen ist.«

Der Kaiser starrte ins flackernde Kaminfeuer, dessen Schatten und Lichter durch den dunkelnden Raum geisterten.

»Mit kaum sechzehn Jahren war sie selbst noch ein Kind ...«

»Sie erlosch wie eine Blume ohne Licht«, sagte der Kanzler leise.

»Man wird auch ihren Tod auf mein Konto schreiben«, nickte Friedrich.

Diesmal, erwiderte Petrus von Vinea, schriebe man es nicht auf das Konto Seiner Majestät.

»Wen also möchte man nun ins Spiel bringen?« fragte der Kaiser abwesend.

Ein anderes Gerücht fände weite Verbreitung, gab der Kanzler zurück. Nämlich, daß der Landgraf von Thüringen die von ihm Verehrte und sich selbst mit Hilfe eines Liebestrankes aus der Welt gebracht habe.

»Besser ein – wie sagten Sie? – ›Liebestrank‹ als vorsätzlich verabreichtes Gift!«

Friedrich winkte seinem immer anwesenden Mundschenk. »Vorerst erscheint es mir wichtiger, den Herrn im Lateranpalast durch meinen Aufbruch ins Heilige Land davon zu überzeugen, daß ich auch für ihn den Kampf führe – es sich also erübrigt, mir nach dem Leben zu trachten.«

Friedrich nahm den Pokal, den ihm der Jüngling darbot. Als dieser den Blick des Kaisers spürte, sagte er mit seiner klaren Stimme:

»Hätte ich dem Herrn Landgraf als Mundschenk gedient, Majestät, niemand hätte etwas von einem Trank erzählen können, der ihn das Leben kostete!«

Und mit einem Schritt auf den Kaiser zu: »Wenn ich schon nicht für Sie das Schwert führen darf, Herr – lassen Sie mich niemals von Ihrer Seite!«

Friedrich, überrascht und beinahe ergriffen von der liebenden Überzeugung des unbefugt Sprechenden, legte seinen Arm um den Pagen. Sein Gesicht gewann etwas vom eigenen Leuchten zurück, als er verhalten erwiderte:

»Wer, Occursio, sollte dich von meiner Seite fernhalten?«

Und zu dem Kanzler: »Der hier, Vinea, wird mich niemals verraten!«

*

Während der letzten Vorbereitungen für die Einschiffung der vierzig kaiserlichen Galeeren warf Gregor der Neunte, offenbar selbst überrascht vom Mut seines Widersachers, Friedrich vor, daß er als ›Pirat‹ nach Jerusalem zu ziehen wage:

Wir wissen nicht, welch teuflische List ihn verführt, den Hafen von Brindisi ohne Buße und Absolution zu verlassen!

Der gebannte Kaiser hingegen war sich nur zu bewußt, daß er mit dem Besteigen des Schiffes, das ihn diesmal endgültig über das Mittelmeer brachte, nicht nur seine Stellung im Reich wie in seinem sizilischen Erbland, sondern sein *Leben* aufs Spiel setzte ...

Noch vor Friedrichs Landung in Akkon waren bereits in Syrien zwei vom Heiligen Vater entsandte Minderbrüder erschienen, um auch dort allen Rittern wie den einheimischen Christen den päpstlichen Bannfluch sowie die heidnisch-lasterhafte Lebensweise ›Belials‹ bekanntzugeben und die Stellung des Kaisers mit allen Mitteln zu untergraben. Dazu entschloß sich der dreiundachtzigjährige Stellvertreter Christi, im nun schutzlosen Italien für eine Weile die Tiara mit dem Helm zu vertauschen und sich selbst an die Spitze der päpstlichen Armee zu setzen. Unter dem Kardinal

Pelagius von Anagni und dem rachedurstigen Herrn Johann von Brienne fielen die ›Schlüsselsoldaten‹ – sie trugen die Schlüssel des heiligen Petrus auf ihren Wappenschildern – ins Königreich Sizilien ein. Die Hauptstädte Messina, Catania und Palermo wurden zur Rebellion aufgerufen und kaiserliche Beamte vertrieben oder ermordet. Auch lombardische Truppen rückten als päpstliche Verbündete vor.

In seinem frommen Streben, jenseits der Alpen ebenfalls das Seine zu tun, erhob Gregor der Neunte den Herzog von Lüneburg zum Gegenanwärter für die Reichskrone. Scharen von Bettelmönchen sorgten zugleich von Sizilien bis zur Nord- und Ostseeküste für die Verbreitung des neuesten Gerüchtes: Der heidnische ›Belial‹ sei tot, der verworfene Schüler Mohammeds gerechterweise zur Hölle gefahren!

Ganz Europa war aufgerufen zum zweiten ›Kreuzzug‹ gegen den Staufer.

VIII
SINIBALD FIESCO

Als Seine Heiligkeit nach mancherlei Umwegen wieder Helm und Rüstung gegen die Soutane vertauschte, entschloß er sich gegenüber den unbotmäßigen Römern, die ihn zur Rückkehr zwangen, zu entsprechender Strenge, vor allem auch beim Adel. Einige der den Lateran bedrohenden Türme der herrschenden Familien ließ er kurzerhand niederreißen.

Der Palast selbst glich einer wohlbewehrten Festung, die Herr Gregor im Innern durch einen von Kolonnaden umgebenen, brunnengeschmückten Gartenhof bereicherte.

Die berühmte Marmortreppe der Burg Antonia, über die einst Christus am Gründonnerstag vor Pilatus geführt und die später von der Kaiserin Helena, der Mutter Konstantins des Großen, nach Rom gebracht worden war, stellte als ›Heilige Stiege‹ die größte Kostbarkeit des päpstlichen Palastes dar. Über ihre zweiundzwanzig Stufen stieg der Papst nun zu der am oberen Ende gelegenen Privatkapelle Sancta Sanctorum empor. In dem von einer Ampel schwach erleuchteten zimmergroßen Raum hüteten vierundzwanzig goldbeschlagene Türen den ebenfalls von Helena zu Beginn des vierten Jahrhunderts hierhergebrachten größten Reliquienschatz der Römischen Kirche.

Bei ihrer zielbewußten Expedition ins Heilige Land auf der Suche nach allen greifbaren Spuren des Erlösers war es der Unermüdlichen gelungen, nicht nur das Heilige Grab, sondern auch in der Senke unterhalb der Mauer der Davidstadt nahe dem Felsen von Golgatha das Kreuz Christi zu finden und ausgraben zu lassen.

Der Altar der Kapelle Sancta Sanctorum barg, in Gold und Silber gefaßt und mit Steinen geschmückt, die kostbarsten Stücke des Schatzes: einen Teil des Abendmahlstisches; einen Dorn aus der Krone des Gekreuzigten; das Rohr, mit dem man ihm den Essigschwamm reichte, wie auch Reliquien Johannes des Täufers und anderer Heiliger.

Über der Altartruhe blickte, von Engelsköpfen umrahmt, das dunkle Erlöserbild herab, von dem man sagte, es sei nicht von Menschenhand gemalt. In Goldlettern leuchteten durch die Dämmerung des Raumes die Worte:

NON EST IN TOTO SANCTIOR ORBE LOCUS
AUF DER GANZEN ERDE IST KEIN HEILIGERER ORT ALS DIESER ...

Nach langem, inbrünstigem Gebet schritt der Heilige Vater ohne Gefolge zu dem unweit der Kapelle gelegenen Audienzraum, wo ihn, lässig gegen die nach innen geöffneten schweren Fensterläden gelehnt, durch die der Widerschein der Sommersonne hereinfunkelte, sein nächster Vertrauter, der Kardinal von Genua, erwartete.

Das kaum Vorstellbare und um so mehr Gefürchtete hatte sich nun doch ereignet: Der gebannte Kaiser war unbeschadet – und vor allem siegreich – aus dem Heiligen Land zurückgekehrt!

Herr Sinibald Fiesco, noch nicht vierzigjährig, Graf von Lavagna, Kirchenfürst und Diplomat, Jurist und mit kaum übersehbarem Besitz gesegneter Weltmann, küßte in vollendeter Eleganz den Ring an der weißen, knochigen Hand, die ihm der Papst mit abwesendem Blick entgegenstreckte.

Das flammende Auge Seiner Heiligkeit irrlichterte in dem schmalen, goldschimmernden Raum umher, als er zornbebend hervorstieß:

»Nicht nur, daß die Nachrichten vom Tode des Gebannten, so weit man ihnen Glauben schenkte, nichts als Schrecken und Trauer auslösten! Obendrein wurde seine Landung in Brindisi zum Triumph ohne Beispiel! Und fast im gleichen Augenblick überall kaiserliche Erfolge wie die Zurückeroberung von Apulien! Jetzt bedrohen seine Truppen das Patrimonium Petri! Man wird auch nicht vor einem Angriff auf die heilige Roma zurückschrecken!«

»Eure Heiligkeit irren«, lächelte Herr Fiesco. »Man hat genau an der Grenze des Kirchenstaates haltgemacht. Der Kaiser achtet streng darauf, daß bei der Rückeroberung seiner Gebiete kein Fuß päpstliches Territorium betritt!«

»Täuschung, Hinterlist! Er spielt mit mir Katz und Maus. Er will mich ins Unrecht setzen!«

»Die Rechnung Eurer Heiligkeit ist in der Tat nicht ganz aufgegangen«, bemerkte der Kardinal liebenswürdig. »Nicht nur, daß der Kaiser – *trotz* aller Ihrer Unternehmungen! – ohne einen Tropfen Blutes in kürzester Zeit mit dem Sultan erstaunliche Verhandlungsergebnisse erzielte ...«

»Sie brauchen es nicht zu wiederholen!« unterbrach Gregor in hagerer Hoheit: »Freigabe von Jerusalem an seine Herrschaft, samt Bethlehem, Nazareth und dem dazwischenliegenden Land mit allen Befestigungen. Dazu der Küstenstrich von Jaffa bis Akkon und die alte Pilgerstraße nach Jerusalem und Nazareth. Die Moscheen bleiben unversehrt. Die Mohammedaner erhalten Zutritt zum Tempel. Die Gefangenen werden zurückgegeben. Waffenstillstand für zehn Jahre. Und als Gipfel: Der Gebannte hat es gewagt, sich in der Kirche des Heiligen Grabes inmitten seiner Deutschherren die Königskrone von Jerusalem *selbst* aufs Haupt zu setzen!«

»Wer sonst hätte es tun sollen, Heiligkeit?« wandte der Kardinal höflich ein. »Hatte der Patriarch Gerold nicht auf Ihre Anordnung hin die heiligen Stätten mit dem Interdikt belegt? Darf ich Sie außerdem daran erinnern, daß der Kaiser bei derselben Zeremonie in seiner großen Rede, anstatt Eure Heiligkeit vor aller Welt anzuklagen, darauf hinwies, daß Sie, so schmerzliche Hindernisse Sie ihm auch in den Weg gelegt hätten, dies wohl nur getan hätten, weil Sie seine wahren Absichten, nämlich die Rückeroberung der heiligen Stätten, nicht geglaubt und anerkannt hätten? Wobei er wiederholte, er sei bereit zu erfüllen, was die Ehre der Kirche und des Reiches erfordere – ja, er beabsichtige allen Ansprüchen der Kurie Genüge zu tun!«

»Es geschah nur auf Drängen des Deutschordensmeisters«, stellte der Papst unwillig fest. »Dazu hat dieser Friedrich in seinem Vertrag mit dem Sultan auch noch eingewilligt, daß in Jerusalem die Heiligtümer der Mohammedaner in deren Besitz bleiben sollen!«

»Der Bericht des Herrn von Salza, den er Eurer Heiligkeit übermittelte«, erwiderte der Kardinal, »klingt durchaus überzeugend. Wobei ich hinzufügen darf, daß dieser Abschluß *trotz* des von Ihren Beauftragten – nun, sagen wir: in Verwirrung gestürzten

Heeres wie der Intrigen der Templer und Johanniter, allein durch das ungewöhnliche Geschick des Staufers zustande gekommen ist!«

Es schien, als sänke der Papst ein wenig in sich zusammen, doch seine Augen blitzten:

»Sie sind in der Tat der beste Advocatus Diaboli. Sollte es mit der Tatsache zu tun haben, daß der Reichtum der Fieschis weitgehend der kaiserlichen Großzügigkeit zuzuschreiben ist?«

Der Kardinal behielt sein feines, überlegenes Lächeln:

»Nur teilweise, wie ich festhalten möchte. Eure Heiligkeit bewerten die irdischen Belange auch hier ein wenig zu hoch ... Aber wir waren nicht bei meiner unbedeutenden Familie, sondern bei dem Phänomen dieses Mannes, der der Kurie allerdings harte Prüfungen auferlegt.«

Der hagere Greis im Sessel erhob seine Stimme:

»Er verleumdet und demütigt die heilige Kirche, Eminenz! Es wurden mir öffentliche Äußerungen von ihm gegenüber den Mohammedanern über unseren alleinseligmachenden Glauben berichtet, die – abgesehen von seiner Lebensführung – für einen christlichen Herrscher allein Grund zur Absetzung bedeuten würden!«

»Ganz so weit dürfte der Arm der triumphierenden Kirche wohl noch nicht reichen«, bemerkte Herr Sinibald trocken. »Was nicht hindert, daß man in der Umgebung des Sultans den Wert der kaiserlichen Majestät auf dem Sklavenmarkt, ginge es allein nach seinem für orientalische Verhältnisse wenig empfehlenswerten Äußeren mit seinem bartlosen, blassen Gesicht, dem rötlichen Blondhaar und seiner unansehnlichen Gestalt, auf kaum zweihundert Dirham eingeschätzt haben soll.«

»Und dieser Mann hat durch die Selbstkrönung in Jerusalem seinen Drang nach einem gottähnlichen Überfürstentum bestätigt und die Oberhoheit des Bischofs von Rom geleugnet. Er hat seine christliche Mission verraten. Er hat mit dem Glaubensfeind nicht nur Frieden, sondern auch Freundschaft geschlossen!«

»Dafür haben Sie ihn verschiedentlich, zuletzt durch den Templerorden, überfallen lassen und ihn sogar an *Ihren* Feind, den Sultan, verraten«, erklärte der Kardinal freimütig. »Leider hat der Kaiser das erste wohl überstanden und beim zweiten den Erfolg gehabt, daß ihm der Sultan das aufschlußreiche Schriftstück Ihrer Beauftragten unmittelbar zur Kenntnisnahme übersandte. Wundern sich Eure Heiligkeit nun, daß sich die Waage des Erfolges zuletzt *ihm* zuneigt?«

»Sie sprechen die Sprache des Feindes, Eminenz«, gab der Papst in eisiger Hoheit zurück. »Die Gemeinschaft der in Christus geeinten Kirche wird gegen ihn aufstehen, sollte er die Hand gegen den Gesalbten des Herrn erheben!«

Herr Sinibald Fiesco raffte den Kardinalspurpur um seine schlanke, aristokratische Gestalt:

»Seien wir uns dessen nicht zu sicher, Heiligkeit. Warum wollte er sich übrigens dem unfreundlichen Eindruck aussetzen, den eine militärische Belagerung Roms bedeuten würde – wenn er das gesamte Patrimonium Petri schlicht aushungern kann, indem er die Grenzen von außen abriegelt?«

»Seine Freunde, die Frangipanis«, sagte der Papst mit bebender Stimme, »gedenken ihm ihre Festung im Colosseum zu einem unerhörten Preis zu überlassen. Dann hat er seinen Sitz im Schoß der heiligen Roma – sowie er an der Grenze des Kirchenstaates seine Mohammedaner in ständiger Wachsamkeit hält. Zugleich mit der Neuordnung des Rechts- und Verwaltungswesens strebt er danach, die Verbindungswege zur See und zu Lande durch die Kette seiner sizilischen und apulischen Kastelle und die Gründung neuer Städte wie Lucera oder Augusta zu festigen. Haben Sie bisher etwas von einer *Kirche* vernommen, die er erbaut hätte? Dafür läßt er heidnische Skulpturen und marmorne Torsi auf den Schultern von Sklaven in seine Residenzen bringen und dort aufstellen!«

Der Kardinal bestätigte gelassen:

»Er entdeckt sie gewissermaßen neu – und rettet sie dadurch vor den Kalk- oder Schmelzöfen. Wer von den geistlichen oder weltlichen Bauherren kam bisher auf die Idee, sein Haus mit derlei Kunstwerken versunkener Hochkultur zu schmücken?«

»Ihre christliche Überzeugung verbot es ihnen!«

Herr Sinibald zuckte die Achseln:

»Sagen wir: Ihre kulturelle Fähigkeit ... Im übrigen bringt diese leidenschaftliche Bautätigkeit Industrien und uralte Traditionen zu neuer Blüte. Friedrichs quadergetürmte Kastelle sind mit nichts zu vergleichen, was – außer vielleicht der sagenhaften Chinesischen Mauer – jemals zum Zweck der Verteidigung geschaffen wurde!«

»Gegen die Kirche! Und auf Kosten der rücksichtslos ausgesogenen Bevölkerung!«

»Zugleich erschließt er mit dieser zwangsläufigen Bedrückung des Landes um seiner Bauten willen neue Geld- und Nahrungsquellen, Heiligkeit! Er fördert die Kultur des hier bisher fast unbekannten Zuckerrohrs und kämpft für die rationelle Nutzung des Bodens – und regt die Künste an, die Arbeit des Handwerkers, des Bildhauers oder Architekten!«

»Auch in Capua schaffte er neue Befestigungsanlagen«, sagte der Papst zornig. »Dazu wagt er es, ein riesiges Brückenportal im Stil eines römischen Triumphbogens mit seinem eigenen imperialen Bildnis zu schmücken!«

»Lucera ist weit gefährlicher«, bemerkte der Kardinal. »Vor den Toren seiner neuen Residenz Foggia ist die erhöhte Lage dieser Sarazenensiedlung mit ihren, wie es heißt, an die sechzigtausend der bisher über Sizilien verstreuten Mohammedanern geradezu genial gewählt. Dazu bringen die aufblühende Seidenfabrikation wie die geschickten Handwerker neue Steuereinnahmen. Im übrigen stellt man dort die furchtbare Schwefel-Rohöl-Mischung her, die als ›griechisches Feuer‹ in aller Welt Schrecken erregt. Ebenso entstehen unter den heidnischen Spezialisten-Händen die mächtigen Katapulte und Wurfgeschosse zur Bekämpfung bislang uneinnehmbarer Festungen.«

»Sie sagen das, als berichteten Sie von einem am Ende der Welt hausenden Dschingis-Khan oder Harun al-Raschid«, rief der Heilige Vater anklagend. »Darf ich Sie daran erinnern, daß es sich um eine Natter namens Friedrich handelt, die wir an unserem Busen nähren!«

»Gewiß«, nickte der Kardinal ungerührt. »Wie er sich der Reichtümer aus Ost und West bedient, seinen Hof zu schmücken, kennt auch sein unruhiger Geist keine Grenzen. Immer wieder muß ihm sein schottischer Hofastrologe Michael Scotus, der in Bologna und Toledo gelehrt hat, Rede und Antwort stehen. Ebenso bedient er sich des Pisaners Fibonacci, des größten Mathematikers unserer Zeit. Fibonacci hat dem Kaiser ein neues Zahlensystem empfohlen, das aus Indien stammen soll und von den Arabern längst zur Bewältigung schwierigster Rechenaufgaben benutzt wird.«

»Ein neues Zahlensystem?«

Herr Gregor schüttelte verständnislos das Greisenhaupt. »Seit Jahrtausenden haben wir das lateinische – wozu die heidnische Neuerung? Wodurch unterscheidet sie sich von unserem altbewährten?«

»Nun«, sagte der Kardinal in seiner klugen Kühle. »Sie unterscheidet sich im Grunde nur durch eine winzige revolutionäre Erfindung – einen kleinen Kreis.«

»Und was bedeutet dieser Kreis?«

»Nichts, Heiligkeit!«

»Wollen Sie spotten, Eminenz?«

»Durchaus nicht. Dieser kleine Kreis bedeutet *vor* einer Zahl wirklich nichts – hinter ihr aber das Zehnfache.«

»Wie das?«

»Nun, er multipliziert um zehn, hundert, tausend und so weiter – nur durch seine Anfügung hinter eine Zahl. Auf Fibonaccis Ansuchen sollen der Kaiser und Herr Scotus dem Pisaner die schwierigsten Fragen und Aufgaben gestellt haben. Er hat sie alle mit Hilfe des fremden Zeichens, das man ›Zero‹ – Null – nennt, spielend gelöst. Daraufhin wurde die Einführung der neuen Art zu rechnen vom Kaiser angeordnet.«

»Sie sagen es!« rief Herr Gregor mit weitausholender Geste. »Solange er atmet, wird er sich auflehnen gegen die erhabenen Grundsätze des Althergebrachten und damit gegen die Lehre Christi. Hat er nicht die Ketzergesetze unterschrieben – und jene anderen, nach denen Ehebruch durch die von der Heiligen Inquisition geübten körperlichen Verstümmelungen wie Abschneiden der Nase und Entmannung bestraft werden muß, während er sich selbst hemmungslos der Befriedigung seiner Sinne hingibt?«

»Jeder weiß von seinem Harem nach dem Vorbild seiner normannisch-sizilischen Ahnen«, lächelte der Kardinal nachsichtig, »von der Geringschätzung seiner offiziellen Gemahlinnen ebenso wie von seinen von Eunuchen bewachten Sänften, die er überall mit sich zu führen pflegt, seinen sarazenischen Tänzerinnen und Pagen ...«

»Obendrein«, fügte Seine Heiligkeit verächtlich hinzu, »badet er, wie ich höre, täglich. Nur Heiden und Mohren baden. Bäder wecken die Wollust. Wenn er krank wäre ... Er ist ein Sohn Sodoms. Kein Heiliger hat je gebadet.«

»Meines Wissens«, bemerkte Herr Sinibald Fiesco spöttisch, »dürfte er kaum Wert darauf legen, als solcher zu gelten. Das wird auch seine derzeitige Mätresse bestätigen. Den Kindern der, wie es heißt, sehr reizvollen Gräfin Bianca aus dem bedeutenden piemontesischen Geschlecht Lancia soll er übrigens in ganz besonderer Weise zugetan sein.«

»Wie viele Bastarde gibt es von ihm jetzt?« brachte Herr Gregor böse hervor. »Kann sie überhaupt noch jemand zählen? Und seine arme junge Gemahlin mußte in Einsamkeit sterben. Aber die Strafe folgt! Sein ältester legitimer Sohn, der Deutsche König, bereitet ihm – und uns – Schwierigkeiten. Man wird auf der Hut sein müssen.«

»Diese Schwierigkeiten, von denen Eure Heiligkeit sprechen, ließen sich, wie ich meine, noch ein wenig steigern ...«

»In unserem Interesse – ?«

»Und im Interesse unserer lombardischen Freunde ... « lächelte Herr Fiesco hintergründig.

»Wie, Eminenz?«

»Man könnte ihnen einen kleinen Fingerzeig, unterstützt von handfesten Angeboten, zukommen lassen – etwa in der Richtung, daß Herrn Heinrich die berühmte Eiserne Lombardenkrone gut zu Gesicht stünde – und daß unsere lombardischen Mitstreiter ganz sicher mit einem haltlosen jungen Herrn, der sich durchaus nicht in voller Harmonie mit seinem kaiserlichen Vater befindet, wesentlich besser zurechtkämen ... Wobei uns auch der bayerische Herzog zur Hand gehen könnte, der sich als Mentor des jungen Königs sicherheitshalber auf unsere Seite gestellt hat. Wenn Eure Heiligkeit also die lombardische Angelegenheit vertrauensvoll in meine Hände legen wollten ...«

Herr Gregor stimmte zu.

Überdies, stellte der Kardinal fest, sei die kaiserliche Majestät – trotz der schönen Gräfin Lancia – wieder einmal auf Brautsuche.

»Zum dritten Mal – ?«

Herr Fiesco wies darauf hin, daß der englische König nicht nur einen ehrgeizigen Bruder besitze, der sich ausgezeichnet für die Rolle eines deutschen Gegenkönigs eignen könnte ... Der Papst wehrte ab:

»Sie sprachen von den Heiratsplänen des Staufers, Eminenz!«

»Wie ich andeutete, besitzt König Heinrich nicht nur einen ehrgeizigen Bruder«, fuhr der Kardinal mit leichter Ungeduld fort, »sondern auch eine junge, reizende Schwester.«

»Eine solche Verbindung würde die Welfen mit den Staufern ganz unerwünscht aussöhnen.«

Herr Gregor schüttelte mißbilligend den Kopf und nahm ein Papier heran. »Außerdem beabsichtigt er mit einem Stab ausgesuchter Fachgelehrter ein weltliches Gesetzwerk zu schaffen, das er LIBER AUGUSTALIS nennen will – also über die heilige Kirche hinweg! Er soll gewarnt sein. Hier, Eminenz!«

Der Kardinal hielt wenig von Einsprüchen und Warnungen auf Gebieten, wo man ohnedies den kürzeren ziehen mußte. Es blieben genug andere Möglichkeiten. Ohne Begeisterung las Herr Fiesco:

Es ist Uns zu Ohren gekommen, daß Du, entweder aus eigenem Antriebe oder von den böswilligen Ratschlägen verderbter Männer verführt, im Sinne hast, neue umfassende Gesetze zu erlassen. Deshalb nennt man Dich einen Verfolger der Kirche und einen Zerstörer der Freiheit des Staates!

»Und doch«, sagte Herr Fiesco, während er mit einer angedeuteten Verbeugung das für ihn überflüssige Papier zurückreichte, »werden Eure Heiligkeit – vorerst – Ihren Frieden mit ihm machen müssen.«

»Müssen – ?«

Der Kardinal hob leicht die schmalen Schultern:

»Wäre ich nicht ein Sohn der Kirche und er nicht Kaiser – wir könnten Freunde sein. Natürlich weiß jeder, welches Leben er führt – aber hat es Sinn, ihn darum vor der Welt auf die Dauer zu ächten? Wie viele unserer frommen Herren tun das Gleiche, vielleicht nur nicht mit solchem Anspruch und in solch verblüffender

Offenheit. Was nützt es uns, wenn wir ihn des Gattenmordes bezichtigen, was man ja schon seiner Mutter, der klugen Kaiserin Konstanze, vorwarf? Daß er mit Heidinnen buhlt, daß er sich mit der Weisheit des Korans mehr beschäftigt als mit der Botschaft des Heilandes? Haben Sie nicht schon als päpstlicher Vikar genug gegen ihn unternommen – und mit welchem Erfolg? Nennt man ihn nicht bereits: ›Das Staunen der Welt‹ –?«

»Und Sie, Eminenz?« lauerte die heisere Greisenstimme. »Nennen Sie ihn ebenso?«

»Ich bewundere seine Intelligenz«, erwiderte der Kardinal unbefangen, »seine unzweifelhafte Faszination, der er so viele seiner Erfolge verdankt; seinen von Künsten und Künstlern geprägten Hofstil, seine vielfältigen Interessen, die dennoch und trotzdem wie aller Reichtum um ihn nur äußere Zier bleiben und in denen er – ähnlich wie in seinen Beziehungen zu den Frauen – die gleiche Unbekümmertheit oder besser: Unbeständigkeit zeigt wie in seinem bewußten Mißtrauen gegenüber den christlichen Lehren.«

»Was von entscheidender Bedeutung ist!« betonte Herr Gregor mit schmalen Lippen.

»Gewiß, Heiligkeit. Für mich spielen aber auch andere Dinge eine Rolle.«

»Welche?«

»Zum Beispiel der natürliche Frohsinn dieses erstaunlichen Mannes, seine tatsächliche menschliche Wärme, die ich damals, bei der Krönung in Rom, in kurzen Lichtern, etwa in der Zuwendung gegenüber den untergeordneten Menschen seiner Umgebung bei ihm aufblitzen sah – und, ebenso unleugbar, seine grenzenlose Ichbezogenheit und Abschirmung gegenüber jedermann, auch den Nächsten gegenüber; seine diplomatische Doppelzüngigkeit und geistige Überheblichkeit, die ihn gern seine Feinde unterschätzen läßt. Ein Meister zu Pferde und im Waffengebrauch, wird er niemals ein Feldherr sein, was ebenso falsche Einschätzung der wahren militärischen Lage zur Folge haben kann.«

»Eine nicht unwesentliche Feststellung«, sagte Herr Gregor kühl und nachdenklich. »Lassen Sie uns hoffen, daß sie sich bei den zu erwartenden Auseinandersetzungen mit den Lombarden als zutreffend erweisen möge.«

Der Kardinal blickte durchs Fenster hinab in den Gartenhof, wo sich hinter den Kolonnaden die Troßknechte mit den Pferden und Karossen der päpstlichen Kavalkade beschäftigten. In seine verschlungenen Gedankenwege klang die harte, fordernde Stimme des Papstes:

»Und die Nutzanwendung Ihrer so freundlichen Darstellung? Was ist als Nächstes zu tun?«

Jäh wandte sich Herr Fiesco zu dem Greis im hohen Sessel zurück:

»Unverzügliche Aussöhnung!«

»Aussöhnung – ? Das sagen Sie als Mann der Kirche?« fuhr Herr Gregor auf. »Sie wollen die Unfehlbarkeit des Heiligen Stuhles zu Fall bringen?«

»Die Unfehlbarkeit ist *eine* Sache«, erwiderte der Kardinal mit unveränderter Lässigkeit. »Vergessen Sie nicht, Heiligkeit, daß überall – auch und gerade in Rom! – die Scheiterhaufen brennen, wo auf Anordnung der Geistlichkeit, aber in *seinem* Namen, täglich Menschen, zumeist ehrbare Familienväter, die man schamlos denunzierte, unter Qualen ihr Leben lassen. Er ist Kaiser, wenn ich noch einmal daran erinnern darf, und es wäre für ihn ein leichtes, Rom in seine Arme zu schließen. Wie lange würde der römische Pöbel für den heiligen Petrus hungern wollen? Und welcher Hahn in Europa würde darum krähen?«

Die durchdringenden Augen des Papstes ruhten wie witternd auf der biegsamen Gestalt des Mannes am Fenster.

»Was also soll geschehen, Eminenz?«

Herr Sinibald drehte den Siegelring an seiner Hand, daß der große Smaragd Funken sprühte:

»Man sollte ihn wissen lassen, daß es Ihrer Weisheit und Güte gefiele, den Abtrünnigen, offensichtlich aber Reumütigen, vom Fluch des Bannes zu befreien. Er kann es sich nicht leisten, die Friedenshand auszuschlagen. Zu viel hat er noch zu tun.«

»Zu viel haben *wir* noch zu tun«, bestätigte Herr Gregor in unerbittlicher Starre.

»Die Menschen im Reich und in der Kirche erwarten von Ihnen diesen Schritt, Heiligkeit. Lassen Sie sich als Friedensstifter feiern – für wie lange, bleibt bei Ihnen. Einen Stein haben wir immer im

Spiel – die Lombarden. Solange er gezwungen ist, sich in Italien zu verteidigen, muß er das Reich jenseits der Alpen vernachlässigen. Damit steht und fällt sein Kaisertum – und sein Erbe.«

»Ich habe nicht mehr viel Zeit«, murmelte der Greis in der weißen Soutane. »Der Herzog von Spoleto hat schon unsere besten Fußtruppen, die Bettelmönche, aus dem Reich vertrieben. Johann von Brienne ist nach Konstantinopel entflohen. Die Lombarden sind eigensüchtige, schwierige Leute.«

»Wir werden die Verhandlungen so führen, daß es scheinen muß, als bäte *er* demütig um den Frieden, den *wir* brauchen«, sagte Herr Sinibald zuversichtlich. »Wie kann er als Gebannter die Ordnung wiederherstellen, sich der Gefolgschaft seiner Länder auf Dauer sicher fühlen?«

Der Heilige Vater sank beinahe in sich zusammen.

»Auch ich habe ihn in Rom erlebt. Er ist wahrhaft Luzifer. Man müßte ihn lieben ...«

Gregor brach ab und schloß die Augen. Kaum hörbar kam es von seinen Lippen: »Möge uns der Herr die Kraft verleihen, ihm zu widerstehen.«

In plötzlichem Entschluß richtete er sich auf: »Veranlassen Sie, daß Herr von Salza als kaiserlicher Verhandlungsführer nach Rom kommt. Nehmen Sie Verbindung zu Vinea auf. Bereiten Sie eine Begegnung zwischen Uns und dem Kaiser vor. Ich vertraue Ihnen, Eminenz.«

Der Kaiser ahnte, was dieser Schritt für Gregor den Neunten bedeutete. Er wußte ebenso, wem er ihn verdankte. Er empfand es als Wohltat, die schwierigen Verhandlungen mit dem kühlen verständigen Kardinal von Genua, frei von eiferndem Haß, führen zu können. Petrus von Vinea formulierte Friedrichs verbindliche Antwort:

Papsttum und Kaisertum sind gleichen göttlichen Ursprungs. Beide sind eines Wesens, und Uns fern sei jene leichtfertige und törichte Meinung, daß diese beiden Schwerter sich feindselig gegenüberstünden!

Dann aber tönte es dunkler aus kaiserlichem Munde:

Die Zeit erlaubt nicht, noch leidet es die Art der Krankheit, daß Wir Uns mit klügelnden Reden und sophistischen Worten beschäftigen und ergötzen ...

*

Im hohen Sommer des darauffolgenden Jahres kam der Friede zwischen Kaiser und Papst zum Abschluß. Die Vereinbarung wurde von Vinea und dem Kardinal Fiesco unterzeichnet; Hermann von Salza war auch hier an der Seite des Kaisers. Seine Heiligkeit löste den Bann und erkannte Friedrich als König von Jerusalem an. Der Kaiser bestätigte die päpstlichen Grenzen und Befugnisse.

Zum Versöhnungskuß trafen sich Kaiser und Papst in Gregors Vaterstadt Anagni zwischen Rom und Monte Cassino, unweit der alten Via Latina auf der Höhe über dem Fluß Sacco – an jenem Ort, dessen Mauern zuvor von den Bannflüchen gegen Friedrich Barbarossa und seinen Enkel Friedrich den Zweiten widerhallten.

Bei dem jetzigen, achtungsvoll-abtastenden Gespräch zu dritt, dem nur noch Hermann von Salza beiwohnte, zeigten sich beide Seiten bestrebt, solcher Erinnerung nicht Erwähnung zu tun. Der uralte Papst war überrascht, mit welch kluger Bescheidenheit und ohne jeden kaiserlichen Pomp der Gast bei ihm erschienen war.

Herr Sinibald Fiesco indessen zeigte sich als liebenswürdiger, ja freundschaftlicher Gesprächspartner in vollendeter Diplomatie, die Friedrich sofort gefangennahm. Fast vergaß man das meisterlich-eisige Spiel hinter der höflichen Maske.

*

Noch im gleichen Jahr empfing der Kaiser auf dem Kastell zu Melfi über den Waldhängen des Monte Vulture – dem ›Berg der Geier‹ – die höchsten weltlichen und geistlichen Herren zur Verkündung des neuen Gesetzwerkes. Melfi war einer der Stapelplätze des Südreiches, Etappe für die Geleitzüge, Kommissionen und Kuriere, die hier Rast und Relais, Werkstätten und Vorräte aus dem vom alten Vulkan fruchtbar gemachten Boden fanden.

Von hier und durch ihn selbst öffnete der Kaiser mit den in Melfi zusammengefaßten siebzig Konstitutionen den Weg zu einem neuen Denken in unbegrenzten Weiten, in die sich zuvor niemand gewagt hatte. Aufbauend auf der reformerischen Arbeit seines normannischen Großvaters Roger vor neunzig Jahren, betrafen sie die Neuregelung von Geld- und Wirtschaftspolitik, Gesundheits- und Heerwesen wie die Gerichtsbarkeit als Rahmen eines ersten neuen Staatsrechts.

Verfaßt in der formvollendeten lateinischen Prosa der Kaiserlichen Kanzlei unter Petrus von Vinea stand zu Beginn die Gleichberechtigung der Untertanen:

Wir, die Wir die Waage der Gerechtigkeit für alle halten, wollen keine Unterschiede machen. Wir wünschen, daß dem Kläger oder dem Angeklagten, sei er Franke, Römer oder Lombarde, gleiches Recht widerfahre.

Obwohl zunächst nur für das sizilisch-apulische Erbreich gedacht, schwang sich der kaiserliche Anspruch seines SACRUM IMPERIUM – des ›Heiligen Reiches‹ – auf zu byzantinisch-erhabenem Gottesgnadentum in gefährlicher Rivalität gegenüber der mißtrauischen Kurie:

IMPERATOR FRIDERICUS SECUNDUS
STETS ERHABENER RÖMISCHER KAISER
KÖNIG VON SIZILIEN, JERUSALEM UND DEM ARELAT
DER GLÜCKLICHE SIEGER UND TRIUMPHATOR

IX

ABSCHIED UND HERZELEID

Im Arkadengang der kaiserlichen Pfalz zu Wimpfen, hoch überm waldumsäumten Neckar, erwartete Hermann von Salza mit einem Gefolgsmann den jungen König. Der Deutschordensmeister blickte hinaus in die versponnene Traumschönheit gewundener Täler unter seidigem Himmel, der sich über verschlafene Städtchen, geschlängelte Flüsse und dunkle Burgen spannte. Fast wie in der thüringischen Heimat, dachte er. Wann sah ich sie zuletzt? Er wischte es fort.

Jagdhörner hallten von fern, Pferdegetrappel, sich nähernd; Rufe der Troßknechte bald danach im Hof hinter dem Fels.

Aus dem großen Saal hinkte Herr Heinrich im grünen Kleid hurtig auf die Arkaden hinaus. Das Blondhaar fiel ihm über die Stirn, fast bis in die schmalen Augen. Darunter die feine gerade Nase, der trotzig aufgeworfene Mund. Jeder Schritt des jungen Königs war Qual; Herr von Salza sah es.

Dahinter, in der Türöffnung, stauten sich die ebenso jungen Edelleute, Knaben fast, nur wenige bärtig; Sänger darunter, Spielleute. Ein Knappe eilte herbei mit einer Kanne Wein, goß ohne Aufforderung ein in zinnerne Becher. Man nahm und trank, kaum des schweigend harrenden Ritters achtend. Lachen, fröhliche Stimmen, nicht gerade höfische Scherze dazu.

»Ich grüße Sie, Herr von Salza! Ihr Bart ist ergraut. Erneut auf großer Reise? Auch Deutschland ist schön!«

Die gewaltsam heitere Miene des jetzt Dreiundzwanzigjährigen zerrann in finsterer Frage: »Kommen Sie als mein Gast – oder wieder in Geschäften?«

Der Ordensmeister verneigte sich kurz. Die Antwort lag darin – und mehr. Der junge König kniff die Lippen zusammen, winkte den Freunden; die mühsame, windumspielte Jagdseligkeit war vorbei. Der hier wartete, hatte an ihr keinen Anteil.

Salzas Gedanken umfingen die helle Gestalt des Jungen. War

dies der erste Sohn des Kaisers – geboren von einer spanischen Mutter, die Deutschland im eigentlichen nie gekannt, nie geliebt hatte? War der Knabe wirklich aufgewachsen in Siziliens maurischen Palästen, hatte er seine Hände je in die perlenden Wasserspiele von La Favara oder La Zisa getaucht, zum Goldglanz der Capella Palatina und dem strengen Pantokrator vom Mons Reale emporgeblickt? Hatte der junge Mann hier früher einmal Arabisch und Italienisch gesprochen, ganz und gar unkundig deutscher Worte? Wie weit, unwirklich lag das hinter längst versunkenen Fernen! War Deutschland, das unendlich vielfältige, das unendlich grüne, nach Ost und West und Nord sich verlierende Reich wirklich seine Heimat geworden, seit man das Königskind gewaltsam hierher verpflanzte? Wer sein Herz mit wohllautendem Gesang zu ergreifen, seine Freundschaft mit werbenden, klingenden Worten zu erringen verstand, fand nicht nur Ehre und Platz im Gelage, sondern allzu leicht auch Einfluß auf die Dinge, denen Herrn Heinrichs leichter Geist nicht gewachsen war. Die ihm vom Vater zuletzt aufgezwungenen, doppelzüngigen Berater empfand er als schimpfliche Bevormundung, wie er Männern, die der Kaiser besonders schätzte, grundlos Kränkungen zufügte, dafür andere, die dieser durchaus *nicht* schätzte, in herausfordernder Deutlichkeit in seine Nähe zog ...

Las der junge König im Gesicht des Deutschordensmeisters? Verwirrte den erfahrenen Ritter der jähe Wandel in der Miene des scheinbar unbeschwerten Heimkehrers von der Jagd?

Hermann von Salza sah Herrn Heinrich unbewegt zu, wie dieser, auf einen der jungen Zechkumpanen gestützt, den Becher wieder an die Lippen hob.

Dann, nachdem sich seine Begleitung teils lautstark plaudernd, teils mit mißtrauischen Blicken die Arkaden entlang verloren hatte, ließ man sich im Steinhaus am Kaminfeuer nieder; der Knappe brachte anderen Wein. Der Gefolgsmann des Deutschordensmeisters hielt sich in der Nähe seines Herrn.

Der König zog das steife Bein zu sich heran und widmete sich ausgiebig dem Becher. Dann hob er den bereits schwer gewordenen Blick:

»Ich habe die Majestät zu beglückwünschen, daß sie sich neuerdings wenigstens mit Seiner Heiligkeit in Eintracht befindet!«

Leider beträfe diese Eintracht auch das feindselige Verhalten Seiner Hoheit gegenüber dem bayerischen Herzog, bemerkte Hermann von Salza. Möge sich Seine Hoheit darüber klar sein, daß der Wittelsbacher beim Kaiser Unterstützung fände!

»Möge sich die kaiserliche Majestät darüber im klaren sein«, erwiderte Heinrich schnell und rauh, »daß es sich bei dem Bayern um *meinen* unbotmäßigen Lehnsmann handelt! Und zum Zweiten: Daß Deutschland und Italien niemals von gleicher Hand regiert werden sollten. Das Reich, das meinem Herrn Vater vorschwebt, kann keinen Bestand haben. Die deutsche Zukunft gehört der Städtekultur, den Einzelfürsten, den Länderterritorien und ihrer Selbstverwaltung!«

Gerade das sei in den Augen des Kaisers Verrat, gab der Ordensmeister ernst zurück. »Die deutschen Fürsten brauchen die starke Hand, sonst fallen sie übereinander her und vergeuden die Beute. Der Deutsche König muß der verlängerte Arm des Kaisers sein. Sie, Hoheit, sind Seiner Majestät in den Rücken gefallen, indem Sie den Fürsten zeitlich begrenzte Privilegien für immer überlassen haben, um sich beliebt zu machen. Sie haben sich mit dem mächtigen Wormser Bischof wegen der im Namen des Kaisers erlassenen Ketzergesetze überworfen; und Sie haben den bayerischen Herzog, Ihren vom Kaiser bestimmten Mentor, der zugleich eine wichtige Stütze des Heiligen Stuhles in Deutschland ist, militärisch angegriffen und damit den Kaiser wie die Kurie gegen sich aufgebracht. Der Papst wird Sie auf den Rat Seiner Majestät hin mit dem Bann belegen. Das deutsche Territorium droht im Chaos zu versinken. Durch Ihre Halsstarrigkeit, die Haltlosigkeit und Widersprüchlichkeit Ihrer Handlungen – oder Ihr Nicht-Tun! – haben Sie sich zuletzt auch um die Gunst der von Ihnen umworbenen Fürsten gebracht. Dazu pflegen Sie einen Umgang und bevorzugen gewisse Annehmlichkeiten in einer Form, die des Deutschen Königs nicht gemäß ist. Seine Majestät kann und wird nicht zusehen, wie sein Werk vom eigenen Sohn leichtfertig gefährdet – mehr noch, Hoheit! – zerstört wird!«

Der Ordensmeister senkte seinen Blick unwillkürlich auf die nicht mehr ganz sichere Hand des jungen Königs, die sich wieder um das Füllen des Bechers bemühte. Hörte ihm der andere überhaupt zu?

Oft hatte Heinrich gebetet: Herr, mach mich gesund! Ich bin der Sohn des Kaisers! Dann wieder dachte er: Aber der Kaiser ist nicht mein Vater. Jetzt hob er die graublauen, ein wenig abwesenden Augen zu dem Ritter auf:

»Von welchem Werk sprechen Sie, Herr von Salza? Von dem Phantom Seiner Kaiserlichen Majestät – oder von Deutschland?«

Er spräche vom *Reich,* stellte der Ordensmeister ruhig fest, das des Kaisers Hand zu lenken und zu formen beauftragt sei und aus dem Deutschland nicht gelöst werden könne.

Der Jüngling im Jagdkleid lachte höhnisch auf:

»Kann es nicht? Wer sagt das? Mein Herr Vater, der sich im Heiligen Land, mit den sizilischen Baronen, den Lombarden, der Kurie herumschlägt? Der, wie ich höre, mit seinen Bauten und Jagden beschäftigt ist, mit seinen Gelehrten und Wahrsagern, der mir meine Freunde nicht gönnt, die mir ergebener sind als ihm seine Sklaven? Der sich als Weltenherrscher vergöttlichen läßt und nicht einmal die norditalienischen Städte in ihrer Unabhängigkeit bändigen kann? Was, Herr von Salza, soll ich tun, sein Wohlgefallen zu erringen?«

Der Ordensmeister winkte dem Gefolgsmann, der seiner Kuriertasche ein Schreiben entnahm und ihm reichte.

Dann richtete er erneut den ernsten Blick auf den unbeherrschten jungen Menschen, den er liebte. Verhalten, zögernd kam seine Stimme:

»Sie wissen, Hoheit, daß ich beim Kaiser immer für Sie eingetreten, auf Ihre Jugend, seine Ferne von Ihnen hingewiesen habe.«

Vom Wein erhitzt, mit gerötetem Gesicht fuhr der Jüngling auf:

»Daß Sie ihn um Nachsicht einem Gezeichneten gegenüber gebeten haben?«

Und da Hermann von Salza nur eine abwehrend-begütigende Bewegung machte: »Es scheint mir, daß ich Ihrer Fürsprache weiterhin nicht mehr gewiß sein darf. Welche Botschaft haben Sie mir zu vermitteln?«

Es ginge nicht um eine Botschaft, erwiderte der Ordensmeister mit schmerzlich-nachdenklicher Betonung.

»Sondern? Warum zögern Sie?«

Herr von Salza hob die Hülle mit dem heraushängenden Siegel empor. Dann sagte er, Wort für Wort, wie gemeißelt:

»Sondern um den *Befehl,* vor Seiner Majestät zu erscheinen. Zuvor aber haben Sie drei Bedingungen zu erfüllen. Erstens: eine Probezeit, die dem Kaiser erlaubt, sich über Ihren guten Willen und Ihre Haltung ein letztes Urteil zu bilden.«

Heinrich zuckte die Achseln:

»Eine Probezeit ... Nun gut. Zweitens?«

»Seine Majestät wünscht, daß eine Gruppe ihm ergebener, zuverlässiger Herren über Sie, Hoheit, die Kontrolle ausüben und dem Kaiser Rechenschaft über Ihre Loyalität ablegen soll. Dazu wurden von ihm der Patriarch von Aquileja, die Erzbischöfe von Magdeburg und Salzburg, sowie die Herzöge von Sachsen, Meranien und Kärnten ernannt. Diese erhalten das Recht, im Falle Ihres Ungehorsams notfalls mit Waffengewalt gegen Sie einzuschreiten. Eine entsprechende Urkunde ist den Herren bereits zugestellt worden. Die Kenntnisnahme dieser Urkunde, deren Kopie ich ebenfalls mitbringe, werden Sie schriftlich bestätigen.«

Der junge König war aufgesprungen, mit wildem Blick sich im Raum umsehend, ob jemand die Ungeheuerlichkeit angehört haben könnte. Dann kam es wie ein unterdrückter Hilfeschrei:

»Niemals! Niemals werde ich ...«

Der Ordensmeister fuhr ohne eine Bewegung mit seiner unbeirrbaren Stimme fort:

»Drittens werden Sie, Hoheit, einen Brief an Seine Heiligkeit, Papst Gregor, schreiben, des Inhalts, daß Sie sich mit Ihrer Exkommunikation einverstanden erklären, wenn Sie den Befehlen des Kaisers nicht gehorchen.«

Heinrich sank in seinen Sessel zurück. Das Feuer knisterte im Kamin; Schatten irrten über seine jungen, zerrissenen Züge. Dann stieß er kaum hörbar hervor:

»Es ist nicht wahr. Sie wollen mich erschrecken, Herr von Salza. Sagen Sie, daß es nicht Ihr Auftrag ist. Sagen Sie ...«

Wie ein dunkles Echo kam die Antwort des Ritters mit dem bärtigen, sorgenvollen Gesicht:

»Ich habe mich bei Seiner Majestät für Sie eingesetzt, Ihre Jugend und seine väterliche Großmut und Güte ins Feld geführt, habe ihm klarzumachen versucht, daß Ihr Trotz, Hoheit, vielleicht nur das eine erzwingen wolle: daß Seine Majestät Ihnen die väterliche Hand in Liebe entgegenstrecke, um sie desto dankbarer für immer festzuhalten ...«

Der Ordensmeister brach ab; seine eigene Hand tastete unbewußt ins Leere, als suche sie die des anderen, der ein König sein mußte und nur ein einsamer Knabe war. Leise und stockend fuhr er fort, da Heinrich mit zusammengepreßten Lippen schwieg:

»Seine Majestät wies mich ab. Er sagte: ›Ein Staufer ist kein Krämer und kein Schwächling. Möge mein Sohn es zeigen, indem er sich demütigt. Auch ich habe mich vor dem Papst gedemütigt, nicht nur einmal! Mein Sohn sollte etwas von jenem Mönch von Assisi gelernt haben. Die Aufgabe, die uns gestellt ist, haben wir zu erfüllen – auch wenn die Welt gegen uns steht.‹ Ich sagte: ›Und wer nicht *Ihre* Kraft besitzt, Majestät?‹ Er erwiderte: ›Der soll stürzen. Noch hat er mich.‹ Ich fragte wieder: ‚Hat er *Sie* wirklich?‘ Anstelle einer Antwort gab mir Seine Majestät diesen Brief, den er dem offiziellen Schreiben beigefügt hat.«

»Ich will ihn nicht lesen«, sagte der Jüngling mit abgewandtem Gesicht.

»Dann werden Sie ihn von mir hören, Hoheit.«

Der Ordensmeister nahm das Papier und las:

Die Menschen unterscheiden sich nicht zwischen Königen und Caesaren und anderen Männern, weil sie höher gestellt sind, sondern weil sie weiter blicken und besser handeln. Sie besitzen nichts, worauf sie stolz sein können, wenn sie nicht anderen in der Tugend und der Klugheit überlegen sind.

»Ist das alles?« fragte Heinrich voller Trotz.

»Nein, Hoheit.«

Es schien, als sei in der Stimme des Hochmeisters etwas wie ein ahnungsvolles, schmerzliches Zittern. Herr von Salza bezwang es. Er las weiter:

Könige werden geboren wie die übrigen Menschen und sterben auch wie sie ...

Es war ganz still. Nur das Flackern der rötlichen Flammen und der Atem der beiden Männer, des Ritters und des jungen Königs im grünen Jagdkleid, füllten den Raum. Endlich kam die rauhe, stolze Knabenstimme:
»Er soll sehen, daß ich kein Krämer bin und kein Schwächling. Ich demütige mich *nicht*. Zu oft bin ich von ihm gedemütigt worden!«
»Was werden Sie tun, Hoheit?«
Es klang, als spräche Herr von Salza zu einem Kind.
»Was würden *Sie* tun?« kam es zurück.
Bevor der Ritter etwas erwidern konnte, war Heinrich unbeholfen aufgesprungen. Seine Züge flammten; er zog sein Bein hinter sich her, als er einen Schritt in den Raum hinein tat.
»Man bietet mir – ja, *mir!* – die heilige Krone der Lombarden an, und ich habe mich bereit erklärt, sie anzunehmen. Sie hören recht, Herr von Salza: die Lombardenkrone, die man meinem kaiserlichen Herrn Vater seit bald fünfzehn Jahren verweigert hat! Ich werde mit dem lombardischen Städtebund einen Angriffs- und Verteidigungspakt abschließen, der auf unbegrenzte Zeit alle zehn Jahre erneuert werden soll. Alles ist vorbereitet – von mir, der ich lieber ein kleiner deutscher König sein will als *der* Deutsche König am Gängelband meines übergroßen Herrn Vaters!«

Hermann von Salza blickte zu dem Jüngling hinüber wie auf eine Erscheinung aus anderer Welt.
»Die Lombardenkrone – Ihnen, Hoheit?«
Heinrich hob erneut den Becher, leerte ihn in einem Zug.
»Ich weiß, Sie waren mein Freund – aber Sie sind auch der Freund der Majestät. So darf ich Ihnen eine Botschaft mitgeben, die Sie dem Kaiser ausrichten mögen. Sie ist Teil eines Aufrufes, den ich an die deutschen Fürsten richten werde. Hören Sie gut zu!«

»Ich höre, Hoheit«, sagte der Ordensmeister kurz, mit verdüsterten Zügen.

Der junge König starrte in den leeren Becher in seiner Hand, als sähe er auf seinem Grund das eigene Schicksal. Er warf das Trinkgefäß weg und riß ein Papier aus seinem Jagdkleid. Stoßweise, mit scheinbar harter Entschlossenheit kamen seine Worte:

»Meine Botschaft lautet:

Wie kann Deutschland von Foggia oder Neapel aus regiert werden? Wie darf der Kaiser, nachdem die Kirche die Trennung beider Reiche zur Bedingung gemacht und dem König völlige Unabhängigkeit zugesichert hat, gegen den Vertrag noch seinen Machtanspruch geltend machen? Aller Streit mit den Päpsten, alle Unbilden in Deutschland entstehen nur aus dieser Aufrechterhaltung eines unnatürlichen, verkehrten Verhältnisses! Und diesem Übel ist kein Ende beschieden, da der Herr Vater nur fünfzehn Jahre älter ist als ich, der Sohn. Bei so geringem Unterschied des Alters, bei dem Mangel an persönlicher Verbindung, bei der gerechten Furcht, daß der Kaiser, wie ich höre, alle Herrschaft auf seinen von ihm bevorzugten Sohn Konrad, den ich niemals gesehen habe, zu übertragen beabsichtigt – wie kann da von mir Liebe zu ihm als Vater erwartet werden? Zu ihm, der in seiner Gloriole immer nur über den Wolken schwebt und mahnt und straft wie der grausame Gott der Bibel? Wer hat ihn jemals geliebt – wen hat er jemals geliebt? Wann war er jemals Vater, wann Gatte meiner Mutter? Wie kann man von mir Ehrfurcht ihm gegenüber verlangen, da er ja auch nicht Kaiser und König zugleich sein soll!

Heinrich schwieg und starrte vor sich hin. Dann hob er wie in einer beschwörenden Geste die unsichere Hand und griff erneut nach dem leeren Trinkgefäß:

»Richten Sie das Seiner geheiligten Majestät aus, Herr von Salza! Er hat mich hierher geschickt. Hier lebe ich, und hier gedenke ich mich zu behaupten. Meine Freunde werden mir beistehen. Ich sorge mich nicht um seine Gnade oder Ungnade, so wenig mich der Kirchenbann treffen kann! Deutschland ist nicht Italien. Hier ist der Papst weit. Hier ist *mein* Königtum. Und eins noch: Ich werde mich von der Babenbergerin scheiden lassen und die Prinzessin Isabella von England heiraten, die jung ist wie ich und nicht alt und häßlich wie die mir aufgezwungene Schwester des streitbaren Herzogs von Österreich. Hatte zudem mein Herr Vater nicht selbst die Prinzessin Isabella von England als meine Gemahlin vorgesehen?«

Der Ordensmeister schüttelte den Kopf:

»Sie wissen, Hoheit, daß Ihre Ehe mit Margarethe von Österreich für den Kaiser von politischer Bedeutung und unlösbar ist. Durch Ihren längst bekannten Ehestreit werden diese Beziehungen ohnedies getrübt. Zudem haben Sie einen Sohn. In eine Scheidung kann und wird der Kaiser niemals einwilligen!«

»Warum?«

Herr von Salza besann sich kurz, dann stand er auf. Zwei Dinge bedurften noch der Klärung.

»Weil Seine Majestät selbst um die Hand der Schwester des Königs von England anhält! Herr von Vinea handelt bereits in London die Bedingungen für seine Vermählung mit der Prinzessin aus.«

Wie von einem giftigen Insekt gestochen fuhr der Junge hoch:

»Er selbst – ? Er, der ihr Vater sein könnte? Außerdem verbietet die Verwandtschaft des englischen Hauses mit den Welfen jede solche Verbindung!«

Gerade an dieser Verbindung sei dem Kaiser gelegen, erklärte Herr von Salza.

Wieder begehrte der Erzürnte auf.

»Eine der üblichen Ehen Seiner Majestät! Die wievielte eigentlich? Wer wollte die Frauen des Gottkaisers zählen!«

»Das Zweite und Wichtigere«, fuhr Hermann von Salza fort, ohne auf den Ausbruch einzugehen, »wäre die von Ihnen beabsichtigte Botschaft an die Fürsten.«

Der junge König blitzte mit den blaugrauen Augen wieder zu dem bärtigen Ritter hinüber:

»Er kennt Deutschland nicht, er liebt es nicht. Er ist ein morgenländischer Herrscher in seinem Wahntraum als neuer Caesar, Augustus oder Justinian in fremder, von Byzanz geliehener Pracht. Er hat kein Recht, mich unter die Füße zu treten wie seine sizilischen Barone!«

Heinrichs Kopf sank herab; wirr fiel das helle Lockenhaar über die stumpf und müde gewordenen Augen. Es war alles gesagt.

Hermann von Salza zögerte eine Weile; dann trat er auf den Jüngeren zu, als wolle er ihn schütteln, zur Besinnung bringen, den eigenen Wahnsinn einzugestehen, ihn zwingen, seine Absicht aufzugeben, sich unterzuordnen dem Reich des Vaters, wenn er diesen selbst schon nicht zu lieben vermochte.

Der Ordensmeister wartete. Seine erhobenen Arme sanken herab.

»Sie sind *sein* Sohn«, murmelte er tonlos. »Gott weiß, daß ich Ihnen helfen möchte. Ich flehe Sie an, bedenken Sie noch einmal, was zu tun Sie im Begriffe stehen!«

»Ist der Fluch des Heiligen Vaters nicht beschlossene Sache? Bin ich als Gebannter nicht ohnedies vogelfrei? Was erwartet die Majestät von mir? Daß ich mich doppelt unterwerfe, noch tiefer mich demütigen lasse vor den deutschen Fürsten und der Welt?«

Seine schwer atmende Brust hob und senkte sich wie im Fieberanfall. Dann war es vorüber; Heinrich wandte sich ab. »Ich weiß, daß Sie mir helfen wollen, wo es keine Hilfe gibt. Damals, als der Kaiser Sie das letzte Mal schickte, hätte ich noch zurückgekonnt. Jetzt ist es zu spät. Wer den Kampf aufnimmt, kann unterliegen. Wie schrieb mir einmal mein Herr Vater, als ich ein Kind war? *Stirb als Löwe und lebe nicht als Lamm!* Nun erinnere ich mich seiner arabischen Weisheit. Jeder wird seinen Weg gehen ... Leben Sie wohl, Herr von Salza.«

»Jeder wird seinen Weg gehen, Hoheit ...«

Der Deutschordensmeister wußte: Dies war die erste große Niederlage in seinem Leben. Einen Teil seiner Aufgabe hatte er *nicht* erfüllt. Es blieb nur noch der andere – der Kampf seines Ordens um das ferne Ostland, dem er sich verschrieben hatte. Der bevorstehende um Deutschland konnte von ihm nicht mehr geführt werden ...

*

In den apulischen Provinzen brach eine Fieberseuche aus – ähnlich der bei Friedrichs erstem, vergeblichen Aufbruch ins Heilige Land.

Von den Pontinischen Sümpfen her kommend, suchte sie ihre Opfer bis zur Küste der Adria.

Im Palast zu Foggia empfing der Kaiser den aus London zurückgekehrten Kanzler. Petrus von Vinea trat mit bestürzter Miene ein: Herr Galvano Lancia hätte der Majestät etwas mitzuteilen ...

Der Kaiser winkte ab. Der Graf möge ein wenig warten.

Was Friedrich bereits von dem Handel erfahren hatte, den König Heinrich von England mit der Vermählung seiner Schwester zu treiben beliebte, überstieg alles, was jemals an gleichsam umgekehrten Mitgiftforderungen in Herrscherhäusern erlebt worden war. Man wußte am Hof zu St. James, worum es ging, und gedachte sich so teuer wie möglich zu verkaufen. Doch nun, da das Geschäft von Vinea abgeschlossen war, hatte der Kaiser bereits andere Sorgen. Im Raum auf- und abschreitend, wie immer, wenn ihn schwere Entscheidungen beschäftigten, erwähnte er sachlich, sein Sohn Konrad sei gerade sechs Jahre alt, um danach beiläufig fortzufahren:

»Es wundert Sie, daß ich hier etwas feststelle, was jeder im Reich nachzurechnen imstande ist?«

Und als Petrus von Vinea verwirrt schwieg: »Es geht um eine Erwägung, die mir das Verhalten Heinrichs aufzwingt. Sie betrifft die mögliche Änderung in der deutschen Thronfolge – auch wenn er sich darauf berufen mag, als mein Sohn und Erbe unabsetzbar zu sein.«

Vinea blieb gelassen:

»Ich fürchte, daß sich Herr Heinrich in seiner Art gerade *nicht* auf diese Sohnesschaft zu berufen beabsichtigt ...«

Der Kaiser schien den Einwurf zu überhören.

»Die Dinge sind – leider auf böse Weise – im Fluß. Ich warte nur noch auf die Rückkehr des Herrn von Salza ... Aber Sie haben mir viel mehr von den Geschäften in London berichtet als von Ihrem persönlichen Eindruck meiner künftigen Gattin!«

Prinzessin Isabella, versicherte der Kanzler, werde allgemein bewundert wegen ihrer Klugheit, ihrer Musikalität und ihrer liebenswürdigen Art.

Er frage nicht nach der allgemeinen, sondern der Meinung des Kanzlers, beharrte Friedrich. »Wie sieht sie aus?«

»Eine blühende Schönheit, Majestät, und den geistigen Gaben nach Ihnen gemäß ...«

Der Kaiser blickte Vinea prüfend an.

»Sie bewegen etwas in Ihren Gedanken? Gibt es neue Nachricht aus Rom?«

»Nicht aus Rom, dafür von den Lombarden. Es bahnt sich etwas an.«

»Seine Heiligkeit, Herr Hugolin, bahnt immer etwas an! Vielleicht plant er einen neuen Kreuzzug – gegen mich?«

Herr Gregor ginge auf die Neunzig zu, bemerkte der Kanzler. Ob ihm nicht endlich am Frieden gelegen sein sollte?

»Den Friedenszustand bestimmt derjenige, der im Augenblick die besseren Karten hat«, sagte der Kaiser gleichmütig. »Es gibt in unserer Welt immer nur Waffenstillstand. In Anbetracht des biblischen Alters von Herrn Gregor hoffe ich auf die geschmeidige Klugheit seines zu erwartenden Nachfolgers. Herr Fiesco wird kaum vergessen haben, daß ich es war, der seine Familie reich gemacht hat.«

Der Kardinal von Genua sei ein vollendeter Spieler, stellte Petrus von Vinea fest. Es klang, als werde ein unheilvoller Geist beschworen.

Friedrich gab unbefangen zurück:

»Herr Fiesco hat mir gegenüber bisher Verständnis, wenn nicht Freundschaft bewiesen. War er nicht die treibende Kraft der feierlichen Versöhnung zwischen dem Papst und mir?«

Es entstand eine Pause, in der die Gedanken des Kaisers eigene Wege gingen. Er stand im Begriff, eine neue Ehe einzugehen, mit einer der anmutigsten, liebenswürdigsten und würdigsten Damen Europas. Und doch sehnte er sich nach Bianca Lancia. Wenn für ihn Schönheit, zusammen mit kultivierter Herkunft und Erziehung jemals eine Herzensbindung auszeichneten, so galt dies für die Gräfin wie ihre Kinder, deren Nähe er schon vor dem Tode Yolandas, so oft es möglich war, gesucht hatte. Bianca und ihrem Sohn schenkte die Liebe des kaiserlichen Freundes eine Beseelung und Beglückung, die bisher weder seinen Gattinnen noch Söhnen oder Töchtern – Enzio ausgenommen – in solcher Fülle zuteil geworden war. Bianca Lancia gehörte schon jetzt zu den reichsten Damen Apuliens: Zum Besitz der Grafschaften Gravina, Tricarico und Monte Sciaglioso kam noch die Würde einer Fürstin von Monte Sant Angelo, die bisher Teil der Mitgift der sizilischen Königinnen gewesen war. Bianca besaß ihre eigene kleine Residenz in einer von Gärten umgebenen Villa nahe Foggia, wo auch Friedrichs jüngster Sohn Manfred aufwuchs. War es die liebliche Zurückhaltung der dreiundzwanzigjährigen Piemonteserin, war es der strahlende Liebreiz des kleinen Manfred, die der von Unnahbarkeit geprägten, undurchschaubaren Persönlichkeit des Staufers zum ersten und einzigen Mal wahre Wärme und Erfüllung schenkte?

Bei seiner Wanderung durch den Raum blieb Friedrich unvermittelt stehen:

»Noch etwas, Vinea. Es betrifft die Gräfin Lancia. Sie ist die erste Frau, die ein Teil meines Lebens wurde. Vor allem ihrem Sohn gehört meine ganze Liebe. Ich erstaune über mich selbst, wie mich dieses Kind mit seiner Mutter verbindet. Der Erzbischof Berard hat übrigens meine Ehe zur linken Hand mit der Gräfin vollzogen. Ihre Kinder werden meinen ehelichen gleichgestellt. Es braucht nicht publik zu werden, aber ich bin ihr diese Förmlichkeit schuldig. War es das, warum mich ihr Bruder sprechen will?«

Petrus von Vinea zögerte, wieder mit gesenkten Augen.

»Graf Galvano, Majestät, ist hier, um Ihnen zu sagen...«

»Was?«

»Daß seine Schwester, die Gräfin Bianca, gestern... Das Malariafieber, Majestät...«

Der Kaiser verharrte für eine Sekunde starr, dann schritt er zur Tür, die der Page Occursio aufriß. Unvermittelt schrie es aus Friedrich hervor:

»Galvano! Ist es wahr – ? Warum – ? Sagen Sie, Galvano, daß Vinea sich irrt!!«

Der Graf stand hoch aufgerichtet im Türbogen.

»Sie hat Sie im Sterben gesegnet, Majestät.«

Mit steinernem Gesicht wandte sich Friedrich dem Fenster zu; seine Hand umkrampfte die filigranfeine Marmorsäule, die die Öffnung teilte. Die frühen Vogelstimmen waren verstummt.

In jagender Hast befahl der Kaiser, sein Pferd zu bringen, ritt er zum weißen Haus der Gräfin. Erst als er vor ihrem Lager stand, wußte er, daß er auch sie verloren hatte. Es war ihm, als bräche zum ersten Male in seinem Leben etwas ganz tief in seinem Innern.

*

Nach Ostern, da der Verrat des deutschen Königs offenkundig geworden war, verließ der Kaiser Foggia, ohne Heer, nur begleitet von seinem Gefolge in aller orientalischen Pracht; mit Kamelen und Dromedaren, Affen und Leoparden, Wagen voller Gold und kostbaren Geweben, bewacht von mancher Künste kundigen Sarazenen und Äthiopern. Nach Überschreitung der Ostalpen ging der Zug über die Steiermark nach Bayern. Viele Fürsten eilten herbei, den Herrn zu begrüßen. In Landshut wurden sie Zeuge, wie die bisher nicht ungetrübte Freundschaft zwischen Staufern und Wittelsbachern durch die Verlobung der siebenjährigen Elisabeth, der Tochter des Bayernherzogs Otto des Erlauchten, mit dem gleichaltrigen Kaisersohn Konrad bestätigt wurde.

In Wimpfen beschwor noch einmal der Deutschordensmeister Hermann von Salza den König Heinrich. Dieser trotzte und drohte, Trifels und andere Festungen mit Hilfe seiner Freunde gegen den Kaiser zu behaupten. Zugleich gelang es, einen Fluchtversuch des Aufsässigen zu vereiteln. Trotz Hermann von Salzas Schweigen erfuhr der Kaiser davon.

Für Anfang Juli hatte Friedrich zum Reichstag nach Worms geladen. Erst jetzt mußte der vom Papst gebannte Heinrich erkennen, wie es um ihn stand: Er war allein.

Der Kaiser thronte starren Gesichts im Westchor des hohen Domes; zu seinen Seiten der Kanzler Petrus von Vinea und der Deutschordensmeister.

Fahl im Gesicht, sank der Jüngling unbeholfen dem Vater zu Füßen, flehte er auf den Stufen des Thrones um Gnade, wartete auf ein Zeichen des Vaters.

Das Zeichen kam nicht. Friedrich sagte nur einen Satz:
»Wo sind nun jene, die gegen mich gestimmt haben?«
Keine Stimme erhob sich für den Gestürzten. Stille herrschte im

Dom bis zum Bersten. Kein Laut, keine Bewegung war zu vernehmen außer dem Schluchzen des Verlorenen.

Es war ein furchtbarer Augenblick – furchtbarer vielleicht für den Vater als für den Sohn. Es gab kein Entfliehen, kein Zurück, keine Vergebung. Grauenvoll lastete die Stille über den Hunderten deutscher Fürsten, Adliger, Prälaten. Der Kaiser mußte vergessen, daß er der Vater war.

Beim anschließenden Verhör zögerte Heinrich nicht, sich selbst zu retten, die Namen seiner Mitverschwörer, einen um den anderen, preiszugeben. Ihnen gegenüber bewies Friedrich eine Milde, die von keinem Herrscher dieser Zeit zu erwarten gewesen wäre.

Der vierundzwanzigjährige gestürzte König wurde aus seinem Herrschaftsbereich, aus der Gegenwart des Kaisers verbannt. Die Heidelberger Burg, hoch über dem Neckar, wurde sein erster Kerker. Nach dem bayerischen Herzog übernahm im Auftrag des Kaisers Graf Galvano Lancia, der Bruder Biancas, Heinrichs Überführung in Richtung Apulien. Von Venedig brachte man den Gefangenen auf einer Galeere nach Siponto, von da nach Rocca San Felice unweit Venosa. Hier, wo sich einst die Normannen gewaltige Grabbauten schufen, ragte eine Burg, durch breiten Graben geschützt, mit schrägen Turmsockeln, die ihre militärische Sicherheit bestimmten.

Der Bewegungsraum für den abgesetzten König blieb eng. Oft blickte der trotzige Kaisersohn hinüber zur grauen Stadt Venosa, immer wieder sehnsüchtig fragend, ob sich die Tür zu neuer Freiheit öffnen würde.

Bald vergaß ihn die Welt. Das Leben war ihm vorerst geblieben – doch ohne Morgen, ohne Sinn, ohne Hoffnung.

*

Nach genauer Erfüllung der kaum vorstellbaren Mitgiftforderungen sah die ehrwürdige Abtei zu Westminster einen ihrer größten Tage, als der Großhofjustitiar und Kanzler in Vertretung des Kaisers das Hochzeitsgelübde leistete und der Schwester des Königs, Prinzessin Isabella aus dem Hause Plantagenet, Friedrichs Ring an den Finger steckte.

Die märchenhafte Aussteuer der jungen Kaiser-Gattin war das

Ereignis von London. Juwelen in Fülle, Brokatgewänder, Pelze und silbernes Geschirr für Tafel und Küche, Decken und seidene Bezüge für das Brautlager blieben nur Beiwerk wie edle Pferde arabischer Züchtung.

In Antwerpen verließ das fürstliche Geleit das Schiff. Der Weg nach Köln wurde zum Triumphzug. Sechs Wochen lang dauerten die Festlichkeiten in der Reichsstadt am Rhein, bis man zur eigentlichen Vermählung des hohen Paares nach Worms aufbrach.

Hier, im gleichen, noch im Bau befindlichen Dom, wo kurz zuvor der Kaiser über den ungetreuen Sohn Gericht gehalten hatte, sollte die Feier stattfinden. Eine Heerschar von vier Königen, elf Herzögen, dreißig Markgrafen und Grafen, dazu zahlreiche Erzbischöfe und Bischöfe erwarteten Kaiser und Braut. Die deutschen Edelleute und Ritter überreichten Isabella eine kostbare Wiege, deren Decke mit Schmuck aus Elfenbein, Gold, Muscheln und Perlen bestickt war.

Die Feste und Turniere dauerten vier Tage. Minnesänger und Troubadoure wetteiferten mit italienischen Trovatori. Der um zwanzig Jahre ältere kaiserliche Bräutigam zeigte sich heiter und unbefangen angesichts der Schönheit und Grazie seiner Gemahlin, deren Gefolge er mit vielen Geschenken entließ.

Auf Anraten des Hofastrologen Michael Scotus wurde die Ehe erst am Tag nach der Hochzeit vollzogen.

Wieder am anderen Tag übergab der Kaiser die junge Gemahlin der Obhut seiner dunklen sarazenischen Eunuchen.

Als der Magier Isabellas jäh erloschenes Lächeln sah, bemerkte er zum Kanzler Vinea:

»Wenn Abschied und Herzeleid ein Gesicht haben, so sieht es aus wie dieses ...«

X
CORTENUOVA

Die Erschütterung, die König Heinrichs Empörung aufgerissen hatte, war bald im Gefüge des Reiches verwunden. Mit keiner Andeutung erwähnte der Kaiser den Namen des Sohnes. Nirgends mehr wurde nach ihm gefragt. Er war verschollen, hatte nie gelebt.

Während der vierjährige Manfred bei den Verwandten seiner Mutter, dem Grafen Galvano Lancia und dessen Sohn Galeotto, heranwuchs, zog Friedrich jetzt den zwanzigjährigen Enzio in seine Nähe, in dem der Kaiser das eigene Bild noch einmal ohne die Schatten und Last der Jahre sah. Petrus von Vinea hatte den Prinzen in die Staatswissenschaften, Verwaltung und Rechtsprechung eingeführt. Der Zeit entsprechend galten Reiten und Fechten als unerläßliche Übungen, die der blonde Jüngling mit hellem Herzen wahrnahm wie die Geige oder die Kunst des Stabreimes.

Dem Kanzler gegenüber konnte sich Enzio nicht mit dem allgemeinen Schweigen über das Schicksal seines Halbbruders Heinrich abfinden.

»Er ist ein König«, sagte er nachdenklich, »und seit bald zwei Jahren im Kerker.«

»Er *war* ein König«, stellte Petrus von Vinea fest.

»Wird er für immer ein Gefangener bleiben?«

Und als der Kanzler mit abweisender Miene schwieg: »Es heißt, daß mein Herr Vater die Sterndeuter befragt. Glaubt er an sie?«

»Den Sterndeutern nicht immer ...«

»Aber an die Sterne?«

»Herr Michael Scotus berät Seine Majestät zuweilen. Zuletzt war es nach der Eroberung von Vicenza.«

»Was geschah dort?«

»Der Kaiser fragte den Astrologen, durch welches Tor er die Stadt verlassen solle, um auch weiterhin erfolgreich zu sein. Die Antwort verlangte er in einem versiegelten Brief. Dann ließ Seine

Majestät eine Bresche in die Mauer schlagen, um keines der Tore zu benutzen, und zog so mit seinem Heer aus der Stadt.«

Was in dem verschlossenen Brief gestanden habe? beharrte Enzio.

»Der Kaiser fand darin die Voraussage, er werde Vicenza ›durch das neue Tor‹ verlassen.«

Der Prinz blickte den Kanzler fragend an: Ob er glaube, daß das Schicksal den Menschen vorherbestimmt sei?

Vinea hob die Schultern:

»Wir selbst müssen bezahlen, was wir erstreben. Und wir müssen erstreben, was uns gemäß ist.«

Der junge Enzio bedachte sich.

»Ich werde Herrn Scotus niemals fragen. Ich will nicht wissen, durch welches Tor ich die Welt verlassen werde.«

Der Capuaner lächelte mit verhangenem Blick:

»Das Ziel liegt außerhalb unseres Wollens und Könnens.«

»Liegt Ihr Ziel nicht auf dem Wege des Kaisers, Herr von Vinea?«

Der Kanzler schwieg.

*

Der Kaiser erfuhr von neuem Aufruhr in Sizilien. Wieder wurde offensichtlich, daß hier, im mütterlichen Land Friedrichs, eine fremde Hand im Spiel war.

Der Staufer zeigte gnadenlose Härte. Mit Scheiterhaufen und Galgen endete das Gemetzel in Syracus, Catania, Messina.

Die Majestät hüllte sich in undurchsichtiges Schweigen. Strahlten über den Gassen von Palermo, die der ›Knabe von Apulien‹ einst durchstreift hatte, noch immer die goldenen Kuppeln der Assunta, die blutroten von San Giovanni degli Eremiti, der geliebten Zisa und den orientalischen Gärten des wasserumglänzten Favara-Palastes?

Blut rann über Straßen und Plätze, trübte den Zauber früher Kindheitserinnerung. Verklungen war eine ferne, doch bisher nicht verstummte Melodie ...

Nie mehr betrat Friedrichs Fuß den Boden der sizilianischen Heimat.

Das politische Geschehen entwickelte sich in erschreckender Schnelligkeit. Der Krieg gegen den lombardischen Städtebund, von Friedrich längst beabsichtigt, wurde binnen kurzem zur Sache des Reiches. Selbst die Fürsten, sonst nur zu gern aus den Widrigkeiten des Kaisers ihren Nutzen ziehend, schlossen sich dem Kampf gegen die Rebellen an. Beträchtliche Truppenaufgebote, darunter zehntausend sarazenische Bogenschützen aus Lucera, standen bereit.

Im Palazzo della Ragione zu Mantua stemmte sich der Deutschordensmeister noch einmal gegen die Entschlossenheit des Kaisers. Der Krieg, der nun bevorstehe, würde alle Dämme brechen. Zu sehr sei der Papst in die lombardische Angelegenheit verflochten. Zu ungewiß sei, auf die Dauer gesehen, die scheinbare Einigkeit der deutschen Fürsten! Habe die Majestät nicht genug erreicht und geschaffen in den letzten beiden Jahren?

»Mit dem Mainzer Landfrieden haben Eure Majestät Ihre Oberhoheit als Gerichtsherr im Reich gesichert. Durch die Versöhnung und Erhebung Ottos von Lüneburg, des Enkels Heinrichs des Löwen, ist der alte staufisch-welfische Gegensatz bereinigt; auch wurde im Südosten die Einbeziehung der österreichischen Länder vorbereitet. Auf dem Hoftag zu Wien haben Sie die Wahl Ihres Sohnes Konrad zum Deutschen König durchgesetzt – und damit auch die Sicherstellung Ihres Kaisertums; in Speyer wurde die Wahl von den übrigen deutschen Fürsten bestätigt. Stellen Sie die Herren hüben und drüben jetzt nicht allzusehr auf die Probe, Majestät!«

Der Kaiser, in stählerner Härte:

»Ich kenne den Preis. Ich werde die Fürsten wie die eigensüchtigen Städte mit dem Flitter behängen, dessen ihre Eitelkeit bedarf.«

Er fügte hinzu: »Die Lombarden haben Heinrich wenn nicht zur Empörung gegen mich angestiftet, so ihn doch zum gefährlichen Entschluß getrieben. Sie selbst, Salza, taten mit Herrn von Vinea das Mögliche, zwischen mir, den aufrührerischen Städten und dem Papst zu vermitteln. Zuletzt scheiterten alle Mühen am Widerstand der mächtigen Seerepublik Venedig und vor allem an ihrem Dogen Pietro Tiepolo. Sein Sohn, der Podestà von Mailand, der seinen Vater ständig aufhetzte, wurde zur treibenden Kraft. Die

Zeit ist überreif. Mein Sohn Enzio zeigt nicht nur musische, sondern auch militärische Begabung. Er soll sich an der Seite des Herrn Ezzelino da Romano und dessen Bruders Alberico, meiner zuverlässigsten Feldherren, bewähren. Auf Ezzelino und seine Erfahrungen kann ich mich verlassen.«

Hermann von Salza bestätigte bitter: Jedenfalls könne sich Seine Majestät auf die Grausamkeit des Herrn Ezzelino verlassen!

»Ich habe beschlossen«, gab Friedrich ungerührt zurück, »ihm meine Tochter Selvaggia zur Frau zu geben. Wenn seine Grausamkeit, wie Sie sagen, den Sieg sichert – um so besser!«

Der Kaiser richtete seinen prüfenden Blick auf den Ritter: »Waren Sie es nicht, der am Krönungstag zu mir sagte: ›Jede Stunde bringt Kampf – ?‹ Das Schicksal beugt sich dem, der es auf sich nimmt.«

Der Ordensmeister begriff, daß aus dem diamantenen Willen kein Splitter zu brechen war.

»Sie kennen die letzte Botschaft Seiner Heiligkeit, Majestät. Herr Gregor ist ebenso unerbittlich wie Sie.«

»Seine Idee, daß ich einen neuen Kreuzzug gegen den Sultan unternehmen soll, ist ausgezeichnet«, lachte Friedrich böse auf. »Er weiß, daß ich meinem Freund al-Kamil kein weiteres Zugeständnis bezüglich der heiligen Stätten abringen könnte. Herrn Gregor ist ebenso bekannt, daß der große Schwung der Kreuzzugsbewegung längst erloschen, unglaubwürdig geworden ist wie eine verfallene Münze. Ich verstehe nur zu gut, warum man mich so weit wie möglich weg wünscht! Das Leben des Menschen ist ein Krieg gegen die Bosheit der Menschen. Nein, Salza, die Zeit der diplomatischen Hinhaltungen und Ausflüchte ist vorbei. Die Arroganz der allzu sicheren Lombarden – und damit die ständige Einmischung der Kurie – kann nur mit Hilfe der Waffen beendet werden!«

*

Über der lombardischen Ebene lastete der November mit schweren, grauen Wolken, fegte mit feuchtem Wind durch die sumpfige Landschaft des Oglio.

Hinter dem Kaiser ritten Ezzelino da Romano und die Grafen

Lancia. Der frühreife siebzehnjährige Galeotto sollte unter seinem Vater und Ezzelino in die Aufgaben eines Feldzeugmeisters hineinwachsen; mit dem um weniges älteren Enzio verband ihn feste Freundschaft. Der strahlend blonde Kaisersproß hielt sich stolz zur Seite der Majestät.

Da ein Angriff auf die starken Mauern der Stadt Mailand unmöglich war, sie zudem noch durch das feste Brescia gedeckt wurde, blieb nur das Wagnis, den Gegner hervorzulocken und des Nachts im aufgeweichten, verschlammten Flußgelände anzugreifen.

Während Ezzelinos Reiterei von Cremona aus die Brücke über den Oglio, den Ausweg nach Osten, sperrte, versuchten die Mailänder in mörderischer Verbissenheit die Rückeroberung des Flußüberganges. Immer wieder ballte sich ihr Widerstand um das Zeichen des lombardischen Bundes, den Fahnenwagen der Mailänder, den berühmten Carroggio, auf dem wie in einem Tabernakel die heilige eiserne Lombardenkrone mitgeführt wurde. Nie hatte Mailand dieses Zeichen verloren, unbesiegt blieb es mit ihm. Der Podestà Jacob Tiepolo, kriegerischer Sohn des mächtigen venezianischen Dogen, schützte es mit den besten Truppen und dem eigenen Leib.

Es gelang dem jungen Enzio, sich als erster zum Fahnenwagen durchzukämpfen und hinaufzuschwingen. Andere drängten mit wildem Jubel nach. Als im Verlauf des Gemetzels Herr Tiepolo in die Hände der Kaiserlichen fiel, bedeutete dies die Entscheidung.

Die rasch herabsinkende Nacht hemmte die Verfolgung; einzelnen Gruppen des Feindes gelang es noch, den Ring der Sieger zu durchbrechen. Am Erfolg der Kaiserlichen vermochte es nichts zu ändern.

Da der Mond mit fahlem Licht aus den umdampften Sümpfen emporstieg, erkannte man in der Ferne eine Ansiedlung.

Der Kaiser, mit Galvano Lancia und Enzio über das Schlachtfeld reitend, wies mit der Hand hinüber:

»Der Name des Ortes?«

»Cortenuova, Majestät.«

Petrus von Vinea überbrachte den Mailändern die Aufforderung zur bedingungslosen Kapitulation. Man bot dem Kaiser jede Art von Wiedergutmachung; doch dieser hatte nur Bestrafung im Sinn.

Jubelnd empfing Cremona den siegreichen Herrscher. Der sagenhafte kaiserliche Elefant zog die größte Trophäe, den ruhmreichen Carroggio, der allein von fünftausend Mann verteidigt worden war. Ein auf dem Elefanten thronender Trompeter trug das Banner des Reiches. An dem zum Boden gesenkten Mast des Carroggio lag schmachvoll, bäuchlings angekettet, der mailändische Podestà Jacob Tiepolo.

Als glänzendes Zeichen seiner Überlegenheit schickte Friedrich den Fahnenwagen nach Rom, wo er entgegen dem Protest des Papstes von der kaiserlichen Partei auf dem Capitol unter den ehrwürdigen Resten der imperialen Siegeszeichen Aufstellung fand.

Der Kaiser feierte seinen Triumph. Mailand und die anderen aufständischen Städte, die einst seinen Großvater Barbarossa gedemütigt und Friedrich selbst von Anfang an getrotzt hatten, waren gezüchtigt, dem Papst die Grenzen seiner Macht gezeigt. Im herrischen Gefühl des großen Sieges wies der Kaiser jedes Angebot der anderen Seite kalt zurück, bestand er auf völliger Unterwerfung.

Noch einmal suchte der Deutschordensmeister den Unerbittlichen in Cremona auf. Im Palazzo Comunale hörte Friedrich die warnenden Ratschläge des Getreuesten der Getreuen wortlos an. Hermann von Salza, vom ständigen Umherreisen und ruheloser Jagd quer durch Europa gealtert und müde, beschwor den Kaiser, er möge die Unbeugsamkeit nicht zu weit treiben. Komme man mit den Lombarden zu erträglichem Abschluß, sei auch dem Heiligen Vater der Vorwand für neuen Kampf genommen. Beharre die Majestät auf bedingungsloser Übergabe, könne Verzweiflung die Lombarden zum Äußersten hinreißen, der Papst in seinem Haß weiter bestärkt werden.

Die Antwort des Kaisers: Unterwerfung auf Gnade und Ungnade!

Herr von Salza erschrak über die veränderten Züge des einundvierzigjährigen Herrschers, in dessen Nähe er nun zwei Jahrzehnte verbracht hatte.

»Der Mailänder Carroggio soll den Platz andeuten, an dem ich selbst von der Höhe des Capitols auf die Ewige Stadt und damit auf mein Großreich herabsehen werde!«

Ob zur Erreichung dieses Zieles – zu dem der Weg wohl auch noch nicht ganz frei sei – unbedingt die Grausamkeit *nach* der Schlacht gehöre? fragte Salza mit zerfurchtem Gesicht. Sei es notwendig gewesen, den Podestà und Sohn des Dogen in erniedrigender Weise so durch die Straßen von Cremona zu führen? Ob der Kaiser nicht wenigstens in großzügiger Geste den Kriegsgefangenen in Ehren heimsenden wolle?

Friedrich, fahl und in nie bisher in solcher Unverhülltheit auflodernden Haß: Herr von Salza komme mit seiner Bitte zu spät. Zu einer Zeit schwerster Entscheidungen habe Venedig mit Mailand gemeinsame Sache gegen ihn, den Kaiser, gemacht. Jacob Tiepolo sei nach Folterung in einen ledernen Sack genäht worden, wo es ihm überlassen bliebe, ob er an seinen Wunden, an Hunger oder an Atemnot sein perfides Leben beenden wolle. Man möge es in Venedig und Mailand gebührend zur Kenntnis nehmen. Lange genug habe er, Friedrich, auf diese Stunde gewartet!

Dann, in eisigem Triumph: »Wer gesiegt hat, braucht keine Rechenschaft abzulegen!«

»Darf ich«, sagte der Ordensmeister tonlos, »Eure Majestät an eins Ihrer Dokumente erinnern, das Sie einmal den Römern als Maßstab herrscherlicher Weisheit gewidmet haben?«

Während der Kaiser abgewandt schwieg, zitierte Hermann von Salza mit stockender Stimme:

Obschon Unserer Majestät, die die göttliche Vorsehung zu erhalten nicht aufhört, alles zu Füßen liegt, was Wir wünschen, schöpfen Wir doch die Impulse Unseres guten Willens aus dem Maß der Vernunft und kühlen ihn im Quell der Tugenden!

»Das«, fügte Hermann von Salza hinzu, »waren die Worte des Kaisers, dem ich mein Leben widmete. Sie verbürgten den Anspruch auf Ihren Sieg.«

Jäh fuhr Friedrich herum:
»Soll das heißen – ?«

Der Ordensmeister atmete schwer. Seine rechte Hand lag am Schwertgriff unter dem Gürtel:

»Das heißt, Majestät, daß ich Sie ein letztes Mal beschworen habe, Ihrer hohen Idee von Stärke *und* Gerechtigkeit eingedenk zu sein. Meine Gesundheit verbietet mir, mich weiterhin dem Dienst Eurer Majestät zu widmen. Ich bitte Sie um gütige Entlassung. Ich gedenke mich in Salerno einer Kur zu unterziehen, zu der mir die Ärzte seit langem raten.«

Eine undurchdringliche Eiswand schien sich um den Kaiser emporzutürmen. Wie aus anderer Welt kam seine Stimme:

»Ich wünsche Ihnen baldige Genesung. Leben Sie wohl, Herr von Salza.«

Der Ordensmeister suchte noch einmal den Blick des um ein Jahrzehnt Jüngeren, dem er für so lange führender Freund gewesen, an den er geglaubt hatte trotz des päpstlichen Fluches und der eigenen christlichen Überzeugung. Das Reich war mehr als Tun und Irren, solange die Menschlichkeit über allem stand.

Hermann von Salza vermied es, sich noch irgendeinem der kaiserlichen Umgebung zu zeigen. Niemand sollte der Tränen des deutschen Ritters gewahr werden.

*

Im darauffolgenden Winter, für Italien einer der kältesten, der jemals erlebt worden war, plünderte das Volk, vom Hunger getrieben, die Paläste der Kardinäle, sogar den Lateran. Der Heilige Vater flüchtete nach Rieti.

In seinen Verlautbarungen feierte sich der Kaiser – vor allem um seiner Stellung gegenüber dem Papsttum willen – als den gottgewollten Herrscher und Sachwalter höheren Willens. In der von Petrus von Vinea gegebenen Form spiegelten sie Friedrichs Gesinnung wider: den Majestätsbegriff, der das römische Weltkaisertum im Gottesgnadentum des christlich geprägten Zeitalters erneuerte:

Wolltest Du, göttliche Vorsehung, die Du unsere flüchtigen Tage beschneidest, die Hand des Kaisers stützen und Seine Jahre mehren! Ihn verlangte der Pfad der Vernunft zum Leiter, die Gerechtigkeit Ihn zum

Verteidiger: daß Er, hier wie dort, das rechte Gleichmaß wahre, die Anschläge der Begierde breche und ihre Zuchtlosigkeit zähme.

Es lebe also, es lebe des heiligen Friedrichs Name im Volk, es wachse Ihm die Glut der Verehrung seiner Untertanen entgegen; die mütterliche Treue, ein Vorbild der Unterwerfung, entfache die treue Tat!

Zur Bestätigung seines Glückes erfuhr der Kaiser, daß ihm seine Gemahlin Isabella den erwünschten Sohn geboren habe. Nach dem englischen Oheim erhielt das Kind den Namen Heinrich.

XI
HEILIGER HASS

Im notdürftig nach den Plündereien wiederhergestellten Arbeitszimmer Seiner Heiligkeit brannten die Kerzen hoch und schweigsam. Spukhaft irrte ihr Schein über goldene Zierate, fand kaum den Weg empor zum von Engeln mit spitzem Gefieder und spitzen Nasen umflatterten Bild des Gekreuzigten und dem an seinem Schreibtisch aufragenden gewaltigen Greis. Mit mächtigen, sprühenden Augen sah Gregor der Neunte dem in sieghafter Eile eintretenden eleganten Vikar, Kardinal Fiesco, entgegen.

»Ich beglückwünsche Eure Heiligkeit zu Ihrem größten Sieg!«

Nach lässig huldvoller Verneigung nahm Herr Sinibald ohne besondere Aufforderung gegenüber dem Papst auf dem gedrechselten Scherensessel Platz. »Ihr neuer, vorzüglich arbeitender Legat Montelongo übermittelt Eurer Heiligkeit noch einmal den offiziellen Hilferuf der Lombarden vor aller Welt. Dazu ist es ihm gelungen, Venedig und Genua zum Abschluß eines gemeinsamen Bündnisses zu bewegen. Oberitalien ist also auch zur See hin abgeriegelt. Es wird kein zweites Cortenuova geben. Jetzt ist die Kurie am Zuge!«

Herr Gregor schickte einen neuen flammenden Blick unter den buschigen Brauen zu dem schmiegsamen Mann im Kardinalspurpur hinüber: »Er hat den Bastard Enzio mit der mehr als fünfzehn Jahre älteren Adelasia von Torre und Gallura, der Erbin von Sardinien, vermählt. Und nicht nur das: Er hat ihn zum König erklärt und sofort nach Sardinien geschickt, um die Insel in seinen Besitz zu nehmen, auf die der Heilige Stuhl ein Anrecht hat!«

Leider gehöre nach Ansicht des Kaisers Sardinien seit alters her zum Reich, stellte Herr Fiesco sachlich fest. »Wir werden ihn an der Besitznahme kaum hindern können, solange die Bereiche der Kirche nicht unmittelbar berührt sind.«

»Sie *sind* es«, donnerte der Papst. »Diese Insel, gleichsam vor der Haustür des Patrimonium Petri gelegen, war immer ein Zufluchtsort, ein Rettungsplatz für Schiffbrüchige ...«

»Und für Räuberbanden, die sich mit besonderer Hingabe diesen Schiffbrüchigen zu widmen pflegen«, warf der Kardinal ein.

Seine Heiligkeit fuhr mit erhobener Stimme fort:

»Ein Refugium für Landesflüchtige, die sich vor der Verfolgung durch den Kaiser retten wollen!«

Herr Gregor senkte die Augen: »Ich gedachte Adelasia mit einem Welfen zu verheiraten. Es bleibt eine vergiftete Wunde.«

Ob das Gift in der Wunde daher käme, erkundigte sich Herr Fiesco lächelnd, daß Seine Heiligkeit den jungen Enzio, von seinem Vater wegen seiner Anmut und Geschmeidigkeit ›Falconello‹ genannt, als Gemahlin für seine, Herrn Gregors, Nichte vorgesehen und nun eine doppelte Enttäuschung erlebt habe?

Der Heilige Vater biß sich auf die Lippen.

»Wenn Sie es schon für angebracht halten, Eminenz, hier die Interessen der Kirche mit denen meiner Familie in Verbindung zu bringen, so nehmen Sie zur Kenntnis, daß ich diese Heirat mit dem begabten jungen Mann in der Tat aus allerlei Gründen für erstrebenswert hielt. Wer weiß, ob Enzio nicht eines Tages eigenen Ehrgeiz entwickelt, der uns zugute käme? Er als illegitimer Sprößling wird gewiß nicht so töricht sein wie sein Halbbruder Heinrich, von dem es übrigens heißt, daß er sich nicht mehr in Venosa aufhält.«

Der Kardinal hob die Schultern:

»Wie ich hörte, hat der Gefangene von Venosa aus, das ja nicht weit von Foggia entfernt ist, mit Hilfe bestochener Wachen einen Giftanschlag auf den Kaiser versucht. Nur der Umsicht des wachsamen Mundschenks sei das Mißlingen zu verdanken. Man hat Herrn Heinrich daraufhin in aller Stille nach Kalabrien gebracht. Die Burg San Theodora bei Nicastro ist völlig abseits gelegen und die Bewachung leicht zu kontrollieren.«

Gregor wehrte ab:

»Der ehemalige Deutsche König ist kein Stein mehr im Spiel!«

Wichtiger seien die Aufgaben des päpstlichen Legaten in Mailand, der dafür zu sorgen habe, daß die Lombarden den Kaiser in Atem hielten. Auch hier wußte der Vikar Erfreuliches zu berichten: Der Beginn des neuen Feldzuges habe sich für Friedrich verheerend ausgewirkt. Brescia, das er als nächstes zu erobern gedachte, sei ein Fehlschlag geworden.

Der Heilige Vater schien sich mit seinen Greisenfingern an den Armlehnen seines Sessels hochzustemmen.

»Er wird nicht nachlassen ...«

»Was erwarten Eure Heiligkeit?« unterbrach kühl Herr Fiesco. »Soll er schweigen auf die unablässigen Verleumdungen und Banndrohungen, die Sie in alle Welt hinaussenden?«

»Und die Drohungen und Verleumdungen von *seiner* Seite? Nehmen Sie diese nicht zur Kenntnis?«

Herr Gregor ergriff ein Papier von einem Tisch an seiner Seite: »Er hat meinen Kardinälen ein Rundschreiben zugehen lassen. Ich erhielt es soeben. Hören Sie!«

Der Heilige Vater las mit bebender Stimme:

Wir wünschten, es wäre Uns möglich, private Rache zu üben von Gleich zu Gleich, indem Wir auf Kosten des Mannes – damit meint er mich, den Stellvertreter Christi! –, *der dieses Unerhörte verursacht, und seiner Familie Genugtuung erhielten. Dann fiele die Schmach, die Uns angetan wird, auf ihn und die Seinigen zurück. Da aber weder er noch seine Sippschaft es wert sind, daß sich die kaiserliche Erhabenheit herablasse, ihn anzugreifen, und da seine Kühnheit auf der Macht seiner Stellung und auf der Einigkeit so vieler ehrwürdiger Brüder beruht, die ihn in seinem gefährlichen Eigensinn zu bestärken scheinen, sind Wir bis in die Tiefen Unserer Seele beunruhigt; denn Wir sind zu der Überzeugung gelangt, daß es, wenn Wir Uns gegen Unseren Verfolger verteidigen wollen, notwendig ist, auch die anzugreifen, die Uns Widerstand leisten!*

»Nun, Eminenz«, stieß der Papst, das Papier sinken lassend, hervor, »meinen Sie noch immer, man könnte sich mit diesem Menschen arrangieren?«

»Gewiß, Heiligkeit«, nickte der Kardinal ungerührt. »Er hatte Rom und den Kirchenstaat bereits in seinen Fängen – aber er hat ihn mit keinem Fuß betreten. Ihn traf der Bann, weil er, aus welchen Gründen immer, den Kreuzzug nicht dem Befehl der Kirche gemäß antrat. Vielleicht, weil ihn die Heilige Kirche an seiner eigentlichen, friedlichen Regierungsarbeit hinderte – ?«

»Sie verteidigen diesen Mann, Eminenz, als ginge es um Ihren Freund!«

Der Kardinal bewegte sein wohlfrisiertes Römerhaupt: »Ich lege Wert darauf, so zu erscheinen. Es erleichtert uns unsere Pläne, Heiligkeit.«

Herrn Gregors dünne, heisere Stimme überschlug sich:

»Immer wieder erhalte ich Berichte über seine heidnischen Unternehmungen, die mich erschauern lassen. Sein Magier Scotus hat ihm bei den ketzerischsten Fragen Rede und Antwort zu stehen: So etwa über die Hölle oder wo das Fegefeuer und das Paradies zu finden seien, wie viele Himmel es gäbe und wo Gott in Wahrheit wohne! Mein Beauftragter Salimbene berichtete mir von einer Frage dieses Friedrich: Wie es käme, daß die Seele eines lebendigen Menschen, wenn sie in ein anderes Leben übergeht, weder durch die erste Liebe noch durch den Haß zur Rückkehr gezwungen werden könne, als wäre das Vergangene nichts gewesen, ja, als habe sie nichts zurückgelassen!«

Herr Sinibald nickte.

»Dieser Mann, Heiligkeit, begnügt sich nicht mit dem Wissen, das Bibel und Kirche dem Volk verkünden. Er ist neugierig nach allen Dingen der Schöpfung. Er blickt nicht zurück auf die Überlieferungen von gestern, sondern sucht sich Antworten von morgen zu beschaffen. So ließ er einen Verurteilten in ein Faß einschließen, um zu sehen, ob die Seele nach dem Tode sichtbar entweicht!«

»Und – ?« fragte der Papst mit angehaltenem Atem. »Was geschah?«

»Nichts, Heiligkeit.«

»Was folgerte er daraus?«

»Für ihn ergab sich so der Beweis, daß die Seele den Tod nicht überlebe!«

»Er sucht Beweise für sein Heidentum«, stellte Herr Gregor fassungslos fest.

»Er sucht das Wesen der Dinge zu ergründen«, sagte Herr Sinibald Fiesco. »Dazu gehört auch das seltsame Experiment mit den neugeborenen Kindern, von dem Fra Salimbene berichtet.«

»Mit solchen unschuldigen Geschöpfen – ?«

»Er befahl den Ammen und Pflegerinnen, die Kinder ordentlich zu säugen, zu baden und zu waschen – zugleich aber in keiner

Weise mit ihnen zu spielen, sie zu kosen und keinesfalls mit ihnen zu sprechen. Er wollte herausfinden, welche Sprache sie zuerst sprächen: Ob Hebräisch als die älteste Sprache, Lateinisch oder Arabisch, oder aber die Sprache der Eltern, die sie gezeugt hätten.«

»In welcher Sprache verständigten sich nun die armen Kinder?«

»In keiner, Heiligkeit. Sie starben.«

Der Kardinal fuhr, ohne die Bewegung des Papstes zu beachten, fort:

»Zwei lebenslänglich Verurteilten ließ er gutes Essen geben und befahl dem einen, sich zu bewegen. Der andere sollte ruhen.«

Seit wann kümmere den Tyrann das Wohlbefinden seiner Gefangenen? erkundigte sich Herr Gregor einigermaßen gelangweilt.

»Bemerkenswert war«, lächelte Herr Sinibald, »daß er sie daraufhin beide am Magen aufschneiden ließ, um festzustellen, ob es Unterschiede in der Verdauung gäbe.«

»Hat er nicht auch einen Fischer zum Tauchen gezwungen, um die Geheimnisse des Meeres zu entschleiern?«

Der Kardinal bestätigte: »Bei Messina, wo die Wirbel den Schiffen immer wieder zu schaffen machen, wollte er die Tiefe feststellen – und ebenso, wie weit Tiere und Pflanzen dort unten gedeihen. Er warf einen goldenen Becher hinab, den der Fischer wirklich wieder heraufbrachte. Beim zweiten Mal flehte er den Kaiser an, er möge es ihm ersparen. Es sei schrecklich in den dunklen Abgründen.«

»Was berichtete der Taucher noch?«

»Man sah ihn nicht wieder.«

»Dieser Staufer ist ein Teufel«, stellte Herr Gregor fest.

»Er ist ein Mensch der Zukunft, Heiligkeit«, erwiderte der Kardinal. »Darin liegt seine Gefährlichkeit. Er will die Wunder der Welt ergründen. Darum hat er auch in Salerno eine anatomische Fakultät eingerichtet, die es bisher noch an keiner christlichen Hochschule gab.«

»Was lehrt man dort?«

»Man untersucht und seziert menschliche Körper.«

»Das ist unkeusch und von der Kirche ausdrücklich verboten. Er versucht Gott.«

Der Papst rang um Fassung: »Dazu paßt seine Bemerkung, die man mir mitgeteilt hat – ich gebrauche *seine* Worte – die Welt sei von drei Gauklern getäuscht worden: nämlich von Moses, Jesus und Mohammed! Nicht nur, daß dieser Antichrist dem sarazenischen Gesetz mehr anhängt als dem heiligen Glauben Christi – er wagt es, das Dogma selbst zu kritisieren! Hat er doch die Ungeheuerlichkeit auszusprechen gewagt: Alle seien töricht, die da glauben, daß Gott von einer Jungfrau geboren werden konnte! Diese Häresie bekräftigte er noch mit der Behauptung, daß nachweislich jeder Geburt die Vereinigung von Mann und Weib vorausginge! Der Mensch dürfe nichts glauben, was nicht durch die Natur und die Wissenschaft bewiesen werden könnte – ! Wo käme die Kirche hin, frage ich Sie, Eminenz, wenn sich solche Meinungen im Volk festsetzten!«

Allerdings läge darin eine unübersehbare Gefahr, bestätigte der Kardinal. »Glauben Eure Heiligkeit, ich wüßte nicht, was bei seinen berühmten Gesprächsrunden zur Erörterung kommt? Neulich hat er in Foggia vor der ganzen Gesellschaft geäußert, daß er, falls die Fürsten seinem Vorschlag zustimmten, eine bessere Art des Glaubens und damit des Lebens für seine Völker anordnen werde. Ebenso soll er, als er mit seinem Heer ein Kornfeld durchquerte – in Anspielung auf das Sakrament der Heiligsten Eucharistie –, polemisch ausgerufen haben: ›Oh, wie viele Götter werden bald aus diesem Getreide gebacken werden!‹ Und als er einmal sah, wie einem Kranken die Heilige Hostie als Wegzehrung gereicht wurde: ›Wie lange wird dieser Betrug noch andauern!‹«

»Er ist wahrhaft Satan«, wiederholte Gregor der Neunte.

Noch sei er Kaiser, bemerkte Herr Fiesco.

»Er muß vom Tisch des Herrn für immer ferngehalten werden«, beharrte der Papst.

Vom Tisch des Herrn hielte sich der Kaiser, soweit ihm bekannt sei, ohnedies fern, lächelte der Vikar. »Sollten Sie die neuerliche Exkommunikation beabsichtigen, Heiligkeit, so würde ich allerdings eine solch schwerwiegende Maßnahme zuvor sorgfältig prüfen. Man würde dadurch eher irritiert als in Ihrem Sinne beeindruckt. Haben die Menschen des Reiches nicht auch erfahren, daß der Kaiser bei der Kanonisierung der Witwe seines Kreuzzugsfreundes, des Landgrafen von Thüringen, zu Marburg öffentlich barfuß und in einer Zisterzienserkutte demütig dem Sarg der heiligen Elisabeth folgte?«

Der Kardinal schüttelte entschlossen den Kopf:

»Die Deutschen werden sich schwerlich davon überzeugen lassen, daß ihr Gottkaiser Antichrist und Satan in einer Person ist!«

»Er bleibt ein Ketzer. Ein Häretiker!«

»Gewiß, Heiligkeit«, bestätigte Herr Fiesco und besah seine makellos weißen Hände, an denen der Rubinring im Kerzenschimmer aufblitzte. »Aber er setzt ebenso neue Maßstäbe – wie in seinem Gesetzwerk von Melfi. Seit Justinian, seit siebenhundert Jahren, hat kein Herrscher Europas die Grundlagen für eine Regierung im Interesse des Volkes und der Beamtenschaft in solch fester, gültiger Form geschaffen. Bleibt die Handschrift auch die seines Kanzlers und Oberhofjustitiars – es ist *sein* Geist, der ganz darin lebt.«

»Vinea!« murmelte der Papst, als läge hier ein Schlüssel. »*Er* ist die Schlange, die er an seinem Busen nährt. Man muß sie zuerst zertreten.«

Herr Sinibald erwiderte ruhig:

»Ich sehe die Reihenfolge anders, Heiligkeit. Erst wenn der Boden unterwühlt ist, folgt der Stoß gegen die letzte Stütze.«

»Und wie?«

Der Kardinal zog die feinen Augenbrauen hoch und zupfte ein Stäubchen von seiner violetten Soutane:

»Dieser ehemalige Bologneser Hungerstudent ist das zweite Ich des Kaisers. Nicht nur sein Stil, auch seine Gedanken sind geschliffener Stahl. Ihr Wort von der Schlange ist trefflich gewählt. Vielleicht ...« und hier wandte Herr Sinibald das gepflegte Diplomatengesicht dem Papst zu, »gäbe es einen anderen Weg, als ihr den Kopf zu zertreten!«

»Also?« erkundigte sich Gregor der Neunte mit unheimlicher Festigkeit.

»Gerade weil dieser allmächtige Kanzler von niedrigster Herkunft ist – seinen Adelstitel hat er wer weiß wo erschlichen –, strebt er nach sichtbarem Ausdruck seiner Macht. Nicht umsonst hat er den kaiserlichen Bauherrn zum Vorbild. Er braucht und rafft grenzenlosen Reichtum als Bestätigung – mehr als jeder andere. Zudem ist Friedrich dem Kanzler Petrus von Vinea gegenüber blind in seinem Vertrauen.«

»Sie haben einen Plan – ?«

Herr Sinibald blickte auf den kostbaren Ring an seinem Finger und drehte ein wenig an ihm, daß der glühend rote Stein wiederum aufblitzte.

»Es gibt einen verschwiegenen Menschen, der schon im Heiligen Land für uns erfolgreich tätig war ...«

»Wer?«

»Ein Dominikaner namens Gualo.«

»Ich kenne den Namen nicht.«

»Er sollte auch niemals unter diesem Namen in Erscheinung treten«, nickte der Kardinal. »Im übrigen habe ich ihn erst zum Dominikaner gemacht. Sein früherer Beruf war nicht ganz so fromm, aber das weiß niemand außer ihm und mir – und meinem Neffen Orlando Bojolo. Mein Neffe ist, wie Eure Heiligkeit wissen, ein kluger Junge. Er schmiedet unser Eisen in Parma. Sein hübscher Kopf wäre für den Kardinalshut geschaffen ...«

»Wir sprachen von dem Dominikaner«, erinnerte Herr Gregor.

»Gualo könnte über meinen Neffen in unauffälliger Form bei dem Kanzler den Boden vorbereiten. Es gilt das Angebot, Heiligkeit!«

»Vinea«, wandte der Papst ein, »weiß, wem er alles verdankt. Der Judas, den wir brauchen, muß neben den Silberlingen in seiner Seele eine Veränderung erfahren. Man muß seinen Glauben zerstören. Es wird nicht leicht sein.«

Der Greis erhob sich mühsam aus seinem Sessel, während er wie betend zum aufragenden Bild des Gekreuzigten in seiner verzerrten Glorie hinübersah:

»Vor dem Kanzler muß *er* stürzen. Zehn Jahre habe ich unter ihm gelitten. Der Herr lasse mich das Werk vollenden, bevor mein Erdenweg erfüllt ist!«

Aufrecht, mit starren, langsamen Schritten, von der weißen Soutane umwallt, seinem Vikar hoheitsvoll den Fischerring zum Kuß bietend, verließ Gregor der Neunte den Raum. Herrn Sinibald Fiescos zustimmendes Lächeln gerann zur eisigen Maske.

*

Friedrich spürte am Widerstand der Lombarden, was bevorstand. Der neue päpstliche Legat, Herr Montelongo, tat ganze Arbeit, obgleich beide Seiten nach dem mißglückten kaiserlichen Sturm auf Brescia keine neuen Kampfhandlungen unternahmen.

Dafür kroch und quoll es aus Winkeln und Gassen von Sizilien bis Deutschland, durch Bettelmönche und wandernde Fanatiker von Ort zu Ort getragen: Im Bunde sei der Kaiser mit dem heidnischen Sultan, das Christenreich zu verraten an die Feinde des Glaubens. Die Diener des Heiligen Amtes behindere er, verfluchte Moslems habe er zu Freunden, die schale Leere ungläubiger Heiden wie eines Aristoteles oder Plato stelle er über die Weisheit der Propheten. Er werfe sich zum Götzen und neuen Herrn der Welt auf, wolle den Namen des Erlösers aus den Seelen der Menschen tilgen!

Aus dem einstigen Mündel des großen Innozenz und erwählten ›Papst-Kaiser‹ war der Erzketzer geworden, der vernichtet werden mußte!

Am Palmsonntag wohnte der Kaiser nahe Padua, umgeben von seiner Pracht, einem Volksfest bei. Zimbeln und Posaunen, Zithern und Chorgesänge umtönten seinen und seines Gefolges Einzug auf den Wiesen von Ponte della Valle zwischen Padua und dem Kloster Santa Justina. Im Purpurmantel, die Krone auf dem Haupt, thronte Friedrich auf erhöhtem Sitz über dem Festplatz. Die Märzsonne umleuchtete Wimpel und Wagen, die Darbietungen von Künstlern und Gauklern, Tausende froh gestimmter Menschen im bunten Gewoge.

Dem Ostergottesdienst wohnte der Kaiser im Dom zu Padua bei. Als er am wundertätigen Grab des vor acht Jahren gestorbenen heiligen Antonius, scheinbar ins Gebet versunken, die vorüberdefilierenden Frauen und Männer beobachtete, die voll gläubiger Inbrunst den Marmor des Sarkophages berührten und küßten, trat Petrus von Vinea zu ihm. Der Kaiser erkannte in der Hand des Kanzlers ein siegelgeschmücktes Schreiben. Während die unzähligen Menschen um ihn den Segen des toten Heiligen suchten, faßte er wortlos, mit spitzen Fingern, das große, entrollte Blatt wie glühendes Metall. Hastig überflog sein Blick die steil und stolz in kunstvollen Lettern sich spreizenden Worte:

Wir exkommunizieren und bannen im Namen des allmächtigen Gottes, des Vaters, des Sohnes und des Heiligen Geistes, und mit der Machtvollkommenheit der Apostel Petrus und Paulus, Friedrich, den man Kaiser nennt, weil er in der Stadt Rom eine Empörung angestiftet hat, durch die er den Römischen Bischof und seine Brüder von ihrem Sitz zu vertreiben und, den Privilegien, Würden und Ehren des apostolischen Stuhles entgegen, die Freiheit des apostolischen Stuhles und der Kirche zu vernichten beabsichtigte, womit er freventlich die Eidschwüre gebrochen hat, durch die er der Römischen Kirche gegenüber gebunden ist.

Weil er überdies um seiner Reden und Handlungen willen von vielen, ja gleichsam vom ganzen Erdkreis schwer angeklagt ist, daß er nicht den wahren katholischen Glauben habe, so haben Wir beschlossen, ihn zu entsetzen und mit feierlichem Spruch den Leib des Kaisers Satan zu übergeben, damit seine Seele am Tag des Gerichtes gerettet werde.

Alle aber, die ihm durch Treueid verpflichtet sind, erklären Wir dieses Eides für entbunden und verbieten strengstens, dem mit der Exkommunikation Belegten die Treue zu wahren!

Friedrich, das Pergament Vinea zurückreichend, erhob sich und sagte in schwingender Deutlichkeit, daß jeder im Umkreis es hören konnte: »Die Fessel, die Uns behinderte, ist endlich gelöst. Man wird es in Rom spüren!«

Draußen, im leuchtenden Frühlingslicht, bestieg der Kaiser den Schimmel, der ihn zum Kloster Santa Justina zurücktrug. Schreckhaft starre Stille breitete sich um ihn; eine Gasse öffnete sich im jäh verstummten Gewühl.

Friedrich winkte den hinter ihm reitenden Kanzler an seine Seite.

»Verstehen Sie den Anlaß, Vinea?«

»Der Anlaß, Majestät, bedarf keiner besonderen Gründe.«

Da der Blick des Großhofjustitiars mit einem besonderen Ausdruck auf den Zügen des Kaisers zu ruhen schien, erkundigte sich dieser, plötzlich hellwach:

»Noch etwas, Vinea?«
»Nachricht aus Salerno, Majestät.«
»Salza – ?«
»Er ist am Gründonnerstag gestorben.«

Der Kaiser riß an den Zügeln, daß das Pferd tänzelte. Dann murmelte er starren Gesichts:

»Am gleichen Tag, da mir Seine Heiligkeit den zweiten Stoß zu versetzen geruhte ...«

In ihm aber raunte es, während er durch die festlich geschmückten Straßen zurück zum Kloster ritt: In Cremona warntest du mich ein letztes Mal. Wir schieden im Unmut – und doch warst du mein ältester, erster Freund. Sparsam an Worten, reich an Treue, immer vermittelnd zwischen Rom und mir, immer ausgleichend, niemals fordernd, gebend in Güte und Stärke: das war dein Leben an meiner Seite. Du wußtest, daß es keine Versöhnung geben konnte, obgleich du sie oftmals herbeiführtest. Die Freundschaft ist das einzige Mittel gegen das Unglück, gleichsam ein Aufatmen der Seele. Warum mußtest du mich jetzt verlassen? Du gabst dein Herzblut an einen großen Irrtum: den Frieden. Dennoch: Dein Werk ist Preußen – das meine soll das Heilige Reich sein!

Eines vermochte Friedrich weder zu erkennen noch als eigene Schuld zu begreifen: Zuletzt durch des Sohnes Abwendung und Versagen waren die deutschen Fürsten weitgehend und grundsätzlich aus ihrer Pflicht entlassen, die kaiserliche Reichspolitik mitzutragen. Die Kurie, immer hellwach, wenn es um die Trennung von Nord und Süd um ihres eigenen Herrschaftsbereichs, des Patrimonium Petri, willen ging, zwang den Staufer zur Verzettelung seiner Kräfte in der Verteidigung seines sizilischen Regno und vor allem in der Lombardei. Das Ziel war klar. Es ging weder um das Reich Christi noch um das irdische Imperium, sondern um die *ganze* Macht an sich. Das Papsttum fühlte sich zum letzten Kampf gerüstet.

Unversehens erhob sich vor dem Sinnenden das Bild jenes Mönches im schmutzigen Gewand mit den brennenden Augen, der ihn auf das kaiserliche Wappen am Kastell zu Bari hinwies, den Adler, der in seinen Fängen einen toten Hasen trug ...

Friedrich wischte das Bild fort. Man war in Santa Justina angelangt.

*

Der neuerliche Bann zerfetzte wie ein Blitzstrahl alle Wolken, die das Wesen der Dinge bisher noch verhüllt hatten. Gregor der Neunte ordnete an, daß der Fluch in der ganzen christlichen Welt bei jedem Hochamt verlesen werden sollte. Jeder Ort, wo sich Friedrich befände, sei mit dem Bann belegt, ebenso jeder Geistliche, der vor ihm Gottesdienst hielte oder mit ihm in Verbindung bliebe ...

Es erschien unfaßlich, daß solch tödlicher Haß, solch außermenschliche Gesichte des Abgrundes der Gebrechlichkeit eines über Neunzigjährigen entstammen könnten. Alles, was je an Flüstern und Geraune über den Kaiser umgegangen war, brach nun über das verängstigte Volk herein.

Fluchvoller sei Friedrich als Herodes und Nero, aus dem Satan selbst empfangen, Frucht der Lüge und Vater jeder Verführung. Wohl sei ihm Macht gegeben für eine Zeit, die Geister zu verwirren und die Kirche des Herrn heimzusuchen. Doch vernichten werde Gott am Ende den rasenden Jäger der Unzucht und ihn schleudern in ewige Verdammnis!

Die Antwort der kaiserlichen Kanzlei umwitterte nicht das grausige Dunkel des Weltunterganges, den der Papst immer wieder heraufbeschwor. Kühl, mit gemeißelter Schärfe berief sich Friedrich auf seine eigene Obsorge für die Christenheit. Er forderte angesichts der Verleumdungen von seiten des Papstes die Einberufung eines Konzils, wo nicht nur die Unwahrhaftigkeit, sondern die noch gefährlicheren Umtriebe des Bischofs von Rom aufgedeckt werden sollten. Gott war nicht größer als das Gesetz, das Er geschaffen:

Es ist meine Pflicht, diejenigen, die die Kirche regieren, daran zu erinnern, daß alles, was sie im Heiligen Land gewonnen haben, Mein Werk ist, daß Ich dem Meer und tausendfältiger Gefahr zur Ehre Got-

tes getrotzt habe. *Der Papst verfolgt Mich, weil er eifersüchtig ist und lieber Reichtümer ansammeln als den christlichen Glauben verbreiten möchte ... Möge Gott über Mich, Seinen Soldaten, und über den Papst, Seinen Statthalter, richten! Daher erklären Wir – nicht zur Herabsetzung seines Amtes, sondern um seiner persönlichen Mängel willen – daß Gregor nicht würdig sei, Christi Stellvertreter und Petri Nachfolger zu sein. Uns aber liegt die Sorge ob, daß die Christenheit nicht länger von solchem Hirten in die Irre geführt, sondern eine allgemeine Kirchenversammlung berufen werde, auf welcher Wir dies, ja noch Härteres, gegen den Papst erweisen wollen. Schlagen Wir das Buch Unseres Gewissens aufs sorgsamste nach, so finden Wir durchaus keine Veranlassung oder Ursache, welche diesen feindseligen Mann so heftig hätte bewegen können: es sei denn, weil Wir es für unpassend und unwürdig hielten, Unseren Sohn Enzio mit seiner Nichte zu vermählen.*

Ihr aber, Könige und Fürsten des Erdkreises, bedauert nicht bloß Uns, sondern auch die Kirche: denn ihr Haupt ist schwach, und ihr Fürst gleichsam ein brüllender Löwe; in ihrer Mitte sitzt ein ungetreuer Mann, ein besudelter Priester, ein wahnwitziger Prophet!

Papst Gregor der Neunte antwortete mit einer flammenden Enzyklika:

Aus dem Meer ist ein Tier aufgestiegen voll Namen der Lästerung, mit den Füßen eines Bären, dem Rachen eines wütenden Löwen, an den übrigen Gliedern einem Leoparden gleich. Es öffnet seinen Mund zur Schmähung des göttlichen Namens und richtet giftige Pfeile gegen das Zelt des Himmels und die dort wohnenden Heiligen. Mit seinen Klauen und eisernen Zähnen möchte es alles zerbrechen, mit seinen Füßen alles zertreten, und es erhebt sich nicht mehr heimlich, sondern öffentlich, und von Ungläubigen unterstützt, gegen Christus, den Erlöser des menschlichen Geschlechtes, um dessen Bundestafeln mit dem Griff ketzerischer Bosheit auszulöschen ... Es ist aufgestiegen, um den Namen des Herrn von der Erde zu vertilgen. Damit ihr aber seinen Lügen durch die Kraft der Wahrheit widerstehen und seine Listen durch klare Einsicht vereiteln könnt, so betrachtet genau Haupt, Mitte und Ende dieses Tieres, das sich Kaiser nennt!

Und wieder Friedrich an seine Getreuen und Völker:

Er, bloß dem Namen nach ein Papst, hat Uns das aus dem Meer heraussteigende Tier der Lästerung genannt. Wir hingegen behaupten, er selbst sei das Tier, von dem geschrieben steht: Ein anderes Pferd stieg aus dem Meere auf, das war rot, und der darauf saß, nahm den Frieden von der Erde hinweg, damit die Lebendigen sich untereinander erwürgten. Denn von der Zeit seiner Erhebung an hat dieser Vater nicht der Einigkeit, nicht der Tröstung, sondern der Verwüstung die Welt in Ärgernis versetzt. Er ist der große Drache, welcher die ganze Welt verführt hat, der Antichristus, für dessen Vorläufer er Uns ausgibt, der Fürst im Fürsten der Finsternis, der Engel, der mit Schalen voll Bitterkeit aus dem Abgrund aufsteigt, Land und Meer zu verderben!

*

Wie der oberitalienische Krieg sich weiter durchs Land fraß, wühlte Unruhe in den Hirnen und Herzen der Menschen. Hatte nicht schon vor langer Zeit der Abt Fiore den Weltuntergang und zuvor, gleichsam als Ankündigung des Letzten, das Auftreten des Antichrist prophezeit? Nun verdoppelte sich das Geraune; die nimmermüden Bettelmönche hämmerten es dem unsicheren Volk ein: Der Augenblick sei da, der Antichrist bereits erschienen – in der Gestalt des gottlosen Mannes Friedrich, der nur äußerlich die Krone des Gesalbten trage!

Der Kaiser antwortete mit dem Befehl an die Geistlichkeit, weiterhin die Gottesdienste abzuhalten: Er, der rechtgläubige Christ, würde sie sonst am materiellen Besitz zu strafen wissen. Er befahl die Grenzen seiner Staaten zu schließen, Parteigänger des Papstes zu verfolgen, die meisten Bettelmönche – Dominikaner und Franziskaner – aus Unteritalien und Sizilien zu vertreiben. Viele der deutschen Bischöfe entschlossen sich, den Bannfluch nicht bekanntzugeben.

Friedrichs Schwager, der englische König, ließ aus Furcht vor dem Papst die Bannbulle verkünden. Auch vom König von Frankreich erhoffte Gregor Unterstützung, indem er dessen Bruder, dem Grafen von Artois, die sizilische Krone anbot. Ludwig der Neunte indessen erklärte: Wie könne der Heilige Vater einen in der Christenheit dem Papst gleichgestellten Fürsten ungehört und ohne sein, Ludwigs, Einverständnis seines Erbes berauben und vom Thron stoßen? Habe Friedrich – abgesehen davon, daß er für Frankreich immer ein guter Nachbar gewesen – nicht durch seinen Kampf gegen die Ungläubigen sein Christentum mehr unter Beweis gestellt als Herr Gregor selbst?

Der Papst, zornsprühend sowohl gegen die Haltung des Kaisers wie die des Königs von Frankreich, holte sich bei dem immer unentbehrlicheren Kardinal von Genua Rat.

»Der Bannfluch der Kirche läßt den Ungläubigen nicht nur kalt, er droht auch ins Leere zu stoßen«, klagte Herr Gregor. »Er scheut nicht einmal davor zurück, mich, den Stellvertreter des Herrn, in meiner eigenen Residenz zu bedrohen!«

»Eure Heiligkeit haben durch Ihre feurigen Ansprachen an die unzuverlässigen Römer die Gefahr vorerst gebannt«, tröstete der Vikar. »Man ist hier bereit, Sie zu verteidigen. Schwerer wiegt, daß er auf einem großen Konzil besteht, das die Maßnahmen gegen ihn für ungültig erklären soll. Sie wissen, Heiligkeit, wie viele Kardinäle und Prälaten auf seiner Seite stehen!«

»Können wir das Konzil verhindern?«

»Lassen Sie es stattfinden. Noch werden Sie genug geistliche Herren in Frankreich, Spanien, England auf Ihrer Seite finden.«

»Er beherrscht die Landwege nach Rom«, seufzte der Papst. »Glauben Sie, er läßt ein Konzil zusammentreten, das seine Absetzung beschließt?«

Es bliebe noch immer der Seeweg, erklärte Herr Fiesco. Die hochwürdigen Herren könnten zu Schiff nach Ostia reisen.

»Und wer besorgt die Flotte?«

»Eure Heiligkeit vergessen, daß ich Graf von Lavagna und als Genuese – dank der großzügigen Hilfe der Stauferkaiser – dort nicht ganz ohne Einfluß bin!«

Herr Gregor atmete befreit auf.

»Eilen Sie, Eminenz! Ostern nächsten Jahres im Lateran! Wenn *er* erst einmal abgesetzt ist ...«

Herr Fiesco erlaubte sich, dem Stellvertreter Christi ins Wort zu fallen: »Bleibt er noch immer gefährlich, Heiligkeit!«

*

Der Kaiser beantwortete die Einberufung des Konzils mit Briefen an die europäischen Mächte: Er verbiete jede Beteiligung und weise darauf hin, daß er nicht gewillt sei, den Delegierten freies Geleit zu sichern. Wer es dennoch wage, werde verhaftet!

Trotz dieser Drohung fand sich eine ansehnliche Zahl papsttreuer, vor allem nichtdeutscher Kardinäle und Prälaten in Genua ein, um auf dreiunddreißig Transportschiffen und siebenundzwanzig Galeeren den Seeweg nach Ostia anzutreten. Ohne zu zögern, gab der Kaiser Befehl, daß seine eigene Flotte die genuesische mit ihrer frommen Fracht zu stellen und an der Weiterfahrt zu hindern habe.

Kurz danach erreichte den Heiligen Vater die Nachricht: Das frevelhafte Unternehmen des Gebannten, an dem der junge Enzio zum ersten Mal als Befehlshaber beteiligt gewesen sei, habe zwischen den Inseln Giglio und Monte Christo im toscanischen Archipel zu einer Seeschlacht geführt, bei der es nur drei der genuesischen Galeeren gelungen sei, zu entkommen. Viele Schiffe seien mitsamt ihren Besatzungen verlorengegangen. Mehr als hundert der hochwürdigen geistlichen Hirten wären in die Hand des Angreifers gefallen. Nur die französischen Kleriker habe der Kaiser auf dringenden Einspruch König Ludwigs hin freigelassen. Den Transport des ›Pfaffenschwarmes‹, wie sich Seine Majestät auszudrücken beliebte, nach Sizilien, habe König Enzio übernommen.

Die Einkerkerung in den Türmen und Gelassen der Befestigungsanlagen von Palermo erscheine als die sicherste. Zudem sei sie von gnadenloser Härte, unterschiedslos, ob es sich um kleine Priester oder hohe Kardinäle handle. Im Gegenteil: Bei letzteren würden die Sicherheitsmaßnahmen und Demütigungen noch bewußt verschärft.

Alle Klagen und Leidensberichte der unglücklichen Diener des Herrn ließ man anstandslos nach Rom gelangen. Der Heilige Vater sollte wissen, welcher Handelswert den Gefangenen im Hinblick auf die vom Kaiser angestrebte Lösung vom Bann hier zukam ...

König Enzio, vom kaiserlichen Vater mit der Einweisung und

Überwachung der Geiseln beauftragt, oblag es auch, sich von der Durchführung der angeordneten Haft zu überzeugen. Als er die von winzigen Schießscharten und Luftöffnungen durchbrochenen Verliesmauern erblickte, hielt er unvermittelt sein Pferd an. Dem Gefolge gab er zu verstehen, daß er die Inspizierung allein, nur in Begleitung eines der Wärter, vorzunehmen beabsichtige.

Wortlos folgte er dem alten Mann mit der Fackel die steilen Treppen hinunter.

Als ihn der Modergeruch der unbezwinglichen Gewölbe mit ihrer drückenden Dunkelheit umgab, deren Schweigen nur dünn herüberdringendes Jammern und das Rieseln des Sandes im morschen Gemäuer durchbrachen, stockte jählings sein Schritt. Vor Enzio erschienen die bleichen Züge seines Halbbruders Heinrich, die sich schauerlich in sein eigenes Spiegelbild verzerrten. Ein ihm neues, fremdes Grauen schüttelte den jungen König, lähmte Herz und Gedanken. Verwirrt blickte er mit starren Augen um sich. Wohin er im Schein der rußenden Fackel sah: feuchtes Gestein, Gitterstäbe, Ketten ...

Der alte Wärter, erschrocken über die plötzliche Veränderung des unbefangen Strahlenden, griff bestürzt nach seiner Hand:

»Was ist Ihnen, Hoheit?«

Beim Anruf der menschlichen Stimme verschwand das Spukbild. Enzio richtete sich tief atmend auf, blickte erkennend um sich.

»Es genügt mir. Führe mich nach draußen zurück!«

Enzio und der um ein gutes Jahrzehnt ältere Graf Galvano waren längst enge Vertraute, zumal der Prinz die Schwester des Grafen, Manfreds Mutter, nicht nur gekannt, sondern bewundernd verehrt hatte. Enzios frühe Gedichte, die er der schönen Bianca widmete, machten am kaiserlichen Hof die Runde, wenn auch niemand wußte, wem die Canzonen galten.

Die Herren spazierten durch die Gärten des Favara-Palastes, die sich, durch Alleen verbunden, mit den Anlagen von La Zisa in der blühenden Conca d'Oro vom Normannenschloß bis zu den Anhöhen des Mons Reale breiteten.

Der Graf, der bei dem Jüngeren ungewohnte Nachdenklichkeit

spürte, brach Enzios Schweigen: Seit dem Besuch der Kerker scheine ihm dessen Wesen verändert.

Enzio wehrte ab: Eine Stimmung, verweht wie gekommen. Dann fügte er mit einer fast sehnsüchtig ausholenden Geste hinzu:

»Hier war es, als ich zum ersten Mal dem Kaiser begegnete. Hier hielt er mich in den Armen. So, wie das Bild meiner Mutter in mir verblaßt, weiß ich trotz seiner Nähe kaum, ob ich ihn überhaupt kenne. Ob er mich überhaupt kennt?«

»Du und Manfred«, sagte Galvano Lancia, »seid seine Erben. Auf euch ruht seine Liebe – sofern er das Wort kennt.«

Der blonde Königsjüngling fragte nachdenklich:

»Ist sein Leben nicht immer mehr vom Haß geprägt?«

Jedenfalls, bestätigte der Graf, hätte Herr von Salza dem Kaiser von diesem letzten Schritt gegen die Geistlichen ganz gewiß abgeraten. Viele von ihnen seien bereits ihren Leiden erlegen. Solches Verhalten widerspräche der berühmten politischen Klugheit und Mäßigung des Kaisers. Das Ansehen der Majestät müsse darunter leiden.

»Macht und Haß sind Brüder«, sagte Enzio, als bedürfe die Tatsache keiner Erklärung.

Der Graf sah den jungen König von der Seite an. Es war, dachte er, als habe die Natur in den beiden Söhnen verschiedener Mütter gleichsam sich selbst wiederholt: Manfred, der italienische Lancia, und Enzio, der Fast-Deutsche, waren wirklich Brüder. Wobei Enzio mehr der Männlichkeit des Vaters nachgeraten schien. Alle Verehrung und beinahe magisch-ferne Bewunderung, die dem Kaiser entgegenschlugen, wo er sich zeigte – und die doch der eigentlichen Liebe entbehrten – umleuchteten schlackenlos diesen Jüngling.

In seine Gedanken hinein hörte Galvano den König fragen:

»Ob es wahr ist, was man sich über meinen Bruder Heinrich erzählt? Ob er nach dem Fluchtversuch in Deutschland dem Kaiser wirklich nach dem Leben getrachtet hat?«

Der Graf zuckte die Achseln.

»Die Majestät schweigt – und ebenso der Mundschenk Occursio. Es heißt, daß ein Mönch im Auftrag des Gefangenen einem der Hofköche in Foggia Gift zugesteckt haben soll. Man spricht auch von allerlei Bestechungsgeldern. Alles ist so verworren wie nur möglich.«

»Ob Heinrich überhaupt noch lebt?«

Nicastro mit seinem drohenden Bergfried sei eine Gespensterburg, aus der es kein Entrinnen gäbe, kam die Antwort Galvanos.

»Vielleicht will ihn der Kaiser nur prüfen, um ihn wieder als Sohn aufnehmen zu können?«

Der Graf schüttelte den Kopf:

»Es *soll* kein Entrinnen geben.«

Sie schritten nebeneinander durch das blühende Gewirr der Gärten, umspielt vom Flüstern der Fontänen und dem Gezwitscher der Vögel.

»Für den so früh zu stählerner Härte geschmiedeten Kaiser bedeutet Verrat im eigenen Haus nur den Tod«, fuhr der Graf fort. »Den Menschen in seiner Schwäche zu verstehen, bedeutet für ihn eigene Schwäche. Du kennst die Mauern von Palermo, Enzio. Für die dort Eingeschlossenen gibt es Hoffnung.«

»Für Heinrich nicht – ?«

»Deutscher König ist jetzt Konrad«, erklärte Galvano Lancia, »so wie du König von Sardinien bist, auch wenn du von deinem Reich noch nicht viel gesehen hast.«

»Du weißt, es gab andere Geschäfte...«

Immerhin habe Enzio dort eine Gemahlin, bemerkte der Graf. Oder pflege er auch darin andere Geschäfte – ?

Der junge König lachte wieder sein helles, unbeschwertes Lachen: Galvano wüßte wohl, daß es dem Herrn Vater dabei um nichts anderes als hohe Politik gegangen wäre. »Die hübsche Nichte meines nicht so angenehmen Schwagers Ezzelino entspräche eher meiner Vorstellung von einer Ehefrau als die verhärmte Witwe Adelasia oder Herrn Gregors Anverwandte aus Anagni!«

Seine Majestät, gab der Ältere ebenso zurück, habe bisher auch nicht gezögert, neben seinen Gemahlinnen andere Blumen aus seinem Garten zu pflücken.

Unvermittelt flog wieder ein Schatten über Enzios helles Gesicht unter dem langen Blondhaar:

»Galvano, Freund, sage mir: Kann der Haß des alten Papstes noch über seinen Tod hinaus wirken?«

Er hatte sich einen Granatapfel von einem der Bäume gepflückt, die die raunenden Brunnen umstanden; gedankenlos spielten seine Finger mit der rotgrünen Frucht. Wie in einem Frösteln schleuderte er sie zur Seite: »Auch wenn die Prälaten und Bischöfe eines Tages wieder frei sind – werden sie solche Qual und Demütigung jemals vergessen?«

Und als verdunkle sich das südliche Blau über dem Zaubergarten von Palermo: »Vielleicht sind wir alle Gefangene eines tödlichen Erbes?«

Galvano erwiderte, als spräche er von sich selbst:

»Glaubst du, ich wüßte nicht, was es bedeutet, sein Schicksal mit dem des Kaisers zu verbinden ...?«

Friedrichs Rechnung, daß die Leiden der kirchlichen Geiseln und ihre flehentlichen Bitten den Papst zwingen würden, ihn vom Bann zu lösen, ging nicht auf. Gregor der Neunte verharrte in unbeugsamer Starre.

Zum zweiten Mal rückte der Kaiser in den Kirchenstaat ein. In Grottaferrata, neun Meilen vor der Ewigen Stadt, schlug er sein Lager auf.

XII
STURM UND STILLE

Als wären die alten Untergangsprophezeiungen gültiger denn je, türmten sich auch im Osten des Reiches die Zeichen. Neues Entsetzen ergriff Europa.

In den Kindertagen Friedrich Barbarossas hatte ein Nomadenführer namens Khabul asiatische Stämme der sogenannten ›Manghol‹ unter seine Führung gezwungen. Dessen Enkel Dschingis-Khan gelang es, die rivalisierenden Steppenvölker zu vereinigen und zu einem unglaublichen Aufbruch anzufeuern. Im gleichen Jahr, da der junge Friedrich in Aachen als Deutscher König bestätigt worden war, hatten die Mongolen die chinesische Hauptstadt Kambalig erobert, acht Jahre später Südrußland, die Länder an der mittleren Wolga und Persien. Das Reich Dschingis-Khans dehnte sich vom Japanischen bis zum Kaspischen Meer. Ein ganzes Jahr brauchten seine Boten, um von jeder Grenze bis zu seiner Hauptstadt Karakorum – ›Schwarzer Wall‹ – zu reiten. Dschingis-Khans Sohn und Nachfolger war der Großkhan Ogotai.

Zu Anfang wogen die Zeichen nicht schwer. Was waren schon ein paar abgebrannte Dörfer am östlichen Dnjepr, im fernen Großfürstentum Rußland?

Doch es rückte näher: Bald kamen Nachrichten aus Byzanz: Brand, Plünderung, unfaßliche Greuel sollten im Osten geschehen. Über den Ural raste, schäumte eine Flut gegen Westen; schlitzäugige Horden auf kleinen, zottigen Pferden, von unvorstellbarer Ausdauer, Grausamkeit, Schnelligkeit, Vielzahl.

Es half nichts, daß einzelne Grenzfürsten, der Herzog von Kiew, der Fürst der Walachei, sich ihnen entgegenwarfen, Tausende der gelben Eindringlinge niedermähten. Neue Hunderttausende wälzten sich über die jäh verödeten Länder. Ein Strom von Flüchtlingen ergoß sich vor ihnen her; hinter ihnen blieb nur Entsetzen, Grauen, verbrannte Erde.

Zugleich trafen beim Kaiser bedrohliche Nachrichten von seinem alten Freund, dem Wesir Fahr ed-Din, ein. Nach dem Tod des Sultans al-Kamil vor nun drei Jahren landeten Boten aus Beirut in Neapel. Die Enkel al-Kamils waren den Mongoleneinfällen hilflos ausgeliefert. Der Kaiser möge sich seiner Bündnisversprechungen erinnern.

Bald brach die Brandung über Europa herein. Kein Zweifel: Der Hauptstoß galt dem Herzen des Abendlandes. Schon waren berühmte Städte wie Krakau und Sendomir von der gelben Flut umschlossen. Ungarn, die Beskiden, Schlesien galten als nächstes Ziel. Zeichen erschienen am Himmel. Zu Tausenden lag das Volk in den Kirchen auf den Knien; wahnwitzige Propheten kündeten bis zur letzten Bauerngemeinde vom Jüngsten Gericht.

Gesandtschaften eilten über die Alpen an Kaiser und Papst: Die beiden höchsten Mächte mußten Frieden schließen, gemeinsam die Gefahr bannen, ehe die Sintflut alles verschlang!

Längst hatte Friedrich die Könige und Fürsten aufgerufen, einmütig der Gefahr entgegenzutreten. Alle Länder des Festlandes und ebenso England sollten sich in geschlossener Abwehr zusammenfinden, die Mongolen ›wieder in den Tartaros hinabzustürzen‹.

Nur ein einziger Mann war dagegen – und er hatte die Macht, alles zu verhindern: der fast hundertjährige, starrsinnige Greis auf dem Stuhle Petri. Gregor war es zufrieden, wie sich die Dinge entwickelten; so leicht schien Rom von dieser Gefahr nicht bedroht. Der Kampf gegen den Kaiser war wichtiger, der jetzt in einem Brief an die deutschen Fürsten klagte:

Da Uns die übergroße Sorge bedrängt, mit Unseren alten und vertrauten Feinden in Italien fertig zu werden – wie sollen Wir da die Barbaren vertreiben?

Friedrich schickte seinen Freund Thaddäus von Suessa zum Papst: Er verzichte auf viele Privilegien, er möge den Kampf gegen ihn, den Kaiser, einstellen.

Erfolglos kehrte der Gelehrte zu Friedrich zurück. Seine Heiligkeit bestand auf vollständiger, bedingungsloser Unterwerfung. Dafür erschienen neue Manifeste an den Türen der Kirchen und Klöster:

Die Bestie Friedrich, die sich Römischer Kaiser nennt, hat sich heimlich mit dem Großkhan verbündet, die gelben Teufel gedungen, Europa und die Christenheit zu vernichten, die heilige Roma zu stürzen, um selbst als neuer Götze über den Bergen der Toten angebetet zu werden!

Das sei das Ungeheuerlichste, was ein Menschenhirn ersinnen könne, stellte Thaddäus von Suessa verzweifelt fest.

»Seine Heiligkeit erwartet, daß ich mich durch solch rasende Angriffe gezwungen sehe, mit allen meinen Truppen gegen die Mongolen ins Feld zu ziehen«, erklärte der Kaiser.

»Europa rechnet damit, Majestät!«

»Zunächst«, erwiderte Friedrich kühl, »würde das bedeuten: Ich müßte die Belagerung Roms aufgeben. Ich wäre unschädlich gemacht. Die freundlichen Versuche, mich damals in Palästina wehrlos in die Hände des Sultans zu spielen, weil man annahm, er würde mich umbringen, wurden durch die Vornehmheit des ›heidnischen‹ Herrschers vereitelt. Wie leicht könnte mir in den Sümpfen und Wäldern des Ostens oder den unkontrollierten Ebenen Schlesiens Ähnliches zustoßen? Nein, Suessa, mag die Welt in Flammen aufgehen – mein Platz bleibt hier. Dunkelheit ist angenehmer als Blindheit, würde Fahr ed-Din sagen. Der einzige Feind, um den es für mich geht, ist Herr Gregor!«

»Und wer«, fragte Suessa bebend, »soll die Verteidigung der deutschen Länder übernehmen?«

»Ich habe«, sagte Friedrich mit unbeweglicher Miene, »meinen Sohn, den Deutschen König, mit der Verteidigung beauftragt.«

»König Konrad ist dreizehn Jahre alt, Majestät!« stieß der Gelehrte fassungslos hervor. »Ihre höchsten Räte, Herr von Vinea wie die ausländischen Fürsten, voran König Ludwig von Frankreich, bestehen darauf, daß *Sie* handeln, Majestät!«

»Worauf bestehen die Herren?«

»Eure Majestät müssen sich von den ungeheuerlichen Anschuldigungen reinigen, sie durch die *Tat* widerlegen!«

Der Kaiser, in eisiger Hoheit:

»Ich *werde* sie durch die *Tat* widerlegen: durch den Marsch auf Rom! Ich gedenke dem Papst nicht den Gefallen zu tun, ihm den Rücken zu kehren.«

»Es geht um das christliche Abendland, Majestät!«

Friedrichs blaugrüne Augen blickten starr in die Ferne.

»Dieser Sturm hat sich seit Jahren angekündigt. Raubgier und Hunger hetzen die Millionen aus den unendlichen Räumen Asiens nach Westen. Es ist keine hohe, sittliche Kraft in ihnen, kein einheitlicher Wille. Der Zufall glutheißer Sommer, die ihre Weideplätze verdorren ließen, peitscht sie für einen Augenblick durch die Geschichte der Erde. Der Feuersturm aus dem Osten muß an sich selbst ersticken, wenn die Kämpferschar, auf die er stößt, von diesem Willen bis zum Äußersten erfüllt ist. Dazu bedarf es meiner nicht. Der Brand wird verglühen. Ich bleibe, Herr von Suessa!«

Während das Heimatland seiner Väter ums Leben kämpfte und die Ostgrenze des Reiches mit alter Kolonisationsarbeit des Ritterordens wie in einem Dammbruch von den Barbaren überschwemmt wurde, mußte es auf die Fürsten wie Hohn wirken, daß es der Kaiser dem Knaben Konrad überließ, in der Reichsstadt Esslingen das Kreuz zu nehmen und zur Verteidigung der deutschen Länder aufzurufen ...

Die Mongolen erschienen vor der schlesischen Hauptstadt. Die Einwohner von Breslau brannten ihre Häuser nieder und drängten sich in die Burg, die nahe dem Dom auf einer der Inseln in der Oder lag.

Bei Liegnitz stellte sich Herzog Heinrich, der Sohn der heiligen Hedwig, mit den Truppen der Herzöge von Oppeln und von Krakau den Asiaten entgegen. Er erwartete den böhmischen König Wenzel, der noch einen Tagesmarsch entfernt war. Die Horden umzingelten den schlesischen Herzog und seine Barone auf der Walstatt. Alle wurden getötet. Sie schnitten dem Herzog den Kopf ab. Hedwig, die sich im Kloster Crossen an der Oder aufhielt, erkannte ihren Sohn unter den Gefallenen nur an den sechs Zehen seines linken Fußes.

Die Nachricht von der Schlacht ließ die abendländische Welt von neuem erstarren. König Konrad verschob seinen Kriegszug. Die Mongolen rückten nach Österreich vor. Sie erschlugen die Bauern an der Donau, näherten sich Wien.

Plötzlich aber wandten sie sich zurück. Sie fluteten bis zur Adria, erschienen vor Spalato, der Stadt, die sich im Palast des Kaisers Diocletian angesiedelt hatte. Sie plünderten noch Ofen und Gran. Dann zogen sie ab, verschwanden wieder in den Weiten der östlichen Steppe. Die Welt, an ein Wunder glaubend, atmete auf.

In Karakorum war der Großkhan Ogotai gestorben; unter seinen Erben herrschte Uneinigkeit. Der Sturm aus Asien war gebannt.

Trotz dieses unverhofften, rettenden Rückzuges standen die Mongolen noch für zweihundert Jahre, Rußland beherrschend, vor den Toren Europas, während im äußersten Winkel des Reiches die Kultivierung Preußens durch den deutschen Orden still und zäh weiterging.

Im selben Jahr, da das Abendland von der furchtbarsten Gefahr seiner Geschichte befreit wurde, fielen die Kaiserlichen in die Campagna ein, das Land ringsum verwüstend und plündernd. Von den albanischen Bergen blickte Friedrich auf die Ewige Stadt hinab, die er einst im Krönungstriumph durchritten, wo ihm der Kardinal Hugolin in der Petersbasilika das Schwert überreicht hatte ...

Der Kaiser saß in seinem Zelt über dem Entwurf zu einem Aufruf an die Römer, als der Kanzler Vinea bei ihm eintrat und meldete: Am einundzwanzigsten August sei Papst Gregor in Anagni gestorben. Die letzten Gedanken Seiner Heiligkeit hätten den in Palermo gefangenen Prälaten gegolten.

Der Kaiser lächelte dünn:

»Nach vierzehn Jahren – endlich Friede!«

Ob demnach nicht die noch immer in der Haft leidenden Kardinäle und Prälaten zuerst entlassen werden müßten? erinnerte der Kanzler.

»Das größte Recht, Majestät, wird zum Unrecht: drückt man eine Orange zu sehr, so gibt sie zuletzt das Bittere!«

Friedrich wischte es hinweg: Er benötige die hochwürdigen

Herren für die Verhandlungen im neuen Konklave, um auf diese Weise dem ihm wohlgesonnenen Senator Matthäus Orsini Hilfe zu leisten.

»Ich kehre vorerst nach Apulien zurück. Bereiten Sie den Aufbruch vor.«

*

Im kaiserlichen Palast zu Foggia kamen und gingen die Boten, doch sie brachten kein Ergebnis der neuen Papstwahl. Endlich, nach Monatsfrist, traf ein Abgesandter des römischen Senators ein. Um die Angelegenheit im Sinne des Kaisers zu beschleunigen, habe Matthäus Orsini die in Rom anwesenden zehn Kardinäle kurzerhand festnehmen und in einem engen Raum des zur Burg der Frangipanis gehörenden antiken Septizoniums einsperren lassen, noch bevor das eigentliche Konklave zusammentreten konnte.

Am Rande des Palatin und unmittelbar westlich des Konstantinbogens gelegen, sollte der so ruhmreiche wie unwohnliche einstige Kultbau des Kaisers Septimius Severus die zerstrittenen Kirchenfürsten nachdrücklich zur Einigkeit im Sinne des kaiserlich gesinnten Stadtoberhauptes veranlassen.

Weiterhin ließ sich Friedrich berichten:

Man habe die würdigen alten Herren dorthin mit Fußtritten wie Diebe in einen Kerker getrieben. Eine der Eminenzen, die sich weigerte, habe man nicht gezögert, an den Haaren durch die Straßen zu schleifen! Zerschunden und ohne ärztliche Hilfe, hätte er sich zusammen mit den anderen in dem verkommenen Raum wiedergefunden, der, ohne jede sanitäre Einrichtung, sofort verschlossen wurde. Infolge der glühenden Augusthitze mit ihren Fieberdünsten, der unzureichenden Ernährung und des Fehlens eines Arztes seien drei der Herren nach wenigen Tagen gestorben. Da die Wachsoldaten das Zimmer über dem Konklave als Abtritt benutzten, sickerten Urin und Exkremente durch die Risse der Ruine auf die Eingesperrten herab. Man versuchte sich durch aufgespannte Decken zu schützen. Der grauenhafte Gestank blieb. Man wollte die Wachen bestechen; umsonst. Es gäbe weder Waschwasser noch Lüftung ...

Er habe nicht nach den Umständen, sondern nach dem Ergebnis gefragt, stellte der Kaiser ungnädig fest. »Wen also haben die hochwürdigen Eminenzen gewählt?«

»Man einigte sich auf den Ihnen ergebenen Engländer Herrn Robert von Somercote, Majestät. Aber auch er war so krank, daß ihn die Wachsoldaten in den Winkel warfen, wo bereits die Toten lagen. Zuletzt erbarmten sie sich seiner und schleppten ihn aufs Dach, damit er dort in aller Öffentlichkeit seine Notdurft verrichten konnte. Dabei ist er leider gestorben.«

*

Wieder vergingen vier Wochen, bis dem Kaiser gemeldet wurde: Der römische Senator Orsini habe nunmehr gedroht, den toten Papst Gregor ausgraben und die verwesende Leiche in den Konklaveraum legen zu lassen, um die dort versammelten Herren zum längst fälligen Entschluß zu ermuntern ...

Es wurde November, als man in Foggia erfuhr: Die restlichen Kardinäle seien endlich übereingekommen, den Mailänder Kardinal Castiglione zum Oberhirten zu wählen, einen friedlichen, stillen Greis, der sich Papst Coelestin der Vierte nenne.

Wieder keine drei Wochen später kam neue Kunde: Sechzehn Tage nach Beendigung des Konklaves sei der Heilige Vater an den Folgen der Einkerkerung verstorben, ohne die päpstlichen Weihen erhalten zu haben.

Die Ewige Stadt glich einem Hexenkessel. Die Römer verlangten einen italienischen, nicht kaisertreuen Papst, um ihre Unabhängigkeit zu sichern. Als Friedrich davon erfuhr, befahl er Vergeltungszüge. Einige der Kardinäle flohen nach Anagni. Der Kaiser beharrte auf seiner Weigerung, die eingekerkerten Kleriker freizugeben, wenn sie sich nicht zur Unterstützung einer ihm genehmen Wahl verpflichteten. Im übrigen konnte ihm eine möglichst lange Sedisvakanz nur erwünscht erscheinen, da er noch immer die Mehrheit des Kollegiums umzustimmen hoffte. Als ihm sein Kanzler Vinea warnend widersprach, wischte es Friedrich beiseite:

»Nicht jede Wolke bringt Regen. Man wird sich besinnen.«

Während der Kaiser in Foggia das Ende des Jahres und das neue Konklave abwartete, starb in Sizilien am ersten Dezember seine Gemahlin Isabella bei der Geburt ihrer Tochter Margarethe.

Zurückgezogen, von schwarzen Eunuchen bewacht, hatte die junge Frau, auch sie eine Gefangene, wie eine verzauberte, vereinsamte Märchenprinzessin ihre Tage dahingelebt. Selten genug durfte sie sich mit ihrem Gemahl in der Öffentlichkeit zeigen; auch gab er ihr zu Ehren gelegentlich orientalische Feste mit seinen sarazenischen Tänzerinnen, Musik und hohen Gästen, zu denen auch einmal ihr Bruder Richard von Cornwall geladen war. Siebenundzwanzig Jahre alt geworden, hinterließ Isabella dem Kaiser noch den Sohn Heinrich den Jüngeren. Da sie nach kurzer Ehe – zudem wieder im Kindbett – starb, schäumten von neuem wilde Gerüchte um die angeblich grausam Vergiftete empor ...

*

In diesen Tagen empfing der Kaiser den Burgvogt von Nicastro. Nach fünfjähriger Einkerkerung zu Venosa waren wieder zwei Jahre vergangen, die der einstige Deutsche König Heinrich in der gnadenlosen, lebensfernen kalabrischen Haft verbrachte.

Niemand erfuhr über den Inhalt des Gespräches zwischen dem Herrscher und dem Aufseher des Kastells. Hatte Heinrich neuen Ausbruch versucht, mit den Feinden des kaiserlichen Vaters konspiriert? Stellte Friedrich dem einst jugendlich unbedachten, mittlerweile einunddreißigjährigen ältesten Sohn Bedingungen, die von dem schwachen, schwer belasteten Heinrich wiederum in falschem Stolz zurückgewiesen wurden? Grub sich die Enttäuschung noch tiefer ins Herz des angesichts ständiger Bedrängungen immer unduldsameren Kaisers?

Nur wenige erfuhren davon: Der Burgvogt sei mit dem allerhöchsten Befehl verabschiedet worden, Herrn Heinrich in ein neues Gefängnis zu überführen, nämlich zu der einige Wegstunden entfernten Burg San Marco in Vallegrati nahe Martirano. Wer das abgelegene Bergland von Kalabrien kannte, wußte, daß das enge Gemäuer, nur über einen unwegsamen Saumpfad, an drohenden Abgründen vorbei und entlang dem zerklüfteten Gebirgskamm erreichbar, mit seinen winzigen Ausmaßen und fast fensterlosen Verliesen keineswegs für den längeren Aufenthalt eines Gefangenen geeignet war.

Wenige Tage nach der angeordneten Überführung – von der es auch geheißen hatte, die Majestät beabsichtige, den Sohn nach dieser letzten Prüfung zu endgültiger Begnadigung dortselbst aufzusuchen – traf in Foggia ein schweißnasser Bote aus Martirano ein. Wieder empfing ihn der Kaiser allein, schwieg er seiner Umgebung gegenüber in unerreichbarer Ferne. Man sah den Boten, offensichtlich mit neuem Auftrag, den Palast verlassen.

Als sich Friedrich wieder blicken ließ, war sein Gesicht eine steinerne Maske. Er beantwortete keine Frage nach dem Geschehenen. Mit gleichsam erloschenem Antlitz gab er Befehl: König Heinrich sei in Ehren und mit allem kaiserlichen Pomp zu Cosenza das Begräbnis zu richten. Der vom Kaiser bestimmte antike Marmorsarkophag des Sohnes solle im Dom nahe der großen Pforte Aufstellung finden.

Die offizielle Verlautbarung tönte in feierlichen Worten:

Unseres Erstgeborenen Verhängnis müssen wir betrauern. Aus dem Innersten führt die Natur der Tränenflut, die der Schmerz der Beleidigung und der Gerechtigkeit Starre verschlossen hielt.

Die Leichenrede bei dem Begräbnis, das der Kaiser mied, hielt ein apulischer Minorit – bezeichnenderweise über das Wort:

Abraham ergriff das Schwert, seinen Sohn zu opfern ...

Wieder rumorte, brodelte die Gerüchteküche. Während der Kaiser mit keiner Silbe des Geschehenen Erwähnung tat, flüsterte man sich in den Hallen, Gärten, Gängen und Gemächern der kaiserlichen Residenz und bald im Lande zu: König Heinrich habe sich auf dem Weg nach Martirano von den Bewachern gelöst und sei mit seinem Pferd in die Tiefe gesprungen.

Andere widersprachen: Warum, wenn der Gefangene wirklich der Gnade des kaiserlichen Vaters entgegensehen durfte, habe man ihn dann zu dem menschenunwürdigen Verlies gebracht? Dazu über diesen von Abgründen, Nebel und Steinschlag zur jetzigen

Jahreszeit doppelt bedrohten Saumpfad, auf dem es ein leichtes sein mußte, den – dazu gefesselten und behinderten – Reiter samt seinem Roß in die Tiefe zu stoßen? Und was bedeutete die seltsame Erklärung, von der man erfuhr: der Abgestürzte sei im Savuto ertrunken? Wer die Gegend kannte, wußte, daß dieser Fluß in Wahrheit weitab lag, dazu in entgegengesetzter Richtung von dem Weg, den die Kolonne nahm. In Frage käme allenfalls ein vertrocknetes Rinnsal in der gähnenden Tiefe unterhalb des Maultierpfades, das dem im geheimen längst Verurteilten das – beabsichtigte – Ende bereitete ...

Wie hatte einst der Kaiser an den Sohn geschrieben?

Könige werden geboren wie andere Menschen und sterben auch wie sie ...

Bald meldete sich noch anderes Geraune:

War es wirklich Zufall, daß König Heinrich der Siebente nur so kurze Zeit nach Isabella, die einmal seine Frau hatte werden sollen, und in noch schlimmerer Einsamkeit als sie sein Ende fand?

Wie es in dem Herrscher aussah, wußte niemand. Seine Gemahlin und der aufsässige Sohn waren nicht mehr, ebenso der schreckliche Neunte Gregor.

Alles hoffte auf den neuen Papst. Die Macht des Kaisers schien trotz des Bannes, der offiziell noch immer auf ihm lag, wiederhergestellt. Sein berühmtes diplomatisches Geschick würde die Fäden, in die ihn der feindselige Greis im Lateran verstrickt hatte, endlich mit leichter Hand lösen.

XIII
DER ZENIT

Über den Ländern des Heiligen Römischen Reiches, über Sizilien, Jerusalem und Cypern breitete sich, da der unversöhnliche Hasser auf dem Stuhle Petri nicht mehr war, der Segen des Friedens. Trotz des noch immer auf dem Kaiser lastenden Bannes herrschten Wahrheit und Recht, alte Fehden schwiegen. Sogar bei den lombardischen Händeln gab es eine Pause. Der Kaiser war der von seinen Völkern ersehnte Hüter und Hort der Ordnung und der Ruhe. Den Friedlichen blieb sein Bild Trost und Hoffnung vom nördlichen Meer bis zu den Küsten Afrikas – mochte man sich zu Rom im Feilschen um den neuen Herrn der Christenheit auch fast hoffnungslos verlieren.

Vor allem im Süden breitete sich die vom Kaiser bestimmte kulturelle Fruchtbarkeit aus, als deren Teil in Apulien Castel del Monte entstand und im Westen das gewaltige Triumphtor von Capua mit dem Bild des thronenden Imperators zwischen seinen Ministern Petrus von Vinea und Thaddeus von Suessa. Über den Nischenbögen zu Capua warnten hoheitsvoll die eingemeißelten Worte:

Sicher trete hier ein, wer schuldlos zu leben begehrt. Wer aber treulos, der fürchte, verbannt oder in Ketten zu enden.

Und über der Statue Friedrichs:

Auf des Kaisers Geheiß verbürg ich die Eintracht des Reiches. Stürzen will ich in Gram, wen ich veränderlich weiß!

*

In dieser Zeit trug der bereits dreimal verwitwete Kaiser dem Kanzler seine Absicht einer neuen – vierten – Ehe vor. Vinea sollte in Wien die offizielle Werbung um die Nichte des kinderlosen Herzogs Friedrich des Streitbaren von Österreich und Steiermark betreiben.

Nach der mißlichen Ehe zwischen der Schwester des Herzogs und dem unglücklichen Heinrich galt es, die Beziehungen mit dem Babenberger erneut auszubauen. Vinea war beauftragt, dem Herzog die Königskrone in Aussicht zu stellen, wenn es zur Ehe Gertruds mit dem Kaiser komme.

Der Kanzler kehrte mit halber Antwort zurück, die nicht weniger beschämend klang: Solange auf Seiner Majestät der Kirchenbann liege, müsse man in Wien den Segen des kommenden Papstes erhoffen ...

Mittlerweile waren in Rom die Herren Vinea, Suessa und Berard von Palermo vom Bann befreit worden, da sie für die bevorstehenden unvermeidbaren Verhandlungen zwischen Kaiser und Kurie gebraucht wurden.

So beschloß Friedrich, bald nach seiner Rückkehr aus Wien den Kanzler wieder auf den Weg zu schicken: diesmal nach Rom. Anderthalb Jahre waren seit dem Tod Gregors des Neunten und seines Nachfolgers Coelestin vergangen. Petrus von Vinea sollte Verhandlungen wegen der Entlassung der in Palermo im Kerker liegenden hohen Kleriker führen, das noch immer undurchdringliche Dunkel um den nächsten Papstkandidaten zu ergründen suchen und das Kardinalskollegium in geeigneter Weise hofieren. Vor allem sollte Vinea Herrn Sinibald Fiesco, der nach wie vor alle Fäden in der Hand zu halten schien, Europas und des Kaisers Bestürzung über das unbegreiflich lang andauernde Interregnum klarmachen. Herr Sinibald sei der einzige, der die Dinge durchschaue.

Petrus von Vinea zögerte.

»Der päpstliche Vikar ist kein ›frommer‹ Gottesgelehrter, Majestät, sondern ein Staatsmann, der nicht für den Augenblick denkt. Er wird sich von niemandem in die Karten sehen lassen – am wenigsten von Eurer Majestät!«

»Ich«, sagte der Kaiser, »habe den machthungrigen Grafen von Lavagna zur Macht verholfen; sie unterstützten die ghibellinischen Bestrebungen. Im übrigen ist ihre Eitelkeit weniger gefährlich als ihr Stolz. Schmeicheln Sie diesem Stolz. Deuten Sie an, daß ein

Kardinal Fiesco mit dem Kaiser *zusammen* die Welt beherrschen kann! Versuchen Sie, seine Freundschaft zu gewinnen. Bringen Sie bei dieser Gelegenheit die Verhandlungen mit den Frangipanis wegen des Ankaufs der Befestigungen im Colosseum weiter. Ich sei bereit, Summen auszugeben, die noch niemand für ein altes Gemäuer in der Ewigen Stadt aufgebracht hat. Im Verbund mit Herrn Sinibald und den Frangipanis ist Rom für mich und meine Nachfolger gesichert. Herr Fiesco wird es erfahren, was immer Sie tun. Es steigert unseren Handelswert ... Also, Vinea, auch hier äußerste Diplomatie und zugleich unbegrenzte Versprechungen in alle Richtungen! Die Stunde ist unwiederholbar.«

Ihm ginge es bei der vorgesehenen Begegnung weniger um formelle Vereinbarungen als um Klarheit der Positionen, fuhr Friedrich in seiner Betrachtung fort. Wobei die Lösung des Bannes eine zweitrangige Frage darstelle, die sich durch den Tod Gregors des Neunten eigentlich selbst aufgehoben habe. Welcher neue Herr auf dem Stuhle Petri wolle schon mit solcher Hypothek belastet sein Amt übernehmen? Die ungeheure Verschuldung des Heiligen Stuhles, die ohne kaiserliche Hilfe niemals zu bewältigen sei, dürfe durchaus angeschnitten werden. Auch die immer wieder drohende Unruhe des römischen Volkes – und ebenso, daß der Kaiser bereits zweimal nahe dabei gewesen sei, die Ewige Stadt in seinen Besitz zu bringen. Schließlich ging es um die bekannten Klagen wegen der Gefangenschaft der geistlichen Hirten, der Beschlagnahme kirchlicher Güter und um das vom Kaiser verlangte Reuegelübde. Vor all dem aber spiele die lombardische Frage die wesentlichste Rolle. Eine in Viterbo ausgebrochene Revolution, die auf eindeutige Intrigen der Kurie zurückging, bereite ihm, dem Kaiser, die größte Sorge.

Friedrich, der, wie gewohnt, in seinem Zelt auf und ab gegangen war, blieb vor dem Kanzler stehen:

»Zudem glaube ich, nicht zuletzt weil mir Herr Sinibald in vielen Dingen in der Tiefe wesensverwandt erscheint, auf seine Dankbarkeit setzen zu dürfen. Sie hat mich genug gekostet.«

Letzteres möge stimmen, bemerkte der Kanzler; das erste dürfe er grundsätzlich bezweifeln.

»Gerade Herr Sinibald, dieser blendende, musische Weltmann, der nur dem Namen nach Priester ist, in Wirklichkeit aber ein verschlagener Jurist, der sein Leben lang, seit Innozenz dem Dritten, der ihn zum Kardinal machte, mit politischen Intrigen und diplomatischen Missionen in den dunklen Gemächern der päpstlichen Kanzlei verbrachte – gerade er sollte sich irgendeinem Menschen auf dieser Welt, vor allem der Kaiserlichen Majestät, verpflichtet fühlen – ?«

Friedrich wehrte ab:
»Ich vertraue auf den profunden Rechtsgelehrten – und auf Sie. Sie und er sprechen die gleiche Sprache. Auch wenn Herr Sinibald nicht Papst ist, muß ihm nach dem Mißerfolg des militanten Neunten Gregor an der Harmonie der beiden Mächte gelegen sein!«

»Solange er nicht – *noch* nicht – Papst ist, vielleicht ...«, erwiderte der Kanzler. »Da aber nach wie vor er es ist, der in der Kurie bestimmt, erübrigt sich eine offizielle Botschaft Eurer Majestät an das Heilige Kollegium ganz und gar. Herr Sinibald wird alles tun, die Sache zu hintertreiben.«

»Sie werden also«, entschied der Kaiser, »als mein Sondergesandter den Kardinal *allein* aufsuchen. Versichern Sie in aller Vertraulichkeit, wenn sie sich ergibt, daß ich mich glücklich schätzen würde, wenn ich Seiner Eminenz an neutralem Ort zu einer Aussprache begegnen könnte – möglichst noch *vor* der Entscheidung im Konklave. Und deuten Sie auch zart an, daß, sollte Gott den Bemühungen des Heiligen Kollegiums nicht in meinem Sinne beistehen, dem Kaiser wohl oder übel die Aufgabe zufiele, sich selbst – nicht zuletzt im Hinblick auf die Lösung des Bannes – entsprechend zu Wort zu melden. Noch stehen meine Truppen in der Campagna. Eine heikle Aufgabe, Vinea. Wer anders als Sie wäre ihr gewachsen?«

Der Kanzler verbarg, während er sich verneigte, mit Mühe seine Erregung. Dies war die letzte noch mögliche Steigerung seines Lebens! Er sollte – als Vertreter des Kaisers – der einzig zuständige Mittler sein! In seiner Hand lag das Schicksal der beiden höchsten Autoritäten dieser Welt!

Doch dann überfiel ihn warnender Schrecken. Dieser Auftrag barg Ungeheures – in jeglichem Sinn ...

Plötzlich spürte er den hellen, durchdringenden Blick des Kaisers auf sich:
»Sie zögern, Vinea? Eilen Sie. Versuchen Sie, noch vor der Entscheidung des Konklave die Weichen zu stellen! Dieses Dasein ist zu kurz, als daß man es immer nur als Kriegsschauplatz sehen sollte. Aber bedenken Sie immer: Ein Puppenspieler zeige nicht seine Hände!«

Und da der Kanzler mit seinen dunklen, verschatteten Augen schwieg, fügte Friedrich wieder in seiner früheren Unbefangenheit hinzu:
»Wenn Sie diese Mission bewältigen, Vinea, wird auch für Sie ein neuer Abschnitt als Kaiserlicher Logothet beginnen. Niemals wird ein Mann in meiner Nähe solche Macht in seinen Händen halten wie Sie! Was wir mit den Gesetzen von Melfi begonnen haben, soll fortgesetzt werden im Aufbau des Reiches – über mein und Ihr Leben hinaus!«

Der Kanzler kehrte von seiner römischen Reise nicht nur sehr bald, sondern auch mit fast über Erwarten freundlichem Ergebnis zurück. Herr Fiesco, überlegen und weltmännisch wie stets, habe den Abgesandten des Kaisers mit äußerster Liebenswürdigkeit und in Anwesenheit seines jungen Neffen Orlando Bojolo empfangen, dem Herr Sinibald beim Heiligen Stuhl eine hoffnungsvolle Diplomatenlaufbahn zu eröffnen gewillt scheine. Im übrigen habe Seine Eminenz nicht gezögert, seine und des Neffen wohlwollende Gesinnung gegenüber der Majestät zu betonen. Die besonderen Wünsche der Kurie im Hinblick auf den Abzug der kaiserlichen Truppen wie der alsbaldigen Befreiung der noch festgehaltenen Kardinäle seien nur am Rande und als fast selbstverständliches Entgegenkommen im Rahmen der überfälligen Bereinigung aller bisherigen Mißverständnisse erwähnt worden. Jedenfalls habe sich Herr Fiesco grundsätzlich bereit erklärt, mit dem Kaiser zur endgültigen Regelung aller noch offenen Streitigkeiten, auch mit den Lombarden, demnächst und in vollkommener Diskretion an der

Grenze des Kirchenstaates – möglichst incognito – zusammenzutreffen. Seine Majestät dürfe entsprechende Nachricht erwarten ...

*

Während man im Heiligen Kollegium noch immer mühsam und zeitraubend das zu Anagni vorgesehene Konklave vorbereitete, für dessen Ablauf der Kaiser in seinem Sinne nunmehr genügend gesorgt zu haben meinte, gab sich Friedrich in den marmorkühlen Hallen und Höfen seiner Residenz zu Foggia friedlicher Arbeit hin. Ezzelino und Enzio sorgten in Oberitalien und Palermo, der junge Konrad in Deutschland für Ruhe; Petrus von Vinea widmete sich über seine Kanzlei den römischen Angelegenheiten.

Wie in den versunkenen Tagen von Palermo rastete Friedrich inmitten des wiedererwachten höfischen Lebens. Mit sarazenischen Gelehrten fanden sich die Söhne spanischer Granden, deutscher Landesfürsten und italienischer Adliger mit Dichtern und Sängern zusammen in morgenländischer Lebenskultur und fast byzantinischer Prachtentfaltung. Nach der Einführung des arabischen Zahlensystems hatte sich der Kaiser unter anderem noch eine Errungenschaft des Islams zunutze gemacht:

Als die Muslims Ägypten eroberten, wurde im Abendland der Papyrus knapp, den schon die Römer als Schreibmaterial geschätzt hatten. Nachdem dann die Chinesen das handgeschöpfte Papier erfanden, gelang es Agenten des Kaisers, über Konstantinopel das streng gehütete Geheimnis auszukundschaften, das zuvor wieder von den Arabern erobert und jahrhundertelang vor den Europäern als so billiges wie geeignetes Schreibmaterial genutzt worden war. Während im Westen noch Tierhäute zu Pergament gegerbt wurden und Bücher zum unerschwinglichen Luxus gehörten, bediente sich Friedrich, vor allem für seinen Verwaltungsapparat, großzügig des neuen so billigen wie hilfreichen Materials.

*

Mit dem zu Ende gehenden fünften Lebensjahrzehnt hatte der Kaiser die Höhe seines Lebens und Wirkens erreicht. Oft empfing er jetzt den kleinen Manfred mit seinem Oheim, dem Grafen Galvano Lancia, in dessen Obhut der nun Elfjährige heranwuchs. Unbelastet von allen Sorgen und Dunkelheiten seines hohen Vaters trieb der zierliche Knabe durch die Märchengärten und -räume des Palastes von Foggia wie ein verwunschener Prinz alter Sagen.

Eines Tages führte Friedrich den Sohn in einen der Brunnenhöfe, wo von allen Schätzen der Residenz eine Kostbarkeit Manfreds Aufmerksamkeit weckte: ein seidenes Prunkzelt, in dem, wie von Zauberhand geleitet, meisterhaft in Gold und Edelsteinen ausgearbeitet, Sonne und Mond in genauen Zeitverhältnissen auf- und untergingen. Ebenso zeigten sie nicht nur in maßstäblich getreuen Abständen die Stunden des Tages und der Nacht, sondern auch das geheimnisvolle Wandern der Gestirne und Sternbilder im Wechsel der Jahreszeiten.

Manfred, in seiner Anlage für alles Schöne und Edle geschaffen und begeistert, fand kein Ende, sich immer wieder die geheimnisvollen Vorgänge erklären zu lassen.

Eine Hauptfrage an den kaiserlichen Vater galt der Herkunft des Wunderwerkes, und er erhielt die Auskunft: Dieses erste Planetarium der neueren Zeit, weiterbauend auf den uralten Erfahrungen der Babylonier und ägyptischen Ptolemäer, sei ein Geschenk des Sultans al-Kamil, das ihm dieser als Zeichen seiner Freundschaft durch den Gesandten Fahr ed-Din hatte übersenden lassen.

Manfred, der ernsthaft zugehört hatte, hob den Kopf:

»Hat Ihnen der Papst auch schon einmal etwas geschenkt, Herr Vater?«

»Er hat mir in Rom die Kaiserkrone aufs Haupt gesetzt«, gab Friedrich lächelnd zurück.

»Das war kein Geschenk«, stellte der Knabe fest. »Er mußte es tun. Die Fürsten hatten Sie gewählt.«

Und nach einem Besinnen: »Wird der neue Papst auch Ihr Feind sein, Herr Vater?«

»Ich hoffe es nicht!«

Der Knabe blickte zu dem blauseidenen Zeithimmel auf, an dem die schimmernden Edelsteinlichter wanderten, und ergriff wie in einer Angst die Hand des Kaisers:

»Muß, wer eine Krone trägt, immer nur kämpfen?«

Friedrich hielt die Hand des Sohnes umschlossen:

»Der antike Philosoph Epiktet sagt: ›Die Hälfte der Weisheit ist das Ertragenkönnen.‹ Auch wer keine Krone trägt, muß sich sein Leben täglich neu erkämpfen.«

Er wandte sich zum Gehen. »Wenn du magst, kannst du mit Occursio Bogenschießen üben.«

»Ich würde mit ihm lieber auf der Laute spielen, wenn Sie erlauben, Herr Vater«, sagte der Knabe. »Ich will es auch einmal so gut können wie Occursio.«

Der Kaiser beugte sich zu ihm herab.

»Mögest du niemals der Waffen bedürfen, mein Manfred.«

Während von draußen fernes Saitenspiel und dazwischen das helle Kinderlachen des Prinzen und seiner Schwester hereinklangen, sprach Friedrich im schattenkühlen Gemach mit Galvano Lancia. Der Kaiser trug wieder die weite, seidene Galabeja, wie man sie nur noch in seltenen Ruhestunden an ihm zu sehen gewohnt war.

Der seiner schönen Schwester ähnliche Graf, neben Ezzelino da Romano Friedrichs nächster militärischer Berater, war nach dem alten Erzbischof Berard und dem Kanzler nun der einzige Mensch, in dessen Anwesenheit er sich ganz entspannen konnte. Von hoher Bildung und vollendeter Kultur, verkörperte der piemontesische Edelmann gegenüber dem sizilianisch-normannisch geprägten Kaiser die noble Tradition der oberitalienischen Familien, deren kaum verhüllter Hochmut gegenüber den jenseits der Alpen lebenden Bewohnern der deutschen Reichsländer sich auf deren Rückstand in Wesen und Gesittung gründete.

»Die Vermählung von Manfreds Schwester Violanta mit Johannes Vatatzes, dem Kaiser von Nicäa, wird sie zur Herrscherin von Konstantinopel erheben«, begann der Kaiser die Unterhaltung. »Der unerfüllte Traum meines Vaters, die Vereinigung von West- mit Ostrom, ist endlich in Sicht.«

»Falls Vatatzes sich wirklich des restlichen lateinischen Kaiserreiches zu bemächtigen imstande ist, Majestät!« gab der Graf zu bedenken. Noch sei nicht erwiesen, was diese Verlobung für seine Nichte bedeute.

»Woran denken Sie?« fragte der Kaiser.

»Eurer Majestät andere Tochter Selvaggia ist die Gemahlin des grausamen Herrn Ezzelino, dessen Bruder – nach Ihrem Sieg in

Cortenuova! – zur Gegenseite überging. Man weiß, daß Ihre Tochter leidet, Majestät. Sie ist einsam ...«

»Jeder ist einsam«, sagte Friedrich mit jäher Härte. »Ezzelinos Grausamkeit ist die Antwort auf die meiner Feinde.«

»Ich hoffe, daß Manfred niemals grausam sein muß«, sagte Galvano Lancia. »Es war der letzte Wunsch seiner Mutter. Vielleicht hat sie ihn zu sehr geliebt.«

»Auch ich liebe ihn«, kam es langsam und schwer aus Friedrichs Mund. »Jeder in meinem Hause trägt an seiner Aufgabe.«

Der Kaiser wechselte das Thema zu der nach mittlerweile zwei Jahren noch immer nicht zustandegekommenen Wahl des neuen Oberhirten der Christenheit. Auch habe Herr Fiesco nach seiner grundsätzlichen Zusage einer Begegnung mit dem Kaiser keinerlei konkrete Schritte folgen lassen.

Herr Sinibald zeige genügend Ehrgeiz und kühle Berechnung, sagte der Graf. »Warum sollte er sich vorzeitig festlegen?«

»Gerade diese Eigenschaften werden ihn veranlassen, die Politik Herrn Gregors *nicht* fortzusetzen«, hielt der Kaiser dagegen. »Er erinnert mich an den Sultan al-Kamil. Jeder erwartete, daß wir mit den Schwertern aufeinander einschlagen müßten – am meisten Seine Heiligkeit. Dann aber brachte unsere Freundschaft beiden von uns größeren Sieg, als jeder für möglich gehalten hätte.«

»Der Sultan brauchte Sie damals nicht weniger als Sie ihn«, stellte Galvano Lancia fest. Herr Sinibald Fiesco sei allerdings kein flammender Fanatiker wie Papst Gregor, sondern einer der klügsten Rechtsgelehrten dieser Zeit.

»Außer seinem Studium in Bologna«, bestätigte Friedrich, »verbindet ihn auch manche Gemeinsamkeit mit Petrus von Vinea, die mir nur von Nutzen sein könnte!«

»Oder dem Kanzler selbst ...« bemerkte der Graf wägend. Es scheine fast, als habe Herr von Vinea ein neues Feld seines Ehrgeizes entdeckt. Sein Palast, den er sich in Capua aufführen lasse, wetteifere offenbar mit dem Reichtum der Fieschis, wenn nicht mit den Bauten der Majestät.

Der Kaiser merkte auf:
»In Capua?«

Galvano Lancia fuhr fort: Capua biete den Vorteil, daß die Verbindung zum wichtigen Hafen Genua günstiger liege als etwa vom apulischen Bari. Und was den Kanzler anginge: Ob Seine Majestät wisse, daß Herr von Vinea seit einiger Zeit, und längst vor seiner jetzigen Romreise, Boten und Kuriere empfangen habe, darunter auch einen Bettelmönch, von denen es heiße, daß sie im Auftrag des Kardinals Fiesco oder dessen einflußreichen Neffen, eines Intriganten, stutzerhaft aufgeputzten Schönlings namens Orlando Bojolo kämen, der sich offenbar des besonderen Vertrauens Herrn Sinibalds erfreue?

In den Augen des Kaisers blitzte etwas auf. Dann, mit veränderter Stimme:

»Ein Koranspruch sagt: ›Wir begießen die Dornen um der Rosen willen.‹ Warum soll Vinea nicht seine Verbindungen zur Kurie pflegen? Ich selbst habe ihn damit beauftragt!«

Was den Koranspruch angehe, bemerkte der Graf, so könne dieser auch für den Kardinal gelten, der als Politiker im Umgang mit anderen weiter zu denken gewohnt sei als an den jeweiligen Tag ...

Das Gitarrenspiel und Kinderlachen draußen war verstummt; Occursio und der kleine Manfred erschienen im Eingang, der zu den Gärten führte. Der Kaiser blickte lächelnd auf den etwa dreißigjährigen, noch immer pagenhaft schlanken Mundschenk und den in strahlender Blondheit lachenden Knaben.

Friedrich winkte; die beiden traten näher. Occursio brachte den vom Kaiser bevorzugten Falerner Wein.

Während sich die Herren bedienten, nahm Friedrich den Knaben in die Arme.

»Neben Enzio bleiben mir im Regno nur noch Isabellas Sohn und Manfred. Seine Zartheit und musische Art machen ihn wenig zum Gebrauch der Waffen geeignet. Er liebt das Helle, das Leben, nicht das Kämpfen.«

Er fügte hinzu: »Bis er soweit ist, vielleicht eine Krone zu tragen, wird die Auseinandersetzung mit der Kirche beendet sein.«

Manfred löste sich leicht vom Arm des Vaters.

»Ich möchte keine Krone tragen. Dann kann mir auch kein Papst feindlich sein!«

Der Knabe hatte von dem unglücklichen König Heinrich gehört. Er wußte, daß er den Namen nicht aussprechen durfte.

»Ich will glücklich sein, Herr Vater. Enzio ist stark. Ich liebe Enzio, und ich liebe Occursio. Er ist nur Ihr Diener, aber er ist glücklich, weil er weiß, daß Sie ihn lieben.«

Unvermittelt fügte Manfred hinzu: »Lieben Sie auch Herrn von Vinea?«

Fast gegen ihren Willen wechselten der Kaiser und Graf Galvano einen Blick.

»Er ist der Kanzler und kennt alle meine Sorgen«, sagte Friedrich abwehrend. »Außerdem ist er ein Dichter und mein klügster Ratgeber.«

»Occursio sagt«, sann der Knabe nach, »daß Herr von Vinea zu klug ist, um Freund und Diener sein zu können.«

Der Kaiser bemühte sich, seinen Unwillen zu verbergen:

»Wenn du groß bist, wirst du wissen, daß man zum Regieren kluge Männer um sich braucht.«

Er wandte sich zu dem Mundschenk: »Du hast mir einmal das Leben gerettet, Occursio. Aber säe kein ungerechtes Mißtrauen gegen Menschen, die mir nahe sind!«

Und als gehöre auch dieses zu ihrem Gespräch, fuhr der Kaiser fort: »Ibm Hazm, Wesir unter den Omajaden in Cordoba, einer der großen arabischen Dichter, hat einmal gesagt: ›Schließe Freundschaft, mit wem du willst. Drei Arten von Menschen aber meide: Den Toren, denn er will dir nutzen und schadet nur. Den Menschen, der leicht etwas leid wird: denn gerade wenn du ihm infolge einer langen und festen Freundschaft am meisten vertraust, läßt er dich im Stich. Und schließlich den Lügner: denn wenn du dich am sichersten fühlst, verübt er an dir in einer Weise Unrecht, die du nicht ahntest!‹«

Graf Galvano hatte das Gespräch nachdenklich angehört:

»Auch ich erinnere mich an ein arabisches Sprichwort, das Sie mir einmal sagten: ›Wenn dein Freund Honig ist, so lecke ihn nicht ganz auf!‹ Sollte das nicht auch für Herrn von Vinea Geltung haben können, Majestät?«

Der Kaiser verschloß sich sofort:

»Eifersüchtig, Graf?«

Dann wandte er sich dem Mundschenk zu: »Du würdest mir niemals Gift reichen, Occursio?«

»Eher würde ich es selbst trinken, Majestät!«

Der Kaiser gab ihm den Becher zurück:

»Die Welt ist voller Widersprüche, Occursio. Ich verspreche dir dennoch: den Wein, den du mir reichst, werde ich immer trinken! Bleibe auch Manfreds Freund. Du wirst ihn beschützen wie mich.«

Von den Gärten wehte der süße Duft der Sträucher und Blüten herein, umrieselt vom Raunen der Brunnen. Der Kaiser erhob sich.

»Noch eins«, sagte er mit veränderter Stimme. »Petrus von Vinea ist mein Großhofjustitiar und Logothet, mein Mund, mit dem ich zu meinen Völkern spreche. Er ist der Nächste an meinem Herzen. Ich erlaube niemandem – auch mir nicht – an ihm zu zweifeln!«

Und da der Mundschenk mit ernstem Gesicht verharrte: »Hast du mir noch etwas mitzuteilen?«

Occursio verbeugte sich:

»Herr von Vinea ist aus Rom eingetroffen, Majestät.«

Es schien, als wolle der Kaiser auffahren.

»Warum erfahre ich das erst jetzt?«

»Herr von Vinea wollte warten, bis Eure Majestät allein sind.«

»Er soll sofort kommen.«

Und zu dem Grafen Galvano: »Die Würfel sind gefallen.«

Der Blick des Kanzlers war dunkel und verschlossen, als er gleich darauf eintrat. Friedrich ging einen Schritt auf ihn zu:

»Das Heilige Kollegium hat entschieden?«

Unbewegt erwiderte der Kanzler:

»Graf Sinibald von Lavagna ist Papst Innozenz der Vierte, Majestät.«

Der Kaiser atmete auf.

»Wie ich es mir wünschte, Vinea!«

Der andere verbeugte sich schweigend.

XIV
DER ANTICHRIST

Friedrich schickte Herrn von Suessa, Erzbischof Berard und den Deutschordensmeister Malberg als Glückwunschdelegation mit einem kaiserlichen Friedensangebot zu dem neuen Heiligen Vater nach Anagni. Unverrichteter Dinge kehrten sie zurück. Seine Heiligkeit hatte es abgelehnt, sie zu empfangen.

Petrus von Vinea wurde beauftragt, noch einmal beim Papst zu intervenieren.

Es war wieder Winter geworden, als der Kanzler zurückkehrte. Ernst, undurchdringlichen Blickes erschien er vor dem Kaiser. Böser Ahnung voll empfing ihn Friedrich mit einem arabischen Sprichwort:

»Ein Hund starb, und wir waren sein Bellen los. Der Verfluchte hinterließ ein Junges, das war schlimmer als sein Vater ...«

Der Kaiser wies auf die Dokumente in Vineas Hand: »Die päpstliche Rechnung – ?«

Der Kanzler begann ohne Umschweife aufzuzählen: Außer dem offiziellen Reuegelübde Seiner Majestät, bevor er wieder in den Schoß der Heiligen Kirche aufgenommen werden könne: Wiedereinsetzung der abberufenen Minoritenäbte, Zahlungen an die Diözesen sowie bereits festgelegte Neugründungen von Klöstern und Kirchen, Freilassung der bei Monte Christo gefangenen Prälaten, sofortiger Abzug aller kaiserlichen Truppen aus der Campagna ...

»Herr Innozenz geruht, mir Ratschläge zu übermitteln wie der Kater der Maus«, stellte Friedrich fest. »Wie steht es um *meine* Forderungen?«

Seine Heiligkeit kenne sehr wohl die derzeit für ihn günstige Lage, erwiderte Vinea. Vor allem habe sich in Deutschland die bei Viterbo erlittene Demütigung der Kaiserlichen ungünstig ausgewirkt. Die Welfenpartei wittere Morgenluft. Dazu der überraschend enthusiastische Empfang des neuen Papstes in Rom ...

Er kenne die Berichte aus Deutschland wie über den anfänglichen Jubel der Römer, erklärte der Kaiser.

»Der allzu schöne Sommer hat dem neuen Stellvertreter Christi geringen Segen gebracht. Die Ernte im Kirchenstaat war verheerend schlecht; dazu nun ein ungewöhnlich harter Winter. Hunger und Seuchen, vor allem in Rom. Herr Sinibald soll sich kaum noch aus seinen Privatgemächern im Lateranpalast heraustrauen. Warum berichten Sie nur nichts davon, Vinea? Was ist mit den ständig drängenden Gläubigern, die den neuen Papst nicht weniger am Kragen haben als die vorigen? Auch die Bäume dieses Heiligen Vaters wachsen nicht in den Himmel. Wie ist die Antwort auf meinen neuen Vorschlag für eine Begegnung zwischen Herrn Innozenz und mir?«

Seltsam fremd und beinahe abwesend stand Herr von Vinea vor seinem Herrn.

»Seine Heiligkeit erklärt sich einverstanden. Er schlägt einen Treffpunkt in der Campagna vor.«

»Warum nicht in Rom?«

Seine Heiligkeit fürchte offensichtlich eine Überrumpelung durch die noch immer vor Rom stehenden kaiserlichen Truppen, erwiderte der Kanzler.

»Daran tut er recht«, nickte Friedrich. »Wo also will er mich treffen?«

»In Narni.«

»Also sozusagen zwischen den Linien. Und wann?«

»Anfang Juni, Majestät.«

*

Der Kaiser traf vor dem Papst in dem kleinen Ort an der nördlichen Grenze des Kirchenstaates ein. Die letzten Maitage hatten Unwetter und Regengüsse gebracht. Friedrich wartete mit seinem kleinen Gefolge in der Burg von Narni. Der vorgesehene Tag der Begegnung war vergangen.

Endlich, gegen Mittag des vierten Tages, sprengte ein Bote des Senators Orsini in den Burghof, stand gleich darauf vor Kaiser und Kanzler.

»Seine Heiligkeit ist aus Rom geflohen!«

Friedrich glaubte sich verhört zu haben.

»Er ist nicht auf dem Weg hierher?«

Es handle sich um eine offenbar von langer Hand vorbereitete Unternehmung, berichtete der Bote. Jedenfalls habe der Heilige Vater in den frühen Morgenstunden, als Soldat verkleidet, die Ewige Stadt verlassen.

»Allein?« forschte der Kaiser, noch immer verständnislos.

Herr Innozenz sei in Begleitung seines soeben zum Kardinal erhobenen Neffen Orlando Bojolo gewesen, sowie von drei weiteren Kardinälen und sechs Bediensteten.

»Herr Bojolo«, nickte Friedrich. »Der schmelzäugige Stutzer, der sich Ihnen gegenüber, Vinea, so überaus entgegenkommend erwiesen hat! Die Arzneien der Welt reichen nicht aus für ihre Gifte ...«

Der Kaiser schüttelte den Kopf, als müsse er sich besinnen. Wohin sich die Herren begeben hätten?

Man sei offenbar in großer Eile durchs gebirgige Land nach Sutri geritten und habe nicht versäumt, auf einem Lasttier eine ansehnliche Menge Goldes mit sich zu führen. Das Geheimnis sei bis zum letzten Augenblick gehütet worden.

»Das Ziel?«

Friedrich konnte und wollte noch immer nicht verstehen, was Herr Innozenz zu solch würdelosem Unternehmen veranlaßt haben konnte.

»Im Hafen Citavecchia erwartete Seine Heiligkeit eine genuesische Flotte von einundzwanzig schnellen Galeeren«, berichtete der Bote. »Sie soll bereits vor Wochen von Herrn Bojolo über einen Dominikaner namens Gualo bei der Familie Fieschi in Genua angefordert worden sein.«

Und wisse man auch zufällig, wohin die Reise gehen solle? erkundigte sich der Kaiser scheinbar gelassen.

»Nach seiner ligurischen Heimat Lavagna, wie der Senator Orsini in Erfahrung gebracht hat, Majestät. Von dort beabsichtigt Seine Heiligkeit den Weg nach Genua zu Lande fortzusetzen.«

Als er mit dem Kanzler allein war, brach es aus Friedrich hervor:

»Gleich, wohin er nun reist – seine Flucht hat mich mattgesetzt.

Wieder einmal standen meine Truppen vor Rom, ging es um die endgültige Abrechnung. Zudem hoffte ich, in Herrn Sinibald einen Freund gefunden zu haben ...«

»Und gewannen einen neuen Feind«, ergänzte Vinea seltsam tonlos. »Schlimmer noch, Majestät: Sie haben einen *Märtyrer* aus der Hauptstadt der Christenheit *vertrieben* – !«

Friedrichs schmale Augen blitzten zu dem Kanzler hinüber: »Danke für die wieder einmal glänzende Formulierung!«

Er schritt ruhelos durch das stille Gemach in der Burg von Narni. »Gerade in diesen Tagen erhielt ich einen Aufruf des päpstlichen Legaten in der Lombardei, des Herrn von Montelongo. Er findet darin ebenso eigenwillige wie einprägsame Formulierungen über meine Person.«

»Ich kenne sie, Majestät«, sagte der Kanzler mit unbewegtem Gesicht: ›Fürst der Tyrannei. Zerstörer der kirchlichen Lehre und Verderber der Geistlichkeit. Umstürzer des Glaubens, Lehrer der Grausamkeit‹ ...

Friedrich ergänzte in eisiger Ruhe:

»Und ebenso feiert mich der getreue Diener seines Herrn als ›Erneuerer der Zeiten, Zersplitterer des Erdkreises und Hammer der ganzen Welt.‹ Das also ist das Bild, das man über mich verbreitet. Kennte ich nicht die Wirkung, dürfte ich mich geschmeichelt fühlen.«

Er richtete seine eisblauen Augen auf den Kanzler: »Seit Cortenuova war mein Leben nichts als ein einziges Ringen um den Sieg über Rom. Jetzt liegt alles in Trümmern.«

Wie immer fing er sich sofort wieder: »Und dennoch: Ein geflohener Papst kann auf Dauer nicht fern von Rom regieren. Er wird unglaubhaft.«

»Was gedenken Sie zu tun, Majestät?«

Wieder ein Blitz aus den blaugrünen Augen:

»Früher hätten *Sie* die Antwort bereit gehabt, Vinea!«

»Nicht in solcher Lage, Majestät.«

»Bah!«

Der Kaiser lachte verächtlich. »Der Bannfluch eines Herrn Gregor und seine Manifeste bedeuteten andere Schläge! Ein Gregor wäre nie geflüchtet. Und Sie, Herr von Vinea«, fügte Friedrich mit leiser Bitterkeit hinzu, »haben mit Ihrer Sprache immer die würdige Antwort gegeben. Wir verstanden uns.«

Der Kanzler verharrte mit gesenktem Blick. Dann sagte er höflich, fast unbeteiligt:

»Ich würde vorschlagen, an Seine Heiligkeit in Genua einen so erstaunten wie respektvollen Brief zu schicken und Ihre Friedensangebote zu erneuern. Durch entsprechende Mitteilungen an Kardinäle und Fürsten nehmen Sie Fiesco den Wind aus den Segeln. Leugnen Sie jede Bedrohung von Ihrer Seite, Majestät.«

»Die Bedrohung des Patrimonium Petri und Roms durch mich wird immer sein stärkstes Argument bleiben«, wehrte Friedrich ab. »Diese Flucht ist ein Schachzug, den ich weder vorhersehen noch verhindern, noch erwidern konnte oder kann.«

Er sähe eine Möglichkeit, den Papst und die Weltöffentlichkeit zu beschwichtigen und die allgemeine Stimmung zugunsten des Kaisers zu wenden, sagte der Kanzler nach einer schweren, bedrückenden Pause.

»Welche?«

Wie ein Schwerthieb kam die Antwort:

»Ein Kreuzzug ins Heilige Land, Majestät.«

Friedrich wollte auffahren, den vermessenen Ratgeber mit eisiger Deutlichkeit zurückweisen. Als er das blasse Gesicht Herrn Vineas mit den dunklen, tiefgründigen Augen sah, in denen er so oft seine eigenen Gedanken wiedergefunden hatte, bezwang er seinen Zorn:

»Ich weiß, woran Sie mich erinnern wollen: In Palästina sind die Choresmier eingefallen, Jerusalem ist verloren und das christliche Heer in Gaza fast vollständig vernichtet worden, al-Kamil, mein Freund, längst tot ...«

»Dazu«, ergänzte der Kanzler, »wird Konstantinopel von den Tartaren bedroht. Der Patriarch von Antiochia hat Sie dringend um Hilfe gebeten. Ihr Schwiegersohn wird Konstantinopel in sein Gebiet von Nicäa einbeziehen. Sie könnten das oströmisch-byzantinische Reich als ein zweiter Justinian zu neuer Macht führen. Sie müßten zuvor das bereits von Papst Gregor geforderte Gelübde ablegen, Jerusalem zurückzuerobern. Ein solcher Schachzug würde Herrn Innozenz mattsetzen.«

»*Ich* soll Flucht mit Flucht beantworten?« fuhr Friedrich auf. »Was noch muß ich diesem so überaus Heiligen Vater in den Rachen werfen?«

Der Kanzler blieb ungerührt:

»Darüber hinaus die heilige Versicherung, daß Sie drei Jahre lang nicht ohne Erlaubnis des Papstes nach Europa zurückkehren, der Kurie die von Ihnen besetzten Länder des Kirchenstaates unverzüglich zurückgeben und die lombardische Frage bedingungslos dem Schiedsspruch Seiner Heiligkeit unterstellen.«

»Also vollständige Kapitulation, die nicht einmal Herr Gregor verlangt hat! Alles, was er in den vierzehn Jahren seines Pontifikats nicht erreichte, soll ich jetzt dieser Schlange Innozenz zu Füßen legen? Wissen Sie, was Sie von mir verlangen, Vinea?«

Entgeistert, zum ersten Mal ganz und gar unsicher, blickte der Kaiser auf seinen Kanzler. War alles ein wahnwitziger Traum?

Petrus von Vinea stand düster, beinahe drohend vor ihm:

»Ja, Majestät.«

Kühl, belehrend fast, fügte er hinzu: »Ein schöner Rückzug ist ebensoviel wert wie ein kühner Angriff.«

Schwang ein kaum hörbarer Triumph in seiner Stimme mit? Der Kaiser nahm es nicht wahr.

»Das hieße Verzicht auf alles, was ich gedacht, worum ich gekämpft habe. Der Ordensmeister Salza sagte mir an jenem Abend, da Herr Hugolin mit seinem Basiliskenblick zu St. Peter das kaiserliche Schwert in meine Hände gelegt hatte: ›Jede Stunde bringt Kampf – die letzte den Frieden ...‹ Wann wird diese Stunde kommen, Vinea? Was sind die Taten und Kämpfe, die Gelübde und die heiligen Bücher, das Gebet in den Kirchen und der Fluch der Sterbenden auf den Schlachtfeldern der Geschichte, was die Könige, die Kaiser, die Reiche auf diesem Planeten ... Alles ein Haschen nach Wind – und nichts sonst ...«

Das Schweigen nach Friedrichs schmerzlich-versonnenem Ausbruch unterbrach die plötzlich veränderte Stimme des Kanzlers:

»Warum haben Sie Ihre Tochter dem Kaiser von Nicäa vermählt und die andere dem Kriegsmann Ezzelino? Warum Ihre unablässige Bemühung, der Welt – *Ihrer* Welt, Majestät! – *Ihr* Gesetz aufzuzwingen? Warum haben Sie Ihren Sohn Heinrich verstoßen? Warum Frieden mit dem Sultan geschlossen? Warum wurde der Moslem Ihr Freund, der Papst Ihr Feind? Weil *Ihr* Wille immer das ganz und gar unmöglich Scheinende bezwang und sich immer wieder wie ein Phönix aus der Asche erhebt! Womit haben Sie gerechnet, Majestät, als Sie allein als Jüngling Ihren Weg über die Alpen antraten, sich das Reich Ihrer Väter mit dem eigenen Schwert, dem eigenen Geist zu erobern? Wo war da in Ihrem Herzen und Ihrem Hirn Raum für das dunkle Wort eines Salomo? Jede Stunde *ist* Kampf, Majestät! Herr von Salza hatte recht, als er dieses Wort am Tage Ihres größten Sieges zu Ihnen sagte! Was wäre der Gott der Vielen, verwirklichte er sich nicht im Kampf der Wenigen? Hatten Sie jemals eine Wahl?«

Während der Kanzler, verwirrt vom eigenen, ungewollten Gefühlsausbruch, jäh abbrach, ging der Kaiser überrascht, beglückt beinahe, auf den anderen zu, als wolle er ihn in die Arme schließen. Der hier stand, war wieder der starke ebenbürtige Gefährte und Freund. Fortgeweht alle Zweifel, die unbegreifliche Entfremdung der letzten Zeit ...

»Ich danke Ihnen, Vinea. Ich war schwach.«

Friedrich sah zu dem gemeißelten Schlußstein des Gewölbes über seinem Haupt empor.

»Mein Freund Fahr ed-Din würde sagen: ›Küsse die Hand, die du nicht abschlagen kannst, und wünsche dir, daß sie zerbrochen werde‹ ... Setzen Sie ein Schreiben an Herrn Innozenz auf: Ich erkenne alle seine Forderungen bedingungslos an. Ich erweitere den Vorschlag des Kreuzzuges, indem ich mich bereit erkläre, für den *Rest meines Lebens* ins Heilige Land zu gehen – wenn der Bann gelöst und meinem Sohn Konrad die Kaiserwürde zuerkannt wird.«

Petrus von Vinea schrak auf:

»Eure Majestät wollen also ...?«

Der Kaiser blieb unbewegt.

»Ich bin fünfzig Jahre alt. Ich sehne mich nach Frieden.«

Unvermittelt hob er die Stimme, um ohne Pause hinzuzufügen: »Zuerst aber gilt es die Rache für Viterbo. Wenn die Stadt selbst nicht bestraft werden kann, wird alles Umland verwüstet. Ich selbst breche sofort nach Pisa auf. Die jetzige Anwesenheit des Papstes im Norden begünstigt die dortigen Guelfen. Vor allem geht es mir um Parma, das die Wege über den Apennin zwischen der Lombardei und den toscanischen und ligurischen Ländern kontrolliert. Man soll sehen, daß ich gewillt bin, mich zu wehren.«

Friedrich hatte seinen Weg durch den Raum wieder aufgenommen:

»Auch der Papst ist nur ein Mensch, kein Gott, dem man sich auszuliefern hätte. Was wir tun, muß durch den Filter unseres Verstandes gegangen sein.«

Petrus von Vinea erkannte: Die Schwäche des Kaisers war vorüber. Ohne den Blick von dem kunstvoll gearbeiteten Schlußstein über ihnen beiden zu lösen, sprach Friedrich mit eindringlicher Stimme weiter:

»Mir fällt noch ein Wort aus dem Koran ein, das mir der Mann von Assisi sagte, als ich ihn zu mir nach Bari beordert hatte.«

Vinea stand seltsam verloren.

»Was für ein Wort, Majestät?«

Und Friedrich wiederholte in die hallende Stille des Burgraumes von Narni hinein die Worte jenes kleinen Kuttenmannes:

»Das Laster eines Weisen gilt für tausend.«

Der Kanzler hatte den Kopf gesenkt. Als der Kaiser ihn ansah, verbargen sich die dunklen Augen vor seinem Blick.

*

Alle Gesten, Zugeständnisse, alle Demütigungen des Kaisers erwiesen sich als ›Haschen nach Wind‹, wie er zu Petrus von Vinea gesagt hatte. Jeden Annäherungsversuch münzte der Papst in neue Schuldbeweise seines Gegners um. Nicht einmal der Gedanke an das kaum vorstellbare Kreuzzugsunternehmen verfing. Dafür berief Innozenz der Vierte für Ende Juni des darauffolgenden Jahres ein Allgemeines Konzil nach Lyon ein:

Zur Klärung des weltbewegenden Streitfalles zwischen der Kirche und dem Fürsten.

Auch der Kaiser war geladen, obgleich der Papst nichts mehr fürchtete als das Erscheinen des Gebannten.

Friedrich wollte den Kanzler als seinen Vertreter entsenden; doch dieser zeigte Bedenken. Ob es dessen bedürfe, da sich Herr Innozenz durch seine Flucht selbst zu seiner Schwäche bekannt habe? So ordnete der Kaiser an, daß Vinea nur als ›Beobachter‹ am Konzil teilnehmen solle, ohne selbst das Wort zu ergreifen oder mit dem Papst ein Gespräch zu führen. Als seinen Vertreter entsandte Friedrich Thaddeus von Suessa.

In der Stadt an der Rhône versammelten sich einhundertfünfzig Bischöfe, an die achthundert Äbte und Priore, von denen die meisten Franzosen und Spanier waren, neben den Gesandten der Könige. Der aus Konstantinopel geflohene Kaiser Balduin erschien, mit ihm die Patriarchen von Konstantinopel und Antiochia sowie die Grafen von Provence und Toulouse.

Der Papst hielt Hof im Kloster von Saint Just. Zur Rechten seines Thronsessels saß der Kaiser des Ostens, zur Linken das Kardinalskollegium und der Adel. Während die Kleriker mit ihren Füßen auf den steinernen Fliesen scharrten, erhob sich Thaddeus von Suessa: Krankheit hindere seinen Herrn am persönlichen Erscheinen, doch er biete Frieden und Freundschaft, Herstellung des Lateinischen Kaisertums, Hilfe gegen die barbarischen Mongolen und Sarazenen, Rückgabe des Kircheneigentums und Genugtuung für etwa geschehene Kränkungen.

Innozenz, sichtlich krank und gealtert, doch in früherer Überlegenheit und Kühle, winkte ab:

»Wir kennen diese vielen und großen Versprechungen! Sie haben nur einen Zweck: das schon an die Wurzel gelegte Beil durch Hintertreibung und Täuschung des Konzils zurückzuhalten. Und wenn ich ihm alles bewilligte – wo wäre der Bürge, der ihn zur Vollziehung zwingt?«

Thaddeus von Suessa erwiderte:

»Die Könige von Frankreich und England.«

Der Papst senkte den Kopf unter der hohen Mitra. Der Einwurf kam ihm nicht recht.

»Ich mag sie nicht. Wenn der Fürst, wie so oft schon, sein Wort nicht hält, so müßten wir die Bürgen strafen. Dann hätte die Kirche statt eines Feindes deren drei – und obendrein die Mächtigsten der Christenheit.«

Am Vorabend des Festes Petrus und Paulus versammelte sich das Konzil in der Kirche des Heiligen Johannes. Der Papst rief mit vollendet beherrschter Leidensstimme in die Stille hinein:
»Gibt es einen Schmerz wie den meinigen? Wie Christus mit fünf Wunden durchbohrt wurde, bin auch ich ergriffen von fünffachem Schmerz: über die Grausamkeit der Tataren, über die Griechen, die den Schoß der Mutterkirche verschmähen, über die gottlose Brut der Ketzer – und über diesen Fürsten, der ein Widersacher ist aller Diener Christi, ein Meineidiger, ein Friedensstörer, ein Kirchenräuber, ein Heiligtumschänder und Ketzer. Dieser Götze, der allen Gottesdienst auslöschen will, ist selbst ein Götzendiener. In seinem Reich gründet er nicht fromme Klöster, sondern Städte für die Mohammedaner. Das Heilige Land gibt er zum Hohn für die Christenheit den Heiden zum Lehen. Er ehrt die mohammedanischen Sitten und umgibt sich mit einem sarazenischen Harem – hier in dieser Urkunde, die er beschworen und gegen die er gefrevelt hat!«
Mit seiner juwelengeschmückten Hand hob Innozenz die Dokumente in die Höhe.
Thaddeus von Suessa verwies in seiner Antwort auf die päpstlichen Erlasse:
»Wären diese Beschuldigungen so wahr, wie sie schwer sind, Heiligkeit, so stünde es übel um meinen Herrn, den Kaiser. Ob er ein Ketzer ist, kann niemand wissen als er selbst. Wie darf man ihn einen Kirchenräuber schelten, da er nur begehrt, was des Kaisers ist? Der Heilige Vater hat vergessen, wie oft die Kirche Bündnisse zwischen Christen und Sarazenen im Morgenland gebilligt hat. Sarazenische Mädchen und Knaben hält man am kaiserlichen Hof ihrer künstlerischen Fertigkeit wegen. Man gebe meinem Herrn genügende Frist, damit er auf alle diese Anklagen entweder mich mit Vollmacht versehe oder selbst hier erscheine.«
Innozenz schüttelte den Kopf:
»Niemals! Ich fürchte die Schlingen, denen ich kaum entronnen

bin. Kommt dieser Mann, so gehe ich. Es gelüstet mich nicht, Märtyrer zu sein oder sein Gefangener!«

Die Prokuratoren der Könige von Frankreich und England setzten sich für Aufschub ein, bis man Friedrich selbst verhören könne. Der Papst und die Kardinäle mußten sich zu einer Frist von drei Wochen bereit erklären.

Indessen zog der Kaiser mit seinen Mauleseln, Kamelen und Leoparden durch Oberitalien, immer die Lombardei im Auge, während zu Lyon das Konzil von neuem zusammentraf.

Wieder thronte der Papst im Glanz der Tiara über dem Kardinalskollegium. Alle trugen brennende Fackeln in ihren Händen. Die große Sitzung begann mit einem Hochamt.

Dann brach der Streit aus. Ein englischer Kleriker beschwerte sich, daß man von seinem armen Land nicht nur den berüchtigten Peterspfennig, sondern auch jährlich mehr als sechzigtausend Pfund erpreßt hätte. Innozenz aber dachte nur an den *einen* Feind, der wieder nicht erschienen war. Der Patriarch von Aquileja wollte den Kaiser entschuldigen. Der Papst schrie ihm zu, er werde seinen Ring zurückfordern. Leiser, scheinbar in Demut, fügte er mit seiner vornehmen Stimme hinzu:

»Ich habe Friedrich geliebt. Ich würde mich noch heute mit ihm aussöhnen.«

Danach ließ er sich eine Bulle mit hundertundfünfzig Siegeln reichen. Mit hallender Stimme verlas Innozenz der Vierte in die lastende Stille hinein:

Wir entbinden und befreien alle, die ihm durch Eid der Treue oder auf irgendeine andere Weise verbunden oder verpflichtet sind, für immer von diesen Pflichten und diesen Eiden. Aus apostolischer Machtvollkommenheit verbieten Wir aufs strengste, ihm künftig als König oder Kaiser zu gehorchen. Wer diesen Befehl verachtend oder umgehend, ihm noch irgend gehorcht oder mit Rat und Tat beisteht, ist gebannt. In Deutschland mögen die zur Wahl berechtigten Fürsten einen König wählen. Über das sizilische Reich werden Wir mit Hilfe Unserer Brüder, der Kardinäle, das Nötige erlassen.

Friedrichs Gesandte erstarrten.

Thaddeus von Suessa rief aus:

»Das ist ein Dokument des Zornes und der Rache! Ich fordere ein wirklich allgemeines, auch von den Fürsten aus des Kaisers Ländern besuchtes Konzil. Der Kaiser steht über Gesetz und Strafe. Er ist wie die Kirche Gott allein unterworfen. Er ist nicht absetzbar. Freuen können sich jetzt nur die Ketzer und die Heiden. Das Barbarengezücht wird die Christenvölker überschwemmen, das heilige Reich in Unruhe und Unfrieden versinken. Die Menschen werden an der Kirche verzweifeln. Ihr Glaube ist mißbraucht worden.«

Innozenz erwiderte in gefährlicher Hoheit:

»Ich habe getan, was ich tun mußte. Gott möge es vollenden.«

Der Papst stimmte die ersten Worte des Tedeum an. Die Prälaten sangen es mit ihm und verlöschten die qualmenden Fackeln auf den Marmorfliesen, daß die roten Funken sprühten.

Einmal lud der junge Kardinal Bojolo den Kanzler ins erzbischöfliche Palais zur Unterredung. Man speiste hinter verschlossener Tür in Abwesenheit des Hausherrn. Die Diener des Erzbischofs vernahmen, wie der liebenswürdige Schönling den dunklen Capuaner hofierte.

Friedrich erfuhr von dieser Zusammenkunft, doch fragte er Vinea nicht.

*

In Turin traf den Kaiser die Nachricht vom Ergebnis des Konzils. Er erhob sich in furchtbarer Majestät:

»*Mich* hat Herr Sinibald Fiesco abgesetzt? *Mich* der Krone beraubt? Woher nimmt dieser Mann solche Verwegenheit? Bringt mir meine Kronen. Ich will sehen, ob sie in Wahrheit verloren sind!«

Man brachte sie ihm: die Römische Kaiserkrone, die Königskrone von Aachen, die von Palermo und die von Jerusalem. Die bei Cortenuova erbeutete Eiserne Krone der Lombarden betrachtete Friedrich lange: den Reif aus sechs durch Scharniere verbundenen Goldplatten, geschmückt mit getriebenen Rosetten und ovalen

Steinen auf farbigem Zellenschmelz in byzantinischer Arbeit – das Ganze montiert auf einem eisernen Ring, von dem es hieß, er sei geschmiedet aus einem von der Kaiserin Helena dem Kreuz Christi entnommenen Nagel, der einmal den Körper des Erlösers getragen hatte ...

Friedrich hob den als Heiligtum verehrten Reif auf sein langes, ergrauendes Haar:

»Noch habe ich meine Kronen, die mir kein Papst, kein Konzil rauben sollen! Bis jetzt war ich Amboß – jetzt will ich Hammer sein! Der Verpflichtung, den Papst zu lieben, zu ehren und Frieden mit ihm zu halten, bin ich durch ihn selbst enthoben!«

Der Kanzler erschrak über die Veränderung im Wesen des Kaisers. Sein feuriger Staufergeist schien jäh aus aller Müdigkeit und Entsagung zu erwachen.

»Setzen Sie ein Manifest auf, Vinea, in dem Sie die Thesen von Herrn von Suessa wiederholen. Ich bestreite den Päpsten grundsätzlich das Recht, in weltlichen Dingen in die kaiserlichen Machtbefugnisse einzugreifen. Ich werfe der Kirche Vernachlässigung ihrer eigenen Aufgaben, Wucher und unwürdige Händel vor. Sie muß zur Einfachheit und Frömmigkeit der Urkirche zurückkehren. Die Habgier Herrn Fiescos und seines zahllosen Anhanges ist schon jetzt ein Ärgernis. Seine Verwandten haben sämtliche freigewordenen Kirchenämter besetzt. Dies und die allgemeine Käuflichkeit am päpstlichen Hof veranlaßten den Erzbischof von Lyon, sich in ein Kloster zurückzuziehen. Die Forderungen der päpstlichen Steuereintreiber übersteigen alles bisher Dagewesene, während sich die Familie Fieschi mit Reichtümern überhäuft! Der fromme König von Frankreich hat dem Papst mitgeteilt, er sei keineswegs der Meinung, daß ich als Glaubensfeind gelten müsse, wenn ich gegen diesen Papst kämpfe! Jetzt will Herr Ludwig einen neuen Kreuzzug gegen den Sultan von Ägypten führen und setzt dafür gewaltige Summen ein.«

Der Kanzler hatte mit unbewegter Miene zugehört, obwohl ihm die Dinge nur zu bekannt waren.

»Neuester Meldung nach, Majestät, hat Seine Heiligkeit die bereits eingegangenen Summen für diesen Kreuzzug beschlagnahmt.

Dafür hat er den Ablaß für die Angeworbenen verdoppelt, wenn sie sich statt gegen den moslemischen gegen den *kaiserlichen* ›Antichrist‹ wenden, wie er es formuliert. Sein Aufruf schließt mit der Drohung: ›*Wehe, wer dem Apokalyptischen Tier weiterhin Gefolgschaft leistet!*‹«

Man merke die Schule eines Herrn Gregor, stellte der Kaiser mit versteinertem Gesicht fest. Wie die Nachrichten aus Deutschland lauteten?

Seit dem ohne Hilfeleistung vom Kaiser überstandenen Mongolen-Sturm sei dort Entfremdung und kühle Abwartung zu bemerken, gab Vinea zu.

»Sagen Sie ruhig«, ergänzte Friedrich, »seit der Empörung meines Sohnes Heinrich!«

Und als ginge es um eine längst fällige Abrechnung, murmelte er vor sich hin: »Wenige geleitet das Glück bis an die Schwelle. So höflich es gegen die Ankommenden zu sein pflegt, so schnöde gegen die Abgehenden.«

*

Erst jetzt brandete die Woge des grauenvollen Kampfes empor, der den beiden Mächten auferlegt war. Keiner konnte, keiner durfte zurück. Zehn Jahre Krieg wühlten Europa auf: zehn Jahre Waffenlärm, Anarchie, Raub, Mord, Hinterlist, Verleumdung, Grausamkeit und Gift in Wort und Tat. Aus den offiziellen Verlautbarungen beider Seiten spürten die Menschen mit Erschauern, *welche* Kräfte sich hier maßen – beide in ihrer Tiefe überzeugt vom heiligen Recht, vom höchsten Auftrag um der Späteren willen.

Wie sich die Päpste, einer in der Folge des vorherigen, zu grauenhafter Größe steigerten im Kampf gegen den Mann, den sie um ihres Amtes willen als Antichrist empfanden und empfinden mußten, verlor sich der Kaiser in eine Maßlosigkeit seines Zornes, seiner imperialen Leidenschaft, die in allen Ländern diesseits und jenseits der Alpen Erschrecken auslöste. Es gab keine Ruhe mehr für ihn, überall und nirgends zugleich war er anwesend. Ein Phantom eigener Herrlichkeit, unnahbar in seiner fremden Hoheit, von Magiern und Astrologen umgeben, von seiner sarazenischen Leibwache begleitet, heidnischer Wissenschaft ergeben, von arabischen

Gelehrten beraten, mit dem Heer seiner Pagen und Frauen, Tänzer und Gaukler, mit seinen Panthern und Falken, erschien er auf seinen Schlössern, in den Städten und Ländern – und war ebenso wieder verschwunden.

Das sizilische Regno, Apulien vor allem, wurde zur Riesenfestung. An den Küsten, auf Bergen und an den großen Straßen wuchsen die Zyklopenmauern mit Türmen, Zinnen und Gräben unter den Händen der Fronarbeiter und Gefangenen als drohende Male kaiserlicher Macht. In der Lombardei folterte, mordete Ezzelino da Romano in Friedrichs Namen. Vor allem wütete er gegen die Vertreter der Kirche, henkte die Priester, spottete der geheiligten Geräte und Bauten. Da die Kirche ihre Würde vergessen hatte, fühlte sich auch der Feind von letzter Rücksicht entbunden. Längst galt nicht mehr das Wort der Schrift: MEIN REICH IST NICHT VON DIESER WELT oder GIB DEM KAISER, WAS DES KAISERS IST!

Blut färbte Erde und Himmel.

Auch im Wesen Enzios, des Hellen, Fröhlichen, wurde die Veränderung der Dinge spürbar.

In der Po-Niederung hatte der junge König nach schweren Kämpfen mit Mailänder Truppen einen Sieg errungen, einige Hundert von ihnen gefangen. Als sich Ezzelino im Lager Enzios einfand, sah er zu Seiten des Flusses eine kaum übersehbare Reihe an Bäumen aufgehängter Menschen. Mit hartem Lachen legte der Kaiserliche Statthalter dem Jüngeren die Hand auf die Schulter:

»Es scheint, Hoheit, Sie haben von mir gelernt!«

Der junge König erwiderte mit einem Gesichtsausdruck, der an die herrische Kälte des Kaisers erinnerte:

»Nicht von Ihnen, Herr Ezzelino. Von der Zeit.«

*

Für die Wintermonate hatte sich der Kaiser nach Grosseto zurückgezogen. Bei ihm war sein Sohn Enzio.

Im März traf eine Galeere aus Sizilien mit einem Boten von Friedrichs Schwiegersohn, dem Grafen von Caserta, ein. Er übersandte eine Geheimbotschaft von Friedrichs Sohn, dem Grafen Richard von Chieti, Generalvikar der Mark Ancona, Romagna und des Herzogtums Spoleto: Bei einem Festmahl sollten der Kaiser und der junge König von Sardinien erdolcht und zugleich in ganz Italien ein Aufstand angezettelt werden. In dem Bericht fanden sich die Namen von Familien, die seit einem Menschenalter in Friedrichs Diensten standen, und andere, die seiner Gunst ihren Aufstieg verdankten und als nahe Vertraute an seiner Tafel gesessen hatten. Dem von ihm hochgeschätzten, aus Apulien stammenden Podestà von Parma, Tibald Francesco, hätten die Verschwörer die Krone des Südreiches zugedacht.

Das Erschreckendste für den Kaiser war, daß die Spuren des Anschlages zu dem Neffen des Heiligen Vaters, dem heuchlerischen Kardinal Orlando Bojolo führten – und nicht allein dies: Hinweise und Geständnisse ergaben, daß Herr Bojolo auf Anweisung des höchsten Hirten der Christenheit gehandelt hatte.

Die hastige Flucht der Hauptverantwortlichen im letzten Augenblick und ihre hohe Belohnung durch Innozenz den Vierten erbrachte eine letzte Bestätigung. An seinen Schwiegersohn, den Kaiser von Nicäa, schrieb Friedrich:

O glückliches Asien, glückliche Herrscher des Orients, die weder den Dolch des Rebellen noch den von Priestern erfundenen Aberglauben fürchten!

Die Verschwörung reichte von Deutschland über ganz Italien bis nach Sizilien. In Apulien wurde schon verkündet, Friedrich sei tot. Freunde warnten ihn; die Astrologen erkannten Unruhe in seinen Sternen. Blutiger Regen, entstanden aus rotem Staub der afrikanischen Wüste, vom Passat verweht, fiel über das Land. Die Erde verfinsterte sich.

Die Faust des Kaisers schlug zu in furchtbarer Härte. Hunderte zahlten für ihren Verrat mit grausamen Qualen; sie wurden mit glühenden Eisen geblendet, man hieb ihnen Nase, eine Hand und einen Fuß ab, ehe man sie vor den Kaiser brachte, der sie als *Vatermörder* verurteilte. Sie wurden verbrannt, ertränkt, gehenkt oder von Pferden durch die Straßen geschleift; andere in Ledersäcke, in denen sich Giftschlangen befanden, eingenäht und ins Meer geworfen, die Frauen dem Feuertod überliefert. Viele wurden in die unterirdischen Kerker von Palermo abgeführt, die sie lebend nicht mehr verließen.

Tibald Francesco wurde geblendet, verstümmelt und, bevor man ihn aufs Rad flocht, unter beständigen Martern im Land herumgeführt, wobei allenthalben der Schuldspruch des Kaisers zur Verlesung kam. In einem Rundschreiben an die Könige Europas verkündete Friedrich aller Welt: Der Dolch, der ihn habe treffen sollen, sei vom Heiligen Vater geschliffen worden.

Der erste in der Geschichte bekannte Versuch eines Papstes, einen Kaiser ermorden zu lassen, war gescheitert.

*

In dem Chaos, das vor allem über Deutschland hereinbrach, war jeder sich selbst der Nächste.

Im Nordwesten entstand eine neue Partei unter Führung der Erzbischöfe von Köln und Mainz. Im Hinblick auf die ›Gleichgültigkeit des Kaisers gegen die Not des Vaterlandes‹ wählten sie im Auftrag des Papstes einen Gegenkönig: den ehrgeizigen Landgrafen Heinrich Raspe von Thüringen und Schwager der heiligen Elisabeth.

In Veitshöchheim bei Würzburg nahm der vierschrötige und einfältige ›Pfaffenkönig‹, wie Raspe in Deutschland genannt wurde, die Wahl zum ›König von Deutschland und Herrscher der Römer‹ an.

Die Städte Worms, Speyer, Frankfurt, Regensburg, Nürnberg, Aachen, Kaiserswörth und Trier hingen dem Kaisersohn Konrad an.

Den jetzt siebzehnjährigen, im Grunde schüchternen Jüngling, von dem es hieß, daß er ›schön wie Absalom‹ sei, hatte der Kaiser zuweilen nur kurz bei sich in Italien gehabt. Seit der Absetzung seines Bruders Heinrich blieb er, unter einem Kronrat, dem zunächst der Erzbischof von Mainz vorstand, ganz in Deutschland. Nun stellte ihn der ›Pfaffenkönig‹ zur Schlacht.

Konrads Ritter wurden durch Verrat und Intrigen verwirrt; der junge König mußte fliehen, während Herr Raspe in Frankfurt Reichstag hielt und sich zum Richter über den Kaiser aufspielte.

Auf der Burg Trifels übergaben Konrads Getreue dem Kaisersohn die dort verwahrten Insignien und Reliquien des Reiches. Von da zog Konrad nach dem herbstlichen Niederrhein. Im Elsaß, in Schwaben, an Main und Donau tobten die Kämpfe weiter.

Zu Nürnberg hielt der ›Pfaffenkönig‹ noch einen zweiten Reichstag. Dann war seine Zeit um; in der Wartburg, wo sich die heilige Elisabeth kasteit hatte, legte er sich zum Sterben nieder.

*

Vier Wochen nach dem Tod Heinrich Raspes schickte der Papst einen Legaten nach Deutschland, die deutsche Königskrone erneut auszubieten. Seine Auserwählten waren der Graf Heinrich von Geldern, der König von Norwegen, der Herzog von Brabant und Friedrichs Schwager Richard von Cornwall.

Der Herzog von Brabant empfahl seinerseits seinen Neffen, den kaum zwanzigjährigen Grafen Wilhelm von Holland. Er wurde mit Unterstützung der Bischöfe in Neuss zum König gewählt.

Fanfaren bliesen zum Aufbruch nach der Krönungsstadt Aachen. Der Papst teilte den deutschen Fürsten mit: Göttliche Inspiration habe diese Wahl gelenkt, während sich noch das verworfene Geschlecht des einstigen Kaisers das Imperium anmaße ...

Tiefer als je versank das Reich in Verwirrung und Not. Wieder gab es Bürgerkrieg. König Konrad wurde besiegt und entkam mühsam der Gefangenschaft. Viele Fürsten fielen von Friedrich ab.

Die Stadt Aachen weigerte sich, den Gegenkönig in ihren Mauern zu empfangen. Der Papst verkündete, wer dabei helfe, das ungehorsame Aachen zu erobern, brauche nicht nach dem Heiligen Land zu ziehen, sondern sei des Gelübdes ledig und erhalte dazu Segnungen im Überfluß.

Im päpstlichen Auftrag kamen die Friesländer und errichteten unterhalb Aachens einen Staudamm. Die halbe Stadt versank in der Flut. Hungersnot herrschte, und wieder ging das Gerücht: der Kaiser sei tot. Da ergaben sich die abgezehrten Bürger und erkannten Herrn Wilhelm von Holland als ihren König an. Am Allerheiligentag wurde er im Dom Karls des Großen gesalbt.

Die Krone, mit der man ihn krönte, war nicht die des sagenhaften Kaisers, sondern eine Nachahmung von geringem Metall.

*

Europa wartete auf den nächsten Schritt des schrecklichen Zweikampfes zwischen Kaiser und Papst. Um die Regierungsgewalt zu teilen und während seines Feldzuges freie Hand zu haben, gab Friedrich Petrus von Vinea neue Vollmachten in Sizilien und ernannte ihn zum Protonotar des Kaiserlichen Hofes, was einem Stellvertreter gleichkam.

Im Frühjahr gedachte der Kaiser nach Lyon aufzubrechen, um sich vor dem Papst selbst von der Anklage zu reinigen. Wieder wurde Herr Innozenz von Furcht gepackt; er flehte den König von Frankreich an, er möge ihn gegen jenen ›bösen Geist‹ beschützen ...

Da gelangte ein Hilferuf König Enzios an Friedrich: Parma war durch einen unvermuteten Überfall während der Abwesenheit seines Sohnes, der die Stadt gesichert hatte, verlorengegangen. Die kaiserliche Besatzung wurde vertrieben, Friedrichs Anhänger flohen.

Parma, die Verbindungslinie zwischen den wichtigsten kaisertreuen Zentren Oberitaliens – Verona und Cremona – war das Ausfallstor in die Lombardei und die Mark Treviso. Nach dem Verrat des Podestà war die beträchtliche guelfische Opposition in Parma bisher durch Hinrichtungen und Verbannungen im Zaum gehalten worden. Wieder tauchte aus den Meldungen über die kluge Einfädelung des Überfalles der Name des Kardinals Bojolo auf, der mit mailändischer Hilfe die bis dahin nahezu offene Stadt befestigen ließ.

Friedrich verzichtete auf den Marsch nach Lyon und rückte mit seinem von Ezzelino und Enzio geführten Heer auf Parma zu. Im Hinblick auf die Befestigungen wollte man die Übergabe durch Hunger erzwingen.

Nach einem Vierteljahr, als sich bereits der Winter ankündigte, befahl der Kaiser südlich von San Pancrazio zwischen der Claudischen Straße und der von Fragnano eine achttürmige hölzerne Stadt anzulegen mit Mauern, Gräben, Gatterbrücken, Markt, Palast und Kirche. Der Name der neuen Stadt war VITTORIA – Sieg.

Anstelle des der Zerstörung geweihten alten Parma sollte sie die neue Zeit verkörpern. Eigens geprägte Münzen – VITTORINI – zeigten das Caesarenbild des Kaisers, auf der Rückseite das Bild seiner Stadt. Neben dem Tierpark mit seinen Gehegen wurden Gärten für die sarazenischen Odalisken und Künstler angelegt. Sogar die kostbarste Trophäe, den Mailänder Carroggio, die Beute von Cortenuova, ließ Friedrich aus Rom hierherbringen.

Je länger sich die Belagerung hinzog, um so grausamer wuchs der Haß auf beiden Seiten. Jeder Morgen sah vor den Mauern der Stadt reihenweise Hinrichtungen der Gefangenen.

Mit den Überläufern wurde der Arzt Nicolo Smeregho aufgegriffen. Da er sich auf Petrus von Vinea berief, der ihn seit längerem kannte, fiel er nicht Folter und Henker zum Opfer. Der Kanzler bestätigte die weitbekannten Fachkenntnisse Smereghos. Von nun an diente ihm dieser als Leibarzt.

Das belagerte Parma litt unter dem eisernen Griff des Kaisers und des Winters. Die unbestatteten Leichen riefen Seuchen hervor. Hunger trieb die Bevölkerung zur Raserei. Mütter aßen ihre Kinder. Auch in Piemont und der Hauptstadt Turin entstanden Unruhen; sie zwangen den Kaiser, Teile seines Heeres unter König Enzio abzuziehen und dem Grafen Galvano Lancia zu Hilfe zu schicken.

An einem ruhigen Februartag unternahm Friedrich einen Jagdausritt in die nahen Sumpfniederungen des Flusses Taro. Die Eingeschlossenen nutzten die Stunde. Durch eine List lenkten sie die Aufmerksamkeit der Belagerer ab, stürmten zugleich an anderer Stelle gegen die Lagerstadt vor.

Die Hungernden zerschmetterten die Schanzpfähle, überrannten die Geharnischten, ließen die hölzernen Bauten und Türme von Vittoria im Feuer auflodern. Friedrichs Freund und Rechtsgelehrter Thaddeus von Suessa geriet verwundet in Gefangenschaft. Der kaiserliche Schatz und eine antike Statue der Venus, zu der Friedrich, wie es hieß, betete, wurden erbeutet. Die Tänzerinnen und die berühmte Menagerie des Kaisers, seine Bibliothek, sein Siegel, sein Zepter, seine Schätze und Kleinodien, darunter der zwölfstufige Kaiserthron und die Prunkkrone, fielen in Feindeshand. Ein Krüppel hob die Krone auf. Man trug ihn auf den Schultern in die Stadt. Dort verkaufte er die Krone für zweihundert Lire. Den kostbaren Carroggio führte man im Triumph zurück nach Parma.

Thaddeus von Suessa, dem man im Kerker beide Hände abgehackt hatte, wurde in Stücke gehauen.

Friedrich sah vom Monte Tavo aus den Feuerschein; er hörte die Alarmglocke und eilte nach Vittoria. Der Strom der großen Flucht riß ihn mit sich. In später Nacht erreichte er Cremona. Die Menge warf sich weinend vor ihm nieder und dankte Gott, daß er lebte.

Erst während der nächsten Tage wurde das Ausmaß der Tragödie klar. Der Glaube an die Unbesiegbarkeit des Kaisers war zerstört. Schlechtbewaffnete, verhungerte Haufen hatten ihn, den Unerreichbaren, vollständig geschlagen!

Die Niederlage von Vittoria wurde zum Fanal. Im Augenblick stand wieder ganz Mittelitalien und die Lombardei in Aufruhr. In Sizilien verkündete der Papst den Kreuzzug; überall sammelten sich die guelfischen Kräfte. Herr Innozenz ließ verlautbaren: Selbst wenn die Sterne vom Himmel fielen und sich die Ströme in Blut verwandelten, so würde er von seinem Ziel, der Vernichtung der Bestie Friedrich, nicht lassen!

*

Der Kaiser wurde vom Fieber geschüttelt. Sein Wille siegte über alle Schwäche des Körpers, des Mutes, des Glaubens. Er bezwang Krankheit und Schmerz um die Toten, darunter der getreue Thaddeus von Suessa.

Von den nächsten Ratgebern blieb neben dem Grafen Galvano Lancia nur noch der Kanzler Petrus von Vinea, der, für Friedrich unermüdlich in seinen Ländern umherreisend, die Staatsgeschäfte führte. Als gesundheitlichen Betreuer empfahl Vinea dem Kranken seinen Leibarzt.

Nicolo Smeregho verordnete dem Kaiser heilende Bäder und Säfte. Die ersteren nahm Friedrich; er spürte keine Besserung. Als der Medicus Occursio Auftrag gab, dem Kaiser den Trank zu bringen, gelang es dem Mundschenk, zu verhindern, daß dieser ihn einnahm. Beim nächsten Mal erklärte Occursio, er habe den Becher versehentlich umgeschüttet. Da das Geständnis mit einem so eindringlichen Blick verbunden war, verzichtete Friedrich auf die Medizin, ohne dem Arzt davon Kenntnis zu geben.

Die Jahre unablässiger Kämpfe, der Unrast, zu der sein Fatum ihn trieb, hatten den unerschrockenen Mut, die Kraft und Gesundheit des Kaisers geschwächt. Eines Abends, da Traurigkeit seine sonst so unbeugsame Seele umdüsterte, ließ er Michael Scotus zu sich rufen. Lange blieb der alte Magier am Lager seines Herrn.
»Ich bin müde«, sagte Friedrich. »Die Sterne sind gegen mich.«
Dann stellte er zum ersten Male die Frage:
»Sage mir, wann ich sterben muß – und wo.«
Scotus kannte den eisernen Willen des Kaisers, die Grenzen des menschlichen Verstandes, des scheinbar blinden Schicksals zu erkunden. Doch diesmal ging es weniger um seine ewige unstillbare Neugier, als darum, das Feld zu bestellen. Seine Ahnung sagte ihm, daß die Stunde nicht mehr fern war.
Der alte Magier duckte sich in sein schwarzseidenes Hofgewand. Es schien, als zittere er, da er dem Kaiser mit hoher Greisenstimme mitteilte:
»Es wird nicht lange geschehen, nachdem ich diese Erde verlassen habe.«
Dann fügte er hinzu: »Und es wird an einem Ort sein, dessen Name mit dem Wort ›Blume‹ zusammenhängt: Sub flore.«
Wieder nach einer Weile, da Friedrich nachdenklich schwieg, sagte der Gelehrte mit geschlossenen Augen, als sähe er eine Vision:
»Und es wird nahe einer eisernen Tür sein.«

XV
DER NÄCHSTE AM HERZEN

König Ludwig, mit seinen Brüdern Robert von Artois, Alfons von Poitou und dem dreiundzwanzigjährigen Karl von Anjou im Heiligen Land auf Kreuzzug, erlitt in Ägypten eine schwere Niederlage. Er suchte ein Abkommen mit den Sarazenen, denen er Damiette im Tausch gegen das Königreich Jerusalem überlassen wollte. Der schwer erkrankte Ludwig geriet in Gefangenschaft. Jetzt verlangten die Feinde eine Million Goldstücke Lösegeld und die Festung Damiette, wo sich die Königin Margarethe aufhielt. Um ihren Gemahl zu retten, stimmte sie dem Vertrag zu.

Die Sarazenen hißten auf den Türmen von Damiette ihre Fahnen und schlachteten die Kranken in den Spitälern ab. Die Stadt brannte drei Tage; dann wurde der König für dreißigtausend Pfund Goldes freigelassen. Eine Galeere brachte ihn nach Akkon, wo die Pest herrschte. Die Königin Margarethe hatte in Damiette einen Sohn geboren, der Johann getauft wurde; in ihrer Betrübnis nannte sie ihn ›Tristan‹.

Die Ghibellinen in Florenz feierten die Niederlage der Kreuzzügler mit Flammensignalen. Die Guelfen aber verbreiteten das Gerücht, der Kaiser habe den Sultan beeinflußt, Ludwig in Haft zu behalten. Der fromme König indes beauftragte seine heimfahrenden Brüder, dem Papst dringend zum Friedensschluß mit dem Kaiser zu raten.

Die Grafen von Artois und Poitou erschienen vor Seiner Heiligkeit in Lyon:

»Ihr, Heiliger Vater, habt die Not der Pilger herbeigeführt durch Euren Geiz, Entziehung der für die Kreuzfahrt gesammelten Ablaßgelder, die Ihr aufgebraucht habt in Euren Kämpfen in der Lombardei und in Sizilien. Ihr seid der Schuldige, durch Eure Halsstarrigkeit und unchristliche Feindschaft gegen den Kaiser!«

Die französischen Grafen drohten dem Papst, ihn aus Lyon entfernen zu lassen, wenn er Friedrich nicht vom Bann löse.

Als sie gegangen waren, sandte Innozenz an den König von England eine dringende Botschaft: Er bäte um Zuflucht in dem von ihm besetzten Bordeaux.

*

Die Verschwörung, die wieder so gefährlich das Reich umschattete, war in wenigen Wochen ausgelöscht. Die Burgen der Aufständischen wurden zerstört. Mittelitalien verwalteten zum weitesten Teil Friedrichs Generalvikare, die seine Söhne waren: Friedrich von Antiochia herrschte in der Toscana, Richard von Chieti in der Romagna, den Marken und dem Herzogtum Spoleto, Ezzelino in Verona und dem Osten und König Enzio, der nominelle König von Sardinien, das er kaum betreten hatte, in der südlichen Lombardei. Der neunjährige Prinz Heinrich, Isabellas Sohn, wurde nach der blutigen Unterdrückung des Aufstandes nach Viterbo geschickt, um dort als Vertreter des kaiserlichen Vaters zu residieren ...

Elend und Not zeichnete die Länder und Städte Norditaliens, vor allem wegen der Straßenräuber und Plünderer. Der Chronist Salimbene berichtete:

Und jeder hatte den anderen immer in Verdacht, er wolle ihn fangen und in den Kerker werfen. Und die Erde ward verödet, so es weder solche gab, die sie bebauten, noch solche, die auf ihr wanderten ...

In Piemont, im Haus der Grafen Lancia, feierte Friedrich die Hochzeit seines nun sechzehnjährigen Sohnes Manfred mit der sehr viel älteren Beatrix von Savoyen, deren Vater die westlichen Alpenpässe beherrschte. Alles Gebiet von Pavia bis zum Apennin und dem genuesischen Küstenland, später auch das Königtum Arelat, sollten Manfreds Lehen sein.

Auch wurde in diesen Tagen die bisher nur auf dem Papier bestehende Ehe Enzios mit Frau Adelasia von Torre und Gallura formell getrennt; der junge König heiratete nun die mädchenhafte Nichte von des Kaisers Schwiegersohn Ezzelino da Romano. Trauzeuge war der Inhaber des Großen Siegels und Stellvertreter der Majestät Petrus von Vinea. Nachdem der Erzbischof das Paar eingesegnet hatte, trat der Kaiser auf die blasse, beglückte Braut zu und berührte ihre Stirn mit den Lippen: »Liebe ihn. Sei tapfer. Denke daran, daß du die Frau eines Staufers bist.«

*

Innozenz der Vierte ließ nicht ab, die lombardischen Städte zu mahnen, den Krieg bis zum vollkommenen Untergang des Kaisers fortzusetzen. Indes unternahm es Enzio, die Truppen Mantuas und Parmas in ihren Stellungen am Po erneut anzugreifen.

Der Kaiser aber zog ruhelos durch seine Länder. Noch immer wirkte der Zauber des allgegenwärtigen Herrn des Reiches. Petrus von Vinea, den hochgeehrten, berühmten und allbefugten Stellvertreter der Majestät betraute Friedrich mit den wichtigsten Regierungsgeschäften und Gesandtschaften. Der König von England bat den Kanzler, seine Angelegenheiten beim Kaiser gütigst zu befördern. Sogar der stolze, unbeugsame Papst pflegte über den offiziellen Auftrag hinaus mit Vinea persönlichen Briefwechsel.

Während der Großhofjustitiar und Logothet durch alle Verkündungen, Schreiben und Manifeste seines Herrn als dienendes ›Zweites Ich‹ hindurchschimmerte, umgab den fast allmächtigen Mann die Schmeichelei der Höflinge am Kaiserlichen Hof wie das gefährliche Spiel der Diplomatie an allen Residenzen Europas. Und ebenso spannen die dunklen Fäden von Neid und Mißgunst ihr Netz um den von undurchdringlicher Ferne gezeichneten Mann.

Als der Kaiser, gesundheitlich noch immer geschwächt, in Asti den Besuch des Grafen Galvano empfing, glaubte ihn dieser erneut auf gewisse Undurchsichtigkeiten und Korrespondenzen Vineas hinweisen zu müssen. Dabei zitierte er ein Wort, das der Kaiser einst ihm gegenüber gebraucht hatte: ›Tausend Feinde außerhalb des Hauses sind besser als einer drinnen‹ ...

Die Vorwürfe seien ihm längst bekannt, wehrte Friedrich gereizt ab. »Man will mich an dem einzigen Mann, der mit mir die ganze Last auf seinen Schultern trägt, irre machen. Sogar einige Fürsten haben Klage erhoben: Er raffe Reichtümer zusammen und sei begüterter als ich selbst. Er besitze neben einem Haus in Neapel auch riesige Gärten dort, den neuen Palast in Capua, einen Teil des Klosters Monte Cassino und mehr als zehntausend Pfund an Augustalen. Denkt man, ich werde Herrn von Vinea seine Einkünfte nachrechnen? Zudem soll er alle Verdienste und Erfolge sich selbst zuschreiben und mein Schicksal, wie er geäußert habe, in seiner Hand halten. Ist es in der Tat nicht so? Dabei weiß jeder am besten, wo mein Hauptfeind sitzt, dem meine ›Verdienste und Erfolge‹ zuzuschreiben sind: In Lyon, wenn Sie von dem Ort schon einmal gehört haben sollten!«

Gerade dort, erwiderte Graf Lancia gelassen, hätten sich – seit Vineas Aufenthalt im Auftrag des Kaisers – gewisse Verbindungen mit dem höchst fragwürdigen Liebling von Herrn Innozenz angesponnen, dessen Unternehmungen in Parma mittlerweile außer Zweifel stünden. In den Berichten sei auch der Name eines gewissen Gualo gefallen ...

»War das nicht der Dominikaner, der damals mit dem jungen Bojolo die Flucht des Papstes vorbereitete?«

Der Kaiser war aufgestanden und schritt, wie gewohnt, im Raum auf und ab. »Daß gerade Sie, Galvano ...!«

Daß gerade er sich erlaube, es zur Sprache zu bringen, sollte der Majestät genügen, erwiderte der Graf in seinem wägenden Ernst. Von dem Mönch schienen die Fäden direkt zu dem Herrn von Vinea so eng verbundenen Leibarzt zu gehen.

Unvermittelt erkundigte sich Galvano Lancia: »Hat Ihnen Smeregho besondere Medikamente verschrieben, Majestät? Bäder?«

Friedrich zögerte. Zu baden pflege er grundsätzlich unter fließendem Wasser, obwohl Occursio ihm geraten habe, so zu tun, als täte er dem Arzt den Gefallen. Ebenso verhielte es sich mit den Tränken Smereghos, die er allerdings einige Male eingenommen habe, bevor Occursio auch das zu verhindern wußte.

»Fühlten oder fühlen Sie sich besser, Majestät?«

Immerhin, wehrte Friedrich ab, gälte Smeregho als so berühmter wie erfahrener Medicus!

»Er kommt aus Parma, Majestät. Dort ist gleichsam das Hauptquartier des Kardinals Bojolo.«

Ein so kurzer wie unergründlicher Blick zu dem Piemonteser hinüber:

»Gibt es Anhaltspunkte? Zuverlässige Zeugen? Im übrigen: Hätte Vinea *keine* Neider, wäre er wahrscheinlich nicht weniger verdächtig!«

»Ist Ihr Mundschenk Occursio für Sie verdächtig, Majestät?«

Wieder fuhr Friedrich auf:

»Gedenkt man ihn, den Treuesten, auch noch hineinzuziehen? Warum erzählt *er* mir nicht, was er weiß?«

»Weil Sie sein Leben sind, Majestät. Er will keinen Schatten auf Ihrer Stirn. Er war es, der, ohne es zu wollen, ein Gespräch zwischen Vinea und dem Arzt im Nebenraum mithörte. Es war so leise, daß er nur darum aufmerkte. Es fiel Ihr Name, Majestät, und der des Mönches. Fragen Sie Ihren Mundschenk.«

Der Kaiser hatte sich abgewandt.

»Ich bin es nicht gewohnt, meine Diener über meine Minister auszuhorchen.«

Wo sich der Kanzler zur Zeit aufhielte? erkundigte sich Graf Lancia.

»Vinea betreibt in meinem Auftrag die Steuereinnahmen. Sie sind zur jetzigen Zeit von größerer Wichtigkeit denn je.«

Friedrich biß sich auf die Lippen. Gerade in diesem Bereich waren ihm seit geraumer Zeit seltsame, belastende Unklarheiten, Beschuldigungen vorgetragen worden ...

Als spräche er zu sich selbst, sagte er: »Es war wenige Tage vor meiner Krönung in Rom. Er stand vor mir, dunkel, ernst und stolz. Ich wußte sofort, daß dieser Mann mir mehr bedeuten würde als andere. Er war kein Höfling. Ich habe ihn niemals unbedacht gesehen, niemals in Feindschaft irgendjemandem gegenüber. Ebenso, wie er niemandes Freund war. Er kannte alle Menschen und Dinge, wo ich mich dem ersten Eindruck hingab. Er verband den kühlen Denker und Juristen mit dem Dichter, hohen Verstand mit der Liebe zum Schönen. Er wußte immer schon die Antwort, bevor ich ihn fragte. Er ist weder sinnlich noch grausam. Er ist mir ebenbürtig und zugleich alles, was ich nicht bin. Das einzige, was ihm fehlt, ist die hohe Geburt. Ohne ihn hätte ich die letzten Jahre kaum bewältigt.«

Der Kaiser ballte die Fäuste. »Ich will und kann nicht an seine Schuld glauben, Galvano! *Ich* war es, der ihn zum Kardinal Fiesco schickte, auch als dieser Papst war. Ich habe diese Verbindung geschätzt und gefördert. Als ich ihn beauftragte, als mein Vertreter zum Konzil nach Lyon zu gehen, wollte er der Anklage als mein Verteidiger nicht falsches Gewicht verleihen. Die juristischen Belange überließ er Herrn von Suessa.«

Galvano Lancia wollte erwidern: Ob nicht gerade darin eine Absicht hätte erkennbar werden können – ? Da der Kaiser, wie es schien, fassungslos schwieg, stellte der Graf die Frage: Ob er etwas in dieser Sache tun könne?

»Sie haben Vollmacht.«

Friedrich war wieder ganz er selbst. »Erkunden Sie in meinem Namen das Nötigste bei den Städten, um die es hauptsächlich geht. Auch und besonders Pisa, von wo massive Beschwerden über die Einziehungsmethoden vorliegen. Ich schenkte ihnen keinen Glauben. Die Lasten für das Volk sind schwer genug.«

»Und die Methoden so korrupt wie brutal«, ergänzte Galvano. »Immer wieder verweist man auf die Anordnungen Ihres Großsiegelbewahrers. Ganze Familien wurden gnadenlos ruiniert, wenn sie die verlangten Unsummen nicht in kürzester Zeit aufbrachten, zumeist kleine Kaufleute und Handwerksbetriebe. Der allgemeine Haß gegen den Kanzler – und damit gegen Eure Majestät! – treibt die Pisaner ins Lager der Genuesen, wo sich die Lage dank des Einflusses der Fieschis gefährlich entwickelt.«

Der Graf verabschiedete sich: Wie es Seine Majestät mit dem Arzt zu halten gedächte?

Es genüge, wenn ihn Occursio beobachte.

»Und Herr von Vinea?«

»Ich werde ihm schreiben. Er soll zu den Anschuldigungen Stellung nehmen.«

Galvano Lancia glaubte seinen Ohren nicht zu trauen. Solle der Kanzler in solchem Augenblick etwa gewarnt werden? Der Kaiser nickte mit schmalem Mund:

»Ich schulde es ihm. Seine Rechtfertigung und Ihr Bericht werden das Weitere ergeben.«

Die Antwort des Großhofjustitiars erfolgte bald aus Pisa. In seinem vollendeten Stil nahm Petrus von Vinea die Fragen des Kaisers als

Folge von Trägheit und Fahrlässigkeit des treuesten aller Diener auf sich.

Ist dies aber der Fall, so widerspricht dem die Unschuld, und ob es ein Mensch oder Engel wäre, der sich darin gefiele, welchen Namen er auch hätte, er würde verstummen müssen unter den Söhnen der Wahrheit.

Das in gewohnt stolzer Demut jeden eigentlichen Anklagepunkt umgehende Schreiben endete im Anruf der kaiserlichen Gerechtigkeit:

Möge der Herr jenen Verleumdungen ein baldiges Ende bereiten und dem Rechtschaffenen seinen Vater wiedergeben!

*

Es war Winter geworden, als der Kaiser nach Cremona zurückkehrte. Einer der blühendsten Plätze Oberitaliens, doch immer wieder von Kämpfen und Zerstörungen gezeichnet, gehörte Cremona zu den kaiserlichen Hauptstützpunkten gegen Mailand und die lombardischen Städte. Friedrich residierte im soeben wieder nach seinen Entwürfen fertiggestellten Palazzo Comunale, wohin er den Grafen Galvano und den Kanzler beordert hatte. Noch immer fühlte er sich krank und matt. Seine Umgebung sah es mit Sorge. Der beflissene Leibarzt Smeregho war ständig um ihn. Mit Mühe verbarg der Kaiser seinen Widerwillen. Medizin galt als Geheimwissenschaft, wenn nicht Magie. Schwindel mochte vieles sein, Gift einiges. Es kam auf die Dosierung an – und auf Vertrauen.

Galvano Lancia hatte die Zeit genutzt. Er wußte um Vineas Abneigung gegen ihn seit den Tagen, da er durch seine Schwester Bianca, und vor allem nach ihrem Tod, dem Kaiser nahe gekommen war als militärischer Führer, Berater und Freund. Des Grafen zuweilen hochmütige Vornehmheit war dem Kanzler verhaßt; doch hatte Vinea niemals etwas von seinen Gefühlen verraten.

Ähnlich erging es dem Aristokraten. Die überlegene Kühle des Justitiars hatte ihn immer gereizt. Galvano wußte, was Vinea dem

Kaiser bedeutete. Wenn ihm der Capuaner Friedrichs Wünsche bekanntgab, wehrte sich etwas in ihm, ebenso wie der Graf den Ordensmeister als Deutschen niemals voll anerkannt hatte. War es bei Hermann von Salza die soldatisch-knappe Form, so bei dem Kanzler das Übermaß an solcher, auch vom Geist her. Galvano Lancia hatte Mühe, seine Genugtuung zu verhehlen, als er immer genauere Kenntnis erhielt von der Aufdeckung erwiesener Verfehlungen im Finanzbereich, für die Vinea die Verantwortung trug ...

Während der Kaiser angewidert zuhörte und das Blut in seinen Schläfen rauschte, übergab ihm der Graf die Dokumente: überwiegend Vergleiche zwischen den originalen Abrechnungen der Städte und Marken mit denen der Kaiserlichen Kanzlei, gegengezeichnet von Petrus von Vinea.

Friedrich überflog sie mit flackernden Augen, verharrte in unheilvoller Ruhe.

»*Das* hier, kalte, sinnleere Zahlenkolonnen, sollen über das Schicksal eines Mannes entscheiden, der mein *Freund* ist?! Lassen Sie sie von anderer Hand nachprüfen – oder nicht. Sind die Unterschriften überhaupt echt? Ich weiß, daß er leidet. Dreißig Jahre an meiner Seite – drei unendliche Jahrzehnte war Vinea Teil von meinem Ich, Gestalter meiner Gedanken, Mund meines Hirnes, Arm meines Körpers, Echo meiner Schritte, Spiegel meiner selbst. Was sollte *ihm* noch unrechter Besitz, erworben auf solche Weise? *Warum*, Galvano, sollte *er* mich bestehlen? Hatte er nicht genug? Wer hat Ihnen diese scheinbaren Beweise zugespielt? Steckt vielleicht auch dahinter der Mann aus Lyon oder der Schönling aus Parma? Warum sollte *er* mich um Geld betrügen? Sprechen Sie nie wieder davon!«

Ehe der Graf ganz begriff, hatten die Hände des Kaisers die sorgsam geordneten Papiere ins Kaminfeuer geworfen. Für eine Weile züngelten, loderten die bläulich-roten Flammen auf, sanken wieder zusammen. Ein Häufchen Asche bäumte sich in der Glut.

Wie erwachend hob Friedrich die Augen zu dem Vertrauten empor, strich er sich über die fiebernde Stirn.

»Es geht nicht nur um Geld«, erklärte der Graf endlich mit

schwerer Stimme. »Jeder Ihrer Justitiare könnte es nachprüfen, Ihnen leicht Bestätigungen beschaffen, Unterlagen aushändigen – auch da Sie diese hier vernichteten. Anderes steht auf dem Spiel, Majestät.«

»Smeregho?«

Der Kaiser sagte es sachlich, hart. Ein Todesurteil.

Es sei eine Zusammenkunft zwischen dem Arzt und jenem Minoriten namens Gualo beobachtet worden, der sich offenbar gerade in Cremona eingefunden habe, berichtete Galvano Lancia. Man habe das Quartier des Mönches ausfindig gemacht und lasse ihn nicht mehr aus den Augen. Als Schlüsselfigur lägen die letzten Beweise zweifellos bei ihm, auch wenn der Arzt längst im Besitz der erforderlichen Mittel zu sein scheine, wie aus dem von Occursio mitgehörten Gespräch hervorgehe. Ob Seine Majestät noch irgend etwas eingenommen habe?

Der Arzt habe ihm des öfteren harmlose Abführmittel angeboten, erwiderte der Kaiser, die er bekommen, zuletzt aber nicht mehr geschluckt habe.

Man werde gewiß nicht versäumen, der Majestät wieder heilkräftige Kräuterbäder zu empfehlen ...

Friedrich winkte ab. Ob Herr von Vinea in Cremona angekommen sei?

»Er fragte bereits vor. Es wurde ihm bedeutet, Eure Majestät fühlten sich nicht wohl. Er äußerte große Sorge um Ihre Gesundheit.«

Der Kaiser schüttelte gequält den Kopf:

»Alles undurchdringlicher Nebel, Verdacht, Vermutungen, Befürchtungen. Unterschlagungen gewiß. Was aber weiß man wirklich von den Hintergründen oder einem ›Auftrag‹ des Arztes? Wer bringt die Beweise?«

»Geben Sie mir wieder Vollmacht, Majestät, Herrn von Vinea, den Arzt und den Dominikaner, wenn wir seiner habhaft werden, gegenüberzustellen und zu verhören. Ich bürge dafür, daß keinerlei Aufsehen damit verbunden wird.«

»Nein«, sagte Friedrich tonlos. »Ich werde sie gewähren lassen. Halten Sie sich mit einigen meiner Sarazenen morgen, wenn ich Vinea und den Arzt zu mir befehle, bereit!«

Lange stand der Kaiser vor dem Kaminfeuer und starrte in die zusammensinkende, rötlich atmende Glut.

Mein Leben, dachte er. Die Arzneien der Welt reichen nicht aus für ihre Gifte ... Was ist geblieben von allen Träumen, allem Streben über das allzu begrenzte Ich hinaus? Müdigkeit der Seele, Zwang zum Zweifel – nun auch am Nächsten ... Niemals hatte Friedrich gezögert, wenn es galt, den Störer der Ordnung zu strafen, den Schwachen, der seine Aufgabe nicht durchstand – bis zum eigenen Sohn. Was aber waren *hier* Gesetze, abgewogene Urteilsfindung, unveräußerliches Recht, auch wo keine Milde, Gnade gar, walten *durfte* – ? Morgen galt es die Probe. Bereicherung, Amtsmißbrauch, Vergehen am Staat, würden sie erwiesen, unterlagen menschlichem Gesetz. Für das andere, Letzte, das nur sie beide anging, gab es keinen irdischen Richter. Die Vollstreckung des Urteils konnte zuletzt nur bei dem liegen, der wußte, was und warum er es getan. Würde er sich verteidigen, würde er lügen? Die Lüge ist barmherzig – die Wahrheit tötet, dachte Friedrich. Aber jeder Mensch ist für *seinen* Schmerz geschaffen, wie das arabische Wort heißt ...

*

Nochmals hatte Galvano Lancia in der kurzen Frist bis zum kommenden Morgen das Seinige getan. Keiner betrat das Umfeld des Palastes, kein Kurier aus den Provinzen, kein Lieferant für die Küche, kein Soldat der Wache, kein Diener, auch kein Abgesandter von Kirche oder Staat.

Der Kaiser blieb in seinem Gemach, für niemand erreichbar. Was man ihm schweigend, mit scheuem Blick, an Speisen brachte, blieb unberührt.

Endlich, später als vereinbart, ließ Friedrich den Grafen Galvano vor. Ein Wort genügte. Lancia zog sich zurück. Dann gab der Kaiser das Zeichen, den Kanzler zu sich zu bitten; zudem erwarte er den Arzt.

Friedrich verharrte am Fenster, als Vinea eintrat. Dieser spürte wieder die dumpfe Macht außerhalb seines Willens, die ihn so lange bedrückt hatte, fast bis zum Ersticken. Sein von glänzender Klarheit und Kraft getragener Wille war zerbröckelt wie morsches Gestein unter der Wucht eines Bebens. Er sah die Umrisse der vertrauten Gestalt am Fenster, hinausschauend in den winterlichen Garten, wo sich der neblige Glast in kahlen Bäumen verfing.

Die furchtbare Stille zu durchbrechen, begann der Kanzler den üblichen Bericht über letzte Meldungen aus Lyon, den Provinzen, Sizilien vor allem. Doch seine Stimme trug nicht; er hörte die eigenen Worte verloren wie die eines Fremden.

Endlich sprach der Kaiser. Auch sein Ton war verändert, von Traurigkeit umfangen.

»Erinnern Sie sich jenes Abends auf dem Monte Malo, Vinea? Diese Stunde im Zelt entschied über Ihr Leben. Sie waren an meiner Seite.«

Petrus von Vinea schwieg.

»Ich werde«, sagte Friedrich in sich hinein, ohne das Fehlen einer Antwort aufzunehmen, »weder Deutschland noch mein Sizilien wiedersehen. Das Rad rollt. Die Päpste kommen und gehen; die Fürsten, die Städte und Handelsherren schachern um Vorrechte und kleinliches Geschäft. Im großen Feilschen gilt keine Krone, keine Freundschaft, keine Treue, kein noch so bescheidenes menschliches Glück. Jede Stunde bringt Kampf ... Jeder ist nur ein Werkzeug, auch Kaiser und Papst. Ich sehe meinen Stern nicht mehr.«

Und da der andere noch immer schwieg, fuhr der Kaiser mit dem verlorenen Hauch eines Lächelns fort: »Obwohl mir Scotus noch nicht zu sterben erlaubt. Noch lebt *er*... ›Sub flore ...‹ sagte der alte Magier. Zu dieser Winterszeit blühen nicht einmal die Gärten von Favara ... Ich sehne mich nach der Sonne der jungen Jahre. Wer die Menschen kennengelernt hat, verliert die Lust am Leben ...«

Er schüttelte den Kopf. Es war nicht das, was er sagen wollte. Dann fügte er langsam, mit einem prüfenden Blick auf den anderen hinzu: »Scharfer Verstand vereint mit bösem Willen erzeugt Ungeheuer. Böses Wollen vergiftet jegliche Tat. Vom Wissen unterstützt, geschieht das Verbrechen auf gefährlichste Art. Unselige Überlegenheit, die der Verworfenheit ihre Dienste leiht!«

Und unvermittelt, ganz direkt: »Sie waren in letzter Zeit fern von mir – nicht nur in Ihren Geschäften. Wäre etwas zu berichten – oder zu erklären?«

Der Kanzler erwiderte mit, wie es schien, nicht ganz fester Stimme. »Was anderes triebe mich um, Majestät, als das gleiche wie Sie? Was Sie mit Seiner Hoheit, Herrn Enzio, und Herrn Ezzelino im militärischen Bereich überwachen, übertrugen Sie mir im zivilen. Sie sind angegriffen, Majestät. Wenn Sie sich schon keine Ruhe gönnen, lassen Sie Herrn Smeregho Ihnen helfen. Er hat bei den Arabern gelernt.«

»Er ist ein Lombarde«, sagte der Kaiser. »Hoffentlich hat er nicht zu viel von *ihnen* gelernt.«

»Wie hätte ich Eurer Majestät meinen Arzt empfohlen«, erklärte der Kanzler mit seltsam flackerndem Blick, »wenn ich ihn nicht an mir selbst erprobt und Ihres Vertrauens würdig gefunden hätte?«

Der Kaiser stand unbewegt. War dies das Gespräch der letzten Stunde?

»Von Fahr ed-Din kenne ich auch dieses Koran-Wort«, sagte er in den winterlich toten Palastgarten hinaus: »Wechsel in der Freundschaft bringt Verderben ...«

»Ich verstehe Eure Majestät nicht«, erwiderte der Kanzler mühsam.

Friedrich hob die Hand. Die Stimme war Stahl:

»Den Arzt. Sie, Vinea, bleiben.«

Als Nicolo Smeregho eintrat, war es, als sähe der Kaiser das glatte, ausdruckslose Gelehrtengesicht zum ersten Mal. Nichts rührte sich in den von Beflissenheit und dem Bewußtsein eigener Bedeutung gezeichneten Zügen. Mit tiefer Verbeugung teilte er der Majestät mit, daß das heilende Bad mit der verstärkten Zugabe ausgesuchter Kräuter, das er für die Gesundung des Herrschers als unerläßlich erachte, bereitet sei. Auf einem Tablett trug der Arzt selbst den Becher mit der nicht weniger hilfreichen Medizin.

Der Kanzler, neben der Tür, durch die er den Medicus hereingerufen hatte, fügte fast in Eile hinzu: Das Mittel, gerade mit diesen besonderen Kräutern, das auch ihm bei Abgespanntheit des öfteren wunderbar geholfen habe, würde Seiner Majestät guttun, wenn es gleich eingenommen würde. Die Wirksamkeit der ätherischen Öle verflüchtige sich, wenn man warte; mit dem Bad verhalte es sich entsprechend.

Der Kaiser, in unerreichbarer Ferne, schickte seinen gedankenvollen Blick von einem zum anderen. Dann wandte er sich Galvano Lancia zu:

»Das Bad bleibt unberührt und wird untersucht. Wo ist der Minorit?«

Der Graf machte eine enttäuschte Gebärde:

»Entschlüpft, Majestät. In seiner zurückgelassenen Kutte fand man ein Papier...«

Friedrich nickte:

»Man bewahre es gut. Der Mann nutzt uns nichts. Er mag in Lyon berichten.«

Und ohne auf das Erstarren des Kanzlers und des Arztes zu achten, mit einem fast schmerzlichen Lächeln zu den beiden: »Ich habe Ihnen vertraut, Vinea – und Ihrem Medicus, dem Sie mich ausliefern wollten. Zu gut bedachten Sie meinen Rat: Ein Puppenspieler zeige nicht seine Hände!«

Dann, mit einem besonderen Schimmer in den blaugrünen Augen: »Ich vermute, daß Sie, bevor Sie heute zu mir kamen, alles vernichteten, von dem Sie annehmen konnten, daß es mir vielleicht doch noch nicht bekannt sei. Im übrigen gibt es genug Hofjustitiare, für deren hervorragende Ausbildung ich Ihnen immerhin zu danken habe.«

Darauf, als der Kanzler fassungslos einen Schritt auf den Kaiser zu tat, den Mund öffnete, das Woher solcher Andeutungen zu erfragen, mit gewohnter Hoheit: »Sie werden Gelegenheit haben.«

Und wieder zu dem Grafen Lancia: »Man rufe Occursio.«

Friedrich ging langsam auf den Arzt zu, der, geduckt, noch immer Tablett und Becher darbot:

»Sind Sie sicher, Herr Nicolo Smeregho, daß Sie sich nicht in den Ingredienzien vertan haben?«

Der Gelehrte schien zu wanken, als er, scheinbar gekränkt, die Stimme erhob:

»Wie oft habe ich Eurer Majestät meine heilsame Medizin verschrieben? Hat sie nicht immer geholfen?«

Der Mundschenk trat leichten Schrittes ein; es war, als erwärme sein Anblick das Wesen des Kaisers.

»Gib mir meinen Falerner, Occursio. Du hast mir noch immer den Trank gereicht, der mir half.«

Friedrich nahm langsam, bedächtig einen Schluck. Dann berührte er die auf einem Taburett bereitliegende Glocke.

Die sarazenische Wache erschien. Petrus von Vinea versuchte, seine Augen vom Kaiser zu wenden, doch Friedrichs eisig umhauchter Blick hielt ihn fest. Der Kaiser stand am Fenster, Graf Lancia vor der Tür, Kanzler und Arzt in der Mitte, die Sarazenenwache verteilt in den Ecken des Raumes.

Friedrich verharrte bewegungslos. Die Qual des Schweigens lastete auf den beiden Männern wie ein Felsgebirge über engem Tal, das keinen Weg mehr erkennen läßt. Der Kaiser sah Vineas vertrautes, bärtiges Gesicht: klug, mit dunklen, verschlossenen Augen und wissendem Mund – ein Römer aus Capua. Der Großsiegelbewahrer und Kanzler, der das Antlitz des Verehrten noch einmal wie in einem Abschied suchte, ahnte das Beben um die Lippen dessen, dem er alles verdankte und dem er nun alles zurückzugeben bereit war.

Kaum hörbar murmelte Friedrich vor sich hin:

»Das Laster eines Weisen gilt für tausend ...«

Was nun kam, geschah wie ein Blitz aus düster hängenden Wolken:

Petrus von Vinea stürzte auf den in gebannter Starre stehenden Arzt zu, diesem den Becher entreißend, ihn selbst an die Lippen zu führen. Friedrich hob die Hand. Die Sarazenen hielten den Kanzler mit eisernem Griff.

»Nicht Sie, Vinea.«

Der Kaiser deutete auf Smeregho: »Er!«

Der Arzt, das fahle Gelehrtengesicht überströmt von Schweiß, schloß für eine Sekunde die Augen. Wie versehentlich strauchelnd, verschüttete er einen Teil des Becherinhaltes auf den Boden.

Dem sich verzweifelt Wehrenden öffnete man gewaltsam den Mund, zwang ihn, vom Rest zu trinken. Es dauerte nur wenige Herzschläge, bis er zusammensank.

»Es reichte nicht«, stellte der Kaiser aufmerksam beobachtend fest. Trotz aller Erschütterung meldete sich die fragende Neugier. »Man gebe ihm ein Brechmittel und halte ihn fürs Verhör zur Verfügung.«

Als der Betäubte hinausgebracht war und Galvano Lancia der Wache wieder ein Zeichen gab, wandte sich Petrus von Vinea noch einmal dem Kaiser zu. Für eine Sekunde schien es, als wolle er sich dem unbeweglich Stehenden zu Füßen werfen, doch richtete er sich wie im wilden Rausch auf; seine Augen glühten im wahnwitzigen Feuer von Schrecken, Haß, Ohnmacht:

»Wie kann die Welt *Sie* ertragen – ? Das Reich, das Sie suchen, wird niemals sein. Sie haben sich dem Teufel verschrieben. Den Menschen über sich hinaus zwingen zu wollen, ist Sünde! Ihr Weg ist verflucht. Zu spät habe ich es erkannt ...«

Und kaum hörbar, mit irrlichternd-flammendem Blick: »Ich habe mich Ihnen ausgeliefert. Ich war blind. Richten Sie mich, Majestät!«

Friedrich suchte das verstörte, veränderte Antlitz des Mannes, der sein Freund gewesen war. Er fand es nicht mehr. Er hörte seine eigenen Worte wie aus anderer Welt:

»Die Zeit verwirrt viele Seelen. Die Ihrige, Vinea, durfte sich sowenig verwirren lassen, wie ich es der meinen erlaube. Sie haben sich ausgeliefert – aber nicht mir. Sie waren blind? Sie *werden* es sein! Nicht ich – die Pisaner werden Sie richten.«

Der Großsiegelbewahrer, Großhofjustitiar, Kanzler und Logothet taumelte zurück:

»Töten *Sie* mich, Majestät!«

Der Kaiser stand starr am Fenster. Nach einer Verbeugung verließ Graf Lancia mit den Sarazenen, in ihrer Mitte Vinea, den Raum.

Erst jetzt begriff Friedrich das Geschehene ganz. Er war allein in der unheimlichen Stille. Occursios Arme fingen den Schwankenden auf.

Am selben Abend ließ Friedrich in einem Brief an den letzten Freund, den greisen Erzbischof Berard von Palermo, seinem Schmerz freien Lauf:

Petrus, den ich für einen Felsen gehalten habe und für die Hälfte meiner Seele – er hat mich verraten. Wem darf ich noch trauen, wo noch sicher, wie jemals wieder dieses Lebens froh sein? Was ist ein Freund?

Mit starrer, ungelenker Hand setzte er unter den bitteren Bericht die Worte Hiobs:

Alle meine Getreuen haben Greuel an mir, und die ich liebte, haben sich wider mich gekehrt ...

XVI
DER FALCONELLO

Über dem Hof, der ganzen Umgebung des Kaisers, hing bleiern dumpfe Schwere. Der Fall des allmächtigen Kanzlers und Obersten Siegelbewahrers stürzte die Menschen nah und fern in Schrecken und Verwirrung, zumal die Hintergründe eigentlich im dunkeln blieben. Der Kaiser umgab sich mit einer Mauer des Schweigens.

Man versuchte, Vinea zu klaren Antworten über seine Pläne, Verbindungen, Veruntreuungen und ihre Gründe zu bringen. Den verhörenden Beamten gegenüber zeigte er sich gesammelt, beherrscht, verbarg er seine verwüstete Seele. Auch um den Niedergeworfenen atmete unantastbare Würde. Wesentlich schien nur das Letzte, das dem Kaiser gegolten hatte und nun *ihn* traf. Man erkannte auf Majestätsverbrechen.

Am Abend des Schuldspruches betraten einige Männer den Kerkerraum. An dem tragbaren Kohlenbecken und dem Sarazenendolch, den einer von ihnen in der Hand hielt, erkannte der Gefangene, was bevorstand.

Blicklos starrten seine dunklen, im Entsetzen geweiteten Augen auf den rotglühenden Stahl, der auf ihn zukam und das Licht dieser Welt in versengender, wild sich aufbäumender Qual für immer löschte.

Petrus von Vinea sah seine Familie nicht mehr, keinen Priester, keinen Verteidiger, keinen seiner Bewacher. Auf einem Esel reitend, wurde der Blinde im Troß des Kaisers mitgeführt, als dieser im März nach der Toscana aufbrach. Man brachte ihn in den Kerker der Reichsburg San Miniato, wo er die Auslieferung an die Pisaner erwarten sollte.

Wie aus dem in den zurückgelassenen Kleidern des falschen Minderbruders gefundenen Papier und dem erpreßten Geständnis Smereghos hervorging, war Gualo nicht nur Verbindungsmann zum Kardinal Bojolo, sondern auch zu dem namhaften Chemiker und Giftmischer Hugo Borgononi, der als medizinischer Berater des Papstes in dessen Auftrag gehandelt haben sollte. So auch gab es der Kaiser den Königen der Welt in offiziellem Schreiben bekannt.

Der noch vom Gift gezeichnete Nicolo Smeregho wurde geblendet und zu ständiger Folterung bis zu seiner Hinrichtung verurteilt. Man henkte ihn in Sizilien.

*

Galvano Lancia suchte den Kaiser im Lager vor Florenz auf. Friedrich empfing ihn mit Fieberblick und einer Blässe, die den Grafen erschreckte.

Als dieser einleitend die vorsichtige Frage anklingen ließ, ob die Ursache in dem seit Monaten ahnungslos in geringen Mengen eingenommenen Gift zu suchen sein könnte, schob es der Kaiser beiseite.

»Berichten Sie, was zu berichten ist.«

»Zuerst eine neue Trauermeldung, Majestät. Ihr Herr Sohn ... «

Wie in einer Ahnung schreckte Friedrich auf:

»Enzio – ?«

Galvano Lancia schüttelte den Kopf.

»Graf Richard von Chieti. Das Fieber, das auch meine Schwester Bianca traf ...«

»Wohl ihm«, sagte der Kaiser mit einem tiefen Atemzug. »Immerhin hat man ihn nicht erdolcht oder vergiftet. Wer war würdiger, in meinem Namen die Romagna und Spoleto zu regieren? Ob er noch einmal den Marktplatz von Jesi besucht hat – ?«

Er schob es beiseite. Wie es bei Modena und Bologna stünde? Wenn Bologna nicht fiele, werde man niemals Parma strafen können.

Die Gefahr liege vor allem in einer Vereinigung der Heere dieser beiden Städte, stellte Graf Galvano fest. Die Herren Enzio und Ezzelino seien auf der Hut. Vor allem Enzios Tatkraft und Wagemut habe dem jungen König auch bei den Feinden hohen Ruhm eingebracht.

Friedrichs Blick verschleierte sich.

»Möge ihn sein Wagemut nicht verleiten ...«

Dann, unvermittelt: »Ist der Schuldiggesprochene nach Pisa überstellt?«

»Es bedarf dessen nicht mehr, Majestät.«

»Was heißt das?« fragte Friedrich schneidend. »Hat man gewagt, ihn gegen meinen Willen – ?«

Galvano Lancia verneinte.

»Als man dem Gefangenen bestätigte, daß seine Auslieferung bevorstehe, führte er ein Wort Senecas an: ›Nach Willkür des Feindes sterben, heißt zweimal sterben‹ ...«

»Und?«

»Dann fragte Herr von Vinea mit ruhiger Stimme, ob sich etwas zwischen ihm und der gegenüberliegenden Mauer befinde? Als der Kerkermeister erwiderte, dort sei nur ein Pfeiler, zerschmetterte sich der Blinde an ihm den Schädel. So, Majestät, endete in verdienter Schande Ihr stolzer Kanzler!«

Klang in den letzten Worten ein Unterton mit? Zeichneten auch ihn, den Bruder Biancas, Haß und kleinlicher Neid? Wem in der Welt war noch zu trauen? Wieder fiel dem Kaiser ein arabischer Spruch ein: Wenn du die Ursache erkannt hast, hört die Verwunderung auf ...

Müde der Zweifel und böser Zeiten gewiß, legte Friedrich den Arm auf den Lagertisch und bettete die Stirn in seine Hand.

»Gehen Sie, Galvano. Lassen Sie mich allein.«

*

In diesen Tagen erfuhr der Kaiser auch vom Tod seines Hofastrologen Michael Scotus zu Foggia.

»Der alte Magier ruft mich ...« murmelte Friedrich in sich hinein. Niemand verstand seine Worte.

In einer Sänfte trug man den Kranken inmitten seiner Truppen durch das toscanische Land. Als man die eisernen Stadttore von Florenz erreichte, ließ er anhalten.

»Heißt diese Stadt nicht die ›Blühende‹ – ?« fragte er den ihm zur Seite reitenden Mundschenk. Und als dieser verwundert bejahte, denn die Frage schloß die Antwort in sich, fügte Friedrich kaum hörbar hinzu: »Sollte Scotus hier auf mich warten – ?«

Keiner der Herren um ihn begriff, warum der Kaiser sich weigerte, Florenz zu betreten. Von Pisa aus wollte er mit dem Schiff in die apulische Heimat zurückkehren; in Neapel gedachte er eine Ruhepause einzulegen.

Das in Hafennähe aus dem Meer ragende winzige Felseiland Megaris des früheren griechischen Neapolis hatte später den Mittelpunkt der römischen Villa des Feldherrn Lucullus gebildet. Seit über hundert Jahren staufisch, barg das von Roger dem Ersten hier errichtete Castel dell'Ovo wie das apulische Lucera einen Teil von Friedrichs Staatsschatz. Die kaiserlichen Wohnräume in den obersten Geschossen waren wie seine Schlösser geschmückt mit den von ihm gesammelten antiken Bildwerken.

Als sich Graf Galvano, eilends ihm nachgereist, melden ließ, empfing ihn Friedrich mit einem verlorenen Lächeln:

»Man sagte mir, dieses einstige Schloß des in Ungnade gestürzten Genießers Lucullus und Gefängnis des letzten römischen Imperators Romulus Augustulus sei von Unheil gezeichnet ... Was für Hiobsmeldungen gibt es heute? Hat Herr Innozenz seiner Enttäuschung Ausdruck gegeben, daß ich noch immer lebe?«

Man beglückwünsche die Majestät allenthalben zur Rettung in letzter Minute, versuchte der Graf das Bevorstehende einzuleiten. Jedermann erhoffe seine alsbaldige vollständige Genesung.

Darum allein dürfte Galvano kaum hierhergeeilt sein, fragte der Kaiser mißtrauisch. »Wieder eine Verschwörung? Ein Toter? Woher kommt die Meldung?«

»Von Herrn Ezzelino da Romano, Majestät.«

»Was – ?«

»König Enzio ...«

Der Kaiser zuckte zusammen:

»Vergiftet, ermordet?«

»Er lebt«, sagte Graf Lancia mit einer beruhigenden Geste.

»Verwundet? Schwer?«

»Gefangen, Majestät.«

Friedrichs Haupt sank herab.

»Mein Falconello ...«

Galvano Lancia berichtete: Zwischen Modena und Bologna, den guelfischen Feinden, lagen die kaiserlichen Truppen, geführt von Ezzelino da Romano und Enzio, fest. Das in Sumpf und Regen kampierende Heer konnte keinen Kampf, keine Entscheidung herbeizwingen. Fossalta hieß der kleine, stark befestigte Ort gegenüber dem Lager. Und dann geschah es: Ein Überfall, ein Scharmützel nur. Die Bolognesen hatten den undurchdringlichen Dunst zu einem Ausbruch benutzt. Doch sie waren nicht zu fassen, zogen den jungen König vom Lager weg. Plötzlich löste sich aus der Regenwand wieder der Feind. Im Augenblick war Enzio umzingelt, sein Pferd getötet. Im Nebel sah er noch, wie seine Männer flohen ...

Auf keinen seiner Truppenführer hatte sich Friedrich verlassen wie auf Enzio, den Lieblingssohn, der ihm neben dem Knaben Manfred geblieben war ... Wie oft hatten die Canzonen des dichtenden, musikliebenden Jünglings den Vereinsamenden und seine Umgebung beglückt, bezaubert. Die helle, klare Stimme, das von goldenen Locken umwehte, schöne Haupt ...

Friedrich besann sich.

»Küsse die Hand, die du nicht abschlagen kannst«, sagte er mit gepreßter Stimme. »Reiten Sie nach Bologna, Galvano. Überbringen Sie mein Angebot: Ich, der Kaiser, *bitte* die Herren, König Enzio und seine Mitgefangenen freizulassen, und ich werde ihre Stadt über alle anderen erheben. Deuten Sie aber auch an, man möge sich des wechselnden Glückes nicht zu sehr überheben und die Macht des Reiches nicht für überwunden halten! Hat mein Ahne Barbarossa nicht einst das mächtige und unbezwingliche Mailand auch entgegen aller Erwartung zerstört? Sagen Sie, daß ich im Falle einer Weigerung die Bolognesen nicht weniger bestrafen und sie zum Gespött der Welt machen würde! Eilen Sie, Graf. Bringen Sie mir meinen Falconello zurück!«

Schon nach einer Woche übergab Galvano Lancia dem Kaiser das ebenso hochmütige wie abweisende Schreiben der Ratsherren von Bologna:

Unsere Feinde, die mehr ihrer Macht als der Weisheit und dem Recht vertrauten, sind zu Boden gestürzt und glauben dennoch, Drohungen und leere Worte könnten uns schrecken! Wir sind nicht gleich dem Rohr des Sumpfes, welches der Wind bewegt, oder dem Reif, welchen die Sonne schmilzt ... Deshalb melden wir Ihnen, daß König Enzio unser Gefangener ist und bleiben wird – gleich einer Sache, die uns von Rechts wegen gehört. Wollten Sie sich dafür rächen, so wird es Ihnen an Macht fehlen, oder unsere Macht wird sich der Ihrigen gegenüberstellen und sie überwinden. Der Pfeil trifft nicht immer den, welchen er bedroht! Der Wolf raubt nicht immer die Schafe, nach denen er trachtet. Nach einem alten Sprichwort kann ein wilder und schäumender Eber wohl durch einen kleinen Hund festgehalten werden!

*

Mit Windeseile durchjagte die Nachricht von der Beute, die man eingebracht, die stolze Stadt Bologna. Mit jeglichem Prunk und Aufwand wurde der Sieg über den Sohn des gefürchteten Kaisers, den strahlenden Regenten von Sardinien, als Freudenfest ohne Beispiel begangen. Dem Zug voraus, in samtenen, goldbestickten Kleidern, ritten Adel und Rat; es folgten Fußvolk und Geharnischte zu Pferd. Danach, gefesselt, die Gefangenen. Und dann – in gewolltem Abstand – allein, in goldenen Ketten, der junge König, vorbei an Kirchen, den Geschlechtertürmen der Grisenda und Asinelli und den Adelspalästen, von deren Balkons sich die guelfischen Fahnen im Frühlingswind bauschten. Die Tausende in den geschmückten, überfüllten, wogenden Gassen tobten vor Begierde, die edle Beute zu bestaunen, zu berühren. Das Volk schrie, griff nach Enzios berühmten blonden Haaren.

Manche aber erstarrten jäh. Der Zauber jugendlicher, männlicher Schönheit packte auch solche, die nie davon gewußt hatten. Schluchzen brach auf; Männer nahmen ihre Kappen ab, neigten die Köpfe: Des Kaisersohnes letzter, erschütternder Sieg ...

Im oberen Stockwerk eines Palastes im Herzen der Stadt richtete man einen saalartigen Raum her, mit vergitterten Fenstern, der rückwärtige Teil abgetrennt durch eiserne Stäbe und eine eingelassene Tür, darin ein Lager. Schluchzend vor Scham und Zorn warf sich der junge König darauf.

Der Podestà selbst ließ es sich nicht nehmen, seinen Gefangenen als erster aufzusuchen und ihm zu versichern, daß es ihm an nichts fehlen solle, auch an Geige und Schreibzeug sei gedacht; man kenne ja die Neigungen Seiner Hoheit. Leider dürfe man ihm die Kette tagsüber nicht abnehmen – doch sei sie fein geschmiedet; man gewöhne sich leicht an solchen Umstand.

Und als lese er die Gedanken des ohnmächtig Schweigenden, fügte der Patrizier mit besonderem Unterton hinzu:

Für Seine Hoheit dürfte dieser Aufenthalt jedenfalls angenehmer sein als jener der geistlichen Herren in den kaiserlichen Kerkern von Palermo ... Ob man geneigt sei, ihm folgen zu wollen? Es sei seine, des Podestàs, Pflicht, dem ihm Anvertrauten für alle Fälle eine andere Räumlichkeit ebenfalls zur Kenntnis zu bringen ...

Schweigend folgte der junge König dem Podestà und der Wache über Flure und Treppen hinunter, wo Moderluft die Kellerräume anzeigte. Man schloß eine eiserne Tür auf, bedeutete dem Gast mit lächelnder Verbindlichkeit, näherzutreten. Durch einen Lichtstrahl, aus winziger Öffnung von oben erhellt, tat sich eine enge, feuchte Kerkerzelle auf. Man zeige sie Seiner Hoheit nur für den Fall, daß er etwa die Absicht erwäge, eines Tages fliehen zu wollen. Niemand würde es schmerzlicher bedauern, als er, der Podestà, einem so hohen Gast solch unfreundlichen Ort zumuten zu müssen. Allerdings sei er in jeder Hinsicht und für immer so sicher wie die Entschlossenheit des Rates der Stadt.

Starren Gesichts wandte sich Enzio zurück. Während des Weges über die gewundenen Treppen nach oben bemerkte der Podestà gleichsam nebenbei:

»Was Ihre Bedienung angeht, Hoheit, so ist der Ihnen zugeteilte Wärter ebenso willig wie unbestechlich. Eure Hoheit haben zufällig damals am Ufer des Po seinen Bruder mit Hunderten anderer Lombarden aufhängen lassen. Der gute Mann wird es nicht vergessen, was Eure Hoheit ihm nachsehen mag.«

Wieder im oberen Raum, stand Enzio lange am Fenster und sah mit brennenden Augen in die Bläue, die sich jenseits der dunklen Eisenstäbe über die Stadt breitete.

Wie sollte er leben ohne Kampf, ohne Freiheit, ohne Sonne,

ohne Ritte durch die blühende Welt? Einmal würde, mußte er fliehen. Noch besaß er kostbare Ringe des Kaisers, seines Vaters. Noch gab es vielleicht Verbindung zu ihm.

Noch ahnte er nicht, daß alle Sehnsucht umsonst sein sollte.

*

Friedrich überwand seinen Zorn und leitete, den geliebten Sohn zu retten, neue Verhandlungen ein. Enzio selbst machte seinen Zwingherrn das Angebot: Er gäbe ihnen einen Reif von Silber, der die ganze Stadt umfassen sollte!

Zu stolz waren die Bolognesen auf ihr Faustpfand.

Dem Kaiser blieb nun niemand, der für ihn den Kampf gegen die Lombarden weiterführen konnte, als der wüste und grausame Ezzelino da Romano. Seit seine junge Frau, die Kaisertochter, tot war, wurde er immer mehr zum Unbotmäßigen und Wahnsinnigen. Im Namen seines Herrn folterte er Männer und Weiber, Kaufleute und Mönche, Soldaten und Priester.

Auch der Kaiser fühlte sich gefangen in den Ketten des Schicksals. Er hatte dem Reich – *seinem* Reich – Glanz und Größe, Ordnung und Frieden geben wollen, aber man hatte ihn gezwungen, sein Leben in unwürdigem Kleinkrieg, in Abwehr, Intrigen, Manifesten zu verzetteln. Was war von aller Willenskraft des Fünfundzwanzigjährigen, der in Rom die Krone der Welt empfing, geblieben? Wohl hatte das apulische Regno, sein eigentliches Erbe, etwas von der neuen Gestalt, die ihm vorschwebte. Was aber war Sizilien gegen das christliche Abendland, dem das Kaisertum galt!

Die Gefangenschaft des Sohnes traf wieder tief: Er, der Herrscher über das Heilige Reich, vermochte nichts gegen eine einzige feindliche Stadt!

Das Schwerste hatte sich im letzten Jahr zusammengeballt. Pracht und Hoheit des kaiserlichen Namens hatten darunter nicht gelitten – doch der Träger der Krone schien versteinert.

Stärker meldete sich der in unablässigen Strapazen gequälte Körper. Oder waren es die Medizinen des Nicolo Smeregho – ?

Kaum aber hatte der Kaiser die Schwäche überwunden, ging er wieder daran, die Ruhe im Reich zu festigen. In Apulien ordnete

Friedrich starke Kräfte auch afrikanischer Sarazenen. Aus Sizilien und Sardinien wurden Kornreserven herbeigeschafft. In der mittleren Lombardei erzielte der Markgraf Pallavicini gegen Parma und Piacenza Erfolge. Viele Städte Oberitaliens wurden zurückgewonnen. Der kaiserliche Admiral schlug die genuesische Flotte.

König Konrad nötigte die eigenmächtigen rheinischen Erzbischöfe zu einem Waffenstillstand. Verrat und Unheil schienen überwunden. Alles war vorbereitet, im nächsten Jahr den kaiserlichen Waffen endgültigen Erfolg zu sichern.

Das Scheitern des Kreuzzuges Ludwigs des Neunten und die Gefangenschaft des französischen Königs bedrückten den unnachgiebigen Stellvertreter Christi. Allgemein schrieb man ihm den Mißerfolg zu. Er, Innozenz, habe Friedrich daran gehindert, Ludwig beizustehen. Ludwig selbst drängte den Papst immer wieder, endlich mit dem Kaiser Frieden zu schließen. Friedrich seinerseits hatte die Kardinäle aus der palermitanischen Gefangenschaft entlassen; er bereitete sich auf einem Zug in die Lombardei und nach Lyon vor. Die Waagschale des Staufers hob sich von neuem. Die Lösung vom Bann, dieser Fessel und Belastung des kaiserlichen Ansehens bei den Völkern des Abendlandes, zeigte sich als ferne Hoffnung. Der einst so elegante Herr Sinibald Fiesco und jetzige Papst Innozenz der Vierte, krank, auch er vereinsamt, von Feinden umgeben, schmiedete im Lyoner Exil neue Fluchtpläne.

Bei seinem beabsichtigten Zug über die Alpen plante Friedrich auch einen Besuch der deutschen Länder, die er seit eineinhalb Jahrzehnten nicht mehr gesehen hatte. Zudem strebte er eine vierte, politisch begründete Hochzeit mit der Tochter des Sachsenherzogs an.

Der Beginn des neuen Jahres schien befreit von den würgenden Nebelgespinsten des vorausgegangenen. Mochte der Papst das Bild des Kaisers zeichnen mit apokalyptischem Profil, der päpstliche Chronist Fra Salimbene aus Parma seine Handlungen als wahnerfüllt darstellen und den Ruin des Reiches, ja wieder die Frage aufwerfen: ob Friedrich wahrhaft aus edlem Staufergeblüt stamme oder von einem Schlächter? Und doch hielt sein Staat die Geistlichkeit in bürgerlicher Ordnung, zügelte und spornte er Adel, Bürger und Bauern an, kannte er pflichtbewußte Behörden und eine zu allgemeiner Anteilnahme erziehende Verfassung, darin als Mitte den kaiserlichen Gesetzgeber und -anwender. Und ebenso blühende Wissenschaften und Künste, Dichtung und Frauenverehrung in der Epoche der ›Minne‹, die Menschen zu einer höheren Form des Lebens führend über das notwendig Strenge hinaus. Immer spürte Friedrich um sich die schweigenden Schatten zweier Männer: des deutschen Ordensritters Hermann von Salza, der Stärke verkörperte und Treue, kein Wortgewaltiger und kein Untertan, weder dem Kaiser noch dem Papst, nur ein Weggefährte für den Größeren ... Und des Petrus von Vinea, der die andere Ergänzung gewesen war: der Großhofjustitiar, dessen geistige Kraft im Gesetzwerk von Melfi weiterlebte und der den Kaiser verriet, weil er es nicht ertrug, daß einer mehr Macht über die Menschen und über ihn, den Kanzler, hatte, als seine eigene Liebe erlaubte.

Stand nun die Stunde des Friedens bevor, von dem Salza einst sprach? Ob es die Hölle war, die nach dem Menschen züngelte, oder das Schandmal der Sterblichkeit, das Gott dem Geschlecht Adams aufbrannte – für den Herrscher aus schwäbischem Stamm, der in seinem Herzen weder Christ noch Deutscher war, galt nur das Wissen und Tun auf *dieser* Welt.

XVII
UNGLÜCK IST SCHULD

Auf der Straße, die, von Ascoli kommend, durch das apulische Land zwischen Wein- und Olivengärten zur Kaiserlichen Residenz Foggia führte, bewegte sich, umweht von Staub und seltsam fremden Klängen, noch einmal der sagenhafte, endlose Zug des Kaisers, staunend, in gebannter Scheu gegrüßt von den Bauern und Handwerkern, Frauen und Kindern des Königreiches. Von allen Seiten zusammengeeilt, harrten sie am Rande des Weges, auf Mauern und Dächern gedrängt, das unerhörte Bild aufzunehmen:

Zuvor auf schnellen, feingliedrigen Araberpferden eine Vorhut sarazenischer Reiter, deren Tracht und Putz ›Tausendundeiner Nacht‹ zu entstammen schienen. Lanzen mit wehenden Roßschweifen, Turbane, schwarzbärtige Gesichter mit dunkelglühenden Augen, goldverbrämtes Lederzeug, flatternde Umhänge und gebauschte Hosen, Schnabelschuhe und blitzende Edelsteine an Agraffen und Schwertscheiden, übertönt vom Getrappel der Hufe und dem Geschmetter silberner Trompeten.

Nach den Sarazenenreitern trabten, lautlos fast, Kamele aus der berühmten Mehari-Zucht des Sultans von Ägypten. Auf buckligen Rücken trugen sie schwankende Sänften; zartfarbige Vorhänge verbargen geheimnisvoll verschleierte Frauen, bewacht von herkulischen Mohren, als gälte es die Verteidigung der seltensten Schätze.

Nach einem Abstand – der Staub der zahllosen Hufe sollte sich legen – ritt eine feierliche Reihe von Würdenträgern und Rittern auf nicht weniger geschmückten Rossen.

Danach wieder tänzelnd zierliche Pferde, auf ihnen Knaben und Pagen mit langen Locken, gegürtet und bewehrt mit kleinen, blitzenden Dolchen sarazenischer Arbeit.

Wenn der Zug nahte, klangen am Straßenrand Stimmen auf:
»Imperatore! Imperatore!«
Doch dann erstarrten die erhobenen Hände. Stille war jäh um

die Menschen am Wegrand. Manche sanken in die Knie, Mütter hoben ihre Kinder empor. Von fern drangen nur noch einzelne Rufe und das Rauschen des Jubels.

Der Kaiser, auf seinem berühmten nachtschwarzen Schlachtroß ›Drache‹, ritt allein. Er trug ein grünes, kurzes Jagdkleid. Das gelichtete, noch immer rötlich schimmernde Haar, von goldenem Stirnreif gehalten, wehte im Wind des späten Sommers.

Keiner der am Rande sich Drängenden nahm mehr den Glanz des endlosen Zuges wahr. Jeder sah nur das unbewegte Gesicht des Mannes, der den Kampf mit der Kirche, der größten Macht im Abendland, auf sich genommen hatte und den man ›Verwandler der Welt‹ nannte.

Immer von neuem schwollen die Rufe, wenn sich die einsame Gestalt auf dem schwarzen Roß näherte – und erstarben, da sein Antlitz erkennbar wurde. Die Lippen waren hart und wissend, von feinen Falten umspannt, die jedem zeigten: Der hier ragte jenseits von Sieg und Niederlage. Kein Feind, kein Freund, kein Papst, kein Fürst, keine Stadt, seien sie noch so mächtig, kein Neid, keine Begeisterung konnten ihn noch erreichen.

Was den jetzt Sechsundfünfzigjährigen hier umgab, war nichts als der ihm gebührende Rahmen, Zeichen seines Anspruches: Alles war sein.

Wenig hinter dem Kaiser, wie er im knappen Jagdgewand, ritt ein etwa achtzehnjähriger Jüngling. Wie dieser trug er das lange, blond leuchtende Haar, Königszeichen der Staufer, offen – nur daß das des Jüngeren weniger ins Rötliche spielte und daß seine Augen von dunkler Farbe waren. Die samtenen, gebräunten Gesichtszüge zeigten unverkennbare Ähnlichkeit mit denen des kaiserlichen Vaters. Auch der Sitz zu Pferde, die Haltung des Zügels und die lässig herabhängende Rechte verrieten, wer hier, in unberührter Jugend und doch schon gezeichnet von eigener Art und eigenem Schicksal, seiner Spur folgte.

Während der Herrscher ernst und unbewegt seinen Weg ritt, leuchtete im Antlitz des jungen Mannes ein Lächeln: Freude über die Freude, Dankbarkeit für die Ehrfurcht des Volkes gegenüber dem über alles verehrten Vater.

Neben dem Jüngling, wenige Schritte zurück nur, immer die Augen auf den strahlend schönen Prinzen gerichtet, ritt in ähnlicher Haltung und ähnlichem Jagdkleid, das sich nur durch den einfachen Gürtel von dem des Prinzen unterschied, der Mundschenk Occursio.

Danach wieder ein Zug von Pagen und Bediensteten in buntgestreiften Tuniken und ockerfarbenen Beinkleidern. Auf den ledernen Stulpenhandschuhen trugen sie Friedrichs liebsten Besitz: seine Falken.

Zu seiten der Straße streifte, einzeln oder paarweise, von Knechten an geschmückten Halsbändern geführt, die kaiserliche Meute. An Ketten dann wieder seltene Jagdleoparden, die schnellen Chitas. Wie die Falken mit ledernen Kappen über den Augen, die witternden Nasen in ständiger Bewegung, schlichen sie mit federnden Schritten oder hockten auf besonderen Sitzen über der Kruppe der Pferde hinter ihren sarazenischen Wärtern – reglos, gefährlichfremde Beschützer des Mannes, den sie stets begleiteten.

Nach den Leoparden folgte die berühmte, niemals genug bestaunte Menagerie: Elefanten mit hölzernen, geschmückten Türmen auf ihren Rücken, in denen Treiber und sarazenische Armbrustschützen thronten. Giraffen, von deren Vorhandensein hier früher niemand gewußt; weiterhin an Ketten und in Käfigen Löwen, Luchse, exotische Vögel, Adler und Eulen. Ihnen schloß sich wieder ein Rudel fremdartig fluchender Maultiertreiber mit Packpferden an, auf deren Rücken in Kisten und Ballen Bücher, Dokumente, Kleider und Gerätschaften des Herrschers verstaut waren. Die Sekretäre und Notariatsdiener, denen die Obhut über die kostbaren Schriftsammlungen und Bibliotheken zukam, jagten im Staub der Straßen hin und her, Sorge tragend, daß keines der Tiere mit seiner Last zurückblieb oder verlorenging ...

Weiter bewegte sich die Märchenkarawane durchs herbstliche Land, das für Friedrich Heimat war wie keines seiner anderen: der weite Horizont der Ebene des Tavoliere, das Hügelland der Murgie und die einsamen Jagdwälder des Monte Vulture. Immer, wenn ihn Pflichten oder Krieg im Ausland, selbst in Sizilien, im stolzen Palermo, in der blühenden Toscana oder in der Fruchtbarkeit Oberitaliens aufgehalten hatten, trieb es ihn hierher zurück, wo sich in den Städten, am Meer oder an hochgelegenen Orten seine titanischen Burgen und Schlösser türmten, von denen man zusammen nicht weniger als zweihundertfünfzig zählte.

*

In Lagopesole, dessen nahegelegenem See das Kastell seinen Namen verdankte, im waldreich-kühlen Gebirge des Monte Vulture, hatte der Kaiser mit seinem Sohn den Sommer verbracht. Die in grünlichem Sandstein bis zu einer Höhe von sechzehn Metern aufgetürmten Mauern überragte der mächtige Bergfried, der an die deutschen Stauferburgen erinnerte.

Auch hier gab es das ausgeklügelte Netz von Rohrleitungen für Bäder und Küche, die in deutschen Bauten der Zeit unvorstellbar waren. Eine offene Reittreppe, weniger großzügig als etwa in Barletta, führte zu den kaiserlichen Gemächern. Von der Höhe der Burg wanderte der Blick bis zum erloschenen Vulkan des Monte Vulture nahe Venosa – der Stadt, die außer der Geburt des römischen Dichters Horaz auch die dunklen Stunden des eingekerkerten Kaisersohnes Heinrich sah.

Abgeschlossen von der Welt, der Jagd und seinen Studien zugewandt, verfolgte der Kaiser in der Stille, wie sich sein Stern noch einmal über alle Schicksalsstürme zu erheben schien. Er wußte von der eigenen Ruhelosigkeit, die ihn immer getrieben hatte und die seine Bestimmung war. Nun, da er das Alter fühlte, war sie ihm zur Gewohnheit geworden wie die byzantinische Pracht, die ihn überall umleuchtete als Schein und Zeichen imperialer Größe – und wie für seinen niemals befriedeten Geist die Übung der Wissenschaften und Künste. Oder auch als Mittel, dem Fluch des Mannes in Lyon zu entfliehen?

Bedeuteten Kirchenbann, Ausstoßung, Ausschließung von den Sakramenten der Christenheit nicht noch immer eine furchtbare Demütigung, die es galt, Tag um Tag, Nacht um Nacht mit sich herumzutragen, mochte das Volk auch gläubig erstarren, wo ER, der Kaiser, sich zeigte?

Wie der Papst vor ihm, dem Verfemten, nach den Ländern jenseits der Alpen geflohen war, floh nicht auch er, der Kaiser, vor sich selbst?

Noch einmal hielt Friedrich Hof zu Foggia, empfing er die Fürsten des Reiches, die Abgesandten aus Deutschland und Sizilien, des Morgenlandes und Cyperns. Er hörte Musik und lauschte den Dichtern, sah den sarazenischen Odalisken zu und freute sich am Wettstreit der Troubadoure, deren französische, italienische, deutsche, flämische oder arabische Verse und Melodien auch für höfischen Tanz gesetzt waren, gewidmet edlen Frauen, während sich die Pagen aus aller Herren Länder ritterlichen Übungen hingaben. Erlaubt war alles, solange es schön und vornehm blieb. Grobe Gebärden schienen so wenig denkbar wie vulgäre Worte.

Noch einmal regierte die vergeistigte Strahlungskraft und vollendete Form des suchenden Verstandes eines Herrschers auf der Höhe seiner Tage.

Zusammen mit den letzten Plänen für die Ausstattung von Castel del Monte studierte Friedrich die Zeichnungen des fertiggestellten Capuaner Brückentores über dem Volturno. Eine Stimme sagte ihm, daß er die Vollendung nicht mehr sehen würde. Er versenkte sich in die festlichen Maße des römisch-herrischen Bauwerkes, von dessen Mitte sein eigenes Bildnis in erhabener Ruhe auf den Beschauer herabsah, daneben die Büste des bis in den Tod getreuen Thaddeus von Suessa. Dann erkannte er die auf dem Blatt offenbar bewußt leer gelassene Nische zur Rechten. Den Bildhauer, der die Zeichnungen überbrachte, fragte er ruhig: Ob man vergessen habe, wessen Bild sie aufzunehmen bestimmt sei?

Der Meister erschrak, Unsicherheit im Blick. Ob die Majestät nach allem Geschehenen noch immer daran denke – ?

Die Stimme des Kaisers war unbeirrt, das Kopfschütteln fast von Trauer gezeichnet:

»Am Plan wird nichts geändert. Das Denkmal gilt nicht der Schuld eines Mannes, sondern seinem Geist. Die Büste des Großhofjustitiars von Vinea wird sogleich eingefügt.«

*

Der November hatte auch in Foggia den Sommer besiegt. Grau

und kühl wehte es über das apulische Land, und die Wolken rissen nur selten auf, um einen Spalt gelber Nachmittagssonne über gilbenden Blättern der Buchen und das unveränderliche Dunkel der Olivenwälder sichtbar werden zu lassen. Wie niemals zuvor war um den Kaiser, trotz aller quellenden Lebendigkeit der großen Residenz, Stille aufgekommen. Abstand zu den Menschen, auch den nächsten, hatte sein Wesen immer gezeichnet, niemals durfte in seiner Umgebung das Wesen eines Gelages um sich greifen. Es bedurfte dazu keines Verbotes, keiner besonderen Hinweise. Sogar der grausame Ezzelino da Romano zeigte in Gegenwart des Kaisers Gesittung und Rücksicht.

»Ich frage mich oft«, sagte Friedrich zu dem bei ihm weilenden Erzbischof Berard, »welche Rolle der Mensch unter den Menschen spielt; warum der eine oben, der andere von Geburt an unten stehen und zuletzt jeder seinen Weg in die Finsternis des Grabes nehmen muß. Ob die christliche Lehre mit der Auferstehung nicht erst dadurch tiefere Wahrheit erlangte, indem sie ihr die Lehre von der Wiedergeburt des Gautama Buddha eingefügt hat? Welche Macht leitet uns wirklich? Was ist es, das den Menschen befähigt, über diese Welt zu herrschen, obgleich er wie jede andere Kreatur dem Tod verhaftet bleibt? Ich sprach mit Fahr ed-Din über die vier Elemente, die unsere Welt bestimmen: Feuer, Wasser, Luft, Erde, die er für einen Teil der himmlischen Substanz hielt. Ein Menschenleben ist zu kurz, um alles zu lernen, alles zu erkennen – ja sogar, alles *erfragen* zu können. Ist nicht selbst die Ewigkeit fraglich? Wer verbirgt sich hinter dem Gott der großen Religionen? Warum bemühen sich die Priester mehr, ihren Gott durch die Mauern der Kirchen und Tempel abzuschirmen, als ihn zu offenbaren? Ist nur so ihre Herrschaft gesichert? Bin *ich* darum der Antichrist? Wer aber ist das – der Antichrist? Ist es Luzifer, der abgefallene strahlende Erzengel, der die Gottgleichheit suchte und in die Tiefe gestürzt wurde? Oder ist es zuletzt jeder Mensch, der nicht an die Erlösung des erdgebundenen Menschen glauben kann – so wie jede Tat, jeder Gedanke, jede Sehnsucht und jedes Gebet unter der Sonne den Gott über den Wolken, wenn es ihn gibt, ohnedies nicht erreicht?«

Es war, als habe die Stille dieser Tage, die fast ein Abschiednehmen in sich zu schließen schien, den ruhelosen Geist des Kaisers noch einmal getrieben, die niemals beantworteten Fragen von neuem aufzugreifen, in seiner Seele zu prüfen, aufblitzen zu lassen in funkelnder Farbigkeit, bevor der große Schatten auch alles Fragen überdecken würde. Friedrich gedachte der Reihe seiner Gemahlinnen, der offiziellen, von denen nur eine, Konstanze, zur Kaiserin gekrönt wurde, wie der unzähligen, die für ihn nichts als Frauen gewesen waren. Selbst die reizende Syrerin, die Mutter Friedrichs von Antiochia, selbst die schöne Engländerin Isabella, die Mutter des jungen Prinzen Heinrich und dessen Schwester Margarethe, die mit dem Markgrafen von Meißen verlobt worden war – hatte er sie geliebt? Und Bianca Lancia? Sie lebte in Manfred ...

»Selbst für die wenigen, denen ich erlaubte, mich zu lieben«, fuhr der Kaiser in seinem Selbstgespräch fort, das wie ein Rechenschaftsbericht klang, »war und blieb ich immer unerreichbar. Schon als Knabe wußte ich nichts außer meinem Willen. Ich strebte, ich suchte, ich erzwang mir das meine. Liebe gibt es wohl nur da, wo Zärtlichkeit statthat. Ich kannte keine Zärtlichkeit – wie konnte ich sie anderen geben? Petrus von Vinea sagte, schon vom Tode gezeichnet: ›Ich habe mich Ihnen ausgeliefert.‹ Heute weiß ich, daß er wohl als einziger Mann meine Liebe besaß. Es war die Liebe zu meinem zweiten, höheren Ich, der höheren Form. Als Gegenpol zu meinem kämpferischen war er der still schaffende, mich immer beruhigende, anregende, fordernde Geist. Lag darin meine ›Abartigkeit‹, deren mich die Kirche bezichtigt? War und blieb die Art, in der ich meinem Wesen gemäß lieben mußte, nicht für die Welt unverständlich? War sie im Grunde nicht zerstörerisch? Habe ich nicht selbst meinen Söhnen, die ich zu lieben vorgab, nur meinen Fluch hinterlassen?«

»Wer Sie liebte«, erwiderte der greise Erzbischof, »mußte Sie annehmen, so wie er Ihren fremden Traum annehmen mußte.«

»Meinen Traum ... « wiederholte Friedrich. »Fremd für diejenigen, die mich haßten, wie die Männer der Kirche – oder für die, die mich liebten, wie Bianca Lancia ...«

Nach einer Weile fügte Herr Berard hinzu:

»Fremd vielleicht als Mann, weil die Frau den Mann, den sie liebt, besitzen will. Sie haben niemandem erlaubt, Sie zu besitzen.«

»Und doch kannte ich rasende Eifersucht«, gab der Kaiser zu.

»Eifersucht muß nicht aus der Liebe erwachsen«, erwiderte der Bischof. »Besitzenwollen ist nicht immer Gebenwollen. Ebensowenig muß Nehmenwollen Liebe bedeuten.«

»Ich glaube«, sagte Friedrich in die sich wieder wie ein Gebirge um sie auftürmende Stille hinein, »daß der Traum unseres Lebens mehr vom Wollen als von der Möglichkeit bestimmt ist. Ich wollte den Menschen meinen Willen aufzwingen und vergaß, daß auch ich nur ein Mensch bin. Ich wollte das Übermenschliche. Die Kirche wußte es früher als ich. Sie kennt die Menschen. Die Kirche weiß, daß das Überirdische, das sie zu verkünden vorgibt, die Menschen mehr in ihren Bann zieht als die sich selbst bekennende Macht irdischer Herrschaft. Der *Traum* ist eine größere Realität als das *Leben* auf dieser Erde. Die Kirche machte sich den Traum der Menschen zunutze. Heute weiß ich, daß *mein* Traum vom geeinigten Reich ein tödlicher Traum ist. Vielleicht wird auch die Kirche eines Tages stürzen – doch vorher stürzt das Kaisertum. Der Mensch will den *jenseitigen* Traum. Es ist leichter zu glauben, als sich selbst zu überwinden. Der Traum vom Reich lebt vom selbstverantwortlichen, opferbereiten, die Liebe in die *Tat* umsetzenden Menschen. Der Kirche genügt der Traum von einer Erlösung, die nicht auf dieser Welt stattfindet. Ihr Erlöser kommt irgendwann einmal. An ihn zu glauben ist leichter als an die Selbstüberwindung, an die *gelebte* Liebe, die heute und hier ihre Bewährung zeigen muß. Wer predigt, benutzt den Augenblick. Wer die Menschen zur irdischen Ordnung führen will, wird zuletzt immer scheitern. Er glaubt an die eigene Stärke – doch müssen sich diese Kräfte eines Tages selbst verzehren. Freiheit ist ein ähnlicher Traum wie das Kaisertum, Vergeblichkeit das Wort, das jedes menschliche Bemühen, jedes Sehnen, jedes Tun, jeden Traum kennzeichnet.«

Und wieder nach einem schmerzlichen Besinnen: »Vielleicht ist die Vergeblichkeit das Geheimnis des ewigen Strebens der Menschheit? Was ist Glück? Der Rauch eines winzigen Feuers, der sich im eisigen Wind der Ewigkeit verliert ...«

»Glück«, sagte der Erzbischof, »ist das Wissen, daß irgendwo auf dieser unwirtlichen Erde ein kleines Feuer brennt. Daß irgendwo jemand immer wieder ein neues Feuer entzündet, wenn der eisige Wind das letzte löschte ...«

*

Zu anderer Stunde führte Friedrich seinen Sohn in den Gartenhof, zu jenem Seidenzelt mit dem geheimnisvollen Planetarium, das ihm einst der Sultan als Geschenk übersandt hatte.

Als Manfred das Wunderwerk wiedersah und diesmal, kaum der Hilfe des sarazenischen Astronomen bedürfend, den Mechanismus mit eigener Hand in Gang setzte und im verdunkelten Raum die schimmernden Edelsteinlichter über das seidene Firmament glitten, verharrten Vater und Sohn bewundernd vor der Vollendung arabischer Handwerkskunst.

»Wenn Scotus noch lebte, würde er uns jetzt etwas über die Konstellation und Konjunktion unserer Planeten sagen«, lächelte der Kaiser. »Nun bleibt nur ihr Glanz, uns an ihm zu erfreuen.«

»Lassen Sie uns denken, Herr Vater«, bat Manfred, »alle diese Sterne gehorchten unserem Wunsch und Befehl.«

Friedrichs Augen ruhten auf dem Sohn:

»Nimm dieses Zelt als mein Geschenk. Bedarf es auch nicht der Edelsteine – unsere Sterne werden einander nahe bleiben, wie ihr Mechanismus auch diese hier leiten mag.«

Den Kaiser forderten wieder die Geschäfte. Er sprach Urteil, diktierte Briefe und Aufrufe, knüpfte wie je die Fäden seiner Macht im Warten auf die befreiende Botschaft aus der Stadt an der Rhone.

Ob nicht auch Herr Innozenz endlich der fruchtlosen Kämpfe müde war?

Jetzt gab es nur noch Manfred in Friedrichs Nähe. Doch wenn er das Jünglingsgesicht erblickte, umleuchtet von den hellen Locken, die Anmut der biegsamen Gestalt – trat zuweilen ein anderes, von Trauer umschattetes Antlitz vor seine Augen. Ob der Ältere im Kerker zu Bologna die schmerzvollen Gedanken des Vaters empfing? Vierunddreißig Jahre alt war Enzio nun – und doch gestorben für die Welt. Würde die helle Stimme wirklich verstummen in den Mauern ›ewiger‹ Gefangenschaft, wie es seine triumphierenden Bewacher geschworen hatten?

Da vernahm der Kaiser leichten Schritt. Im kurzen, pelzbesetzten Kleid stand Manfred vor dem Vater, zwei Papierblätter in der Hand.

»Lange hast du mir nichts mehr von deinen Versen gezeigt«, sagte Friedrich. »Die Witwe deines Onkels, mit der ich dich vermählte, wird deine Muse kaum angeregt haben. Du brauchst mir nicht zu verraten, wem deine Verse gelten.«

»Was ich verfertige, ist nur die Form, die man mich lehrte. Das hier aber ...«

Manfred zögerte.

»Hören Sie, Herr Vater!« Und ohne eine Frage abzuwarten, sprach der Prinz, Wort um Wort, die schwermütigen Verse:

> *Zeit läßt steigen dich und stürzen,*
> *Zeit heißt reden dich – und schweigen.*
> *Zeit lehrt lauschen dich – und wissen.*
> *Zeit gibt Mut, dich nicht zu beugen.*
> *Sie läßt aus Träumen Taten werden,*
> *schenkt uns Gedanken, die ins Ewige gehen.*
> *Zeit kommt, da Schmähung dich nicht trifft.*
> *Zeit wird, die dich nicht sehen läßt noch hören*
> *fremden Lebens Treiben ...*

Als Manfred das Papier sinken ließ, stellte der Kaiser nachdenklich fest:

»Der das schrieb, hat gelitten.«

»Es kommt aus dem Kerker von Bologna. Onkel Galvano erhielt es über einen Wärter.«

»Enzio ...«

Friedrich schwieg lange. Als er sich wieder aufrichtete, sprach er wie in einer Hoffnung, an die er selbst nicht glaubte:

»Wenn ich es nicht mehr kann – *du* wirst deinen Bruder befreien!«

Manfred nahm die Hand des Vaters. Er dachte: Wenn *er* es nicht zu vollenden vermag –? Was wissen wir, Konrad, Enzio von *seinem* Reich – ?

Der Kaiser, als sei hier nichts mehr zu sagen, griff nach einem Manuskriptband, der zu seiner Seite lag. Manfred erkannte die steilen Initialen des Titels:

DE ARTE VENANDI CUM AVIBUS
Über die Kunst, mit Vögeln zu jagen

Friedrichs Hand lag auf dem schweren, noch aus losen Seiten gefügten Folianten:
»Wenig genug bleibt von den Spuren unseres Weges: Sterne, getürmt oder von der Zeit wieder gestürzt; ein Bauwerk, dessen Sinn die Menschen nicht mehr begreifen; eine Handvoll Blätter, auf denen dem Wesen der Natur, der gefiederten Kreatur im Dienste des Menschen nachgetastet wird. Dazwischen einige Bilder mit Tusche und Gold – Spielzeug für die Nachkommen, zerbrechlich, zerstörbar wie alles, was Menschenhände schaffen ...«
»Ich habe auch eine Zeichnung für Ihr Buch angefertigt«, sagte Manfred, das Dunkel der väterlichen Worte vertreibend. »Es soll den Menschen darstellen, den ich liebe und dem ich alles verdanke.«
Der Kaiser nahm ihm das Blatt leicht aus der Hand.
»Läßt du mich an deiner eigenen Sehnsucht teilhaben?«
Der Jüngling schüttelte den Kopf:
»Schauen Sie genau hin, Herr Vater.«
Friedrich senkte den Blick: ein farbiges Bild, das den Kaiser zeigte in seinem Glanz, nicht als Jäger, sondern die Majestät auf dem Thron, die Krone auf dem langen blonden Haar. Ein blauer, am Hals mit einer Spange zusammengehaltener Mantel breitete sich über das rote, vorn mit einem breiten, gemmengeschmückten Streifen verzierte Gewand. Die rechte Hand hielt Zepter und Reichsapfel empor, während die Linke nach der anderen Seite deutete, wo der Text des Buches begann und wo zu Füßen des Kaisers auf einem Gestell einer der Falken zu sehen war ...
Friedrich legte die Zeichnung liebevoll auf den Folianten, dann sagte er lächelnd:
»Als damals die Mongolenhorden über das Reich hereinzubrechen drohten, schickte mir der Großkhan Ogotai eine Botschaft:

Ich möge mich ihm, bevor das Abendland in eine Wüste verwandelt würde, unterwerfen. Dafür versprach er mir ein einflußreiches Amt an seinem Hof in Karakorum.«

»Antworteten Sie ihm, Herr Vater?« erkundigte sich Manfred, verständnislos ob der Zumutung des Tartaren.

»Ich antwortete ihm höflich, daß ich mich recht gut auf Vögel verstehe und für den Großkhan gewiß einen zufriedenstellenden Falkner abgeben würde.«

Der leichte Scherz verflog. Mit anderer Stimme fügte der Kaiser hinzu: »Vielleicht wirst du es sein, der auch diese Arbeit vollendet. Neben der Jagd war es meine liebste Ablenkung. Vom Wettersinn der gefiederten Jäger bis zu den Windströmungen, vom Bau, Flug und Abrichten der Raubvögel bis zur Jagd auf Wildenten oder dem Zug der Kraniche nach Süden, habe ich versucht, alles zusammenzutragen, was auf diesem Gebiet zu wissen möglich ist. Wo es glaubhaft war, bin ich dem Aristoteles gefolgt. In vielen Fällen konnte ich seine Meinung nicht teilen. Gewißheit erhält man nicht durch das Ohr. Halte auch du es so: verzeichne nichts, was du nicht selbst sorgfältig beobachtet und geprüft hast.«

Sie gingen in den Garten hinaus. Ein sanfter Herbstwind wehte durch die Hallen und Bogengänge, die noch immer blühenden Brunnenhöfe, die hohen Zypressen, die leuchtend bunten Nelkenbeete, deren schweren Duft der Kaiser liebte.

»Ich erhielt die Samen von meinen nordafrikanischen Freunden als Geschenk«, sagte Friedrich, »und habe sie als erster in Europa gezüchtet.«

Viele fremde Blumen blühen in den Gärten meines Herrn Vaters, dachte der Prinz. Unter seiner Hand gedeihen sie alle. Wer wird sie pflegen, wenn ...? Manfred wollte es nicht zu Ende denken.

»Ich habe Sie lange nicht mehr in den arabischen Kleidern gesehen, Herr Vater, die Sie früher so liebten.«

Friedrichs Hand spielte mit einer späten blaßroten Hibiskusblüte; sie erinnerte ihn an La Favara ...

»Der Sommer unseres Lebens ist kurz, mein Manfred.«

Und nach einem Besinnen: »In meinem Gepäck trage ich eine

Zisterzienserkutte mit mir. Die Zisterzienser sind Kulturbringer und friedliche Eroberer – vor allem auch im Osten des Reiches, dort, wo der Deutsche Orden nicht wirken kann. Ich trug das Kleid der Zisterzienser zum ersten Male, als ich in Marburg die junge Landgräfin Elisabeth in ihren Totenschrein bettete. Ich will es anlegen, wenn die Stunde kommt ...«

Nach einer Weile vernahm Manfred wieder die Stimme des Kaisers. Sie kam aus unendlicher Ferne und klang wie eine Beschwörung, ein Geständnis, das den Sohn verwirrte und nicht weniger beglückte:

»Ich träumte davon, der Menschheit ein Paradies auf Erden zu schaffen, indem ich das von meinem Vater ererbte Reich *friedlich* verwirklichte und den Krieg ausrottete. Warum sollte es der Kriege bedürfen? Der Papst war mein Vormund. Warum sollte er gegen mich Krieg führen? Ist sein Reich nicht die andere Seite des meinigen – oder das meine die weltliche des seinen? Doch dann sah ich mich in den Kampf hineingezwungen. Ich wollte die Welt gewinnen – und so sahen meine Helfer aus? Sollte ich sie alle absetzen oder einsperren? Warum fiel mir der Bischof von Rom immer wieder in die Arme? Zuletzt ging mir der Papst ans Leben. Sieht so die Größe Roms aus?«

Der Prinz blickte auf seinen kaiserlichen Vater, in dessen gleichsam ausgeweinten Augen das einstige Strahlen erloschen war.

»Ich kann nicht mehr schlafen«, fuhr Friedrich wie zu sich selbst fort. »Ein König muß schlafen können. Ich fand niemals Ruhe, so konnte ich wohl auch nicht die letzte Weisheit finden. Heute weiß ich, daß ich zum Symbol kranker Macht geworden bin. Aber auch der Papst ist eine allzu kleine Gestalt in einem riesenhaften Raum ...«

Sie hatten sich auf einen marmornen Brunnenrand niedergelassen. Es war, als zwänge das perlende Raunen in der Herbststille der Gärten den Abschiednehmenden noch einmal, dem Sohn sein Innerstes zu öffnen:

»Deinen Bruder Konrad kennst du so wenig, wie er dich kennt. Seine Mutter war ein zärtliches Mädchen von französischem Blut;

er scheint dem grauen Nebelland verhaftet, in dem er aufwuchs. Konrad ist ernst, scheu, ein Schweiger. Seine Berichte verraten nichts von seinen Gedanken. Er ist zu pflichtbewußt, um mir in den Rücken zu fallen – oder zu ehrgeizig?«

Und als gelte es, dem Jüngeren etwas auf den Weg mitzugeben, sprach Friedrich zu dem ihm selbst – wenn auch nicht in seiner Härte und Genialität – ähnlichsten Sohn vom Wesen der zwei Völker, die Manfred und Konrad verkörperten, die der Kern des Reiches waren und bleiben sollten: der Deutschen und der Italiener. Auf ihnen beiden – und dem Verständnis ihrer Eigenart – ruhte die Herrschaft des staufischen Hauses.

»Von keinem mehr als das ihm Mögliche und Gemäße zu erwarten – das bleibt die höchste Kunst des Herrschenden. Du trägst in dir das Erbe von beiden: Möge es dir gelingen, beide zu verstehen und, wenn es not tut, zwischen ihnen zu vermitteln! Beide brauchen, wie anders sollte es sein, Belohnung und Anerkennung. Beide ziehen ebenso Vorteile aus der Belohnung – nicht aus der Bestrafung. Beide werden sie durch Belohnung angefeuert; doch während sich die Italiener durch Milde bessern, erzeugt Nachsicht bei den Deutschen nur Stolz. Die Italiener sind mit Ehrerbietung zu behandeln – die Deutschen mit Freundlichkeit. Wie sich jene über Ehrenbezeugungen freuen, so die Deutschen über echtes Vertrauen. Italiener streben mehr nach der eindrucksvollen Größe als der Nähe des Freundes. Sie sind neugierig und strenge Kritiker fremder Fehler. Zu gern meint ein jeder von ihnen, er könne sich zum Richter über die Taten anderer machen. Der Freundschaft mit einem Deutschen kannst du dich blindlings hingeben: er wird, immer abgeneigt, einen Freund zu verurteilen, in der Freundschaft nichts als Zuneigung suchen und dein Vertrauen als den sichersten Beweis dafür halten. Das gilt für den Einzelnen: Der Deutsche gilt nur als Einzelner. Als Masse ist er ohne Würde und ohne Treue – und im Gegensatz zum Südländer ohne Stolz. Kein Volk, scheint mir, ist so gärend-reich, so voller Drang in eine eigene Zukunft. Keines ist aber auch – im Guten wie im Bösen – so gefährdet. Es kann unbegreiflich unterwürfig sein und ebenso hochmütig, brutal und sich selbst überschätzend, fruchtbar und zerstörerisch in einem. Keiner verachtet so leicht seine Heimat, keiner verrät die eigene Vergangenheit ohne Gewissen wie der Deutsche, wenn es ihm vorteilhaft erscheint oder er ihrer nicht mehr zu bedürfen meint ...«

»Und mein Bruder Konrad?« fragte Manfred nach einer Weile, da der Kaiser schwieg. »Wird er die südliche Eigenart begreifen?«

»Ich schickte ihn mutterlos als Kind nach Deutschland«, sagte der Kaiser. »Wie sollte er die Italiener, den Süden, verstehen? Es wird an dir liegen, an seiner Seite zu sein, wenn er eines Tages den notwendigen Zug über die Alpen unternimmt. Er darf seinen Anspruch nicht verjähren lassen. Ohne Konrad ist auch deine künftige Stellung als Vikar des Südreiches nicht zu halten. Das sizilisch-apulische Königtum ist, wie das deutsche und das römische, nur Teil des übergeordneten Reiches – wie der Kaiser das einzig gemäße Gegengewicht zur Kirche ist. Der Kaiser ist die andere Waagschale der Welt. Die Waage ruht in der Hand Gottes.«

Für einen Augenblick schloß Friedrich die Augen. »Ich spreche das Wort nicht oft aus. Zu gern wird es von anderer Seite mißbraucht.«

Und, da Manfred bewegungslos verharrte: »Ich will, daß du bei mir bleibst. Immer ...«

Manfreds Augen füllten sich mit Feuchte. Dann, als wolle er von dem, was des Vaters Worte anzudeuten schienen, ablenken, sagte er mit gezwungen unbefangener Stimme:

»Sie haben zu mir niemals über Ihre Jugend gesprochen, Herr Vater. Ich weiß nur die berühmte Geschichte vom ›puer Apuliae‹ – dem Knaben Apuliens. Kaiser Heinrich, heißt es, war ein großer Herrscher. War er auch ein Vater?«

»Wir haben einander niemals gesehen«, kam die Antwort mit einer Gebärde, als sei damit alles umrissen. »Er starb in einem Alter, in dem sonst ein Mann seinen Beruf beginnt.«

»Und war doch auf dem Weg zu einem Weltreich«, fügte Manfred mit heißen Wangen hinzu. »Warum mußte er so früh sterben?«

»Es war die Ruhr.«

Friedrich versuchte zu lächeln: »Du siehst, vielleicht liegt es in der Familie. Seit Cremona, als mich Herr Nicolo Smeregho kurierte, plagt mich die gleiche Krankheit ...«

»Sie werden wieder gesund, Majestät«, erklärte der Jüngling fast feierlich. Er durfte nichts anderes denken. »Erzählen Sie bitte von Ihrem Herrn Vater. Was fehlte ihm noch zu seinem geplanten Weltreich?«

»Byzanz«, sagte der Kaiser. »Die Eroberung des längst morschen oströmischen Reiches. Es ging nur noch um Tage ...«

»Und doch blieb das Erbe stark genug, darauf Ihr Kaisertum zu gründen, Herr Vater! Woher kam seine Macht bei solcher Jugend?«

»Von der Dämonie seines Willens«, erwiderte Friedrich, als habe er sich selbst Antwort zu geben. »Meine Mutter stellte, wenn er je eines besaß, sein Gewissen dar.«

Manfred spürte hinter den bitteren Worten den Schmerz und die Einsamkeit des Vaters, als dieser so jung war wie er, der Sohn, jetzt.

»Er hinterließ Ihnen das Reich, Majestät!«

»Was ich erbte«, sagte Friedrich wieder, »war ein Name und ein höchst zweifelhafter Anspruch. In Wochen zerfiel, was von ihm in Jahren zusammengezwungen worden war. Meine Mutter, die Kaiserin Konstanze, als Nomannenerbin den Deutschen fremd, sah um so klarer, daß schon in Anbetracht ihres Alters die Rechnung nicht ohne den Papst gemacht werden durfte. Das galt für die Lehnshoheit über Apulien-Sizilien wie für die Übernahme seiner Vormundschaft für mich als des unter seiner Hoheit stehenden Deutschen Königs. Was meine Mutter erkannte und bewußt lenkte, sollte auch für mich eine Hauptsäule der Reichspolitik bleiben: das Gewicht des sizilisch-apulischen Regno im Rahmen des Ganzen. Ich wußte ja, warum der Welfe abgesetzt und ich vom Papst auserwählt worden war. Ich dachte an das arabische Sprichwort, das ich früh gelernt hatte: Geschieht nicht, was du willst, so wolle, was geschieht! Innozenz der Dritte forderte von mir auch sofort den Schwur, die Oberhoheit der Kurie für alle Zeiten anzuerkennen.«

»Sie leisteten ihn, Herr Vater?«

»Unbedenklich«, sagte Friedrich hart. »Ebenso hatte ich ja zuvor in Aachen bei meiner deutschen Krönung den Kreuzzug geloben müssen. Zuerst die Macht – dann Regelung der Forderungen, so dachte ich ...«

»Und warum der ewige Kampf zwischen Kaiser und Papst – ?«

Auch Manfred schien dieser Gedanke nicht loszulassen: »Wer sich selbst zu jeder Stunde um den Frieden bemüht – muß er nicht auch die Gegenseite eines Tages zum Frieden zwingen?«

Seine braunen Augen, die im Schnitt denen des Vaters ähnlich und in ihrer Wärme doch so fremd waren, blickten auf den Kaiser, als brauche er den Trost für die eigene Angst.

»Wenn zwei, die sich nicht nur berufen, sondern auch auserwählt fühlen«, erwiderte Friedrich, »wenn sie vor sich selbst oder vor Gott dieselbe Aufgabe zu erfüllen vorgeben: nämlich auf göttliches Geheiß die Welt zu regieren – so kann es keinen Frieden geben, bis der eine oder der andere besiegt ist.«

Das Dunkel begann, den Raum zu erfüllen. Stille legte sich über die Stunde, da Vater und Sohn zusammen waren, wie es für den Kaiser in seinem langen Leben niemals bisher gewesen war.

Und als spräche er zu seinem eigenen, abschiednehmenden Ich, fuhr Friedrich fort:

»Götterbilder erhalten ihre Macht nicht durch den, der sie schnitzt, sondern durch die vielen, die sie anbeten. Der Kluge sieht lieber die Menschen seiner bedürftig, als daß sie ihm zu Dank verpflichtet sind; sie am Seil der Hoffnung zu führen, gebietet die Erfahrung des Herrschenden. Sich auf Dankbarkeit zu verlassen, ist töricht. Hoffnung hat ein gutes Gedächtnis – Dankbarkeit ist sehr vergeßlich. Der noch unbefriedigt Hoffende bleibt dir unerschütterlich verbunden – der zu Dank Verpflichtete möchte dich am liebsten los sein. Wer seinen Durst gelöscht hat, bedarf der Quelle nicht mehr. Hauptlehre aller Erfahrung: Erhalte die Hoffnung, ohne sie je ganz zu befriedigen ...«

Wieder nach einer Weile, da der Jüngling still an seiner Seite verharrte, fügte der Kaiser hinzu:

»Was die Menschen angeht, so entspricht mein Bild wohl dem des Aristoteles: Das Furchtbare, das Ungeheuerliche ist ein Wesensmerkmal menschlicher Existenz, das jeder Nach-Denkende auch in sich selbst findet – unabhängig von Schuld und Sühne, Güte und Bosheit, Sitte und Laster. Furchtbar, ungeheuerlich, erschreckend kann nicht nur ein Verbrecher sein – sondern auch ein Liebender, ein Heiliger, ein um die Erlösung vom Bösen bis zum

Tod ringender Märtyrer. Wichtig für alle Kultur wie jede Religion bleibt: daß der Lärm der Lebenden das Flüstern der Toten nicht übertönt ...«

Obgleich der Kaiser spürte, daß seine Worte den geliebten Sohn nicht erreichten, fuhr er nach einer langen Pause fort:

»Jener Francesco d'Assisi setzte meinem Glauben das Mitleid als die große Kraft unseres Lebens entgegen. Ich konnte und wollte es nicht anerkennen. Wer zur Herrschaft verdammt ist, muß sich dem Mitleid versagen.«

Und mit seinen schmal und herb gewordenen Lippen fügte er leise hinzu: »Noch eins wirst du eines Tages erkennen müssen ...«

»Was, Herr Vater?«

Friedrich umfing den Sohn mit einem fast schmerzlichen Blick:

»Unser Unglück ist meistens die Strafe der Torheit, und keine Krankheit ist ansteckender als diese. Man darf auch einem kleinen Übel nicht die Tür öffnen, denn hinter ihm werden sich stets andere und größere einschleichen. Ich habe es erfahren: Unglück ist Schuld – besonders für die Mächtigen und vor der Geschichte.«

Manfred begriff es nicht. Leise, ungläubig fragte er:

»Sind *Sie* unglücklich, Majestät?«

Er erhielt keine Antwort.

Als der Kaiser am Abend die Fluchten seiner Hallen und Gärten durchschritt, als er endlich, allein, das einfache Nachtmahl einnahm, während draußen unter den Fenstern das Volk von Foggia bei Fackelschein, Liedern und Tanz die Rückkehr des Herrschers feierte, ließ er seinen Sohn zu sich rufen:

Er gedenke morgen in aller Frühe aufzubrechen; man möge Sorge tragen, daß nur die engste Umgebung davon erführe. In Castel del Monte gedachte Friedrich am Abschluß seines Buches über die Falkenjagd zu arbeiten; Manfred sollte ihm dabei zur Hand gehen.

XVIII
DIE STUNDE

Die Elefanten und Leoparden, die sarazenische Leibgarde und der märchenhafte kaiserliche Troß samt Dienern und Beamten waren in Foggia zurückgeblieben. Die kleine Karawane bewegte sich durchs blasse Licht des sinkenden Jahres in Richtung Canosa, wo einst der karthagische Hannibal an den Ufern des Flusses Ofanto die Römer besiegt hatte. Der endlose Olivenwald begann, der der Landschaft ihren Wohlstand gab. Vor einem kleinen, orientalisch anmutenden Gebäude, das mit seinen arabischen Bronzetüren eher ins Morgenland oder nach Palermo gepaßt hätte, ließ der Kaiser anhalten. Auf marmorner Grabplatte fand sich nur ein einziges Wort: BOEMUNDUS.

»Als vor hundert Jahren die Normannen von Frankreich her ins südliche Land kamen«, erklärte Friedrich dem Prinzen, »war unter ihnen auch dieser Boemund als einer der zwölf Söhne des Herzogs Tankred. Von seinem Standquartier Neapel aus eroberte Tankred in wenigen Jahren ganz Apulien und Sizilien. Boemund aber reichte das väterliche Erbe nicht aus. Er gedachte sich auch noch das Oströmische Reich anzueignen; doch hier in Canosa setzte der Tod seinem Ehrgeiz ein Ende. Dann eroberte Robert Guiscard, mittlerweile vom Papst mit Apulien und Kalabrien belehnt, nachdem er die Byzantiner vertrieben hatte, zusammen mit seinem Bruder Roger noch einmal Sizilien. Unter dem zweiten Roger, meinem Großvater, war das Südreich bereits so bedeutend, daß Barbarossas Sohn, Kaiser Heinrich der Sechste, die Tochter des Normannenkönigs, meine Mutter, heiratete ...«

Friedrich blickte mit seinen noch immer tiefgründigen, grünblauen Augen zu dem Sohn hinüber: »So mischen sich in dir, mein Manfred, das schwäbische Stauferblut und das der normannischen Hautevilles, französisches mit dem italienischen der Lancia. Es ist das Blut unseres Reiches, das auch du zu verteidigen haben wirst.«

Von der zyklopischen, noch aus römischen Resten aufgetürmten Burg von Canosa stellte der Kaiser fest, daß für seine normannischen Vorfahren hier der sicherste Platz gewesen sei, wo auch er, Friedrich, eines seiner Waffendepots angelegt habe.

»Mögest du dich mit dem Wissen davon begnügen und es niemals in Anspruch nehmen müssen!«

*

Von allen Bauten und Burgen Friedrichs bedeuteten zwei Ende und Höhepunkt seiner Herrschaft und der ihm gegebenen Zeit. Von dem einen trieb es ihn noch einmal zum anderen: Von Lagopesole nach Castel del Monte.

Nach Übernachtung in einem der kaiserlichen Landhäuser zeigten sich um Mittag des zweiten Tages im herbstlichen Licht die unverwechselbaren Umrisse einer steinernen Krone: Castel del Monte.

Längst hatte der kleine Zug die Wohnstätten der Bauern, die Dörfer und Höfe hinter sich gelassen. Die Weinberge versanken wie die Gärten mit ihren Mandel- und Ölbäumen. Der wundersam verwachsene ›Königswald‹ lichtete sich. Die Grenze zwischen den beiden apulischen Landschaften Basilicata und Capitanata war erreicht. In weiter Windung schlängelte sich die Straße dem einsamen Hügel zu, über dem der achttürmige Bau in den Himmel stieg.

Golden wie die Kalksteinhügel der Murgie, deren Herzen seine gewaltigen Blöcke entstammten, schimmerte der weltentrückte Bau von seiner Höhe weithin bis zum Adriatischen Meer.

Vor einem Jahrzehnt – gerade in der Zeit, da sich der Kaiser vom unversöhnlichen Papst-Feind zum zweiten Mal exkommuniziert, Deutschland und Italien in den Strudel des alles und alle aufwühlenden Kampfes gerissen sah – hatte ihn sein herrischer Charakter wie in einem Aufbäumen gegen das Schicksal zur Schaffung seines ihm eigensten Kunstwerkes aufgerufen. Regelmäßig wie eine mathematische Formel, reiner, schmuckloser Kristall, strahlte Castel del Monte die Herrlichkeit der Majestät über seine apulische Heimat.

Als der Schweigsame auf dem geschmückten Rappen im verklärenden Licht des Abends die fast jenseitig wirkende Gralsburg vor sich sah, hielt er sein Pferd an. Leise sagte er zu dem Sohn:

»Der Mensch wird als Barbar geboren. Nur die Bildung befreit ihn von der Bestialität. Ohne künstlerische Hilfe bleibt jeder Mensch irgendwo roh. Es bedarf zu jeder Art von Vollkommenheit des Schliffes durch die Kunst.«

Bei sich selbst dachte der Kaiser: Was bliebe von allem Wollen und Tun, da die Liebe, aller Haß, alles Streben und Irren längst wesenlos geworden waren – wenn nicht die *sichtbare* Schönheit? Friedrich ahnte das Geheimnis, das auch den herrlichen arabischen Bauten innewohnte: Es war das Maß. Nicht der Umfang eines Baues beglückte, sondern die Kontur, der Inhalt. Schönheit an sich war wesentlich.

Burgen zu bauen, blieb für den ewig Gefährdeten, ewig Kämpfenden, ewig Fliehenden nicht Lust, sondern Zwang. Lust aber war der Zwang, das *Notwendige* in *Schönheit* zu gestalten: dem vom Kampf bestimmten den Frieden des Schönen zu geben – auch wo grausame Notwendigkeit Mauern und Türme forderte.

Castel del Monte, wie kein anderer Bau Friedrichs eigenster Entwurf, kannte kein Beiwerk, keine Zierden, kein französisches Filigran und keine dumpfe Schwere deutscher Burgen der Zeit. Hier lebte Vollendung in sich selbst: Schönheitstraum, gelöst wie eine mathematische Aufgabe.

Von fern in der Folge des Oktogons zu Aachen wiederholte sich bei Castel del Monte eine Wesensart morgenländischer Vorbilder, wie sie dem Kaiser vor allem beim Wunderwerk des arabischen Felsendoms zu Jerusalem begegnet war: die ›heilige‹ Acht. Über achteckigem Grundriß errichtet, gaben acht ebenfalls achteckige Türme dem Bau die kronenartig ragende Hoheit.

Auch der Hof im Innern war achteckig gefügt; acht trapezförmige Säle in jedem der beiden Geschosse boten großzügige Wohnlichkeit, auch wenn sie Friedrich noch niemals genutzt hatte.

In halber Höhe umzog den Hof ein Balkon; in der Mitte sprudelte eine Fontäne aus marmornem Becken, das geschmückt war mit antiken Bildwerken. Dieser intime, schattige Innenhof verriet wieder die Liebe des Herrschers zu den träumenden, wasserumrieselten Gärten von Palermo oder Foggia. Die Fenster, Gewölbe, Kamine zeigten den Spitzbogen, europäisch-orientalische Kunst mit der Weisheit der Antike verbindend.

Davon zeugte auch der von korinthischen Marmorsäulen flankierte Eingang; von Marmor gefügt die zum Bronzeportal emporführenden Stufen wie die Löwen, die es als Zeichen kaiserlicher Macht bewachten.

Die Rippengewölbe der Säle und Kammern ruhten auf Halbsäulen von rosigem, vom Monte Gargano stammenden Brescia-Marmor, der ebenso die Wände der Wohngemächer umkleidete. Dazu zarte Säulen aus weißem Marmor, die Türeinfassungen wieder rot: eine orientalische Raumwirkung. Hundert Fuhren hatten das kostbare Material vom Hafen von Barletta hierhergebracht, den letzten, großartigsten Bau des Stauferkaisers zu schmücken.

Die Fußböden zeigten sarazenische Einlegearbeit in Marmor und bunten Fayencen. In den Nischen zu seiten der großen Kamine erhoben sich klassische Bildwerke; den Hauptsaal bestimmte der niemals benutzte Thronsessel. Wie bei allen Jagdhäusern und Kastellen Friedrichs gab es keinen Kapellenraum.

Die acht Türme enthielten außer den Treppen je zwei Wachstuben und Badekabinette. Das flache Dach war zur Sammlung des Regenwassers eingerichtet, das dann, von hochgelegenen Zisternen gespeist, in die Baderäume geleitet wurde. Auch hier folgte Friedrich in der Einheit von Schönheit und Zweckmäßigkeit arabischem Vorbild und antiker ›heidnischer‹ Kultur.

Es war Abend, als der Kastellan den Kaiser und seinen Sohn durch das gerade vollendete Schloß geleitete. Schwere Seidenvorhänge schlossen die tiefen Fensternischen. Warmer Schein der Lampen von Kristall und emaillierter Bronze erfüllte die Räume; andere Öllampen wieder, in Form von Elefanten, trugen in durchbrochenen Rückentürmen das Licht. Sarazenische Rauchfässer verströmten fremdartigen Duft.

Für Manfred blieb all diese Pracht um so überraschender, als die hochgelegene Burg weitab von jeder menschlichen Behausung in der Einsamkeit des kaiserlichen Jagdgebietes aufragte. Wortlos, wie im Traum, folgte er dem sein Werk besichtigenden kaiserlichen Vater, stieg er mit ihm die Wendeltreppe im südöstlichen Turm zum Dach empor. Während sich das Dunkel über Wälder und Ebene senkte, verharrten sie beide in der Höhe, wo das Auge nach Osten bis zum Meer wanderte und der Wind sommers wie winters um die goldbraunen Quader des Schlosses sang. Sie blickten weit hinaus zu den weißen Städten, die aus der bläulichen Dämmerung leuchteten, dahinter das veilchenfarbene Meer bis zum kaum zu ahnenden Monte Gargano.

Ganz in der Ferne erkannte man die Mauern der Stadt Barletta, wo in der Deutschordenskirche der Hochmeister Hermann von Salza die letzte Ruhe gefunden hatte.
»Er lehrte mich erkennen, was Deutschland ist«, sagte der Kaiser in die wehende Stille hinein. »Die unendliche Vielfalt in Landschaft und Menschen, die sich dem aus dem Süden Kommenden so schwer erschließt. Hermann von Salza öffnete für das Reich den Raum an der Ostsee, den ich niemals sah. Sein Werk ist mehr als Eroberung: nämlich Kultivierung des Bodens *und* der Menschen. Es wird bestehen über alle Stürme der Jahrhunderte hinweg.«
»Man sagt, Herr Vater«, bemerkte Manfred zögernd, »daß Sie seit seinem Tode nicht mehr gelacht haben.«
»Er verließ mich, als mich der zweite Bann traf«, erwiderte der Kaiser. »Mit ihm verlor ich nicht nur die Bindung an das Land meiner Väter. Die Rechnung der Päpste erfüllte sich. Der Kampf gegen sie und die Lombarden wurde mir wichtiger als das Reich. Habe ich es schon damals verspielt?«

Kühl-feuchter Wind riß an ihren Kleidern und Haaren. Er sang und summte in Mauern und Fenstern des riesig-verlorenen Bauwerkes. Am Himmel wanderten, zu jeder Minute sich ändernd, fast schwarze Wolkenberge, gemahnend an das ewige Gesetz der Welt.
Im letzten Schein des Tages erkannte man drüben das blühende Bari, in dessen Dom die Gebeine des heiligen Nikolaus ruhten, des Lieblings der frommen Männer von Cluny. Seinen Ruf und Ruhm trugen die Zisterzienser bis in den letzten Winkel Europas.

Eine Seitenkapelle, hinter Gittern wohl verwahrt, barg unter dem Kirchenschatz die Normannenkrone Apuliens und das Zepter Kaiser Heinrichs des Sechsten. Die Kronen spielten in Friedrichs Lebensgeschichte eine bedeutende Rolle: immer führte er eine Reihe von ihnen mit sich, dem Volk die Fülle seiner Macht darzutun.

In Bari war es auch, wo der junge Imperator im Kastell am Meer den kleinen, schmutzigen Mönch von Assisi empfangen hatte, mit dem eine neue, weithin wirkende Glaubenstiefe, Demut, Leidensmystik aufgebrochen war ... Bitterkeit überkam Friedrich, wenn er der Gefolgschaft des zarten, völliger Gewaltlosigkeit hingegebenen Mannes gedachte, die ihn gegen seinen Willen in die schreckliche Feindschaft hineingetrieben hatte mit allem Haß und aller Grausamkeit, deren beide Seiten fähig waren. Bis zum heutigen Tag ...

»Der kleine Heilige mit den brennenden Augen«, erinnerte sich Friedrich, als wisse er erst jetzt vom Wesen dieser Worte, »sagte mir, daß es entsetzlich sei, ein Mensch zu sein. Daß der Mensch ein Gezeichneter wäre in einer Welt der Wunder, die wirr geworden sei über dem ersten Brudermord.«

»Hat sich Ihnen gegenüber der Heilige Vater nicht auch als Kain erwiesen?« fragte Manfred.

»Jeder von uns ist Kain.«

Der Kaiser sagte es wie zu sich selbst. Sein Blick wanderte über das im Dunkel versinkende Land. Näher als Barletta und Bari lag das liebliche Trani – jeder Ort übervoll von Erinnerung an die Kreuzfahrer, an Kämpfe um die apulische Krone.

Dort im Norden Andria, die Stadt, deren Porta dell' Imperatore in bronzenen Buchstaben die ihr vom Kaiser verliehene ehrenvolle Widmung trug:

Andria du, das getreue, fest verbunden meinem Herzen!

Zu Andria wurde der jetzige Deutsche König Konrad geboren. Im Schatten der Kathedrale ruhten zwei Gemahlinnen des Kaisers: die kindjunge Yolanda von Jerusalem, Konrads Mutter, und Isabella von England, die Schwester des Richard von Cornwall, von dem es hieß, daß der Heilige Vater ihn als deutschen Gegenkönig erwäge ...

Der Herbstwind raunte sein schwermütiges Lied. Herbst auch war es im Leben des Kaisers geworden. Der schlimmste Sturm hatte sich gelegt; seine Zerstörungen waren nicht zu heilen.
Ein Leben neigte sich dem Abend zu. Was für ein Leben! Alle Lust, allen Glanz, alles Leid, allen Haß, die sich in einem Menschenbild vereinigen können, hatte er, der Kaiser, erfahren.
»Ob mein Bruder Enzio an uns denkt?« hörte er unvermittelt die Stimme Manfreds an seiner Seite.
Der Kaiser legte die Hand auf die Schulter des Sohnes:
»Solange er lebt, ist Hoffnung.«
»Sein Gedicht läßt es nicht erkennen, Herr Vater.«
Und in die wehende Stille hinein wiederholte der Jüngling die Worte:

> *Zeit läßt steigen dich und stürzen,*
> *Zeit lehrt lauschen dich und wissen.*
> *Zeit wird, die dich nicht sehen läßt noch hören*
> *fremden Lebens Treiben ...*

Friedrich zog den pelzgesäumten Mantel enger um sich. Die Steine der Ringe an seiner Hand blitzten im letzten Licht.
»Im kommenden Frühjahr wird Bologna gestraft, wie es mit Parma geschehen ist.«
Der Kaiser fröstelte. War es der kalte Wind, der den Winter ankündigte, die Krankheit, das unausweichliche Erkennen, daß die Stunde kam? Was war, wenn er *nicht* siegte? War das Reich nicht schon jetzt zerfallen in tausend Fetzen, ein Spielball maßloser Kleinfürsten? Was bedeutete die abendländische Christenheit ohne die Kraft weltlichen Herrschertums?
Frierend, in Gedanken verloren, verhielt der Gealterte, Gereifte auf dem gewaltigen Dach seines liebsten, edelsten Werkes unter dem Himmel. Geblieben waren nur seine Erinnerungen, Pläne, die ihn nie verließen – und die weltenfernen Zeichen über ihm, an deren Macht er glaubte. Alles war getan. Alles war überwunden.

Seine Hand lag noch immer auf Manfreds Schulter, als es jäh aus diesem hervorbrach:

»Verzeihen Sie mir, Majestät. Aber ich fürchte diese Mauern und Türme. Sie sind kalt und grausam!«

Der Kaiser gab überrascht, schmerzlich, zurück:

»Du weißt, was sie für mich bedeuten. Castel del Monte – das ist mein Ich.«

»Wer weiß, was Castel del Monte für *uns* bedeuten wird, wenn Sie nicht mehr sind, Herr Vater«, sagte die veränderte Stimme des Jungen.

Friedrich hüllte sich fester in seinen Mantel.

»Die Nacht ist auch dem Mutigsten feind.«

Er wiederholte, und es klang wie die Summe einer unendlichen Rechnung: »Für den, der herrscht, darf es kein Mitleid geben. Wenn du mit dem Mitleid der Stärkeren rechnest, bist du verloren. Unglück ist Schuld.«

Der Sohn vernahm die Worte; ihren Sinn konnte, wollte er nicht begreifen.

»Wenn Sie im Frühjahr über die Alpen ziehen, Herr Vater – darf ich Sie dann begleiten? Wird König Konrad in mir den Bruder sehen?«

Die Gedanken des Kaisers verloren sich in der wehenden Weite.

Sie horchten beide in die Stille hinein, als vernähmen sie den niemals ruhenden Pulsschlag der Zeit. Die Erde war versunken, und mit ihr die qualvolle Herrlichkeit und Weite des Reiches. Nur der achteckige, steinerne Ring des Daches war erkennbar im Widerschein des kalten Lichtes, das den verhangenen Himmel durchbrach.

*

Auch Lucera wollte Friedrich noch einmal sehen. Bei den im neuen Jahr zu erwartenden Kämpfen konnte es auf die Gefolgschaft und Zuverlässigkeit der sarazenischen Leibtruppe entscheidend ankommen. War Castel del Monte die edelste und schönste, so Lucera die ausgedehnteste und eigenwilligste Schöpfung des Staufers: Beweis, daß ein Fürst aus besiegten und unterjochten, fremdrassigen Gegnern durch Duldsamkeit und Weisheit seine treuesten Untertanen zu bilden verstand. Dem Sieg der Waffen war der größere, höchste aller Siege gefolgt: über die Herzen der Feinde von gestern.

Wie Castel dell'Ovo zu Neapel bewahrte Lucera einen Teil des kaiserlichen Schatzes, den einst Friedrichs Vater auf den Rücken von hundertfünfzig Maultieren vom schwäbischen Trifels hierher überführen ließ.

Manfred kannte die Entwürfe für den Palast, der nun auch vollendet war: ein zyklopisches Quadrat von über dreißig Metern Höhe über einem unbezwinglichen schrägflächigen Unterbau. Auch diese Burg umschloß einen Brunnenhof, ebenso wie die zwei Stockwerke des wieder achteckigen Wohnturmes je sechzehn gleich große, gewölbte Gemächer enthielten. Auch hier schmückte der rötliche Brescia-Marmor Tür- und Fenstereinfassungen, Pfeiler und Wandbänke. Wie für den Palast in Foggia ließ der Kaiser auch hierher auf den Schultern seiner Sklaven antike Skulpturen herbeitragen, Kultur und Wohnlichkeit des gewaltigen Pallas zu mehren. Im Volk munkelte man von eigenen Wohnungen für die sarazenischen Odalisken, die den fragwürdigen Ruhm des kaiserlichen ›Harems‹ bei seinen frommen Widersachern eifrig nährten ...

Der Dezember hüllte sich in Nebel, ließ das Land unter grauen Schleiern versinken. Manfred, über die Wunder der Sarazenenstadt unterrichtet, konnte es kaum erwarten, den Ruf des Muezzins vom Minarett der Moschee zu vernehmen, die erlesenen Schöpfungen der Kunstschmiede und Teppichweber, der Juweliere und Möbeltischler zu bewundern.

Da packte den Kaiser von neuem die tückische Krankheit; seine Kräfte schwanden. Er sprach kaum, versunken in Wolken sich nähernder Ewigkeit. Niemals hatte er sich darum gesorgt, was jenseits der Schwelle lag. Ob die Seele fortlebte nach dem Tode, wie es ihn bei jenem im Faß Eingeschlossenen zu beobachten trieb, ob sie verging als sichtbarer oder unsichtbarer Hauch – was lag daran?

Er hatte den Taucher in die Meeresstrudel hinabgeschickt, immer wieder: er *wollte* wissen. Der Fischer nahm das Geheimnis mit ins nasse Grab. Dieser unersättliche Trieb zu *wissen,* wo andere glauben konnten, hatte ihn in Konflikt mit der als ›Mutter‹ gepriesenen Kirche gebracht. Lag es daran, daß er, Friedrich, selbst keine

Mutter im eigentlichen gekannt hatte? Wollte er darum der WANDLER DER WELT sein, weil er das *Erkennen* über das *Hinnehmen* stellte? Nun wußte er: Die Welt konnte vom Einzelnen niemals verwandelt werden, mochte ihr ewiges Gebären Segen sein oder Fluch. Wer wollte entscheiden?

Von Schmerzen gequält, ritt der Kaiser schweigsam des Weges. Bei ihm waren sein Sohn Manfred, Graf Galvano Lancia und sein ältester und letzter Freund, Berard von Palermo, der treue Mundschenk Occursio, noch immer voll Schönheit der Gestalt und Stolz in Antlitz und Haltung, und der Hofarzt Giovanni da Procida aus Salerno, ein hochgelehrter Melancholiker, der mit den griechischen Philosophen die Überzeugung teilte, daß es das höchste Glück eines Menschen sei, niemals geboren worden zu sein, und wenn er dieses Glückes nicht teilhaftig würde, möglichst früh zu sterben. Wie er vermochte, hatte er dennoch versucht, das Gift im Körper des Kaisers mit seinen Mitteln zu bekämpfen ...

Langsam, feierlich fast, bewegte sich der Zug durch das Land.

Nach kurzer Zeit überfiel den Kranken wieder gefährliche Schwäche. Da er nicht mehr zu reiten vermochte, legte man ihn in eine Sänfte. Obgleich Lucera kaum mehr als drei Stunden entfernt war, machte man bei einer anderen kaiserlichen Burg halt. Die nachlassenden Kräfte des hohen Patienten erlaubten keinen weiteren Marsch.

Etwa zwölf Kilometer nördlich von Lucera gelegen, gab es hier, inmitten grüner Hügel, schon vor Jahrhunderten eine Bischofsstadt, der Friedrich ein gewaltiges Kastell fast in den Ausmaßen von Lucera anfügte. Wie das dortige wurde auch dieses von Sarazenen bewacht.

Seit der Kaiser den abgelegenen Jagdsitz errichten ließ, war er kaum je hier gewesen; sein ruheloses Leben hatte ihm wenige Atempausen zugeteilt. Nun duckte sich der düstere, im Innern unfertige Bau ins fahle Dezemberlicht.

Man brachte den Schmerzgeplagten in die säulengetragenen, unwohnlichen Hallen. Wie ein Grab ... überkam es den Fiebernden. Seine Gedärme bluteten. Er dachte an seinen Vater, den Kaiser Heinrich, und an den Arzt, den ihm sein Kanzler empfohlen hatte. Alle hatten sie gebüßt ...

Das als kaiserliches Schlafzimmer hergerichtete Gemach zeigte außer dem einfachen Lager nur nackte, feuchtkalte Mauern und Gewölbe. Mit geschlossenen Augen erfragte der Kranke den Namen des Rastortes. Man nannte ihn.

Friedrich erschrak:

»Fiorentino – ?«

Dann versuchte er zu scherzen: »Hier würde mir Scotus zu sterben erlauben. Sub flore ...«

Er bemerkte, daß sein Lager neben einer vermauerten Pforte stand, die zu einem Turm führte. Man entfernte die roh gefügten Steine. Die eisernen Pfosten einer Tür kamen zum Vorschein.

Manfred mußte dem Vater vorlesen. Danach diktierte ihm Friedrich noch das Kapitel seines Buches über die Fluglinien der Schwäne, Fasanen, Störche, Eulen und Enten.

Als die Kräfte weiter nachließen, sprach er Worte vor sich hin aus seinen arabischen Gesprächen mit Fahr ed-Din, über die Verächtlichkeit des Todes und das, was die Menschen unsterblich nennen:

»Das Leben gleicht dem Feuer. Es beginnt mit Rauch und endet mit Asche.«

Dann wandte er sich dem Sohn zu:

»Sag mir Enzios Gedicht.«

Seine Tränen zurückhaltend, sprach Manfred:

> *Zeit läßt steigen dich und stürzen,*
> *Zeit heißt reden dich – und schweigen.*
> *Zeit lehrt lauschen dich – und wissen.*
> *Zeit gibt Mut, dich nicht zu beugen.*
> *Sie läßt aus Träumen Taten werden,*
> *schenkt uns Gedanken, die ins Ewige gehn.*
> *Zeit kommt, da Schmähung dich nicht trifft.*
> *Zeit wird, die dich nicht sehen läßt noch hören*
> *fremden Lebens Treiben ...*

Ein neuer Anfall packte den Kranken; schmerzverzerrt neigte er den Kopf gegen die regenfeuchte Wand. Der Arzt bot ihm ein Betäubungsmittel. Friedrich winkte dem Wache haltenden Occursio, daß *er* es ihm reiche. Sacht strich die Hand des Kaisers über die des Mundschenks, als gelte auch hier ein Abschied.

Friedrichs Seele war und blieb wach. So klar und überlegt wie sein Leben, fügte sich sein Sterben.

Als es die Stimme wieder erlaubte, diktierte er dem Schwiegersohn Richard von Caserta sein Testament:

Wir, Friedrich der Zweite, von Gottes Gnaden Römischer Kaiser Semper Augustus, König von Jerusalem und Sizilien, haben im Hinblick auf die dem Menschen angeborene Vergänglichkeit, an der Grenze des Lebens, bei krankem Leibe, doch klarer Erinnerung und gesunden Geistes, derartige Verfügungen über das Kaisertum und Unsere Königreiche getroffen, daß Wir noch zu leben scheinen, wenn Wir bereits dem sichtbaren Leben entrückt sind, damit auch Unseren Söhnen, mit denen Uns Gott gesegnet hat, die bei Verlust Unseres Segens sich nach den hier folgenden Bestimmungen richten sollen, jeder Anlaß zum Ärgernis genommen werde.

Das in seinen Verfügungen überraschende Testament, welches von Friedrichs neunzehn nachweisbaren Kindern nur die legitim Geborenen berücksichtigte, zu denen Manfred rechnete, war ein Dokument politischer Klugheit. Trotz seines immerwährenden Kampfes mit der Kurie sollte die katholische Weltordnung als bindende Klammer des Imperiums gewahrt bleiben:

König Konrad ist Erbe im Kaiserreich und im Königreich Sizilien.
    Manfred, der das Fürstentum Tarent als Lehen empfängt, ist während Konrads Abwesenheit Statthalter im unteritalischen Regno.
    Friedrich, König Heinrichs Sohn, erhält die Herzogtümer Österreich und Steiermark.
    Heinrich, Isabellas Sohn, empfängt nach Konrads Entscheidung das Königreich Jerusalem oder das Arelat.
    Zum Seelenheil des Kaisers werden hunderttausend Goldunzen zur Eroberung des Heiligen Landes ausgesetzt.

Der Römischen Kirche sollen alle ihre Rechte und Besitzungen, unbeschadet der Rechte und Ehre des Reiches, zurückerstattet werden, unter der Voraussetzung, daß auch sie die Rechte des Reiches zurückgibt.
Zerstörte Kirchen sollen wiederhergestellt, den Templern ihre beschlagnahmten Güter herausgegeben werden.
Alle Gefangenen, mit Ausnahme der Hochverräter, sind freizulassen.
Kirchen und Klöstern sollen alle Rechte und Privilegien restituiert werden.
Im Königreich Sizilien sollen Steuern und Lehensrechte wiederum wie zu Zeiten des Normannenkönigs Wilhelms des Zweiten gelten.
Der Kaiser will in der Kathedrale von Palermo, der Ruhestätte seines Vaters und seiner Mutter, beigesetzt werden.

Am anderen Morgen gingen Eilboten nach Foggia und ins Königreich hinaus: Der Kaiser ließ die höchsten Staatsbeamten zu sich rufen. Längst war er zur Versöhnung mit dem Heiligen Vater bereit. Bis jetzt hatte er auf die Nachricht aus Lyon gewartet; mit ihr hätte er sein Lebenswerk als erfüllt angesehen.

Der Bote blieb aus.

Friedrich war am Ende seines Weges angelangt. Das Ziel hatte er nicht erreicht. Noch immer aber wollte er es vor sich sehen, wie es für ihn kein Leben und Tun ohne diesen Glauben gab.

Zwei Menschen wußten davon, besser als irgend jemand auf der Welt – zwei, die ihm auch in diesen Stunden die nächsten waren: sein Sohn Manfred und Berard von Palermo.

Der jetzt neunzigjährige Erzbischof hatte den Kaiser trotz seiner Kämpfe mit der Kirche als unwandelbarer Freund durch alle Höhen und Tiefen begleitet. Er glaubte an den ›puer Apuliae‹, als dieser noch ein machtloser Knabe in Palermo war. Er zog mit ihm auf der gefahrvollen ersten Fahrt über die Alpen, da sich dem Strahlenden nur durch das Geheimnis seiner Persönlichkeit Deutschland unterwarf.

Berard blieb an Friedrichs Seite, als ihn der doppelte Bannfluch und die Schmach der Absetzung durch den Papst traf. Jetzt verband die drei – den Abschiednehmenden, den Sohn und den Freund – die Stunde, die jedem von ihnen ihr Leben klärend beantwortete.

Auch im letzten Gespräch mit dem Erzbischof ließ den Kaiser die Gestalt jenes schon seit vierundzwanzig Jahren toten Francesco d'Assisi nicht los.

»Als er in Bari vor mir stand, war es schwer für mich, seine Idee der Entsagung und Brüderlichkeit aller Kreatur zu begreifen. Als ich erfuhr, daß er als Gefangener furchtlos dem Sultan entgegengetreten war, um ihn zu bekehren, sah ich darin nichts als die Blindheit des Fanatikers, der das wahre Wesen dieser Welt nicht erkennen wollte ...«

»*Sie* waren«, sagte Herr Berard, »der Kämpfer und Beauftragte weltlicher Macht, ohne die für den Menschen der Frieden so wenig möglich ist wie ohne die Erkenntnis Gottes. Francesco entsagte allem: dem Reichtum, der Schönheit, den Freuden, die uns unsere Erde schenkt ...«

»Und was gewann er damit?« fragte der Kaiser wie in einer Hast, als bedürfe er gerade jetzt dieser Antwort.

»Er gewann damit, daß ihn sein Vater verstieß und verleugnete. Daß seine Freunde ihn verlachten und die Kirche ihn als Ketzer beargwöhnte. Für ihn war es *sein* Weg zu Gott.«

»Aber für die Menschen?« beharrte der Kranke. »Für alle, die nicht nur verzichten wollen, die auf Antwort drängen?«

Der Bischof erwiderte:

»Für die Menschen war er der große Liebende auf den Spuren jenes anderen, den wir den Erlöser nennen.«

»Und was hat er zuletzt hinterlassen?« erkundigte sich Friedrich, noch immer voller Zweifel des unscheinbaren Mönches mit den dunkel glühenden Augen gedenkend.

»Er hinterließ uns das Wissen«, gab Herr Berard zurück, »daß der Mensch den Menschen zu überwinden vermag – in der eigenen Brust.«

Da der schwer Atmende schwieg, fügte der Bischof hinzu: »Und hätte jener Francesco nichts anderes hinterlassen als einen einzigen seiner Anrufe des Herrn, wäre er schon darum der Dankbarkeit aller Menschen nach ihm würdig.«

Der Kranke schüttelte langsam, müde den Kopf:
»Was bedeutet ein Anruf gegenüber Gott? Wem gibt er schon Antwort?«

Der greise Priester kannte die Bedenken und Fragen seines kaiserlichen Freundes. Er wußte von Friedrichs Ungeduld, mit der er das Geheimnis des unfaßlichen Organismus zu ergründen suchte, der ›Leben‹ genannt wird. Er forschte danach, die Seelen der Völker kennenzulernen wie die Wechselbeziehungen der Individuen. Er hatte immer die Sinne neben den Geist gestellt, weil er an die Befriedung des Geistes durch die Sinne glaubte, damit dieser frei wurde für die Beherrschung der Materie wie der Persönlichkeit des Einzelnen in dieser Welt. Er erkannte die die Freiheit des Einzelnen verachtende Übermacht der Kirche und bekämpfte sie, wo sie dem irdischen Recht des Kaisers entgegenarbeitete. Gott war der Geist, der über Materie und Moral gebot. Niemand hatte ein Recht, dem Einzelnen den Gebrauch seines Geistes und seiner Sinne vorzuschreiben. Die Grausamkeit im Geist war schlimmer als die Marterung des Körpers. Nach Gott war der Kaiser erster Sachwalter auf dieser Welt. Gott selbst blieb unerreichbar.

Berard von Palermo wußte von den Gedanken des suchenden, niemals sich bescheidenden, herrischen Mannes, der ein Zeitalter freien Menschentums im Dienst eines *Ganzen* anstrebte. Wie oft hatte er dem Jähzornigen besänftigend zur Seite gestanden, hatte er staunend gesehen, wie lächelnder Zauber scheinbar Unmögliches bewirkte; wie oft hatte er hinter aller Härte des Tyrannen den nach menschlicher Wärme sich sehnenden Menschen erkannt.

Die Frage des Kaisers nach Sinn und Wert des Gebetes war der Widerspruch des Geistesmenschen, der sich wehrte, eine andere ungreifbare Macht, nämlich die der *Seele,* anzuerkennen.

Die Stille stand im Raum, vor dessen Fenstern der späte Wind des Jahres rauschte, als vernähme der Horchende den Flügelschlag überreifer Zeit. Bis der Bischof das Schweigen brach und in ihre Bereitschaft leise, Wort um Wort betonend, jenes Gebet des kleinen Mönches von Assisi sprach – das schönste Gebet, das den Menschen nach dem Vaterunser geschenkt wurde:

Herr, laß du mich trachten:
nicht, daß ich getröstet werde – sondern tröste,
nicht, daß ich verstanden werde – sondern verstehe,
nicht, daß ich geliebt werde – sondern liebe.
Denn wer da hingibt, der empfängt,
wer sich vergißt, der findet
und wer verzeiht, dem wird verziehen ...

Der Kaiser blickte mit weiten Augen über sich hinaus. Erst nach einer Weile wanderten sie zu dem Mann hinüber, der ihm mehr als ein Vater gewesen war.

»Warum hast du mir dieses Gebet nicht früher gesagt? Warum lehrte es mich jener Francesco nicht, als er bei mir war?«

Der Bischof legte seine Hand auf die des Kranken:

»Und wenn ich es Ihnen jeden Tag morgens und abends gesagt hätte – würden Sie es gehört haben?«

»Willst du mir damit zu verstehen geben, daß mein Leben nichts war als ein Haschen nach Wind?« fragte der Kaiser mit schwacher Stimme.

Berard erwiderte:

»Als der große Papst Innozenz der Dritte sich zum Heimgang bereitete und man Francesco zu dem Sterbenden rief, folgte der Heilige dem Ruf erst, nachdem er eine Spinne befreit, ein Kind getröstet und einer unglücklichen Frau ein Gebet vorgesprochen hatte ...«

»Und was folgert für mich daraus?« beharrte Friedrich.

»Daß auch die kleinste Spinne ein Geschöpf Gottes ist und Seinen Segen besitzt«, gab der Bischof zur Antwort.

Im großen Schweigen war nur der schwere Atem des Abschiednehmenden zu hören. Endlich murmelte er, und es war, als spräche er Urteil über sich selbst:

»Ich habe diese Welt nicht verwandelt. Der Mann von Assisi sagte mir damals, anspielend auf mein Wappen am Kastell zu Bari: ›*Ich* bin der Hase!‹ Vielleicht wird man einst *ihn* einen Wandler der Welt nennen – wie den, dem nachzuleben er sich bemühte?«

Später sprach der Kaiser den Wunsch aus: Man möge ihm die Zisterzienserkutte bringen: »Das Kleid des Ordens, der die Menschen lehrt, ihre Felder zu bestellen.«

In der darauffolgenden Nacht hielt er Zwiegespräch mit dem toten Hermann von Salza. Noch einmal flüsterte er die Worte des Deutschordensmeisters am Tage von Rom:

»Jede Stunde bringt Kampf – die letzte den Frieden ...«

Dann wieder rang er mit dem Gespenst des Petrus von Vinea und weinte um den toten Heinrich und um den lebendig toten Enzio.

Am nächsten Tag verlangte er nach kandierten Veilchen und gedämpften Birnen, denen man heilende Wirkung zuschrieb. Dann senkte sich der Schatten auf seine Stirn.

Noch einmal rief er nach Herrn Berard.

»Segne mich«, sagte Friedrich kaum hörbar, »wie du meinem Vater im Tode beigestanden hast.«

Der Erzbischof machte das Zeichen des Kreuzes:

»Ich löse dich im Namen der Kirche von Sünde und Bann.«

Der Sterbende nahm das Abendmahl. Dann ließ er sich in die graue Zisterzienserkutte hüllen und lag unbeweglich.

Er starb gegen Morgen des dreizehnten Dezembers, wenige Tage vor Vollendung seines sechsundfünfzigsten Lebensjahres, in den Armen seines Sohnes Manfred. Der ihm um Mund und Kinn so ähnliche, anmutige Knabe war dem Kaiser nahe gewesen, als die Schläge des Schicksals über ihn hereinbrachen. Er ritt neben dem Vater durch alle Dunkelheiten der letzten Jahre. Sein Lachen, der Klang seiner Stimme, der Zauber seiner Jugend hatten den Verbitterten erwärmt.

Manfred blieb der einzige, der von der kaum übersehbaren Familie den letzten Blick des letzten Kaisers seines Blutes empfing. Manfred war es, der, starr vor Schmerz und verlorener Liebe, dem Toten die Augen zudrückte.

Ein rollendes Beben erschütterte zu dieser Stunde die Erde von Apulien. Die Chronisten verzeichneten es einstimmig.

*

Das Ende des Kaisers war allzu unerwartet gekommen. Manfred

mußte für die Ordnung im Reich fürchten; so ließ er erst am sechzehnten Dezember die Todesnachricht verkünden.

Als es der Papst in Lyon erfuhr, sank er zum Dankgebet nieder. Dann ließ er dem greisen Erzbischof Berard mitteilen:

Seine Heiligkeit schont das weiße Haar des Ungetreuen und wünscht nicht, daß er in Verzweiflung zur Hölle fahre. In Tränen zerknirscht möge er bereuen!

An die Beamten des Königreiches Sizilien schrieb Innozenz:

Jubeln sollen die Himmel, frohlocken soll die Erde, daß der entsetzliche Gewittersturm, mit dem der wunderbare und furchtbare Herr durch alle Zeiten hin Eure Gemeinschaft heimgesucht hat, sich nach Seiner unaussprechlichen Barmherzigkeit in einen milden Tauwind verwandelte, da Jener fort ist aus der Welt, der Euch unablässig mit dem Hammer der Verfolgung zermalmt und die Kirche Gottes in Ungemach gestürzt hat.

In einer triumphierenden Botschaft an die gesamte Christenheit verkündete der Heilige Vater noch einmal:

Jubeln sollen die Himmel, Beifall rufen die Mutter der Kirche mit ihren Söhnen, den Chören der Engel, daß sie von der drückenden Herrschaft dieses Pharao befreit ist – und dann, daß die Gnade des Himmels einen solchen Menschen nicht das Leben in seiner Verworfenheit schließen ließ! Denn, vom falschen Weg auf den rechten gewiesen, hat er sich demütigen Herzens allen Geboten der Kirche unterworfen!

Überall feierten die Feinde, trauerten die Anhänger des toten Kaisers, auch in den deutschen Ländern, wo sein Bild den Menschen längst fremd geworden war.

Die Macht Gottes überwand ihn, den menschliche Kräfte nicht besiegen konnten,

schrieb der Verfasser der Annalen der Stadt Genua.

Und der englische Chronist Matthäus Paris erneuerte das Wort vom *Wunder und Wandler der Welt.*

Der Bettelmönch Johann von Winterthur aber prophezeite:

Und wäre auch sein Irdisches zu Asche gebrannt, der Heiland Friedrich II. muß wiederkommen. Und er wird mit solchem Grimm die entehrten Priester strafen, daß sie ihre Tonsuren mit Mist bedecken müssen, damit man sie nicht als Priester erkenne. Über das Meer wird der große Kaiser ziehen und Gottes Reich begründen auf dem Ölberg.

Der Chronist Nicolao de Jamsilla indessen vermerkte:

Friedrich schmückte das Kaisertum durch Weisheit und Großmut so sehr, daß er mehr das Kaisertum als das Kaisertum ihn zu zieren schien.

Andere gedachten der alten Weissagung von dem sagenhaften Messias-Kaiser:

Mit ihm wird das Reich zu Ende sein, weil seine Nachfolger, auch wenn er solche hat, des Kaisernamens und des römischen Thrones beraubt sein werden ...

*

Friedrichs Herz und Eingeweide ließ Manfred in einem Denkmal am Eingang des Domes zu Foggia beisetzen. Der Leib des Toten wurde vom kahlen Fiorentino zur feierlichen Aufbahrung in den Thronsaal von Castel Gioia del Colle gebracht, einem der ersten Jagdschlösser des Kaisers. Von dort überführte man ihn nach Tarent. Voran schritten die sarazenischen Wachen; auf ihren Schultern trugen sie die karmesinrot ausgeschlagene Bahre. Es folgten sechs Scharen Ritter und die Edlen der muslimischen Garde in ihrer orientalischen Pracht. In Tarent lud man den Sarg auf ein schwarzes Schiff, das hinüber nach Messina segelte.

So kehrte Friedrich nach Palermo zurück – in die Stadt, wo er in Armut seine Kindheit verbracht hatte, von wo der Siebzehnjährige an der Seite des Bischofs Berard ausgeritten war, das Reich zu erobern; wo sein Hof der Dichter und Sänger, sein gewaltiges Regierungswerk, seine strahlende Persönlichkeit zum umstrittenen ›Staunen der Welt‹ geworden war ...

Von einem deutschen Künstler namens Jakob ließ Manfred den Entwurf zu einem großartigen Grabmal anfertigen. Die Unruhen der Zeit, der Kampf um das Erbe ließen die Ausführung nicht zu.

So fand der Kaiser in dem roten Porphyrsarkophag die letzte Ruhe, den sein Großvater Roger der Zweite einst in Cefalù meißeln und den der junge Kaiser hierherbringen ließ.

Den Körper des Toten umhüllte ein mit goldenen kufischen Lettern und über der Brust mit einem Kreuz besticktes Seidengewand; darüber ein purpurner Seidenmantel arabischer Art und eine seidene Decke von gleicher Farbe. Das Haupt bedeckte eine edelsteingeschmückte Krone. Daneben lag der goldene, mit Erde gefüllte Reichsapfel – Sinnbild der Weltkugel. Er trug kein Kreuz. Dem Kaiser zur Seite, in kostbarer sarazenischer Arbeit, lag sein kurzes Schwert. An den mit Rehen bestickten Stiefeln befanden sich goldene Sporen.

Vier Löwen, zwischen ihren Tatzen Besiegte festhaltend, stützen den schweren Totenschrein, dessen Decke Greifen und Adler in normannischer Art zieren. Sechs Säulen, aufsteigend über drei Stufen, tragen darüber einen Baldachin aus gleichem roten Gestein.

*

Wurde der Sarkophag auch später von seinem einstigen Platz in der Apsis des gewaltigen Domes in die Seitenkapelle zu denen seiner Eltern und seiner Gemahlin Konstanze versetzt – keiner der Nachkommen durfte ein würdigeres Grab finden. An ihn, den Gewaltigen, wagte sich kein päpstlicher Widersinn oder Machtspruch. Wie ihn sein Sohn Manfred liebevoll zur ewigen Ruhe bettete, strahlt seine Persönlichkeit über alle Vergänglichkeit durch den roten Porphyr seiner letzten Residenz, von der die Inschrift kündet:

Hic situs est
ille magni Nominis Imperator
et Rex Siciliae
Fridericus Secundus
orbit Fiorentini in Apulia
Idibus Decembris Anno 1250

Hier ruht jener Kaiser großen Namens ...

*

Die Menschen seines Reiches aber konnten und wollten es für lange Zeit nicht wahrhaben, daß der Mann, den sie seit dreißig Jahren als fast magischen Herrscher über sich gespürt hatten, nicht mehr sein sollte. Während die Sizilianer glaubten, Friedrich habe im glühenden Krater des Ätna seine geheimnisvolle Wohnung aufgeschlagen, verbanden die Völker jenseits der Alpen seinen Namen mit dem seines Großvaters Barbarossa, der im Untersberg bei Salzburg oder im Kyffhäuser schlafend der Auferstehung harre, den dürren Baum wieder grünen zu machen und ein Weltreich des Friedens aufzurichten.

Zweites Buch Der Hase

I
ENDE ZU LAVELLO

Dahin ist die Sonne, die den Völkern leuchtete, die Sonne der Gerechtigkeit. Doch ist Uns reicher Trost geblieben, denn glückhaft und siegreich lebte Unser Herr Vater bis ans Ende seiner göttlichen Majestät.

So schrieb der junge Vikar des Südreiches von Foggia aus an seinen Halbbruder, den Deutschen König Konrad den Vierten.

Zu Recht konnte Manfred feststellen, daß der kaiserliche Vater siegreich bis zum Ende, im Vollbesitz seiner Macht und neuer, starker Rüstung diese Erde verlassen hatte. Doch der Boden des Reiches war unterwühlt. Noch lebte Innozenz der Vierte.

Wieder überschwemmten Bettelmönche und Abgesandte des Heiligen Vaters die Länder und Städte, das Volk zum ›Kreuzzug‹ aufzurufen – diesmal gegen die unwürdigen Söhne des Gebannten. Unter Androhung aller Machtmittel der Kirche wurden die deutschen und italienischen Fürsten zum Abfall aufgefordert; Unsicherheit, Feigheit, Eigensucht lähmten die Länder. Die Gegenkönige von des Papstes Gnaden waren weniger als Strohpuppen.

Die allgemeine Entartung im politischen Bereich zog den Verfall der bürgerlichen Ordnung und Sitte nach sich. Woran sollten die Menschen glauben – *wer* vertrat die gottgewollte Obrigkeit?

Ein Teil der Tragik im Kampf der beiden Mächte lag darin, daß aus einem mit allen Möglichkeiten erzogenen und eingearbeiteten Kollegium ausgesuchter Geister alsbald der jeweils Beste im Sinn der Kurie als Nachfolger für den Stuhl Petri in Erscheinung trat – während auf seiten des Kaisertums in der Regel einem unfähigen Kind, bestenfalls einem begeisterten Jüngling ohne jede Erfahrung die Krone mit ihrer ganzen Last aufgebürdet wurde.

Nun war es der dreiundzwanzigjährige Konrad, auf dessen Schultern das gefährliche deutsche Erbe lag, das er, wäre er selbst mit der Strahlungskraft der staufischen Ahnen begabt gewesen, zu bewältigen kaum Aussicht gehabt hätte – auch ohne die unausweichbare Auseinandersetzung mit der Kirche.

Die Treulosigkeit und kleinliche Gesinnung der deutschen Stammesgenossen zeigte sich etwa beim Grafen Ulrich von Württemberg, der sogleich nach dem Tode des Kaisers zum Papst nach Lyon eilte, um sich die Zusicherung einzuhandeln, daß kein Nachkomme aus der staufischen ›Schlangenbrut‹ jemals zur Königs- und Kaiserkrone und erst recht nicht zum schwäbischen Herzogsamt gelangen dürfe. So folgte bald ein Erlaß:

Wir, der Heilige Vater, haben beschlossen, Konrad dem Vierten, der sich Deutscher König nennt, jetzt auch alle Güter und Rechte im Herzogtum Schwaben zu entziehen!

Die Bürger der Stadt Regensburg waren wegen ihrer kaisertreuen Gesinnung mit dem Interdikt belegt worden, das hieß: wie die Hohenstaufen standen sie unter Kirchenbann. Keine Glocke läutete, die Ewigen Lichter in den Kirchen waren gelöscht; der geistliche Zuspruch, die Spendung der Sakramente, die Einsegnung der Neugeborenen, der Vermählten und Sterbenden unterblieb. Schwer lastete der Fluch auf den Gläubigen.

Auf dringendes Ansuchen König Konrads und des Herzogs von Bayern gelang endlich eine Aussöhnung mit den geistlichen Herren. Unter Anführung des Bischofs Albert kehrten sie in die Stadt zurück. Auf den Altären glühte von neuem das Licht, die Glocken riefen zum wiederaufgenommenen Gottesdienst in die geöffneten Kirchen.

Bereits fünfzehn Tage nach dem Tode des Kaisers wurde König Konrad hinterbracht, daß der Bischof von Regensburg und der Abt von St. Emmeran zur Ehre Gottes und der triumphierenden Kirche einen Anschlag auf den jungen König vorbereiteten. Da Konrad wußte, daß mit der Heimkehr des würdigen Oberhirten auch die Feinde der Kaiserpartei neue Macht gewinnen würden, begab er sich sogleich in die Stadt an der Donau und nahm mit wenigen Begleitern im Kloster St. Emmeran Wohnung. Engster Freund des Königs von Kind auf war der Ritter Friedrich von Eberstein, der das ganze Vertrauen des sonst grundsätzlich argwöhnischen Kaisersohnes besaß. Er war es, der in der ersten Nacht ihres gemeinsamen Quartieres dem König meldete: Beauftragte des Bischofs hätten sich vor dem Klostertor eingefunden, gewaltsam Eingang zu erzwingen und ihr Werk als Mordkommando zu vollziehen, während der hochwürdige Herr selbst in Verkleidung von seinem Wagen aus die Durchführung zu überwachen beabsichtige ...

Da man bei den Banditen Kenntnis von der Schlafstätte des Königs voraussetzen durfte, beschwor Friedrich von Eberstein Konrad, er möge mit ihm Zimmer und Bett tauschen oder sich jedenfalls in Sicherheit bringen!

Der junge Ritter wußte: Fanden die Mörder den Gesuchten *nicht,* würden sie alle im Hause niedermachen, wie sie die Wache des Königs bereits überwältigt hatten. Konrad bliebe ein Todgeweihter.

So legte sich der Freund – ohne Wissen des Geretteten – in dessen Bett, während unten die Mordbuben die Türen mit Äxten einschlugen. Planmäßig eilten sie ins Schlafgemach des Königs und erdolchten den darin Liegenden. Dem in seinem Wagen harrenden Bischof meldete man sogleich das glückliche Gelingen.

Als alles wieder still war, verließ der König sein Versteck. Erst jetzt erfuhr er den Preis, den er für seine Rettung bezahlt hatte.

Regensburg geriet in Aufruhr, als die Tat bekannt wurde. Die Bürger vertrieben den Bischof aus der Stadt. Den Klosterflügel, in dem Friedrich von Eberstein für seinen König gestorben war, ließ Konrad dem Erdboden gleichmachen, *damit das Blut des Freundes nicht weiter nach Vergeltung schreie ...*

*

Der römische Senat wurde wegen der langen Abwesenheit des Papstes ungeduldig. Man teilte Innozenz mit: Er sei der *Römische* Papst, nicht der von Lyon. Er solle in den Lateran zurückkehren, jetzt oder nie!

Innozenz beschuldigte König Konrad, daß er die Römer gegen ihn aufhetze, und bot die Krone des Regno dem englischen König für dessen Sohn, den Prinzen Edmund. Heinrich scharrte zusammen, was in seiner Schatzkammer war und was ihm Richard von

Cornwall und die englischen Barone, die Juden und die Wechsler liehen, und schickte es dem Heiligen Vater. Konrad indessen berief sich auf Gott, auf den zukünftigen Papst, die deutschen Fürsten, auf alle Könige und Herrscher der Welt und auf die gesamte Christenheit: Die sizilische Krone sei *sein* Erbe.

Der Deutsche König wußte, daß es für ihn weder Ruhe noch Sicherheit gab, solange er nicht den endgültigen Frieden mit Rom erreicht hatte. Doch alle Anfragen beim Papst wurden zurückgewiesen: Der Sohn eines Gebannten dürfe auf keinerlei Anerkennung noch Gehör hoffen.

Bald danach überbrachte Galvano Lancia dem Neffen Manfred die Nachricht:

Sein Bruder Konrad sei am Rhein von einem Heer des jetzigen Kandidaten des Papstes mit Unterstützung des ihm hörigen Bischofs von Metz in einer Schlacht geschlagen worden.

Der neue Gegenkönig, der flachsköpfige Wilhelm von Holland, erschien bei Seiner Heiligkeit zu Lyon. Unterwürfig hob er als »Strator« den Fuß des Heiligen Vaters in den Steigbügel. Zugleich berief er sich stolz auf seinen Erfolg gegenüber dem Sohn des toten Tyrannen.

Nun endlich konnte der Papst die Rückkehr nach Rom wagen. Im Triumph, mit vierzig Kutschen und zweihundert Berittenen, brach er von der Stadt des Exils auf. Über Marseille und Genua zog Innozenz bis vor Mailand. Die Mailänder verlangten Zahlungen; da er sie nicht leisten konnte, eilte er weiter nach Ferrara und Bologna.

Der gleißende Zug bewegte sich vorbei an einem Palazzo im Herzen der Stadt. Dort schoben Wächter mit Stangen einen blonden Gefangenen zum vergitterten Fenster: König Enzio ...

Papst Innozenz sah in ein verzweifeltes Antlitz. Er wendete sich ab und zog weiter. Noch wagte er nicht sogleich den Weg nach Rom. Vorerst bezog er in Perugia und Anagni Quartier.

*

Der tödliche Traum hatte nun auch den Deutschen König erfaßt. Harrte nicht drüben, im fernen Süden, die Krone Siziliens – und die des unerreichbaren Herrschers des Reiches? Erwartete man nicht, daß der direkte Nachkomme ihm Folge leiste?

Der trügerische Ruf, der jeden seines Geschlechts bisher leitete, trieb auch den unstaufisch scheuen Konrad. Vor sich sah er nur das Sonnenland, wo er geboren wurde, wo das Erbe des übergroßen Vaters wartete. Er hatte die Mutter nicht gekannt und kaum den Vater, doch seit er zu denken vermochte, bannte ihn das ungeheure, unerhörte Bild des Reiches seiner Ahnen.

Als Siebenjähriger war Konrad mit der Tochter des Herzogs Otto des Zweiten, des Erlauchten, wie er genannt wurde, und seiner Gemahlin Agnes, einer Tochter des Pfalzgrafen bei Rhein, verlobt worden; vor nun fünf Jahren hatte die höfische Hochzeit in Abwesenheit des kaiserlichen Ehestifters stattgefunden. Die junge Gemahlin sah Konrad nur selten; Amt und Zwang zum Tun wogen stärker als eheliche Gemeinschaft mit der ländlich-einfachen, mehr dem Wirklichen und dem Alltag zugewandten Wittelsbacherin. Früh hatte Konrad vom Schicksal seines vermessenen Bruders Heinrich erfahren. Konrad war kein Freund von Gelagen und fröhlicher Jagd, kein Träumer, kein Empörer.

Streng, herrisch, eigensinnig, konnte der junge König nur vor sich selbst bestehen, wenn er der gewaltigen Herausforderung ins Auge sah.

Auf der Burg Hohenschwangau nahm er von seiner Gemahlin Abschied. Frau Elisabeth wußte von dem ihr unbegreiflichen Wahn der Staufer; doch glaubte sie nicht, daß ihr verschlossener Gatte, den sie kaum kannte, ihm je verfallen könnte.

»Der Heilige Vater wird deine Anwesenheit in Italien mit Krieg beantworten«, warnte sie, der Einsamkeit gedenkend, in der sie zurückbleiben mußte. »Nicht nur dem Kaiser galten Anschläge gegen sein Leben – auch du bist nur durch ein Wunder davongekommen! Was du als deine Aufgabe siehst, bleibt in den Augen der Kirche Vermessenheit. Und darin kann dir das Opfer keines Freundes helfen. Auch wenn du den gegen dich gerichteten Kreuzzug, wie sie es nennen, überstehen solltest – muß nicht dein Bruder Manfred in dir den Rivalen fürchten?«

»Er ist Statthalter im Süden – vorläufig«, erwiderte Konrad finster. »Der legitime Sohn bin ich. Kein anderer hat ein Recht, das Erbe an sich zu reißen. Wenn Manfred sich mir unterordnet, können wir den Kampf gegen die Feinde des Reiches bestehen. Auch Herr Innozenz ist an die Grenzen seiner Macht gestoßen. Mußte er nicht sechs Jahre lang fern von Rom leben – aus Angst vor der kaiserlichen Partei und dem römischen Pöbel? Er wird die Probe nicht noch einmal wagen.«

»*Weil* der Papst weiß, was auf dem Spiel steht, muß er die Einigung zwischen dir und Manfred verhindern«, warnte die junge Frau. »Für Manfred besteht in seinem Südreich geringe Gefahr. Verfügt er nicht zudem über die sarazenischen Truppen des Kaisers? Du aber lieferst dich, wenn du über die Alpen ziehst, sofort der Feindschaft des Heiligen Vaters aus. Die Bedrohung Roms und des Kirchenstaates von Süd *und* Nord durch den Kaiser war zu gefährlich, als daß sich ihr ein Papst, wie er auch heißen mag, noch einmal aussetzen darf. Überlasse Manfred, von dem man sagt, daß ihn jeder liebt, den Süden, und suche du dein *deutsches* Königtum zu stärken! Nur so kommst du der römischen Kaiserkrone näher, wenn die Stunde reif ist.«

Konrad wußte: Die Meinung seiner Gemahlin war die vieler deutscher Fürsten. Mit kaltem Blick sah er in die Ferne, als suche er den Halbbruder in den orientalischen Traumpalästen von Foggia oder Palermo.

»Ich werde Manfred das Regno nicht überlassen. Wer ist dieser von allen so geliebte Sohn einer Italienerin, die niemals offizielle Gemahlin des Kaisers war? Wie viele andere Bastarde könnten dann nach der Kaiserkrone greifen? Und sollte es ihm zehnmal gelingen, sich mit dem Papst auszusöhnen – ein Lancia darf niemals Kaiser werden, solange ein Staufer lebt!«

»Und das Kind, das ich von dir unter dem Herzen trage?« versuchte die Königin als Mutter den Gatten zu rühren. »Wer wird ihm Vater sein, wenn du in der Ferne bist?«

»Ich kehre zurück«, sagte Konrad in jungenhaftem Trotz. »Deutschland ist nur *ein* Teil. Den anderen werde ich mir erkämpfen.«

»Auch gegen deinen Bruder?«

»Die Entscheidung liegt bei ihm.«

Der junge Mann im Kriegskleid richtete sich herrisch auf: »Mein Heer steht abmarschbereit. Es gilt, so schnell wie möglich über die Alpen zu kommen. Noch ist nicht überall bekannt, daß der, den sie in Regensburg mordeten, nicht der Deutsche König war.«

»Das Jahr geht zu Ende«, sagte Frau Elisabeth. »Kälte und Schnee werden bald die Pässe versperren.«

»Im Frühjahr wäre es zu spät«, entschied Konrad. »Noch scheinen die norditalienischen Städte abzuwarten. Die päpstliche Habsucht hat sie abgeschreckt. Herr Innozenz wird es unter diesen Umständen nicht wagen, gegen mich ein Heer aufzustellen. Und wenn, werden meine deutschen Soldaten zeigen, daß sie die welschen nicht fürchten.«

»Bisher haben sich deine Truppen tapfer gehalten. Jetzt werden sie im fremden Land kämpfen, unter anderer Sonne. Krankheiten, Entbehrungen können sie schwächen. Dann wärst du ganz von Manfred abhängig. Wer sagt, daß er in dir nicht den Feind sieht, wie du in ihm offenbar den Bruder leugnest? Zudem hört man, daß der Papst mit dem Grafen von Anjou verhandelt, um die Franzosen ins Land zu rufen.«

»Der Bruder des Anjou, der französische König«, widersprach Konrad, »hat sich immer für den Kaiser eingesetzt. Er wird es auch für mich tun.«

»Wie man hört, liegt der fromme Ludwig noch immer krank in Akkon«, gab Frau Elisabeth zu bedenken. »Er kann die Entschlüsse des Papstes nicht beeinflussen.«

»Auch *meinen* Entschluß kann niemand beeinflussen«, beharrte Konrad. »Hüte das Kind, dessen Geburt ich nicht abwarten darf. Erziehe es zum Stolz auf seinen Vater und das Stauferhaus.«

Bei diesem letzten Besuch auf Hohenschwangau erkannte Elisabeth, daß sie ihren Gatten verloren hatte.

»Das Stauferblut wiegt wohl schwerer als das bayerischer Herzöge«, meinte sie sorgenvoll. »Wer sonst wagte so viel für diese ungreifbare Vision, die noch niemals Wahrheit wurde?«

»Sie war es, und ich werde sie wieder wahr machen. Wenn es ein Sohn wird, lehre ihn, was unsere Krone fordert.«

»Möge er es niemals erfahren!« flüsterte Frau Elisabeth. Sie weinte. Vom Tag des Abschieds an lebte sie zurückgezogen wie eine Witwe. Niemand sah die Königin mehr in ihrem Schmuck. Es blieb ihr nur die Hoffnung auf das Kind.

*

Während Manfred seine Rechte im Südreich wahrte und der Heilige Vater unmißverständlich in einem neuen Aufruf vor der staufischen ›Natternbrut‹ warnte, zog Konrad im goldenen Spätherbst über den Brennerpaß nach Verona. Im Kastell an der Etsch traf und beriet er sich mit dem düsteren Ezzelino da Romano, der im Norden Italiens sein Regiment gesichert hatte.

»Hier oben haben Sie nichts zu befürchten, Hoheit«, versicherte der dem jungen König mit rauhem Lachen. »Ich weiß, wie man mit aufsässigen Städten und ungebärdigen Pfaffen umgeht. Für Sie ist im Süden genug zu tun. Von dem Herrn Vikar Apuliens dürfen Sie nichts erwarten. Er weiß kaum, was ein Schwert ist.«

Habe Manfred nicht die Sarazenen des Kaisers zur Verfügung, wandte Konrad ein, die unbezwingbaren Burgen – dazu die Beliebtheit beim Volk?

»Bah«, machte der Bärtige. »Ein Schoßhündchen seines kaiserlichen Vaters, der ihn verwöhnte wie keinen anderen seiner Söhne!«

Ob Herr Ezzelino ihm jemals begegnet sei? erkundigte sich Konrad.

Wieder eine verächtliche Geste: Er sei es nicht gewohnt, mit Kindern zu spielen. Das habe er der Majestät überlassen. Doch besitze er einen Bericht aus der kaiserlichen Kanzlei, vor wenigen Jahren über den Knaben zu Papier gebracht.

Der alte Condottiere griff aus einer Mappe, die offensichtlich Anweisungen des Kaisers enthielt, ein Blatt hervor, das er mit unverhohlenem Abscheu hinüberreichte: »Damit sich Eure Hoheit von dem Herrn Bruder ein Bild machen können – zum Trost und zur Abschreckung!«

Die Beschreibung lautete:

Des Kindes Liebreiz war so groß, daß er vom Kaiser sorgsam behandelt und behütet zu werden verdiente wie ein geliebter legitimer Sohn.

Dem stets in fürstlichem Behagen Herangewachsenen hielt väterliche Liebe die zarten Glieder gern vom Druck der Waffen frei. Ihn, dessen Wangen eben der zarte Flaum zu bedecken anfing, machte die Natur zum Inbegriff aller Anmut; sämtliche Teile seines Körpers waren gleich an Schönheit, so daß nichts an ihm war, das hätte besser sein können...

Wortlos reichte Konrad das Papier zurück. Der harte Zug um seinen Mund hatte sich verschärft:
»Von dieser Seite lernte den Kaiser wohl kaum jemand sonst kennen. Mein Bruder Heinrich erlebte ihn anders.«
»Ihr Herr Vorgänger auf dem deutschen Königsthron war ein Schwächling *und* ein Empörer«, sagte der andere. »Seien Sie froh, daß er Ihnen den Platz überlassen hat!«
Ob Herr Ezzelino an die Befreiung von König Enzio denke? lenkte Konrad ab. Er sah in dem halbdeutschen Kaisersohn den gefährlichsten Rivalen.
Eine unwillige Handbewegung von drüben: Bologna sei stark. Man würde im Falle einer Überrumpelung der Stadt den hohen Gefangenen eher töten als ausliefern. Im übrigen sei es ihm, Ezzelino, nur recht, daß man derzeit Ruhe halte. Konrad stimmte erleichtert zu. Man verabschiedete sich mit gemäßigter Freundlichkeit. Keiner traute dem anderen.
Weiter ging der Zug des Königs über die Lagunenstadt Venedig. Der Doge zeigte sich überlegen abwartend. Seine Einladung zu kurzem Verweilen lehnte Konrad ab.
In Istrien sollte er sich mit dem engsten Stab einschiffen. In Pola, nahe dem römischen Riesentheater, bestieg man die Segler, die sie über die Adria nach Apulien brachten.

So betrat Konrad der Vierte, abgesichert durch erfolgreiche Verhandlungen mit den norditalienischen Städten, kaum zwei Jahre nach Friedrichs Tod das Lieblingsland des Kaisers. Nahe dem Platz, wo sich ein Jahrzehnt später die weiße Stadt Manfredonia erheben sollte, ging er an Land – unweit auch von seinem Geburtsort Andria, der das Grab seiner Mutter barg. Wußte der junge König, daß im selben unheilvollen Siponto zuvor sein Bruder und

Vorgänger Heinrich als Gefangener an Land gebracht worden und für den ruhmlosen Rest seines Lebens in den Mauern der südlichen Burgen verschwunden war?

Jetzt, siebzehn Jahre danach, landete hier zur Winterszeit der Jüngere. Als erstes Bild auf dem Boden seines Erblandes sah er eine vom Erdbeben zerstörte Stadt. Nur wenige wiedererrichtete Bauten und eine bescheidene Kirche gaben dem traurigen Ruinenort einen Hauch von Leben.

Manfred hatte den kleinen Hafen mit festlichen Fahnen und Triumphpforten geschmückt. Bunte Gondeln holten die von Norden kommende Galeere des Deutschen Königs ein.

Wie er erwartete seine Umgebung den hohen Besuch mit mehr als Neugier, suchte man den Vergleich zwischen den Söhnen des Kaisers. Der schlanke, schöne Trovatore empfing den Bruder seinem freundlichen Wesen gemäß, half ihm, zum Zeichen der Anerkennung seiner Würde, in den Steigbügel. Unbewegten Gesichtes ließ es Konrad geschehen.

Nebeneinander schritten sie unter dem Baldachin; abweisend, ernst der eine, unbefangen ritterlich der Jüngere. Im bescheidenen Haus des Podestà gab es ein Begrüßungsmahl. Da Konrad so wenig Italienisch sprach wie Manfred Deutsch, mußten Dolmetscher ihre Reden übersetzen. Es blieb bei förmlichen Worten.

Das deutsche Heer zog auf dem Landweg von Verona heran. Konrad wünschte es in Foggia zu erwarten. So erfolgte bald die Weiterreise nach der einstigen kaiserlichen Residenz, die Manfred seit dem Tod des Vaters bewohnte.

Angesichts der Wunder des weitläufigen Palastes wurde Konrad noch schweigsamer. Als erstes gab er Anordnung, die sarazenischen Wachen seien durch seine eigenen – deutschen – zu ersetzen. Nach Besichtigung der kaiserlichen Menagerie mit ihren Leoparden, Löwen und Elefanten befahl er, daß diese in Kürze abzuschaffen, der Erlös für Heereszwecke zu verwenden sei. Das gleiche galt für die noch immer zahlreiche Dienerschaft.

Anderntags lud der König in den Empfangssaal zur Lagebesprechung. Da es noch früh im Jahr war, brannten Feuer in den Kaminen; die orientalischen Edelsteinlampen glühten in marmorner Märchenpracht wie in den Tagen des Kaisers, dessen Herrschergeist die Räume noch immer zu erfüllen schien.

Konrad hatte auf dem erhöhten, von seidenen Teppichen und Polstern geschmückten Thronsitz Platz genommen, umgeben von seinen Rittern und Herren. Wie sie trug er eine leichte Rüstung, die er auch hier, im Frieden des Palastes, nicht abzulegen gedachte. Manfred, wie gewohnt im pelzverbrämten, gestickten Jagdkleid, mit kleinem Gefolge, darunter die Grafen Galvano und Galeotto Lancia, setzte sich zu Füßen des Bruders. Den Grafen zur Seite stehend die beiden Dolmetscher.

Nach der förmlichen Begrüßung gab König Konrad bekannt, der schönen Worte wären genug gefallen. Ihm ginge es um Anordnungen, die er als Testamentsvollstrecker des kaiserlichen Vaters und Nachfolger im Reich für notwendig erachte. Dazu gehöre zunächst die Einsetzung eines eigenen Verwalters für Sizilien und Kalabrien, da der bisherige – Graf Galvano Lancia – seine Interessen allzu sehr mit denen seiner Familie verwoben habe.

Daraufhin erhob sich der Angesprochene, auf seine Dienste als Vertrauter des verstorbenen Kaisers hinzuweisen. Konrad verbot ihm das Wort: Er sei nicht gekommen zu streiten, sondern zu bestimmen. Im übrigen habe er auch für das Fürstentum Tarent, Manfreds Lehnserbe, einen neuen – ebenfalls deutschen – Verwalter eingesetzt, der dafür zu sorgen habe, daß die Einnahmen und Ausgaben des Fürstentums wie seine Verwaltung jederzeit ihm, dem legitimen Erben, zur Darlegung offenstünden.

Als Manfreds Dolmetscher die Bedenken des Bruders in höflicher Weise vorbrachte, winkte Konrad wieder ab. Stärker denn je empfand er das alte Mißtrauen, da er die Beliebtheit des gütigen und heiteren Jünglings in seinem Erbland erkannte, dem gegenüber er, der rechtmäßige König, immer der Fremde bleiben würde.

Weiterhin ließ Konrad durch seinen Dolmetscher mitteilen, Manfred möge so bald wie möglich die deutsche Sprache erlernen. Einen Lehrer stelle er zur Verfügung.

Als Manfred lächelnd erklärte, mit den Übungen sogleich zu beginnen, wenn auch der Herr Bruder sich mit der italienischen

Sprache vertraut zu machen gewillt sei, ließ Konrad antworten: Er, der König, sei gekommen, zu *herrschen* – nicht italienische Gespräche zu führen. Ihm erscheine es wesentlicher, daß seine Befehle befolgt, als in welcher Sprache sie erteilt würden.

Zum Schluß erhob sich noch einmal Graf Galvano in seiner Eigenschaft als bisheriger kaiserlicher Statthalter, um der Bestimmung entgegenzutreten, einen Deutschen an seiner Stelle einzusetzen. Sizilien, dieses von verschiedensten Völkergruppen bewohnte und durch den Kaiser mühsam zur vorbildlichen Ordnung gebrachte Inselreich, sollte wohl einem in diesem Gebiet bewährten, seinem Geist und seinen Traditionen vertrauten Manne anvertraut bleiben, wolle man nicht das Stammland der kaiserlichen Herrschaft von neuem dem Unfrieden und Chaos ausliefern.

Konrad ließ in kühler Ablehnung erwidern: Wenn auch Herr Manfred durch seine Mutter Familienbindungen mit dem Haus Lancia habe, so könne er, der König, gerade darin keinen Vorteil für das Land erkennen. In unmittelbarer Anrede an Manfreds Onkel mußte der Dolmetscher übersetzen:

»Sie, Graf Lancia, geben, zusammen mit Ihren Verwandten, keine Gewähr, daß Sizilien, Apulien und Kalabrien durch Sie und Ihre Familienmitglieder mit der notwendigen unbestechlichen Umsicht verwaltet und in meinem Sinn regiert werden können. Das gleiche gilt für das Herzogtum Tarent, das ich vorerst meinem Bruder Manfred zu überlassen gedenke. Für die Verwaltung jedoch benötige ich zuverlässige, *mir* ergebene Beamte. Das aber können, da ich das Erbe übernommen habe, nur Deutsche sein.«

Dann, scheinbar verbindlicher: »Wie ich höre, stammt die Familie Lancia aus dem schönen Piemont?«

Und als der Graf bejahte: »Sie verfügen – neben den sonst noch angehäuften Reichtümern – dort über einträglichen Besitz?«

Da Galvano, nicht verstehend, worauf die Frage hinausliefe, zustimmend nickte, ließ ihm König Konrad unbewegten Gesichts übermitteln: Ab sofort sei die Familie Lancia und zuerst er selbst, Graf Galvano, aus dem sizilisch-apulischen Regno wie aus den kaisertreuen norditalienischen Städten verbannt. Sei seine Nichte, Herrn Manfreds Schwester, nicht Kaiserin von Nicäa – ? So habe man sich unversehens mitsamt dem ganzen Anhang bis auf weiteres dorthin zu begeben. Er, König Konrad, sähe dabei nichts anderes als seine ihm zukommende Aufgabe beim Neuaufbau des Reiches im Sinne des kaiserlichen Vaters. Das beträfe gleichermaßen die unrechtmäßigen zusätzlichen Besitzungen Herrn Manfreds, die – außer dem Herzogtum Tarent – ebenso unverzüglich zugunsten der Reichsverwaltung einzuziehen seien.

Als Manfred Einspruch erhob, ließ ihm Konrad bedeuten, weitere Gespräche über seine Anordnungen erübrigten sich. Wer könne außerdem sagen, daß nicht ein unerwarteter Unfall von seiten der göttlichen Allmacht – wie der glücklich überstandene zu Regensburg – sein Werk vorzeitig gefährde? Darum gedenke er nach Eintreffen seiner deutschen Truppen zunächst einen Zug über Troia nach Neapel zu unternehmen. Als Ausgangspunkt für die Inbesitznahme Siziliens sei die Stadt am Vesuv unverzichtbar; er hoffe, sich ihrer gütlich zu bemächtigen. Die Straßen quer durch das italische Land dorthin seien, wie man ihm gesagt habe, trotz der zu durchquerenden Berge gut zu passieren ...

Obwohl in den Reihen der apulischen Anhängerschaft Manfreds sehr bald feindliche Stimmen gegen den ›Deutschen‹ laut wurden, bewies Manfred allen Demütigungen gegenüber Zurückhaltung und Selbstbeherrschung. Am schwersten belastete ihn die Absetzung Galvano Lancias und die Verbannung seiner Familie, für die es keine erkennbare Rechtfertigung gab. Indessen zwang Manfred sich selbst und seine Edlen, des Bruders Wünschen und Anordnungen weiterhin nachzukommen – mochte ihm Konrads Verschlossenheit und herrische Abwendung so unverständlich wie fremd bleiben. Immer lauter verbreitete sich der schon beim ersten Empfang Konrads in Siponto aufgeklungene Ruf: »Wieviel lieber wollten wir Herrn Manfred krönen als diesen Sohn des Kaisers. Er wird uns niemals verstehen – Manfreds Anmut dagegen die Welt gewinnen!«

Kurz danach brachte ein Bote aus Hohenschwangau freudige Nachricht: Die Königin Elisabeth habe am fünfundzwanzigsten März dieses Jahres einem Sohn das Leben geschenkt, der auf den Namen seines Vaters getauft worden sei.

Der verschlossene und eher zur Schwermut neigende König sah darin ein glückliches Vorzeichen für seine weiteren Unternehmungen. Nun, da der Erbe geboren, war die Weiterführung der großen Aufgabe auch für die nächste Generation gesichert.

*

Im Frühsommer brach Konrad mit seinem Heer zum Zug nach Neapel auf. Der Marsch durch das heiße, öde Gebirge erwies sich als mühsamer und zeitraubender als erwartet. Überfälle und kleine Gefechte in den unzugänglichen Hohlwegen und Bergpässen führten nicht nur zu Verzögerungen, auch zu Verlusten. Endlich erreichte das deutsche Heer Neapel. Im Castel dell'Ovo, diesem sichersten aller Plätze, den der Kaiser zur Meeresfestung ausgebaut hatte, fern auch von Manfreds verdächtigen Sarazenentruppen, gedachte König Konrad seine Hauptresidenz einzurichten.

Doch fand er bei seinem Anmarsch auf die Traumstadt des Südens die Tore versperrt. Alle Aufforderungen, zuletzt deutliche Drohungen, wurden stolz zurückgewiesen: Der Kaisersohn sei als *einzelner* willkommen – seinem deutschen Heer werde sich die Stadt niemals freiwillig ausliefern!

Es kam zur Belagerung. Neben den marodierenden Soldaten in den Vorstädten wüteten die Glut des Sommers und der Hunger. Faules Fleisch, Seenesseln, Malven und Feigenblätter blieben vier Monate lang den hungernden Bewohnern als einzige Nahrung; dann ergaben sie sich. Es folgten Plünderungen und Zerstörungen vor dem triumphalen Einzug des Deutschen Königs ins meerumspülte Castel dell'Ovo. Die aus dem Fels gehauenen, noch aus Römertagen stammenden Verliese füllten sich; Konrads Rache war unbarmherzig und um so mitleidsloser, als er sich auch hierin dem Erbe des großen Kaisers verpflichtet fühlte. Die Stadt weiterhin zu strafen, verfügte er, daß die von seinem Vater hier gestiftete Universität nach Salerno verlegt werde, wo die bereits früher bestehende durch Neapels Ruf zur Bedeutungslosigkeit abgesunken war.

Nach Zurücklassung einer ausreichenden Wachtruppe trat der König den Rückweg nach Apulien an, um dort die Sicherheit in seinem Sinn zu festigen und neue Heeresmacht zu sammeln. Es galt nun, die oberitalienischen Guelfen, danach den deutschen Gegenkönig Wilhelm von Holland zu besiegen. Den Erfolg von Neapel gedachte Konrad auch gegenüber dem Heiligen Stuhl zu nutzen, indem er eine Botschaft nach Rom sandte: Der Papst möge ihn als Nachfolger seines Vaters im Kaisertum und im Regno bestätigen. Innozenz, mittlerweile in den Lateran zurückgekehrt, wies die Gesandtschaft brüsk ab.

*

Zu dieser Zeit starben Konrads neunzehnjähriger Neffe Friedrich, der Sohn seines unglücklichen Bruders Heinrich, und in Melfi der fünfzehnjährige Halbbruder Konrads, ebenfalls mit Namen Heinrich, der liebenswürdige Sohn des Kaisers und Isabellas von England, dem Friedrich das – wiederzuerobernde – Königreich Jerusalem oder das Arelat zugedacht hatte.

Im neuerlichen Haßfeldzug des Heiligen Vaters, diesmal gegen Konrad, wurde das Gerücht verbreitet, die beiden Jünglinge seien in Konrads Auftrag durch Gift beseitigt worden.

Konrads Prokuratoren verteidigten ihn vor dem Papst und den Kardinälen: Er sei der rechtmäßig erwählte Deutsche König. Er sei nicht grausam, sondern herrsche in Frieden. Die Bezichtigung, daß er seinen Bruder und seinen Neffen habe ermorden lassen, sei Lüge. Er werde sich dem päpstlichen Schuldspruch niemals beugen.

In seinem frommen Eifer begann Innozenz der Vierte, kränklich und in Furcht vor neuer Vertreibung, mit dem Bau eines großen Vatikanpalastes neben St. Peter.

Am Gründonnerstag im dritten Jahr nach dem Tod des Kaisers hielt er in der Lateranbasilika eine flammende Predigt. Seine Stimme überschlug sich im hallenden Raum:

»Tötet! Rottet aus Name und Leib, Samen und Sproß des Babyloniers Friedrich!«

Danach exkommunizierte er feierlich König Konrad; dem Ezzelino da Romano gewährte er eine letzte Frist.

Gleich nach dem Gottesdienst begab sich der Heilige Vater sicherheitshalber nach der festen Burg über Assisi.

*

Bei dem kleinen Ort Lavello nahe Andria, wo die kindhafte Yolanda von Jerusalem Konrad den Vierten geboren und ihre Grabstätte gefunden hatte, unweit auch der Kaiserburg von Melfi, sammelte der König ein Heer von etwa zwanzigtausend Streitern, seine Herrschaft weiter zu festigen.

Wieder glühte ein Sommer über dem südlichen Land. Der abgelegene, unzureichend mit Wasser versorgte Lagerplatz konnte die zusammengewürfelten deutschen und italienischen Truppen kaum aufnehmen. In den armseligen Häusern und Kirchen, in Zelten und unter freiem Himmel kämpften die Soldaten gegen ihren eigenen Unrat; die eintönige Verpflegung wurde schwieriger und mangelhafter. Es dauerte nicht lange, und die schon unter den Kreuzfahrern gefürchteten Seuchen forderten erste Opfer.

Bald war das Lager voll stöhnender, sterbender Soldaten. Die noch Gesunden reichten nicht aus, die Toten schnell genug zu begraben.

Auch König Konrad wurde vom Fieber ergriffen. Durch Mißtrauen und Hemmungen wie durch den Fluch, der ihn wie sein Königtum bedrohte, entmutigt, traf ihn der Gluthauch des fremden Landes. Seine Befürchtung, daß ein ›unerwarteter Unfall von seiten der göttlichen Allmacht‹ sein Werk vorzeitig abbrechen könnte, wurde wahr. Auf seinem Lager im Stadtpalast zu Lavello verschied der Sechsundzwanzigjährige, ohne den jüngeren Bruder noch einmal gesehen und gesprochen zu haben.

In Foggia empfing Manfred die Nachricht vom Tod König Konrads. Man überbrachte ihm auch die im Fieber gestammelten Worte des Sterbenden:

»Warum hat mein Vater mich gezeugt, meine Mutter mich geboren, um so viel Unglück zu erleiden? Die Kirche, die mir und meinem Vater eine Mutter sein sollte, war uns eine Stiefmutter. Das Reich, das bereits vor Christi Geburt und bis jetzt geblüht hat, welkt und versinkt in tödlicher Zerrissenheit!«

Der Bote endete seine Schilderung vom Hinscheiden des Deutschen Königs mit den Worten:

»Und so, den Tag seiner Geburt verfluchend, hauchte er seine unglückliche und betrübte Seele aus ...«

Bald danach geschah es wieder, daß die Mönche flüsternd verbreiteten:

König Konrad sei von seinem Bruder Manfred unter Kissen erstickt worden. Andere behaupteten, man habe ihn mit Diamantsplittern im Trinkbecher oder durch einen vergifteten Einlauf ermordet ...

Den Toten ließ Manfred nach Messina überführen und dort im Dom in einem Katafalk beisetzen. Bald danach zerstörte eine Feuersbrunst Kirche und Sarg.

König Konrads kostbarer Thronsessel war schon zuvor in Genua versetzt worden, um Geld für seine Truppen zu beschaffen.

Zu dieser Zeit erfüllte sich auch das Schicksal des Ezzelino da Romano. Padua und die Mark Ancona, von seinem eisernen Arm umklammert, glichen einem verpesteten Land. Der Wahnwitzige, durch Racheunternehmungen und Überfälle seiner Gegner gereizt, wütete gegen alle und jeden. Wer auf der Flucht ergriffen wurde, büßte ohne Gnade. Spione erlauschten jedes geheime Wort; jede verdächtige Äußerung bedeutete Tod. Glücklich, wer auf schnelle und einfache Weise das Ende finden durfte. Die von Ezzelino persönlich überwachten Folterungen waren derart, daß ›der Lebende den Gestorbenen beneidete‹.

Drei Päpste hatten den Bannfluch gegen den Tyrannen geschleudert. Über fünfzigtausend Menschen waren auf seinen Befehl umgebracht worden; allein in Padua vermoderten Tausende lebendig in den Kerkern. In seinem Haß gegen die Kirche und ihre Vertreter – als Antwort auf die grausamen Ketzerverfolgungen – wollte Ezzelino das Christentum mit der Wurzel ausrotten.

Bei Cassano an der Adda gelang es endlich, den Gewaltigen zu schlagen und zu umzingeln. Dem Schwerverwundeten, der wie ein Löwe weiterkämpfte, zerschmetterte eine Keule den Helm. Er taumelte vom Pferd, wurde gebunden und geknebelt.

Mönche drangen in den Gefangenen, seine Sünden zu gestehen und Buße zu tun. Ezzelino spie vor ihnen aus:

»Ich habe nur eine Sünde zu beichten: daß ich an meinen Feinden nicht genug Rache nahm, mein Heer schlecht befehligte und mich täuschen und betrügen ließ!«

Von jetzt an schwieg er und starrte vor sich hin. Er verschmähte Nahrung und Arzneien, riß sich seine Verbände vom Kopf und dem verwundeten Fuß. Am anderen Morgen fand man ihn leblos in seinem Blut.

Entsetzlicher war das Schicksal seines wiederum von der Kirche abgefallenen verräterischen Bruders Alberico, der sich nach verzweifelter Gegenwehr mit seinen Söhnen, zwei Töchtern und seiner Gattin ergeben hatte. Vor seinem Angesicht wurden alle seines Geschlechts der Reihe nach erwürgt, er selbst danach von Pferden zu Tode geschleift.

II
DAS NEUE PARADIES

Zur selben Zeit, da Konrad der Vierte starb und vom deutschen Königtum kaum mehr blieb als ein formeller Rechtsbegriff, während das Reichsgebiet diesseits der Alpen durch das Widerspiel der inneren Kräfte bereits seit Heinrich dem Siebenten gesprengt und aufgelöst war, wirkten zugleich die Kräfte des jungen Staatswesens im Osten in mächtiger Fruchtbarkeit weiter. Trotz gefährlicher Aufstände und Kämpfe behauptete sich der Deutsche Ritterorden, der einst unter Hermann von Salza seine neue Aufgabe erhalten hatte. Der Böhmenkönig Ottokar und Markgraf Otto von Brandenburg erschienen mit großen Kreuzheeren; auch englische und französische Ritter waren dabei. Ebenso halfen der Markgraf von Meißen wie die Herzöge von Österreich und Braunschweig. An der Mündung des Pregel wurde Königsberg gegründet.

Im Reich wuchsen die Wirren. Da sich der englische Prinz Edmund – nicht zuletzt durch die unverbindliche Hilflosigkeit König Heinrichs des Dritten – zur Übernahme der sizilischen Krone nicht entschließen konnte, schien dem Kaiserlichen Vikar des Apulischen Königreiches – so Manfreds offizieller Titel – das Glück treu zu bleiben. Es gelang ihm nicht nur, die fruchtbare Terra di Lovorno, das alte Campanien, zurückzuerobern und die Gebiete des toten Ezzelino da Romano in seiner Hand zu behalten; er erwarb zudem Florenz und den größten Teil der Toscana.

Auch Manfreds Feinde mußten bezeugen, daß er noch vor seinem Bruder Enzio hervorrage an Schönheit der Gestalt, Klugheit, Bildung, Milde gegen Bedürftige wie Unterlegene und Freigebigkeit in der Belohnung von Verdiensten; daß er keine Überhebung kenne und keinen Neid; daß er stets heiter und gewinnend sei, jedem zugänglich, liebenswürdig und von allen geliebt in seltener Unschuld des Herzens.

Wie der von ihm bewunderte Vater forderte Manfred die Gegner heraus durch sein märchenhaft orientalisches Gepräge. Stets begleiteten seinen Zug prächtig gekleidete Mohren und Sarazenen, die auf silbernen Trompeten und Posaunen die Ankunft des Regenten verkündeten. Besonderes Aufsehen – oder Mißtrauen – erregte das berühmte, ihm vom Kaiser geschenkte planetarische Prunkzelt mit dem Teufelswerk der wandernden Edelsteingestirne, das der nun Zweiundzwanzigjährige stets mit sich führte.

Wie die Menschen in seinem Regierungsbereich aufatmend vom neuen Paradies sprachen, das durch den blonden, ritterlichen Kaisersohn wieder in die Welt gekommen sei, hieß es in kirchlichen Kreisen, man verehre in diesem ›Paradies‹ vor allem die heidnische Göttin der Liebe und einen Gott irdischer Eitelkeiten, um Männer und Mädchen alle Arten von Liebeslust zu lehren ...

Manfred selbst, seine Freunde und Verwandten wie sein morgenländisch anmutender Hofstaat liebten die Schönheiten des Lebens zu sehr, um die Schatten sehen zu wollen, die noch oder wieder dieses für das übrige Europa unvorstellbar unbefangen-freizügige Wunderland umwölkten.

Der Lehren und Ansichten des kaiserlichen Vaters eingedenk, hielt Manfred seine bewährten sarazenischen und sizilischen Truppen kampfbereit, sicherte er sich das Vertrauen der alten Räte, wußte er Bedachtsamkeit mit seiner lebendigen Art zu vereinen, ohne zum Spielzeug fremder Einflüsse zu werden.

Den Frieden und alles gute Streben des jungen Fürsten zerschlug jäh ein Manifest aus Rom:

Sämtliche Gesetze und Einrichtungen des verstorbenen, gebannten Kaisers seien als gegenstandslos aufgehoben, sein Erbe verfallen. Der Heilige Vater allein beanspruche, wie es sein Lehensrecht vorschreibe, die Verwaltung des durch des Kaisers Untreue erledigten Reiches – so lange, bis er, Innozenz der Vierte, aus eigener Machtvollkommenheit den neuen Nachfolger ernenne!

Bettelmönche und Abgesandte der Kurie verbreiteten überall die Aufforderung, sich gegen den Staufer Manfred zu empören und ihm jeden Gehorsam zu verweigern. Während das apulische Volk dem Sohn des Kaisers unbeirrt die Treue hielt, wurde der Adel der ewigen Spannungen müde.

Immer lauter erklärte man, nur derjenige könne das Königreich regieren, der den Segen des Heiligen Vaters besitze. Man sei es überdrüssig, auf ewig im Bann zu leben. Der Zwiespalt, hier im Süden noch gefährlicher als jenseits der Alpen, forderte besonnene Überlegenheit und militärisches Geschick.

Gerade dies wurde bald auf die Probe gestellt: Der friedliche Manfred mußte erfahren, daß der Papst die zum Krieg im Heiligen Land geworbenen Kreuzfahrer umzudirigieren und gegen den Statthalter des Regno einzusetzen beabsichtige. Und nicht nur das: Von Neapel her sei bereits ein päpstliches Heer im Anmarsch, den vermessenen Knaben zu züchtigen.

Nach kurzer Beratung mit den soeben aus der Verbannung zurückgekehrten Grafen Lancia und dem deutschen Ritter von Leutholdstein entschloß sich der junge Vikar zur Schlacht. Der Leutholdsteiner, der schon unter dem Kaiser gedient und sich als Militärbefehlshaber König Konrads bewährt hatte, übernahm die Leitung der deutschen Truppen.

Mit ihrer und der Sarazenen Hilfe gelang es, in der Nähe der Residenzstadt Foggia das Heer des Stellvertreters Christi zu schlagen. Die Kunde vom glänzenden Sieg des Kaisersohnes traf den betagten, schwer leidenden Papst besonders tief.

Um seinen guten Willen zu beweisen, richtete Manfred ein neues Versöhnungsangebot an den Heiligen Vater: Von sich aus hätte er niemals die päpstlichen Truppen angegriffen. Der Himmel habe entschieden. Herr Innozenz möge den Frieden, den alle ersehnten und brauchten, nicht verweigern!

Vergebens wartete Manfred auf Antwort. Dafür überbrachte man ihm die Nachricht: Der Papst habe bereits zu Neapel in feierlicher Zeremonie offiziell vom Regno Besitz ergriffen.

Angesichts der neuen Lage rebellierten die deutschen Truppen und verlangten ihren Lohn im voraus. Auch in der Stadt, vor deren Toren das Heer lagerte, begann das Volk unruhig zu werden; man drohte mit Plünderung.

Der Ritter von Leutholdstein, von Manfred um Vermittlung bei den Meuternden gebeten, erwiderte mürrisch: Der Musenjüngling möge zuerst selbst beweisen, daß er der Sohn des großen Kaisers sei. Die Schlacht habe man für ihn gewonnen – nun sei es an ihm, die Soldaten von seinem guten Recht zu überzeugen!

Waffenlos begab sich Manfred ins Lager der Aufsässigen. Mit Hilfe des Leutholdsteiners gelang es, die Landsknechte, die sich seit Konrads Tod im fremden Land verloren fühlten, zu überzeugen; wenig Gewinn brächte es, wenn sie ihren Herrn verrieten. Aus den Forderungen wurde maßvolle Bitte. Zum ersten Mal bewährte sich der Zauber von Manfreds Persönlichkeit in entscheidender Stunde.

Angesichts der freundlichen Wendung in nicht unbedenklicher Lage entschloß er sich, seinen bevollmächtigten Onkel Galvano Lancia nach Rom zu entsenden, vom Heiligen Vater noch einmal unter Hinweis auf die neue friedvolle Regierung des Südreiches Versöhnung zu erbitten. Nicht zuletzt um Zeit zu gewinnen, riet man dem kranken Papst, dem Kaisersohn die Unterwerfung gnädig zu gewähren:

Da Manfred vor aller Welt reumütig in die Arme der Kirche zurückgekehrt ist, erweist ihm Seine Heiligkeit die Gnade, ihn vom Bann zu lösen, ohne ihm seines Vaters und seiner Brüder Vergehen anzurechnen. Zudem belehnt er ihn, damit sein Dank für so überflüssige Wohltat um so heftiger entbrenne, überdies mit der Grafschaft Andria.

Alles atmete befreit auf, schien doch der Friede mit der Kurie endlich wiederhergestellt!

Da kam neue Kunde: Im gleichen Monat Dezember, in dem der große Sieg errungen war, hatte Innozenz der Vierte nach einer Regierung von elf Jahren und fünf Monaten im Palast des einstigen Großhofjustitiars Petrus von Vinea zu Capua sein unfriedliches Leben beendet. Manfreds Berichterstatter überbrachten ihm auch die letzten Worte des Sterbenden an seine Verwandten, darunter den Kardinal Bojolo:

»Was wollt ihr Elenden noch? Habe ich euch nicht reich genug gemacht?«

*

Einer der Lieblingsorte Manfreds war neben dem gewaltigen Lagopesole der intimere Palazzo San Gervasio, der, durch so weite wie wildreiche Wälder mit dem Kastell verbunden, ebenfalls dem Kaiser sein Entstehen verdankte. Hier hatte sich Friedrich ein Lustschloß als Mittelpunkt für sein berühmtes Gestüt geschaffen.

Im Palazzo San Gervasio empfing der siegreiche Vikar des Regno die Herren seiner nächsten Umgebung: den zum neuen Großmarschall des Reiches erhobenen Grafen Galvano Lancia, dessen Sohn Galeotto und seinen mit Manfred etwa gleichaltrigen Neffen Federigo Lancia, dem dieser jetzt anstelle des Onkels den Rang eines Statthalters für Sizilien und Kalabrien übertragen hatte.

Manfreds vertrautester Freund war der Graf Jordanus, ebenfalls ein natürlicher Sohn des Kaisers, ein Dichter und Sänger wie er. Der aus Ravenna stammende Jüngling fand sich mit dem Halbbruder in der Liebe zu den Künsten und Wissenschaften des Morgenlandes.

Graf Galvano hatte vom Tod Innozenz' des Vierten berichtet. Manfred knüpfte daran die Erwartung, das Heilige Kollegium würde mit Rücksicht auf die kaisertreuen Kardinäle und in Anbetracht der neuen Entwicklung nun einen Nachfolger auf dem Stuhle Petri wählen, der sich vor allem den *geistlichen* Aufgaben der immer mehr verweltlichten Kirche zuwenden würde.

Galvano Lancia zerstörte die freundliche Illusion durch die Mitteilung, daß das Konklave diesmal bereits fünf Tage nach dem Tod des vorigen einen neuen Papst gewählt habe: Alexander den Vierten.

Manfred horchte auf:

»Hätte er nicht die gefährliche Vier in seinem Namen – !«

Der Großmarschall nickte besorgt.

»Als Benediktiner ist Herr Alexander wegen seiner Frömmigkeit bekannt. Leider haben die Herren vom Kardinalskollegium offenbar übersehen, daß es sich bei ihm um einen anderen Neffen von Herrn Innozenz handelt. Dazu war er bisher Bischof von Ostia – also auch hierin ein getreuer Erbe des Neunten Gregor …«

»Möge es sich nicht so bald erweisen«, bemerkte Manfred.

»Seine Heiligkeit *hat* es bereits bewiesen!«

»In den wenigen Tagen – ?«

»Seine erste Amtshandlung war, daß er Sie wieder exkommuniziert hat. Der Kampf geht also weiter!«

Für eine Weile war es still in dem großen Raum, wo der Winterwind im Kamin sang und das Feuer unruhig flackerte.

»Nein«, sagte Manfred unvermittelt mit einem Gesicht, das kaum mehr etwas von der lächelnden Anmut wußte, die es sonst zeichnete. »Der Kampf wird *nicht* weitergehen – nicht von meiner Seite! Meine Pläne des neuen Hafendammes für die Bucht von Salerno sind fertig. Die von König Konrad aufgelöste Universität zu Neapel wird wieder eingerichtet. Dafür soll Salerno eine jährliche Messe erhalten, die dem Handel aus aller Welt dienen wird. Neue Verträge mit den Hafenstädten werden die Adriaküste befrieden, wo bisher die Venetianer Raubkriege führten. Ebenso müssen die Herren von Spalato der dort noch immer üblichen Seeräuberei abschwören; dafür wird ihren Schiffen Sicherheit gewährleistet.«

*

Bereits im Herbst war der Ritter von Leutholdstein mit Verhandlungsaufträgen über die Alpen gereist. Inzwischen hatte Königin Elisabeth von den Erfolgen wie dem unerwarteten Tod ihres Gemahls erfahren. Nach Apulien zurückgekehrt, berichtete der Leutholdsteiner von Manfreds Neffen Konrad dem Jüngeren, den man mit der Verkleinerungsform Konradin nannte und der in den bayerischen Bergen heranwuchs, nachdem ihn sein Vater noch kurz vor dem Tod Innozenz dem Vierten als Mündel empfohlen hatte.

So ergab es sich, daß zugleich mit der Rückkehr des Ritters eine Botschaft des neuen Heiligen Vaters an die Einwohner Siziliens – also an Manfreds Untertanen – bekannt wurde:

Da die Sorge für Waisen Pflicht der Barmherzigkeit ist, so wollen Wir dem geliebtesten Sohn in Christo, dem jungen Corradino, König von Jerusalem und Herzog von Schwaben, diese Länder erhalten, und ebenso seine Rechte im Regno und anderswo. Dem Treueid gegen die Kirche haben sie den gegenüber Corradino beizufügen!

Als Manfred den päpstlichen Aufruf vorgetragen hatte, schlug der brave Deutsche auf den Tisch:

»Ich kann ebenso beschwören, daß dieser selbe Herr Alexander zur gleichen Zeit dem englischen König Heinrich mitgeteilt hat, er halte bei der Verleihung des sizilianischen Regno an dem Prinzen Edmund fest!«

Das Feilschen um die deutsche Königskrone gehe ebenfalls weiter, fügte der Ritter hinzu. Der Erzbischof von Köln habe einen Gesandten nach London geschickt, um dort auszurichten: Die deutschen Fürsten seien bereit, den Schwager des großen Kaisers, Herrn Richard von Cornwall, als Deutschen König und künftigen Kaiser anzuerkennen – soweit man sie entsprechend bezahle! Worauf Herr Richard geantwortet haben soll: Das sei, wie wenn ihm jemand den Mond verkaufen wolle; er möge ihn kletternd herunterholen!

Und was sage der neue bayerische Vormund des kleinen Corradino dazu? erkundigte sich Manfred.

Der sei in seinem Ehrgeiz, gerade im Hinblick auf sein staufisches Mündel, nicht zu unterschätzen, kam die Antwort. »Was Herrn Ludwig allerdings nicht gehindert hat, sich für alle Fälle den anderen deutschen Fürsten anzuschließen und dem englischen König mitzuteilen: Auch er sei bereit, Herrn Richard von Cornwall zum Deutschen König zu wählen. Zur Not würde er auch eine englische Dame, Richards Enkelin oder Tochter, wie es beliebe, ehelichen.«

Manfred hatte sich von dem immer gegenwärtigen Mundschenk des Kaisers, dem jetzt schon fünfundvierzig Jahre alten Occursio, den wie je Treue und männliche Wohlgestalt auszeichneten, Wein kredenzen lassen.

Was für ein Mann der Bayernherzog sei?

»Ein wildes und jähzorniges Geschlecht, diese Wittelsbacher«, kam die Antwort des alten Ritters. »Und Konradins Onkel, der Herzog Ludwig, den sie den ›Strengen‹ nennen, gehört gewiß zu den schwierigsten. Man ehrt ihn ja auch mit dem Namen ›der Grausame‹. Zu Donauwörth hat er seine junge Frau Maria von Brabant, die Tante des kleinen Konradin, aus Eifersucht auf eine ungerechte Verdächtigung hin und ohne Verhör mit dem Henkerbeil ins hoffentlich bessere Jenseits befördern lassen. Obendrein soll er noch ein oder zwei ihrer Hoffräuleins eigenhändig vom Schloßturm heruntergestürzt haben.«

Vielleicht sei auch dies ein Grund, warum der Papst den kleinen Corradino den Siziliern so sehr ans Herz gelegt habe? lächelte Manfred.

»Aus Kindern werden Leute«, gab Graf Galvano zu bedenken. »Und dieser Corradino könnte von seinem teutonischen Onkel einiges lernen, was sein Stauferblut nicht unbedingt zu beruhigen geeignet wäre.«

Bis das Kind mündig sei, vergehe noch viel Zeit, gab Manfred in seiner unbeirrbaren Sicherheit zurück. »Er ist ein legitimer Staufer – so wie ich ein Sohn des Kaisers bin. Meine Sizilier und Apulier halten zu mir. Und ein Teil der deutschen Truppen ebenso – oder nicht, Herr von Leutholdstein?«

Der ehrliche Haudegen nickte grimmig:

»Schon gut, Herr Manfred, was Sie da alles sagen. Aber wenn Sie sich darauf berufen, ein Sohn des großen Kaisers zu sein, so scheint mir bei Ihnen, mit Verlaub, doch etwas zu fehlen!«

»Die Kaiserkrone?« fragte Manfred freundlich. »Oder – Macht auch über Ihre deutschen Wilden?«

Der Alte schüttelte den Kopf.

»Die Stärke des Kaisers beruhte in seiner Härte, nennen Sie es ruhig auch Grausamkeit. Sie, Herr Manfred, haben nur die Lichtseiten Ihres Herrn Vaters geerbt. Schönheitsliebe, Schönheit auch, zu viel für einen Mann, feine Sitten, wie jeder weiß. Sie sind blond und unschuldig. Sie lieben Tanz und Tändelei, Gedudel und Gedichte, von denen ich nichts verstehe. Sie kennen die Sprachen der alten Philosophen, wie man mir sagte. Und über die Vogeljagd und arabische Sprüche sind Sie auch gut unterrichtet – wie Ihr Herr Vater.«

Manfred erkundigte sich so unbefangen wie vorher:

»Haben Sie etwas dagegen, Sie deutscher Barbar?«

»Barbaren, sagt man, sind wenigstens treu«, murrte der Ritter zurück. »Ich wünschte, Sie hätten mehr davon um sich. Und gegen Ihre welsche Weichheit hätte ich auch nichts einzuwenden – solange sie Sie nicht hindert, Ihre Feinde zu unterschätzen, ob auf dem Papstthron oder an der Spitze der Heere, gegen die Sie gewißlich wieder ins Feld ziehen müssen. Selbst zu jeder Freundlichkeit bereit, erwarten Sie Gleiches von den anderen. Sie wollen mit

Schmetterlingsflügeln zum Monde fliegen. Habe ich recht, Graf Lancia?«

Galvano, der die unverblümte Offenheit des deutschen Landsknechtsführers mit gewissem Staunen angehört hatte, fühlte sich verpflichtet, zu bemerken:

»Sie, mein Manfred, wären berufen zu hohem Ruhm als Friedensfürst. Den Frieden aber bestimmen nicht Sie oder wir, Ihre Freunde. Die Päpste kommen und gehen – ihre grundsätzliche Feindschaft bleibt.«

Da der Angesprochene nachdenklich schwieg, vollendete der Leutholdsteiner, indem er wieder hörbar mit der Faust auf den Tisch schlug:

»Wer überleben will, muß vor allem Kriegsmann sein in dieser elenden Zeit. Mit Sternguckern, Künstlern und dem Traum vom Paradies hat noch niemand die Welt erobert!«

»Wer sagt, daß ich die Welt zu erobern gedenke?« erwiderte Manfred in unveränderter Freundlichkeit. »Ich möchte meine Stellung hier im Regno halten und den Heiligen Stuhl von meinem Friedenswillen überzeugen. Wäre das so vermessen?«

Mit seinen leuchtenden braunen Augen von einem der Gefährten zum anderen streifend, fügte er, nachdem ihm Occursio Wein nachgeschenkt hatte, hinzu: »Ist die Welt nicht das, was wir in ihr sehen? Heißt es nicht: Wer Wind sät, wird Sturm ernten – ? Nun, meine Freunde, ich möchte anderes säen – das, was mein Herr Vater nicht mehr vollenden konnte. Schönheit, Leben im Licht – lohnt es nicht, nur dafür zu leben?«

»Fragen Sie lieber, junger Herr«, brummte der Leutholdsteiner, »wofür es sich lohnen sollte, zu sterben!«

Ruhig sah der Kaisersohn auf den deutschen Recken.

»Ich frage danach«, bestätigte er ernst. »Beklagten Sie sich, Herr von Leutholdstein, daß ich mich mit Sprachen und Wissenschaften beschäftige? In der Tat, als ich unlängst krank war, vertiefte ich mich in ein altes Werk: ›Über den Apfel – oder des Aristoteles' Tod‹. Es ist in hebräischer Sprache geschrieben und enthält Gespräche des leidenden, sich durch den Geruch eines Apfels erfrischenden Philosophen über Tod und Unsterblichkeit. Ich wurde davon so tröstlich bewegt, daß ich es ins Lateinische übersetzte und mit einem persönlichen Vorwort versehen habe. Gehört nicht auch dies zum geistigen Erbe meines Herrn Vaters? Muß der Tod wirklich böse und grausam sein? Ich fand darin die Worte, die mir der Kaiser einmal von seinen Gesprächen mit dem Wesir des Sultans von Ägypten wiederholte: ›Nicht klagen sollen die Weisen, wenn sie dieser schmutzigen Herberge entrinnen, vielmehr freudig entgegeneilen ihrer Vollendung‹ ...«

Sie schwiegen alle. Occursio sah mit fragendem Blick auf seinen Herrn. Die Gäste verließen auf ein versonnenes Nicken von Manfred hin den Raum. Der Schritt des deutschen Ritters klirrte hallend auf den Marmorfliesen des Ganges, der in den winterlichen Garten führte.

*

Zu Beginn des neuen Jahres starb Manfreds ihm vom Kaiser früh vermählte Gattin Beatrix von Savoyen. Beide, nicht nur an Jahren weit auseinander, waren, so selten sie sich sahen, aufrichtige Freunde geworden. Die stärkste Bindung zwischen ihnen war ihre jetzt zehnjährige Tochter Konstanze, des Vaters ganze Liebe.

Zerstörte die feindselige Haltung des Papstes wieder viele Hoffnungen, so trafen aus Deutschland nicht weniger verwirrende Nachrichten ein. Der Heilige Vater hatte den deutschen Gegenkönig bereits für das kommende Jahr nach Rom eingeladen, um ihm dort die Kaiserkrone zu überreichen, als es hieß, daß Wilhelm von Holland im Kampf gegen die wehrhaften Friesen gefallen sei. Jetzt meldete sich außer dem neuen Anwärter Richard von Cornwall, dem Bruder von des Kaisers dritter Gemahlin Isabella, noch ein anderer Gegenkönigs-Kandidat: Herr Alfons von Kastilien, der es nicht an entsprechenden ›Handgeldern‹ gegenüber den weltlichen und geistlichen Fürsten hatte fehlen lassen.

Ob sich das Ganze nicht vor allem gegen den kleinen Sohn König Konrads richte? fragte Manfred seinen Onkel Galvano Lancia. »Warum hat der Papst zuvor die Stellung des Kindes in Deutschland so gestärkt? Wer von den fremden Gegenkönigen wird zuletzt das Rennen machen?«

Neuester Meldung zufolge, erklärte der Graf, seien derzeit *beide* der ausländischen Herren zum König gewählt worden.

»Sollen die deutschen Länder unter ihnen aufgeteilt werden?«

»Durchaus nicht. In bewährter germanischer Eintracht hat man beide Könige *zugleich* gewählt, und zwar Richard von Cornwall vor den Toren der Stadt Frankfurt. *In* Frankfurt selbst stimmte ein anderer Teil der Fürsten, nämlich die von Trier, Sachsen, Brandenburg und Böhmen, für den entfernteren Kastilier. Immerhin ist ihm Herr Richard um ein weniges voraus: Man hat ihn bereits in Aachen gekrönt, wobei sein Einzug in die Stadt des Carolus Magnus von eindrucksvollen Gaben begleitet wurde: zweiunddreißig achtspännige Wagen, beladen mit je einer Tonne reinen Goldes. Die guten Leute jubelten. Es geht nichts über wahre nationale Begeisterung!«

Der Großmarschall wechselte seine Miene: Anderes sei vielleicht für das Südreich von größerer Bedeutung. Es beträfe den kleinen Corradino.

»Hat der Papst wieder – ?«

Der Graf winkte ab.

»Es heißt, das Kind sei tot.«

Manfred wußte nicht, wie er empfinden sollte. Zuviel türmte sich um ihn auf.

»Gibt es eine offizielle Meldung? Von seiner Mutter?«

»Nein.«

»Andere Bestätigungen?«

»Keine.«

»Corradino«, sagte Manfred nach einer Pause, »ist, solange er lebt, der legitime Erbe der deutschen Krone.«

»Und ebenso«, ergänzte Graf Lancia mit Betonung, »auf Grund des päpstlichen Aufrufes Erbe des sizilisch-apulischen Regno. Nach seinem Tod wären die deutschen Gegenkönige rechtmäßig. Sie dürften sich untereinander nur noch um die Beute streiten.«

»Das hieße für Sizilien – ?«

»Daß dann auch Ihr Königtum als Sohn des Kaisers niemand mehr bestreiten kann.«

»Außer Seiner Heiligkeit.«

»Gerade darum«, nickte der Großmarschall, »gilt es, und bald, zu handeln.«

Man müsse also schnellstens Gesandte an die Königin Elisabeth nach Bayern auf den Weg schicken, befand Manfred, um zu erfahren, wie die Dinge in Wahrheit stünden.

Graf Galvano hob leicht die Schultern.

»Warum die Umstände? Bayern liegt weit jenseits der Alpen ... Wenn wir uns *hier* einig werden, bevor *andere* Nachricht eintreffen könnte ...«

Manfred zögerte:

»Einig worüber?«

»Es geht um *Ihre* Krone!«

»Und der Papst – ?«

Auch Herr Alexander der Vierte könne durch vollendete Tatsachen belehrt werden. Er habe die römischen Ghibellinen und die Frangipanis samt ihrem Einfluß und ihrem Geld sehr dicht am Hals. Durch die Exkommunikation habe er schon seine stärkste Waffe eingesetzt. Das Chaos in Deutschland werde ihn ebenfalls beschäftigen. Die Gefahr der Umklammerung von Nord und Süd bestehe jedenfalls am wenigsten von seiten eines *Königs* Manfred. Was später geschähe, stünde dahin.

Der nachdenklich gewordene Vikar bedachte sich wieder:

»Was also raten Sie, Herr Onkel?«

»Sie verkünden offiziell Ihre Trauer über den Tod des kleinen Corradino. Zugleich berufen Sie baldigst eine Reichsversammlung ein, wo Ihr Anspruch auf den Thron Siziliens bestätigt wird!«

Manfreds Umgebung unterstützte den Vorschlag des Grafen. Einige der Herren, vor allem der Ritter von Leutholdstein, wiesen auf die Rechte des möglicherweise noch lebenden Königsohnes hin. Doch – abgesehen von der Erinnerung an den unfreundlichen Konrad – wer sollte sich hier im Süden für das hilflose Kind, das fern im Bayernland aufwuchs, begeistern? Und wenn – wie konnte man auf einen Knaben Hoffnungen setzen – in solcher Zeit?

Alles ließ den Entschluß der Räte gerecht erscheinen: Manfred möge als Erbe und neuer Begründer des Reiches den Thron seines Vaters besteigen!

Der Reichstag tagte in Barletta. Wie erwartet wurde der junge Staufer als verdienter und nunmehr einziger Erbe zum König von Sizilien und Apulien ausgerufen:

Manfred ist unseres großen Kaisers geliebtester Sohn, ehelich geboren, kein Fremder, sondern erzogen und einheimisch unter uns – das ist sein Erbrecht!

Er hat, ein jugendlicher Held, das Reich errettet von fremder Gewalt und Willkür und sich aus der größten Erniedrigung emporgeschwungen zum Fürsten – das ist sein eigenes Recht!

In Not und Bedrängnissen soll das Vaterland nicht zweifelhaften Aussichten preisgegeben, sondern ihm wie ehemals, so jetzt, durch Barone und Prälaten der Tüchtigste an die Spitze gestellt werden – das ist unser Wahlrecht!

Den Anspruch des Kaisersohnes zu unterstützen, drohten in Rom die Ghibellinen, sich gegen den neuen Herrn auf dem Stuhle Petri zu erheben. Durch ein großzügiges Anerbieten suchte Manfred den von seinen Vorgängern her schwer verschuldeten Heiligen Vater zu besänftigen: Er wollte dem Papst dreißigtausend Unzen Goldes für seinen Segen zur Krönung zahlen, dazu weiterhin jährlich zehntausend Unzen. Alexander der Vierte widerstand der Versuchung mit der überlegenen Moral des Unerreichbaren:

In einen Abgrund von Übel versunken, mißachtet dieser Manfred Gott und die Menschen, mit einer Stirn, die frecher ist als die Stirn einer Hure. Er hat den königlichen Namen geschändet, indem er ihn sich beimaß. Er ist schuldig der Bedrückung von Priestern, der Grausamkeit, Wollust und Ketzerei. Niemals werden Wir einen Nachkommen jenes Friedrich erhöhen. Der junge Corradino lebt zu Manfreds Scham. Die Taten der Vorfahren lassen auf den verderbten Sinn der Nachkommen schließen. Eine Schlange kann nur Schlangen gebären, und ein schlechter Baum hat nur schlechte Früchte!

*

Im Dom zu Palermo, am Sarg Friedrichs des Zweiten, wurde Manfred zum König gekrönt.

Entsprechend der Gepflogenheit des kaiserlichen Vaters verlobte er seine unmündige Tochter Konstanze mit einem fernen Verwandten des staufischen Hauses, dem Infanten Pedro von Aragon.

Auch für sich selbst hielt der jugendliche Witwer nach einer neuen Gemahlin Umschau, bei der sich die politische Bedeutung ihrer Herkunft mit persönlichem Liebreiz verbinden ließ. Graf Lancia erinnerte Manfred an seine dynastischen Verpflichtungen.

»Nicht umsonst hat der Kaiser dem Papst mehrmals versprechen müssen, das Lateinische Kaiserreich in Byzanz wiederherzustellen. Die Kreuzfahrer konnten Konstantinopel, Thrakien und allmählich Griechenland erobern, nicht aber das ganze einstige Imperium Ostroms. Sie mußten sich mit zwei Nachfolgestaaten abfinden. Im Südosten, in Nicäa, ist Ihre Schwester Konstanze Kaiserin. Im Nordwesten befindet sich das andere Rest-Fürstentum des nach der islamischen Invasion aufgeteilten byzantinischen Reiches: Epirus. Zwischen beiden liegt das Lateinische Kaiserreich wie in einer Zange. Mit Nicäa ist die Freundschaft durch die Heirat Ihrer Schwester besiegelt. Am dortigen Hof aber zeigt man sich besorgt über die aggressiven Pläne des Herrn Palaiologos, der seine neu gegründete Dynastie von Konstantinopel allzu gern auf Nicäa und Epirus ausdehnen möchte. Dem Despoten von Epirus, der sich zudem von Nicäa bedrängt sieht, wäre ein Bundesgenosse wie Sie höchst willkommen.«

Mit leiser Betonung fügte Galvano Lancia hinzu: »Herr Michael von Epirus hat zwei reizvolle Töchter. Die jüngere, liebenswürdigere, trägt den verheißungsvollen Namen Helena ...«

Das Geschäft kam bald zum Abschluß. In Trani wurde das Schiff mit der künftigen sizilischen Königin samt Gefolge in festlicher Pracht empfangen. Als Mitgift brachte die Braut neben Korfu und einigen Städten an der griechischen Westküste auch das zu Epirus gehörende Albanien in die Ehe ein.

Die kaum siebzehnjährige Helena eroberte sich mit ihrer Schönheit, Güte und Bildung sofort das Herz ihres Gatten. Diesmal bedeutete die Heirat aus Staatsrücksicht den seltenen Fall persönlichen Glücks zweier ebenbürtiger Menschen, die in ihrer gemeinsamen Liebe zu den Künsten und heiterer Lebensfreude ganz einander entsprachen.

Erster Aufenthalt des jungen Paares wurde das unmittelbar am Meer gelegene, mit seinen vier zyklopischen Türmen an einen umgekehrten Hocker erinnernde, quadergefügte Kastell zu Trani. Da der gegenüberliegende, turmlose Dom dem Exkommunizierten nicht für die Trauungszeremonie geöffnet werden durfte, fanden die Feierlichkeiten in der kaiserlichen Burg statt. Das Glück der Eheleute war auch ohne kirchlichen Segen vollkommen, zumal sich die junge Königin vom ersten Tage an Manfreds Tochter Konstanze mit mütterlicher Liebe annahm.

Nach dem festlichen Einzug in die Hauptstadt Palermo folgte die Übersiedlung in die Basilicata, den Königswald, das apulische Lieblingsjagdgebiet des Kaisers. In Lagopesole oder Palazzo San Gervasio, zwischen sprudelnden Quellen und blühenden Gärten, vergaßen der König und seine Gemahlin beinahe die Welt. Wie sein Vater kleidete sich Manfred mit Vorliebe in Grün, die Farbe der Hoffnung, widmete er sich den Sängern, Dichtern, Gelehrten und setzte das Werk über die Kunst, mit Vögeln zu jagen, fort. Wie zu den glücklichen Zeiten des Kaisers bildete sich hier und in Foggia ein Sammelpunkt von Anmut und Geist. Die reiche Mitgift Helenas erhöhte die königliche Pracht der Schlösser mit Möbeln, Gold- und Silbergerät von erlesenem Geschmack.

Wie Manfred sich den Freuden und Künsten des Friedens hingab, verabscheute er die schweren Panzer, liebte er die weiche Seide Arabiens. Die Feinde erfuhren mit Zähneknirschen, daß die Menschen Siziliens und Apuliens jubelten: Nun endlich seien Friede und Glück auf diese Welt zurückgekehrt!

Und ebenso ließen die Bettelmönche nicht nach, zu verbreiten, Manfred umgebe ein Garten des Teufels und der Sinnenlüste, geweiht der Eitelkeit und dem heidnischen Eros der Griechen.

In Wahrheit nahm der Staufersohn die Aufgaben seiner Regierung ernst, sorgte er für Schulen und Handel und die Wohlfahrt des Landes. Die Hauptschöpfung des jungen Königs entstand an den Ufern des Adriatischen Meeres, am Fuß des Monte Gargano: die weiße Stadt Manfredonia.

Ihr Bau bedeute die Überwindung der unheilvollen Trümmer des alten Siponto, wo seine Brüder Heinrich und Konrad den Boden Italiens betreten hatten, um zu sterben. Manfred selbst entwarf den Plan der neuen Stadt mit ihrem Kastell. Ein mächtiger

Hafendamm bot den Schiffen Sicherheit und Verlademöglichkeiten. Alle Anlagen überragte der Dom von San Lorenzo. Der Campanile barg eine Glocke, deren dunkle Stimme die Menschen weithin zu Andacht und Arbeit rief.

Während der junge Herr die Militärs und warnenden Stimmen mied, mehrten sich die Neider und Zweifler. Jetzt hieß es: Der ehrgeizige Bruder des frommen Königs von Frankreich, Graf Karl von Anjou, der mit Ludwig am Kreuzzug teilgenommen hatte, strebe danach, am Mittelmeer ein eigenes Weltreich mit Sizilien, Albanien, Korfu und Achäa zu gründen.

Manfred übermittelte Briefe und Botschaften nach Rom. Die Kurie blieb stumm. Das Gesetz der Kirche, hieß es, stünde über dem Friedenswillen des Heiligen Vaters.

Wieder tauchte das Gerücht vom Tod des Knaben Konradin auf. Man verbreitete sogar: König Manfred habe eine Gesandtschaft mit Geschenken nach Konstanz am Bodensee geschickt, dem jungen Erben scheinbar zu huldigen. Konradins Mutter aber habe, vorsichtig geworden, den Gästen einen anderen Knaben vorgeführt. Ihm hätten die Fremden südliche Früchte überreicht, nach deren Genuß das Kind gestorben sei ...

Am Hof zu Foggia erschien eine Abordnung deutscher Edelleute, gesandt von der Gemahlin des verstorbenen Königs Konrad: Sein nun siebenjähriger Sohn sei gesund und imstande, das ihm bereits vom Papst Innozenz garantierte Erbe anzutreten. Im Namen der Mutter, der Königin Elisabeth, werde Manfred aufgefordert, dem heranwachsenden Konradin offiziell die apulischen und sizilischen Länder abzutreten. Der Heilige Vater sei in diesem Fall bereit, Manfreds Exkommunikation aufzuheben.

In seinem Namen antwortete Graf Galvano Lancia:

»Diese Forderung, so seltsam sie uns erscheint, muß auf wenig kluge Berater der Königin zurückgehen. Sie hat nur einen Erfolg: die Verwirrung, die schon längst jenseits der Alpen herrscht, auch in unser Land zu tragen. Wenn jetzt einer das Erbe des jungen Staufers, das König Manfred nicht in Frage stellt, zusammenzuhalten imstande ist, dann unser König und kein anderer!«

Die deutschen Herren widersprachen: Wenn Konradins Anspruch nicht in Frage stehe – warum nicht die notwendige Folgerung, und zwar sogleich?

Anspruch und tatsächliche Lage seien zwei verschiedene Dinge, kam die Antwort. Manfred übergab selbst den Herren eine Botschaft an Frau Elisabeth und ihren Sohn:

Ich habe das Reich durch die Waffen gegen zwei Päpste erobert, die Corradino freiwillig keinen Fuß abgetreten hätten. Ferner ist Uns das apulische Königreich durch allgemeine Zustimmung und Wahl übertragen – deshalb beanspruche Ich das Recht der Herrschaft auf Lebenszeit. Nach Meinem Tode folge der Neffe dem Onkel! Will er aber dereinst ein tüchtiger und tauglicher König dieses Landes werden, so möge er herkommen und sich bilden und leben nach den Sitten des südlichen Landes!

*

Einmal – die junge Helena erwartete ihr erstes Kind – bestand die Königin auf einem Besuch des unweit gelegenen Castel del Monte, von dem sie wußte, daß es des Kaisers letztes, vollendetstes Werk war. Ihre Bitte beschwor einen seltsamen Schatten auf der Stirn ihres Gatten.

»Castel del Monte war niemals bewohnt. Es ist abgelegen und düster!«

Sie sehe die Schönheit dieses Juwels Apuliens immer nur von fern, wie eine Vision, und durchaus nicht düster, beharrte Helena. Nun wolle sie den berühmten Bau selbst erleben. Und liebe ihr Gemahl nicht Palazzo San Gervasio oder Lagopesole gerade wegen ihrer noch größeren Abgelegenheit?

»Hier sind Blumen und Wasser«, wich Manfred aus. »Dort gibt es nur ragende Mauern und Türme. Sie atmen Unheil.«

Ob Manfred an böse Geister glaube? lachte die junge Frau. Dann sei es Zeit, sie zu bannen! »Laß uns noch heute hingehen. Wenn ich nicht reiten darf, nehme ich eine Sänfte.«

»Nein«, sagte der König mit einer Entschlossenheit, die sie nicht an ihm kannte. »Ich will nicht, daß du Castel del Monte betrittst. Als der Kaiser mit mir dort war, nur für eine Nacht, sah ich ...«

»Was sahst du?«

Manfred umfing die Gattin wie in jäher Angst. Als fühle er eine Bedrohung von dort, wo sich die steinerne Krone in den Himmel über der Murgie hob, stieß er hervor:

»Wir fühlten es beide. Wenige Tage danach war der Kaiser tot ...«

Die Königin kam nicht wieder auf ihren Wunsch zurück.

III

DIE SCHRECKLICHEN VIER

Unzählige Male war schon zu des Kaisers Zeit für die Wende zum sechsten Jahrzehnt dieses Jahrhunderts der Beginn des ›Dritten Reiches‹ prophezeit worden: das ersehnte Zeitalter des Heiligen Geistes und des Weltfriedens. An diese frühe Wahrsagung des Abtes Joachim von Fiore glaubten vor allem die Franziskaner, die sich selbst für den auserwählten Orden hielten. Ferner waren sie von einer anderen Weissagung überzeugt: daß dem dritten Reich der *Antichrist* vorausgehen werde. Da seit dem Neunten Gregor die Päpste übereinstimmend verkündeten, Kaiser Friedrich sei der Antichrist, trugen Franziskaner-Minoriten, Dominikaner, Predigermönche, Prämonstratenser die böse Botschaft unermüdlich durch Europa.

Auch wallten in jenen Tagen die Geißler durch die Welt. Viele Menschen, groß und klein, Ritter und Volk, zogen entblößt in Prozessionen durch die Städte und geißelten sich unter Anführung von Bischöfen und Mönchen. Man schloß Frieden, gab geraubtes Gut zurück und beichtete so eifrig, daß die Priester kaum zum Essen kamen, und die Menschen wandelten einher im Zustand des Heils, während sie sich selbst und gegenseitig blutig zerfleischten.

Inzwischen hatten auch die deutschen Fürsten mit Hingabe das Ihrige getan, den großen Untergang zu besiegeln. Hilflosigkeit und Verwirrung herrschten mehr denn je zuvor, und das Volk versank in Aberglauben, Fehden und Raubrittertum. Der Fluch wirkte fort bis in die letzte Ecke jenes Flickwerks, das einmal das Reich der Deutschen hatte sein sollen, während sich die verblendete Kirche im Weltgetümmel verlor.

*

Zudem hatten sich die Hoffnungen König Manfreds im Nahen Osten zerschlagen: Michael Palaiologos war als Herrscher in Konstantinopel eingezogen, hatte sich zum Herrn auch des auf Thrakien und Thessalonike ausgedehnten Despotats von Nicäa bemächtigt und seinen Rivalen Michael von Epirus, Manfreds Schwiegervater, von dessen Reich nur noch ein Rest blieb, besiegt. Mit der Flucht des letzten ›lateinischen‹ Kaisers aus Konstantinopel zu den Venetianern hatte der Staufer auch seine nach Epirus entsandten Hilfstruppen verloren ...

Mit noch immer lächelnder Unbekümmertheit empfing Manfred zugleich die Meldung aus Rom: Von dem Herrn auf dem Stuhle Petri sei das apulische Regno zum vierten Male ausgeboten worden. So habe Papst Alexander bei Ludwig dem Heiligen angefragt: Ob er es für seine Söhne übernehmen möchte, wenn er schon seinen Bruder Karl nicht für geeignet halte?

Bald kannte man auch die Antwort des französischen Königs an den Papst:

Sich fremdes Eigentum anmaßen, erregt allgemein böses Aufsehen und ist schändlich! Auch sind des jungen Konradins Rechte auf die Krone Neapels unbestreitbar. Ohne mein Gewissen und meine Pflichten gegen Gott und die Menschen zu verletzen, darf ich mich nicht in die sizilischen Angelegenheiten mischen. Überhaupt erscheint es mir das Erste und Nächste: Friede zu erhalten innerhalb der Christenheit, damit das Lateinische Kaisertum wieder hergestellt und das Heilige Land endlich gebührend unterstützt werden kann!

Alexander der Vierte erreichte nicht, was er so eifrig betrieb. Der Tod nahm ihm das Heft aus der Hand.

Nach ihm bestieg den Heiligen Stuhl der Sohn eines Schusters aus Troyes, der Bischof von Verdun: Urban der Vierte. Für Manfred bedeutete es eine Hoffnung: Kam er nicht aus dem Lande König Ludwigs? Zudem hieß es, Urban stünde dem Haus der französischen Capetinger nahe.

Bald erfuhr man es in Foggia und Lagepesole anders:

Der neue Heilige Vater habe die sizilisch-apulische Krone dem Grafen von Anjou zugesagt. Die Kurie beschaffe die Geldmittel für die Besoldung seines Heeres – unter der Bedingung: Bis Allerheiligen müsse Karl das Regno selbst erobert haben; Benevent allerdings solle beim Kirchenstaat bleiben. Der jährlich vom Anjou zu entrichtende Zins wurde auf zehntausend Goldunzen festgesetzt. Zudem sollte Karl nach der Eroberung einmalig die Summe von fünfzigtausend Mark in Gold zahlen. Auch habe der Franzose in jedem fünften Jahr dem Heiligen Vater ein wohlgeschirrtes weißes Pferd zu liefern, mit dem dieser das Königreich durchreiten könne.

Der jetzt siebenunddreißig Jahre alte Karl war vermählt mit der ebenso ehrgeizigen wie reichen Beatrix von Provence; einst hatte Kaiser Friedrich für Konrad um sie geworben. Ihre Schwestern waren bereits Königinnen von Frankreich und von England. Beatrix ließ nicht ab, ihren Gatten daran zu erinnern.

Karl erwiderte mit kaltem Lächeln:

»Sei ohne Sorge, du wirst eine größere Königin sein als sie!«

Indessen ermächtigte der neue Papst alsbald seinen Legaten, den Grafen der Provence, den ›wahren Streiter Christi‹, als vom Heiligen Stuhl erwählten König von Sizilien mit einer päpstlichen Bulle zu beschenken.

Sollte die VIER bei den Stellvertretern Christi dieser Epoche ihre düstere Vorbedeutung behalten – ?

Noch konnte und wollte es der Staufersohn nicht wahrhaben. Wurde der jetzige Heilige Vater nicht gerühmt ob seiner tiefen Frömmigkeit? Hieß es nicht, er sei durchdrungen vom friedvollen Auftrag in der Nachfolge des Mannes von Nazareth? Hatte der französische König Ludwig nicht selbst bei seinen Verlusten und eigener Gefangenschaft im Heiligen Land erfahren, daß die Zeit der Kreuzzüge, gleich gegen wen sie sich richteten, vorüber und das Abendland genug geschwächt war durch den wahnwitzigen Kampf zwischen Kaiser und Kirche? Mußte Ludwig nicht als erster den Papst davon überzeugen?

Der Großmarschall, einstiger Zeuge der mörderischen Auseinandersetzungen, in die schon der Kaiser hineingezwungen worden war, gab dem jungen König mit dürren Worten Antwort:

»Durch Ihre Erfolge, vor allem auch in Norditalien, haben Sie gezeigt, daß Sie die Politik Ihres Herrn Vaters fortsetzen. Das heißt: Für die Kurie bleibt die Gefahr. Dies wieder bedeutet nicht mehr und nicht weniger, als daß Sie, als der Erbe, beseitigt werden müssen. Das Gesetz der Kirche, wie sie es sieht, steht Ihrem Anspruch in jeder Hinsicht entgegen. Den Frieden, den Sie lieben und leben wollen, gibt es nicht. Die Idee vom wiedererstandenen Reich ist ein todbringender Traum!«

Manfreds helle Züge wurden grau.

»An jenem Abend in Castel del Monte sahen wir es beide, der Kaiser und ich ...« Er schwieg in Gedanken.

Graf Lancias Blick ruhte auf dem Neffen, als erkenne er erst jetzt das Gesetz der Schuld, das den Ahnungslosen zeichnete.

»In Viterbo haben die Abgesandten des Anjou feierlich den Vertrag mit der Kurie beschworen. Karl hat sich bereit erklärt, jährlich riesige Geldsummen an den Papst zu zahlen. Dank der Mitgift seiner ehrgeizigen Frau kann er darüber hinaus Truppen anwerben – Truppen gegen *Sie,* mein Manfred!«

Zudem habe der Anjou schwören müssen, sich niemals zum Kaiser oder zum Deutschen König wählen zu lassen, niemals zum Herrn von Tuscien oder der Lombardei, dem gefährlichsten Nachbarn des Kirchenstaates; niemals dürfe Karl einen Bund gegen die Kirche eingehen ...

»Für diese Unternehmung«, ergänzte der Großmarschall, »sind ihm jetzt auch noch der Zehnte von allen Kirchengütern in Frankreich für drei Jahre zugesprochen worden; außerdem Lösegelder aller, die wieder das Kreuz nehmen ...«

»Das Kreuz – ?«

»Gegen Sie, Hoheit.«

Für eine Weile stand der junge König in fassungslosem Schweigen. Bis der Onkel fortfuhr, als müsse auch dies noch gesagt werden:

»Darüber hinaus beabsichtigt Seine Heiligkeit, Sie und die Ihren, also auch mich und alle Truppenführer, nochmals zu bannen. Zum Schluß: Sämtliche Lasten des Krieges hat nicht der Anjou, sondern der Staufererbe zu tragen!«

Aber lägen Herrn Urban, dem ehemaligen Patriarchen von Jerusalem und frommen Priester, nicht ganz andere, friedvollere Dinge am Herzen? beharrte Manfred noch immer. Hieße es nicht, Herr Urban beabsichtige ein neues hohes Fest zu Ehren des heiligen Leichnams des Erlösers in der Christenheit einzuführen?

Möglicherweise, zuckte Graf Galvano die Achseln, gedenke der Mann auf dem Stuhle Petri in seiner übergroßen Frömmigkeit dabei besonderer, auf anderer Kosten gehender Leichname ...

»Und die römischen Ghibellinen«, begehrte Manfred auf, »wollten sie sich nicht schon früher gegen den Papst erheben? Müssen uns die reichen Frangipanis, die dem Kaiser so viel verdanken, jetzt nicht zur Seite stehen?«

Die Konservatoren der Römischen Republik, erwiderte der Graf kopfschüttelnd, hätten den Anjou soeben zum Senator gewählt. Der Papst hätte gerade noch erreicht, daß Karl sein Amt zunächst nur für fünf Jahre ausüben dürfe.

Aber sein Bruder, der heilige Ludwig, gab Manfred nicht auf, habe doch schon vorher die Päpste ständig gewarnt? Könne er nicht dem Anjou Zügel anlegen?

»Gerade weil König Ludwig das Verhalten der Kurie mißbilligt, regt sich bei dem fanatisch zielsicheren Anjou die Gier. Strebt König Ludwig vor allem nach der Rückeroberung der heiligen Stätten der Christenheit, so der Anjou nach der französischen Hegemonie in Europa. Ursprünglich als Stephanus getauft, änderte man später seinen Namen in Karl – in der Erinnerung an das Vermächtnis der Capetinger, des großen Carolus und eines Karl Martell. Daran hält er sich nun. Niemals waren die Aussichten Frankreichs gegen das Heilige Reich größer. Italien bleibt dabei nur ein Spielball seiner Politik ...«

Verhalten fügte Galvano Lancia hinzu: »Wie Sie, mein Manfred!«

Der junge König suchte fast mit Gewalt seine frühere Überlegenheit: »Ist nicht ein jeder – auch von uns! – auf *seinen* Weg gestoßen? Was ist unser Wille, unser Glaube, unser Tun? Haben Sie das Schicksal meiner Brüder Heinrich, Konrad, Enzio vergessen? Gilt es nicht auch für den Anjou? Warum sollte ich mich fürchten vor dem, was mir bestimmt ist? Noch lebe ich!«

*

Es schien, als wirke der Unsegen, den die Herrschaft des Papstes über den jungen Staufer verhängte, auch auf den Heiligen Vater selbst zurück. Als einzigem Pontifex Maximus in der Geschichte der Kirche war es Urban dem Vierten niemals vergönnt, in der Ewigen Stadt, der Metropole der Christenheit, die die Gräber der Apostel Petrus und Paulus barg, zu residieren. Von Viterbo oder Orvieto, seinen Standquartieren, zog der Ruhelose in den italienischen Ländern umher, die Gläubigen zur Gefolgschaft gegenüber der Kirche und seinem Schützling, dem französischen Anjou, anspornend.

Von schwerer Krankheit gezeichnet, verließ der Papst Orvieto, wo er sich zur Zeit aufhielt; in Ohnmacht brachte man ihn nach Perugia. Kaum vier Wochen nach der ersten Zelebrierung des ›Fronleichnamsfestes‹, wie es von nun ab genannt wurde, starb der für die Kirche bedeutsame Urban der Vierte.

Zu Beginn des darauffolgenden Jahres wählten die Kardinäle den Witwer und Bischof von Narbonne, Sohn eines toulousianischen Adligen und einer Deutschen; er wurde Papst Clemens der Vierte.

Wieder lebte die schlimme Zahl auf.

*

Im Südreich prophezeiten die Sterndeuter dem jungen Musenkönig wie je frohe Tage und Sieg.

Im Schloß Lagopesole und in der einstigen Kaiserlichen Residenz zu Foggia bewirtete Manfred seine Ritter und Freunde, feierte er Dichter- und Sängerwettbewerbe.

Es sollte nicht lange dauern, bis wieder ein Gerücht die Länder diesseits und jenseits der Alpen durcheilte: Der Graf von Anjou habe mit tausend Rittern an Bord in Marseille die Anker seiner Schiffe gelichtet. Zugleich stünden seine Fußtruppen im Begriff, die Alpen zu überqueren ...

Fünfzig Fahrzeuge Manfreds segelten ihm entgegen. Mit Steinen und Pfählen ließ sein Admiral die Tibermündung, wo Karl an Land gehen sollte, sperren.

Überall hielt man den Atem an. In Windeseile verbreitete sich die Nachricht von dem bevorstehenden Eintreffen des päpstlichen Schützlings auf italienischem Boden in Frankreich, Spanien, den Niederlanden, England. Selbst einige der deutschen Herren schienen zu spüren, worum es ging ...

Es war Winter geworden; Stürme fegten über das Mittelmeer, hüllten Wellen und Küsten in gischtiges Grau, als ein Bote der nahe Pisa eingesetzten Landtruppe im Palast von Foggia einritt und verlangte, sofort vor den König gebracht zu werden. Manfred empfing ihn in Gesellschaft seiner Gemahlin und der ältesten Kinder Beatrix und Enrico.

»Hat man den Anjou gefangen?«

»Er konnte entkommen, Hoheit«, keuchte der Kurier.

»Und unsere Schiffe?«

»Sind in Sicherheit.«

Manfred atmete auf.

»Das Schicksal schien ihnen zu Hilfe zu kommen«, berichtete weiter der Bote. »Gerade da unsere Flotte die Schiffe der Franzosen sichtete, brach der Sturm los. Es gelang den unseren, sich in den Buchten in Sicherheit zu bringen. Die Galeeren des Anjou hingegen traf die Gewalt des Unwetters; bald trieben sie hilflos mit gebrochenen Masten dem kleinen Hafen Porto Pisano zu ...«

»Wem gehört der Hafen?«

»Den Ghibellinen, Herr, glücklicherweise. Auch der ghibellinische Admiral war voll Siegesfreude. Unsere Landtruppe eilte, da sie die herannahenden Schiffen des Feindes erkannte, zu den Toren der Hafenbefestigungen. Doch da regten sich Stolz und Schachersucht der pisanischen Besatzung: Man wollte der deutschen Truppe erst Einlaß gewähren, wenn ihr Anführer berechtigt und bereit sei, die alten pisanischen Rechte und Freiheiten für alle Zeit schriftlich zu garantieren – andernfalls würde man die Franzosen warnen und jedenfalls ihre Gefangennahme verhindern!«

Manfred preßte die Lippen zusammen. Die Königin hielt seine Hand. Wie sollte ein kleiner Unterführer der Stadt Pisa Rechte und Privilegien urkundlich bestätigen?

»Was also weiter?«

Dennoch sei es der Geschicklichkeit der Deutschen gelungen, die Besatzung von der vorhandenen Vollmacht und der eigenen Überlegenheit zu überzeugen. Man ließ sich herab, Pergament und Schreibzeug zu besorgen, den Vertrag aufzusetzen und feierlich zu besiegeln. Als man das Geschäft abgeschlossen und alle Hindernisse überwunden hatte, hastete die Truppe ans Meer ...

»Und?«

»Zu spät, Herr. Während der deutsche Anführer mit dem Hafenkommandanten verhandelte, war es den beschädigten Schiffen gelungen, Notsegel zu setzen und die zu schwer havarierten auszuscheiden. Ihre Mannschaften wurden auf die übrigen verteilt. Im Eifer, von Ihrer Truppe, Herr, Gewinn zu erpressen, hatten die Verteidiger des Hafens verabsäumt, die Einfahrt mit den vorgesehenen Ketten und Sicherungen zu versperren.«

»Ein ›Zufall‹, wie man das wohl nennt ...«, murmelte der junge König vor sich hin.

Der Bote stand mit hängenden Armen.

»In dem Augenblick, da die Deutschen herbeieilten, schlug der Sturm um. War er zuvor aus Westen gekommen, so blies er jetzt von Ost.«

»Ein zweiter solcher ›Zufall‹ – ?«

»Ja, Hoheit. Unsere Galeeren waren verschont geblieben und imstande, schneller zu segeln. Sie nahmen die Verfolgung auf. Der Sturm hatte weiter nachgelassen; nur noch eine kalte Brise trieb die Schiffe von Freund und Feind. Unser Admiral ließ alle Segel setzen und eilte hinter dem Anjou her. Die beschädigten französischen Galeeren konnten ihm unmöglich entgehen.«

»Eine Hoffnung!«

Der Mann schüttelte den Kopf. »Karl von Anjou, am Bug seines Flaggschiffes stehend, erkannte die Gefahr. Immer geringer wurde der Vorsprung, den er der Gunst des Sturmes verdankte. Doch wieder hatte er Glück: In der Ferne zeichnete sich der Schatten des Leuchtturmes ab, der die Tibermündung kennzeichnete ...«

Manfred sprang auf:

»Warum hat man ihn nicht – ? Gab es etwa noch so einen elenden Zufall – ?«

Der Soldat senkte den Blick.

»Vor dem Schiff der Franzosen tauchte ein Fischerboot auf. Es wollte bei nachlassendem Wind gerade zum Fang ausfahren. Der Anjou ließ sein Schiff wenden und auf das Boot zuhalten. Man konnte erkennen, wie sie verhandelten.«

Wenn es Karl gelungen sei, in Ostia an Land zu gehen, sei dieser gerettet, stellte Manfred wie zu sich selbst fest. Von da waren es nur wenige Stunden bis Rom. Als Senator der Stadt fand er dort Sicherheit ...

»Der Fischer sah den herrischen Ritter, Panzer und Pfeile an Bord der fremden Galeere«, fuhr der Bote in seinem Bericht fort. »Warum sollte er nicht die versprochene Belohnung annehmen?«
»Der Anjou ging unbehelligt an Land?«
»Ja, Hoheit. Vorher hatte er dem Steuermann seines Schiffes wohl Befehl gegeben, sogleich wieder Kurs aufs offene Meer zu nehmen.«
»Um seine Verfolger abzulenken?«
»Ja, Hoheit.«
»Wo blieben die Deutschen?«
»Als das Geschäft abgeschlossen und alle Hindernisse überwunden waren, hastete man ans Meer.«
»Und sah zu, wie die feindliche Flotte am Horizont entwich!«
»Ja, Herr.«
Die Königin nahm wie schützend die Kinder in ihre Arme, während Manfred ans Fenster getreten war und in die friedliche Stille der Höfe und Gärten des Palastes hinausblickte.
»So fügen sich die ›Zufälle‹ unseres Lebens ...«
Königin Helena folgte dem Boten mit verstörten Augen, wie er müde, in verschmutzter Kleidung, den kostbar-heimeligen Raum verließ.

»Der einzige, der den Anjou aufhalten könnte, wäre nun Enzio«, sagte Manfred. »So, wie Ezzelino da Romano als einziger die Mauern seines Gefängnisses hätte überwinden können ... Vor sechzehn Jahren führte man Enzio als umjubelte Beute durch die Straßen Bolognas. Ich erinnere mich an die Verzweiflung des Kaisers, da er seine Ohnmacht erkennen mußte ...«
Leise fügte der junge König hinzu: »Es war eine ähnliche Stunde wie die jetzige.«
»Laß die düsteren Bilder nicht in dich eindringen«, tröstete Frau Helena. »Für Enzio ist immer noch Hoffnung – wie für uns.«
Unwillkürlich umschlossen ihre Arme die sich an sie schmiegenden Kinder.

»Mit Enzio zusammen könnte ich dem Anjou Widerstand leisten«, wiederholte Manfred. »Jetzt stehe ich allein. Der Leutholdsteiner müht sich, seine Deutschen zusammenzuhalten. Mein Onkel Galvano müßte ein Genie sein. Galeotto und Federigo Lancia haben zu wenig Erfahrung.«

»Denke an unsere Kinder«, bat die Königin, mit den Tränen kämpfend. »Deine Soldaten hängen an dir. Bei Foggia hast du bewiesen, daß sie dir folgen. Der Anjou ist ein fremder, ins Land eingedrungener Eroberer. Haben dir die Sterne nicht bisher Glück gebracht?«

Manfred blickte zu den arabischen Lampen auf, die im dämmernden Raum wie bunte Gestirne leuchteten.

»Die Sterne gehören der Ewigkeit an. Wir haben auf dieser Erde unseren Platz und nicht soviel Zeit wie sie. Auch der Kaiser mußte sich dem Tod fügen. Barbarossa ertrank im Heiligen Land, Kaiser Heinrich starb in jungen Jahren, kurz vor der letzten Eroberung seines Weltreiches. Die Tage meiner Brüder Heinrich und Konrad waren kurz. Enzio lebt und ist doch wie tot. *Zeit läßt steigen dich und stürzen* ... So beginnt sein Gedicht.«

Er wandte sich zurück: »Ich muß mit Onkel Galvano und dem Leutholdsteiner beraten, was zu tun ist!«

Wieder fing sich sein junger Mut, der unzerstörbare Glaube ans eigene Glück. Noch gab es in Rom Freunde, darunter die mächtigen Frangipanis.

Boten kamen und gingen. Jetzt wurde gemeldet: Auf das Gerücht von Karls Ankunft in Ostia hin habe ihn die päpstliche Partei feierlich empfangen und nach Rom geleitet, wo er im Kloster der Benediktiner abgestiegen und von den geistlichen Herren mit Hosianna begrüßt worden sei. Das Volk von Rom aber verspotte den häßlichen Günstling des französischen Papstes als ›Carlotto‹.

Am Pfingsttag ritt der Anjou in großer Prozession durch die Ewige Stadt. Loblieder erklangen zum Preis des neuen Senators, der auf dem Capitol seine Residenz haben sollte. Doch stieg er nicht dort, sondern, ohne den Papst zu fragen, im Lateran ab, darin Wohnung zu nehmen. Der Heilige Vater sandte aus Perugia ein empörtes Schreiben; so siedelte Karl hinüber in den Palast auf dem Caelius-Hügel. Von Tag zu Tag wuchs sein Geldmangel. Jetzt, da sich der Papst von ihm abhängig gemacht hatte, geizte und haderte Karl um jedes Goldstück, das Clemens von ihm verlangte. Immer wieder wandte er sich an seinen Bruder, den König Ludwig, um Hilfe. Endlich wurde der Jahreszins an die Kurie auf achttausend Mark herabgesetzt.

*

Die Feste in Lagopesole und in der Residenz zu Foggia waren weitergegangen. Hatte man nicht alles getan, sich gegen Überraschungen zu schützen? Die Daseinsfreude, die Lust am Spiel sollten von den Schatten der Zeit nicht verdrängt werden.

So nahm man auch die Mitteilung gelassen auf: Der Anjou habe in seiner Eigenschaft als römisches Stadtoberhaupt bereits neue Goldmünzen prägen lassen mit seinem geschönten Bild und der für die so stolzen wie wetterwendischen Römer schmeichelhaften Aufschrift:

ROMA CAPUT MUNDI
Rom – Hauptstadt der Welt!

Jeder wußte, daß noch immer das große Wort galt: Wer Rom besaß, war Herr des Reiches, und: Auf wessen Seite der Papst stand, dem gehörte Italien ...

Manfred erließ eine Botschaft an die Römer: Er sei in der Lage, die Stadt auch gegen ihren Willen in seinen Besitz zu bringen wie Caesar oder Barbarossa; jedoch wolle er, daß das Volk von Rom sie ihm selbst übergebe!

Manfreds Gesandter hatte das Ziel noch nicht erreicht, als neueste Kunde besagte: Das Heer der Franzosen nähere sich der Ewigen Stadt. Ein Kastell nach dem anderen habe man erobert, die Besatzung von Capiolo sei getötet. Man verschone weder Frauen noch Kinder. Der Weg führe jetzt durch die Mark Ancona, wo feierlich das Kreuz gepredigt werde, über Spoleto nach Rom, raubend, plündernd, mordend. Der Papst habe, um die Truppen zu bezahlen, den Kirchenschatz verpfändet.

Karls ehrgeizige Gemahlin war schon im Dezember auf dem Seeweg in Rom eingetroffen.

Da sich der Heilige Vater trotz allem in Perugia sicherer fühlte, hatte er die Bitte, die Krönung Karls persönlich vorzunehmen, abgelehnt. Dafür bestimmte er fünf Kardinäle, die den Anjou und seine Gemahlin am Dreikönigstag im Lateran zum Herrscher des sizilisch-apulischen Regno krönten und salbten.

Karl indessen gönnte sich und seinem Heer nur wenige Tage Ruhe und brach bereits Ende Januar mit seiner Streitmacht von Rom auf. Er fand die Grenze des Königreiches bei Ceperano unverteidigt und umging Capua, wo Manfreds Truppen bereitlagen. Der Anjou eroberte eine große Zahl von Burgen, überschritt den Volturno und stieß nach schwierigem Marsch in Richtung Benevent durch.

Doch nicht genug der schlimmen Meldungen: Durch geschickt abgeschlossene Verträge und große Versprechungen gegenüber den lombardischen Städten strömten dem Gekrönten stündlich unsicher gewordene Ghibellinen zu ...

*

Erst jetzt verstummten im Palast zu Foggia jäh die Harfen und Gesänge der Troubadoure. Ein eisiger Windstoß schien durch die Hallen und Gemächer des Kaisers, über die sorglos Versammelten hinwegzuwehen. Die Lichter in den emaillierten Lampen leuchteten ihren märchenbunten Schein – doch das Lächeln auf den Mienen des jungen Königs und seiner Umgebung war erloschen.

Jeder um den Staufer wußte: Es galt nur noch, den Einfall ins apulische Reich aufzuhalten. Keiner wagte zuzugeben, daß es möglicherweise zu spät sei.

Manfred beschloß, eine neue Gesandtschaft an den Heiligen Vater nach Perugia auf den Weg zu schicken. Graf Jordanus, als sein engster Freund und Verwandter, sollte dem Papst darlegen: Es sei sinnlos, alles Blutvergießen, das nun bevorstünde, persönlicher Rachsucht wegen heraufzubeschwören!

Es verging eine gute Woche, bis Jordanus wieder in Foggia eintraf:

Clemens der Vierte hätte für einen Augenblick tatsächlich erwogen, ob der Kaisersohn gegenüber dem unbotmäßigen und unberechenbaren Anjou zuletzt nicht doch einen besseren Geschäftsteilnehmer darstellen könnte? Aber der Franzose war bereits in Rom, eine Umkehr unmöglich.

»Was ich bei meiner Verhandlung mit der Kurie als einziges erreichen konnte«, schloß Graf Jordanus, »ist eine Frist von zwei Wochen. Innerhalb dieser Zeit müssen Sie sich dem Papst vollständig unterwerfen und auf alle Ansprüche für immer verzichten.« Es sei die letzte Möglichkeit, die Lösung vom Bann zu erreichen, habe man ihm zu übermitteln aufgetragen.

»Als ob es darum ginge!« bemerkte Manfred. »Also keine Antwort?«

Der Freund blickte ihn schmerzlich prüfend an:
»Welche noch, Hoheit?«

Fürchtete der Papst, den jungen Staufer zu seinen Füßen zu sehen? Die gestellte Frist war noch nicht abgelaufen, als eine Botschaft des Heiligen Vaters bei König Manfred eintraf:

Wissen sollst Du, daß die Zeit der Gnade vorüber ist. Alles hat seine Zeit, doch die Zeit hat nicht alles. Schon tritt der Held in Waffen vor die Tür. Das Beil ist an die Wurzel gelegt.

So kam der Tag, da Manfred die nächste Nachricht überbracht wurde: Das Heer des Anjou sei auf dem Wege, dem vermessenen Aufrührer aus dem Stamm des Ketzers in seinem eigenen Land den Untergang zu bereiten!

Erst jetzt begann Manfred, seine Truppen zu sammeln. Sollte er wirklich ein Wunder erwartet haben? Niemals hatte er etwas Feindseliges gegen die Kirche unternommen, weder durch Worte noch durch Taten. Er konnte und wollte nicht begreifen, daß sich der Fluch weniger gegen seine Person richtete: Er galt, wie Galvano Lancia gesagt hatte, dem Nachkommen des Kaisers.

In Fiebereile holte der junge König nach, was er vermochte. Es erschien ihm ratsam, seine Kampfgruppen jenseits der Bergkette aufzustellen, die sich von der Adria bis Terracina und die Pontinischen Sümpfe hin erstreckte und den Kirchenstaat vom apulischen Königreich schied. Nur zwei Pässe kamen für den Angreifer in Frage: der über Tivoli und Vicovaro hinüber nach dem Ort Tagliacozzo – oder über Frosine nach Ceperano am Fluß Garigliano.

Während Manfred die Vorbereitungen mit Umsicht und Tatkraft einleitete, schickte er seinen Freund Jordanus noch einmal, als letzten Versuch, mit einer Gesandtschaft auf den Weg: diesmal unmittelbar zu Karl von Anjou. Es mußte doch möglich sein, mit dem Landfremden, der ihn weder kannte noch die geringste Veranlassung zur Feindschaft haben konnte, einen für beide Teile tragbaren Frieden auszuhandeln! Was sollte jenem am Blutvergießen liegen – wenn auch der Stellvertreter Christi die ausgestreckte Hand des jungen Staufers zurückwies.

Wieder erschien der Abgesandte nach kurzer Frist vor Manfred.

»Du hast mit ihm gesprochen? Was für ein Mensch ist der Anjou?«

Beinahe verwundert, daß Manfred zuerst über den Feind und erst dann das Ergebnis der Reise zu erfahren verlangte, erwiderte Jordanus: Selten wohl seien zwei gleichem Blut entstammende, im selben Geist erzogene Brüder offenbar so durchaus entgegengesetzt wie König Ludwig der Neunte von Frankreich und der Graf von der Provence.

»Wie den ersten nach allem, was man hört, nur Milde und wahrhaft christlicher Adel kennzeichnen, verrät beim Anjou schon die finstere Stirn und der strenge, ja wilde Blick den tyrannischen Willen. Alles bei ihm ist in scheinbare Frömmigkeit gehüllter Haß. Die große, gebogene Nase, olivfarbene Haut und schwarzes Haar machen ihn auch äußerlich in jeder Hinsicht zu Ihrem unbarmherzigen Gegenspieler!«

»Wäre es ein Spiel ... « bemerkte Manfred bitter.

»Sein eisklarer Verstand, sein Mut und mehr noch sein Ehrgeiz treiben ihn zu rücksichtsloser Grausamkeit«, fuhr Jordanus fort. »Kamen Haß und Rachsucht bei unserem kaiserlichen Vater aus enttäuschter Liebe oder enttäuschtem Glauben, so ist es bei dem Franzosen die Luft, die er atmet. Er verachtet seine Gattin, aber er beugt sich ihrem Streben, da es sich mit dem seinen trifft. Für fühlende Güte ist in seinem Leben kein Raum. Karl schläft wenig.

Er sagt: ›Im Schlaf verliert man kostbare Zeit!‹ Er verabscheut Dichter, Sänger und Künste ebenso wie alles Üppige. Mäßig in Essen und Trinken, unterscheidet er sich auch in der Kleidung kaum vom einfachen Soldaten. Keiner seines Gefolges soll von ihm je einen lächelnden Blick oder ein Freundeswort erhalten haben. Nur dem Papst sendet er, wenn es sein Nutzen erfordert, kunstvoll tönende Ergebenheitserklärungen. Jeder, der ihm im Wege steht, ist sein Feind. Unnachsichtig ordnet er schon jetzt die Hinrichtung jedes Störers seiner Pläne an. Das Gesetz bestimmt er. Habgier, Goldgier, Ländergier wirft ihm selbst sein Bruder, der fromme König Ludwig vor – und der Heilige Vater. Karls Ziel ist sein Ich, *seine* Herrschaft; der Kirche zu dienen, trug er niemals im Sinn. Er bedient sich ihrer nur als des im Augenblick unvermeidlichen Helfers. All dessen sollten Sie sich bewußt sein, mein Herr Bruder!«

»Eine lange Liste ...«, murmelte Manfred. »Kommt dieses Urteil aus der einen, kurzen Begegnung?«

Jordanus schüttelte den Kopf: Es stamme aus der Umgebung des Anjou, nicht von den kaisertreuen Freunden in Rom. »Das ist der Mann«, schloß der junge Graf mit Bestimmtheit, »der vom Heiligen Vater gerufen wurde, ›die Welt von Ihnen zu erlösen‹, wie es offiziell verkündet wird!«

Erst jetzt schien sich Manfred auf den eigentlichen Zweck seines Auftrages zu besinnen. Ob der Anjou etwas auszurichten, irgendeinen Ansatz zur Verhandlung zu erkennen gegeben habe?

Zögernd erwiderte der junge Graf:

»Er hat mir eine Botschaft für Sie mitgegeben.«

»Welche?«

»Sie lautet: ›Sagen Sie dem Sultan von Lucera: Ich werde ihn zur Hölle schicken – oder er mich zum Himmel!‹«

Nach einer langen Pause sagte Manfred, und es schien, als zöge er die Summe seines jungen Lebens:

»Es ist die Sprache Ezzelinos. Ich begriff nicht, daß der Kaiser sich seiner bediente.«

»Gegen diesen Schützling des Heiligen Vaters brauchten Sie zehn Ezzelinos!« rief Jordanus.

Manfred hatte sich abgewandt.

»Unser kaiserlicher Vater pflegte zu sagen: ›Geschieht nicht, was du willst, so wolle, was geschieht‹ ...«

Mit schmerzlichem Lächeln dachte er zurück. Wo waren sie, die ihm nur Glück und Lieblichkeit des leuchtenden Lebens gepriesen hatten? Was war aus seinen schmelzend-zarten Versen geworden, die die süße Minne besangen, die Erfüllung aller Sehnsucht der Sinne? Wie man im Traum dumpf nach einem vergessenen Namen sucht, so suchte er den Irrtum seines Lebens. Er blickte in einen der vielen Spiegel, deren geschliffene Gläser überall, arabischem Vorbild gemäß, im Stuck und Marmor der Pfeiler und Gewölbe eingelassen waren, und prüfte zweifelnd sein glattes, gebräuntes Antlitz, umrahmt von den goldhellen Locken. Hatte er sich nicht immer als Lieblingssohn des Kaisers – und das hieß: als Sieger – gefühlt? Als Sieger gegenüber allen Niedrigkeiten und Widrigkeiten außerhalb seines Bannkreises von Schönheit, Jugend, Unversehrtheit ...

»Meine Sterne«, sagte er endlich kaum hörbar, »haben gegen mich entschieden.«

IV
FELD DER ROSEN

Während Clemens der Vierte in Italien, Frankreich und England unermüdlich zum Kreuzzug gegen die ›giftgeschwollene Brut des Drachen‹ aufrief, führte der seit Manfreds Krönung zwischen ihm und dem deutschen Neffen Konradin aufkommende Gegensatz zu einer seltsamen Verwirrung der Parteien. So kam es jetzt dazu, daß die Päpstlichen in Italien in dem Kaiserenkel jenseits der Alpen einen Vorkämpfer für sie selbst gegen die Kaiserlichen im eigenen Lande zu sehen glaubten. Sie beschlossen, eine Gesandtschaft nach Bayern zu senden, die den kleinen Konradin gegen seinen Onkel Manfred aufrufen und ihm Gunst und Hilfe für die Erwerbung Siziliens und Apuliens zusagen sollte.

Bald danach erhielt der König einen Bericht:

Die Gesandten der Ghibellinenpartei fanden Konradin jedoch als so kleinen Knaben, daß seine Mutter auf keinen Fall dahin zu bringen war, ihn von sich ziehen zu lassen. Und als die Gesandten von Deutschland fortgingen, da ließen sie sich als Zeichen und Bürgschaft für Konradins Kommen sein mit Fell gefüttertes Mäntelchen schenken, das nach ihrer Heimkehr nach Lucca in der Kirche San Frediano gleich einem Heiligtum ausgestellt wurde. Die Guelfen von Toscana aber begriffen nicht, wie der genannte Konradin ihr Feind werden sollte.

Bei der zum Kirchenstaat gehörenden, fünfundzwanzig Jahre zuvor vom Kaiser zerstörten Stadt Benevent sammelte Manfred sein aus Römern, Campanern, Lombarden, Toscanern, Siziliern, Apuliern, Sarazenen und Deutschen zusammengewürfeltes Heer.

Im silbernen Adlerhelm, unter dem das blonde Lockenhaar hervorquoll, stand der Staufer in silberner Rüstung, einer Gestalt aus dem Märchen gleich, vor den Baronen und Vertretern der Städte, den Lehnsmännern des Königreiches und Offizieren der deutschen

Truppen. Hell klang seine Stimme über die sich hier Eingefundenen hin:

»Ein in der Ferne längst glühendes Feuer hat sich mit Blitzesschnelle ausgebreitet. Eine Gefahr, bisher nur von scheinbarer Bedeutung, droht uns nun zu vernichten – wenn wir ihr nicht mit aller Anstrengung und Einigkeit widerstehen. Das ausländische Heer, das gegen uns antreten will, schmückt sich mit vielerlei Vorwänden und uneigennützigen Absichten. Wer aber kennt nicht die wahren Gründe und Ziele? Ihr erfuhrt von der Milde des heiligen Königs von Frankreich. Erwartet von seinem Bruder nichts Ähnliches! Seine Scharen stehen hinter ihrem Führer an Wildheit, Roheit, Blutdurst in nichts zurück. Ihr irrtet, würdet ihr glauben, es gehe um meine Person! Ihr sollt, das ist der Sinn, alle Treue gegenüber dem Kaiser, meinem Vater, und dessen Erbe vergessen und euch, eines freien Volkes unwürdig, den fremden Tyrannen aufdrängen lassen. Glaubt nicht, ich, euer König, könne gestürzt werden – ihr aber bliebet in Besitz und Ehren ungefährdet! Der ehrsüchtige und geldgierige Anjou wird seine nicht minder habsüchtigen Helfer durch euren Untergang erheben wollen und müssen. Laßt euch nicht durch Versprechungen täuschen, sondern erkennt, daß jeder, der widerrechtlich einen Thron erringt, sich nicht anders als durch Gewalt halten kann! Laßt uns gemeinsam dem wildgierigen Heer entgegentreten und es beim ersten Versuch für immer abschrecken, selbständige Könige, Reiche und Völker unseres schönen Italien fremder Willkür zu unterwerfen!«

Beifall brandete empor; alles schien begeistert und bereit, für den jungen Fürsten bis zum letzten zu kämpfen.

Er selbst ahnte, wie die Dinge in Wahrheit standen. Insgeheim hatten sowohl Karl von Anjou wie Clemens der Vierte allen Baronen und Geistlichen im Regno Aufforderungen zugehen lassen, mit denen lockende Belohnungen für den Fall ihres Verrats an dem Gebannten oder, wie es der Gegner nannte, für die ›Rückkehr zur rechtmäßigen Herrschaft der Kirche‹ verbunden waren ...

*

Manfred lagerte auf den Feldern nahe Tagliacozzo und bedrohte die längst von den Barbaren geplünderten und zerstörten einstigen Herrlichkeiten des Kaisers Hadrian bei Tivoli. Da sich bereits Verrat in die Reihen der apulischen Barone eingeschlichen hatte, zog er sich über Capua zurück, um in Apulien Rückhalt zu finden, wo er seine stärkste Anhängerschaft wußte. Sein Weg ging über Ceperano und San Germano. Von Ortskundigen und Überläufern beraten, versuchte der Anjou, ihm zuvorzukommen.

Die Franzosen stürmten den Engpaß von Ceperano und die als uneinnehmbar geltende Festung Rocca d'Arce. Vor der Stadt San Germano erschienen die Ritter des Anjou. Von den Mauern herab spotteten die Söldner Manfreds. Durch eine Unachtsamkeit blieb eins der Stadttore unbesetzt. Zwei französische Reiter erkannten es, bezwangen das Tor und pflanzten das Lilienbanner auf seine Zinne. Manfreds Sarazenen flüchteten; tausend wurden niedergemacht. Die Bürger übergaben die Schlüssel der Stadt. Zweiunddreißig Kastelle folgten nach.

Manfred gab seine Stellung bei Capua auf und erreichte wiederum die fruchtbare Ebene zwischen den Flüssen Sabato und Calore zu Füßen der Stadt Benevent. Die Franzosen rückten in zehntägigen Eilmärschen nach. In einem Pinienwald, fünfzehn Meilen vor der Stadt, lagerten sie und standen zur Mittagszeit auf der Höhe von Calaria, unter sich das von Flüssen durchzogene Tal. Dort blinkte das Heer König Manfreds auf, darunter die deutschen schon mit Plattenpanzern ausgestatteten Berittenen sowie die sarazenischen Bogenschützen zu Pferd und zu Fuß. Unter den schwäbischen Rittern, die hier mit Sarazenen, Apuliern und Lombarden für den jungen Staufer kämpften, befand sich der junge Graf Rudolf von Habsburg.

Manfred erwartete seinen Freund und etwa gleichaltrigen Neffen Konrad von Antiochia, den Sohn seines Halbbruders Friedrich von Antiochia, der die Hoffnungslosigkeit der staufischen Sache erkannt hatte. Konrad, mit einer Tochter Galvano Lancias verheiratet, sollte von den Abruzzen her anrücken. Er erreichte das Schlachtfeld absichtlich zu spät. Andere Hilfstruppen blieben ganz aus; nur achthundert Deutsche fanden sich ein, Manfreds Heer zu verstärken.

Der sechsundzwanzigste Februar war ein milder, fast heiterer Wintertag. Nach kurzer Beratung ließ Karl seine Ritter und Söldnerführer zusammenrufen. Aus jedem seiner Worte klang das sichere Bewußtsein eigener Überlegenheit:

»Der Tag, den wir alle herbeisehnen, ist endlich gekommen! Wir dürfen nur eines: siegen oder sterben! Nur weil wir siegten, haben uns die Städte und Völker Italiens bisher äußerlich ehrenvoll aufgenommen. Verlieren wir, drohen uns ihr Haß und ihre gewohnte Treulosigkeit, und keiner von uns wird ihren offenen oder geheimen Nachstellungen entgehen, keiner jemals glücklich die ferne Heimat erreichen!

Eure Feinde braucht ihr nicht zu fürchten: Bei Ceperano, bei San Germano flohen sie feige – woher sollte ihnen jetzt der Mut kommen? Ihr entstammt einem Lande, dessen so ruhmvoller wie furchtbarer Name jedem fremden Volk als zermalmender Hammer erscheint. Sie dagegen sind weder eines Stammes noch eines Landes. Wir fechten als getreue Christen – sie haben nicht einmal denselben Glauben! Sie sind von ihren Sünden zu Boden gedrückt und bereits der Verdammnis übergeben. Also werden und müssen wir siegen!«

Nach Karls Ansprache trat der französische Bischof Guido von Auxerre vor die Versammelten. Im Namen des Heiligen Vaters erteilte er allen Anwesenden den Apostolischen Segen und verhieß ihnen die Lossprechung von ihren Sünden, sofern sie den Kampf gegen den Gebannten zum siegreichen Ende führten.

König Manfreds Kundschafter hatten nicht nur von Karls Ansprache, sondern auch von der Entschlossenheit und bedrohlichen Stärke des feindlichen Heeres berichtet. Manche seiner Truppenführer äußerten laut ihre Bedenken. Andere planten längst im stillen Verrat. Zu schwer lastete der Fluch der Kirche auf ihren Seelen. Der Anjou hatte recht: Auch den rohesten Söldner hatte der Bann, unter dem Manfred seit Kindertagen stand, in seiner Zuversicht irre gemacht. Und es waren nicht die schlechtesten Kämpfer, die dem König jetzt bedeuteten: Noch sei Zeit, an Flucht zu denken. Noch gebe es Schiffe. Noch hielten die gigantischen Mauern der Städte Lucera, Barletta, Trani, Bari und Brindisi Reserven bereit, eines Tages von dort Ausfall und Flucht nach Deutschland zu wagen!

Nach Deutschland – ?

Manfreds Antlitz wurde fahl. Er sollte Apulien im Stich lassen – fern, jenseits der Alpen als Bettler Zuflucht suchen?

Böse Ahnungen begannen den bisher Sorglosen zu ängstigen. Manfred befragte seine Astrologen: Zögernd wiederholten sie ihre Prophezeiung vom Sieg.

Am Fuß des Monte San Vitale nordwestlich der Stadt Benevent ordneten sich beide Heere zum Kampf.

Der Mundschenk, der Manfred bisher auf allen Wegen begleitet hatte, legte seinem Herrn die Rüstung an.

»In Fiorentino wiederholte mir der Kaiser ein Wort, das ihm der Deutschordensmeister am Tage seiner Krönung gesagt hatte«, erinnerte sich Manfred. »Es hieß: ›Jede Stunde bringt Kampf – die letzte den Frieden.‹ Ich verstand es nicht. Ich glaubte nur an Frieden, ohne Kampf.«

Während der Getreue die Riemen seines silbernen Harnischs zusammenzog, sah der junge König, wie dem Mundschenk Tränen über die Wangen liefen.

»Warum weinst du, Occursio?« fragte er, sich selbst bezwingend. »Hörtest du nicht, was die Sternkundigen sagen? Sie verkünden Sieg und Frieden. Und du wirst bei mir sein, wie du den Kaiser beschützt und gerettet hast!«

Der ergraute Diener schüttelte den Kopf:

»Ihre Sterndeuter lügen. Sehen Sie nicht, wie schon vor dem Kriegsrat viele Ihrer Herren der Mut verließ und sie sich davonschlichen? Ich aber werde mit Ihnen ...«

Er sprach das Wort nicht aus. Schweigend nahm Manfred den Weinenden in seine Arme.

Das staufische Heer bestand aus drei Gruppen: Die erste bildeten die Deutschen unter dem Ritter von Leutholdstein; die zweite eine Tausendschaft tuscischer und lombardischer Reiter unter den Grafen Galvano und Galeotto Lancia; die dritte gedachte Manfred selbst mit eintausendvierhundert apulischen und sizilianischen

Reitern zu führen. Dazwischen fanden die sarazenischen Bogenschützen Aufstellung.

Auch die Franzosen teilten ihr Heer in drei Kampfgruppen. Hinzu kamen die Florentiner Guelfen.

Die Herren des Anjou bestanden auf sofortigem Angriff. Man verabredete, daß man zuerst die Rosse, nicht die gegnerischen Reiter töten würde. Dann erst sollten die Fußknechte die zur Erde Sinkenden in ihren schweren Panzern erschlagen ...

Die Schlacht begann ohne eigentlichen Oberbefehl auf staufischer Seite. Die leichten französischen Fußtruppen stürmten gegen die ihnen verhaßte heidnische Sarazenengarde an. Diese, durch verächtlich-höhnische Zurufe gereizt, wartete keine Weisung ab und nahm in wildem Kampfesmut den Angriff mit Pfeilen und Krummschwertern auf. Bald gerieten die Gegner in Unordnung. Eine französische Reiterschar sprang ein; an ihren Panzerhemden prallten die Pfeile ab.

Deutsche Reiter erschienen zur Hilfe der Sarazenen. Sie waren besser gerüstet, besser beritten und von ausharrender Tapferkeit gegenüber den Franzosen, für die Flucht als einziger Ausweg erschien.

Da stemmte sich der Anjou mit seiner Abteilung den Aufgelösten entgegen, zwang sie, den Angriff zu erneuern.

Die Deutschen in ihren ungelenken Panzern mit den gewaltigen Schwertern und Keulen begannen zu wanken. Noch hatte der junge König mit seinen Apuliern und Sarazenen die Oberhand.

Während des Angriffs rief ihm ein Krieger zu:

»Herr, sehen Sie, wie viele Ihrer Ritter zum Feind übergehen? Wie sie verräterisch fliehen?«

Es waren apulische Barone, darunter seine Verwandten, die Grafen von Acerra und Caserta.

Manfred, ungeschützten Hauptes, vom wehenden Haar umleuchtet, stand auf einem Hügel oberhalb der Kämpfenden. Als er die Entwicklung sah, wollte er sich selbst in den Kampf werfen. Neben ihm hielt sich der Ritter von Leutholdstein, dessen Pferd soeben getötet worden war. Das einzige, was dem Leutholdsteiner blieb, war, das Leben des jungen Herrn zu schützen. Als Manfred seiner

Abteilung winkte, um sich an ihrer Spitze ins Getümmel zu stürzen, rief ihm der Ritter zu:

»Setzen Sie wenigstens Ihren Helm auf, Hoheit! Glauben Sie, es bedarf noch Ihres Opfers?«

Manfred hob den mit dem silbernen Adler gekrönten Helm auf den Kopf. Da fiel bei einer Bewegung des Pferdes das von Sarazenen kunstvoll gearbeitete Reichssymbol zu Boden.

Für eine Sekunde blickte der Staufer starr auf das blinkende Zeichen seines Königtums hinab, das da im Staub zu seinen Füßen lag. Leise sagte er:

»Ein Zeichen Gottes...«

Dann wandte er sich zu dem nicht von seiner Seite weichenden Occursio:

»Erinnerst du dich, wie du mich in Foggia das Lautenspiel lehrtest?«

Der Mundschenk rief:

»Hätte ich Sie anderes gelehrt, mein König!«

Als hätte der Leutholdsteiner die Worte im Kampfgetöse vernommen, stieß er hervor:

»Wo sind jetzt Ihre Musiker und Sänger, die Sie mehr liebten als Ihre Ritter und Knechte? Sollten sie nicht versuchen, den Anjou nach ihren süßen Tönen tanzen zu lassen? Sie sind jung, Hoheit, ich bin alt. Geben Sie mir Ihre Waffen und fliehen Sie!«

Damit nahm ihm der Ritter den silbernen Adlerhelm aus der Hand und setzte ihn sich selbst auf, der Truppe winkend. Mit Geschrei drang der Feind auf ihn ein; bald sank er nieder. Mit ihm wurden der treue Occursio und König Manfred, an dem seine Gefolgschaft ein letztes, verzweifeltes Lächeln wahrnahm, vom Strudel der Schlacht verschlungen. Jeder sah, daß sich der Barhäuptige nicht wehrte.

Die Luft hallte wider vom Gewitter der Panzer und Speere, Schwerter und Pfeile. Die gelbe Wintersonne umleuchtete Schwaden von nebligem Dunst über der zur Hölle gewordenen Ebene von Benevent. Der Tag hielt den Atem an. Die schweigende Natur, die stillen Dörfer, ja die fern aufragenden Mauern der Stadt schienen zu erzittern unter dem unerbittlichen Ansturm des Todes.

Tapfer fochten die Deutschen. Zu kämpfen hatten sie gelernt. Bald aber zeigte es sich, daß sie die Schlacht nicht entscheiden konnten. Die italienischen Söldner flohen, gingen, da sie die Entwicklung erkannten, zum Feind über. Die sarazenischen Reiter hatten ihre Pfeile verschossen, ihre Pferde waren verwundet oder getötet.

Dreitausend Tote von Manfreds Heer bedeckten das Feld der Niederlage.

Als sich keiner der Gefallenen mehr regte, ertönte die Trompete der Feinde. Hohl, klagend schrie das schmetternde Metall über das sich leerende Schlachtfeld. Während das letzte Licht hinter den apulischen Bergen sank, schrieb Karl an Clemens den Vierten:

Ich melde Eurer Heiligkeit diesen Sieg, den ich aus Gottes Hand empfing, damit Ihr Ihm, dem Allmächtigen, der durch meinen Arm die Sache der Kirche verficht, für diesen stolzen Triumph Dank sagt. Seid überzeugt, daß ich, wenn ich aus Sizilien die Wurzel allen Ärgernisses ausgerottet habe, das Regno zur alten und gewohnten Ergebenheit und in die römische Kirche zurückleiten werde, zur Ehre und zum Ruhme Gottes, zum Frieden der Kirche, zum glücklichen Zustand des Volkes im Königreich.

Die französischen Ritter versammelten sich um ihren Herrn, ihn zu seinem Sieg zu beglückwünschen.

Der Anjou schüttelte abwehrend den Kopf.

»Dem Tapferen genügt kaum die Welt. Welchen Ruhm bedeutet es, einen Mann zu besiegen?«

Und doch lag ihm alles daran zu erfahren, ob dieser eine noch lebe oder ob er gar entkommen sei. Zwei Tage lang ließ Karl nach dem Leichnam des jungen Königs unter den Tausenden von Toten suchen.

Endlich fanden ihn Manfreds Feinde nackt, von Wunden entstellt. Nur die goldenen Locken leuchteten noch im trüben Winterlicht. ›Füße und Hände mit Küssen bedeckend‹, wie später der Königin Helena berichtet wurde, brachten sie ihn nach Benevent. Dort hängten Soldaten des Anjou den Körper des Erschlagenen über einen Esel. Einer rief lachend:

»Wer kauft König Manfred?«

Ein französischer Ritter trat hervor und schlug dem Söldner ins Gesicht.

Der Leichnam zeigte tödliche Wunden an Haupt und Brust. Als man ihn dem Anjou brachte, sagte dieser mit einem kurzen Blick auf den Leblosen:

»So jung war dieser Deutsche – ?«

Danach ließ er die gefangenen Barone zusammenrufen. Jeder einzelne wurde gefragt: Ob dies wirklich König Manfred sei? Leise, schmerzlich bejahten sie es.

Der Graf Jordanus warf sich weinend neben der Leiche zu Boden.

»Mein König, mein Freund ...!«

Auf einen Wink des Anjou hoben die Franzosen den Weinenden auf und führten ihn weg.

König Karl befahl, den mit geronnenem Blut bedeckten Toten abzuwaschen, ihn in einem golddurchwirkten Kleid und mit allen Ehrenbezeugungen zu bestatten, die einem königlichen Gegner gebührten.

Der Papst indessen erließ ein jubelndes Breve:

Zu Boden geworfen sind die Rosse und Türme Pharaos, die Kriegshäupter gefangen oder getötet, gebrochen die Hörner der Sünder!

Die Kirche duldete nicht, daß ein Ketzer und Gebannter innerhalb der Stadtmauern bestattet werden dürfe. So begrub man den toten König neben der Brücke am Ufer des Flusses Calore. In dem nördlich der Stadt gelegenen Gelände türmten Freund und Feind einen Hügel schwerer Steine. Der Ort erhielt im Volksmund den Namen: Feld der Rosen.

Noch aber sollte dem Gefallenen keine Ruhe beschieden sein. Auf Befehl des Heiligen Vaters ließ der Erzbischof von Cosenza – nach den Worten Clemens' des Vierten – *den stinkenden Kadaver jenes Pestmenschen Manfred* wieder ausgraben und nicht weniger als dreihundert Kilometer weit an die Grenze des Kirchenstaates schaffen, um ihn im abgelegenen, düsteren Tal des Flusses Verde nahe der Stadt Ascoli, wo seine Wasser in den Tronto münden, zu verscharren. Damit das Andenken an den verhaßten Kaisersohn vollends ausgelöscht sei, wurde der Name des Flusses in Castellano geändert.

*

Unter den armen Einwohnern jener Gegend aber lebte die Sage vom traurigen Ende eines jungen, unglücklichen Königs weiter. Ein halbes Jahrhundert später fügte der Dichter Dante Alighieri die Worte:

> *Ich wandte mich, betrachtete ihn fest.*
> *Blond war er, schön und ritterlicher Art;*
> *die eine Braue aber war zerhauen.*
> *Und auf der Brust entblößt er eine Wunde*
> *und gab sich lächelnd zu erkennen: Manfred,*
> *der Kaiserin Konstantia Enkel bin ich*
> *und bitte dich, wenn du nach dort zurückkehrst,*
> *dann geh zur lieben Mutter mein und Mutter*
> *von Aragons und von Siziliens Stolz.*
> *Sag ihr die Wahrheit, wenn man anderes munkelt:*
> *Tödlich getroffen zwei Mal war mein Leib,*
> *durchbohrt von Wunden, als ich meine Seele*
> *weinend dem Allbarmherzigen empfahl.*
>
> *Hätte der Hirte von Cosenza, den*
> *auf meinen Körper Clemens hetzte, damals*
> *in Gottes Antlitz diesen Zug erkannt,*
> *so ruhte mein Gebein noch heut begraben*
> *am Brückenkopf bei Benevent*
> *im würdigen Schutz der aufgetürmten Steine.*
> *Statt dessen wird's von Wind und Regen draußen*
> *am Verde-Ufer hin und her gezerrt,*
> *wohin man's in der Dunkelheit verschleppte.*
>
> *Durch Kirchenbann läßt Gottes Liebe nicht*
> *sich so verscheuchen, daß sie nicht zurückkehrt,*
> *solange noch ein Hoffnungsschimmer grünt.*

*Du siehst daraus, wie du mich trösten kannst,
wenn du Konstanze, meiner lieben Tochter,
erzählst, wie du mich sahst und wie ich warte*

V
DER SIEGER

Die Franzosen plünderten das wiederaufgebaute Benevent. Sie töteten alle vermeintlichen Anhänger des Staufers oder diejenigen, die etwas besaßen. Sie schonten auch nicht Kirchen und Heiligtümer. Der Heilige Vater tadelte den Anjou:

Friedrich, der Feind der Kirche, hat nicht so gehandelt wie Du! Du hast nichts gezeigt als Habsucht, Wollust und Blutgier. Du verschontest weder geistliches noch weltliches Gut, weder Alter noch Geschlecht. Deine Kreuzfahrer, die Kirchen und Klöster beschützen sollten, haben sie erstürmt, ausgeplündert, Heiligenbilder verbrannt und selbst Gott geweihten Jungfrauen Gewalt angetan. O des unseligen Feldzuges, der unseligen Aussicht!

Der neue König von Sizilien beschwichtigte den Papst, indem er ihm zwei kostbare Kandelaber und den goldenen, von Perlen überrieselten Kaiserthron Friedrichs aus der Schatzkammer von Manfredonia übersandte.

Karl ließ alle Pretiosen und alles Gold aus Manfreds Schlössern auf einen riesigen Teppich schütten und weidete sich mit seiner Frau daran. In Neapel hielt er prunkvollen Einzug. Die Königin, im mit goldenen Lilien geschmückten Wagen, kostete den Triumph ihres Lebens. Der Freudenrausch der Guelfen angesichts der als Retter erschienenen Franzosen verlor sich beim italienischen Volk wie beim Heiligen Vater nur zu schnell. Ein päpstlicher Chronist vermerkte von dem französischen Herrscher, er besäße ›die vernichtende Natur des Feuers oder des Blitzes‹.

Immer wieder sah sich Clemens der Vierte veranlaßt, seinen Schützling Karl zu warnen:

Da Du das Reich einnahmst, hofften wir auf Deine gerechte Herrschaft. Statt dessen hast Du sehr viele beleidigt; die meisten sind Dir von Herzen feindlich gesonnen. Selbst diejenigen, die ergebene Miene zeigen, würden sich zu Deiner Demütigung erheben, wenn sich, was ferne sei, der geeignete Augenblick dazu einstellte!

Zuletzt mußte der Heilige Vater alles tun, was der Anjou von ihm verlangte.

*

In der Sarazenenstadt Lucera hatte die Königin Helena mit ihren Kindern den Ausgang des Kampfes abgewartet. Als sie die Nachricht von der Niederlage und vom Tod ihres Gemahls erreichte, beschwor ihre Umgebung die junge Witwe, sie möge in ihre Heimat jenseits des Adriatischen Meeres entfliehen.

In Trani nahm der Burghauptmann die königliche Familie ehrerbietig auf. Man beschaffte einen Segler, der vom Hafen aus die Überfahrt nach Epirus antreten sollte. Doch ein Sturm von Osten, von der griechischen Küste her, verhinderte vorerst das Auslaufen.

Als drei Mönche in Trani eintrafen, die sich allzu unauffällig nach den hier Geborgenen erkundigten, verbarg man Helena und ihre vier Kinder im Kastell, wo vor nun sieben Jahren Manfred und sie Hochzeit gefeiert hatten.

Die französischen Mönche schreckten den verängstigten Kastellan mit Folter und Höllenpein. Als der Sturm nachließ und die Königin aufbrechen wollte, fand sie die Zugbrücke hochgezogen.

Vergebens flehte die Vierundzwanzigjährige den Burghauptmann an, sie gegen hohe Belohnung freizulassen. Die geistliche Drohung der Mönche wie die des Anjou wirkten stärker. Helena wurde zunächst im Kastell zu Trani festgehalten. Während man ihr die drei Knaben Enrico, Federigo und Azolino wegnahm, durfte die sechsjährige Tochter Beatrix ihre Gefangenschaft teilen.

Als die blühenden Mandelbäume und Mimosen das Frühjahr anzeigten, wurde die Königin von Trani nach Lagopesole gebracht. Dort, wo jeder Stein Erinnerung atmete an Glück und frohe Stunden, hielt man sie weiter als Gefangene.

Eines Tages erschien der Wärter, hohen Besuch zu melden. Der jetzige Herrscher des apulisch-sizilischen Reiches suchte die Gemahlin seines unglücklichen Vorgängers auf.

Es war das erste Mal, daß Karl von Anjou – außer dem Castel dell'Ovo zu Neapel – eine der auf seinen Befehl geplünderten Residenzen des Kaisers selbst sah. Während seine gepanzerte und bewaffnete Begleitung die Eingänge bewachte, betrat der französische König im dunklen Ledergewand, das Schwert am metallbeschlagenen Gürtel, den Wohnraum der Königin. Als er vor ihr stand, mit finsterem Gesicht, funkelte etwas wie ein überraschter Glanz in den schwarzen Augen auf! Unwillkürlich verbeugte er sich.

»Verzeihen Sie, ich wußte nicht ...«, entfuhr es ihm, da er die zierliche junge Frau im Trauerkleid, ihr Töchterchen Beatrix neben sich, auf einem Diwan erblickte. Doch dann, als sei damit der Komplimente genug getan, ließ er sich klirrend in einen der arabischen, seidengepolsterten Sitze fallen. Während seine unsteten Augen den noch immer edlen Raum durchschweiften, bemerkte er: »Sie haben es schön hier, Madame. Worüber beklagen Sie sich?«

Helena umfing die Tochter mit ihrem Arm, als gelte es, das Kind vor dem Fremden zu beschützen.

»Ich bin nicht frei, Herr von Anjou. Wer hätte etwas von mir zu fürchten?«

Leise, den Tränen nahe, fügte sie hinzu: »Auch von meinem Gatten hatte niemand etwas zu befürchten. Er war gut und ohne Falsch. Warum Ihr Haß?«

Der Ritter im dunklen Kleid hielt seine Hand am Schwertgriff: »Er wagte eine Schlacht. Er verlor.«

Die Königin blickte mit großen, umflorten Augen auf den Mann, der für sie ein Mörder war. Von draußen kam das Raunen der Brunnen und das Zwitschern der Vögel im nachmittäglichen Gold des jungen Jahres. Sie bemühte sich, so ruhig wie möglich zu fragen:

»Haben Sie an Ihrem Triumph noch nicht genug?«

Ein karges Lächeln überflog sein steinernes Gesicht.

»Von Erfolgen hat man niemals genug. Erinnern Sie sich an Ihren Herrn Schwiegervater, den gebannten und abgesetzten Fürsten?«

»Ich habe die Majestät nicht gekannt«, sagte Helena mit bebenden Lippen. »Wenn er noch lebte ...«

»Wäre ich möglicherweise nicht hier«, vollendete der Anjou den Satz. Er machte eine wegwischende Gebärde: »Mit Hilfe Gottes und meiner Truppen stehe ich nun an seiner Stelle.«

»Was wurde aus den Verwandten meines Gemahls?« erkundigte sich die junge Frau zögernd. »Die Grafen Lancia ...«

»Sie konnten entkommen«, murrte der Anjou. »Wahrscheinlich halten sie sich in den Abruzzen bei Konrad von Antiochia, dem Schwiegersohn von Herrn Galvano, auf. Galeotto und der junge Federigo sind bei ihm. Sie können mir nicht gefährlich werden.«

»Und König Manfreds Freund und Bruder, Graf Jordanus?«

Ein Achselzucken.

»Ich wollte ihn nach Frankreich bringen lassen. Immerhin ist auch er ein Bastard des Kaisers – wie Ihr Gatte. Eine Handvoll Wasser kann einen Menschen ersäufen, wie die Araber so schön sagen. Man muß sich vorsehen. Ich hätte ihn gleich töten können. Leider war er unhöflich genug, seine Wächter zu überwältigen und zu fliehen. Damit er es nicht noch einmal versuchte, hat man ihn sicherheitshalber geblendet und ihm einen Fuß und eine Hand abgeschlagen. Sie kennen die Bräuche, Madame. Er hungerte sich zu Tode, wie man mir berichtete. Wahrscheinlich hat man ihn erwürgt. Sie sehen, es lohnt nicht, sich gegen einen vom Papst Gesalbten und Gekrönten aufzulehnen ...«

Als bedenke er sich, fügte der Gast mit einer verbindlichen Geste hinzu: »Ich bin gekommen, Ihnen die Freiheit zu bringen.«

Die zarte Königin starrte mit einer Überraschung auf ihn, die ihre Augen jäh aufleuchten ließ:

»Meine Kinder sind ahnungslos. Sie warten noch immer auf die Rückkehr ihres Vaters. Wir gehen zurück nach Epirus ...«

Es schien, als wolle sie ihm die Hand küssen. Die Züge des Gastes blieben unbewegt. Seine dunklen Augen blickten in der marmorgeschmückten Halle umher, als herrsche hier noch immer die Lichtgestalt des Kaisers oder seines samthäutigen Sohnes.

»Es liegt bei Ihnen, Madame, ob Sie meinen Vorschlag anzunehmen gewillt sind oder nicht.«

Helena versuchte ihr hämmerndes Herz zu bändigen.

»Was ist es?«

»Eine Kleinigkeit«, kam die scheinbar liebenswürdige Antwort. »Es betrifft Ihre griechischen Besitzungen, die Sie von Ihrem Herrn Vater, dem Despoten von Epirus, geerbt oder auf die Sie zum mindesten Anspruch haben.«

Ohne ihren Blick von ihm zu wenden, erwiderte die junge Frau: »Ich besitze dort eine Schwester. Ich kann nicht allein entscheiden.«

Der Anjou hob die Schultern. Er habe gehofft, daß es hier wenigstens ohne Krieg abgehe.

Helena wußte wohl, was er meinte. Es mußte ihm bekannt sein, daß das Reich ihres Vaters bis auf Korfu und einige wenige Gebiete und Städte verlorengegangen war.

Der Anjou lächelte mit kalten Augen:

»Ich spreche davon, daß es zu Ihrem Vorteil sein könnte, würden Sie mir Korfu und dieses unbedeutende albanisch-griechische Territorium übertragen.«

Er zog aus seinem Gewand ein Papier. »Ich habe den Vertrag der Einfachheit halber mitgebracht.«

Die junge Königin sank auf ihr Lager zurück.

»Sagten Sie nicht, Sie seien gekommen, mir und meinen Kindern die Ausreise anzubieten?«

Der Anjou hob die Schultern. Von einer Ausreise habe er nichts gesagt. Am allerwenigsten nach einem Gebiet, auf das er Anspruch erhebe.

»Allerdings ...«, er machte wieder eine andeutend ritterliche Bewegung, »ließe sich vielleicht andernorts ein Unterkommen finden.«

Er reichte das Blatt der Königin hinüber: »Wollen Sie es nicht Ihrer und Ihrer Kinder Zukunft zuliebe unterschreiben?«

Wie in einer Schreckvision wehrte Helena mit beiden Händen ab.

»Um Ihnen doppelt ausgeliefert zu sein – ? Und was soll ich später meinen Kindern sagen, wenn sie mich nach ihrem mütterlichen Erbe fragen, wenn ihnen schon durch den Heiligen Vater und Sie das väterliche wider jedes Recht genommen wurde?«

Ihre Augen flammten: eine antike Heldin, die sich wie eine verwundete Löwin vor ihre Kinder stellte. Ohne seine Antwort abzuwarten, rief sie mit beinahe schriller Stimme:

»Nein, Herr von Anjou. Nein und dreimal nein! Wo läge für mich der Sinn eines solchen Verzichts? Nähme ich damit nicht auch meinen Kindern das Recht, sich einmal, wenn Gott es will, ihrer sizilischen Ansprüche zu erinnern?«

Die schwarzen Augen des Franzosen waren harter Basalt.

»Sorgen Sie sich nicht darum, Madame. Nachdem Herrn Manfreds Tochter Konstanze ja mittlerweile Gattin des ehrgeizigen Königs Pedro von Aragon ist, der sich mir gegenüber ausgesprochen feindlich verhält, habe ich mich auch hierin abgesichert.«

Er nahm das erste Dokument und schob es achtlos in seinen Lederkoller zurück, um dafür ein anderes hervorzuholen.

»Da ich die Frage Ihres griechischen Erbes also wohl anders zu lösen habe, erscheint es mir zweckmäßig, daß sich Ihre Tochter Beatrix künftig im Castel dell'Ovo zu Neapel aufhalten wird.«

Helenas Stimme versagte, als sie auf das Kind in ihrem Arm herabblickte:

»Als ... Gefangene – ?«

Der Anjou bewegte sich nicht.

»Schließlich barg Castel dell'Ovo den Staatsschatz Ihres Herrn Schwiegervaters. Es ist meine Residenz und der sicherste Ort des Königreiches. Ihre Tochter wird zwar ein wenig tiefer als ich, in den unteren Räumen, untergebracht sein ...«

Und wieder mit einem bösen Anflug von ritterlicher Ironie: »Sie sehen, daß ich meine Verantwortung auch für Ihre Familie ernst nehme!«

Frau Helena war wie vernichtet zusammengesunken. Schwer atmend, die Hände vors Gesicht geschlagen, stammelte sie:

»Sie sind ...«

Der Anjou verbeugte sich, eisig lächelnd:

»Ihnen äußerst gewogen – und bleibe es, Madame. So darf ich nur noch hinzufügen, daß ich mich selbstverständlich auch um Ihre persönliche Sicherheit bemüht habe.«

Und mit einer abwehrenden Handbewegung, als wolle er jedes

Mißverständnis vermeiden: »Sie werden selbst wissen, daß Sie nicht nur jung, sondern auch bemerkenswert schön sind!«

Ganz Abwehr, fragte sie qualvoll:

»Was also wollen Sie von mir?«

Wieder hob er die Hand:

»Ich – ? Aber nein, Madame! Ich bin – soll ich sagen: leider? – zum zweiten Mal verheiratet. Meiner jetzigen Gemahlin verdanke ich zum guten Teil, daß ich vor Ihnen stehe ...«

Er erhob sich und sagte kurz, rücksichtslos: »Es wäre immerhin denkbar, daß Sie in dem Fall, Sie kämen frei, noch einmal eine Ehe eingingen.«

Die Königin war ebenfalls aufgestanden. Noch immer ohne jedes Begreifen, brachte sie hervor:

»Darf ich fragen, was Sie das ...?«

Er lächelte wieder sein hartes, scheinbar verbindliches Lächeln:

»Oh, Madame ... Das ginge mich natürlich etwas an! Nein, nein, ich bin nicht eifersüchtig, obgleich meine Gemahlin ...«

Er unterbrach sich, um mit wieder verändertem Ton herrisch zu erklären: »Wären Sie frei und würden ein weiteres Mal heiraten, könnten Sie mit Hilfe Ihres nächsten Ehemannes den Kampf um Sizilien neu beginnen. Sie werden verstehen, daß ich mich auch vor dieser Möglichkeit schützen muß.«

Und als sei es an der Zeit, zum Ende zu kommen: »Für Sie, Madame, wäre das bei Nocera, also auch von Neapel nicht zu fern gelegene Castello in Parco eine geeignete Unterbringung. Übrigens schätzte es Ihr Gatte. Lagopesole, so hübsch es liegt und so wohl Sie sich, nicht zuletzt wegen Ihrer persönlichen Erinnerungen, hier fühlen, erscheint mir nicht so geeignet. Lucera ist nahe; die sarazenischen Truppen, die Ihren Gatten leider nicht zu beschützen vermochten, sind zwar vermindert, doch noch vorhanden. Bis ich mich Luceras besonders annehmen kann, wird in Anbetracht dringenderer Aufgaben noch ein wenig Zeit vergehen. Schließlich liegt auch dem Heiligen Vater daran, daß diese heidnische Pestbeule aus dem Fleisch Europas herausgeschnitten wird!«

Der Anjou machte eine Pause, um die Wirkung auf die starr stehende Königin abzuwarten. Dann fuhr er beiläufig fort: »Sie haben mich noch nicht gefragt, Madame, was auf dem zweiten Papier steht, das ich hier in meiner Hand halte? Dieses bedarf allerdings keiner Unterschrift mehr, schon gar nicht der Ihrigen, Madame. Es ist nämlich bereits unterzeichnet. Raten Sie, von wem? Nun, ich darf es Ihnen sagen: Seine Heiligkeit hat es persönlich ausgestellt. Sie wollen wissen, was der Heilige Vater auf diesem Papier bestimmt? Ja – auf alle Zeiten bestimmt, Madame!«

Verzweifelt, gequält schüttelte die junge Frau in ihrer grenzenlosen Einsamkeit den Kopf:

»Ich will es nicht wissen.«

»Wirklich, Madame? Da es um Ihre Söhne geht?«

»Der Älteste, Enrico, ist vier Jahre alt!« schrie Helena. »Was wird aus meinen Kindern?«

»Aus Kindern werden Männer«, sagte der Sieger kalt. »Rache pflegt nicht zu verjähren.«

Die Königin starrte auf das Papier in der Hand des Verhaßten.

»Nimmt sie der Heilige Vater in seinen Schutz?«

»Nennen wir es so ...«, nickte der Anjou. Die Szene währte ohnedies zu lange, nachdem sein Plan durch die Halsstarrigkeit der Königin unerfüllt blieb. »Jedenfalls werden die Knaben nicht, wie es die Verhältnisse erforderten, hingerichtet. Seine Heiligkeit übt Milde.«

»Gegenüber unschuldigen Kindern!« flehte die verzweifelte Mutter.

König Karl nahm das Blatt auf und las die kunstvoll großfigurigen Schriftzeichen, unter denen das Schlüssel-Siegel mit doppelter Kordel sichtbar war:

Wir, Clemens der Vierte, Einhundertzweiundachtzigster in der Reihe der Nachfolger Christi auf dem Stuhle St. Petri, bestimmen hiermit für die drei Söhne des Manfred Lancia, ehemaligen Vikars von Sizilien, mit Namen Enrico, Federigo und Azolino:
Sie mögen leben – aber leben, als wären sie nie zur Welt gekommen; leben, um im Gefängnis zu sterben!

Der Anjou verstaute das Blatt wieder sorgfältig in seinem Lederkoller.

»Dies, Madame, die Entscheidung Seiner Heiligkeit. Castel del Monte, das, wie ich höre, niemals richtig zu Ehren kam und das Ihr Gatte wohl auch weniger schätzte, findet nun eine würdige Bestimmung: Es soll Ihre Söhne beherbergen – und zwar für immer. Man wird sie dort an den festen Mauern anschmieden – in getrennten Räumen natürlich. Eine Befreiung wird ebenso unmöglich sein wie bei Ihnen. Wie sagte der Heilige Vater? ›... als wären sie nie zur Welt gekommen‹ – ! Nur so, indem sie jede Erinnerung an ihre sündige Herkunft verlieren, dürfen ihre Seelen auf Gnade hoffen. Hierin begegnen sich meine und der Heiligen Kirche Absichten.«

Der Anjou wandte sich zum Gehen.

»Was Ihren und Ihrer Tochter Abtransport betrifft, so halten Sie sich bereit. Ich wünsche eine angenehme Reise! Adieu, Madame.«

Ohne der wie gelähmt ihm Nachstarrenden einen Blick zu schenken, verließ der König den Raum. Erst jetzt umfing Helena die gnädige Ohnmacht. Als sie erwachte, war sie allein.

Keines ihrer Kinder sah sie wieder.

*

Während in Italien der Anjou herrschte, regierten jenseits der Alpen die beiden Schattenkönige gegeneinander – ähnlich den italienischen Parteien der Guelfen und Ghibellinen, deren Stadtstaaten sich in wilderem Kleinkrieg verloren als je zur Zeit der staufischen Herrscher. Was zuerst wenigstens scheinbar Ziel und Richtung gewesen war, blieb nur noch Willkür, Eigensucht und Recht des Stärkeren. Wie in den Tagen des Ezzelino da Romano stützte sich die Macht des Anjou auf Grausamkeit und Angst.

Was einst das Reich gewesen, bestand nicht mehr. Die südlichen Reste gehörten nach Manfreds Untergang dem Franzosen. Von der großartigen revolutionären Verfassung und Verwaltung des Kaisers übernahm der Anjou nur, was ihm selbst nutzte. Wachsender Steuerdruck erhöhte die Verbitterung gegenüber der Fremdherrschaft. In seinem unbezwingbaren Haß gegen alles, was an die Staufer erinnerte, geriet er in wilden Zorn, wenn in seiner Gegenwart jemand nur den Namen der Stadt Manfredonia nannte. Alle Münzen wurden umgeprägt, die Hoheitszeichen an den Burgen und Bauten der Staufer, ihre Bildwerke und künstlerischen Sammlungen zerstört, alle Urkunden, Staatsschriften und Denkmäler, derer man habhaft werden konnte, vernichtet.

Sogar der Heilige Vater mußte den Unerbittlichen beschwören:

Vermeide doch die Grausamkeit, zeige Dich als Sieger, nicht als Rächer! Sorge für die wahre Ruhe im Lande und mehr dafür, daß Du geliebt, als daß Du gefürchtet wirst!

Und bald danach wieder:

Man sagt, Du seiest unmenschlich und für Freundschaft ohne jedes Gefühl. Männer, die freiwillig und Deiner Gnade vertrauend zu Dir zurückkehren, werden auf Deinen Befehl gefangengesetzt, Unschuldige an der Stelle von Schuldigen gestraft und unbillige Beweise von denen verlangt, welche Du verdächtig zu nennen für gut befindest. Zu Unrecht verachtest Du Deine neuen Untertanen, verzögerst die Rechtspflege, hörst niemandes Beschwerden. Bei solchem Verfahren mußt Du stets das Schwert in der Hand haben, den Panzer auf der Brust und Dein gerüstetes Heer zur Seite – und ist das nun wohl ein Leben und nicht vielmehr ein Abbild kläglichen Todes, immer seine Untertanen zu beargwöhnen und immerdar ihnen verdächtig zu sein?

Angesichts dieses eisenkalten Mannes wuchs in den Menschen, zaghaft zuerst, dann immer sehnsüchtiger, neue Hoffnung. Aus ihr löste sich, bald von Mund zu Mund weitergetragen, der Ruf: Nur von jenseits der Alpen könne Erlösung kommen, wo der Letzte des staufischen Stammes zum Jüngling heranwuchs: der Knabe Konradin!

VI
DER RUF

Immer mehr mußte der Papst erfahren, daß sein Zweckbündnis mit dem französischen Günstling ständig neue Anstrengungen und Opfer kostete. Lieber hatte er mit dem so anders gearteten Bruder, dem frommen König Ludwig, zu tun. Was den Stellvertreter Christi und den Anjou vor allem verband, waren die Schulden. So wandte sich Clemens der Vierte mit einem ungewöhnlichen Hilferuf an den Allerchristlichsten König: Er, der Heilige Vater, habe sich unersättlichen Wucherern ausliefern müssen und beschwöre Ludwig beim Gedächtnis seiner Mutter, er möge seinen Bruder Karl nicht im Stich lassen. Er, der Papst, müsse sonst seinen Rücken den Geißeln darbieten und für den Herrn, wenn es sein müsse, Knechtschaft und Tod erdulden. Wie elend sei das Leben eines Fürsten, der Unterhalt und Gewand für sich und die Seinen im Schweiße seines Angesichts erbetteln müsse und stets mit Bitterkeit auf die Hände der Gläubiger starren müsse, die sein Blut saugten, und das auch nur um Schmeicheleien und unwürdige Bitten!

Hinzu kam die Tyrannei des sizilischen Königs von des Papstes Gnaden, die der Kirche überdies schweren Abbruch tat. Auch aus Deutschland gab es verwirrende Nachrichten.

Im Sommer lud Clemens den Anjou zu sich nach Viterbo, wo der Papst auch als Sieger aus dem Konklave hervorgegangen war. Der Heilige Vater, ein unscheinbarer Herr mit keineswegs heiligmäßigen Zügen, hielt sich, einer Unpäßlichkeit wegen, im überhohen Lehnstuhl mühsam aufrecht. Karl von Anjou, wie immer kriegerisch in dunklem Leder, stand am Fenster, das auf die Stadtbefestigungen hinausging. Die Sonnenglut des Augustnachmittages fand durch die dicken Burgmauern kaum Eingang.

»Es hat Mißmut unter der Bevölkerung des Regno ausgelöst«, begann der Papst mühsam väterlich, »daß du mir die unschöne Anordnung wegen der Kinder Manfreds abtrotztest. Ich hoffe, du wirst sie nicht zu allzu grausamer Wahrheit werden lassen!«

Der Mann am Fenster hob die Schultern:

»Harte Zeiten dulden keine Samthandschuhe, Heiligkeit!«

»Mehr als zuvor bin ich in deine weltlichen Händel hineinverwoben«, fuhr Clemens sorgenvoll fort. »Ist es ein Wunder, daß die Erinnerung an den toten Manfred bei den Menschen ungebührlich aufleuchtet?«

Karl von Anjou wandte sich hochmütig um.

»Der blonde Sultan von Lucera ist in der Hölle, die *ich* ihm versprach!«

»Ein Grund mehr«, bemerkte der Papst doppelsinnig, »daß er jetzt in um so freundlicherem Licht erscheint. Das hier«, und er hob von seinem Arbeitstisch ein Papier auf, »erhielt ich vor einigen Tagen. Es geht als Veröffentlichung in deinen Ländern von Mund zu Mund. Höre, mein Sohn!«

Der Heilige Vater las mit brüchiger Stimme:

O König Manfred, spricht man mit aus Furcht unterdrückten Seufzern, im Leben kannten wir dich nicht. Nun haben wir deinen Tod zu beweinen! Jeder Tag zeigt es deutlich: Du warst ein sanftes Lamm. Jetzt, da wir alle Bitterkeiten dieses fremden Regimentes durchzukosten haben, erscheint uns deine Herrschaft nur süß!

Dem neuen Regenten waren die Anschläge und Flugschriften dieser Tage bis zum Überdruß bekannt. Da er eine Antwort nicht für erforderlich hielt, fuhr der Papst vorwurfsvoll fort:

»Wessen Schuld ist es, daß sich nicht nur aus den Reihen der Ghibellinen die Blicke immer sehnsüchtiger nach Deutschland richten, wo Konrads Sohn und Erbe soeben mündig erklärt worden ist?«

»Ein vierzehnjähriger Knabe!« sagte Karl verächtlich. »Für den Euer Vorgänger, Heiligkeit, auch noch die Vormundschaft übernommen hat! Erstaunt Euch nun der Anspruch von dort?«

»Du weißt«, erwiderte Clemens mißgelaunt, »daß Papst Alexander dem fieberkranken König die Zusage nur in der Überzeugung gab, daß sich die für die Heilige Kirche unerträgliche Vereinigung des Regno mit dem Kaisertum durch seinen bald zu erwartenden Tod von selbst lösen würde!«

»In den Urkunden«, bemerkte der Anjou finster, »maßt sich dieser Corradino noch immer den Titel eines Königs von Jerusalem und Sizilien sowie eines Herzogs von Schwaben an! Zudem soll sich der Ahnenstolz des frechen Burschen daran begeistern, daß sechs Kaiser, drei Könige von England, der bedeutendste Normannenkönig, die Herzöge von Bayern und Aquitanien und der einst mächtige Heinrich der Löwe zu seinen Vorfahren zählen!«

Was bedeute dieser kindliche Anspruch schon gegenüber der Wirklichkeit? beschwichtigte der Heilige Vater. Ebenso dürfte bekannt sein, daß der selige Papst allen Edlen und Lehnsleuten seines Stammlandes, nämlich des Herzogtums Schwaben, bereits bald danach befohlen habe, sich von dem Knaben loszusagen. Außerdem hätte Alexander alle staufischen Besitzungen in Deutschland auf König Alfons von Kastilien übertragen.

Der es nicht für nötig halte, sich in Deutschland sehen zu lassen, stellte Karl fest; dessen Bruder zudem, wie er höre, in seinem vermessenen Anspruch alle Vorbereitungen träfe, sich von den wetterwendischen Römern zum Senator wählen zu lassen. »Was wieder heißen würde, daß die Ewige Stadt den Ghibellinen und damit den Anhängern der Staufer ausgeliefert wäre!«

Der Papst bekreuzigte sich erschrocken. Habe nicht zudem der andere deutsche Gegenkönig, Herr Richard von Cornwall, feierlich erklärt, aller Besitz der Staufer sei dem Reich anheimgefallen, da der Knabe Konradin von niemandem damit belehnt worden sei? Woher also die Gefahr?

Seine Heiligkeit möge die Zielstrebigkeit des gewalttätigen Wittelsbacher Herzogs auf keinen Fall unterschätzen, warnte der Anjou.

»Zudem haben nach der neuerlichen Heirat von Konradins Mutter wie auch des Herzogs Ludwig die Betreuung des Knaben der Bischof von Konstanz und der Abt von St. Gallen übernommen – beide so tatkräftige wie kriegstüchtige Herren, wie man hört!«

Auf dringende Warnung des erbitterten Stauferfeindes, des Königs Ottokar von Böhmen, beschwichtigte der Papst, hätte bereits

Papst Alexander die beiden Herren wegen Begünstigung der Vipernbrut mit dem Kirchenbann bedroht!

»Der bis zum heutigen Tage nicht erfolgte«, tadelte Karl von Anjou. »Nicht weniger gefährlich erscheint mir der junge Friedrich von Baden-Österreich, der seit einigen Jahren zusammen mit diesem Corradino aufwuchs und sich ihm um so inniger angeschlossen hat, als auch er Morgenluft wittert. Die badischen Markgrafen gehörten seit Generationen zu den zuverlässigsten Anhängern der Staufer in Deutschland. Wie Corradino stammt der ehrgeizige Jüngling von Kaiser Heinrich dem Sechsten ab und hat wie der Staufer das väterliche Erbe verloren. In Wien herrscht jetzt der böhmische Ottokar, der obendrein noch mit der ehemaligen Gemahlin des unglücklichen Kaisersohnes Heinrich des Siebenten, der Schwester des streitbaren Herzogs von Österreich und Steiermark, vermählt ist. Wie sich die Verwandtschaft auch komplizieren mag – nur ein Wiedererstarken der staufischen Reichsidee, das heißt des Kaisertums unter einem König Konradin, kann diesem letzten Babenberger das Verlorene zurückgeben. Höchste Zeit, einzugreifen, Heiligkeit!«

So bemerkenswert unterrichtet sich Karl zeige, wandte der Papst mit schwacher Stimme ein, möge dieser doch bedenken, daß man dank gemeinsamer Anstrengung bisher alles, was aus Deutschland gekommen sei, bewältigt habe. Und sei der Bruder des heiligen Ludwig nicht allein darum gerufen worden? Habe Karl nicht bei Benevent gezeigt, daß er nicht nur zu siegen verstünde – sondern auch alle abzuschrecken, die vom erneuten Abenteuer des Kaisertums träumten?

»Des *deutschen* Kaisertums!« verbesserte der Anjou mit schmalen Lippen. »Traum hin, Traum her – die Strahlungskraft der blonden Bestien ist nicht zu unterschätzen! Nicht nur, daß der Knabe Corradino neben seiner Erziehung durch gelehrte Mönche früh die Beherrschung des Körpers in Kampfspiel und Reiten gelernt hat. Überall tönen jetzt auch die fahrenden Dichter und Sänger von seiner Zukunft! Einer von ihnen, den sie den ›Marner‹ heißen«, fügte Karl verächtlich hinzu, »verstieg sich sogar zu den schlechten Versen:

Gott gibt seine Gabe, wem er will.
Er hat dir Lieb' gegeben
und in der Kindheit selten viel –
des sollst du dich nicht überheben!«

Er sei erstaunt, bemerkte Clemens müde lächelnd, daß Karl sogar deutsche Verslein zu deklamieren wisse. Solches hätte er gerade von ihm zuletzt erwartet!

Mit gelinder Betonung fuhr der Heilige Vater fort: Obendrein seien die letzten Worte einigermaßen bedenkenswert – nicht nur für den Staufer-Erben, nicht wahr?

Der Anjou schwieg und dachte: Zum Glück ist die kämpfende Kirche mindestens ebenso auf mein französisches Heer angewiesen wie ich auf ihren Segen. Die Zukunft mag entscheiden, wessen Haupt die Krone des Charlemagne eines Tages zieren wird. Daß der künftige Kaiser kein Deutscher ist – dafür werde *ich* sorgen!

Laut sagte er: »Neuesten Nachrichten zufolge sind die Grafen Lancia, die mir bei Benevent entkamen und ins Exil gingen, bei dem jungen Corradino in Bayern eingetroffen. Ebenso der Kaiserenkel Konrad von Antiochia, der nicht nur Manfred, sondern auch mich verriet. Jeder von ihnen wird eines Tages meine Rache spüren. Überall rufen mich die Guelfen gegen die verlorene Kaiserpartei zu Hilfe!«

»Außerdem«, fügte der Papst mit geringer Begeisterung hinzu, »hat man dich für weitere sechs Jahre zum Podestà von Florenz gewählt. Die Lombardei, und damit Oberitalien, ist dir sicher. Niemals mehr wird ein Staufer den Weg über die Alpen wagen!«

Dessen sei er nicht so sicher, erwiderte Karl rauh. Im übrigen brauche er die Rückenfreiheit um so notwendiger, als seine Pläne und Absichten über die Adria hinausgriffen. Er gedenke den vertriebenen Kaiser Balduin wieder nach Konstantinopel zurückzuführen, der ihm für den Fall des Gelingens ausgedehnten Besitz in Griechenland zugesagt habe.

Der Papst merkte auf: Ob hierin vielleicht auch ein Grund für die wenig freundliche Behandlung der Witwe Manfreds durch den Anjou zu suchen sei?

»Die Törin hätte es mir erleichtern können, hätte sie mir Korfu und die Reste von Epirus abgetreten, die für sie ohnedies verloren sind!«

»Und wegen dieser berechtigten Weigerung büßt sie nun in Nocera?« Clemens der Vierte schüttelte den Kopf. Seien es nicht mittlerweile allzu viele, die für etwas, das sie getan oder nicht getan, zu büßen hätten? »Die Rache ist mein, spricht der Herr. Denke daran, mein Sohn!«

»Woran sollte ich sonst denken, Heiligkeit?«

Der Schwarzbärtige lachte unziemlich, bevor er sich sporenklirrend verabschiedete.

*

Der junge Stauferprinz, der jetzt die Gemüter beider Parteien erregte, war kaum zwei Jahre alt, als sein Vater, König Konrad der Vierte, im fernen Apulien starb. Er zählte noch keine vier Jahre, als sein Onkel und Vormund, der berserkerhafte Bajuwarenherzog Ludwig, die fragwürdige Berühmtheit als Gattenmörder an der so liebenswürdigen wie unschuldigen Maria von Brabant erlangte, die zugleich eine Enkelin des ebenfalls von einem Wittelsbacher ermordeten Stauferkönigs Philipp von Schwaben gewesen war.

Im gleichen Jahr verlor Ludwigs Schwester, die Königin Elisabeth, ihren Vater, Herzog Otto den Erlauchten, der als Stauferanhänger im Kirchenbann starb, und ihren Gatten Konrad. Während sich ihre Brüder Ludwig und Heinrich in die bayerische Thronfolge teilten, verbrachte sie mit dem Söhnchen ihr zurückgezogenes Dasein bei Landshut auf der Familienburg Wolfstein, wo Konradin zur Welt gekommen war. Nach dem Tode des Vaters wuchs der blonde Knabe, unberührt von der blutgezeichneten Umgebung, auf der Burg Mangoldstein heran. Sein Frohsinn verzauberte selbst das rechnend-herrische Herz des jähzornigen Oheims und Vormundes, der seine böse Vergangenheit durch Pilgerfahrten und die Stiftung des Klosters Fürstenfeld zu sühnen suchte.

Als Konradin sieben Jahre alt war, heiratete seine Mutter in zweiter Ehe den Grafen Meinhard von Görz und Tirol. Auch sein Pflegevater Ludwig von Bayern suchte sich wieder eine Gemahlin: die Tochter des Herzogs von Schlesien und Glogau.

Für die Witwe eines Königs und Schwiegertochter eines Kaisers mußte die Ehe mit einem Grafen – da Frau Elisabeth den Titel einer Königin beibehielt – als nicht standesgemäß gelten. Auch kam es infolge der neuen Heirat seiner Mutter dazu, daß Konradin sie selten, und auch dann nur kurz, sah. Dafür wandte sich dem Knaben der Wittelsbacher Oheim um so auffallender zu. War dies der Grund, daß – wie der Heilige Vater und König Karl nur zu bald erfuhren – auf Frau Elisabeths Wunsch hin der ritterliche Abt Berthold von St. Gallen und der nicht weniger weltläufige Bischof Eberhard von Konstanz die Betreuung und Erziehung ihres Sohnes übernahmen? Die Vorfahren des Bischofs, die Truchsesse von Waldburg, hatten schon Konradins staufischen Vorfahren wichtige Dienste geleistet.

Der Heranwachsende, den man – wie einst seinen Vater – als ›schön wie Absalom‹ und ›das schönste Kind Deutschlands‹ rühmte, lernte früh fließend lateinisch zu sprechen und zu schreiben. Geborgen in seiner Jugend und kindlich-ritterlichem Spiel, vernahm er mit leuchtenden Augen und wachem Sinn vom Ruhm des Kaisers und vom Schicksal seines Vaters wie König Manfreds, der weit im Süden für das staufische Erbe allzu früh Gestorbenen. Jetzt erreichten die beiden Kirchenherren, daß dem Kaiserenkel nicht nur die schwäbische Herzogswürde wieder zuerkannt, sondern ihm auch zwischen Konstanz und St. Gallen neben dem bischöflichen Palast in einem alleinstehenden Turm eine eigene bescheidene Residenz eingerichtet wurde.

*

Im Oktober hielt der Vierzehnjährige Hoftag zu Augsburg. Die bedeutendsten staufisch gesinnten Fürsten versammelten sich um ihn: neben den Oheimen Ludwig und Heinrich von Bayern Konradins Stiefvater, der Graf von Görz und Tirol; ferner die Markgrafen von Baden und Zollern, der glücklich zurückgekehrte und klug rechnende Graf von Habsburg, Burggraf Friedrich von Nürnberg und der siebzehnjährige Freund Friedrich von Baden-Österreich; dazu zahlreiche edelfreie Ministerialen. Von den geistlichen Herren war infolge der päpstlichen Drohungen außer dem Bischof Eberhard und dem Abt von St. Gallen nur eine geringe Zahl anwesend.

Wie dem aufmerksamen Karl von Anjou nicht entgangen war,

hatte sich aus Italien die Sippe der Grafen Lancia eingefunden. Der Groll gegen den Sohn des unfreundlichen Königs Konrad war mit Manfreds Tod begraben, winkte hier doch neue Möglichkeit, das Verlorene zurückzugewinnen. Den Piemontesern angeschlossen hatte sich der angesehene Stilist aus der Schule des großen Kanzlers Vinea, Herr Petrus von Prece. Weiterhin eilten zahlreiche ghibellinische Edle nach Deutschland, boten Geld und Waffen, den Knaben beschwörend, die Fahne gegen den Anjou zu ergreifen. Eindringlich berichteten sie vom Haß der Apulier gegen den französischen Fremdling.

Herzog Ludwig blickte zufrieden drein. Was er gesät, versprach nicht nur aufzugehen: Die Ernte wurde erkennbar. Immer mehr wuchs sein Mündel in die ihm sorgsam zugewiesene Rolle hinein. Ganz wie ein anerkannter Herr hatte Konradin gehorsam seine Lehen verteilt oder versprochen, nicht zuletzt an den so verdienstvollen wie klug wägenden Oheim selbst, der seine Stunde gekommen sah.

Daran änderte auch die neue Verlautbarung aus Rom nichts: Der Heilige Vater bedrohe wiederum jeden mit dem Kirchenbann, der dem Stauferberben Unterstützung zukommen lasse!

Dem hoch aufgeschossenen Neffen, der, stolz mit dem väterlichen Schwert gegürtet, erwartungsgemäß in seiner hellen Jugend den allgemein umworbenen Mittelpunkt des Unternehmens verkörperte, teilte Herzog Ludwig pflichtschuldig mit: Der ehrgeizige Franzose, der sich jetzt König von Sizilien nenne, sei mit seinem ausgedehnten Kundschafterdienst und mehr noch durch seinen gewichtigen Einfluß auf den Papst allerdings kein zu unterschätzender Gegenspieler. Wenn es jedoch darauf ankomme, sei unter Einsatz der staufischen Kräfte seine Macht keineswegs auf Ewigkeit gesichert!

Und nach Konradins Hinweis auf die Bedenken seiner Mutter mit einem herablassenden Wink:

»Schau um dich, wer sich deinetwegen hier versammelt hat! Ist das Heer König Konrads, deines Vaters, jemals besiegt worden? Manfred war schwach, ein welscher Künstler. Er mußte untergehen. Hat er im übrigen nicht selbst an deine Mutter geschrieben:

›Nach meinem Tode folge der Neffe dem Onkel‹ – ? Nun ist deine Stunde gekommen. Jeder wartet darauf, dich zu unterstützen, damit du dein Erbe antreten kannst!«

Die Finger des Knaben spielten mit dem Schwertknauf, als er dem strengen Blick des Herzogs begegnete:
»Sie wissen, Herr Oheim, daß mein Erbe, von dem Sie sprechen, selbst hier in Deutschland umstritten bleibt.«
»Alle«, stellte Herr Ludwig mit klirrender Bestimmtheit fest, »die die Schmach der fremdstämmigen Gegenkönige empfinden und sich nach der Wiederherstellung der alten Reichsmacht sehnen, erwarten von dir, daß du dich – mit unserer und ihrer Hilfe – an die Spitze des Zuges über die Alpen setzt! Selbst der Papst, der ihn rief, ist mit der Herrschaft des Anjou unzufrieden. Du erfuhrst es von den Grafen Lancia.«
Hätten die Herren nicht vor allem ihre eigenen Angelegenheiten im Auge? gab Konradin mit trotzigem Mund zurück. Und sei es nicht der päpstliche Fluch gewesen, der auch seinen Vater und König Manfred ins Unglück gestürzt habe? Wer dürfe es auf sich nehmen, gegen den Anjou *und* den Papst zu kämpfen?
Herzog Ludwig gedachte nicht, seine längst gefällte Entscheidung durch die Bedenken des Knaben in Frage zu stellen.
»*Du* wirst es wagen!«

Daß Konradin dazu imstande sei, mischte sich hier Herzog Heinrich, Herrn Ludwigs Bruder, ein, sei denkbar. Daß er ein starker und tapferer König werden könne, sei zu hoffen. Doch müsse er, Herr Heinrich, dem Neffen recht geben, wenn er das Wagnis mit Zweifel betrachte. Wären nicht selbst bei günstigem Ausgang des Kampfes, der in jedem Fall bevorstünde, gefährliche Entwicklungen unausweichlich? Möge man des tyrannischen Anjou in Italien auch zehnmal überdrüssig sein – noch stützten ihn der Papst und das französische Geld. Man dürfe nicht die französisch-päpstliche Bindung unterschätzen.
»Nicht umsonst sind die beiden Throne des heiligen Petrus und des Regno von Apulien-Sizilien von Franzosen besetzt!« mahnte Herr Heinrich. »Mag der Heilige Vater den Anjou verabscheuen

wie die Menschen seines Herrschaftsbereiches – niemals darf er hinnehmen, daß sein Schützling unterliegt! Der Rückweg auch eines sieghaften Konradin wird jedenfalls mit tausend Barrieren verbaut sein!«

Barrieren, grollte Herzog Ludwig, seien dazu da, beseitigt zu werden! Wo wären die großen Kaiser geblieben, hätten sie nicht tausendfach bewiesen, daß Barrieren nur den Schwachen zum Halt zwingen könnten? »Laß dich nicht irre machen an deinem Ziel, Konradin! Nennt man dich nicht bereits jetzt schon den jungen Löwen und den jungen Adler? Preist man dich nicht überall als letzte Hoffnung? Kennt ihr die neuesten Verse, die der Marner auf allen Burgen zur Laute singt? Ich habe ihn nach Augsburg bestellt; er wird sie auch hier den Herren beim großen Turnier vortragen. Hört seine Worte schon jetzt von mir:

> *Ein hohes Ziel ist Dir gesteckt,*
> *mußt kühnlich vorwärts streben.*
> *Die Ehre weise Dir den Weg!*
> *Denk an Deiner Ahnen Leben!*
> *Gar mancher trug des Reiches Krone,*
> *bis ihn der Tod vom Leben schied.*
> *Will's Gott, kommt auch auf Dein Haupt*
> *die Römische Kaiserkrone!«*

Als Herzog Ludwig mit kühn-ergriffenem Blick beifallheischend in die Runde sah und Konradin unsicher die Augen niederschlug, bemerkte Herzog Heinrich mit einem freundlichen Achselzucken:
»Schöne Verse hört jeder von uns gern, schon gar, wenn sie uns loben. Seit wann aber wären die Sänger Schiedsrichter über unser Handeln? Laßt es mit dem eindrucksvollen Hoftag genug sein. Rüstet euch, wenn es sein muß, gegen die Feinde im deutschen Land. Es bleiben ihrer genug. Warten wir ab, bis die *Italiener* den Anjou vertreiben und der Papst Konradin seinen Segen gibt!«
Solche Sprache stünde einem Wittelsbacher schlecht an, tadelte Herr Ludwig. Die Sache sei allgemein entschieden. Bald müßten

die Schwerter sprechen. Jeder Aufschub sei Verrat an der heiligen Sache.

*

Anderntags, da Ringelstechen und Siegerehrung, Reiterspiele und feierliches Festmahl vorüber waren, nahm der Herzog den Neffen zur Seite: Eines noch habe er, Konradins Zukunft betreffend, diesem mitzuteilen!

Höflich zeremoniell, wie einem Ebenbürtigen fast, winkte Herr Ludwig dem vom ungewohnten Wein leicht Verwirrten, er möge zu wichtigem Gespräch Platz nehmen, und hob erneut den Becher: Hiermit trinke er auf Konradins Zukunft – nicht nur als mündiger Ritter und künftiger König, sondern auch als Ehemann!

Der Knabe wollte auffahren. Unversehens gedachte er der Vergangenheit des Ritters und Ehemannes Herzog Ludwig von Bayern und der unglücklichen Maria von Brabant, von der es hieß, daß sie noch heute allnächtlich auf Burg Mangoldstein spuke ...

Ohne den zweifelnden Gesichtsausdruck seines Neffen zu beachten, fuhr Herr Ludwig fort: Was dessen Eheschließung angehe, so habe er, als der für das Wohlergehen des Vaterlosen Verantwortliche, nicht nur die diesbezügliche Urkunde fertigstellen lassen, sondern auch Sorge getragen, daß die Hochzeit alsbald, und zwar noch vor dem geplanten Aufbruch, stattfinde.

»Hochzeit – ?«

Der Jüngling musterte mit großen Augen das herrisch-undurchdringliche Gesicht des Onkels.

Drüben eine Handbewegung: Da die Entscheidung gefallen sei, zieme es dem Neffen nicht, Dinge von solcher Bedeutung für das Haus Wittelsbach gering zu achten oder in Zweifel zu ziehen!

Konradin begriff noch immer nicht ganz.

»Wer aber, Herr Oheim ...?«

Herr Ludwig zeigte erneut väterliche Fürsorge:

»Meine Wahl fiel auf die Tochter des Landgrafen von Landsberg. Sophie ist ein freundliches Kind und für ihre zehn Lebensjahre verständig.«

Da es dem Prinzen offensichtlich die Sprache verschlug, denn seine

Gedanken und Träume waren bisher von anderem erfüllt, fuhr der Onkel geschäftsmäßig fort: Die Verbindung mit der jungen Wettinerin, die zugleich eine Enkelin des Markgrafen von Brandenburg aus dem Hause Askanien sei, bedeute eine ebensolche zwischen Wittelsbach und Hohenstaufen wie zu den großen Familien des nordöstlichen Deutschlands und damit einen wichtigen Schritt auf dem Weg zum neuen Kaisertum. »An dieser Wahl«, schloß Herr Ludwig wohlwollend, »solltest du meine Obsorge ermessen und erkennen, wie sehr mir deine Zukunft, die du freilich kaum zu übersehen vermagst, im Sinn liegt. Auch deine Mutter hat sich von der Voraussicht meines Entschlusses überzeugen lassen.«

Wann also die – hier fehlte dem Knaben wieder das ihm so fernliegende Wort – stattfinden solle?

Dessen, stellte der Herzog unwirsch fest, bedürfe es nicht.

»Sagten Sie nicht, Herr Oheim, daß ich heiraten solle – ?«

»So ist es.«

»Aber ... Ich muß sie doch vorher ...«

Herr Ludwig begnügte sich mit einer Handbewegung: Die Gültigkeit des Ehekontraktes benötige nicht solch bürgerlicher Konvention. »Im Leben eines Erben aus regierendem Haus geht es um anderes als eine persönliche Angelegenheit. Frage deine Mutter. Sie wird es dir bestätigen!«

Bevor Konradin das Gesagte noch ganz aufzunehmen imstande war, setzte der Herzog seine Erklärung fort: Im übrigen habe er ein weiteres Dokument vorbereitet, das der liebe Neffe mit dem Ehekontrakt zusammen unterschreiben werde. Er lächelte großmütig: »Denke daran, daß du mündig bist – und unterschriftsberechtigt, mein Sohn!«

Er zog eine Urkunde aus der Tasche. »Eine andere Formsache: für den Fall, daß du, was Gott verhüten möge, vorzeitig kinderlos sterben solltest ...«

Der Knabe schien ein wenig zu erblassen:

»Sterben, Herr Oheim – ?«

Dieser ließ sich nicht beirren: Es gehe um die Übertragung aller ihm rechtmäßig zustehenden Gebiete an die Herzöge von Bayern.

»Der deutschen?« fragte Konrad unsicher.

Der Onkel machte eine wegwischende Geste: Natürlich betreffe es ebenso Italien wie das Königreich Jerusalem.

Er nickte nicht ohne nachsichtigen Stolz: »Du solltest wissen, was dir in dieser Welt als Erbe zusteht, Herr Neffe!«

»Warum aber schon jetzt eine solche Verfügung?« wagte Konradin wieder einzuwenden. Sei für ein Testament nicht Zeit genug und die wittelsbachische Familie nicht ohnedies erbberechtigt?

Die Zeit dränge, beschied der Herzog. Seien nicht durch ganz Deutschland bereits die Boten unterwegs, zum großen Heereszug nach dem Süden zu werben?

Konradins Mutter, jetzige Gräfin von Görz und Tirol, war zum Augsburger Hoftag nicht erschienen. Als sie die Kunde vom Entschluß ihres Bruders erhielt, schrieb sie diesem unverzüglich, und es klang wie die Beschwörung schlimmer Schatten:

Die Gefahr ist so groß, der Erfolg der Unternehmung so zweifelhaft, jede bisherige Erfahrung so abschreckend, daß es ein Abenteuer ohne Verantwortung für den ganz und gar Landfremden ist, sich dort im Süden Lorbeer zu erwarten! Darf ich meinen einzigen Sohn den offenen Angriffen, den heimlichen Nachstellungen fremder Völker und bösartiger Herrscher aussetzen, um künstlich berechneter Möglichkeiten eines äußeren Erfolges willen? Hat nicht Italien die Staufer immer tückisch angelockt, ihnen die Kraft und das Blut ausgesogen? Sollte sich der Letzte dieses Stammes nicht eher warnen als verführen lassen, nicht mäßiges Besitztum im heiteren Schwabenland vorziehen jenem trügerischen, von finsteren Mächten zerwühlten Zauberboden des Südens? Sollte er nicht das Leben und die Freundschaft redlicher deutscher Brüder vorziehen dem Bekämpfen undurchsichtiger Feinde oder der Hingabe an zweideutig gesinnte Freunde? Was anderes ist zu erwarten von all dem Bemühen als neue Zerstörung von Gut und Leben, gleich ob Konradin selbst siegt oder nicht –?

Herzog Ludwig wies die Bedenken der Schwester kühl zurück. Zu hoffnungsvoll sah er seine eigenen Möglichkeiten, wie auch die Dinge sich weiter entwickeln mochten.

*

Im darauffolgenden April – im Jahr nach dem bösen Tag von Benevent – traf am Hof der bayerischen Herren eine kleine Abordnung der Kurie ein, die, ohne sich nur einen Tag länger als nötig aufzuhalten, ein Dokument überreichte:

Im Namen der Heiligen Kirche warne Papst Clemens der Vierte dringend vor dem Einmarsch in Italien! Er fordere den jungen Konradin auf, sich bis zum Peter- und Pauls-Tag, also am neunundzwanzigsten Juni, zur Verantwortung in Viterbo einzufinden. Nur wenn er reumütig vor ihm, dem Papst, erscheine, sei ihm freies Geleit zugesichert ...

»Was gedenken Sie dem Heiligen Vater zu antworten, Herr Oheim?« fragte der Prinz.

»Nichts«, folgte die herrische Antwort. »Warum solltest du dich schon jetzt unterwerfen? Wer weiß, welche Falle man dir stellen will?«

Konradin war mündig. Man hatte ihn vermählt. Sein Knabenstolz weigerte sich nicht mehr, die Aufgabe zu erkennen. Er vernahm den Ruf. Er nahm ihn an.

In der Ebene nahe Augsburg, wo sich schon früher die Aufgebote der Kaiser zu ihren Römerzügen trafen, sammelte Konradin seine Truppen. Alles lief in fast magischer Folge.

Schon durcheilte die Kunde vom Kommen des jungen Staufers Italien, vernahm man den Ruf: »König Corradino!«

Wieder erhob der Heilige Vater warnend seine Stimme:

Wahnsinn ist es, zu glauben, daß der König Karl, der in einundzwanzig Tagen den strahlenden und klugen Manfred um Krone und Leben brachte, diesem nackten, elenden Knaben nicht leicht wird widerstehen können!

Um Mariä Geburt, eineinhalb Jahre nach der Schlacht von Benevent, brach das Heer des ›Jungen Löwen‹ auf. Während sich Truppen und Troß den Lech hinaufbewegten, angeführt von den bayerischen Herzögen und der staufischen Anhängerschaft, ritt Konradin allein nach dem Schloß Hohenschwangau, die Mutter noch einmal zu sehen und ihren Segen zu erbitten.

Ihr Gatte, Graf Meinhard, sollte von jetzt an Konradin begleiten, dem Heer ungefährdeten Zug über die Alpen zu sichern.

Während der Fürst von Tirol mit Eifer die hoffnungsvollen Aussichten des großen Unternehmens hervorhob, blieb Frau Elisabeth schweigsam. Durch das Fenster des Turmgemachs strömte die Kühle des deutschen Herbstabends. Um den See zu Füßen der Burg webten Nebel ihre Schleier. Der Himmel über dem Wald glühte wie fernes Feuer.

»Es war in diesem Gemach, vor nun sechzehn Jahren, um die gleiche Jahreszeit, als dein Vater von mir Abschied nahm ...«, sagte Frau Elisabeth mit abgewandtem Blick.

Konradin stand in seiner silbernen Rüstung vor ihr. Er wehrte sich dagegen, ihre Trauer zu verstehen.

»Sie meinen, Frau Mutter, das deutsche Blut taugt nicht für den Süden?«

Trotzig wiederholte er, was man ihn gelehrt hatte. »Der französische Thronräuber hat kein Recht, das Königreich unserer Ahnen an sich zu reißen!«

»Irgend jemand hat immer alles einmal an sich gerissen in der Geschichte der Menschen«, sagte Frau Elisabeth. »Nur das Volk wird niemals gefragt. Gerade die welschen Herren, wie die Grafen Lancia, sollten die Machtmittel und Fähigkeiten des Anjou am besten kennen! Erwarte nicht zuviel von der Treue der italienischen Gefolgsleute und Städte, die nur *ihren* Vorteil im Auge haben – und noch weniger von den Deutschen!«

Gilt das auch für Ihren Gemahl?« fragte Konradin. »Warum will er uns den Weg durch seine Gebiete und über den Brennerpaß sichern und Geld zur Verfügung stellen?«

»Er wird es vorschießen, ja«, nickte Frau Elisabeth.

»Und mein Onkel Ludwig? Warum erinnert er mich an mein Erbe und tut alles, damit der Zug über die Alpen stattfindet? Muß er nicht wissen, was er unternimmt?«

»Er will, daß *du* den Zug unternimmst, und er wird dich begleiten.«

»Gilt es nicht das gleiche große Ziel, Frau Mutter?«

»Daß das Ziel groß, allzu groß ist«, erwiderte Elisabeth, »weiß wohl jeder der Herren. Durch dich gedenkt mein Bruder sein Haus zur Größe zu führen – so wie deine Herkunft auch ein Stück der seinen ist. Der auf hohe Ziele gerichtete Geist der Normannen, die mit Wilhelm dem Eroberer in England Fuß faßten und die auch das mütterliche Erbteil deines Großvaters, des Kaisers, bestimmten – verband sich in den Plantagenets mit dem vielfach noch ungezähmten Adel der Angelsachsen. Es war ein so begabtes wie dämonisch-gefährliches Geschlecht, das über Matilda, die Schwester des Richard Löwenherz und die Gemahlin des welfischen Heinrichs des Löwen, auch in das Blut meiner bajuwarischen Vorfahren, der Wittelsbacher, hineinwirkte. In meinem Bruder Ludwig, der zugleich als erster Rheingraf in der Heidelberger Burg geboren wurde, mischen sich mancherlei Anlagen. Für ihn bist du zuerst ein Wittelsbacher, so wie dein Freund Friedrich für ihn mehr der Badener als der Zähringer oder der Babenberger ist. Mögest du nicht auch für das fragwürdige Erbe der Wittelsbacher zu büßen haben!«

Konradin verstand es nicht.

»Friedrich von Baden«, begehrte er auf, »wird an meiner Seite kämpfen. Bis zur letzten Stunde!«

»Bis zur letzten Stunde ...«

Aus Frau Elisabeths Mund klangen die gläubigen Worte plötzlich hohl und dumpf. »Er hat auf dir seine Hoffnungen aufgebaut – aus dem gleichen Grund, aus dem mein Bruder euch beide aufnahm. Von seinem Vater, dem Markgrafen von Baden, und seiner Mutter, einer Nichte des Herrn Friedrich des Streitbaren, erbte er den Titel eines Herzogs von Österreich und Steiermark, wo jetzt König Ottokar herrscht. Deinen Freund Friedrich nennt man überall nur den ›kleinen Herzog ohne Land‹.«

»Ich«, sagte Konradin stolz, »werde ihm das Verlorene zurückgeben. Er kann sich auf meine Treue verlassen, wie ich mich auf die seine verlasse. Wer sonst hat mir Liebe gegeben?«

Frau Elisabeth schwieg mit zitternden Lippen. Bevor sie etwas antworten konnte, fuhr der Jüngling fort: »Vielleicht ist es das, was mich in die Fremde ruft? Gerade weil ich meinen Vater niemals gesehen habe, sehnte ich mich nach der Mutter. Sie aber übergaben mich Ihrem Bruder, Herrn Ludwig. Sie heirateten wieder. Nach mir haben Sie nicht gefragt. Wundert es Sie, daß es mich in die Ferne zieht? Waren Sie jemals eine Königin?«

Frau Elisabeth schien in die Stille hineinzuhorchen, die um sie war. Endlich sagte sie mit gesenktem Blick:

»Ich war niemals eine Königin. Ich verstand auch deinen Vater nicht, der mich verließ; der ein König sein wollte, obwohl er niemals gekrönt wurde. Der Kaiser hatte die Krönung erst nach dem eigenen Tode vorgesehen; erst dann sollte sein Sohn in Aachen die deutsche Krone erhalten. Der Kaiser wollte nicht noch einmal Deutschland aus der Hand geben, wie es mit König Heinrich geschehen war. Wie konnte deinem Vater also das chaotische Deutschland, wo man ihm nach dem Leben trachtete, genügen? Er folgte dem Ruf, den ich niemals hörte.«

Der Knabe stand in seiner Jugend aufgerichtet vor der Mutter.

»*Ich* höre den Ruf. Ich werde meinem Vater folgen.«

»Ahnst du, was das heißt, mein Kind?«

»Ich bin kein Kind mehr, Frau Mutter!«

Er warf das lange, helle Haar zurück. »War ich es überhaupt jemals? Warum hassen Sie mein Erbe? Hätten Sie weniger um mich zu sorgen, bliebe ich hier?«

Traurig erwiderte Frau Elisabeth:

»Du wärest frei von der Verantwortung, die nun auf dir allein liegt. Du könntest nicht dem Fluch der Kirche verfallen, der alle Staufer bisher traf. Als Herzog von Schwaben bliebe dir die Heimat. So aber wirst du ein Heimatloser. Ein Heimatloser ist vogelfrei. Er kehrt niemals zurück.«

»Ich will ein König sein und vielleicht als *Kaiser* zurückkehren!«

Konradins Hand suchte das Schwert des Vaters an seiner Seite. »Ich werde für mein Recht kämpfen.«

»Recht ...«, wiederholte Frau Elisabeth. »Besaß es dein Vater, dein Onkel Manfred – hatte König Enzio denn nicht auch sein Recht?«

Konradins Wangen glühten:

»Noch lebt Enzio! Noch klingen, wie es heißt, seine Lieder aus dem Kerker zu Bologna. Er wartet darauf, daß ich ihn befreie. Viele warten darauf, daß das Adlerbanner wieder über den Burgen und Städten Italiens weht wie damals, solange der Vater lebte. Auch er war jung, auch er wagte den Aufbruch. Und er siegte, bevor ...«

Der Knabe brach ab. Er wollte das unvorstellbare Wort nicht aussprechen.

»Auch er bezahlte für den Traum – wie alle bisher, die ihm verfielen«, sagte Frau Elisabeth. Sie wußte, daß es zu spät war. Unter Tränen brach es aus ihr heraus:

»Die Wirklichkeit, die ihr Recht beansprucht im Leben der Menschen wie der Könige und der Reiche – die Wirklichkeit rächt sich, als ertrüge sie es nicht, daß man sie geringer achtet als den hohen Traum ...«

»Was ist die Wirklichkeit, Frau Mutter?«

Konradin mußte die Frage stellen. Er war fünfzehn Jahre alt. Er durfte sich nicht mit halber Antwort begnügen.

Die Augen von Frau Elisabeth waren in den Abend gerichtet, dessen letztes Feuer draußen im grauen Nebel erlosch. Dann sagte sie tonlos:

»Die Wirklichkeit heißt – der Tod ...«

VII
AUFBRUCH

Wie im Traum rauschhaften Abschieds zog der Königssohn an der Spitze seines Heeres durch den goldenen Herbst, über die uralte Brennerstraße, den Weg der Römer- und Kaiserzüge, nach dem lockenden Süden, nicht achtend der Nebel, die schon jetzt, in den Felswänden sich sammelnd, von Zeit zu Zeit die Sonne verdunkelten.

Am vierten Oktober – man feierte die Traubenernte – wurde Bozen erreicht, wenige Tage danach Trient.

Durch das Etschtal bewegte sich der Zug der Ritter, von Fahnen und Wimpeln umspielt, im Schmuck ihrer Rüstungen und Helme, der buntgezierten Pferde, gefolgt vom Troß der Reisigen, Knechte, Wagen. Trompeten tönten, späte Sonne glänzte auf funkelndem Metall. Trommeln schlugen den Marschtakt entlang den Ufern des Gardasees.

Vor dem großen Aufbruch hatte Konradin, der Weisung Herzog Ludwigs gemäß, die Ämter seines künftigen Königtums verteilt. Mit erstaunlicher Sicherheit bewegte sich der Fünfzehnjährige, der bereits ein herrscherliches Siegel als ›König von Sizilien und Jerusalem‹ führte, in bewußtem, dynastischem Stolz im Kreis der Fürsten und Barone, seiner Verwandten und Gefolgsleute. Seine deutsche Vertretung übertrug er dem vornehmen Bischof Eberhard von Konstanz. Großzügig erkannte er den Burggrafen von Nürnberg als Herrn der dortigen Kaiserburg an, wofür ihn der Freund mit der Vogtei des Klosters Münchsteinach und anderen Gütern belehnte. Auch versprach Konradin dem aus Italien glücklich heimgekehrten Grafen Rudolf von Habsburg die Herrschaft Kiburg. Nicht weniger generös verteilte der junge Staufer höchste Ämter des noch zu erobernden Königreiches, auch in geistlichen Angelegenheiten. Hauptberater in allen italienischen Fragen war der elegante, fast siebzigjährige Graf Galvano Lancia, der – wie bei König

Manfred – eine Art Kanzleramt übernahm. Sein Sohn Galeotto wurde Feldzeugmeister. Den jüngeren Federigo betraute Konradin mit militärischen und Flottenaufgaben. Konrad von Antiochia wurde zum ›Fürst der Abruzzen‹ erhöht. Manfreds Protonotar und Vizekanzler Petrus von Prece erhielt – nach dem Vorbild seines Lehrers, des einstigen Großhofjustitiars Vinea – besondere Lehen und Rechte, so die Bestimmung als Generalkapitän für die Insel Sizilien. Jedem seiner Gefolgsleute wurde ersichtlich, daß sich Konradin sehr bald, auch hierin dem kaiserlichen Großvater ähnlich und im Gegensatz zu seinem Vater, weit mehr als Südländer denn als Deutscher zu fühlen schien. Die Augsburger Begegnungen hatten ihn gelehrt, daß von den Deutschen, vor allem von den schwäbischen Herren, kaum einer für den Zug nach Italien zu begeistern war; seine größten Hoffnungen setzte er auf die italienischen Ghibellinen.

Da der Staufer in Wahrheit weder König noch offiziell belehnter Herzog von Schwaben war, konnte sein Aufgebot nicht als verpflichtend angesehen werden. Truppenführer und Söldner mußte er gegen weitgehende Versprechungen, deren Erfüllung durchaus dahinstand, anwerben. So war die Masse seiner Truppen, die sich in Augsburg eingefunden hatte, kaum mit den Heeren früherer Kaiser und Könige zu vergleichen.

Dem Knaben kam es nicht in den Sinn. Stieg nicht sein Name, einem Meteor gleich, strahlend empor? Zeigte sich nicht täglich neu die Anziehungskraft des Kaiserenkels? Das unverkennbare Glück, getragen vom ererbten Zauber seines Stammes *und* seiner unversehrten Jugend, umgab den Goldlockigen wie eine Gloriole, der sich jeder beugte, der ihm begegnete.

In Konradins Umgebung überragte alle an Macht und festgegründetem Ansehen der eisenklirrende Herzog Ludwig von Bayern, nicht zuletzt, da jeder wußte, daß er für das große Unternehmen nicht unbedeutende Geldmittel eingesetzt hatte. Als Oberbefehlshaber des Heeres führte der aus Weißenburg stammende Ritter Konrad Kroff von Flüglingen den Titel eines ›Marschalls aller Deutschen in Italien‹.

Die Verantwortung aber ruhte auf dem Anwärter der Märchenkrone allein. Das fremde Land nahm ihn auf, öffnete seine Schönheiten, schloß sich hinter ihm, da er vorübergezogen war. Konradin, fast nur von Deutschen umgeben, verstand noch wenig von der italienischen Sprache; langsam lernte er die welschen Worte. Für ihn barg die Fremde keine Gefahr, wie die Mutter sie sah; die leuchtende Zukunft überglänzte alle Zweifel.

Nächster Gefährte blieb Friedrich von Baden-Österreich. Mit seinen jetzt achtzehn Jahren war der Fürst von Steiermark, wie einer seiner Titel lautete, reifer, leidenschaftsloser als der mehr und mehr vom eigenen Erfolg berauschte und umschwärmte Staufererbe.

Während sie durch die herbstlichen Wälder ritten, entsann sich Konradin seines Gespräches mit der Mutter und ihrer Andeutung der Herkunft und Hoffnungen des Freundes. Warum seine Vorfahren ihre Rechte und Stellung in Österreich verloren hätten?

Die Geschichte ihrer gemeinsamen Ahnen sei so verworren wie ihr Verhältnis zu den Stellvertretern Christi, gab der dunkle, zierliche Vetter zurück. »Als der Kaiser nach König Heinrichs Empörung die deutschen Fürsten bei der Sicherung der Alpenübergänge und wegen der Rückgewinnung der oberitalienischen Städte um Hilfe anging, weigerte sich der streitbare Herzog Friedrich, ihm Truppen zur Verfügung zu stellen.«

»Und warum?« erkundigte sich Konradin, in seiner erwachten Würde aufhorchend.

Er habe gerade mit Ottokar von Böhmen Krieg geführt und sich zudem mit seinen Nachbarn Bayern und Ungarn verfeindet, erklärte der Freund. Dreimal habe ihn Kaiser Friedrich zu Hoftagen bestellt; der Herzog sei nicht erschienen. Daraufhin sei er geächtet und sein Herrschaftsgebiet Österreich und Steiermark unmittelbar dem Reich unterstellt worden. Später, als Ottokar ohnedies alles an sich gerissen hatte, habe man sich wieder ausgesöhnt, denn nun erwartete der Herzog vom Kaiser Hilfe, wozu es durch Friedrichs Tod allerdings nicht mehr kam.

»Da sich mein Vater«, fuhr Friedrich fort, »als badischer Markgraf mit der Witwe des Böhmenkönigs Ladislaus vermählte, die wieder eine Tochter eines österreichischen Herzogs war, bot sich den badischen Markgrafen die Gelegenheit, zu den führenden, staatenbildenden Fürstenhäusern des deutschen Ostens aufzusteigen. Als mein Vater im selben Jahr starb, in dem ich geboren wurde, nannte sich meine Mutter nun ›Herzogin von Österreich und Steiermark‹. So erbte ich einen Titel oder Anspruch ohne tatsächliche Macht.«

»Wie ich«, nickte Konradin. »Wäre mein Onkel und Vormund, Herzog Ludwig, nicht die ständig treibende Kraft gewesen, wir ritten heute und hier nicht Seite an Seite.«

Und nach einer Weile, da der Freund schwieg: »Wir haben beide unsere Väter nicht gekannt. Was hätten sie zu unserem Aufbruch gesagt?«

»Lebten sie noch, hätte es dieses Aufbruchs nicht bedurft«, erwiderte Friedrich. »Weißt du, daß der Kaiser einmal meine Mutter zu heiraten gedachte? Sie wäre seine vierte offizielle Gemahlin geworden.«

»Warum kam es nicht dazu?«

»Der Kaiser war gebannt und die Kirche zu mächtig. Meine Mutter war übrigens die Schwester der Witwe deines unglücklichen Onkels Heinrich, der in Gefangenschaft starb. Margarethe heiratete dann den Böhmenkönig Ottokar, der es wohl nur auf die österreichische Erbschaft abgesehen hatte. Er verstieß die unglückliche Frau bald wieder; sie starb im Elend. Mit meiner Mutter erlosch das Haus Babenberg; doch besitzt Österreich das ›privilegium minus‹, das Recht auf weibliche Erbnachfolge. Als meine Mutter den badischen Markgrafen heiratete, nannte er sich von da an ›Herzog von Österreich und Steiermark und Markgraf von Baden‹. Meine Mutter starb, als ich kaum ein Jahr alt war. Darum nahm mich dein Onkel, Herzog Ludwig, zu sich. Ich bin der letzte Babenberger.«

»Als Erbe und mein Vasall«, sagte Konradin stolz.

»Wenn du die deutsche und die Kaiserkrone gewinnst!« nickte Friedrich.

»Zweifelst du daran?«

»Ritte ich sonst an deiner Seite?« fragte der Freund zurück.

*

Dank des vom Grafen Meinhard gesicherten Etsch- und Eisackgebietes war der Marsch über die Brennerstraße ungehindert vor sich gegangen.

Schon bald nach dem Aufbruch hatte Konradin Boten nach Oberitalien vorausgeschickt, seine Ankunft zu künden und vorzubereiten.

Die Nachricht gelangte auch nach Bologna – und durch die Mauern jenes Kerkers im Herzen der Stadt. Noch einmal bäumte sich hoffnungsschwer das Blut des letzten lebenden Kaisersohnes auf ...

Allgemein schien Konradins Botschaft der Ankündigung eines neuen – oder der Wiedererweckung eines verschollenen – Goldenen Zeitalters zu gleichen. Sie traf eine tiefe Sehnsucht auch der Völker des Südens, gipfelnd im stolz-verheißungsvollen Aufruf des Königsknaben:

Wir haben die feste Absicht, in ganz Italien zu Ehren Gottes Frieden und Eintracht wiederherzustellen!

Vor allem erhofften sich von dieser ›Eintracht‹ die kleinen Fürsten und Herren, die sich dem Staufer anschlossen, Nutzen und Vorteile. Vorerst halfen sie wenig. Wirkliche Macht besaß nur die Stadt Pavia mit ihrem tatkräftigen Markgrafen Pallavicini und seinem Anhang.

Konradin ritt weiter im Glück und Glanz seiner Jugend, seltsam unberührt von jedem Zweifel. Er wußte nur, was man ihn gelehrt hatte: daß die Eroberung des Südlandes der sicherste Weg war, auch in Deutschland die Ruhe wiederherzustellen, das vielfach verpfändete Hausgut neu einzulösen.

Wie auf Schwingen des Windes flog die Nachricht vom Einzug des Staufererben durch Oberitalien. Die Ghibellinen faßten neuen Mut angesichts des schimmernden Heeres, das den längst Erwarteten umgab. Die Schar der Ritter, die Konradin begleiteten, zählte etwa dreitausend. In den erwartungsfrohen Berichten, die von Stadt zu Stadt und von Mund zu Mund eilten, wuchs die Zahl der Deutschen bald auf das Dreifache; alles in allem rechnete man an die zehntausend Gefolgsleute. Hatte es die Grafen Lancia anfangs einige Mühe gekostet, nach den Erfahrungen mit dem feindseligen König Konrad auf den unbekannten Knaben aus Bayern zu setzen, so zeigten sie sich jetzt um so zufriedener angesichts fast stündlich eintreffender guter Meldungen.

»Das Glück ist Ihnen hold, Hoheit«, gratulierte Galvano Konradin und sich selbst ob seiner Entscheidung. »Angesichts der französischen Tyrannei wächst stündlich und überall die kaiserliche Bewegung. In Lucera haben die Sarazenen die Besatzung des Anjou niedergemacht. Sie erheben sich in offener Empörung. Viele Städte Apuliens schließen sich an. In Rom hat der Infant Heinrich von Kastilien, der Bruder des deutschen Gegenkönigs, durch einen Umsturz die Senatorenwürde übernommen. In seinem Ehrgeiz gedachte er die Witwe König Manfreds zu heiraten, um dadurch seine Macht auf das griechische Festland auszuweiten. Der Anjou machte dem ein Ende, ebenso wie seinem Streben nach Sardinien. Dafür trat Herr Heinrich nun in den Sold des Emirs von Tunis und nahm, ähnlich dem Kaiser, orientalische Sitten an. Als Vetter des Anjou hatte er dessen Feldzug gegen König Manfred unterstützt; jetzt ist er der gefährlichste Feind des Franzosen, der in immer größere Schwierigkeiten gerät. Karls Grausamkeit und übermäßiger Steuerdruck treiben Ihnen von überall her die Bürger und Herren der oberitalienischen Städte in die Arme. Jeder beeilt sich, die Treue zum Kaiser und zu Ihnen zu bekunden!«

»Und neue Bestätigungen alter Vorrechte einzuhandeln«, ergänzte Konradin.

Nicht nur, beeilte sich der Graf zu erwidern. Aus Tuscien kämen Boten mit Geldversprechungen; huldigende Gesandtschaften träfen aus Padua, Vicenza, Mantua, Ferrara, Bergamo, Brescia ein. Sehnlich erwarte man den Staufer. Pisa habe Gold zur Entlohnung der Söldner versprochen, Pavia rüste zum festlichen Empfang. Auch aus Sizilien fänden sich zahlreiche Herren aus der Umgebung König Manfreds ein, die den Häschern des Anjou zu entkommen vermochten.

Konradin schwirrten die Ohren vom fremdartigen Klang der unzähligen Namen. Alles bot sich ihm an … Unvermittelt fragte er:

»Und Bologna?«

Von dort kämen keine hoffnungsvollen Nachrichten. Der Graf kannte die Gefahr, die sich hinter dieser Frage verbarg. Es würde nicht leicht sein, Herrn Enzio zu befreien. Und wenn ... Zudem läge Bologna nicht auf ihrem Wege. Anderes war vorerst wichtiger.

»Wie lange lebt Herr Enzio nun dort als Gefangener?« beharrte Konradin.

»Es werden jetzt neunzehn Jahre«, rechnete Galvano Lancia.

»Neunzehn Jahre ...« Der Knabe vermochte solchen Zeitraum nicht zu fassen. »Hat Enzio nie daran gedacht, zu fliehen?«

Es hieße, daß er nach einem Versuch vor zehn Jahren mit einem bösartigen Deutschen, der ihn haßte, einem Grafen Solimburg, zusammengesperrt worden sei, entsann sich der Graf. »Jetzt sollen ihm einige Freiheiten zugestanden worden sein. Das düstere Gebäude gegenüber dem Palazzo del Podestà, das man eigens für ihn hergerichtet hat, nennt man allgemein ›Palazzo di Re Enzio‹.«

»Stimmt es, was man noch heute von ihm als Liebling des Kaisers und der Menschen erzählt?«

Es treffe zu, nickte der Graf, daß selbst die Feinde Enzios wie seine Wärter voller Hochachtung von dem Gefangenen sprächen. »Zudem war er einer der fähigsten Feldherrn im Kampf gegen die Lombarden – gerade das aber haben seine Bewacher am wenigsten vergessen. Auch wurde er noch als Dichter und Sänger gefeiert, als seine Stimme längst nicht mehr auf den Festen des kaiserlichen Hofes zu vernehmen war. Dennoch haben einige seiner Gedichte den Weg durch die Mauern von Bologna gefunden. Eins davon erreichte mich zusammen mit einem Hilferuf des Gefangenen. Doch selbst sein Vater, der Kaiser, konnte ihm nicht helfen.«

»Wissen Sie noch die Worte des Gedichtes?«

Konradin fühlte sich auf eigene Weise berührt. Pulste nicht auch in ihm das Dichterblut seines Stammes?

»Ich lehrte es noch König Manfred.«

Graf Galvano gedachte des jungen, samthäutigen Schwestersohnes, der nichts anderes wollte, als in Schönheit und Frieden zu leben, und doch nicht unähnlich war dem deutschen Stauferjüngling an seiner Seite. Er dachte an die nicht weniger liebenswerte Königin Helena in Nocera und ihre ebenfalls zu ewiger Gefangenschaft verdammten Kinder.

Durch den Marschklang, der um sie beide war, sprach der alte Graf die Verse zu Konradin hinüber:

> *Zeit läßt steigen dich und stürzen,*
> *Zeit heißt reden dich – und schweigen.*
> *Zeit lehrt lauschen dich – und wissen.*
> *Zeit gibt Mut, dich nicht zu beugen.*
> *Sie läßt aus Träumen Taten werden,*
> *schenkt uns Gedanken, die ins Ewige gehn.*
> *Zeit kommt, da Schmähung dich nicht trifft.*
> *Zeit wird, die dich nicht sehen läßt noch hören*
> *fremden Lebens Treiben ...*

»Das sind traurige Worte!«
Konradin trieb sein Pferd an. Er wehrte sich dagegen, ihren Sinn in sich eindringen zu lassen. Den fremden Schatten zu vertreiben, rief er über die Schulter zurück:
»Eines Tages wird Herr Enzio wieder andere Verse dichten!«

*

Unter leuchtendem Oktoberhimmel, in blauem Kleid und silberner Rüstung, hielt der Kaiserenkel Einzug in Verona, dem einstigen Herrschersitz Theoderichs und später Pipins, des großen Carolus Sohn – in der Stadt, die sich gegen Barbarossa gewehrt hatte und vor nun vierzig Jahren vom grausamen Ezzelino für die Ghibellinen erkämpft worden war.

Angeführt von dem Podestà Mastino della Scala, empfing das Volk die Ankömmlinge.

In der alten Benediktiner-Abtei mit ihrem schlanken Glockenturm nahe der brausenden Etsch nahm Konradin Wohnung. Oftmals schon hatten die Mauern des an die mächtige Kirche San Zeno Maggiore angelehnten Gebäudes den durchziehenden Kaisern Quartier geboten.

Hier auch fanden sich die Abgesandten aus allen Teilen Italiens und des apulischen Regno zur feierlichen Begrüßung ein. Keiner, der nicht von der königlichen Sicherheit des blonden Stauferjünglings beeindruckt war, keiner, der nicht an seiner Siegeszuversicht teilhatte.

Am Abend, nach Ausklang der Festlichkeit, trafen sich Konradin und der dunkel-zierliche Friedrich von Baden am Kaminfeuer.

»Das erste Stück unseres Weges liegt nun hinter uns«, sagte der Freund. »Jetzt erst staune ich selbst über unsere Vermessenheit, auf solche Weise das Schicksal herauszufordern!«

»Ich fühle mich frei wie nie zuvor«, rief Konradin. »Vor uns liegt das Leben. Ich konnte nicht anders, ich mußte ein Gedicht schreiben.«

»Ein Liebesgedicht?«

»Was sonst in solcher Stunde?«

Friedrich entzündete eine Lampe, und Konradin las von einem Blatt, das er stolz, fast wie ein Heiligtum, aufnahm:

> *Ich freu mich auf der Blumen Rot,*
> *die uns der Mai bald bringen will.*
> *Sie standen, ach, in großer Not,*
> *der Winter ließ sie leiden viel.*
> *Der Mai uns nun ergötzen soll*
> *mit wonnereichen Tagen,*
> *drum ist die Welt so freudevoll.*
>
> *Wenn von der Liebe ich muß scheiden,*
> *den Schmerz sie mir nicht erspart.*
> *So stürb ich, Leidender am Leide,*
> *weil ich mich ihr nicht offenbart.*
> *Noch hab ich nicht, was Minne ist, erfahren.*
> *Mich läßt die Liebe sehr entgelten,*
> *daß ich ein Kind noch bin an Jahren!*

»Du darfst kein Kind mehr sein«, sagte Friedrich. »Hast du die Verse deiner jungen Gemahlin gewidmet?«

»Es ist wie mit unserem großen Aufbruch. Weil ich von der Zukunft nichts weiß, fühle ich mich glücklich. Vielleicht werde ich das Mädchen, mit dem man mich verheiratete und das ich niemals sah, einmal lieben.«

»Wenn ich dichten könnte«, sagte Friedrich, »würde ich über die Schwalben schreiben, die im Herbst nach Süden ziehen, der Sonne nach, weil sie dem grauen Winter entfliehen wollen.«

»Und die in jedem Frühjahr wieder den Weg nach Norden suchen«, ergänzte Konradin mit einem Hauch von Heimweh.

Der Ältere schüttelte den Kopf.

»Ich fühle mich wie ein Seemann, der seinen Hafen verlassen hat und nur weiß, daß er nicht so bald zurückkehrt. Den Hafen, dem er zustrebt, kennt er nicht.«

»Er liegt vor uns im hellen Licht«, widersprach der Fünfzehnjährige voll Überzeugung. »Der Anjou kann das Erbe König Manfreds nicht halten. Der Podestà della Scala übergab mir die Abschrift eines Briefes von Herrn Clemens an den Franzosen, der überall die Runde macht. Hier, lies es!«

Der Freund nahm das Papier im flackernden Feuerschein vor die Augen:

Weshalb Wir Dich noch König nennen sollen, der Du Dein Königreich zu verschmähen scheinst, wissen wir nicht. Unaufhörlich wird es zerfleischt. Denn es ist ohne Haupt preisgegeben den Sarazenen und untreuen Christen, ehedem von Deiner Diebesbande ausgesogen, jetzt von anderen geplündert. Was der eine Heuschreckenschwarm übrigließ, das vertilgt nun der andere. Niemals werden ihm die Zerstörer fehlen, solange Du es seines Beschützers entbehren läßt. Wahrlich, wenn Du es verlierst, so bilde Dir nicht ein, daß die Kirche neue Mühen und Kosten aufwenden wird, um es Dir zurückzugewinnen!

Friedrich reichte das Schreiben zurück.

»Und doch wird Herr Clemens keine Mühen und Kosten scheuen, seinem Schützling das Regiment zu sichern. Zu viel hat er bereits aufgewandt. Auch weiß jeder in Italien, daß das angiovinische Heer das unsere an Zahl weit übertrifft. In Benevent verhielt es sich umgekehrt!«

»König Manfred war kein Heerführer«, sagte Konradin.

»Bist du es?« fragte Friedrich dagegen. »Ist es der brave Ritter von Flüglingen? Und der alte Graf Lancia? Gehörte er nicht zu den ersten, die bei Benevent flohen?«

»Graf Lancia war der Vertraute des Kaisers. Als erfahrener Diplomat wird er die italienischen Adligen uns zuführen. Sie entscheiden, wer den Sieg davonträgt.«

»Bliebe es beim diplomatischen Sieg!« sagte Friedrich von Baden-Österreich.

Nach wenigen Tagen, da man sich vom Marsch ein wenig erholt hatte, traf die Nachricht ein: Der Anjou stünde in der Toscana, dem Heer Konradins den Weg abzuschneiden! Zudem sei der größte Teil des Landes guelfisch, also feindlich gesinnt. Zu rechnen sei im Augenblick nur mit Pisa und Siena.

Also gehe ihr Zug nach Rom über diese Städte, entschied Konradin. Da der Winter bevorstehe, bleibe genügend Zeit, in Unteritalien und Sizilien Verstärkung zu finden.

Der von Konradin genannte Weg führe auch über Pavia, wo der Markgraf Pallavicini ein wichtiger Verbündeter sei, stellte Graf Galvano fest. Von Pavia müsse man im zeitigen Frühjahr zur Ligurischen Küste und von da nach La Spezia zu gelangen versuchen. Für das Heer bleibe der Landweg.

Marschall Kroff von Flüglingen bestünde darauf, daß zuerst das guelfische Brescia fallen müsse, warf Konradin ein. Die dortigen Ghibellinen hätten vorgesorgt, so daß es zur Eroberung keiner großen Anstrengung bedürfe.

Graf Galvano zeigte Bedenken.

»Fragen Sie Ihren Oheim, den Herzog Ludwig, Hoheit, wie es um die Finanzen steht! Um unsere Soldaten in die richtige Stimmung zum Stürmen zu versetzen, wollen sie bezahlt werden. Die Kassen sind fast leer. Der Anjou wartet nur auf unseren ersten Mißerfolg!«

Gerade darum müßten die eigenen Truppen etwas zu tun haben, gab Konradin die Meinung des Marschalls weiter. »Wenn sie hier in Verona tatenlos den Winter abwarten sollen, werden sie sich ihre Abenteuer auf eigene Faust suchen. Für uns ist der kriegerische Anfangserfolg wichtig – gerade weil Karls Stellung beim Papst geschwächt ist!«

Bald darauf zerstörte ein Manifest des Heiligen Vaters solche Hoffnung. Clemens der Vierte verkündete in einem Rundbrief:

Aus dem Stamm des Drachen ist ein grausiger Basilisk entsprossen. Schon verpestet er mit seinem Hauch die Toscana! Eine Schlangenbrut, verruchte Menschen, Unsere und des vakanten Reiches wie Unseres in Christo geliebten Sohnes, des erlauchten Königs Karl, Feinde sendet er als bereite Genossen seiner Pläne an die verschiedenen Ortschaften, Kastelle und Edle. Durch spitzfindige Lügen putzt er seinen Flitter auf. Die einen sucht er durch Bitten, andere durch Geld vom Wege der Wahrheit abzulenken. Dies ist der unbesonnene Knabe Konradin, Enkel Friedrichs, einstmaligen Kaisers der Römer, des von Gott wie von seinem Statthalter durch gerechtes Urteil Verworfenen!

Konradin, kindhaft unbeirrbar, fand willkommene Trostworte. Habe nicht auch der Kaiser aus der Feindschaft des Heiligen Stuhles immer wieder neue Kraft geschöpft? Darum nur sei er unbesiegt geblieben.

»Er wußte, wo er Unterstützung erwarten konnte«, sagte Friedrich von Österreich. »Wir kommen mit nichts als Hoffnungen und leeren Händen ins fremde Land!«

Konradin flammte:

»Darum bleibt uns nur eins: Sieg. Als erstes muß Brescia fallen!«

Als erstes, bedachte sich Graf Galvano, sei es erforderlich, daß der junge Herr dem Papst gegenüber seine friedlichen Absichten klarstelle. »Schreiben Sie ihm verbindlich, daß die Lehnshoheit des Heiligen Stuhles nicht in Frage gestellt wird!«

Obwohl sich Konradins Umgebung siegessicher gab, horchte man allenthalben auf.

Woher nahm der Stellvertreter Christi solch furchtbare Drohung? Fühlte er sich gedemütigt durch den ungehorsamen Knaben, der einst wie der Kaiser ein Mündel der Kirche gewesen war?

Zusammen mit seinem Justitiar Petrus von Prece entwarf Konradin die Antwort an den Papst und eine Rechtfertigung gegenüber den Fürsten. Sein erstes offizielles Schriftstück, verhalten in Stil und Form, gab die Überzeugung des Staufererben wieder und den Glauben an den eigenen Auftrag, um daran die Frage an den Papst zu knüpfen:

Wodurch haben Wir Euch je verletzt, Heiliger Vater, daß Ihr wie ein Stiefvater so ungerecht gegen Uns vorgeht? Ihr müßtet es denn für eine schwere Beleidigung halten, daß Wir überhaupt noch auf Erden leben!

Weiterhin hieß es in dem Schreiben:

Nicht gegen den Papst beabsichtigen Wir irgend etwas Feindseliges zu unternehmen. Wir betrachten Ihn nach wie vor als Unseren Herrn und Vater – wollte Er auch Uns als Seinen ergebenen Sohn anerkennen! Nur gegen Karl, Unseren Feind, der Uns Unser Recht vorenthält, wollen Wir Unsere Macht erproben. Im kriegerischen Schachspiel wollen Wir Uns mit Ihm messen. Für Unser Recht sollen die Schwerter sprechen! Und Gott im Himmel, der die Gerechten liebt und den Hochmut verabscheut, wird von Seinem erhabenen Thron das Urteil verkünden, und Er wird gerecht richten!

Bevor das Schriftstück auf den Weg geschickt wurde, zeigte es Konradin noch einmal dem Freunde.
»Gerecht richten ...«, wiederholte Friedrich nachdenklich. »Ist es schon so weit? Was ist gerecht?«
Der Jüngere blickte ihn verständnislos an.
»Reut es dich, daß du mit mir gezogen bist?«
Friedrich erwiderte:
»Du bist der Sohn deiner Vorfahren. Und suche ich nicht das Gleiche wie du? Ist es ein Wunder, daß der Traum in uns solche Bedeutung erlangte? Die Wirklichkeit wird uns die Antwort geben.«
Konradin horchte auf:
»Woher hast du das?«
»Was meinst du?«
Der Knabe senkte den Kopf.
»Als ich von meiner Mutter Abschied nahm, sagte sie, und sie

dachte dabei an meinen Vater: Die Wirklichkeit rächt sich an dem, der sie geringer achtet als den hohen Traum ...«

*

Als im bleichen Novemberlicht Kühle und Unfreundlichkeit der Truppenquartiere zur allgemeinen Untätigkeit hinzukamen, wuchs, wie erwartet, bei den zusammengewürfelten Haufen die Ungeduld: Man wollte etwas ›erleben‹ – das hieß: Beute machen.

Hatten Konradins Truppen bisher Zucht und Disziplin gezeigt, so geschah es nun, daß einzelne Abteilungen plündernd und verwüstend ausbrachen. Schon vor dem geplanten Angriff auf Brescia schienen die Erfolgsaussichten geringer, als es sich die anfangs so begeisterten Söldner vorgestellt hatten. Der guelfische Gegner, durch den Fluch des Heiligen Vaters bestärkt, erhob sich über Nacht. Als erster unterwarf sich der Markgraf Pallavicini, die unentbehrliche, stärkste Stütze als Haupt der lombardischen Ghibellinen, dem Papst; nicht einmal die Herrschaft über Cremona blieb erhalten.

Als zweites wurde bekannt, daß in Brescia ein Legat des Papstes eingetroffen sei, der bedrohten Stadt Mut zuzusprechen. Kurz danach hieß es: Der Heilige Vater selbst sei in Brescia eingetroffen. In düster-großartiger Zeremonie habe Clemens der Vierte im dortigen Dom über den Staufererben und seine Anhänger die Exkommunikation, den Ausschluß aus der Kirche und von allen ihren Segnungen und Sakramenten verkündet!

Mochte man in Konradins Umgebung auch mit einem solchen Schritt des Papstes gerechnet haben – die Wirkung war darum nicht geringer: Der erste kriegerische Vorstoß der deutschen ›Befreier‹ endete als klarer Mißerfolg. Es blieb nichts anderes, als sich nach Verona zurückzuziehen.

*

Zum Ende des Jahres versammelte der Knabenkönig seine Ritter und Herren bei sich in der Benediktiner-Abtei. Selbst vom Fieber ergriffen, empfing Konradin die wenig freundlich Dreinschauenden.

Der Stiefvater, Graf Meinhard von Görz, erklärte kurz und ohne

Umschweife: Noch wäre Zeit, die Warnung zu erkennen! Auf die Frage, was er damit meine, kam die mürrische Antwort: Sobald es die Jahreszeit erlaube, habe man über die Alpen zurückzugehen. Bis dahin müsse man sich hier einigeln.

Herzog Ludwig nickte finster beifällig, als man feststellte: Viele der Ritter verkauften ihre Waffen und Pferde, da man sie nicht mehr bezahlen könne. Die Rationen würden immer schmaler. Ganze Trupps von Soldaten machten sich bereits auf den Weg, durch die verschneiten Berge nach Deutschland zurückzukehren. Wie im Lager der Feinde der Triumph, wachse unter den Deutschen die Mißstimmung. Nicht nur, daß man das Plündern verbieten wolle – wozu nenne man sich Soldat? –, jetzt heiße es auch noch: Der Fluch des Heiligen Vaters habe *alle* getroffen. Keiner von ihnen gehöre mehr zur Gemeinschaft der Christen! Überdies sei nun auch dem letzten Söldner klar geworden, daß Besoldung und Unterhalt keineswegs mehr gesichert seien.

Graf Galvano Lancia, hoch, vornehm und alt, mußte dem Herzog beipflichten: Auch die Italiener hätten mittlerweile erkannt, daß der junge Abgott der Deutschen zweifellos von ehrlicher Begeisterung erfüllt und umgeben, doch von allzu geringen Geldmitteln gesegnet sei. Zeige sich die tägliche Not nicht immer offener im überfüllten Verona? Wie könne man hoffen, mit Rittern und Soldaten, die ihre Waffen verkauften, eine Schlacht zu gewinnen?

Der Marschall Kroff suchte zu beruhigen: Sei man erst einmal in der reichen und wohlgesinnten Stadt Pisa, warte dort glänzende Entschädigung. Er habe bereits einen Aufruf an seine Truppen erlassen: Die Treue zu ihrem jungen Herrn zwänge jeden Soldaten auch unter widrigen Umständen zum Durchhalten!

Graf Meinhard lachte trocken auf:

»Was gilt Treue, wenn es ums Geld geht, Herr von Flüglingen?«

Herzog Ludwig stimmte grimmig zu: Man solle sich nur einmal in den stinkenden, unheizbaren Soldatenquartieren umsehen. Mit dem Winter würden sich Kälte, Hunger, Krankheiten noch vermehren. Und der Graf von Tirol bramarbasierte weiter: Aus sei es mit den Versprechungen vom ›sonnigen Süden‹ und herrlichen Erfolgen. Man fühle sich schlicht betrogen!

Wer wohl die Herrlichkeiten so wohlklingend versprochen

habe? fragte Graf Galvano Lancia mit gedehnter Stimme. Während sich ringsum die Feinde sammelten, wüchsen Tag um Tag an den Stadtmauern von Verona die Reihen hölzerner Kreuze weiter und weiter ...

Man beschloß neue Beratungen; zu schwierig sei die Entscheidung im Augenblick. Man werde alles sorgsam bedenken.

Die beiden Freunde blieben am dünn flackernden Kaminfeuer zurück. Konradin fieberte.

»Alle sind verändert. Es scheint, als gälte keins der großen Worte mehr, an denen sie sich alle in Deutschland begeisterten ...«

»Wer«, gab der Freund ruhig zurück, »sicherte sich noch vor unserem Abmarsch dein Erbe? Du hast dich Herrn Ludwig ausgeliefert. Deine Mutter und sein Bruder, Herr Heinrich, wußten es.«

»Und du?« fragte Konrad mit bebenden Lippen. Seine Augen glänzten: »Fühlst auch du dich mir ausgeliefert?«

Friedrich von Baden nahm seine heiße Hand:

»Wir beide, du und ich – wir haben keine Wahl ...«

*

Wenige Tage danach traf man wieder zur Beratung zusammen. Graf Meinhard von Görz und Tirol erhob als erster die Stimme: Schwierigkeiten im eigenen Land riefen ihn dringend nach Hause. Auch in der Heimat wachse durch den Bannfluch des Papstes bei Abwesenheit der Führer die Gefahr. Zugleich mit der Absicht seiner Umkehr gab Herr Meinhard die Forderung nach Rückzahlung der verauslagten Gelder für die Truppenanwerbung bekannt. Dazu zweitausend Mark, die ihm Konradin persönlich für seine eigene Ausrüstung schulde.

Dieser, eben noch in allen Himmeln jugendlichen Glaubens, stürzte in Scham und Auswegslosigkeit.

Jetzt, in der Stunde höchster Not, konnte sein nächster Verwandter, der Gatte der Mutter, so handeln?

Konradin wandte sich an den Onkel und ehemaligen Vormund, der ihm so eindringlich den Weg gewiesen hatte: ›Alle, die sich nach Wiederherstellung der alten Reichsmacht sehnen, die die Schmach der fremdstämmigen Gegenkönige empfinden, erwarten von dir, daß du dich an die Spitze des Zuges über die Alpen setzt!‹ Jetzt wehrte Herzog Ludwig ab, erbat Bedenkzeit. Die Lage habe sich entgegen aller Erwartung geändert ...

Einige Tage später versuchte Konradin noch einmal, den Gestrengen zu rühren. Nach langem Zögern lieh dieser dem Neffen einen Teil der Schuldsumme, die der Graf von Tirol sofort an sich nahm. Der Preis: Konradin sollte dem Onkel seine letzten Besitztümer am Lech überlassen. Für den Rest der Schuldsumme gingen Freising und Ammergau in den Pfandbesitz Herrn Meinhards über ...

Auch der rechnende Graf von Habsburg, der sich dem Zug nach Verona angeschlossen hatte, erklärte nun, des Tages von Benevent eingedenk, er zöge es vor, den Heimweg anzutreten.

Neues Grollen tönte aus Viterbo, wo sich der Papst aufhielt. Dem vermessenen Stauferknaben drohe bei weiterem Ungehorsam Entzug der ohnedies nur symbolischen Krone Jerusalems. Schwerer wog: Wie die anderen Städte, die Konradin Unterstützung gewährten, sollte Verona aller bischöflichen und geistlichen Würden verlustig erklärt, mit dem Interdikt belegt und laufend weiteren Strafen ausgesetzt werden.

König Karl forderte vom Heiligen Stuhl besonders scharfes Vorgehen gegen die bayerischen Herzöge. Sie seien die Hauptverantwortlichen! Clemens der Vierte, dem Staatsklugheit gebot, vorerst noch nicht die Gefolgschaft, sondern allein den Stauferknaben zu strafen, wies den Anjou zurück: Dies sei unbedachtsam und wider die Aufgaben der Kirche. Durch rechtzeitige Umkehr solle Herzog Ludwig die Möglichkeit gegeben werden, von seinem Land das Interdikt abzuwenden. Der Heilige Vater rechnete richtig: Ludwig der Strenge, zuvor neben dem Grafen Meinhard eifrigster Anreger und Förderer von Konradins Unternehmung, gab jetzt achselzuckend bekannt: Nach gründlicher Erwägung aller Umstände habe auch er sich zur Rückkehr nach Deutschland entschlossen.

Noch ein letztes Mal suchte Konradin Stiefvater und Onkel auf, bat, ihn nicht zu verlassen. Die Herren bedauerten seinen Starrsinn. Weiteres Bleiben im unsicheren Verona oder gar der Versuch eines Vormarsches sei vermessen. Es gelte zu retten, was zu retten sei. Jeder Tag lasse die Gefahr wachsen.

Der Fünfzehnjährige blickte die erfahrenen Männer in ihren klirrenden Rüstungen, die ihn bisher geführt hatten, mit ungläubigem Erstaunen an:

»Waren *Sie* es nicht, die mich als künftigen König aufriefen, mir diesen Zug zur Pflicht machten, mich zur Tat trieben? Was für ein Spiel haben Sie getrieben? Was hat sich seit Augsburg geändert? Daß aus Sommer und Herbst nun Winter wurde? Haben Sie selbst nicht immer wieder betont, daß die Zeit dränge und dem Papst nichts geblieben sei als die Drohungen, denen wir zu begegnen hätten? Soll auch ich meine Getreuen nach allen Versprechungen im Stich lassen, den mir von Ihnen eingepflanzten Glauben an mein Recht als Enkel des großen Kaisers vergessen? Soll wirklich jetzt, in unwirtlicher Winterszeit, das geschwächte, mittellose Heer aus der Sicherheit des Lagers gerissen und durch Eis und Schnee unpassierbarer Gebirgspässe nach Norden in Marsch gesetzt werden – von mir?«

Herr Ludwig strich sich den Bart. Großzügig stellte er dem jungen Herrn frei, mit den verbleibenden Truppen den Marsch fortzusetzen. Man wolle Konradins Zukunft, seinen weitreichenden Plänen nicht im Wege stehen. Ja, man gebe ihnen seinen Segen. Nur eben, man habe die Sorgen im eigenen Lande zu berücksichtigen. Längere Abwesenheit unter solchen Umständen könnte dort die Verwirrung nur erhöhen ... Das Verstummen danach gab deutlichere Antwort, als es alle Worte vermocht hätten.

Später, in ihrem Quartier, sprach es Friedrich von Österreich-Baden wieder aus: Der Herr Onkel hätte vom Beginn her gewußt, wie er zu handeln habe. Kehre der Neffe nicht zurück, bleibe ihm, dem Wittelsbacher, jedenfalls das staufisch-schwäbische Erbe.

»Und wenn es mir gelingt, das apulische Königtum zurückzugewinnen?« fragte Konradin.

»So stünde zu hoffen, daß du für immer abwesend bliebest!«

Der Jüngere starrte in die zusammensinkenden Flammen des Kaminfeuers.

»Ich wollte die Warnung der Mutter nicht hören. War denn

mein Vater am fremden Land, am Verrat seiner Truppen oder an der Feindschaft des Papstes gescheitert? Er starb am Fieber. Was galt der Vergleich? So folgte ich nur zu willig meinen Verwandten.«

»Wie ich«, sagte Friedrich.

»Die Italiener und die Grafen Lancia«, sann Konradin, »befinden sich im eigenen Lande. Wir beide sind und bleiben Fremde. Ist es nicht ein Abenteuer ohne Aussicht, wie meine Mutter meinte?«

»Und du?« fragte Friedrich. »Siehst du es auch so?«

Der Königsknabe schüttelte den Kopf.

Sie reichten sich die Hände. Von draußen klangen durch die Mauern der Abtei Trompetensignale aus der Winterstille. Sie riefen die deutschen Truppen zum Aufbruch – nach Hause.

VIII
KARNEVAL

Im saalartigen Gelaß des ›Palazzo di Re Enzio‹ zu Bologna stand am schmalen, vergitterten Fenster ein fülliger, blasser Mann und blickte auf das Treiben der Menschen auf dem brunnengeschmückten Platz hinab. Obwohl der vornehm in Samt Gekleidete die Fünfzig überschritten hatte, zeigte sein lockiges Blondhaar noch keine graue Strähne.

Es war der Tag, an dem ihm einmal in der Woche Besuch von Freunden gestattet und die Gittertür im abgeteilten rückwärtigen Teil des Raumes geöffnet war, während der hellebardenbewehrte Wächter im Hintergrund der befohlenen Pflicht nachkam.

Die junge Dame, die heute als erste das Gitter durchschreiten durfte, brauchte sich nicht der üblichen strengen Kontrolle zu unterziehen: Als Tochter des mächtigen bolognesischen Ratsherrn Viadagola, ›durch den Besiegten besiegt‹, wie es allgemein hieß, hatte sie erreicht, dem Staatsgefangenen regelmäßig Gesellschaft leisten zu dürfen. Heute brachte sie besonders erfreuliche Kunde: Es war im Rat beschlossen worden, dem hohen Häftling – natürlich im Rahmen der unverzichtbaren Bewachung – zum ersten Mal die Teilnahme an den die ganze Stadt berauschenden Karnevalsfeierlichkeiten zu gestatten.

Glückstrahlend eilte die Schöne in die Arme des Geliebten:
»Für eine Nacht wirst du frei sein und beim großen Ball deinen Kerker verlassen dürfen!«

Ungläubig umfing König Enzio die jugendliche Gestalt:
»Lucia! Seit all den endlosen Jahren – zum ersten Male: frei – ! Wie erreichtest du es bei deinem sonst so unerbittlichen Herrn Vater?«

Lachend strich sie ihm über die langen Locken:
»Frage nicht nach dem Wie, kleide dich in dein dir gemäßes Kostüm, das bereits für dich geschneidert wird, und sei für deine Freunde eine Nacht lang der göttliche Orpheus!«

Und auf seinen fragenden Blick hin: Welch anderes Kostüm käme für ihn in Frage als das des Sängers, dessen Stimme sogar den düsteren Hades verzauberte?

»Und der zuletzt doch wieder von den Mächten der Unterwelt zurückgeholt wurde ...!«

Sie schüttelte leidenschaftlich den Kopf:

»Ich habe meinen Vater überzeugt, daß du müde und schonungsbedürftig bist – und alles andere als begierig, noch einmal einen Fluchtversuch auf dich zu nehmen!«

Sich sorgsam nach dem Wächter umschauend, der hinter dem Gitter mit geschulterter Lanze auf und ab schritt, flüsterte sie: »Auch Pietro Asinelli wird dich heut aufsuchen. Er hat dir etwas mitzuteilen!«

Laut fügte sie hinzu: »Ich sehe hier auf dem Tisch Papiere, bedeckt mit Ihrer Handschrift. Da sie Ihre Umwelt nicht mehr als Sänger beglücken dürfen, will ich wenigstens den Dichter bewundern. Oder soll ich warten, bis ich Ihre Verse von Ihren Freunden Pietro und Rainero aus zweiter Hand vernehmen darf?«

»Pietro und Rainero sind meine Boten zur Außenwelt.«

»Und was bin ich?«

»Wenn ich Orpheus sein soll, liebste Lucia«, gab Enzio aufatmend zurück, »sind Sie Eurydike, der mein Gesang vor allem gilt.«

Und mit verhaltener Stimme: »Eurydike wurde von Orpheus getrennt. Sie durfte ihn nicht lieben.«

»Liebe ist mehr als Trennung!«

Die junge Frau zwang sich zur Tapferkeit. »Ich möchte Ihr neues Gedicht hören, Hoheit! Wovon handelt es?«

»Es gilt dem verstorbenen Kaiser, meinem Vater, und dem Land, das seine Heimat war; wo auch ich aufwuchs und glücklich sein durfte, bevor das Schicksal zuschlug ...«

»Noch lebst du«, flüsterte Lucia. »Und unser Kind ... Noch immer hat der Dichter über das Schicksal gesiegt.«

Sie wiederholte: »Sag das Gedicht!«

Die Hände des Mannes im samtenen Kleid griffen nach dem Blatt, als sei das darauf Geschriebene sein eigentliches, wahres Leben. Mit noch immer klarer, wohllautender Stimme las er die Worte:

Kleines Lied, flieg aus, den Herrn zu grüßen,
sag ihm, mir fehlt der Sonne Licht –
meine Zwingherrn ließen arg mich büßen
und es rührt mein Los sie nicht ...
Grüß die Toscana mir, die Königin,
die noch Rittersitte ehrt.
Zur Capitanata flieg, und nach Apulien hin,
die mein Herz bei Tag und Nacht entbehrt ...

Während Lucia Viadagola den Worten nachlauschte, verharrte König Enzio am Fenster, sah mit brennenden Augen in die blasse Bläue, die sich draußen, jenseits der schwarzen Stäbe, lockend und grenzenlos über den Dächern Bolognas dehnte. Hinter ihm, von der vergitterten offenen Tür her, klang der unerbittliche Schritt der Wache.

Dazwischen unvermittelt der Klang leichter, nahender Füße. Ein junger Patrizier erschien, nickte dem Wärter zu, wurde ebenfalls wortlos hereingelassen.

Der Gast umarmte Enzio und küßte der Dame die Hand.

»Wie schön, daß ich euch zusammen finde.«

Er ließ sich in einem Sessel nieder, die beiden zu sich heranziehend, und sagte verhalten, mit einem Blick zur Tür:

»Gute Nachricht, mein Freund. Der junge Corradino ist von Verona auf dem Weg nach Pavia. Ein Teil des deutschen Heeres hat ihn verlassen, Pallavacini ist geflohen. Dennoch gibt er seinen Marsch nicht auf, hofft auf Unterstützung der Ghibellinen. Er braucht deine Erfahrungen, deine Hilfe. Graf Galvano Lancia war nie Soldat; zudem ist er alt.«

»Wie ich ...«, sagte Enzio bitter.

»Warum zieht Corradino nach Pavia?« fuhr Lucia auf. »Warum nicht nach Bologna?«

Hastig unterbrach Enzio:

»Auf keinen Fall schon jetzt! Allein der Anschein ...«

»Warum?« fragte Lucia verständnislos. Pietro Asinelli legte den Finger auf den Mund.

»Enzio hat recht. Man würde ihn niemals lebend ausliefern. Denk an deinen Vater, Lucia!«

»Corradino muß das sizilisch-apulische Regno zurückerobern, bevor der Anjou Lucera überwältigt«, sagte Enzio gepreßt. »Noch sind die Sarazenen seine wichtigste Stütze!«

Pietro schüttelte den Kopf:

»Wir können nicht warten, bis Corradino das Land erobert hat. Deine Gefangenschaft würde undurchdringlich. Rainero Gonfaliero hat mich beauftragt, dich mit einem Plan vertraut zu machen.«

»Welcher Plan könnte mir noch helfen?« fragte Enzio müde. »Corradinos Vater haßte Manfred, er verbannte die Lancias. Was wäre von dem Knaben zu erwarten?«

»Die Grafen Lancia sind an Corradinos Seite. Galvano ist sein wichtigster Berater. Er wird dich nicht im Stich lassen.«

»Was für einen Plan hat Rainero?«

Pietro brachte sein Ohr an das des Freundes:

»Flucht!«

»Nein«, flüsterte die junge Frau erschrocken. »Ihr kennt meinen Vater und die Macht der Guelfen in unserer Stadt. Schon deine jetzigen Freiheiten sind ihnen ein Dorn im Auge!«

Enzio war wieder er selbst.

»Wie soll es vonstatten gehen?«

»Der Karneval«, stellte Pietro ruhig und leise fest, als gälte es die Ausführung eines längst eingeübten Spieles, »erlaubt uns und unseren Freunden, hier zusammen zu feiern. Es lassen sich Besuche aus dem Kreis der übermütigen Masken ebenso einrichten wie die Lieferung von Speisen und Getränken für eine größere Zahl von Gästen.«

Lucia Viadagola zitterte:

»Der geringste Verrat kostet dein Leben, Enzio!«

»Auf unsere Freunde ist Verlaß«, sagte Pietro. »Meine Familie ist gut ghibellinisch. Sie werden die Flucht decken.«

»Wie also?« fragte Enzio, ganz der Feldherr, der den Feind kennen und einschätzen muß. »Die Asinellis – wer noch?«

»Raineros Familie.«

Enzio nickte: Die Gonfalonieros seien ebenso vertrauenswürdig. Der Kaiser habe mit ihnen ständig in Verbindung gestanden.

»Wer wäre hier noch im Haus – außer Lucia, Pietro und Rainero?«

Außer Raineros Diener Filippo sei die Tochter des Oberaufsehers Fabricio, Lucias Zofe, treu und zuverlässig.

Die Zahl sei klein, bedachte sich Enzio. Jedenfalls könnten sie im Getümmel des Karnevals zu geeigneter Stunde eine Hilfe bedeuten. »Und nun dein Plan, Pietro!«

Vom Eingang her war der Schritt des lanzenbewehrten Wärters zu hören, der in den Raum trat:

»Ende der Besuchszeit, Hoheit!«

Enzio reichte Lucia und Pietro die Hand.

»Bis auf nächste Woche! Dann sprechen wir über die Karnevalskostüme! Sie, liebste Lucia, lassen die Entwürfe ausführen. Es muß ein besonders schönes Fest werden in diesem Jahr.«

Sie umarmten sich.

»Versuche, deine Stimme bis dahin etwas angegriffen erscheinen zu lassen«, raunte Pietro dem Freunde noch zu. »Dein Orpheus darf keinesfalls singen können an diesem Abend!«

Bevor Enzio den Grund für die seltsame Bitte erfragen konnte, hatten die Gäste unter der Leitung des Wächters schon den Saal verlassen.

Da erschien der Aufseher Fabricio:

»Nun, Hoheit, träumen Sie vom Karneval? Wie ich höre, haben Sie große Pläne?«

Verstört blickte der Gefragte auf:

»Pläne – ?«

Doch dann sah er das freundliche Gesicht des Alten, der achselzuckend erwiderte:

»Sie wissen doch, daß mir der Wärter jedes Wort, das er von Ihren Unterhaltungen auffängt, weiterzugeben verpflichtet ist?«

Den umfangreichen Schlüsselbund in seiner Hand betrachtend, fügte er hinzu: »Feiern Sie ruhig den Karneval in diesem Jahr. Wer weiß, wie oft es Ihnen noch vergönnt ist. Wie ich hörte, dürfen Sie auch Ihre königlichen Kleider für ein paar Stunden anlegen. Ich fürchte nur, sie werden Ihnen nicht mehr so recht passen!«

Fabricio, seit Enzios Fluchtversuch vor nun fast zehn Jahren Aufseher, war gerecht und, soweit möglich, gefällig; ein Mann, der seine Pflicht ernst nahm, doch niemals die Hilfsbereitschaft im Kleinen missen ließ, soweit es das Amt erlaubte. Enzios Mißtrauen schwand. Der Alte führte offenbar nichts im Schilde. Oder wollte er warnen?

Wortlos folgte ihm der Gefangene, wie es seit damals angeordnet war, durch das Gittertor des Saales hinaus auf den Gang bis zur Treppe und dann hinab in sein kleines, eisenvergittertes Schlafgemach mit winzigem Fenster zum Hof hin.

Schweigend warf sich der Gefangene auf sein Lager; wie jeden Abend hüllte er sich in die grobe Wolldecke. Wie jeden Abend lauschte er dem Hall der sich im Schloß der Eisentür drehenden Schlüssel und den sich entfernenden Schritten des Aufsehers nach. Die Lampe hatte Fabricio wie üblich mitgenommen.

Schwerer als sonst dröhnte die Stille. Wie eine flackernde Morgenröte erwachte im dämmernden Hirn des Ruhenden neue Lebenssehnsucht mit neuen Aufgaben, Hoffnungen, Plänen. Er sollte dem Kaiserenkel zur Seite stehen – er, Sohn einer deutschen Mutter und einstiger Liebling des kaiserlichen Vaters, dessen Name noch immer so stark wirkte, daß man noch zwei Jahrzehnte nach seinem Tod nicht wagte, ihm, Enzio, freiwillig die Freiheit zurückzugeben ...

Nun stand jener Corradino im Land, und er, der verschollene, vergessene Onkel, würde sich mit Hilfe der Freunde die Freiheit selbst verschaffen, dem Neffen zur Seite stehen. War er, Enzio, nicht noch immer Soldat und Feldherr, mochte sein letzter Ruhm auch vor allem auf den Sänger und ›Dichterkönig‹, wie man ihn nannte, gegründet sein – ? Vor dem Fenstergitter wanderte der blasse Mond. Verhüllte er nicht jetzt sein Gesicht? Pallavicini, der einst getreue Markgraf, hatte sich dem Papst gebeugt, aber durch seine Flucht alle Macht verloren. Der Bund, den die lombardischen Städte gegen die Feinde des Anjou geschlossen hatten, war glücklicherweise uneins. In Pavia konnte Corradino in Ruhe sein Heer mit den ghibellinischen Helfern auffüllen. Zu dieser Zeit würde er, Enzio, zu ihm stoßen, und gemeinsam mit dem Stauferknaben den Weg nach dem geliebten Apulien fortsetzen, den Anjou aus dem Felde schlagen. Es würde kein zweites Fossalta geben. Noch einmal ließ sich ein König Enzio nicht mehr fangen!

Die Hoffnung auf weitere Hilfe bei seiner Flucht – sollte diese gelingen – war für den Kaisersohn nicht unbegründet. Hielt das mächtige Bologna auch wie je zur päpstlichen Guelfenpartei, so blieb und wuchs doch stetig die Zahl von Verschworenen mit dem Ziel, ihn, der schuldloser war als irgendeiner, zu befreien. An ihrer Spitze stand neben der unerschrockenen Lucia Viadagola der Freund Pietro Asinelli. Das Zeichen der Patriziermacht seiner Familie überragte als einer der ›Due Torre‹ nahe Enzios Gefängnis die große Stadt ...

Die Nacht verging in unruhigen Träumen.

*

Lucia und Pietro hatten einen ihnen als vertrauenswürdig bekannten Küfer beauftragt, ein ausreichend großes Faß anzufertigen, dessen Boden dicht und fest saß, doch mit leichter Mühe abgehoben und wieder eingesetzt werden konnte. Das Faß wurde mit griechischem Wein gefüllt und unbeanstandet in den Gefängnissaal gebracht, wo sich an jenem Abend die Masken unerkannt vergnügen durften.

Pietro Asinelli und Rainero Gonfaloniero fiel dabei die besondere Aufgabe zu, sich der Wärter anzunehmen und Sorge zu tragen, daß sie im allgemeinen Festestreiben nicht zu kurz kämen.

Während draußen in den Straßen und Plätzen die Menschen tanzend und schreiend durcheinandertrieben und Tamburine, Gitarren und Trommeln das Stampfen der Füße übertönten, war Enzio drinnen, im Kostüm des mythischen Sängers, dessen Stimme einst die Hüter des Hades überwältigte, fortwährend bestrebt, sich auffällig zu zeigen und bisweilen die Gesichtsmaske zu lüften, so daß jeder im Bilde war, wer sich, die Lyra im Arm, unter der Gestalt des klassischen Helden verbarg.

Zu fortgeschrittener Stunde näherte sich Enzio, wie verabredet, Rainero, mit ihm ohne Aufsehen die Maske zu tauschen.

Rainero hatte sich verpflichtet, den ganzen weiteren Abend zu schweigen, um sich nicht durch die Stimme zu verraten.

Enzio wiederum, in der Fischermaske des Freundes, schlug sich in den Wirtschaftsraum durch, wo die Weinfässer aufbewahrt wurden. Währenddessen unternahm es Pietro, immer wieder die Aufmerksamkeit auf den angeblich erkälteten Orpheus zu lenken und so jedes Mißtrauen der Wärter zu vermeiden.

Inzwischen verbarg sich Enzio, mit Hilfe Filippos, im Innern des Fasses. Darauf mußte der Diener dem bereits reichlich mit griechischem Rebensaft traktierten Aufseher die Erlaubnis abhandeln, neuen Wein zu beschaffen, da der vorrätige längst ausgegangen war. Zur Feier des Tages habe man auf Wunsch Lucias und König Enzios einen besonders edlen Tropfen von der Insel Samos bestellt, den es abzuholen galt. Der treue, bärenstarke Küfer sollte das wertvolle Behältnis selbst hinabtragen, während der Fuhrmann mit seinem Gefährt auf dem Hofe die leeren Fässer erwartete.

Der Oberaufseher ließ es sich nicht nehmen, pflichtschuldig Pietro und Filippo zu begleiten, als ersterer dem Kutscher den Auftrag zur Beschaffung des neuen Getränkes und vor allem das Handelshaus mitteilte, von welchem der Wein auf Raineros Kosten abgeholt werden sollte. Zur Beglaubigung wies ihm Filippo einen Brief seines Herrn vor, den der Fuhrmann dem Weinhändler zu überreichen hatte.

Da nun das Geschäft glücklich abgewickelt sei, wandte sich Pietro danach zum Oberaufseher, könne man ja gemeinsam zu den Freunden zurückkehren!

Doch der brave Fabricio schüttelte den Kopf: Das täte er von Herzen gern, doch habe er strengen Befehl, alle ankommenden und abgehenden Wagen sorgfältig zu durchsuchen!

Pietro Asinelli schlug dem Alten lachend auf die Schulter:

»Doch nicht heute, guter Freund! Heut herrschen die Masken und der Frohsinn! Für die Ausübung deines Berufes findet sich morgen wieder genug Gelegenheit. Laß uns oben noch einen Becher zusammen trinken!«

Herr Asinelli möge nur vorangehen, nickte Fabricio unbeirrt. Wenn er seine Kontrolle beendet habe, käme er alsbald nach.

Lucia Viadagola, im Kostüm der Eurydike, wartete an der Seite des schweigsamen Orpheus voller Unruhe den Erfolg des Unternehmens ab. Als sie Pietro mit Filippo enttäuscht zurückkehren sah, erriet sie den Zusammenhang. Schnell gab sie Befehl, den Oberaufseher zu ihr zu holen: Sie habe dringend wegen ihrer Zofe, seiner Tochter, mit ihm zu reden.

In einem zum Umkleiden vorgesehenen Nebengemach empfing Lucia den Alten und bot ihm strahlend einen vollen Becher edlen Weins an:

»Ich muß Ihnen noch besonders für den heutigen Abend danken, Fabricio! In all den langen Jahren gab es hier noch keinen solch heiteren Karneval. Ist es nicht auch für Sie eine Freude, für ein paar Stunden einmal Sie selbst sein zu dürfen? Auch Sie sollten ein Kostüm anlegen. Ich habe hier eins zurechtgelegt – raten Sie, wen Sie darstellen sollen? Den Göttervater Zeus, der alles sieht und bestimmt, sich aber auch zuweilen unbeschwert unter die Menschen mischt!«

Der alte Mann schüttelte den nicht mehr ganz freien Kopf:

»Sie sind sehr freundlich, Donna Lucia. Und der Wein ist nicht weniger gut. Für die Erfüllung meiner Pflicht hafte ich dennoch mit meiner Person!«

Lucia Viadagola warf dem Überraschten indessen lachend das weite Griechengewand über den Kopf:

»So erfüllen Sie am besten Ihre Pflicht – als Göttervater!«

Sie eilte zur Tür und verriegelte sie sorgfältig von draußen, bevor sie sich schnell wieder die Treppe hinunterbegab.

Währenddessen hetzte Pietro den herkulischen Küfner und den Fuhrmann, das Faß aus dem Vorratsraum zu holen und aufzuladen, um es unverzüglich und so schnell wie möglich auf der Straße nach Ravenna zu einem dort ansässigen Weinhändler zu fahren. Filippo werde ihn begleiten ...

Als sie das auffallend schwere Faß aufhoben, erschien der Oberaufseher im Hof. Es war ihm gelungen, sich aus dem im ersten Stock gelegenen Raum durch ein Fenster zu zwängen und freizukommen. Im Licht der Fackeln überprüfte der nun doppelt Argwöhnische das Aufladen des mächtigen Gefäßes.

Da stieß plötzlich eine der herumstehenden Masken einen Schrei aus und deutete entsetzt auf das Spundloch des soeben auf dem Wagen verstauten Fasses:

»Da! Eine blonde Locke! Zu Hilfe! Sie haben König Enzio umgebracht!«

In der allgemeinen Verwirrung, als alle, voran Fabricio, den Wagen umdrängten, suchte Lucia den Alten zurückzuhalten:

»Ich muß mich bei Ihnen entschuldigen. Ich wollte die kostbaren Kostüme in Sicherheit lassen und habe hinter Ihnen ganz in Gedanken abgeriegelt. Da man mich rief, eilte ich hinunter, ohne an Sie zu denken. Wie gut, daß Sie herausfanden! Es ist Ihnen doch nichts geschehen?«

Pietro hatte die Verzögerung benutzt, aus seiner Maskenperücke unbemerkt einige Haare auszureißen und dem Aufseher das vermeintliche Mißverständnis aufzuklären. Doch der ließ sich nicht beirren; er wußte, was mit ihm geschah, vernachlässigte er hier sein Amt.

Als letzten Versuch stürzte sich der Diener Filippo auf ihn, doch der Alte handelte ebenso schnell: Mit seinem kurzen Schwert zerschlug er die Stränge, die die Pferde an den Wagen banden, und ließ alle Tore schließen.

In diesem Augenblick rief Lucia geistesgegenwärtig in schrillem Jubel:

»Da kommt König Enzio!«

Und wirklich: In einem der Aufgänge erschien langsamen, unsicheren Schrittes der maskierte Orpheus.

»Madonna!« murmelte Fabricio unsicher. Doch dann ging er in plötzlichem Entschluß auf den Ankömmling zu. Bevor der schweigsame Orpheus etwas erwidern konnte, sagte der Alte schnell:

»Verzeihen Sie, Herr!«

Damit riß er dem Überraschten mit jäher Bewegung die Maske vom Gesicht. Raineros fassungslose Züge kamen zum Vorschein.

Blitzschnell warfen sich Rainero und Pietro auf den Alten. Filippo wehrte die anstürmenden Wächter ab. Die ahnungslosen Gäste waren in den Hof gestürzt. Die Sturmglocke läutete.

Da richteten sich alle Blicke auf den Wagen. Das Faß geriet ins Schwanken; mit einem Ruck fiel der Boden heraus. Alles erstarrte, blickte gebannt wie auf eine Geistererscheinung:

In der Öffnung wurde im Fackellicht ein blonder Kopf sichtbar. Einen Augenblick später sprang Enzio unter die eben noch kämpfenden Getreuen.

Ein gealterter fahler Mann im falschen Kostüm hob verzweifelt die Hand.

Der Karneval im Palazzo di Re Enzio hatte sein Ende gefunden.

IX
DER METEOR

Als der junge Staufer Konradin um Mitte Februar mit gerade noch einem Drittel seiner anfänglichen Gefolgschaft in Pavia einzog, trugen die Bewohner unter festlichen Gesängen einen Thronhimmel über ihm.

Der Heilige Vater indessen schrieb an König Ottokar: Dieser möge die Torheit seiner bayerischen Nachbarn erkennen, die, kindischer denkend als das Kind, dieses nach Ligurien geführt – oder besser: verführt – ihn in dieser gefährlichen Lage verlassen und ihm als Hüter einen, der sich Herzog von Österreich nenne, zurückgelassen hätten ...

Und in den ersten Märztagen berichtete Clemens dem Bischof von Albano, daß Corradino sich mittellos mit wenigen und ungeübten Truppen zu Pavia aufhalte und weder vorwärts noch rückwärts könne.

Bald folgten andere Nachrichten. Während sich die guelfischen Freunde auffallend still verhielten, mußte der Heilige Vater täglich mehr von der wachsenden italienischen Anhängerschaft des Verfemten erfahren. Jenseits der Höhen franziskanischen Geistes oder des heiligen Thomas von Aquin flehte Clemens der Vierte um Erleuchtung und Sieg der jetzt durch ein verblendetes Kind gefährdeten Kirche. War es nicht Gottes Wille, daß er das von seinen Vorgängern auf dem Stuhle Petri Übernommene zum Ruhm des Höchsten und mit allen Mitteln zu Ende führte? Nach der Inthronisierung des französischen Günstlings gab es für den französischen Papst nur noch den letzten Schritt: den deutschen Erben der Krone zu beseitigen – getreu dem Fluch Innozenz' des Vierten:

Tötet! Rottet aus Name und Leib, Samen und Sproß des Babyloniers!

Den bisher treuen Florentinern, deren Abfall zu befürchten war, widmete Clemens ein neuerliches Breve. Angesichts der unerhörten Herausforderung, daß der von seinem magischen Traum besessene, größenwahnsinnige Knabe weder der Warnungen noch Vorladung, weder des Befehls zum Verlassen des Landes noch der Exkommunikation achtete, entschloß sich Seine Heiligkeit zu böser Beschwörung:

Ein Königlein, entsprossen aus dem Stamm der giftigen Schlange, erfüllt mit seinem Gezisch die Landschaft Tusciens und sendet Gleichgesinnte, Otterngezücht, Männer der Pestilenz, die Verrat an Euch, dem Reich und an Karl von Anjou, Unserem geliebtesten Sohn in Christo, verübten, zu allen Edlen, Städten und Orten umher. Er läßt durch auserlesene Lügen seine nichtige Pracht aufstutzen und sucht unermüdlich einige durch Bitten, andere durch Lohn vom Wege der Wahrheit abzubringen. Der, den Wir bezeichnen, ist der unvorsichtige Jüngling Konradin, der Enkel Friedrichs, des durch Gott und seinen Statthalter in gerechtem Gericht verurteilten Römerfürsten. Seine großsprecherischen Werkzeuge sind verwerfliche Männer, die in Tuscien jenes schändliche Götzenbild errichten möchten, die Söldner werben, Verschwörungen mit gleich argen Frevlern anzetteln, jenen im Wahnsinn König nennen und ihn so verführt haben, daß er diesen Titel annimmt und sich des sizilischen Wappens bedient!

Indes schien der Zorn des Heiligen Vaters an der nachtwandlerischen Unbeschwertheit des Knaben abzugleiten, der Stern Konradins alle Feinde zu überstrahlen, als gälten weder Warnung noch Fluch, noch Angst vor militärischer Unterlegenheit – wenn schon die Schlacht den Ausgang bestimmen sollte.

Konradin erreichte die Küste Liguriens und wagte durch wilde Frühlingsstürme die Seefahrt nach dem kaiserfreundlichen Pisa, wo er im kleinen Hafen Porto Pisano an Land ging – am selben Ort, wo einst der Anjou der Truppe Manfreds hatte entfliehen können.
    Mit gleicher jugendlicher Kühnheit führte Friedrich von Baden das bei Pavia zurückgelassene Heer unversehrt über die vom Feind bedrohten Pässe des Apennin.

Am Gründonnerstag hielt Konradin Einzug in Pisa. Er wohnte im Palast des Erzbischofs nahe dem marmorweißen Dom. Die Pisaner unterstützten ihn mit Schiffen und schenkten ihm Pferde, einen kostbaren Harnisch, Gewänder und Geld. Märchenhaft erschien ihnen das Wagnis des Jünglings, seine Reise zu Lande und zu Wasser.

Wenige Tage danach zog, ähnlich umjubelt, Friedrich von Baden, von Varese her kommend, in Pisa ein.

Der jetzige römische Senator Heinrich von Kastilien bekannte sich offen zu dem Kaiserenkel. Ein Versuch des Anjou, sich Roms durch nächtlichen Überfall zu bemächtigen, scheiterte.

Wieder, wie zu Zeiten des Kaisers, ergossen sich Scharen von Bettelmönchen über die Länder, den Heiligen Krieg predigend gegen den ›grausigen Basilisken‹, dessen Anblick und Hauch allein Gift und Tod bedeute. Kein Vergleich war dem Heiligen Vater zu abstoßend, keine Maßnahme blieb ungenutzt. Clemens der Vierte, durchdrungen von seinem Amt als Vollstrecker des höchsten Willens, erneuerte von Viterbo aus den Bannfluch und dehnte ihn auf alle Menschen und Städte aus, die den Vormarsch der Deutschen mit Pferden, Waffen, Schiffen zu unterstützen auch nur im Sinne führten. Weitere Manifeste verkündeten: Die Treue zu dem verblendeten Knaben aus dem ›Stamme des Drachen‹ werde mit Strafen belegt werden, die über vier Generationen hinaus wirksam sein sollten! Der Eindringling aus dem Norden sei vogelfrei, sein und seiner Kumpanen Habe jedermanns Besitz, ihr Leben ein Nichts ...

Am Ostermontag empfing Karl zu Viterbo aus den Händen des Papstes das Kreuz zum Kampf gegen den Ausgestoßenen. Am letzten Apriltag brach der Anjou mit seinem Heer von Viterbo auf nach Lucera. Am Beginn seines Kampfes gegen den Staufer sollte die Ausrottung der abtrünnigen Moslems stehen.

In Pisa, seinem zuverlässigsten Stützpunkt, verweilte Konradin eineinhalb Monate, wo sich ihm ghibellinische Anhänger aus der Toscana und deutsche Söldner anschlossen. Wie ein regierender König verteilte der Jüngling Ämter und Privilegien; so übergab er den Pisanern nach dem Vorbild Friedrich Barbarossas und Heinrichs des Sechsten eine Reihe von Inseln und Städten seines künftigen Königreiches: Malta, Ischia, Trapani, Marsala, Cotrone, Monopoli und Salemi.

Am Pfingsttag, zum Fest der Ausgießung des Heiligen Geistes, hallte in der Dominikanerkirche zu Viterbo die sich überschlagende Stimme des Papstes über die Gläubigen hin:

»Fürchtet euch nicht! Wir wissen, daß dieser Jüngling von nichtswürdigen Menschen wie ein Lamm zur Schlachtbank geführt wird! Und diese Gewißheit ist in Uns so groß, wie es nächst den Glaubensartikeln der Heiligen Kirche keine mehr gibt!«

Der Fluch des Mannes auf dem Thron der Christenheit flog von Mund zu Mund, heftete sich an das Bild des jungen Staufers. Viele Herzen erstarrten. Was würde, sollte der Heilige Vater recht behalten?

Gleichwohl zog der Knabe von Sieg zu Sieg.

Konradins Kavalkade kam an den Mauern der Stadt Viterbo vorbei. Von der Loggia des zinnenbekrönten Papstpalastes blickte Clemens auf das bunte Heer der Deutschen und Ghibellinen herab. Mit unheimlicher Zuversicht wiederholte er:

»Des Knaben Größe wird verschwinden wie Rauch. Er zieht hin nach Apulien – zur Schlachtbank!«

Wieder wurden die Menschen vom Schrecken gepackt. Die furchtbaren Worte blieben in ihrem Gedächtnis. Legenden schmückten die neue ›Weissagung‹ des Heiligen Vaters aus – verbreiteten sie bis in die Länder jenseits der Alpen. Mit zitternder Hand verzeichneten sie die Chronisten, damit die Jahrhunderte sie nicht in Vergessenheit geraten ließen ...

*

Der sizilische Aufruhr griff auf Apulien über. Die einst vom Kaiser in Lucera angesiedelten Sarazenen, sich alter Herrlichkeit besinnend, hißten das Stauferbanner über den Türmen ihrer Riesenfestung. Die französische Besatzung wurde niedergemetzelt, ebenso in der Basilicata, der Terra d'Otranto und in Kalabrien.

Der Anjou, von Geldnot geplagt, verpfändete Kaufleuten aus Siena die Krone, die ihm der Heilige Vater übergeben, und lieh vom Papst selbst elftausend Pfund in Gold.

Im Mai und im Juni belagerte Karl Lucera. Die Eingeschlossen verbrannten seine hölzernen Belagerungstürme durch das gefürchtete ›griechische Feuer‹.

Am vierundzwanzigsten Juni zog Konradin in Siena ein. Wieder erteilte er als künftiger König und Kaiser Privilegien: Zollfreiheit für die Kaufleute und oberste Gerichtsbarkeit für die Städte.

Mit der steigenden Sonne wuchs der Erfolg des jungen Staufers. In Sizilien empörten sich über Nacht die Städte Agrigent, Calata, Nicosia, Catania mit ausgedehnten Ländereien gegen die Gewalt des Anjou; überall regten sich rächende Hände im Andenken an den sanften Manfred. Der Aufstand, ausgelöst durch die Landung einer Abordnung Konradins, griff mit Blitzesschnelle um sich. Nur die größeren Städte, die noch von französischen Besatzungen gehalten wurden – wie Palermo, Messina, Syracus –, trotzten dem Sturm. Auch ihr Fall schien nur noch eine Frage von Tagen.

Zur gleichen Zeit, da auf Sizilien die staufischen Banner von Burg zu Burg getragen wurden, eroberte der rote Adler auch die Ewige Stadt. Glühende Sonne brütete über dem sommerlichen Land, als Konradins Heer auf der alten Via Cania der Metropole der Caesaren und der Päpste entgegenritt. Die Hauptstadt der Christenheit kehrte sich gegen den Heiligen Vater, der sie bisher noch nicht betreten hatte, und seinen französischen Vasallen. Das Ewige Rom bereitete sich auf den Empfang des künftigen Herrschers des Reiches vor ...

Konradins trunkener Blick schweifte von der Höhe des Monte Malo über die römische Campagna, die sich ernst und feierlich um ihn breitete, von Bergen umrahmt und durchströmt vom Tiberfluß, der an trümmerreichen Tuffhügeln zur Milvischen Brücke floß, während auf den Vorhöhen der Sabina die hellen Häuser Tiburs leuchteten, wo sich die Einzüge Friedrichs und Manfreds abgespielt hatten.

Neben dem jungen König stand der Freund. Während Konradin schweigend verharrte, hörte er die Stimme Friedrichs:

»Was haben diese Mauern und Steine gesehen, erlitten, überlebt! Die einen erduldeten die leisen Schläge der Zeit, die sie verzehrte, andere die Raserei des Krieges, wieder andere fanatische Wut. Blinde Barbaren, eifrige Christen wetteiferten mit der frommen Pracht der Päpste und den Flammen der Vandalen und Goten.«

Leise fügte er hinzu: »Und noch und immer: Roma aeterna – Hauptstadt der Welt!«

»Wie Sie blickte der Kaiser am Tag vor seiner Krönung durch Papst Honorius von hier auf Rom herab«, stellte Galvano Lancia fest. »Er war zehn Jahre älter, als Sie jetzt sind, und die Kaiserkrönung in St. Peter mehr eine Angelegenheit des Papstes als der Römer. Das Volk nahm wenig Anteil – im Gegensatz zu dem Jubel, der Sie erwartet, nachdem jeder weiß, daß es dem Anjou nicht gelungen ist, das treue Lucera zu erobern. Auch ist die französische Flotte bei Messina von ghibellinischen Galeeren unter meinem Sohn Federigo besiegt worden. Der römische Senator Heinrich von Kastilien bietet uns mit seinen spanischen Reitern wertvolle Verstärkung; zudem beherrscht er Rom. Römische Adlige und Söldner werden sich uns ebenfalls anschließen.«

»Herr Heinrich von Kastilien«, bedachte sich Konradin, »ist der Bruder des deutschen Gegenkönigs Alfons. Wie können wir ihm trauen?«

Graf Galvano hob die Schultern.

»Sie müssen erfolgreich sein, Hoheit – dann gehört Ihnen die Welt. Das gilt auch und besonders für die römischen Nobili, mit denen schon der Kaiser seine Schwierigkeiten hatte. Sie sind ein rohes, in den alten Monumenten hausendes Geschlecht, zerstritten untereinander wie mit den Päpsten und Kaisern, goldgierig und ebenso arm wie käuflich. Ihre Wohnbauten besucht kein wandernder Troubadour, niemals versammeln sich in ihnen schöne Frauen, einen triumphierenden Ritter zu bekränzen, wie es an den Höfen von Sizilien und Apulien, in Palermo oder Foggia war ... So ist aus dem Flavischen Circus, den die Römer Colosseum nannten, eine dem Palatin vorgelagerte Festung geworden, ausgebaut von der Familie Frangipani, denen der ungeheure Steinbruch von den Päpsten überlassen wurde. Vor achtunddreißig Jahren brachte ein Erdbeben einen großen Teil des Bauwerkes zum Einsturz, und die Frangipanis nutzten die Lücke für ihren Festungsbau. Dazu besitzen sie am alten Forum Boarium den sogenannten Janus Quadrifons und verwandelten die Triumphbögen des Titus oder Konstantin in Festungen mit plumpen Verteidigungstürmen. Auf dem Höhepunkt seiner Macht hatte der Kaiser die Frangipanis fast so weit, daß sie ihm die Hälfte des Colosseums mit dem darangefügten Palast überließen.«

»Mögen sich die Herren in ihren Ruinen einnisten oder neue Festungen daraus schaffen! Was der Kaiser erkämpfte – wir haben es erreicht«, sagte Konradin mit einem Aufatmen. »Weder der Anjou noch der Papst werden verhindern können, daß Rom uns gehört!«

Graf Galvano wies über die zu ihren Füßen sich breitende Stadt:
»Dort unten rüstet man zu Ihrem Triumphzug. Man wird Sie umjubeln, und Sie werden zurückwinken und lächeln. Aber Sie werden sich ebenso an den großen römischen Kaiser Hadrian erinnern, dem sein Lieblingssklave, hinter ihm auf dem Triumphwagen stehend, immer wieder zuflüstern mußte: ›Denke daran, daß du ein Sterblicher bist!‹«

Konradins heller Blick wanderte über die Tempelreste, die unzähligen Festungstürme und die Trümmerfelder versunkener Größe.

»Was soll mir das Wissen, daß ich sterblich bin? Noch gilt für mich das herrliche, unbegreifliche Leben!«

Der Graf blickte lächelnd auf den hochgewachsenen Jüngling im blauen Kleid und im Glanz der silbernen Rüstung, dessen blonde Schönheit alle verzauberte, die ihm begegneten. Wie anders ist er als sein unfroher, strenger Vater, dachte Galvano Lancia. Vielleicht wird er wirklich das Werk des Kaisers vollenden!

*

Am vierundzwanzigsten Juli öffnete sich die heilige Roma dem jungen Staufer. An seiner Seite ritten sein Freund Friedrich, Konrad von Antiochia und der Graf Galvano Lancia. Grob errichtete Triumphbögen säumten den Weg von der Engelsbrücke bis zum Capitol. Unter den Hufen der Pferde lagen Blumen und grünes Laub. Zum Klang der Zithern und Tamburine sangen römische Frauen festliche Lieder. Wohlgeordnet schritten die Herren des Senats dem blonden Sieger entgegen, übergaben ihm den goldenen Schlüssel der Stadt.

Die Straßen zum Capitol glichen einem Märchenbild: Lorbeerzweige und Blumengewinde an Fenstern und Türen; Fahnen, seidene, golddurchwirkte Tücher, purpurne Teppiche und buntleuchtende Illuminationen verwandelten Häuser und Paläste, die ragenden Reste antiker Herrlichkeit in eine Zauberwelt jenseits jeder Wirklichkeit. Der Empfang des Anjou blieb dagegen eine kalte, armselige Zeremonie. Alles Frühere war vergessen. In dem Königsknaben aus dem Norden grüßten die Römer das eigene, höhere Bild. Unzählige Triumphatoren hatte Rom erlebt – keinen im Adel und Glanz seiner sechzehn Jahre.

Der Senator Heinrich von Kastilien, im Glauben kluger Abschätzung kommender Entwicklung, bewillkommnete den Jüngling mit einem eigenen Gedicht:

Herrlicher Garten Siziliens! Dich hat ein Gärtner jetzt in Obhut genommen, dir alles erduldete Leid in Freude zu wandeln. Der glückliche Erbe fordert die Kaiserkrone vom Papst!

Der Traum vom Imperium lebte auf, da Konradin von Hohenstaufen, umgeben von den Freunden, durch die Straßen ritt, die mächtigen Ruinen ruhmvoller Vergangenheit mit staunenden Augen streifend: Alles war sein ...

Bedroht von nahen Burgen des Adels erhob sich auf dem verödeten Capitolshügel das Senatshaus, der Sitz der Republik, wo die Senatoren wohnten. Außer dem groben mit Zinnen und einem Flankenturm gekrönten Gebäude ragte in unmittelbarer Nähe der Klosterpalast von Aracoeli, der auch König Karl und dem Infanten von Kastilien zeitweilig als Residenz diente. Es war das legendäre Palatium Octaviani mit der von den Römern geliebten Kirche von Santa Maria d'Arcoli, wo zur Zeit des Augustus der Sitz der capitolinischen Sybille gewesen war. Von ihr ging die Sage, sie habe in der Nacht von Bethlehem dem Kaiser in Rom einen kommenden Weltenherrscher angezeigt, der im Begriff stehe, als Sohn Gottes zur Erde herabzusteigen. Daraufhin habe Augustus an dieser Stelle den berühmten ARA COELI – Himmelsaltar – errichten lassen. Unter einem von acht Säulen getragenen Baldachin ruhte ebendort in kostbar geschliffener Porphyrwanne die Mutter Kaiser Konstantins, der, obgleich erst auf dem Sterbebett getauft, als der erste christliche Herrscher angesehen wurde. Seine zielbewußt-gläubige Mutter, die Kaiserin Helena, hatte sich aufgemacht, im Heiligen Land nach den sichtbaren Spuren des Erlösers zu suchen. Dabei hatte sie, wie berichtet, nicht nur das Kreuz, sondern auch den Heiligen Rock, Teile der Dornenkrone wie das Schweißtuch der Veronika und dazu die berühmte Heilige Stiege ausfindig gemacht und nach Rom überführen lassen. Mehr noch als ihr Sohn Konstantin gab Helena der jungen Kirche mit ihren handfesten Beweisstücken des Glaubens die unüberwindliche Bindungskraft, die selbst den Fall Roms überdauern sollte.

Der Laienbruder, der es sich nicht nehmen ließ, dem staunenden Staufererben am Grab der Kaiserin-Mutter die Erklärungen darzutun, beantwortete den Hinweis Konradins, er habe als Kind das Jesuswort gelernt: ›Selig, wer nicht sieht und doch glaubt!‹ mit lächelnder Überlegenheit:

»Die Lehre des Herrn, Hoheit, gründet sich auf den Willen Gottes – die Weisheit der Kirche hingegen auf die Kenntnis der Menschen!«

An der Südspitze des Capitolinums, nahe dem Tarpeischen Felsen, an der Schwelle eines monumentalen Marmortores zwischen zerstreuten Säulenresten des Tempels des Jupiter Capitolinus, des größten, den Rom jemals besessen, inmitten seiner Fürsten und Edlen, verhielt der Königsknabe schweigend.

Wirkte hinter allem nicht überirdische Fügung? Was anderes hatte ihn hierher geleitet? Vergessen war der Winter in Verona, vergessen alle Not des Anfangs, vergessen auch der Fluch des Papstes. Vor wenigen Monaten noch hatte man des vermessenen Unmündigen gespottet, der da mit dreitausend Rittern und Söldnern das Reich zu erobern gedachte. Seitdem war er Schritt um Schritt kühn und beharrlich bergan gezogen, während sein Widersacher Karl von Tag zu Tag abwärts zu gleiten schien. Hatte der blonde Knabe aus dem Norden schon jetzt den düsteren Schatten des Fremden verdrängt?

Nicht nur Sizilien, das ferne Erbland, das er nicht kannte, – die ganze Welt – ein blühender Garten des Glücks! Frauen und Mädchen lachten, Kinderhände streckten ihm Blumen entgegen,

Männer winkten, riefen ihm zu als ihrem Herrn – ihm, König Konradin ...

In der herrischen Kühle des Pantheons, das vor sechshundert Jahren der byzantinische Kaiser Phokas dem Papst geschenkt hatte, daraus eine Kirche zu machen, waren das klassische und das christliche Rom eine Verbindung eingegangen, die die Jahrtausende überstrahlte. Hier, in diesem einzigen fast unversehrten Zeugnis des Römischen Reiches, bot sich dem Jüngling und seinen Freunden Entrückung und Erfrischung vor dem Überschwang der Bevölkerung und der eigenen Gefühle wie der sommerlichen Glut der Weltstadt.

Während in einer der geplünderten Götternischen ein Priester liturgische Gebete murmelte, verharrte die Schar um den Staufer noch einmal in der Stille; voran der unerfahrene Knabe, zuvor nur vertraut mit seiner bayerischen Bergheimat – und an seiner Seite der weltgewandte Schwager und Gefolgsmann des sagenhaften Herrschers, dem es, seit er in Rom die Krone empfing, niemals vergönnt war, zur Ruhe zu kommen ...

Wie der Weg des Kaisers führe auch der Weg Konradins von hier aus nach Sizilien, wandte sich Graf Galvano dem Jungen zu.

»Wichtiger als der Jubel der wandelbaren Römer ist Ihre künftige apulische Heimat. Sie werden Castel del Monte sehen und wissen, daß die Bauten des Kaisers neben Rom bestehen können. Wir werden die Söhne von König Manfred erlösen, die dort angeschmiedet dahinsiechen, und in Nocera die Königin Helena befreien, die krank ist vor Sehnsucht nach ihren Kindern.«

Konradin pflichtete ihm bei:

»Und es muß uns gelingen, die Macht Bolognas zu brechen. Wir brauchen Herrn Enzio für den kommenden Kampf. Gibt es Nachricht von seinen Freunden?«

Galvano Lancia, in dessen Hand alle Fäden aus dem italienischen Raum zusammenliefen, mußte gestehen, daß für den Gefangenen das Spiel wohl endgültig verloren sei. Ein neuer Fluchtversuch, erleichtert durch den Taumel des Karnevals, sei mißglückt. »König Enzios Helfer, dem jungen Herrn Asinelli, gelang es, in letzter Minute zu entkommen. Er hat sich dem Stauferheer angeschlossen. Ein anderer treuer Ghibelline, Herr Gonfaloniero, ist, zusammen mit seinem Diener, wegen Fluchthilfe hingerichtet worden.«

»Und Enzio selbst?«

Wie es heißt, habe man den Unglücklichen verurteilt, von jetzt an seine Tage angeschmiedet in einem ausweglosen Gelaß zu verbringen. Wächter mit Lanzen und Stangen umschritten Tag und Nacht die umgitterte Kammer.

Konradin lauschte dem frommen Gesang nach, dessen fast überirdischer Klang sich zur offenen Kuppelhöhe emporschwang, dann sagte er unvermittelt:

»Heinrich – Enzio – Manfred – mein Vater ... Schließt sich die Kette auch um mich?«

Noch bevor Galvano Lancia etwas zu erwidern vermochte, fuhr er schmerzlich fort: »Warum mußte König Manfred sterben?«

Niemals bisher hatte er nach dem musischen Halbbruder seines Vaters gefragt, von dem er nur wußte, daß er sich auf seine, Konradins, Kosten zu Palermo krönen ließ.

»Er glaubte an sein Glück – wie Sie, Hoheit«, sagte der alte Graf. »Keiner warnte ihn vor der Gefahr, in die er sich mit dieser Krönung begab. Auch ich erkannte sie nicht. Jeder glaubte an sein Glück. Manfred war blond und schön – wie Sie, doch wieder anders. Er wuchs auf im Windschatten des müden, gealterten Kaisers, der ihn mehr liebte als irgend etwas auf der Welt und von ihm alles fernhielt, was das kämpferische Dasein erfordert. Manfreds Leben kannte nur Dichtung, Musik, Schönheit. An Grausamkeiten, die auch in seinem Namen geschahen, hatte er keinen Anteil. Er wollte daran glauben, daß das Glück zu ihm gehöre – so wie die Schönheit, die Liebe aller zu ihm gehörte. Er glaubte an den Frieden durch Güte. Er sah im Papst den Heiligen Vater, dem Haß ebenso fremd sein mußte. Selbst den Anjou glaubte er durch Güte zu bannen. Er sah nicht die Wirklichkeit.«

Konradin hatte schweigend zugehört. Das letzte Wort hallte wieder in ihm nach: die *Wirklichkeit* ...

Wie aus anderen Sphären klang die monotone Stimme des Priesters durch das Wunder des herrlichen Raumes, der als einziger der Wut der Barbaren getrotzt hatte. Es dauerte eine Weile, bis der Jüngling zögernd weiterfragte:

»Und wie verhielt es sich mit meinem Vater? Man sagte mir, ich sei ihm ähnlich.«

Graf Lancia bemühte sich, in seiner Stimme keine Bitterkeit mitschwingen zu lassen.

»König Konrad besaß nichts von dem, was Manfred hatte – und alles, was Manfred *nicht* besaß: Herr Konrad war der *legitime* Kaisersohn und – nach dem Versagen König Heinrichs – Erbe des Reiches. Doch was ihm fehlte, war der Glaube an sich selbst. Auf ihm lag ein Schatten. Offenbar durch seine deutschen Erfahrungen mißtrauisch und verschlossen, vermochte er auch kein Vertrauen zu wecken. Er wollte herrschen ohne Liebe. Kam die Grausamkeit des Kaisers zumeist aus enttäuschter Liebe und herrscherlichem Zorn – so die Kälte König Konrads aus einem verkümmerten Herzen. Vielleicht lag es auch daran, daß der Kaiser zwar immer seine Liebe zum Sohn betonte, den Mutterlosen aber allzu früh mit zu schweren Aufgaben belastete, ohne ihn in seiner Nähe zu haben. Ähnlich, schwererwiegend, erging es ja auch dem unglücklichen Heinrich, ohne dessen Schicksal Ihr Vater niemals König geworden wäre. Wie König Konrad hatte Heinrich seinen Vater kaum gekannt.«

»Auch ich sah niemals meinen Vater«, sagte Konradin. »So, wie meine Mutter niemals davon sprach, daß sie ihm in Liebe zugetan gewesen wäre. Sie lebte lange allein. Nach dem Tode meines Vaters sah ich sie immer seltener. Sie blieb mir so fremd wie ich ihr.«

»Es gehört wohl zum Schicksal Ihres Hauses«, sagte Graf Lancia, »daß die Söhne ihre Eltern nicht kennen. Jeder suchte die Lücke auf seine Weise zu füllen. Keiner durfte sich eines langen Lebens erfreuen. Jeder war getrieben, seine Zeit zu nutzen. Vielleicht erwuchs daraus ihre Liebe zur Poesie – und ihr grenzenloses, nicht nur musisches Streben. Warum traten Sie, Hoheit, so früh Ihren Marsch an?«

»Sie wissen, wer mich trieb«, erklärte der Jüngling stolz, herrisch fast. »Ich frage nicht nach der Zeit.«

»Auch König Enzio fragte nicht«, stellte der Graf fest. »Auch er war jung. Auch er liebte das Leben. Erst, als sich die Mauern von Bologna um ihn schlossen, dachte er darüber nach, was das ist: Zeit.«

Beide umraunte die kühle Gewalt des himmelweiten Rundbaues versunkener Tage, der einmal *allen* Göttern geweiht war, bevor der Eine siegte. Und als öffne sich für einen Augenblick der Kerker von Bologna, klangen aus dem Mund des alten Grafen noch einmal die Worte des Gefangenen, als wollten sie ihren Sinn dem letzten lebenden Gefährten des Kaisers und seinem letzten Erben in geheimnisvoller Weise mahnend übermitteln:

Zeit läßt steigen dich und stürzen ...

Wieder durchraunte das Echo den Marmor des Riesengewölbes.
Und wieder begehrte Konradins Jugend auf gegen das bittere Wissen des anderen, über den die Zeit entschieden hatte:
»Noch bin *ich* frei! Herr Heinrich sprach es in seinem Begrüßungsgedicht viel schöner aus! Wartet nicht auf mich, auf uns, der herrliche Garten Siziliens?«
»Noch steht vor seinem Tor der dunkle Engel mit dem Schwert«, sagte Galvano Lancia nachdenklich. »König Karl hat nahe Foggia neue Stellungen bezogen. Gelingt es ihm, zwischen uns und das Zentrum der treuen Sarazenen einen Riegel zu schieben – und das in unmittelbarer Nähe der zweiten Hauptstadt des Regno –, so ist Ihre Zukunft ohne Schwertstreich entschieden, Hoheit!«
»Die Menschen in der apulischen Heimat des Kaisers werden es nicht zulassen!« widersprach der Sechzehnjährige. »Wer Rom hat, hat auch das Reich – heißt es nicht so?«

Er saß in seinen Gedanken zu Füßen Frau Elisabeths im düsteren Gemach am Nordhang der Alpen. Wärest du hier, Mutter! dachte er. Was du nicht glauben wolltest, ist wahr! Ich, dein Sohn, *König* Konradin – im Ewigen Rom!
Und er vernahm ihre Stimme von fern: ›Die Wirklichkeit rächt sich, als ertrüge sie nicht, daß man sie gering achtet. Die Wirklich-

keit heißt ...‹ Eine Wolke senkte sich über den Traum. Fröstelnd, erwachend, verließ Konradin mit den Freunden den unirdischen Raum. Das Gemurmel des Priesters hallte ihm nach wie ein Grabgesang.

Als sie aus den Säulen auf den vom Licht überstrahlten Platz hinaustraten, wartete ein Bote mit neuer Nachricht aus Apulien: Das ganze Binnenland war jetzt staufisch. Nur die Küstenstädte Trani, Barletta, Bari, Brindisi wurden noch von französisch-guelfischen Besatzungen gehalten. Aber auch dort erschienen über Nacht Anschläge, rief man auf offener Straße:

Corradino war, ist und wird sein unser Herr!
Lang lebe unser Herr und König Corradino!
Übergebt euch Corradino. Er ist ein besserer Fürst als Karl!

Zugleich wurde gemeldet, daß achtundzwanzig ghibellinische von den Pisanern ausgerüstete Galeeren unversehrt in Ostia eingelaufen seien. Und als sei das Maß der guten Botschaften noch nicht voll, erklangen über den feiernden, jubelnden Menschen unversehens die Glocken der Ewigen Stadt.

Von unbekannter Hand gehißt, stieg der Stauferadler auch über dem verwaisten Lateranpalast empor.

X
VOR TAGESBEGINN

Konradin ritt dem Zug der Wolken nach. Wie einen unwirklichen Traum ließ er Rom hinter sich. Noch hörte er die jubelnden Stimmen, sah er die umkränzten Häupter, die lachenden Augen, erhobene Hände. Vor ihm lag das entscheidende Stück seines Weges. Die Sonne überstrahlte alles. Die Stunde kam, da die Waffen sprechen sollten.

Suchte er den Kampf?

Ließ ihn seine Jugend glauben, wie bisher würde allein seine Gegenwart auf allen Straßen den Sieg sichern? Das Hochgefühl des triumphalen Empfanges in der Ewigen Stadt brannte in seinem Blut. Alles um ihn hatte ihn bisher in seiner Zuversicht bestärkt. Es war wie eine Heimkehr ins Land der Väter, als ginge die Sonne niemals unter ...

Ob sie zu Hause, Graf Meinhard von Görz, der Gemahl der Mutter, und der gestrenge Herzog Ludwig, vom Glück seines Südweges erfahren hatten? Bereuten sie, nun doch nicht mit ihm gezogen zu sein? Was sie wollten, habe ich ihnen zurückgelassen, dachte Konradin. Es gab keine Bitterkeit, keine Trauer, keinen Zweifel. Mein Weg ist der meine, dachte er, nicht der ihre. Sie bleiben in ihrer engen Nebelwelt jenseits der Berge. Der Süden gehört mir! Und ist jetzt unser Heer dem des Anjou nicht weit überlegen?

Während die Grafen Lancia Konradin zu bewegen suchten, auf dem Seeweg gleich von Ostia nach Sizilien aufzubrechen, bestand der kriegerische Troubadour Heinrich von Kastilien auf baldigem Kampf mit dem Anjou. So kam es, daß Federigo wieder in Richtung Sizilien in See stach, während Konradin mit seinem Heer am zehnten August von Rom aufbrach, in den östlichen Erblanden Einzug zu halten. Wie versprochen, gab der Infant von Kastilien mit seiner schwer gepanzerten spanischen Reiterei Verstärkung; hinzu kamen neben zahlreichen römischen Adligen und Söldnern lombardische Anhänger und die toscanischen Ghibellinen. Auch der Kaiserenkel Konrad von Antiochia, der mit einer Tochter Galvano Lancias vermählt war, hatte sich, nachdem er Manfred bei Benevent noch rechtzeitig im Stich gelassen, mit eigener Truppe dem erfolgversprechenden Unternehmen wieder angeschlossen. Neben den Knappen, Troßknechten und Flüchtlingen aus allen Gebieten Italiens folgte Konradin für zwei Tagemärsche noch eine römische Menschenmasse. Insgesamt verfügte der Staufer über annähernd fünftausend Ritter, denen der Anjou ein um etwa tausend Mann kleineres Heer von Franzosen, Provenzalen und italienischen Guelfen entgegenstellte. Fußsoldaten spielten keine besondere Rolle.

Die Herren um Konradin waren übereingekommen, auf der Via Valeria, der ältesten und längsten Römerstraße, in Richtung Apulien vorzurücken. In den Abruzzen war Sulmona in der Hand der Ghibellinen; von dort führte der kürzeste Weg nach Lucera, wo man in den treuen Sarazenen wichtige Hilfe zu finden hoffte. Die Vereinigung mit ihnen bedeutete auch ohne entscheidende Schlacht das Ende der Herrschaft des Anjou.

Der einzige, der sich im Siegesrausch zurückgehalten hatte, war Friedrich von Baden-Österreich. Als die Freunde auf der stiller werdenden Straße in den Abend hineinritten und Konradin von der nun bevorstehenden Entscheidung sprach, stellte Friedrich plötzlich die nachdenkliche Frage: Ob Konradin begreife, was seine bloße Anwesenheit in diesen Monaten an Schrecken und Gemetzel – und weit über das dem Franzosen anzulastende Maß hinaus – heraufbeschworen habe? Warum niemand in der Umgebung des Königsknaben nach den Unwägbarkeiten des offenbar unvermeidlichen Kampfes der beiden Heere frage – nach der *wahren,* nicht mit Zahlen zu messenden Stärke des Feindes?

»Vor allem«, fuhr Friedrich von Baden fort, als gelte es, das Unabwendbare hinauszuzögern, »besitzt das Heer des Anjou den großen Vorteil, daß seine Hauptmasse aus kriegsgewohnten Franzosen und Provenzalen besteht, die bereits seit Benevent *seinen* alleinigen und entscheidenden Befehlen unbedingt zu gehorchen gewohnt sind – im Gegensatz zu unseren bunt zusammengewürfelten, unerprobten Haufen, die sich uns angeschlossen haben, solange unsere zahlenmäßige Überlegenheit den Sieg erwarten läßt. Dazu sollen wir uns beide, du und ich, nach Absprache mit Herrn von Flüglingen und den Grafen Lancia im Fall, daß es zur Schlacht kommt, unserer Jugend wegen wie aus dynastischen Gründen vom zu erwartenden Gemetzel fernhalten! Sind all das ermutigende Voraussetzungen?«

Da Konradin wie in schwerem Begreifen schwieg, stieß Friedrich nach: »Warum eigentlich sind wir unbedenklich dem so ehrgeizigen wie kriegsbegeisterten Infanten Heinrich gefolgt, der als Vetter des Anjou noch den Kampf gegen Manfred unterstützte und nur, weil ihm dieser nicht Sardinien abtreten wollte, nun aus Rache auf unserer Seite steht? Und warum wurde die vom mächtigen neutralen Genua geschützte, längst bewährte pisanische Flotte nicht stärker eingesetzt? Warum nehmen wir nicht mit diesen Galeeren Sizilien in Besitz, das sich bis auf Palermo, Messina und Syracus gegen die Franzosen erhoben hat? Warum führen wir nicht von dort den Zermürbungskrieg gegen den Anjou, anstatt daß wir ihm hier auf dem Festland ins Messer laufen? Ist dort nicht auch der Sohn des Senators und Enkel des Königs Alfons, der Infant Friedrich von Kastilien, für unsere Sache ein entscheidender Helfer? Da die Spanier, wie du weißt, hierzulande das staufische Anliegen unterstützen, wäre es für den Anjou unmöglich, auch nur die Straße nach Messina zu überqueren! Ich will es dir sagen, Konradin: Weil die deutschen Herren unter dem Marschall Flüglingen ganz und ausschließlich auf den Landkrieg eingestellt und allzu sehr vom Triumph unserer Sache überzeugt sind!«

Wie aus unendlicher Ferne wandten sich die hellen Augen des Jünglings in der silbernen Rüstung dem Sprechenden zu:

»Und wenn es so wäre? Stand es um uns in Verona nicht viel schlimmer? Sind wir jetzt nicht in der Überzahl? Es ist gut, daß du alles wägst. Du tatest es damals ebenso – und bliebest an meiner Seite. Ich will nicht mit dir rechten. Was hilft uns anderes als der Glaube an unser Glück?«

Doch ebenso dachte der Königsknabe bei sich: War der Freund nicht im Recht? Hatte er, Konradin, sich nicht seinen militärischen Beratern vollkommen ausgeliefert? Man hatte weder ihn noch den

nur wenig älteren Friedrich im eigentlichen zu fragen für nötig befunden – ebenso wie zuvor der Herzog von Bayern oder der Graf von Görz alles bestimmten. Was auch hätte der Strahlend-Ahnungslose als gültige Meinung in die Waagschale werfen können –?
Schweigend ritten die Freunde nebeneinander weiter.

Noch etwas kam Konradin erst jetzt zur Kenntnis:
Als der junge Staufer die Stadt Pisa längst verlassen hatte, um nach Rom zu ziehen, und sein Heer unter Friedrich von Baden-Österreich die Unterwerfung des feindlichen Lucca anstrebte, verhinderte der französische Marschall Jean de Braiselve jedes weitere Vorrücken – bis Ende Juni, kurz vor Konradins Einzug in Rom, mit Hilfe pisanischer Ritter der erste militärische Erfolg des staufischen Heeres gelang. Bei Ponte a Valle im Arnotal erlitt die Truppe des Anjou blutige Verluste. Der Marschall de Braiselve mußte sich mit einem Teil seiner Ritter ergeben. Als Pfand künftiger Siege führte man den Gefangenen jetzt im eigenen Heer mit sich.

Später, am Lagerfeuer, gesellte sich Graf Galvano zu Konradin. Auch er brachte eine Neuigkeit, wiewohl nur eine sehr persönliche:
»Wie ich in Rom erfuhr, lebt in Apulien, unweit Lavello, noch ein Sohn Ihres Vaters, des Königs Konrad.«
»Wer ist die Mutter?« erkundigte sich der Stauferjüngling kurz und abweisend.
»Eine Italienerin – und stolz auf ihren Sohn.«
Abschwächend fügte der Graf hinzu: »Wie Ihnen bekannt sein dürfte, eine in Ihrem Hause keineswegs ganz unübliche Angelegenheit.«
Ohne auf die letzte Bemerkung einzugehen, fragte Konradin: »Wie heißt der Bastard?«
»Er ist fünfzehn Jahre alt und verehrt Sie als sein höheres Ebenbild.«
»Ich fragte nach seinem Namen!«
»Sein Name ist – Corradino ...«
Und als der junge König finster schwieg: »Seine Mutter und er brennen darauf, sich Ihnen anschließen und Ihnen so bald wie möglich selbst begegnen zu dürfen.«

Konradin war aufgesprungen.

»Nein! Ich will ihn nicht kennen. Ich weiß nichts von ihm und werde ihn niemals vor mich lassen. Und Sie, Graf Galvano, werden Sorge tragen, daß mein Befehl ausgeführt wird!«

Selbstverständlich gedenke er dem Wunsch Seiner Hoheit Rechnung zu tragen, erwiderte der Graf mit Würde und ließ den Verstörten allein vor seinem Zelt zurück.

*

Um allen möglichen Gefahren auszuweichen, wählte der Heereszug nicht den eigentlich gemäßen Weg durch die römische Campagna. Der Marschall Kroff von Flüglingen mußte annehmen, daß der leicht zu sperrende Paß von Ceperano wohl bewacht war. So zogen sie in die Berge zwischen der Campagna und den Abruzzen, vorbei an den antiken Märchenbauten des Kaisers Hadrian, deren längst geplünderte Reste bei Tivoli noch immer eine ganze Landschaft bestimmten.

Durch die einsamen Täler di Celle und des Teverone aufwärts, über die wüsten Berge bei Riofreddo ging es in glühender Sonne in die Ebene von Carsoli hinab, wo feindliche Vorposten oder Überfälle nicht zu befürchten waren.

Als der Anjou die Kunde von Konradins Aufbruch und der Marschrichtung des Staufers erhielt, erkannte er, daß er sich verrechnet hatte. Gelang es dem offenbar klug beratenen Knaben, ihn mit Unterstützung der Sarazenen oder auch nur mit dem aufständischen Lucera im Rücken zur Schlacht zu stellen, war er erst recht verloren. Er durfte nicht vor Foggia verharren; es genügte nicht, die apulische Hauptstadt abzuriegeln. An ihm lag es, das kommende Geschehen zu bestimmen. Aus den Berichten seiner Späher wußte Karl, daß das staufische Heer ihn zu umgehen suchte – ebenso wie Konradin und sein Anhang bald erfuhren, daß der Feind sie jetzt in der Palentinischen Ebene zum Kampf erwarte. Um diesen zu vermeiden, verließen sie bei Carsoli die Via Valeria, um auf schwierigen Gebirgsstraßen zunächst das untere Tal des Salto und von dort aus das feste L'Aquila zu erreichen und Karl und sein Heer zu umgehen.

Als der Anjou davon Kunde erhielt, zog er sich aus der Palentinischen Ebene zurück und ein Stück auf der Via Valeria nach Osten und weiterhin ins Gebirge, von wo er dem Stauferheer sowohl in Richtung des vom Kaiser als Schutz gegen die Päpste gegründeten, dann von Manfred zerstörten Aquila wie auch in die Palentinische Ebene entgegenziehen konnte ...

Jeder im Königreich Apulien schien zu spüren, was sich anbahnte. Der Untergang des sanften Manfred lag noch keine zwei Jahre zurück. Für Konradins Streiter war der Augenblick gekommen, das Verlorene wiederzuerlangen, die französische Herrschaft endgültig zu beseitigen.

Fast heiter, unbefangenen Sinnes blickte der Königsknabe an der Spitze seiner Getreuen in die wilde, unberührte Bergwelt. Vor ihm, unversperrt und offen, lagen die Felsen und tief eingeschnittenen Bäche, malerische Klöster und Burgen, Eselspfade und gewundene Straßen: der Weg ins Reich der Väter.

Vertrauter in ihrem Frieden mochte dem jungen Eroberer die Erinnerung an das schwäbische Stammland bleiben, mit seinem weiteren Himmel, dem meergrünen Bodensee, wo sich seine Kindheit erfüllte, oder die bayerische Bergeinsamkeit von Hohenschwangau mit dem Blick über das unergründlich blaue Wasser des Alpsees zu den majestätischen Gipfeln der Allgäuer Alpen, wo er der Mutter Lebewohl sagte – wunderbarer, erregender bot sich dem Fordernden die zerklüftete Abruzzenlandschaft: letzte Barriere zu neuer, größerer Heimat ...

Der Jubel von Rom war verklungen. Es blieb die Stille der Bergwelt, Räderrollen, Hufschlag der Pferde, Klirren der Waffen. Wie bei der Überquerung der Alpen gab es Müdigkeit, Durst und Schweiß – doch keine Entmutigung mehr, keinen Zweifel am großen Wagnis.

Wenige Schritte vor dem jungen König trug, ebenfalls zu Pferde, der ranke Bannerträger strahlend stolz die wehende Fahne des Stauferheeres. Wartete nicht im Süden der ›herrliche Garten‹ Siziliens?

Das römische Volk, Kinder, Frauen, Knaben, die den Zug begleitet hatten mit Liedern, Geschwätz, Karren und Bündeln, war umgekehrt, als die Wege widriger wurden.

Den Feind irrezuführen, wandte man sich über Castelvecchio und die letzte Gebirgskette, die die Quellen des Salto von seinem Mittellauf trennt.

In der Gegend von Torano zog das staufische Heer das Flußtal hinab und der Palentinischen Ebene zu, sicheren Ruheplatz nach dem Marsch in der Glut der Augustsonne zu suchen.

Man fand ihn am frühen Nachmittag nahe dem Ort Scurcola nach Alba zu; die Straße nach Tagliacozzo im Rücken blieb offen und gut zu beobachten. Die Berge von Scurcola, der Bach Rafia und der Fluß Salto boten Schutz nach allen Richtungen.

Südöstlich vom staufischen Lager, das der Marschall Kroff von Flüglingen ausgesucht und gesichert hatte, zwischen den Hügeln der Stadt Alba und dem im Süden vorspringenden Monte San Felice lag das Dörfchen Capelle an der Straße, die durch ein Tal in die Ebene am Fuciner See führte.

*

Wenige Tage zuvor war Karl von Anjou durch einen Boten Gruß und Segen des Bruders Benedikt, eines franziskanischen Oberen, überbracht worden: Der König möge getrost auf Gott vertrauen. Der Herr werde ihm den Sieg verleihen!

Die Worte erhellten kaum die düstere Miene des Franzosen: Bald werde sich Gelegenheit finden, die freundliche Prophezeiung zu erproben!

Es sei keine Prophezeiung, erwiderte der Mönch bescheiden. Bruder Benedikt lege Wert darauf, solch große Worte zu vermeiden. Er räte nur, der guten Sache zu vertrauen!

»Der *guten* Sache – ?« wiederholte Karl von Anjou. »Wer wollte sagen, wessen Sache die bessere ist? Ich habe den jungen König Manfred ausgeplündert, nackt, als Leiche vor mir liegen sehen. Man sagte mir, er sei ebenso schön wie gut gewesen. War seine Sache schlechter als die meine ...?«

Durch Spione war Karl von allen Bewegungen der Gegenseite unterrichtet. Ihn zu überraschen – sofern das in der Absicht des Staufers und seiner Herren gelegen haben sollte –, war nicht mehr möglich. Drei Tage und drei Nächte verfolgte er aufmerksam jede Bewegung des Feindes, immer in Schlachtordnung, jeden Augenblick zum Kampf bereit.

Obgleich man auf deutscher Seite ebenso von den Unternehmungen des Gegners unterrichtet war, löste es keine geringe Bestürzung aus, als man zur Vesperstunde des gleichen Tages von Capelle her die Vorhut der Franzosen und danach das Heer heranrücken sah. So fügte es sich, daß die beiderseitigen Truppen die Nacht über in Sichtweite voneinander ruhten, nur getrennt durch einen buschumstandenen Bachlauf, der, in den Salto mündend, die Ebene in nordsüdlicher Richtung durchfloß. Eine Holzbrücke verband die Ufer, auf denen die feindlichen Wachtfeuer fast greifbar voreinander flackerten, Lieder herüberklangen und der rote Rauch zum bestirnten Sommerhimmel emporwolkte. Troßbuben führten ihre Pferde friedlich zur Tränke ...

Wie allabendlich saßen Konradin und Friedrich auch heute wieder vor ihren Zelten, trotz aller Müdigkeit unfähig zu schlafen.

»Noch immer keine Nachricht von jenseits der Alpen«, sagte Konradin in die hämmernde Stille hinein. »Wie weit der Weg zurück nun ist ...«

»Von den deutschen Fürsten bleibt wenig zu hoffen«, bestätigte Friedrich von Baden. »Und was deine Wahl zum Deutschen König betrifft ...«

»Von ihr ist längst keine Rede mehr«, wehrte Konradin ab. »Wer weiß – vielleicht erfolgt sie erst *nach* der Römischen Kaiserkrone, von der Heinrich von Kastilien schwärmt? Oder wird man die deutsche Wahl nach unserer Eroberung von Sizilien wieder betreiben? Dort werden uns nicht nur die Spanier seines Sohnes Friedrich von Kastilien, sondern auch der Emir al-Mustansir von Tunis beistehen, der, angeblich bereit, zum Christentum überzutreten, Sizilien weitgehend in Besitz hat. Obendrein befindet sich jetzt der fromme König Ludwig auf Kreuzzug in Tunis. Auch dürfen wir wohl von dem Mamelucken-Sultan Baibars in Kairo Hilfe erwarten, der im Heiligen Land die von den Franzosen verteidigten Reste der Kreuzfahrerstaaten bedroht. Meine Angebote über den

Grafen Galvano in Erinnerung an die alte Freundschaft des Kaisers mit al-Kamil haben die gute Verbindung wieder aufleben lassen. Vielleicht gelingt es auch, die levantinischen Länder, vor allem Epirus und die Insel Korfu, zurückzugewinnen, was Herr Heinrich von Kastilien mit der geplanten Heirat der Königin Helena nicht erreichte. Verdarb der Anjou auch hier das Spiel, so hat uns immerhin Herr Heinrich als Römischer Senator geholfen, und seine Spanier werden es weiterhin tun ...«

»Mit ihrer angelernten Grausamkeit – *wenn* sie weiterhin zu uns halten!«

»Entsprechend der Grausamkeit des Anjou«, erinnerte Konradin. »Du weißt, daß er längst keine Gefangenen mehr macht. Wer in die Hände seiner Truppen fällt, wird gefoltert oder gnadenlos verstümmelt, wie es bisher nur bei Staatsverbrechern üblich war!«

»Glaubst du, die unsrigen, und nicht nur der Infant von Kastilien, hielten es anders? Wissen nicht beide Seiten, daß das Unvermeidliche mit *allen* Mitteln – und das heißt: mit jeglicher Brutalität und Roheit ausgetragen werden wird? Daß es um die endgültige Auseinandersetzung – nämlich den Zweikampf *zweier* Fremdstämmiger auf italienischem Boden – geht?«

»Ich bin nicht fremdstämmig. Ich bin der legitime Erbe!« trotzte Konradin.

»Der Anjou ist der vom Papst offiziell ernannte und gesalbte König!« gab Friedrich verhalten zurück. »Und zu diesem Zweikampf kommt nun die letzte, längst fällige tödliche Entscheidung zwischen Papsttum und Kaisertum, die zu Zeiten des großen Friedrich zu erzwingen nicht mehr möglich war und gegen die auch Benevent, wo König Manfred fiel, nichts als ein Vorspiel bedeutete!«

»Warum sagst du mir das jetzt?«

Konradin sah mit klopfendem Herzen auf den Freund. Das große, leuchtende Bild schien jäh in Todesschatten getaucht.

»Weil ich es selbst erst jetzt ganz weiß«, sagte der andere leise.

Ihre Augen wanderten zu den Wachtfeuern hinüber, deren Flammen von Freund und Feind sich nicht unterschieden.

»Und dennoch solch scheinbarer Friede ...«, fügte Friedrich fast ohne Begreifen hinzu.

»Ich habe noch niemals den Tod gesehen«, sagte Konradin unvermittelt in die über den Büschen aufwirbelnde Röte hinein. »Und ich habe noch nie geliebt.«

»Wem galt dann dein Gedicht?«

»Jemandem, den ich nicht kenne.«

»Vielleicht«, sann der Ältere nach, »muß die Liebe in uns leben, auch wenn wir noch nicht wissen, wem sie gelten wird? Ist es nicht allein wichtig, daß wir an sie glauben? Was sonst bedeutete es, daß wir jung sind?«

Konradin starrte mit schmalen Augen in die zu den Sternen hinantanzende Funkenpracht der Lagerfeuer.

»Was ist das – jung?«

»Da ich heute und hier an deiner Seite bin«, sagte Friedrich nach einem schweren Schweigen, »weiß ich, daß ich nicht umsonst gelebt habe.«

»Fürchtest du dich vor dem Tod?« murmelte Konradin kaum hörbar.

Der andere erwiderte ebenso: »Ich fürchte mich vor dem Sterben.«

Dann, nach einem tiefen Atemzug: »Und daß es dich vor mir treffen könnte ...«

Ein Schatten erhob sich vor der zum Nachthimmel emporwolkenden Röte.

»Die rechte Stunde, große Pläne zu schmieden«, vernahmen sie die wohllautende Stimme Heinrichs von Kastilien. »Was liegt schon am Leben – ? Aber welche Wonne, es noch vor sich zu haben!«

Konradin erwiderte zögernd:

»Das mag der morgige Tag entscheiden, Herr Senator. Bringen Sie neue Nachricht?«

Ohne zu fragen, ließ sich der Infant mit lässiger Selbstverständlichkeit nieder: Nichts von Wichtigkeit. Es handle sich um den französischen Marschall, den man als Geisel mitführe.

Friedrich von Baden-Österreich merkte auf:

»Ist er entkommen? Hat man ihn befreit? Es wäre jedenfalls die beste Lösung. Was sollen jetzt noch Geiseln?«

Eben darum gehe es, lächelte der Spanier verbindlich. Und den fragenden Blicken ausweichend: »Meine kastilischen Herren wie die Ritter aus der Lombardei bestehen auf ihrer Absicht, die ich aus guten Gründen unterstütze. Sie wissen – oder wissen es noch nicht –, daß der Beginn einer Schlacht zumeist ihren Verlauf bestimmt!«

Der Marschall dürfte als Gefangener kaum an der Schlacht teilnehmen, bemerkte Friedrich verständnislos.

Der Infant zeigte seine schönen Zähne im herrischen Gesicht: »So wird es auf das Gefolge des Anjou den richtigen Eindruck nicht verfehlen, wenn sein Marschall am frühen Morgen, noch bevor die Waffen sprechen, angesichts des ganzen Heeres hingerichtet wird!«

»Ist ein solches Schauspiel üblich oder erforderlich?«

Konradins Frage klang seltsam kühl, und ebenso kam die Antwort:

»Herr Friedrich wird bestätigen, daß dieser selbe Marschall de Braiselve nach Einnahme der Festung San Ellero die gesamte ghibellinische Besatzung trotz Zusicherung freien Geleits hinterrücks niedermetzeln ließ!«

»Warum hat man ihn dann nicht gleich bei der Gefangennahme getötet?«

»Fragen Sie Ihren Freund, den Herzog Friedrich!«

»Weil ich es nicht für ritterlich halte«, erwiderte dieser, »Gefangene zu töten – mag es jetzt auch nur allzu üblich werden!«

»Sie sagen es«, nickte Herr Heinrich überlegen. »Jetzt erst wird seine Hinrichtung die erwünschte Wirkung auf den Feind ausüben!«

»Bedarf es wirklich noch einer solchen Herausforderung – ?« fragte Konradin.

»Die dazu gegen jede Kriegssitte verstößt«, ergänzte Friedrich. »Es handelt sich immerhin um einen Marschall von Frankreich! Ist der Haß auf der anderen Seite nicht ohnedies schon gefährlich genug?«

Gerade das, meinte der Infant, sei die Absicht. Der Anjou und seine Anführer sollten sehen, was ihnen bevorstünde. Diese Exekution zu Beginn des Kampfes werde eine wirksame Einschüchterung darstellen. Habe nicht auch der Kaiser, wenn es ihm angebracht erschien, keine Grausamkeit gescheut? Zudem gebe eine solche Darbietung auch den eigenen Truppen erst den richtigen Kampfesmut!

Friedrich wandte sich dem Freund an seiner Seite zu:

»Es bringt keinen Segen! Du mußt es verhindern, Konradin!«

Der Stauferjüngling erwiderte nichts.

Die Lieder im Lager verstummten. Die Nacht selbst war Musik. Die Frösche quakten heiter, fast melancholisch. Funkelnd hoch standen die Sterne, Bilder goldener Töne. Die Nachtigall rief, als trillerten die Büsche. Der Mond stieg blutrot über den nahen Hügeln herauf; der leise Wind war wie ein Echo seiner Schritte.

Konradin träumte im Zelt. Er strich mit der Handfläche gegen die grobe Leinwand. So wenig Stoff umschloß das Erbe des Abendlandes! Die Rätsel seines eigenen Lebens verwirrten ihn. Er besaß nichts, er wanderte über die Alpen, und nun hatte ihm Rom zu Füßen gelegen. Die Welt fällt dem zu, der sie sich zu erobern weiß, dachte der Knabe, wie man es ihn gelehrt hatte. War er nicht früh geübt im Ritterspiel mit Pferd und Schwert? Nun galt es die Probe.

Die deutschen Sänger hatten ihn, das Kind, gepriesen. Die Italiener huldigten ihrem Corradino. Waren seine Truppen, die er kaum kannte, nicht von seiner Führung überzeugt? Woher kam die Nachdenklichkeit des Freundes – jetzt, da alles seinen Weg gehen mußte? Gehörten zum Herrschen nicht der Entschluß und die Grausamkeit wie zum Leben Liebe und Tod?

Konradins Augen suchten das Dunkel zu durchdringen. Nur das Klirren der Panzer und Speere der Schildwachen wehte in gleichmäßigem Schlag herüber wie das unbeirrbare Gangwerk einer Uhr.

*

Als sich die ersten Strahlen der Sonne über die Berghänge hoben, wurde es vor den Zelten lebendig. Die Truppen beider Seiten ordneten sich zur Schlacht.

Es war der dreiundzwanzigste August des Jahres Zwölfhundertachtundsechzig.

Gerade, da sich aus manchem Herzen ein zaghaftes Gebet zum goldumhauchten Morgenhimmel emporschwang, begann der Tag auf staufischer Seite mit dem vom Infanten von Kastilien und seinen haßerfüllten Herren vorgesehenen schlimmen Schauspiel. Angesichts des gegenüberstehenden Heeres wurde der französische Marschall de Braiselve in aufwendiger Zeremonie abgeschlachtet.

Der sechzehnjährige Staufer in silberner Rüstung und wehendem Blondhaar stand unbewegt, als der Kopf des Wehrlosen fiel. Neben Konradin hielt der ebenso blonde, ebenso junge Bannerträger den hohen Schaft der staufischen Fahne. Die Augen des ritterlichen Knaben füllten sich mit Tränen. Konradin verwies es ihm mit einem Wink. Dann suchte sein Blick Friedrich von Baden-Österreich. Seine Lippen schienen zu murmeln:

»Ich habe den Tod gesehen.«

Doch der Freund war nicht an seiner Seite.

Die Hitze des Morgens steigerte sich zu siedender Glut. Haß schürte Haß, als gelte es seinen letzten, unheilvollen Triumph.

XI
DIE MAULTIERTREIBER

Am Abend des fünfundzwanzigsten August bückte sich Seine Heiligkeit Clemens der Vierte im Palast von Viterbo tief zu einem jungen Ritter hinab, der atemlos und in durchschwitztem Gewand vor dem Sessel des Papstes niedergesunken war. In seiner ringgeschmückten, zitternden Greisenhand hielt der kranke Stellvertreter Christi ein Schreiben, dessen süße Worte wie Honig mundeten, wenngleich sie von einem Manne stammten, dessen unchristliche Härte Herr Clemens zuvor oft genug mit durchaus nicht milden Worten nur zu deutlich mißbilligt hatte.

Das Schreiben, abgefaßt am Abend des dreiundzwanzigsten August auf dem Schlachtfeld von Tagliacozzo, trug die Handschrift des Königs Karl von Anjou:

Die von allen Gläubigen längst ersehnte Freudenbotschaft bringe ich Euch, allermildester Vater, und der heiligen Römischen Kirche, Unserer Mutter, wie einen duftenden Weihrauch in Demut dar, und bitte Euch, Vater, eßt von dem erbeuteten Wild Eures Sohnes und zollt dem Allerhöchsten den schuldigen Dank! Vater und Mutter sollen fortan von ihren Mühen ruhen. Der Feinde sind so viele getötet worden, daß die bei Benevent anderen Verfolgern der Kirche beigebrachte Niederlage, mit dieser verglichen, gering erscheint!

Seine Heiligkeit konnte nicht umhin, das so kunstvolle wie wohltönende Schriftstück vor Ergriffenheit für einen Augenblick sinken zu lassen, bevor er es wieder aufnahm und stockend weiterlas:

So frohlocke denn, meine Mutter, die Kirche, und verkünde ob solchen Triumphes, der ihr vom Himmel durch den Arm ihres Vorkämpfers gnädig verliehen wurde, jubelnd das Lob des Höchsten. Endlich scheint der allmächtige Gott ihren Drangsalen ein Ende bereitet und sie aus dem gierigen Rachen ihrer Verfolger befreit zu haben!

Der Heilige Vater hielt inne und hob wie segnend die Hand über den noch immer schwer atmenden, am Boden knienden Abgesandten des Anjou.

»Schon der heilige Francesco d'Assisi soll jenem Stauferkaiser dessen Wappen vorgehalten haben, das einen Adler mit einem getöteten Hasen in seinen Krallen zeigt und das leider noch immer zu Catania, Bari oder Barletta an den Bauten des Verfluchten zu sehen sein soll. Nun hat sich das Bild gewandelt. Aus dem Adler wurde der Hase ... Berichte Näheres, mein Sohn. König Karls ergebener Gruß verheißt Gutes. Wie verlief die Schlacht in Wahrheit?«

Die am Morgen des dreiundzwanzigsten August aufeinander zurückenden Heere seien an einem Bach zum Stehen gekommen, der durch sein Buschwerk verhinderte, daß die Truppen gleich aufeinander einschlagen konnten, vermeldete der Bote. »Der Infant von Kastilien ...«

»Der Abtrünnige!« konnte sich der Heilige Vater nicht versagen, zu unterbrechen. »Hoffentlich wurde er entsprechend bestraft!«

»Herr Heinrich von Kastilien«, fuhr der junge Ritter, sich mühsam aufrichtend, fort, »ritt daraufhin mit seiner Kerntruppe den Bach abwärts nach Westen, wo er einen Übergang fand und den Unsrigen mit voller Wucht in die Flanke fiel. Indessen überschritten auch die anderen Stauferanhänger den Bach bei der dortigen Holzbrücke. In kurzer Zeit wurden unsere beiden ersten Treffen in die Flucht geschlagen. Der Infant von Kastilien richtete jetzt seinen Hauptangriff auf den Herrn Marschall de Courances, der, den Feind zu täuschen, die Lilien unseres heiligen Königs Ludwig trug und den der Infant auch offenbar für König Karl hielt. Der Marschall wurde von dem rasenden Kastilier verstümmelt und getötet.«

»Ein schlechter Anfang«, murmelte der Papst mißbilligend. »Wie hielten es eure Truppen danach?«

»Der Kastilier verfolgte das Gros der flüchtenden Provenzalen und Guelfen in Richtung Alba, Heiligkeit. Da man König Karl tot und den Sieg errungen zu haben glaubte, stiegen viele der staufischen Ritter von den Pferden und begannen, die Leichen zu plündern.«

»Was sonst wäre von den teutonischen Barbaren zu erwarten«, bemerkte Herr Clemens. »Und von dem mißgeleiteten Knaben an ihrer Spitze!«

»Weder Corradino noch einem seiner erfahreneren Berater fiel anscheinend die geringe Zahl unserer kämpfenden Truppen auf«, bestätigte der Bote. »Die Panzer glühten in der Mittagssonne. Durst quälte jeden. König Karl rechnete richtig. Das staufische Heer, ohnedies in Unordnung, gab sich ganz dem Siegesrausch hin. Einige legten sogar die Panzer ab, sich im kühlen Bach zu baden, als unser König mit seinem dritten Treffen, wie von Beginn geplant, aus dem Hinterhalt hervorbrach. Diese Taktik, die die zahlenmäßige Unterlegenheit unserer Truppen ausgleichen sollte, hatte König Karl von dem gerade aus Akkon eingetroffenen Herrn de Valéry übernommen. Im Heiligen Land wurde sie von den muslimischen Heeren gegen die Kreuzfahrer oft mit Erfolg angewendet. Als nun König Karl, der vom Hügel alles beobachtet hatte, in das überraschte und großenteils nicht kampffähige Feindesheer jäh hineinstieß, war es ihnen nicht mehr möglich, ihre ausgeschwärmten und von den Pferden gestiegenen Ritter zu sammeln und neu zum Kampf zu formieren. Viele wurden im Ansturm sofort niedergemacht; andere gaben sich gefangen. Der Rest schleppte sich verwundet davon und wurde von den plündernden Einwohnern der Umgegend erschlagen.«

»Was geschah mit den Gefangenen?«

»Sie wurden gleich nach der Schlacht verstümmelt und hingerichtet. Als erstes wurden den gefangenen Römern auf Befehl König Karls die Beine abgehackt. Als ihn seine Herren auf das unschöne Schauspiel hinwiesen, ließ der König die Opfer in einem Schuppen verbrennen.«

»Wie viele Gefangene im ganzen?«

»An die tausend, Heiligkeit. Es blieben nicht mehr viele zu töten.«

Der Papst nickte beruhigt.

»Und was wurde aus der Truppe des Kastiliers, als sie von der Verfolgung zurückkehrte?«

»Es kam noch einmal zum Kampf. Auch dabei benutzten die Unsrigen eine orientalische Kriegslist: Ein Teil unserer Reiter unter

Herrn de Valéry wandte sich zur Scheinflucht, die Ritter des Infanten zur Verfolgung zu verlocken, um ihre Formation aufzulösen. So geschah es. Dadurch wurde unser Sieg entschieden. Der junge staufische Fahnenträger fand den Tod, das Adlerbanner fiel in unsere Hände – aber erst, als man dem Knaben den Arm, der den Schaft hielt, abgeschlagen hatte.«

Herr Clemens faltete wie im Dankesgebet die Hände, während sich der Ritter mit letzter Kraft aufrecht hielt. Der Papst schien sich erst jetzt auf die wichtigste Frage zu besinnen:
»Eines hast du bisher versäumt, mir zu berichten. Was geschah mit Corradino und seinen verblendeten Anführern?«
Der Bote senkte den Blick:
»Da man sie nicht unter den Toten fand, steht zu befürchten, daß sie entfliehen konnten, Heiligkeit.«
»Wen von den Rädelsführern hat man gefangen?«
»Nur Herrn Konrad von Antiochia und den Grafen von Acerra, den Enkel und den Schwiegersohn des Kaisers. Außerdem den deutschen Marschall Flüglingen.«
»Entkam der treulose Infant von Kastilien auch?«
»Man fand nur das herrenlose Pferd, Heiligkeit. Noch weiß niemand, ob er gefallen oder geflüchtet ist. Unsere Herren hielten den blonden staufischen Fahnenträger anfangs auch für den jungen Corradino.«
»Wie ich König Karl kenne, wird er nicht säumen, das seinige nachzuholen«, bemerkte Clemens der Vierte trotz aller Schwäche in frommer Zufriedenheit. »Ein anderes noch vergaßest du, mein Sohn, oder besser der Bericht deines siegreichen Herrn: Welche Seite zählt die größeren Verluste?«
Der junge Ritter zögerte, bevor er erwiderte:
»Es sind auch große Teile der französischen Armee zerschlagen worden.«
»Mehr als auf seiten des Staufers?«
»Es scheint so, Heiligkeit.«
Leiser fügte er hinzu: »Es war schwer, die Tausende von Toten zu zählen, die die Ebene zwischen den Bergen von Scurcola und Tagliacozzo bedeckten. Als König Karl seinen Brief an Eure Heiligkeit

beendet hatte und ich das Schlachtfeld verließ, war die Nacht hereingebrochen.«

»Keine Nacht macht die Toten wieder lebendig«, murmelte der Papst. »Dennoch: Solange der anmaßende Knabe lebt, ist für ihn noch nicht alles verloren. Zu groß ist der Haß, den dein Herr auf sich geladen hat. Wehe, wenn es Corradino gelingt, nach Sizilien zu entkommen. Es besteht kein Zweifel, daß er dort mit Hilfe des Sohnes des verräterischen Senators das Herzstück seines Anspruches – und nicht nur auf das Regno – retten könnte! Laßt uns dennoch beten, daß dein Herr, wie er glaubt, den entscheidenden Sieg über die deutsche Natternbrut errungen hat. Niemals mehr möge die Heilige Kirche unter dieser Gefahr zu leiden haben. Wir werden König Karl ersuchen, auf dem Schlachtfeld ein Kloster errichten zu lassen. Wir selbst werden nicht versäumen, eine Statue der Allerheiligsten Jungfrau zum Dank für diesen Sieg zu stiften.«

Der Stellvertreter Christi hob müde segnend die Hand: »Wir danken dir, mein Sohn. Du hast es verdient, auszuruhen.«

Bereits am Tage nach der Schlacht war an alle in Frage kommenden Städte strengste Weisung ergangen, sämtliche Straßen zu überwachen und den Gesuchten dingfest zu machen. Hohe Belohnung lockte jeden Verräter. Der Heilige Vater gelobte, das Unternehmen mit allen Mitteln zu fördern.

Clemens der Vierte sorgte sich nicht umsonst. Gerade in diesen Tagen geschah es, daß die pisanische Flotte unter Federigo Lancia in Sizilien landete und neue Anhängerschaft für den blonden Befreier fand.

Noch war die Nachricht von der Vernichtung des staufischen Heeres nicht bis hierher gedrungen. Noch wehte der staufische Adler über den Städten und Burgen der Insel. Noch warteten hier entscheidende Kraftreserven für den Erben der Krone.

Alles kam auf die Person des jungen Konradin an. Noch bannte sein Name die Menschen des Königreiches.

Die letzte, erbarmungslose Jagd begann.

*

Der hohe Sommer glühte über Mittelitalien, als Konradin, begleitet von Friedrich von Baden-Österreich und den Grafen Galvano und Galeotto Lancia, zusammen mit etwa einem halben Tausend Rittern, den gleichen Weg, den er gekommen, vorbei an Castel Vecchio über Vicovaro nach Rom zurückfloh.

Hier hatte sie vor wenigen Wochen – oder waren es Tage, Stunden? – betörender Jubel umbraust ...

Wie anders sah der jetzige Empfang aus! Von dem Infanten Heinrich von Kastilien wußte man nichts. Der stellvertretende Senator Guido von Montefeltro verweigerte dem Flüchtling den Zugang zum Capitol, der Stätte einstigen Triumphes. Die Begeisterung der römischen Ghibellinen war auf die Nachricht von der Niederlage hin jäh zerronnen. Die Hoffnung, neue Streitkräfte zu sammeln und sich mit ihnen noch einmal dem Anjou entgegenzustemmen, schien vergeblich.

Dafür erfuhr man von den wenigen noch staufertreuen Bürgern, daß sich die vertriebenen Häupter der Guelfen und der Kirche anschickten, nach Rom zurückzukehren. Vor allem aber: daß überall Abteilungen des Anjou unterwegs seien, den jungen König zu fangen und ihn tot oder lebendig ihrem Herrn auszuliefern.

So kam es, daß Konradin nach dreitägigem Aufenthalt, mit geringem militärischen Schutz, begleitet von den Freunden, wie ein Dieb im grauenden Morgen die Ewige Stadt verließ, um dem Feind auf der Via Valeria erneut entgegenzuziehen. Doch nur zu bald mußte der kleine Trupp erkennen, daß sich auch die letzten der bisher ergebenen Ritter stillschweigend davongemacht hatten.

»Liegt in dieser Gegend nicht die Burg von Herrn Konrad von Antiochien?« besann sich Graf Galeotto. »Meine Schwester Beatrice wird uns Obdach gewähren. Vielleicht hat sich auch ihr Mann hierher gerettet?«

»Fänden wir Konrad dort, hätten wir einen Kämpfer mehr für unsere Sache und dazu eine Weile Rast«, meinte Konradin. »Auch wenn uns mein Cousin wie bei Benevent vorzeitig auf dem Schlachtfeld im Stich ließ – die Gastfreundschaft auf seiner Burg wird er uns nicht verwehren. Schon gar, wenn er eine Lancia zur Frau hat!«

»Jedenfalls können wir uns auf meine Tochter verlassen«, bestätigte Graf Galvano.

Gehe es nicht vor allem darum, daß man zunächst einen sicheren Hafen wie etwa Pisa erreiche, um rechtzeitig nach Sizilien zu kommen? gab Friedrich von Baden-Österreich zu bedenken. »Jeder Aufenthalt im Bereich des Anjou birgt wachsende Gefahr. Wer sagt außerdem, daß die Burg der sicherste Ort ist?«

»Über tausend Meter hoch auf einem Bergkegel gelegen, wurde Saracinesco, wie der Name sagt, vor vierhundert Jahren von den Sarazenen errichtet, die damals ganz Latium beherrschten.«

Graf Galvano Lancia fügte hinzu: »Sie verstanden den Burgenbau. Zudem hat mein Schwiegersohn die Befestigungsanlagen verstärkt. An Sicherheit mangelt es gewiß nicht.«

»So werden wir also, wenn es sein muß, dort dem Anjou trotzen können«, stellte Graf Galeotto fest.

Es kostete die kleine Gruppe einige Mühe, nicht nur die schmale Höhenstraße zu Fuß zu erklimmen, sondern auch die Zugbrücken, Mauern und festen Tore der mächtigen Anlage zu überwinden.

Die Gräfin empfing ihre Anverwandten und den Kaiserenkel in sorgenvoller Zurückhaltung. Die Frage nach dem Schicksal ihres Gatten beantwortete sie mit steinernem Gesicht.

»Ich habe den Anjou wissen lassen, daß ich hier bei mir Geiseln gefangen halte, die ich – im Falle, daß er Konrad etwas antut – ohne zu zögern töten lassen werde.«

Es handele sich um die beiden Brüder des einflußreichen guelfischen Kardinals Orsini, die Karl aus Rücksicht auf den Papst nicht opfern könne, erklärte Frau Beatrice.

»Was den Ort für uns nicht eben sicherer macht«, bemerkte Graf Galvano.

»Wir werden helfen, ihn zu verteidigen!« sagte Konradin.

»Gerade das dürfen Sie nicht«, widersprach die Gräfin fest. »Ihr Aufenthalt hier muß die Gefahr für jeden von uns nur erhöhen.«

Sie blickte ihren Bruder flehend an: »So wie eure Flucht aus Rom wird auch Saracinesco als euer nächstliegendes Ziel dem Anjou nicht verborgen bleiben. Für sein Heer ist es eine Kleinigkeit, uns auszuhungern.«

»Sagtest du nicht, daß er auf deine guelfischen Geiseln Rücksicht nehmen muß?« fragte Graf Galeotto.

Frau Beatrice schüttelte den Kopf:

»Nicht, wenn es um sein Hauptziel geht, nämlich Herrn Corradino in seine Hand zu bekommen. Dann wäret ihr wie auch mein Gemahl nicht mehr zu retten!«

Konradins Augen gingen von der Gräfin zu Friedrich hinüber.

»Für uns kann es nur noch eines geben: sobald wie möglich Sizilien zu erreichen!«

*

Es war in den ersten Septembertagen, als zwei ältere und zwei junge Männer in der Kleidung von Maultiertreibern nach eiliger Durchquerung der Campagna zu Fuß südlich von Anzio nahe den düsteren Mauern von Torre Astura die römische Küste erreichten.

Das Castrum, wo einst Cicero eine Villa besaß, erhob sich inselartig, durch eine Brücke mit dem Festland verbunden, über den Trümmern römischer Meerespaläste. Graue Türme ragten hier und da am Ufer, wo das nahe Cap der Circe mit seiner Burg aus dem Meer emporstieg. Die Sanddüne des Ufers umgab einen bescheidenen Hafen, in den der Fluß Stura mündete.

Nach eifriger Ausschau gewahrten die vier Männer einen bereitliegenden kleinen Segler. Wie sich herausstellte, gehörte dieser einem Küstenfischer, den die vermeintlichen Viehtreiber in auffallender Hast baten, sie weiter nach Süden, möglichst zu den Ponza-Inseln zu bringen, von wo man mit einem größeren Schiff Capri und von dort Palermo zu erreichen hoffe ...

Einer der offensichtlich Flüchtigen, ein blonder Jüngling von ungewöhnlicher Anmut, zu dem die groben Kleider noch weniger zu passen schienen als zu seinen Begleitern, zog einen kostbaren Goldring vom Finger und bot ihn dem Zögernden. Der, doppelt verwirrt, fand sich schnell in das überraschende Abenteuer. Das Geschäft bestätigend, machte er sein Boot klar, nicht ohne mit einem Seitenblick zu bemerken: In der nördlichen Bucht läge ein größeres, vor allem schnelleres Boot vor Anker. Ob er sie nicht besser dorthin bringen solle?

Doch die Herren in der seltsamen Verkleidung dankten ihm fast über Gebühr, daß sie wenigstens sein kleines Gefährt nutzen durften. Nur kein Versäumnis!

Der Fischer indes, den edlen Ring betrachtend, bestand darauf, seinem Gefährten in der anderen Bucht noch kurz Bescheid zu geben. Wieder zurück, setzte er mit geübter Hand die Segel. Bald trieb ein freundlicher Wind das Boot in die freie See hinaus.

Da erschien an der Küste ein Reitertrupp, der eifrig Umschau zu halten schien.

Ob er diese Gewappneten herbeigerufen habe? erkundigte sich der Dunklere der jungen Passagiere mißtrauisch bei dem Fischer. Der schüttelte den Kopf:

»Treiben sich allerlei Leute hier herum. Die einen in der Rüstung, die anderen in Verkleidung!«

Unwillkürlich raffte Graf Galvano Lancia seinen schlecht passenden groben Kittel, als gelte es noch immer, den Schein zu wahren. Dann wandte er sich zu Konradin, der in trotzigem Schweigen seine blauen Augen über das Meer in die Ferne schickte, als suchten sie den ›blühenden Garten Sizilien‹ – das Land, das zu erobern er ausgezogen war und das nun in der flimmernden Ferne zu versinken schien.

Die Reiter an der Küste teilten sich in zwei Abteilungen; die eine schien an Land weiterzureiten. Die andere eilte zur nördlichen Bucht ...

Kurz danach erschien das größere Schiff hinter einem Felsvorsprung. Im günstigen Wind schoß es ihnen mit geblähten Segeln nach. Der Abstand verringerte sich; schon waren die bewaffneten Gestalten deutlich zu unterscheiden.

Graf Galvano erkannte als erster, daß Flucht vergeblich war. Sie rafften die Segel. Konradins Augen waren schmal, als wollten sie sich verschließen vor den anstürmenden Gedanken.

Der größere Segler schob sich neben das Fischerboot. Ein Ritter mit weißem Haar trat an die Reling, rief in höflichem Ton hinüber: Er ersuche die Herren, das Boot zu verlassen und sein bequemeres Schiff zur Rückfahrt zu benutzen!

Eine Rückfahrt läge nicht in ihrer Absicht, erklärte Graf Galvano. Er musterte den fremden Ritter mißtrauisch: »Sie sind kein Franzose? Woher kommen Sie?«

Von Astura, war die Antwort. Man habe von der Gefahr Nachricht erhalten, in der sich gewisse vornehme Fremde befänden, und biete ihnen Schutz an. Der Herr von Astura ersuche sie, seine Gäste zu sein. Wie versehentlich verband der Ritter seine Worte mit einer nicht mißzuverstehenden Gebärde zu seinen bis an die Zähne bewaffneten Begleitern hin.

Galvano Lancia ließ den Kopf sinken.

»Astura ist ein Unglücksort«, murmelte er. »Cicero floh von da in die Arme seiner Mörder. Augustus und Tiberius erkrankten in diesen Fiebersümpfen zu Tode ...«

»Wem gehört Astura?« fragte Konradin, die Worte des alten Grafen überhörend.

»Herrn Giovanni Frangipani.«

Die Miene des Jünglings erhellte sich.

»Die Frangipanis standen immer treu zu den Hohenstaufen. Mein Großvater, der Kaiser, hat sie zu den reichsten römischen Patriziern erhoben!«

»Gebe Gott, daß sich der jetzige Herr von Astura dessen erinnert«, sagte Graf Galeotto.

XII
ASTURA

Herr Giovanni Frangipani, kaum vierzigjährig, begrüßte seine Gäste bei aller Gemessenheit fast wie Bekannte. Vor Konradin, der sich nicht erkennen zu geben brauchte, deutete der Burgherr sogar etwas wie eine Verbeugung an. Der Jüngling, auf die ritterliche Gesinnung des Gastgebers bauend, zögerte nicht, sogleich dessen Verständnis für die unwürdige Verkleidung und Unterstützung gegen seine Feinde, die ja auch die der römischen Ghibellinen seien, zu erbitten. Er, Konradin, werde hinter der Großzügigkeit seines Ahnen, des Kaisers, nicht zurückstehen und das Haus Frangipani über alle Familien Italiens erheben.

Der Burgherr verneigte sich wieder mit undurchsichtigem Lächeln. Worte seien die eine, die Wirklichkeit die andere Seite einer Sache ...

Die Wirklichkeit ...! klang es wie ein Echo in Konradin auf; doch es verwehte ebenso schnell. Ohne eine weitere Frage Galvano Lancias nach der Dauer der vorgesehenen Gastfreundschaft zu beantworten, gab Herr Frangipani Anordnung, den Gästen zunächst ein Bad und angemessene Kleider zu bieten. Wobei die für sie zu richtenden Zimmer ebenso unauffällig wie leicht zu sichern seien ...

Zum Nachtmahl traf man sich im Festsaal der Burg. Die Becher kreisten, ein Troubadour sang zur Laute zarte Canzonen, Pagen eilten mit Schüsseln und Kannen ein und aus.

Giovanni Frangipani, wie seine Gäste in nobler Patriziertracht, zeigte sich wohlgelaunt. Ihm zur Seite saß seine mit Konradin etwa gleichaltrige Tochter Violanta, neben ihr der junge Staufer, gegenüber die Grafen Lancia und Friedrich von Baden-Österreich.

Die Nähe des schönen Mädchens mit ihren dunklen, langbewimperten Augen, die die seinen immer wieder zu suchen schienen, sowie die Liebenswürdigkeit des Hausherrn gaben Konradin seine unbefangene Heiterkeit zurück, ließen alle Not und Gefahr der Vergangenheit und Zukunft beinahe versinken. Als habe der Gastgeber von seiner Vorliebe gewußt, trug der Sechzehnjährige ein lichtblaues Kleid mit goldgesticktem Gürtel; eine Waffe hatte man keinem von ihnen ausgehändigt.

Friedrich und der alte Graf Galvano waren nicht weniger zufrieden, da sie das offensichtliche Wohlwollen des Burgherrn und die strahlenden Augen seiner Tochter gegenüber dem Königsknaben gewahrten. Kein Zweifel: Man sah in den Wehrlosen offenbar keine Gefangenen, eher Freunde. Giovanni Frangipani besaß Willen und Möglichkeit, sie zu beschützen. Neuer Mut regte sich, Pläne blühten auf. Der edle Wein, das Rauschen des türkisfarbenen Meeres, die Lieder des Troubadours brachten für Galvano Lancia beinahe die Tage von Foggia zurück ...

Der Burgherr hob seinen Becher den Gästen entgegen. In Konradins Namen dankte Galvano Lancia für den Empfang.

Giovanni Frangipani neigte das Römerhaupt. Von den Kämpfen der letzten Jahre habe er sich ferngehalten, bemerkte er höflich. »Sie waren grausam und, wie mir schien, ohne Sinn. Irre ich nicht, so haben Sie, Graf Galvano, an der für den Kaiser so ruhmreichen Schlacht bei Cortenuova teilgenommen, wie auch mein Vater auf seine Weise die Ehre hatte, dem großen Federico hilfreich zur Seite zu stehen.«

»Der Kampfesruhm von Cortenuova gebührte vor allem König Enzio«, erwiderte der Gefragte bescheiden. »Wäre er nicht in die Hände der Bolognesen gefallen, hätte sich manches für uns anders entwickelt.«

»Alles muß, um gut auszufallen, seinen Tag haben«, sagte Herr Frangipani vieldeutig. »Ebenso wie eine Wolke hinreicht, die ganze Sonne zu verdunkeln.« Verbindlich ablenkend fügte er hinzu: Obwohl damals noch jung, sei er wie seine Familie dem großen Kaiser in Ehrfurcht und Bewunderung verbunden gewesen. »Ich erinnere mich noch sehr wohl der langwierigen Verhandlungen um das Gemäuer des alten Flavischen Circus, auf das der Kaiser größten Wert legte. In der Tat ist dieses Colosseum einer der wenigen antiken Riesenbauten, die trotz aller Anstrengungen auch von den mehr oder weniger frommen Barbaren niemand zu zerstören vermochte. Nicht einmal die zwanzig eingestürzten Bögen in Folge des großen Erdbebens vom Jahre Einunddreißig und die Marmorräuber konnten verhindern, daß meine Familie dort einen der wichtigsten Festungsbauten der Ewigen Stadt errichten ließ. Leider legte sich im Jahre Vierundvierzig, als unsere Verhandlungen wegen des Verkaufes bereits abgeschlossen waren, Herr Innozenz der Vierte quer und erklärte das Colosseum zum unveräußerlichen päpstlichen Lehen. Infolge der allgemeinen Lage sahen wir uns dann zu unserem Bedauern nicht mehr imstande, die uns bereits zugeleiteten nicht unbedeutenden Geldsummen dem Kaiser zurückzuerstatten ...«

Herr Giovanni Frangipani breitete bedauernd seine Arme aus: »Gerade außerordentliche Menschen hängen von den Zeitumständen ab. Nicht alle haben die gefunden, deren sie würdig gewesen wären. Jedes Ding hat seine Zeit, und selbst die höchsten Eigenschaften unterliegen der Mode. Es bleibt zu bedauern, daß der Majestät seine Sterne, an die zu glauben er das höchste Recht besaß, nicht treu blieben. Damals, als er Rom belagerte, glaubte jeder, daß er den Papst Innozenz fangen würde. Wir hatten das Colosseum voll mit ghibellinischen Truppen und konnten kaum erwarten, daß der Kaiser vor den Toren der Stadt und dem Lateran erschien ... Er tat es nicht. Dafür ließ er Herrn Innozenz bei Nacht und Nebel nach Lyon entkommen. Es war für die Kaiserlichen – und die ihn unterstützenden Nobili – eine große Enttäuschung. Solche Versäumnisse sind nicht mehr gutzumachen!«

Ob darin ein Grund zu suchen sei, erkundigte sich Konradin, daß von den Frangipanis bei seinem ersten Einzug in Rom niemand zu seiner Begrüßung erschienen sei?

Herr Giovanni hob vielsagend die Augenbrauen: Man habe sich in seiner Familie niemals vom Enthusiasmus des Pöbels beeinflussen lassen. Was dieser bedeute, habe wohl der zweite Empfang den Herren deutlich dargetan.

Und doch, beharrte der junge Staufer in seinem knabenhaften Trotz, glaube er vom *ersten* Empfang in Rom her zu wissen, daß in der Ewigen Stadt – obwohl oder gerade weil der Papst dort nicht zu residieren wage – noch immer Kräfte vorhanden seien, die der staufischen Idee zum Sieg verhelfen könnten. »Wenn sich unsere verstreuten Truppenteile und Führer erst einmal sammeln und Herr Heinrich von Kastilien wieder die römische Senatorenwürde übernimmt ...«

Der Jüngling kam nicht dazu, den Satz zu vollenden. Herr Giovanni Frangipani lachte auf, wobei nicht zu erkennen war, ob es höhnisch oder mitleidig klang:

»Der Infant von Kastilien – ? So wissen Sie nicht, daß er bei Rieti gefangen und in Carsoli dem auf Rom vorrückenden König Karl ausgeliefert worden ist?«

Die Herren um Konradin schwiegen bestürzt. Heinrich von Kastilien verkörperte mit seinen – vor allem auch sizilischen – Beziehungen ihre letzte Hoffnung.

Graf Galvano war der erste, der die Sprache wiederfand.

»Hat man gewagt ...«

»Ihn hinzurichten?«

Herr Frangipani zuckte die Achseln.

»Den eigenen Vetter und Bruder des spanischen Königs wird Karl von Anjou – schon mit Rücksicht auf seinen frommen Bruder Ludwig – nicht zu töten wagen. Jedenfalls aber wird der Infant, so lange Karl lebt, kaum mehr freikommen. Dafür ist er auch für die päpstliche Seite zu gefährlich. Für den Kastilier mußte, neben vielen anderen Edlen, der Schwiegersohn des Kaisers, Herr Thomas von Aquino, auf Befehl des Anjou und mit dem Segen des Heiligen Vaters sterben. Der Graf von Acerra wurde wie ein gemeiner Verbrecher enthauptet.«

Mit undurchsichtigem Gesicht fügte der Burgherr hinzu: »Und er wird nicht der letzte sein, den man dem Scharfrichter übergibt.«

»Wenn es nicht gelingt, dem Anjou Einhalt zu gebieten!« rief Konradin in aufflammendem Zorn. Giovanni Frangipani und seine Tochter blickten auf den blonden Jüngling, als würden Erinnerungen an das Bild des legendären Kaisers wach.

»Und wie, junger Herr, stellen Sie sich diese Unternehmung vor?«

»Geben Sie uns die Möglichkeit, nach Sizilien zu gelangen, wo mein Neffe Federigo mit Unterstützung des Emirs von Tunis die Stellung für uns hält«, sagte Graf Galvano mit Festigkeit. »Von dort und mit Hilfe der Sarazenen von Lucera kann das Regno wiedererobert werden.«

»*Könnte* – vielleicht!«

Giovanni Frangipani wog nachdenklich das vornehme Patrizierhaupt. »Wobei Sie außer acht lassen, daß das Heer König Karls nicht nur die derzeit stärkste Militärmacht Europas darstellt, während Ihre deutschen Freunde keine Rolle mehr spielen, und daß obendrein die Kirche mit ihrem ganzen Einfluß den französischen Schützling trägt. Die Konstellation müßte sich über Nacht in ihr absolut unmögliches Gegenteil verkehren, hätten Ihre Pläne, meine Herren, auch nur einen Hauch von Wirklichkeitsnähe!«

Wirklichkeit ...! Wieder echote das entsetzliche Wort in Konradins Hirn. Seine Antwort sollte es übertönen.

»Gerade darum brauchen wir zuverlässige Freunde! Sie, Herr Frangipani, können ermessen, was das Erbe des Kaisers bedeutet. Der landfremde Anjou wird sich das Recht niemals auf Dauer sichern!«

Der Burgherr lächelte frostig, während sein Blick von den Grafen Lancia zu Friedrich von Baden-Österreich und danach, mit schmal gewordenen Augen, zu Konradin wanderte.

»Was heißt das in Italien: Dauer – ? Ist diese Halbinsel überhaupt beherrschbar? Hat sie einer der Kaiser wirklich jemals bezwungen? Werden die nördlichen Stadtstaaten und das eifersüchtig gehütete Patrimonium Petri jemals eine machtvolle, von Rom ausgehende Gesamtregierung zulassen? Was ist Rom? Glauben Sie, wir, die Nobili der Ewigen Stadt, wie sie sich so gern nennen hört, haben auch nur das geringste Interesse an einer wahrhaften Dauerlösung?«

Herr Giovanni Frangipani erhob sich unvermittelt. Man habe sich offenbar in allzu unwirkliche Träume verirrt; zudem sei es spät geworden. Die Herren wären gewiß ermattet von den Anstrengungen der vergangenen Zeit. Der Diener würde ihnen ihre Zimmer anweisen, er wünsche allseits eine geruhsame Nacht.

Als sich Konradin dem für ihn vorgesehenen Gemach zuwandte, stand das Mädchen Violanta vor ihm.

»Ich habe nicht gewußt, wer und wie Sie sind, Hoheit ... « Sie lächelte zu ihm empor. »Alle Berichte über Sie haben gelogen.«

»Welche Berichte?«

Konradin, im Widerstreit zwischen Mißtrauen, Müdigkeit und einem aufkommenden Gefühl für die zierliche, dunkeläugige Patriziertochter, war sich in diesem Augenblick bewußt, daß er das erste Mal in seinem jungen Leben einem Mädchen in solcher Weise begegnete. Im Kreis der deutschen Freunde blieb neben ritterlichem Spiel, Dichtung und Wissenschaft kein Raum für Getändel mit den Töchtern des Landes. Allzu früh lasteten auf dem Knaben die Erwartungen der Großen. Entlang dem umjubelten Weg von Pavia bis Rom hatte ihm manches Mädchenauge entgegengestrahlt, streichelte seine Hand wohl manche Wange und duftend langes Haar; doch alle Gedanken galten dem großen Zug, dem er sich verschrieben hatte. Wann wurde ihm eine Pause für eine solche Begegnung gewährt?

Violantas Augen suchten die seinen, es schien, als bebten ihre Lippen. Ein Mädchenmund wie dieser ... Hatte der Jüngling nicht erst unlängst dem Freunde anvertraut, er habe noch niemals geliebt ...? Nun schien die Stunde gekommen. Welche Stunde! Hier und jetzt, nach solchem Erleben, solchem Entkommen, solch seltsamer Aufnahme in den Mauern dieser Burg, von denen niemand wußte, ob und wie sie sich jemals für die widerwillig hierher Geratenen öffnen würden – ?

Ehe er sich's versah, zog ihn die Hand des Mädchens mit sich, schloß hinter ihnen beiden die Tür. Es war nicht sein Gemach.

Draußen rauschte das Meer, blickten milde Herbststerne am dunklen Himmel vom Söller herein.

»Herr Corradino ...«, flüsterte eine Stimme. Er spürte ihren Atem. Und er hörte sich antworten:

»Ich weiß nicht, wo ich mich befinde. Sag mir die Gedanken deines Vaters, Violanta.«

Glänzten Tränen in ihren Augen? War es ein Schimmer des Glückes? Während sie seine Hand noch immer umfing, beichtete sie hastig und ohne Umschweife:

Als Herr Giovanni Frangipani Auftrag gab, die Verdächtigen zu jagen, habe er zunächst nicht gewußt, welchen Fang ihm das Schicksal zuspielte. Dann, als er es erkannte, beschloß er die Angelegenheit nicht nur von einer Seite her zu betrachten. König Karl hatte verlockende Belohnung ausgesetzt; seine Späher durchkämmten Land und Gebirge, Küsten und Unterkünfte. So nahe die Auslieferung der Gefangenen liegen mochte – der Geiz des Anjou war nicht weniger bekannt als die Zahl seiner Feinde in Nord und Süd. Warum sollte sein Sieg über den Staufererben für alle Zeit gültig sein? Was galt, war ein Handel. Jedenfalls besaß der Favorit des Papstes im Augenblick die Macht, waren auch die Tage des greisen Herrn Clemens gezählt. Mochten Mittel und Anhang der Frangipanis beträchtlich sein, die Rache des finsteren Anjou blieb dennoch zu fürchten.

Andererseits war trotz der verlorenen Schlacht auf der Palentinischen Ebene für die Kaiserpartei noch nicht alle Hoffnung verloren – abgesehen von den Versprechungen des jungen Herrn. Hatten nicht alle Staufer bisher in solchen Dingen ihr Wort gehalten? Auch von dem bemerkenswert frühreifen Corradino war in dieser Richtung Großzügigkeit geübt worden. Indessen besaß er – im Augenblick wenigstens – weder Geld noch Einfluß; da war das Versprechen leicht ...

Dies in dürren Worten die Meinung des Burgherrn von Astura. Das Mädchen schluchzte leise auf. Konradins Augen wanderten zu ihrem gesenkten Gesicht, auf dessen Wangen die rinnenden Tropfen schimmerten.

»Violanta«, sagte er stockend. »Dein Vater darf uns nicht verraten. Er weiß, daß der Anjou kein Recht hat, in diesem Land zu herrschen.«

»Und Sie, Herr Corradino?« kam es kaum hörbar zurück. »Warum kamen Sie in dieses Land?«

Doch als er antworten wollte, löste sie ihre Hand und berührte seine Lippen mit ihren Fingern. Ihr Gesicht sank an seine Schulter. Er legte den Arm um die schmale Gestalt. Nur ihr bebender Atem war zu vernehmen im Rauschen, das von draußen hereinwehte; dazwischen ersterbendes Schluchzen.

»Mein Vater hat einen Plan«, flüsterte sie, sich plötzlich aufrich-

tend. »Er sprach schon einmal davon, als er von Ihrem Einzug in Rom erfuhr. Er erwartete Ihren Sieg ...«
»Und jetzt?«
Konradin preßte die Lippen zusammen. War nicht alles ein einziger, unbegreiflich grausamer Traum? Sein Arm umschloß die Schultern des Mädchens. Er spürte, wie sie ihn suchte. Seine Lippen lagen auf den ihren.
Seine sechzehn Jahre erlaubten ihm zu vergessen.

*

Der neue Tag war von seligem Licht überhaucht. Konradin vermied das Gespräch mit seinen Freunden. Er wanderte durch die engen Gänge des Castrums, öffnete die Tür zur Kapelle, wo vor dem Bild des Gekreuzigten das rote Licht leuchtete. Hastig verließ der Jüngling im blauen Kleid den düsteren Raum; seine eigenen Schritte hallten ihm seltsam fern nach.
Der Burgherr erschien erst zu Mittag, als man sich zur Tafel traf. Wieder klang die betörende Stimme des jungen Sängers, saß Violanta an Konradins Seite, beflügelte kühler Wein die Gespräche. Jeder vermied die nächstliegende Frage.
Bis sich Konradin, der den Becher unberührt hatte stehen lassen, ohne Umschweife die Bitte auszusprechen entschloß: Ob man den Gästen für den Nachmittag bei der Beschaffung eines tüchtigen Seglers in Richtung Ponza-Inseln oder nach La Procida behilflich sein wolle? Während Violantas Hand erschrocken nach der Hand des Wagemutigen tastete, hob der Burgherr nach kurzem Besinnen den Pokal:
»Sie haben noch nicht meinen Falerner gekostet, Hoheit. Wie ich hörte, bevorzugte ihn auch der Kaiser. Wollen wir nicht zuerst – ?«
Seinem Beispiel folgend, setzten die Herren ihre Becher an die Lippen.

Sie hatten kaum getrunken, als von den Turmzinnen ein Trompetensignal ertönte. Die Gäste hielten jäh den Atem an. Schweigen breitete sich über die Tafel. Der Troubadour ließ seine Laute sinken.

Mit leichter Entschuldigung erhob sich Herr Frangipani: Er habe für einen Augenblick zu tun ...

Als er den Raum verlassen hatte und noch immer keiner ein Wort wagte, stand auch Friedrich von Baden-Österreich auf und trat ans offene Bogenfenster.

»Gewappnete halten vor der Zugbrücke«, stellte er mit unsicherer Stimme fest. »Man scheint zu verhandeln.«

Auch Graf Galvano Lancia begab sich zum Fenster. Nach einer Weile bestätigte er:

»Die Unterhaltung währt lange.«

Konradin wandte sich zu Violanta.

»Wenn es Häscher des Anjou sind, wird man sie nicht hereinlassen. Ein Frangipani verrät uns nicht.«

Das Mädchen schloß die Augen.

Draußen hallten harte Schritte; Waffen klirrten.

»Die Männer der Burg besetzen Mauern und Türme«, sagte Friedrich aufatmend. »Sie sind gut gerüstet.«

Gleich danach trat Giovanni Frangipani in den Raum und bemerkte mit undurchdringlicher Kühle:

»König Karls Flotte ist dabei, den Hafen von Astura zu sperren. Seine Ritter riegeln die Burg ab. Man fordert Ihre Auslieferung, meine Herren.«

Ob genügend Vorräte an Munition und Lebensmitteln vorhanden seien? erkundigte sich Graf Galvano.

Das Schwierigste sei die Versorgung mit Wasser, kam die Antwort. Die sommerliche Hitze habe die für den Notfall angelegte Zisterne fast ausgetrocknet.

»Wir sind bereit, uns an der Verteidigung zu beteiligen«, sagte Friedrich von Baden-Österreich. »Wenn Sie uns Waffen geben wollen ...«

Das sei wohl im Augenblick nicht vonnöten, stellte der Burgherr fest. Die Zahl seiner Leute wie der Vorrat an Pfeilen, Wurfspeeren und Kugeln reiche aus, einem Angriff zu begegnen.

Er wandte sich Konradin zu.

»Ich habe mit Ihnen zu sprechen, Hoheit.«

Friedrich trat, als gelte es, den Freund zu beschützen, an die

Seite des jungen Staufers, dessen Augen noch einmal die Violantas suchten. Herr Frangipani winkte höflich:

»Wollen Sie mir folgen?

Das von einem wuchtigen Kamin und schwerem Gewölbe bestimmte Arbeitszimmer von Torre Astura schmückten stählerne Waffen und Schilde, deren erlesene Sarazenenarbeit Geschenke des Kaisers verrieten. Den Boden deckten Teppiche der sizilischen Wirkereien. Durch die tiefliegenden Fensternischen ging der Blick über die Hafenmole hinaus aufs Meer, wo bis zum Horizont hin schwerfällige Galeeren kreuzten. Der Blick des Burgherrn war dem des Gastes gefolgt.

»Wie Sie sehen, handelt es sich um mehr als eine leere Drohung!«

Konradins Hand tastete unversehens nach dem Schwert, das er nicht mehr besaß. Giovanni Frangipani musterte nicht ohne Wohlwollen den hochgewachsenen Jüngling, der offenbar noch immer an sein Königtum glaubte.

»Wie Sie wissen, Hoheit«, begann er, sorgsam die Worte wägend, von neuem, »gehöre ich einem Geschlecht an, das nicht umsonst eine gewichtige Stimme im Römischen Rat besitzt. Unsere Burgen boten den Kaisern oft genug Schutz und Hilfe.«

Wofür man mit Macht und Reichtum belohnt worden sei, ergänzte Konradin. »Sie sind also keineswegs gezwungen, mich auszuliefern. Zumal Sie, wie Sie selbst sagten, noch immer in der Schuld des Kaisers stehen.«

Was die Schuld angehe, so sei sie wohl ohne Zweifel verjährt, bemerkte Herr Frangipani mit leichtem Unwillen. »Und für den Fall, daß ich Sie nicht ausliefere, haben Sie mir immerhin gewisse, nicht unbedeutende Zusagen gemacht.«

»Für den Fall, daß Sie mir dazu verhelfen, nach Sizilien zu gelangen!«

Ein spöttisches Lächeln zeigte sich um Herrn Frangipanis Mund.

»Sie haben den Fehler begangen, Hoheit, dem Fischer Ihren Ring zu geben – ein für einen Maultiertreiber ungewöhnliches Geschenk, das Verdacht wecken mußte. Sie sind ein gejagtes Wild. Im

Augenblick besitzen Sie nichts als das nackte Leben. Nicht einmal ein Schwert.«

Konradin richtete sich auf, das Blut schoß ihm in die Wangen.

»Verzeihen Sie, Hoheit«, fügte der Burgherr kühl hinzu. »Aber das ist die Wirklichkeit!«

Für einen Augenblick durchzuckte es den Jüngling. Wieder dieses Wort! Der Abschied von der Mutter am blauen Alpsee in den bayerischen Bergen ... War seitdem wirklich gerade erst ein Jahr vergangen? Wußte sie von der ruhmlosen Schlacht? Wartete sie auf ihn in Hohenschwangau? Weinte sie?

Warum schob sich davor das Bild eines Mannes im Kerker, den er, Konradin, niemals gesehen? Ein Gefangener, der ein Sohn des Kaisers war, der noch lebte und von dem er nichts kannte als die Geschichte seines jungen Heldentums und ein paar schmerzliche Verse:

Zeit läßt steigen dich und stürzen ...

Die unerbittliche Stimme Giovanni Frangipanis zerriß das Gespinst aus Traum und Erinnerung:

»In Wirklichkeit haben Ihre Versprechungen nur recht geringen Wert, Herr Corradino! Dem gegenüber besitzt König Karl zur Zeit alle Mittel und Voraussetzungen für die tatsächliche Herrschaft über das Königreich Sizilien und Apulien – auch ohne die Hilfe des Heiligen Stuhles, der zudem seine Ansprüche mit der Autorität und Macht der Kirche immer unterstützen wird!«

Konradins langes blondes Haar und seine blauen Augen leuchteten in unversehrter Jugend.

»Wie Sie soeben feststellten, Herr Frangipani: Noch lebe ich!«

Eine zweifelnde Bewegung des anderen.

»Dem gegenüber stünden die mir von König Karl in Aussicht gestellten Summen, dazu das zwischen Neapel und Benevent gelegene einträgliche Besitztum Pilosa ...«

»Dafür, daß Sie mich, den rechtmäßigen Erben der Krone, verraten und verkaufen?«

Er trat einen Schritt auf den Burgherrn zu: »In Erinnerung an meinen Ahnen, den Kaiser, bitte ich Sie: Überdenken Sie noch einmal Ihre Entschlüsse!«

In Erinnerung an seine leider längst verjährten Taten und alte Gemeinsamkeiten, erwiderte der römische Patrizier in höflicher Kühle, sei er trotz allem bereit, gegebenenfalls die in der Tat verlockenden Anerbieten des Anjou von der Hand zu weisen – mehr noch: sich mit seinem ganzen Einfluß und seiner Person für die Sache der Ghibellinen einzusetzen. Und das wieder heiße: für die wohlbehaltene Ankunft des jungen Staufers in Sizilien und die Erreichung seiner dortigen Absichten – wenn es sein müsse, auch gegen den Papst und dessen mächtigen Schützling.

»Wenn – ?«

Konradins Augen waren wieder verschlossen wie sein Mund. Er war kein Knabe mehr. Er wußte, daß der Lohn alles umfassen würde; daß seine Lage ihn zwang, alles zu bewilligen. *Fast* alles ... dachte er bitter.

Giovanni Frangipanis Blick schien eine Veränderung zu erfahren. Freundlich, väterlich fast, nickte er dem Gast zu, der ihn um Haupteslänge überragte:

»Sie sind jung, Herr Corradino. Sehr jung. Aber Sie haben das Zeug zu einem König. Ihr Blut können Sie nicht verleugnen.«

»Warum sollte ich es?« gab der also Geschmeichelte mit Festigkeit zurück.

»Sie wären Violantas würdig.«

Giovanni Frangipani sprach, als ginge es um ein auszuhandelndes Geschäft. »Ich würde meine Tochter geziemend ausstatten. Soviel ich sehe, wäre sie einverstanden. Wie ich selbst ... Das heißt: Ich wäre bereit, meine Einwilligung zu erwägen. Es könnte Ihre Rettung sein, junger Freund.«

Konradin stand ohne Bewegung. Hatte er recht vernommen?

»Sie sehen«, sagte der Burgherr leichthin, »es liegt weitgehend bei Ihnen ...«

Konradin warf seine Haare zurück. Die stahlblauen Augen waren aufs Meer gewandt, das dort über den Masten in den Himmel stieg.

Ihm stehe kein Recht zu für eine solche Entscheidung, sagte er endlich, sich vergebens der aufsteigenden Röte in seinen Wangen erwehrend.

»Sie sind mündig und wie Ihre Vorfahren als Eroberer in dieses Land eingedrungen«, stellte Herr Frangipani in seiner sachlichen Betrachtungsweise fest. »Sie hatten das Glück, daß man Ihnen gewogener war als Ihrem ungeschickten Vater. Ihnen flogen nicht nur die Herzen der italienischen Ghibellinen zu. Sie bezaubern die Menschen, ohne sich anzubiedern. Es wäre schade, endeten Sie wie Ihr Verwandter, König Enzio. Obgleich Ihnen die Mauern kaum für Lebenszeit Geborgenheit gäben. Die Bologneser sind humaner als König Karl. Sie sollten auch dies in Ihre Überlegungen einbeziehen.«

»Ich bin verheiratet«, erwiderte Konradin, ohne seinen Kopf zu wenden.

»Ah!« Der Burgherr wandte den Kopf zur Seite. Wann das hätte geschehen sein sollen? In Herrn Corradinos frühester Kindheit?

»Unmittelbar vor meinem Aufbruch von Deutschland.«

»Ich verstehe«, lächelte Giovanni Frangipani. »Man wollte Sie an die Kette legen, bevor Sie die Schönheit – oder die Schönen? – Italiens kennenlernten! Darf ich fragen, wer die Glückliche ist?«

»Die Tochter des Herzogs von Landsberg.«

»Landsberg? Der Name scheint mir nicht der eines Hauses von Rang.«

Noch immer lächelnd fügte Herr Frangipani hinzu: »Fürsten haben den Vorzug, politischen Notwendigkeiten nachgeben zu können – in *jeder* Hinsicht!«

Konradins Augen gingen noch immer über das Meer, als läge dort die Antwort:

»Mein Onkel schloß für mich den Ehekontrakt.«

Und leise, als gäbe er ein Geheimnis preis: »Ich kenne meine Frau nicht.«

»Um so günstiger«, stellte der Burgherr mit einer Handbewegung fest.

»Was wollen Sie?«

Der blonde Jüngling wandte sich fast trotzig um:

»Wie Sie sagten, Herr Frangipani: Ich kam nicht als Gast in Ihr

Land. Noch ist für mich keine Zeit, an eine künftige Königin zu denken.«

Der Patrizier nickte verständnisvoll.

»Warum überlassen Sie es also nicht mir, für Sie zu denken? Zumal Sie sehr wohl wissen, worum es nicht zuletzt auch für Ihre Freunde geht? Die Grafen Galvano, die ebenso meine Freunde sind, und der junge Herzog von Österreich stimmen mit mir gewiß überein.«

Konradin schüttelte den Kopf. Er konnte nicht anders, als zu wiederholen:

»Es ist unmöglich.«

Das Lächeln des Burgherrn erlosch. Abschätzend und jetzt beinahe verächtlich blickte er zu dem jungen Hünen aus dem Norden auf.

»Ich habe mich geirrt. Sie sind wirklich ein Kind. Meine Tochter ist für Sie zu schade. Vergessen wir das Geschwätz!«

Als Giovanni Frangipani die Tür hinter sich zugeworfen und die Vorhalle betreten hatte, stand Violanta vor ihm.

»Du hast gelauscht? So weißt du wenigstens, woran du bist!«

»Was werden Sie tun, Herr Vater?« fragte das Mädchen mit bebenden Lippen.

»Das fragst du?« stieß er herrisch hervor. »Er weiß nicht, was es heißt, einen Römer zu beleidigen!«

Er wandte sich zum Gehen. Das Mädchen vertrat ihm den Weg.

»Auch ich bin eine Frangipani. Liefern Sie mich mit ihm zusammen aus! Ich werde mich dem Anjou zu Füßen werfen, und er wird mich anhören. Er muß mich anhören, wenn mein Vater mich von sich stößt!«

Er schob sie zur Seite.

»Kindergeschwätz. Kehre du zu deinem blonden Helden, der dich nicht will, zurück. Bereite ihm und seinen Freunden noch eine sorglose Stunde. Vermeide, daß sie argwöhnisch werden. Ihr Schicksal werden sie früh genug erfahren!«

Violantas Augen blitzten.

»Und Sie, Herr Vater, wohin gehen Sie?«

»Ich habe eine nicht unwichtige Entscheidung zu treffen. Man wartet bereits ungebührlich lange. Gib mir den Weg frei, Kind.

Allzu lange habe ich die Herren hingehalten. Glaube mir, es geschieht zum besten von uns allen!«

Als die Schritte des Herrn von Astura auf den Steinen verklangen, schien es für einen Augenblick, als müsse sich das Mädchen am nächsten Pfeiler stützen. Doch sie richtete sich schnell wieder auf und ging in plötzlichem Entschluß hinüber zu dem Gemach, in dem ihr Vater den jungen König zurückgehalten hatte. Erst jetzt erkannte sie, daß die Tür von außen verriegelt war. Als Violanta eindrang, fand sie Konradin versunken am Fenster. Er schien seiner Gefangenschaft noch nicht bewußt geworden zu sein. Sie ließ ihm keine Zeit zu fragen.

»Kommen Sie mit mir, Herr Corradino«, flüsterte sie hastig. »Ich zeige Ihnen einen geheimen Ausgang!«

Er musterte sie verständnislos, als wolle er sagen: Ist es schon soweit – ?

Sie ergriff seine Hand:

»Es ist keine Zeit zu verlieren. Vielleicht kann ich Sie retten!«

Er stand, ohne sich zu rühren.

»Und meine Freunde?«

»Gemeinsam ist die Flucht unmöglich. Jeder weiß, daß Sie zu viert sind. Ihre Freunde haben nicht so viel zu befürchten wie Sie.«

Das Mädchen versuchte, ihn mit sich zu ziehen. »Es gibt einen unterirdischen Gang, der die Burg mit dem Hafen verbindet.«

Konradin wies zum Fenster und auf das Meer hinaus, wo die feindlichen Galeeren kreuzten:

»Und wie soll ich ihnen entkommen?«

»Als Fischer oder Bauer verlassen Sie den Hafen zum Lande hin. Ein Diener geht mit Ihnen, er wird Ihnen helfen. Später treffen wir uns in einem unserer Häuser in Terracina. Für immer.«

Und da der Jüngling verwirrt schwieg: »Was erhoffen Sie sich von meinem Vater? Es bleibt Ihnen keine Zeit, sich zu bedenken!«

»Meine Freunde haben ihr Leben mit dem meinen verbunden«, sagte Konradin fest. »Wenn ich mich rette – sollen sie dem Anjou ausgeliefert werden?«

Das Mädchen flehte:

»Weil Sie ihnen so oder so nicht helfen können, lassen Sie mich wenigstens Ihnen helfen! Nur Sie sind für Karl von Wichtigkeit. Er hat den höchsten Preis auf Ihren Kopf gesetzt, der jemals für einen Gefangenen geboten wurde. Täuschen Sie sich nicht! Mein Vater ist gerade dabei, die Bedingungen auszuhandeln. In Kürze werden die Tore geöffnet. Dann ist es zu spät, glauben Sie mir!«

»Ich liebe dich, und ich danke dir«, sagte Konradin. Trauer verdunkelte seine Züge. »Aber ich darf meine Freunde nicht im Stich lassen. Auch will ich nicht zum zweiten Male fliehen wie ein heimatloser Abenteurer. Der Anjou wird es nicht wagen, mich, den angestammten König, als Verbrecher zu behandeln, wenn ich mich ihm selbst stelle. Noch gibt es ein Kriegsrecht!«

»Man sagt«, erwiderte das Mädchen, »daß Sie vor der Schlacht einen gefangenen Marschall des Königs von Frankreich angesichts der feindlichen Front grausam hingerichtet haben. Auf das Kriegsrecht dürfen Sie sich wohl kaum mehr berufen!«

»Jetzt weiß ich es«, sagte Konradin. Dann fügte er leise hinzu: »Ich hatte den Tod noch nicht gesehen.«

»Und doch wollen Sie sich freiwillig stellen? Was erwarten Sie noch, Corradino?«

»Gerechtigkeit – trotzdem!«

Der Jüngling schüttelte den Kopf: »Der fromme König Ludwig wird auf seinen Bruder und den Papst einwirken. Ich will auf Apulien verzichten, wenn mir Sizilien bleibt. Noch sind in meinem Erbland viele Burgen und Städte auf ghibellinischer Seite. Der Anjou wird nicht wagen, den Haß noch weiter zu schüren. Nur einem Zufall verdankte er bei Tagliacozzo den Sieg.«

»Der Zufall entscheidet das Schicksal der Welt ...«, sagte Violanta. Tränen überströmten ihr Gesicht.

Klirren von Schritten und Panzern wurde hörbar, klang näher. Die eisenbeschlagene Tür sprang auf. Der Burgherr erschien in der Öffnung, hinter ihm eine Gruppe von Männern in Helmen und Kettenhemden.

Das Mädchen riß sich von Konradin los und schüttelte den Kopf, daß ihre dunklen Haare flogen.

»Nein, Herr Vater! Sie dürfen ihn nicht verraten. Nehmt mich mit ihm gefangen! Da, fesselt mich, mich!«

»Sei nicht töricht, Kind.«

Mit beinahe liebevoller Armbewegung schob Giovanni Frangipani die Tochter zur Seite. »Warum stellst du dich vor ihn? Was geht er dich noch an?«

Konradin, im Gegenlicht vom hellen Haar wie von einem goldenen Helm umleuchtet, verharrte noch immer bewegungslos am Fenster. Fern glitt die Sonne, umhüllt von violettem Dunst, dem Horizont zu. Leiser Zugwind wehte herein, wie in einem sommerlichen Wald. Nur das Schluchzen des Mädchens unterbrach die Stille.

»Corradino!«

»Leb wohl, Violanta«, sagte der junge Mann im lichtblauen Kleid mit stockender Stimme. »Ich werde dich nicht vergessen.«

Dann wandte er sich den fremden Rittern zu: »Wenn Sie Konradin von Hohenstaufen suchen – hier bin ich.«

Erst jetzt schenkte er dem Patrizier seinen Blick:

»Herr Frangipani, werden Sie so glücklich, wie Sie können!«

Das Mädchen weinte laut auf.

Eisen klirrte.

XIII
DAS OPFER

In der Mitte des Monats September hielt Karl von Anjou Einzug in Rom, kaum vier Wochen, nachdem Straßen und Plätze vom Jubel um den Staufererben widerhallten – Einzug, um sich dort als größten Herrscher Italiens feiern und die eigene Statue auf dem Capitol aufstellen zu lassen. Zum zweiten Mal sollte der Franzose, jetzt auf Lebenszeit, als Römischer Senator bestätigt werden, während der Heilige Vater noch immer nicht in den Lateran zurückzukehren wagte. Zugleich wütete der Haß des päpstlichen Schützlings gegen die Angehörigen des Königreiches Apulien und die ghibellinischen Nobili, die der Anjou als Hochverräter betrachtete.

Noch in Genazzano bestiegen die Grafen Galvano und Galeotto Lancia mit weiteren Angehörigen, soweit man ihrer habhaft wurde, das Schafott. Um die Qualen des Vaters zu erhöhen, wurde Galeotto vor dessen Augen gefoltert und erst danach hingerichtet. Anderen Adligen stach man die Augen aus, bevor man sie marterte und dann henkte.

Der Kaiserenkel Konrad von Antiochia, der beim Papst in Viterbo Aufnahme fand, wurde verschont, da die in Saracinesco festgehaltenen wertvollen Geiseln den besten Schutz für sein Leben bildeten. Sein späteres Dasein war von Heimatlosigkeit gezeichnet. Der frühere Senator Heinrich von Kastilien, Karls Vetter und verhaßtester Feind, wurde mit Rücksicht auf den Bruder des Anjou, den französischen König, sowie Heinrichs Bruder, König Alfons von Kastilien, zu ›ewigem‹ Kerker begnadigt ...

Die Bürger des einst kaisertreuen Potenza glaubten die Milde des Anjou dadurch zu erkaufen, indem sie die staufisch Gesinnten ermordeten. Auf Karls Befehl wurden nach Plünderung ihrer Stadt alle Häuser in Brand gesteckt und die angesehensten Bürger hingerichtet. Auch Alba, das während der Schlacht zu Konradin gehalten hatte, wurde zerstört. Für Jahrhunderte sollten die Ruinen der geschändeten Stadt in trostloser Einsamkeit den vorüberkommenden Wanderer bedrohen ...

Über das Schicksal des jungen Staufers, dem Land und Menschen in solch unbegreiflicher Begeisterung verfallen waren, hatte Karl von Anjou längst entschieden. Hier durfte keine mehr oder weniger sang- und klanglose Verurteilung stattfinden – das entsprach weder der Größe des Sieges noch der Gefährlichkeit des Opfers noch dem Wesen des Triumphators.

*

Zu Anfang des Monats Oktober – gerade ein Jahr nach dem Auszug des Königsknaben aus Deutschland – brach der Anjou von Rom auf, sich im festlichen Zug nach seiner südlichen Residenzstadt zu begeben. In Palestrina übernahm er die vornehmen Gefangenen, soweit sie noch nicht hingerichtet waren. Über Ceperano, San Germano und Capua ging der für die Gedemütigten absichtlich als öffentliche Qual bestimmte Zug nach Neapel. Auf der staubigen Straße, über die fünfundsiebzig Jahre zuvor Kaiser Heinrich der Sechste als Triumphator und grausamer Eroberer gezogen war, um sein neues Südreich zu beherrschen und zu unterdrücken, ließ der ebenso unmenschliche Franzose nun den Urenkel, noch immer im zerfetzten, besudelten blauen Kleid, mit seinen letzten Getreuen in schweren Ketten zusammengeschmiedet, hinter sich und seinem berittenen Gefolge herschleppen. Es galt aller Welt darzutun, daß sich die Feinde auch wirklich in seiner Gewalt befanden. Keine Erniedrigung sollte dem wehrlosen Königsjüngling im Anblick der unzähligen, den Weg säumenden Gaffer erspart werden.

Da die Deutschen weder als seine Untertanen noch als öffentliche Aufrührer oder im landläufigen Sinn als Verräter ohne weiteres bestraft werden konnten, gedachte der Anjou den Schein zu wahren.

Von höhnischen oder mitleidigen Blicken gleich in seinem Stolz getroffen, schmutzig und mager, nur noch im Schmuck seiner hellschimmernden Haare, hielt der Kaiserenkel in der Hauptstadt seines Erblandes Einzug – anders, als es zuvor Heinrich von Kastilien, der jetzt wie er in Ketten neben ihm wankte, in kunstvolle Verse gesetzt hatte ...

Gebeugt unter dem Gewicht des fesselnden Eisens, vernichtet schon jetzt: So sollte Konradin, der Letzte seines Hauses, Neapel sehen – die Sehnsuchtsstadt des Abendlandes, wo der Süden am buntesten leuchtet. Am blauen Golf, gegenüber dem von ewiger Rauchfahne umwehten Vesuv, ein meerumbrandeter Fels: das Castel dell'Ovo.

Einst hatte sich hier, unweit des bedeutendsten Mittelmeerhafens, über den verwüsteten Säulengängen des antiken Genießers Lucullus, der Kaiser eine Residenz geschaffen: Hier auch gedachte der Anjou seinen Herrschersitz einzurichten – und dazu die Kerker für seine ihm wichtigsten Opfer.

Auf einer rasch einberufenen Versammlung von Rechtsgelehrten, Kirchenfürsten und weltlichen Würdenträgern des Regno stellte der französische Herrscher die ebenso schwierige wie von ihm selbst längst beantwortete Frage: Ob der junge Staufer und Friedrich von Baden-Österreich als Aggressoren oder, wie es auch der Papst sah, als Majestätsverbrecher zu gelten hätten? Daß Konradin und Friedrich rechtlich Ausländer waren, gedachte der Anjou sowenig zu berücksichtigen wie ritterliche Standesehre. Das Urteil, zuletzt eine politische Entscheidung, fällte er, der König – getreu dem von Papst Innozenz nach dem Tod des Kaisers verkündeten Grundsatz:

Rottet aus Name und Leib!

Bei der feierlich-formellen Gerichtsverhandlung erhob sich nach vielem Hin und Her der greise Richter Guido von Suzara. Jeder wußte, daß er dem Kaiser furchtlos gedient, immer das Wohl des Landes im Auge gehabt und sich niemals gegen die legitimen Rechte der Kirche gewandt hatte. Alle Blicke waren auf die ehrfurchtgebietende, hohe Erscheinung gerichtet, als er mit ruhiger Stimme erklärte: Konradin von Hohenstaufen sei nicht als Räuber oder Empörer in das Königreich gekommen, sondern im Glauben an sein Recht. Er habe nicht gefrevelt, indem er den Versuch unternahm, sein angestammtes väterliches Land zurückzuerobern, sondern nach geltendem Völkerrecht gehandelt. Hinzu käme, daß er nicht beim Angriff, sondern auf der Flucht gefangengenommen worden wäre. Gefangene aber schonend zu behandeln, gebiete göttliches und menschliches Recht – besonders, wenn es um einen Gefangenen ginge, der den Jahren nach fast noch ein Kind sei!

Der vom Sieger beauftragte Oberrichter, Robert von Bari, vertrat den Gegenstandpunkt:

Es handle sich hier nicht um göttliches oder menschliches Recht, auch nicht um das Schicksal eines so vermessenen wie verblendeten Knaben, sondern zuerst um einen Rechtlosen. Durch die Untaten seines Heeres, und vor allem durch Ungehorsam gegenüber dem Heiligen Vater und dessen Warnungen und Befehlen, sei dieser Knabe mit dem Kirchenbann belegt worden. Dies aber bedeute, daß der Geächtete ausgestoßen und nicht nach Maßstäben christlicher Geduld oder Gnade zu richten sei!

Der Oberrichter fuhr fort:

»All dies aber bleibt nicht das Entscheidende. Aus Gründen, die besonders anzuführen sich erübrigt, erfordert staatsmännische Klugheit, hier als einzig mögliche Sühne die Todesstrafe zu erkennen. Manche von euch werden fragen: Vielleicht würde bei Corradino auch ewige Kerkerhaft ihren Zweck erreichen, wie es bei Enzio, den Kindern Manfreds, Heinrich von Kastilien und Konrad von Antiochien der Fall sein mag? Darauf muß erwidert werden: Bliebe der lebende Corradino nicht eine ständige Bedrohung? Würden staufische Verschwörer nicht immer wieder versuchen, ihn zu befreien – würden sie ihre Hoffnungen nicht immer wieder auf diesen letzten lebenden Sproß Friedrichs des Zweiten gründen?«

Jeder wußte: Es waren die Gedanken König Karls, die Robert von Bari aussprach. Der Umfang der Rebellion im Königreich hatte den Anjou mit Schrecken gewahr werden lassen, wie schwach seine Übermacht war. Mit wenigen Ausnahmen war in der Stunde der Gefahr auf niemanden in Italien, außer seinen eigenen Landsleuten, Verlaß. Hatte nicht sogar der Heilige Vater gedroht, ihm seine Unterstützung zu entziehen?

Noch während der Verhandlungen des Schaugerichts war Karl in die Stille des meerumspülten ›Eies‹ zurückgekehrt. Ungeduldig wartete er auf den Abschluß seines ›Kreuzzuges‹, den er nun im Auftrag des Heiligen Stuhles und zur Bestätigung eigener Machtsucht erfolgreich beendet hatte.

Von den Zinnen des Castel dell'Ovo wanderte sein Blick über die herrlichste aller Meeresbuchten Europas. Der Zauberkreis von Sorrent, Castellamare, Portici bis La Procida und den fernen Inseln von Capri und Ischia ruhte im Glanz der gläsernen Luft, die nichts von den Nebeln des Nordens wußte. Alles überragte, auch an die dunklen Mächte gemahnend, das rauchende Haupt des Vesuvs ...

*

In der Tiefe der felsigen Verliese wurde Konradin und Friedrich ein gemeinsamer Raum zugewiesen, in dem auf einem groben Tisch nahe dem kleinen Gitterfenster Papier und Schreibzeug bereit lagen. Der Wärter bedeutete den beiden Gefangenen, sie mögen hier alsbald ihren letzten Willen kundtun, damit ihn der von König Karl bestimmte Protonotar, dessen Besuch bevorstünde, entgegennehmen und besiegeln könne.

Schweigend fügten sich die Freunde. Nach einigem Nachdenken bestätigte Konradin noch einmal die Übergabe aller seiner Besitzungen an die Herzöge von Bayern. Dazu bedachte er zum Heil seiner Seele das Zisterzienserinnenkloster Seligental bei Landshut, das Zisterzienserkloster Kaisheim, die Benediktinerklöster Weingarten und auf der Reichenau im Bodensee wie das Katharinenkloster in Augsburg mit Geldsummen, über die nur die bayerischen Herzöge verfügen konnten. Friedrich von Baden vermachte seinen gesamten österreichischen Besitz, über den er kein Verfügungsrecht hatte, ebenfalls den Bayernherzögen Ludwig und Heinrich.

Bald darauf erschien der Connétable Jean Britaud de Nagis, die in lateinischer Sprache verfaßten Vermächtnisse entgegenzunehmen. Während Konradin nur mit dem Titel ›dominus‹ – Herr – unterschreiben durfte, behielt Friedrich den Titel ›dux Austriae‹ – Herzog von Österreich.

Beim Studium von Konradins letzter Verfügung merkte der

Connétable auf: Soviel er wisse, habe der junge Staufer noch eine Mutter, die Königin Elisabeth, jetzige Gräfin von Görz und Tirol – ?

Und als keine Antwort erfolgte: Man fände hier auch keinerlei Erwähnung seiner Gemahlin? Handle es sich um ein Versehen?

»Nein«, sagte Konradin leise und bestimmt.

Noch etwas, bemerkte der Connétable, fiele ihm an dem Testament auf. Es sei darin von einem illegitimen gleichnamigen Bruder und Sohn König Konrads die Rede, den er den bayerischen Herzögen anempfehle.

Ob dies nicht erlaubt sei?

Oh, gewiß, nickte der Protonotar. Im Gegenteil – König Karl dürfte auf diese Weise vielleicht erst auf den jungen Herrn aufmerksam werden, und zweifellos werde er ihm seine ganz besondere Anteilnahme zuwenden ...

Der junge Staufer erschrak.

»Dann bitte ich Sie, Herr de Nagis, diesen Passus aus meiner Verfügung wieder zu streichen! Als ich von meinem Stiefbruder erfuhr, noch dazu, daß er meinen Namen trage, war ich voller Zorn. Aber er ist unschuldig, er hat nichts mit dem zu tun, was ich verantworten muß. Bitte, Herr Notar – Sie können es! –, streichen Sie meine Erwähnung des ganz und gar Schuldlosen. Auch er kennt ja seinen Vater nicht ... «

Der Connétable hob abwehrend die Hand.

»So sehr ich es bedaure, Hoheit: Eine Zurücknahme dieser letztwilligen Verfügung ist in solchem Augenblick nicht mehr möglich. Ich würde meine Notarspflicht verletzen. Zudem: Wie könnte Herrn Karl ein junger Mann mit *Ihrem* Namen unschuldig erscheinen – schon gar, wenn er denselben Vater aufzuweisen hat! Der König wird gewiß nicht zögern, ihn aufzuspüren und dafür zu sorgen, daß er Ihrer irdischen Fürsorge ohnedies nicht mehr bedarf!«

Erst jetzt schien Konradin ganz klar zu werden, was der Besuch des angiovinischen Juristen bedeutete. Ob das angeforderte Testament den bereits erfolgten Schuldspruch bedeute? Und mit welcher Berechtigung könne ein solcher ausgesprochen werden?

Nach einigem Zögern gab der Protonotar zu, daß das Gesetz,

nach dem die Verurteilung erfolgt sei, sich im eigentlichen auf einheimische adlige Räuber bezöge. Allerdings sei die Verurteilung auch im Licht der Konstitutionen von Melfi des Kaisers Friedrich zu sehen, nach denen auf Aggression, Verrat oder, wie es auch Seine Heiligkeit Papst Clemens sähe, auf Majestätsverbrechen die Todesstrafe stehe, die vom sizilischen Regenten jederzeit angeordnet werden könne.

Als die Gefangenen aufbegehrten, fügte der Connétable hinzu: Konradin möge bedenken, daß Seine Heiligkeit König Karl auch das Reichsvikariat übertragen habe, das nach kanonischem Recht dem Stuhle Petri zukäme. Dazu hätte sich Konradin dem Papst unterworfen und auf seine Ansprüche verzichtet.

»Überdies darf ich daran erinnern, daß Sie, Herr Corradino, weder völkerrechtlich zum König gewählt noch zum Kaiser gekrönt worden sind wie Ihr Herr Großvater. Der einzige Königstitel, der Ihnen weder in Deutschland noch in Italien streitig gemacht werden könnte, wäre der von Jerusalem. Da der Heilige Vater Ihnen aber auch diesen aberkannt hat, bleiben Sie nach offizieller Auslegung lediglich ein exkommunizierter Herzog von Schwaben, der dennoch Handlungen eines Römischen Königs vorgenommen und sich damit in die Verhältnisse eines fremden Staatswesens mit militärischer Gewalt eingemischt hat. So konnte König Karl Seiner Heiligkeit leicht bestätigen, daß Ihre Person den Bestand der Kirche gefährdet und Sie sich als Räuber und Hochverräter schuldig gemacht haben.«

Wieder lastete das Schweigen im Raum, wieder rauschte draußen das Meer, stand der junge Staufer am Fenster, das hier, im Gegensatz zu Astura, klein und vergittert war. Mit zusammengebissenen Lippen vernahm er die sachlich-kühle Stimme des Notars:

»Ich habe Auftrag, außer Ihrem letzten Willen noch eine Abschlußäußerung von Ihrer Seite entgegenzunehmen. Zusammen mit diesem soll sie den zuständigen geistlichen und weltlichen Herren zugeleitet werden.«

Konradin stand aufrecht und wandte seinen Blick Friedrich zu. Mit fester Stimme, in der nichts von Schmerz oder Abschied mitschwang, sagte er:

»Ich frage alle Getreuen, für welche meine Vorfahren hier väterlich sorgten, ich frage alle Häupter und Fürsten dieser Erde: Ob derjenige des Todes schuldig ist, der seine und seiner Völker Rechte verteidigt?«

Als der Connétable pflichtgemäß die Worte niedergeschrieben hatte, verließ er schweigend, mit einer Verbeugung, den Raum.

*

Man brachte den Freunden für wenige Stunden Licht und ein Schachspiel. Der Wärter – er hatte einst hier noch dem Kaiser gedient – nahm es auf sich, den Gefangenen die Erleichterung zu verschaffen.

Konradin, der das königliche Spiel liebte und mit Friedrich schon in der Heimat manche Partie ausgetragen hatte, war diesmal wenig bei der Sache.

Endlich, mit blassen Lippen, schob er die Figuren zur Seite, als lausche er in die dunklen Gänge des Gefängnisses hinaus.

»Es lohnt nicht mehr, dem König Schach anzusagen.«

Er ergriff eine der hölzernen Figuren, die vor ihm auf dem Brett standen. »Erst jetzt weiß ich, wie viele Leben an dem meinen hingen. Wem nutzt es nun, wenn ich es hingeben muß?«

Friedrich schüttelte mit wilder Bewegung den Kopf:

»Und wenn der Anjou zehnmal die Verurteilung durchgesetzt hat – der Papst kann und wird sie nicht zulassen! Eine solche Haltung wäre für alle Christen unverständlich und unerhört. Sie würde die Welt gegen Rom aufbringen, wie man sich hier im Königreich gegen Karl empört hat!«

»Als ich mit dir über die Alpen zog«, sagte Konradin, »bedachte wohl keiner von uns, daß auch der Heilige Vater nur seine Herrschaft sieht, die ich ihm niemals streitig machen wollte. Ich wußte nichts von der Tiefe des Risses, der das Kaisertum vom Papsttum trennt. Auch in Verona, als Herr Clemens seinen ersten Fluch gegen mich schleuderte, sah ich nur mein Recht. Als mir die Tochter Giovanni Frangipanis zur Flucht verhelfen wollte, lehnte ich es ab. Erinnerst du dich an unser Gespräch vor der Schlacht? Ich wußte nichts von der Liebe und wollte den Tod sehen. Als sie dann am Morgen den französischen Marschall hinrichteten, habe ich es nicht verhindert. Wie kann ich auf die Gnade des Mannes hoffen, dessen Tod ich für unseren Sieg als unerläßlich ansah?«

Friedrich hatte sein Gesicht in die Hände vergraben. Er war neunzehn Jahre alt und derjenige, der sich immer reifer, verantwortungsvoller gefühlt hatte. Jetzt riß er sich hoch:
»Warum fragst du nicht nach denen, die dich und mich auf den Weg nach dem verfluchten Süden schickten? Warum verboten sie dir nicht, den gefahrvollen Weg, der sie zurückhielt, fortzusetzen?«
»Und du?« fragte Konradin. »Warum bliebst du?«
Der andere schwieg. Endlich sagte er, und es klang wie ein Schluchzen:
»Ich bin wie du ohne Vater aufgewachsen; wie bei dir heiratete meine Mutter wieder. Ich bedeutete ihr nichts. Ich fand dich. Ich sah, wie man dich in deinen Traum hineinstieß. Ich machte mir deinen Traum zu eigen. Ich band mein Schicksal an das deinige. Du warst der Mensch, den ich liebte, den zu führen ich mir als der Ältere vorgenommen hatte. Wer sich selbst nicht führen kann, vermag es leichter bei anderen. Du warst mein Wegweiser. Ich sah die Gesichter der bayerischen Herzöge und des Grafen von Habsburg, damals in Verona. Warum sollten sie dich nicht opfern, wenn sie so und so ihr Geschäft machten? Die Staufer hatten eine Idee, einen Traum, eine glühende Vision. Sie waren auch grausam in ihrem grenzenlosen Stolz, herrisch, rücksichtslos – aber sie dachten über sich hinaus. Die Herren Wittelsbacher und Habsburger werden niemals über sich hinausdenken. Sie sind Krämer und, bestenfalls, Bauern, deren Blick nicht über ihren Acker hinausreicht. Darum werden sie überleben. Die Staufer glaubten durch herrscherlichen Anspruch den Geist der Päpste überwinden zu können. Sie haben niemals gefeilscht. Sie haben gekämpft für die Idee ihrer Herrschaft – nicht um der Herrschaft, sondern um der *Idee* willen. Du warst stolz und trotzig, wissensdurstig und einsam – wie ich. Mit dir glaubte ich mein Leben aufzubauen, mit dir jenseits der Alpen den Traum zu vollenden. Die Deutschen und die Italiener um dich, auch die Lancias, dachten nicht einmal an die Macht, nur an den *Besitz.* Darum war auch keiner in der Lage, für dich als Feldherr zu denken, einen Krieg zu führen. Du warst eine Figur auch in ihrem

Spiel. Aber du trägst einen gefährlichen Namen, der niemals mehr das Abendland überglänzen darf. Darin treffen sich die Herren mit dem Stellvertreter Christi. Weil sich die Staufer, aus dem Herzen Europas stammend, nicht mit ihrem schwäbischen Erbe begnügten, wurden sie zur Herausforderung. Hätten sie zu feilschen, zu intrigieren, abzuwarten gewußt, hätte man ihnen verziehen. Und dir ...«

Konradin senkte den Kopf.

»Hält man darum auch zu Bologna meinen Onkel Enzio fest? Er war ein Dichter und ein Soldat – wie ich es werden wollte. *Zeit läßt steigen dich und stürzen. Zeit heißt reden dich und schweigen. Zeit wird, die dich nicht sehen läßt noch hören fremden Lebens Treiben* ... Nur ein paar von seinen Versen, die ich mir merkte. Graf Galvano, der sie mich lehrte, hat es nun hinter sich. Auch Enzio weiß, daß es keine Befreiung für ihn geben wird ...«

Nach einer Weile, als horche er seinen eigenen Worten nach, fügte Konradin leise hinzu: »Der Kaiser starb wie sein Vater im Kirchenbann. König Manfred und mein Vater folgten. Jeden traf das Schicksal, das die Päpste uns zu bereiten nicht müde wurden. Es ist die Kette, die mich mit meinen Vorfahren zusammenschmiedet. Man lehrte mich, die Kette als heiligen Auftrag zu erben. Jeder von uns wuchs auf als künftiger König. Nach der Geborgenheit und Liebe, die jedem Bettlerkind geschenkt wird, fragte keiner. Vor jedem unseres Hauses stand der große Traum. Auch vor mir. Ich bin der Letzte.«

»Ich habe mich gegen den Traum nicht zur Wehr gesetzt«, murmelte Friedrich. »Ich wollte ihn mit dir teilen. Ich bin mitschuldig geworden.«

Konradin legte den Arm um die Schulter des Freundes.

»Nun bleiben wir zusammen, du und ich. Niemand wartet auf uns jenseits der Alpen.«

»Du hast eine Braut ...«, erinnerte Friedrich leise.

»Ich habe eine Gemahlin«, sagte Konradin, als spräche er ein fremdes Wort aus. »Wir kennen uns nicht.«

»Du hast eine Mutter.«

»Ich weiß nicht, ob auch sie mich je gekannt hat«, erwiderte

Konradin. »Nie mehr schickte sie mir einen Gruß. Und doch war *sie* es, die mich warnte – vor der Wirklichkeit, die sich eines Tages vor dem Traum erheben und ihr Recht fordern würde.«

»Die Wirklichkeit ...!« widersprach Friedrich. »Was war unser Weg hierher, was der Einzug in Rom, die Empörung gegen den Franzosen, die Anerkennung deines Königtums von den Alpen bis Sizilien? Die leuchtende Landschaft, durch die wir zogen, die Ewige Stadt, die lachenden, winkenden Menschen des Südens? Sie grüßten uns, sie nahmen uns an. War das keine Wirklichkeit?«

Konradin sah den Freund lange, schmerzlich an.

»Die Wirklichkeit ist ...«

Schritte hallten draußen. Der Riegel der eisernen Tür krachte zurück. Die Lampe flackerte im Zugwind. Die gestürzten Figuren des Schachspiels warfen seltsame Schatten über das dunkle und helle Holz des Brettes.

Der Wärter erschien; ihm folgte ein hochgewachsener alter Mann in schwarzem Talar und Amtskette.

»Ich heiße Guido von Suzara«, sagte der Greis mit einer Stimme, die trotz des Kerkerechos nicht ohne Güte war. »Man hat mich gesandt, Sie von den Beschlüssen des Hohen Consiliums zu unterrichten.«

»Das Urteil?« fragte Friedrich.

Der Alte senkte das Haupt.

In diesem Augenblick tauchte kaum hör- oder sichtbar ein Schatten hinter dem Richter und dem Wärter auf; bewegungslos verhielt er im Dunkel. Konradin erkannte einen Mönch in brauner Kutte – der Tracht des Mannes von Assisi, der den Tieren des Waldes und den Vögeln des Himmels gepredigt hatte. Tief atmend richtete sich der junge Staufer auf:

»Bringen Sie Nachricht vom Heiligen Vater?«

»Ich bringe Ihnen den Frieden«, sagte Guido von Suzara und trat langsam näher.

»Den Frieden – ?«

Hoffnung glomm in den Augen des Babenbergers auf; doch der Schein erlosch, als er hinzufügte: »Den unserer Freunde – oder unserer Feinde?«

»Den Frieden des Ewigen«, kam die feierliche Antwort. Der Richter winkte nach rückwärts. Der Mönch trat vor.

»Bruder Ambrogio Sansedoni kommt vom Heiligen Vater aus Viterbo. Er bietet Ihnen den Apostolischen Segen!«

Konradin hatte sich erhoben. In seinen Haaren fingen sich goldene Lichter der flackernden Lampe.

»Ich stehe unter Kirchenbann«, sagte er aufgerichtet und stolz, wie er zuvor dem Herrn von Astura gegenübergetreten war. »Der Papst hat mich aus der Gemeinschaft der Kirche ausgestoßen. Mich und meine Freunde, die zu mir hielten!«

Der Richter verneigte sich. Er deutete schweigend auf den Mönch, der jetzt mit leiser Stimme sagte:

»Sie sind nicht mehr ausgestoßen. Seine Heiligkeit hat Sie und Herrn Friedrich von Österreich vom Bann erlöst. Sie sind berechtigt, die Heiligen Sakramente zu empfangen.«

»Ich danke dem Heiligen Vater.«

Konradins Lippen bebten. »Bedeutet das – ?«

Guido von Suzara verneigte sich wieder wie gebannt unter der Macht der fragenden blauen Augen.

In diesem Augenblick durchtönte die felsig-dunklen Gänge ein ferner Gesang, im Echo fremd verhallend, als käme er aus anderen Sphären. Die Gefangenen horchten auf. Wirkte ein Wunder? Es schien, als versänke die kalte Düsternis, als öffneten sich noch einmal für einen Augenblick die Mauern und eisernen Türen zu Freiheit und Leben im Licht.

Konradin war der erste, der zurückfand ins Jetzt.

»Wer singt dort? Wird ein Gottesdienst abgehalten? Gibt es hier eine Kapelle? Ich möchte hinübergehen ...«

Der Mönch schüttelte den tonsierten Kopf.

»Es ist Ihnen nicht gestattet, den Raum zu verlassen. Obgleich ...«

»Obgleich – ?« forschte Friedrich weiter, da der Mönch sich unterbrach.

»Obgleich der Gesang Ihnen gilt. Ein Franziskanerbruder liest die Heilige Messe. Ein Requiem, wie Sie hören. Es geschieht auf Anordnung des Königs.«

»Welches Königs?« fragte Konradin bewegungslos.
»Des Königs Karl.«
Wie aus den Tiefen der Erde drangen die Stimmen herüber, hallten sie geisterhaft im Echo der steinernen Unterwelt, erhoben sie sich noch einmal über das Dunkel, öffneten sie einen Spalt vom Himmel der Gläubigen, zwangen die Anwesenden auf die Knie.
Plötzlich zerriß die Stimme des jungen Friedrich die frommen Hymnen:
»Ich will es nicht hören! Schließt die Türen!«
Er hielt sich die Ohren zu. »Es geschieht auf Anordnung des Anjou – des Mörders! Niemals hat ein König königliches Blut vergossen!«
Konradin trat zu dem Freund. Der ferne Gesang fing sich noch immer im hallenden Raum. Friedrichs Kopf war auf die steinerne Tischplatte gesunken. Die Schachfiguren lagen auf dem Brett durcheinander wie die Toten von Tagliacozzo.
In die einsetzende Stille hinein fragte Konradin den Mann in der Mönchskutte:
»Sind Sie bereit, uns die Sakramente zu spenden?«
»Ich bin beauftragt, ich sagte es.«
Erst jetzt gewahrten die Freunde, daß der Mönch in seinen Händen, verdeckt, die heiligen Geräte trug.

Der Gesang war verklungen.
Gefaßt und ruhig trafen sich die Freunde in ihrer Zelle wieder.
Als über dem Golf von Neapel und dem Castel dell'Ovo der sternübersäte Herbsthimmel Frieden verströmte, lagen Konradin und Friedrich schweigend im Dunkel ihres Kerkers, das sich in wenigen Stunden für immer zum Glanz einer anderen, unbekannten Welt weiten sollte.
Hinter den Gittern rauschte die Brandung. Durch sie hindurch schrillten die verzweifelten Schreie eines gefangenen Mädchens: Beatrix, Manfreds Tochter.

*

Um die Mittagsstunde des neunundzwanzigsten Oktober zwölfhundertachtundsechzig umhüllte die Sonne Meer und Hafen, die fernen Felsen von Capri wie die zahllosen Barken und Schiffe mit mildem Dunst.

Am südöstlichen Ende der Stadt, auf der nahe dem Meer sich breitenden öden Piazza del Mercato, hatte man in aller Eile ein mit purpurnem Samt wie zu königlichem Schauspiel ausgeschlagenes Gerüst errichtet. Von hier schweifte der Blick über den mattblauen Golf bis zum von ewiger Rauchfahne umwehten Kratergipfel des Vesuvs, als wolle die Erde dem jungen Staufer noch einmal ihre Herrlichkeit zu Füßen legen: Dies alles hätte dein sein können …!

Heut brodelte auf der abgelegenen Piazza Kopf an Kopf eine aufgeregte Menge. Aus dem ganzen Königreich, aus Rom und Oberitalien, waren die Menschen zusammengeströmt, den Enkel und Erben des sagenhaften Imperatore sterben zu sehen.

Aus den Städten und Provinzen seines Herrschaftsbereiches hatte der Anjou alle ihm ergebenen Barone und Vertreter geladen: Jeder sollte teilhaben am triumphalen Schauspiel seiner Macht.

Wer konnte sagen, ob nicht eines Tages irgendein Schwindler als wiederauferstandener Königsjüngling neue Verwirrnis stiften würde?

Man hatte die Verurteilten vom Castel dell'Ovo zu Schiff den kurzen und sichersten Weg hierhergebracht. Ein Raunen ging durch die Menge, als sich der schweigende Zug dem Blutgerüst näherte. Als erste bestiegen die beiden Freunde, wie für die Ewigkeit aneinandergekettet, das Schafott.

Da das Volk die Jünglinge dort oben sah, breitete sich erneut Schweigen über den Platz. Nach einer Weile, die sie wie betend verharrten, umweht vom leisen Wind des Meeres, wurden Konradin und Friedrich die Ketten abgenommen.

Der Protonotar und Connétable Britaud de Nagis trat vor. In französischer Sprache verlas er den von Karl von Anjou verfaßten Text des Urteils. Ein neapolitanischer Stadtbeamter übersetzte ihn dem wieder in Gemurmel und Rufe ausbrechenden Volk. Als der Dolmetscher geendet hatte, brandete die Erregung drohender; doch machten die schwer bewaffneten Knechte ringsum deutlich, was jede Kundgebung zugunsten der Verurteilten zur Folge haben würde …

Als der Scharfrichter, barfuß, in roter Robe und Mütze, vortrat, erstarben jäh alle Stimmen. Der Henker bedeutete dem jungen Babenberger als erstem, er möge sein Oberkleid ablegen. Dem Wunsch des Siegers entsprechend sollte der Hauptschuldige den ihm Nächsten zuerst fallen sehen.

Da stieß Friedrich einen Schrei aus. Immer war er der Ältere, liebend Dienende, Besonnene, gewesen. Jetzt, da er den Menschen, dem er sein Leben gewidmet, verlassen sollte, brach er zusammen. Soldaten rissen ihn hoch. Der Schrei klang über die Tausende hin; es schien, als bräche etwas auch in ihren Herzen. Das Eis der Selbstsucht, der liebeleeren Neugier? Doch nur für einen Augenblick. Als einzelner jedes Opfers, aller Güte fähig, ist der Mensch in der Masse feige, fühllos, grausam.

Als Konradin den Gefährten, der jede Stunde seines Weges mit ihm geteilt hatte, noch einmal umarmte, schluchzte dieser laut auf. Konradin schüttelte, kaum merklich, schweigend den Kopf, als wolle er dem anderen bedeuten: Alle irdische Trauer und Angst seien nun wesenlos. War er bisher der Knabe, der in nachtwandlerischem Tun Vermessenes auf sich genommen und bis zuletzt daran geglaubt hatte, so schien er jetzt, in dieser Stunde, was er seiner Bestimmung nach war und nicht sein durfte:
König Konradin von Hohenstaufen.

Als der Scharfrichter das Schwert hob, flüsterte Friedrich kaum hörbar ein ›Ave Maria‹.

Konradin fing das fallende Haupt des Freundes auf und stand für eine Sekunde regungslos. Dann nahm er es heran und küßte es, bevor er es behutsam dem Henker übergab und daranging, selbst das Oberkleid abzulegen, wie wenn er sich zur Nacht bereite. Danach kniete er nieder und betete, als vergäße er Ort und Zeit und alle Sehnsucht seines jungen Lebens.

Wieder, stärker, wuchs das Murren. Wieder klirrten die Waffen der Knechte des Anjou.

Langsam, versonnen fast, erhob sich Konradin und blickte noch einmal über die sich drängenden Menschen hinüber zum Meer, wo jenseits des Vesuvs der von ihm niemals erblickte ›herrliche Garten

Siziliens‹ lag. Dann wandte er sich dem Scharfrichter zu, bezeichnete sich dreimal mit dem Zeichen des Kreuzes und sagte:

»Ich verzeihe dir, daß du mich tötest.«

Erst jetzt schien der wissende Schmerz seine Seele zu überströmen.

»Mutter!« brach es plötzlich aus ihm heraus, daß es wieder über die schweigende Menge hinhallte. Dann, leiser: »Was für eine Botschaft wirst du erhalten!«

Es kam keine Antwort. Nur der Wind brachte Kühle und Duft vom Meer und alle Ahnung von der Schönheit dieser Welt.

Der Sechzehnjährige kniete nieder und senkte das helle Haupt. Der Scharfrichter trat vor, hob das Schwert ...

Nach Friedrich von Baden-Österreich, dem letzten vom Stamm der Babenberger, und Konradin von Hohenstaufen ging der Marschall Kroff von Flüglingen in den Tod, und wer bisher noch aufgespart worden war von den Herren des staufischen Heeres; darunter auch ein Ritter derer von Katte. Die Rauchwolke umwehte den geborstenen Gipfel des Vesuvs wie eine dunkle Fahne.

*

Die Menschen, die dabeigewesen, erzählten es weiter, und die Chronisten schrieben es auf:

In dem Augenblick, da Konradins Haupt fiel, sei ein Adler vom Himmel herabgestoßen und habe seinen Flügel in das Blut des Getöteten getaucht, um danach wieder in Richtung des Vesuvs den Blicken der Zuschauer zu entschwinden. Die Stelle auf der Piazza del Mercato, wo das Schafott ragte, aber sei von nun an immer feucht geblieben, als wäre sie für ewig benetzt vom Blut des Königsknaben und von den Tränen der Trauernden.

Epilog

Trotz der Absolution und des Empfangs der Sakramente gönnte man den Toten kein christliches Grab. In der Nähe des alten Judenfriedhofes verscharrte man sie im Sand der Küste. Ein Steinhaufen, von den Bewohnern zusammengetragen, ähnlich dem ersten Grab Manfreds, bezeichnete die Stelle.

Am Hof zu Viterbo lebte in diesen Tagen der heiligmäßige Thomas von Aquino, der gerade an seiner Betrachtung *Über die Herrschaft und den Lohn der Könige* schrieb. Die kühle Erhabenheit seiner Worte läßt nichts von irgendeiner Betroffenheit oder auch nur Berührtheit von der Tragödie des Königsknaben ahnen, mit dessen Haus die Grafen von Aquino nicht nur verbunden, sondern sogar verwandt waren ...

Auf den Tag einen Monat nach Konradin beendete auch Papst Clemens der Vierte sein Leben, ohne jemals in Rom residiert zu haben, umschattet von dem politischen Mord, der nicht allein dem Geschlecht der Staufer, sondern ebenso der Übergewalt der Kirche ein Ende setzte. In der Basilika San Francesco alla Rocco zu Viterbo zeigt eine Grabplastik die abweisenden Züge des Mannes auf dem Stuhle Petri, der Justizminister Ludwigs des Heiligen von Frankreich, vorbildlicher Familienvater mit einer Schar von legitimen Kindern, Witwer, Kartäusermönch, Kardinal und Papst – und doch ohne einen wahrhaft menschlichen Zug gewesen war.

Auf dem Platz, wo Konradins Haupt fiel, stiftete ein Gerbermeister eine von einem Kreuz bekrönte Porphyrsäule. Später hat man um die Säule eine kleine Kapelle gebaut, die nach dem Kreuz ›Santa Croce‹ genannt wurde. Bilder im Innern der Kapelle stellten die vier Hauptereignisse aus dem Italienzug des deutschen Königsknaben dar: auf dem ersten den Marsch vorbei an der Stadt Viterbo und den Papst hoch auf der Stadtmauer. Die Schlacht bei Tagliacozzo zeigte das zweite; die versuchte Flucht bei Astura das dritte und das letzte Konradins Hinrichtung, der Karl von Anjou vom Balkon herab zuschaut.

Die Kapelle mit den Bildern stand über fünf Jahrhunderte an ihrem, wie es hieß, immer feuchten Platz. Bei einem Brand wurde sie vernichtet und als kleine barocke Kuppelkirche neu errichtet, deren Sakristei noch heute die alte Porphyrsäule birgt.

Drei Jahre nach Konradins Tod ließ seine Mutter in Stams, nahe Innsbruck, an der Stelle einer hölzernen Wallfahrtskapelle zum Gedenken an ihren Sohn ein Kloster errichten. Elisabeth selbst starb im Jahr danach auf der Burg Gojen über Meran, bevor der Klosterbau fertig war. Die ehemalige Königin und Gräfin von Görz und Tirol wurde zunächst auf Schloß Tirol bestattet und später feierlich in Stams beigesetzt.

An der vom Anjou zum Hauptmarkt von Neapel bestimmten Piazza del Mercato erbauten Karmeliter ein Jahrzehnt nach Konradins Hinrichtung (nach dem Tode Karls von Anjou) eine Kirche, in der die angeblichen Gebeine des letzten Staufers und seines Freundes beigesetzt wurden. Die Kirche erhielt den Namen Santa Maria del Carmine. Um die Mitte des neunzehnten Jahrhunderts ließ der bayerische Kronprinz Maximilian nach einem Entwurf des Bildhauers Thorvaldsen eine Statue des Königsknaben aufstellen. Wie die Inschrift besagt:

Für einen Verwandten des Hauses

Im Sockel des Denkmals, das sich in der späteren, prächtigen Kirche del Carmine erhebt, ruhen heute die irdischen Reste Konradins. Friedrich von Baden fand in der Apsis sein Grab.

In dem weißmarmornen Antlitz des Bildwerkes suchen wir vergeblich den jungen König. Den letzten der Hohenstaufen darzustellen, den frühreifen Jüngling, der eine unerhörte Tat auf sich nahm und wie ein König dachte, handelte und litt, vermochte der Künstler nicht. Dennoch lädt das stille Zeichen in der goldglänzenden Kirche der Karmeliter nahe dem Hafen der weltbunten Stadt, wo der Blick längst nicht mehr durchdringt zur Weite des Meeres, zum Gipfel des Vesuvs oder zum Felsenschatten von Capri, auch den Wanderer unserer Tage zu Besinnung und Gebet.

*

Im Castello in Parco zu Nocera, zwischen Castellamare und Salerno, lebte noch die Gemahlin Manfreds, die grazile Königin Helena. Sie erfuhr vom Italienzug ihres Neffen Konradin, von der Niederlage bei Tagliacozzo und seiner Enthauptung im nahen Neapel. Der Schmerz über das ungewisse Los ihrer Kinder, die sie seit fünf Jahren nicht mehr gesehen hatte, nahm ihr den Mut für das weitere Leben. Sie starb nach fünfjähriger Gefangenschaft im Frühjahr Zwölfhunderteinundsiebzig mit neunundzwanzig Jahren. Niemand weiß, wo sie ihre letzte Ruhe fand.

Ihre Tochter Beatrix verblieb achtzehn Jahre lang im Kerker des Castel dell'Ovo. Nach ihrer Befreiung heiratete sie einen Grafen aus dem Hause der Cherardesca.

Bei ihren Brüdern Enrico, Federigo und Azolino erschien im Castel del Monte jedes Jahr der Schmied und hämmerte ihnen neue, weitere Arm- und Fußreifen.

Die Ahnungs-, Wehr- und Schuldlosen wuchsen heran in Ketten, wurden Jünglinge, Männer, ohne die Welt zu kennen, ohne von der Freiheit zu wissen; ohne Freund, ohne Lehrer, ohne einen Menschen in ihrer Nähe außer dem Wärter, der ihnen die kärglichste Nahrung nur des Nachts und durch eine Maueröffnung, ungesehen, reichen durfte. Verkommen, verwilderten Tieren gleich, hausten sie in ihrem ewigen Käfig. Zweiunddreißig Jahre später, für damalige Begriffe nach einem Menschenalter, brachte man auch sie – Karl von Anjou war bereits dreizehn Jahre tot – nach Neapel, um sie dort von neuem und sicherer einzukerkern.

Der zweite Sohn, Federigo, soll unterwegs, verkrüppelt und kaum imstande zu sprechen noch aufrecht zu stehen, einen Wächter niedergeritten und sich befreit haben. Man vernahm von seiner Flucht. An verschiedenen europäischen Höfen seiner Verwandten soll er aufgetaucht sein: in Aragon, Tirol, England. Doch niemand glaubte dem Halbirren das gestammelte Geständnis seiner Herkunft. Zuletzt hieß es, er sei in Ägypten verschollen.

Seine Brüder siechten indessen – gemäß dem offiziellen Wort des Heiligen Vaters – im Castel dell'Ovo dahin, ›als wären sie nie zur Welt gekommen«. Der Älteste, Enrico, soll noch, längst erblindet, dreiundvierzig Jahre später gelebt haben. Vielleicht dämmerte er noch in seinem Gelaß, als zum letzten Mal ein deutscher König, Heinrich der Siebente, der Luxemburger, den alten Kaisertraum zu erneuern versuchte, um dann, endlich, nach einem kaum so zu nennenden Leben die Ketten des irdischen Elends mit der Gnade des Todes vertauschen zu dürfen.

*

Den Gefangenen im Palazzo di Re Enzio zu Bologna floh längst der Schlaf. Er streckte seine Hand ins Mondlicht oder er kroch von den Strohbündeln zum irdenen Trinkgefäß. Nur selten leuchtete etwas von der früheren Heiterkeit und dem Geist auf, den er von seinem Vater geerbt hatte; alles versank in der wachsenden Stumpfheit. Er ließ sich das Haar nicht mehr schneiden und wurde, da er sich nicht bewegte, schlaff und krank. Die strahlende Stimme, die jahrelang aus dem Kerker in die Welt jenseits der Gitterstäbe gedrungen war, erlosch, wie die Hoffnung aus seinem Leben gewichen war.

Eines seiner letzten Gedichte, die man bei dem Toten fand, lautet:

Ist für mich Armen Mitleid noch zu finden
bei einem Menschen, der aus Fleisch und Blut?
Erloschen sind im Herz der Hoffnung Flammen.
Denn was geschieht, will mich ja nur verdammen;
unselig ich wie keiner, der da liebt,
dem Mitleid würd' nur Grausamkeit bedeuten.

Warum, o Herr, ward mir solch Los bestimmt?
Dient ich so schlecht, so ganz doch hingegeben?
Kann Todesangst und Leiden nur erblicken,
sie nah'n alleine, um mich zu erquicken.
So zeigt mir jedes neue Morgenrot,
daß meine Heilung wird mit Sterben enden.

*

Zwei Jahre nach jenem Karnevalsfest, das so bitteren Abschluß fand, setzte Enzio ein Testament auf. Darin vermachte er seiner Schwester und seinen Töchtern, auch von Lucia Viadagola, seine fragwürdigen Besitzungen, darunter Sardinien, das längst in anderen Händen war. Die Handschriften seiner Gedichte widmete er zum größten Teil dem Freund Pietro Asinelli. Der Gefangene sang Canzonen vor sich hin, immer wieder dieselben Worte, später nur noch Laute, die ins Lallen des verdämmernden Geistes übergingen.

In der Nacht, da er starb, hörten seine Wächter ein schauerlich kindliches Lachen, das zugleich ein Weinen war. Fast achtundzwanzig Jahre hatte Enzio im Kerker verbracht. Über ihm und seinem Geschlecht war die Sonne für immer untergegangen. Es war der elfte März des Jahres zwölfhundertzweiundsiebzig.

Doch nun geschah Seltsames:

Die guelfischen Bolognesen, die, da der Kaisersohn lebte, ihn in seinen letzten Jahren wie den gefährlichsten Verbrecher gequält hatten, beschlossen nun mit dem Toten – war es Hohn, uneingestandene Reue oder schmerzliche Erkenntnis? – ein großes Schauspiel aufzuführen. Enzio wurde einbalsamiert, in Purpur gekleidet und mit goldenem Kreuz und Szepter geschmückt. Auf hohem, mit scharlachrotem Samt ausgeschlagenem Katafalk trugen Edelknaben den Sarg in feierlicher Prozession zur Kirche des heiligen Dominikus, des Freundes des Francesco d'Assisi.

Unter Chorgesängen, Glockenläuten und bischöflichem Segen senkte man den Toten in eine frisch bereitete Gruft und schmückte sie mit einer Bildsäule.

Eine Grabinschrift rühmte:

REX ERAT ET COMPTOS PRESSIT DIDEMATE CRINES ...
Er war ein König, zwang sein üppiges Haar unter die Krone, und sein Herz hätte verdient, die Grenzen der Welt zu berühren.

*

Wie gefährlich die Aufstandsbewegung gegen König Karl war, beweist die Tatsache, daß es nach der Hinrichtung Konradins zehn Monate dauerte, bis es dem Anjou gelang, Lucera zu erobern. Nach endlicher grausamer Erstürmung der ausgehungerten Festungsstadt entgingen nur wenige dem Beil des Henkers. Die Christen, die den treuen Sarazenen zur Seite gestanden hatten, wurden als erste gehenkt. Unter ihnen befanden sich der Halbbruder Konradins gleichen Namens und dessen Mutter, König Konrads einstige Geliebte.

Der morgenländische Charakter der Siedlung Friedrichs des Zweiten wurde ausgerottet, die riesige Wehranlage nach Zerstörung des Kaiserpalastes mit neuen Türmen verstärkt, die bis heute herrisch die apulische Ebene überragen.

Neben Lucera widerstanden vor allem Gallipoli, Amantea und die Gegend von Sulmona in den Abruzzen. Ganz unterdrückt wurden diese Aufstände nie; sie schwelten fort, bis auf Sizilien der große Brand ausbrach.

Zunächst aber wurde auch Sizilien vollständig unterworfen. Der Infant Friedrich von Kastilien, Heinrichs Sohn, konnte wie Federigo Lancia zu dem Emir al-Mustansir, der sich zeitweise Kalif nannte, nach Tunis entfliehen. Die hohen Beamtenstellen im Regno erhielten nur noch Franzosen. Karl kaufte jetzt auch noch vom Papst die Königskrone von Jerusalem.

In den Völkern Europas gedachte man immer wieder jener Worte des Papstes Clemens vom ›Lamm, das zur Schlachtbank geführt werde‹, als er von den Mauern Viterbos auf das vorbeiziehende Heer Konradins herabblickte. Wäre sie nicht in Erfüllung gegangen, hätte man die ›Weissagung‹ bald vergessen. So aber lastete sie auf den Gemütern der Nachdenklichen wie das Opfer des Gemordeten selbst.

Das Erschrecken über die Grausamkeit des Anjou, auf die später der immer schwelende ›Nationalhaß‹ zurückgeführt wurde, ließ allen kaisertreuen Fürsten den Atem stocken. Die guelfisch gesinnte Stadt Perugia mußte einen Passus in ihre Statuten aufnehmen und öffentlich anschlagen lassen:

Wer immer ein Lied gegen König Karl dichtet, hersagt oder absingt, oder irgendeine Beleidigung ausstößt gegen ihn, der soll für jeden einzelnen Fall hundert Pfund Denare zahlen. Wer diese Strafsumme nicht zahlen kann, dem soll die Zunge abgeschnitten werden, wie sie auch denen abgeschnitten werden soll, die mit einem Streitgedicht für Corradino in die Schranken treten. Dieses Verbot soll jeden Monat in der Stadt und in den Vororten verkündet werden!

Der venezianische Troubadour Bartholomäus Zorgi aber rief in seinem Schmerz:

Warum geht die Welt nicht unter, warum verdunkelt sich nicht aller Glanz auf ihr, nachdem so Furchtbares geschehen?

Ein ghibellinischer Chronist endete die Beschreibung der Hinrichtung Konradins mit den Worten:

Wehe! Wer kann solche Bosheit ertragen und solches Unrecht, wie es Karl beging? Gott sei ihm ein zorniger Richter!

Und wieder der Troubadour:

Wie können Deutsche nur leben, wenn sie dieses Verrates gedenken! Ihr Bestes haben sie in diesen beiden Knaben verloren, und was sie ernteten, war Schmach. Nehmen sie nicht bald Rache, sind sie entehrt für alle Zeit!

Die Deutschen rührten sich nicht. Von den Wittelsbachern war nichts zu vernehmen. Sie hatten ihr Geschäft abgeschlossen.

Wohl mag in Bayern und Schwaben, in den Reichsstädten, wie Straßburg, Nürnberg oder Worms, Trauer geherrscht haben. Aus Mitteldeutschland oder den östlichen und nördlichen Teilen findet sich keine Spur eines Aufhorchens oder gar einer Anteilnahme am Schicksal des letzten Kaisererben.

Immer waren die Deutschen vollauf beschäftigt mit ihrer eigenen Uneinigkeit, Trägheit, Habsucht, Verleugnung eigener Vergangenheit.

Die Todesstunde Konradins war zugleich die Geburtsstunde jener zahlreichen südwestdeutschen und oberrheinischen Territorialstaaten und Herrschaftsgebilde, die aus dem Fehlen der Herzogsgewalt ihren Nutzen zogen.

Klanglos und still wie Konradins Gattin Sophie – sie heiratete später noch einmal, den Herzog von Glogau, und zog sich nach dessen frühem Tod in das von ihrer Mutter gegründete Kloster Weißenfels zurück – endete die Familiengeschichte der Hohenstaufen.

In Italien aber wirkte das Geschehene in den Gemütern weiter. Immer wieder glaubte man blutige Zeichen in den Wolken zu erkennen. Feurige Kronen sahen die Menschen am Himmel und hörten Posaunen des Großen Gerichts. Aberglaube und Weltangst regierten.

Ein Chronist, genannt ›der Mönch von Padua‹, berichtete:

Damals erfaßte eine unerhörte Aufregung die Bewohner von Perugia, dann die Römer, dann ganz Italien. Die Furcht des Herrn überkam sie in dem Maße, daß Edle und Unedle, Greise und Jünglinge, selbst Kinder unter fünf Jahren, mit Verleugnung aller Scham je zwei und zwei in Prozessionen durch die Straßen zogen. Sie verhüllten das Haupt nach Art der Mönche und Nonnen. Mit den Knoten starker Lederriemen geißelten sie sich, als ob sie mit leiblichen Augen die Passion Christi sähen, daß das Blut rann.

Nicht allein am Tage, auch in der Nacht hielten Hunderte, Tausende, ja Zehntausende Umzug; mit flammenden Kerzen im strengsten Winter, angeführt von Priestern mir Kreuzen und Fahnen, durchzogen sie die Städte und pilgerten zu den Altären, vor denen sie sich niederwarfen. Da schwiegen alle Freudengesänge und Liebeslieder. Nur die Gesänge der Büßenden erfüllten Stadt und Land. Da söhnte sich aus, wer in Feindschaft lebte. Beleidiger gaben selbst dem Beleidigten das Racheschwert, Wucherer und Diebe beeilten sich, unrechtes Gut zurückzuerstatten. Die Gefängnisse wurden geöffnet, die Gefangenen freigelassen, die Verbannten in die Heimat zurückgerufen.

Die Geißler zogen nach Rom, durch Tuscien und die Lombardei; in Parma und Genua wurden die Menschen von ihnen ergriffen. Die Flagellanten erschienen in Frankreich und in Deutschland, in Ungarn, Schlesien und Böhmen. Am Rhein hieß es, die Statue der Mutter Gottes im Münster zu Straßburg habe Blut geschwitzt, als sie sich näherten. Gesindel und Landstreicher fanden sich zu den Geißlern.

Plötzlich, wie sie sich zusammengerottet hatten, fielen sie wieder auseinander.

*

Papst und Kaiser hatten ein Reich geschaut, das Antike und Orient in dem erst im Werden begriffenen Abendland zu einem SACRUM IMPERIUM, einer CIVITAS DEI mit dem Mittelpunkt Rom verbinden sollte. Beide Mächte waren nicht imstande zu erkennen, daß sie Rom nur als *Idee* und nicht als glühenden Krater egoistischer Interessen verwilderter Adelsparteien und einer täglich die Ansichten wechselnden Masse von Römern sahen – anstatt zu begreifen, daß der Gedanke Illusion und ihre Sache durch ihren mörderischen Kampf verloren war.

Nach dem Tode Clemens' des Vierten blieb der Heilige Stuhl infolge der Erschütterung und politischen Zerrissenheit, die sich durch das Grauen von Neapel ergeben hatten, für fast drei Jahre unbesetzt. Der neue Papst Gregor der Zehnte war eine der vornehmsten und bedeutendsten Persönlichkeiten der Kirche im dreizehnten Jahrhundert; er wurde später heiliggesprochen.

Gregor der Zehnte – der erste Oberhirte der Christenheit, der seit dreißig furchtbaren Schicksalsjahren nicht mehr die unselige Vier mit seinem Namen verband – sah sich gezwungen, Karl von Anjou deutlicher noch als sein Vorgänger zu warnen: Es werde der Tag kommen, da über ihn und seine Erben wegen solcher Tyrannei und Habsucht unerwartet Gottes Strafgericht hereinbrechen werde!

Hochmütig gab der Anjou zurück:

»Ich weiß nicht, was ein Tyrann ist – wohl aber, daß Gott, der bisher alle meine Schritte geleitet hat, mir auch künftig beistehen wird!«

Fünf Jahre nach dem Blutgericht auf der Piazza del Mercato zu Neapel wurde Graf Rudolf von Habsburg zum Deutschen König gewählt und vom Papst zum Empfang der Kaiserkrone eingeladen – unter der Bedingung: Nie wieder dürften Sizilien und das Reich vereinigt werden!

Schon zur Zeit König Manfreds stand in Sizilien der erste falsche Kaiser Friedrich auf; kaum zählbare sollten folgen – ebenso wie es manchen falschen Manfred und Konradin geben sollte, die alle von der Sehnsucht des Volkes lebten.

Auch der päpstliche Chronist Salimbene hatte gleich nach dem Tode des Kaisers berichtet:

Viele glaubten, der Kaiser sei nicht tot, da er doch tot war.

Und ein anderer Chronist erzählte: Ein Mönch habe gesehen, wie Friedrich, gefolgt von fünftausend Rittern, in festlichem Zug in den Ätna einritt, in den schon, der Sage nach, Dietrich von Bern und König Artus eingezogen waren.

Das größte Aufsehen aber erregte ein hochgewachsener alter Mann, der zu Ende des Jahres Zwölfhundertvierundachtzig in Lübeck erschien und sich huldigen ließ. Er hatte blaue Augen, eine schmale Nase und verkündete: Er sei der Kaiser Friedrich, der Vertriebene, und werde der Stadt seine Gnade zuteil werden lassen, wenn das Reich wieder in seiner Hand sei. Im Rat der Bürgermeister wies er zwei Urkunden vor mit Siegeln, in Italien vom Kaiser ausgestellt. Er habe die Zwischenzeit als Pilger verbracht und, gemäß der Weisung des Papstes, geschwiegen. Sein Erfolg war so groß, daß man bis nach England über ihn berichtete und der Markgraf von Este sowie lombardische Städte Gesandte nach Deutschland schickten. An die Fürsten des Reiches richtete er Aufrufe, ganz im feierlichen Stil der einstigen kaiserlichen Kanzlei:

Da der Herr und Schöpfer aller Dinge lange Zeit vor der Ordnung der Welt in Seiner erhabenen Vorsehung Uns so sehr erhoben hat, daß unter Seiner Mitwirkung die Welt durch Uns beherrscht und gelenkt wird, so erheben Wir jetzt, obgleich Wir lange Zeit nach der Art des Wurmes zur Winterzeit verborgen und verhüllt waren, wie dieser Wurm zur Frühlingszeit das Haupt zur allgemeinen Wohlfahrt.

Fanfaren erschollen. Doch als man den falschen Kaiser Friedrich feierlich im Rathaus empfangen wollte, war er verschwunden. Dann tauchte er in den rheinischen Landen auf und sagte, daß er dreißig Jahre als Pilger umhergezogen sei. Er gab alle Unternehmungen des Kaisers an, und wie er geplant habe, das Heilige Land der Christenheit wiederzuerobern. Der Erzbischof von Köln erklärte ihn zum Betrüger und ließ ihn festnehmen. Er wurde an die Schandsäule von Sankt Gereon gefesselt. Bei Nacht entfloh er und sammelte bei Neuss Kriegsleute um sich, die einst mit dem Kaiser bei Cortenuova oder in Akkon gewesen waren. Er redete sie mit ihrem Namen an und rühmte ihre Tapferkeit. Als ihm Hagenau und Colmar im Elsaß gehuldigt hatten, begab er sich nach Frankfurt, Gelnhausen, Friedberg und Wetzlar. Überall wurde er feierlich begrüßt und beschenkt. Dann befahl er dem Deutschen König Rudolf von Habsburg, er möge sich bei ihm einfinden und seine Lehen von ihm, dem Römischen Kaiser, empfangen.

Rudolf aber zog mit einem Heer gegen Wetzlar und drohte den Bürgern mit der Reichsacht, wenn sie den Betrüger nicht festnähmen. Endlich wurde er ausgeliefert und vor den König gebracht. Der vermeintliche Kaiser sprach lächelnd vom Heiligen Land und von Apulien. Er nannte alle Burgen und Schlachtfelder. König Rudolf erschrak; vieles schien Wahrheit. Er fragte nach dem Alter des Mannes, und dieser sagte, er sei siebzig Jahre. Doch Rudolf errechnete das Alter des Kaisers Friedrich auf neunzig. Der König befahl, den Mann der Folter zu unterwerfen. Dabei kam heraus, daß dieser ein Holzschuhmacher namens Tile Kolup war, der einst als Schildknappe am Hof des Kaisers gedient hatte.
  Der Gefolterte wurde auf einem Holzstoß von Buchenscheiten lebendig verbrannt.

Wer immer dieser Mann gewesen sein mag: Der Umstand, daß seine offenbar ungewöhnliche Ähnlichkeit und die Vertrautheit mit den Lebensgewohnheiten des Kaisers auch solche zu täuschen vermochte, die Friedrich noch nahegestanden hatten, bleibt merkwürdig genug; und es ist kaum zu verwundern, daß die Vermutung auftauchte, der angebliche Friedrich sei ein unter nicht geklärten

Umständen verschollener Sohn des aufrührerischen Königs Heinrich des Siebenten gewesen ...

Nicht lange, nachdem Tile Kolup den Feuertod erlitten hatte, erschien ein neuer Kaiser Friedrich. Er behauptete, er sei aus der Asche jenes Toten am dritten Tag wieder auferstanden.

Zehn Jahre später trat noch einmal ein falscher Friedrich in der Reichsstadt Eßlingen auf. Er wurde als Ketzer verbrannt.

Am sechsundzwanzigsten Juni desselben Jahres, in dem Tile Kolup starb, tauchte in Hameln ein schöner Jüngling auf, der durch den Klang seiner silbernen Flöte Kinder anlockte. Und alle Kinder, die diese Flöte hörten, an der Zahl einhundertdreißig, folgten ihm zum Ostertor hinaus zur sogenannten Kalvarien- oder Richtstätte. Dort verschwanden sie, und niemand konnte aufspüren, wo eines von ihnen geblieben war.

Die Sage erhielt sich durch den Wechsel der Zeiten, bis sie im zwanzigsten Jahrhundert in apokalyptischer Weise am deutschen Volk von neuem wahr werden sollte.

Aus dem Volksglauben an den nicht gestorbenen Kaiser und der Sehnsucht nach Erneuerung von Staat und Kirche wuchs die Sage von seiner Wiederkehr.

So schrieb der Chronist Johann von Winterthur im Jahre dreizehnhundertachtundvierzig, nicht ohne Tadel an derlei Aberglauben:

In diesen Tagen verbreitete sich bei vielen Leuten jeden Standes die Meinung, daß Kaiser Friedrich, der zweite dieses Namens, in größter Machtfülle wiederkehren werde, um die verweltlichte Kirche zu reformieren. Die Leute, die diese Meinung vertreten, fügen hinzu, daß er notwendig kommen müsse, auch wenn er in tausend Stücke zerschnitten oder zu Asche verbrannt worden sei, weil es Gottes unabänderlicher Ratschluß sei, daß es so geschehen müsse. Nach dieser Auffassung wird er, sobald er vom Tode erstanden und seine Herrschermacht wiedererlangt hat, die armen Frauen und Jungfrauen reichen Männern zur Ehe geben ... Unmündigen, Waisen und Witwen wird er, was ihnen geraubt wurde, wiederverschaffen und jedermann sein volles Recht zuteil werden lassen ... Er wird nach der Wiederaufrichtung seines Rei-

ches, das er gerechter und ruhmvoller denn je regieren wird, mit einem zahlreichen Heer über das Meer fahren und auf dem Ölberg oder bei dem dürren Baum dem Reich entsagen.

Auch hier klang noch einmal das alte Motiv des Abtes von Fiore von der Ankunft des Antichrist und dem Ende der Dinge an.

Während der Anjou sein Weltreich durch die Eroberung von Byzanz und das griechische Erbe der Königin Helena zu begründen hoffte, starb bei dem letzten Kreuzzug auf einem Bett von Asche nahe Tunis, wo einmal die gewaltige Stadt Karthago gestanden hatte, König Ludwig der Heilige.

Seine letzten Worte waren:

»Ich sehe Jerusalem!«

Die Trümmer der Flotte des französischen Königs, die bei Trapani scheiterte, raubte sein unheiliger Bruder als Strandgut. Sizilien wurde von seinen Kreaturen bis ins letzte ausgesaugt. Der Anjou ließ minderwertige ›Karolinen‹ als Geld pressen, und wer sie nicht zu dem vorgeschriebenen Wert annahm, wurde mit den auf Kohlen glühend gemachten Münzen gebrandmarkt.

An der Küste von Mondello bei Palermo wurde ein dorthin verschlagener Seehund gefangen. Als Exemplar eines unbekannten Tiergeschlechtes brachte man ihn an den päpstlichen Hof. Dort bestaunte man das seltsame Geschöpf, das aus dem Wasser kam und dennoch seine Jungen säugte. Man nannte es ›Meermönch‹, ›Meerbischof‹ oder ›Seedrache‹. Das verängstigte Tier stieß so klägliche Töne aus, daß das Volk erstarrte und der festen Meinung war, dieses Geheul kündige schreckliche Dinge an.

Vierzehn Jahre nach der Hinrichtung Konradins begann es in Palermo unter den jungen Männern zu gären. Der Ruf: »Tod den Franzosen!« eilte durch die Stadt. Die aufgeregte Menge sprengte die Tore der Häuser, in denen sie Fremde wußte. Sie mordete die Nacht hindurch und noch einen Tag. Wo man einen Verdächtigen zu erkennen glaubte, hielt man ihm den Dolch an die Kehle und befahl ihm, das Wort ›ciciri‹ auszusprechen. Wer es nicht im italienischen Klang aussprach, wurde erstochen. Man stürmte den Palast des Vertreters des Anjou, man schlachtete die Geistlichen in den Klöstern und die Sizilianerinnen, die ein Kind von einem Franzosen erwarteten. Die Menge entfaltete das Banner der Stadt, den goldenen Adler, und rief die Republik aus. Unter Trompetenschall hörte man die Losung: »Glück und Frieden!«

Von Palermo aus eilte die Revolution durch das Land.

Zu Neapel erfuhr Karl, den die Unterdrückten ›König Pharao‹ nannten, von dem Aufruhr, der sich bis nach Messina ausgebreitet hatte. Er machte sich auf, Messina zu belagern, wo seine Freunde in Stücke gehauen und durch die Gassen geschleift wurden.

Mit seinem purpurgeschmückten Schiff landete Karl bei Messina. Er zerstörte die grünen Olivengärten und die blühenden Vorstädte.

Das furchtbare Blutbad, das unter dem Namen ›Sizilianische Vesper‹ in die Geschichte eingegangen ist, kostete alle Franzosen auf der Insel das Leben.

Indessen war König Pedro der Dritte von Aragon von Afrika aus mit den letzten Stauferntreuen nach Sizilien übergesetzt. Seine Gemahlin Konstanze, die Tochter König Manfreds, galt als die einzige legitime Erbin von Manfreds Rechten.

Im Dom zu Palermo, wo sich unter dem roten Porphyr-Baldachin der von Löwen getragene Sarg des Kaisers Friedrich erhob, wurde Pedro von den Sizilianern gekrönt. Hinter ihm standen seine Getreuen, die Verschworenen, die ihn herbeigerufen hatten: Konrad Lancia, Friedrich von Kastilien und der uralte Arzt Giovanni da Procida, dessen Weib und Kinder geschändet oder tot waren. Er hatte die letzte Stunde des Kaisers in Fiorentino miterlebt.

Die aragonische Flotte erschien im Golf von Neapel. In einer großen Seeschlacht im Juni zwölfhundertvierundachtzig siegten die Aragonesen; der Thronfolger Karl der Zweite fiel in ihre Hand. Manfreds andere Tochter Beatrix sah dem Kampf aus ihrem Kerker im Castel dell'Ovo, ängstlich des Ausgangs der Schlacht harrend, zu. Mit Hilfe des französischen Thronfolgers als Faustpfand wurde Beatrix' Auslieferung erreicht.

Nach achtzehn Jahren (sechsjährig war sie von Karl eingekerkert worden) sah sie ihre Freiheit wieder; ihre Jugend hatte sie im Gefängnis verloren. Man führte sie im Triumph nach Messina, wo ihre Halbschwester, die Königin Konstanze, sie wie eine von den Toten Erstandene begrüßte.

Obwohl Konstanze längst vom Schicksal ihrer Brüder wußte, die im Castel del Monte und später im Castel dell'Ovo dahinsiechten, trat sie niemals für deren Befreiung ein. Gegen Ende ihres Lebens verfiel sie mehr und mehr in Frömmelei.

Zu Beginn des Januars Zwölfhundertfünfundachtzig starb Karl von Anjou, knapp neunundfünfzigjährig, zu Foggia im Palast des Kaisers Friedrich. Mit seinen letzten Worten soll er beteuert haben, die Herrschaft über das Regno nur aus Gehorsam gegenüber der Römischen Kirche übernommen zu haben. Sein Leichnam wurde nach Neapel überführt und im Dom beigesetzt. Am Palazzo Reale erinnert noch eine Statue an den düsteren, verschlossenen Mann, dessen harte, fahle Züge in der Erinnerung der Menschen vor allem die eines Tyrannen zeigten.

*

Was aber wurde aus Deutschland? Ein Flickenteppich kleiner und kleinster, ewig ums Erbe sich balgender Herren und Herrlein, von deren Hader die fremden Großstaaten eigenen Nutzen ableiteten.

Mit dem Untergang der Staufer verband sich der des orientalischen Kalifentums wie des Imperiums in der Prägung Karls des Großen. Das wieder bedeutete das Verschwinden des abendländischen Einflusses auf das Morgenland und das Ende der deutschen Bindung an Italien, den Verlust der kaiserlichen Hoheit für die deutschen Länder – und nicht zuletzt die fortschreitende Auflösung des europäischen Raumes.

Auch das Gebäude der Kirche wurde – nicht nur durch die von Friedrich dem Zweiten gelegten Anfänge der Renaissance – schwer erschüttert: Das Zeitalter der Reformation und damit die erneute Aufspaltung der abendländischen Menschheit dämmerte herauf. Zugleich aber entwickelten sich beharrlich die Nationalstaaten wie England, Frankreich, Spanien und selbständig aufblühende Städte in Deutschland mit Vorläufern von demokratischen Strukturen.

Die Zeit der Kreuzzüge war längst vorüber. Die christlichen Stützpunkte im Heiligen Land gingen einer nach dem anderen verloren: Zuletzt fiel das mächtige Kreuzfahrerbollwerk Akkon im Mai des Jahres Zwölfhunderteinundneunzig. Im August desselben Jahres gaben die Templer die größte Kreuzfahrerfestung Chastel Pèlerin auf; dies bedeutete das Ende der großen abendländischen Pilgerfahrten und des christlichen Königreiches Jerusalem.

Wie die erfolglosen Kreuzzüge zuletzt das Abendland dennoch bereicherten durch Geist und Wissen, so zeigt jede Epoche des Unterganges zugleich den Beginn eines neuen Zeitalters an.

Das Studium der Vergangenheit braucht Einsamkeit, um die Stimmen der Toten zu verstehen. Das deutsche Mittelalter, stolzschmerzliche ›Mitte‹ der Geschichte des Abendlandes, lebt noch sichtbar in seinen steingefügten Zeichen, zumeist in den Domen und Kirchen zur Ehre Gottes.

Das Kaisergeschlecht der Hohenstaufen hinterließ nur die gewaltigen Mauern seiner Burgen, Pfalzen, Kastelle – von Böhmen bis zum Elsaß, von Luxemburg bis nach Sizilien, kündend von ritterlicher Lebensart, vom gefährlichen Traum grenzenloser Größe und frühem Untergang. Kein Geschlecht war wohl je zu solcher Höhe berufen durch herrscherliche Art und weltweite Bildung – keines so gezeichnet vom Tode wie die Staufer. Die Geschichte der Deutschen kennt – trotz des Sturzes in unserem Jahrhundert – keine schmerzlichere Erinnerung als den Untergang des staufischen Strebens, des staufischen Stammes.

Niemand war imstande, die politische Erbschaft der Staufer anzutreten: weder der Papst in Rom noch Rudolf von Habsburg, der seine Hausmachtpolitik als Geschäftsmann betrieb, weder der französische König noch der Erzbischof von Köln. Jeder griff nach den staufischen Ländern – keiner nach dem übernationalen Kaisertum.

Weil sie ihr großes Projekt nicht vollendeten, wurden die Staufer nach dem Tod oft zu Namen für irreale Träume.

Träumte der Deutsche mehr als andere Völker mit festeren Grenzen? Fand der Deutsche als Volk der Mitte darum so schwer den Weg zum eigenen Staat? Mußte er darum immer wieder die Gegenmächte herausfordern – und das eigene Schicksal?

Als Mal versunkener Tage erhebt sich im Süden Italiens, stolz und einsam, Castel del Monte, persönlichste Schöpfung des größten Herrschers seit der Antike, für Jahrhunderte Zuflucht nur noch den Hirten und Räubern, da der Kaiserglanz verfiel.

Nirgends raunt das Lied des Windes ergreifender von der Vergänglichkeit irdischer Größe und Schönheit als in den goldfarbenen Steinen, die bis heute die Krone des Südlandes fügen, abseits von den Wohnungen der Menschen, unwirklich fast, unnahbar überragend die Mandel- und Weingärten und die Karsthügel der ›Murgie‹ an den Gestaden der Adria.

Als die Türken im sechzehnten Jahrhundert die unweit von König Manfred gegründete Stadt am Fuße des Monte Gargano niederbrannten, soll die große Glocke des Domes zu San Lorenzo noch unter den Wogen des Meeres ihre mächtige Stimme bebend erhoben haben; noch immer glauben die Menschen ihr geheimnisvolles Klingen aus der Tiefe zu vernehmen, wenn Gefahr der Stadt droht – jener weißen, fast orientalischen Siedlung am Südhang über dem Golf von Manfredonia, wo die Sonne eigenen Reichtum der Pflanzen und Blumen hervorzaubert, wie er sich sonst nirgends in dieser Gegend findet.

*

An einem Pfeiler des Domes zu Bamberg ragt seit sieben Jahrhunderten auf seinem Pferd, geschlagen aus hellem Stein, ein Reiter mit der Krone auf dem Haupt. Sein Gesicht ist jung und klar, offen blicken die Augen in die verworrene Welt, während die Hand den Mantel über der Schulter hält.

Wie wir nur annehmen können, daß es sich um ein Bild des jungen Kaisers Friedrich handelt, blieb der Meister, der es schuf, unbekannt. Doch wirkt hier noch immer etwas vom Glanz und der Größe, vom Zauber und von der Poesie der staufischen Idee des übernationalen Reiches, eines im Kaisertum geeinten Europa, in unsere scheinbar freiere, nicht weniger zerrissene Gegenwart hinein.

Geschichte er-innern, heißt: fragen nach der eigenen Herkunft.

Wie Castel del Monte und der Bamberger Reiter blieben – über unsere apokalyptische Epoche hinaus – auch die Verse Enzios:

> *Zeit läßt steigen dich und stürzen,*
> *Zeit heißt reden dich – und schweigen.*
> *Zeit lehrt lauschen dich – und wissen,*
> *Zeit gibt Mut, dich nicht zu beugen.*
> *Sie läßt aus Träumen Taten werden,*
> *schenkt uns Gedanken, die ins Ewige gehn.*
> *Zeit kommt, da Schmähung dich nicht trifft.*
> *Zeit wird, die dich nicht sehen läßt noch hören*
> *fremden Lebens Treiben ...*

ZEITTAFEL

1194	(26. XII.) Friedrich II. geb.
	Erste Ehe Friedrichs II. mit Konstanze von Aragon
1211	Heinrich (VII.) geb.
1215	Laterankonzil (Absetzung Ottos IV.)
1216	Enzio geb.
1220	Kaiserkrönung Friedrich II. in Rom
1222	Begegnung Friedrichs II. mit Franziskus in Bari
1225	Zweite Ehe Friedrichs II. mit Yolanda von Jerusalem
1226	Franziskus von Assisi gest.
1226	Goldene Bulle von Rimini: Ordensstaat Preußen
1228	Konrad IV. geb.
1228/29	Kreuzzug Friedrichs II.
1231	Gesetzeswerk von Melfi. Universität Neapel
1232	Manfred geb.
1235	Empörung und Gefangenschaft Heinrichs (VII.)
	Dritte Ehe Friedrichs II. mit Isabella von England
	Mainzer Landfrieden
1236	Einführung der Null
1237	Sieg bei Cortenuova
1239	Zweiter Bann gegen Friedrich. Hermann von Salza gest.
1240	Beisetzung der hl. Elisabeth zu Marburg
1241	Mongolenschlacht bei Liegnitz
1242	Heinrich (VII.) gest.
1244	Innozenz IV. flieht nach Lyon
1245	Konzil zu Lyon: Absetzung Friedrichs II.
1246–47	Gegenkönig Heinrich Raspe
1247–56	Gegenkönig Wilhelm von Holland
1249	Gefangenschaft Enzios
	Sturz und Tod des Petrus von Vinea
1250	(13. XII.) Friedrich II. gest.
1251	Italienzug Konrads IV.

1252	(25. III.) Konradin geb.
1254	Konrad IV. gest.
1257	Neue Gegenkönige: Richard von Cornwall und Alfons von Kastilien (bis 1274)
1258	Königskrönung Manfreds
1263	Gründung der Stadt Manfredonia
1264	Übertragung der Krone des Regno auf Karl von Anjou. Urban IV. führt das Fronleichnamsfest ein
1266	(26. II.) Schlacht bei Benevent: Tod Manfreds
1267	Aufbruch Konradins
1268	(Februar) Fluchtversuch Enzios
	(24. VII.) Konradins Einzug in Rom
	(23. VIII.) Schlacht bei Tagliacozzo
	(12. IX.) Einzug Karls von Anjou in Rom
1268	(29. X.) Hinrichtung Konradins
1272	Enzio gest.
1273	(1. X.) Königswahl Rudolfs von Habsburg
1282	Sizilianische Vesper; Pedro III. von Aragon, Gemahl der Tochter Manfreds, in Palermo zum König von Sizilien gekrönt; Karl von Anjou behält das Königsreich Neapel
1285	Karl von Anjou gestorben
1318	Manfreds Sohn Enrico im Kerker gestorben
1351	Porphyrsäule und Kapelle Santa Croce in Neapel
1769	Erbauung der jetzigen Kirche Santa Maria del Carmine
1789	Brand der alten Kapelle und Neubau der Kirche Santa Croce
1847	Bildsäule Konradins von Thorvaldsen in Santa Maria del Carmine zu Neapel

DIE PÄPSTE

Innozenz III.	1198–1216
Honorius III.	1216–1227
Gregor IX.	1227–1241
Cölestin IV.	1241 (24. X.–10. XI.)
Innozenz IV.	1243–1254
Alexander IV.	1254–1261
Urban IV.	1261–1264
Clemens IV.	1265–1268
Gregor X.	1271–1276
Innozenz V.	1276
Hadrian V.	1276
Johannes XXI.	1276–1277
Nikolaus III.	1277–1280
Martin IV.	1281–1285
Honorius IV.	1285–1287

STAMMTAFEL DER STAUFER

——————— legitime Nachkommen

------------- illegitime Nachkommen

Friedrich I. »Barbarossa«
(† 1190)
1147–52 Herzog von Schwaben,
1152–90 römischer König
1155 Kaiser,
ca. 1147 ∞ Adela, Tochter des Markgrafen von Vohburg,
1156 ∞ Beatrix, Tochter des Grafen von Burgund

Heinrich VI.
(† 1197)
1169 erwählter römischer König,
1190–97 römischer König,
1191 Kaiser,
1186 ∞ Konstanze, Tochter König Rogers II. von Sizilien

(Konstantin) **Friedrich II.**
(† 1250)
1196 erwählter römischer König,
1198–1212 und 1220–50 König von Sizilien,
1211 erwählter römischer Kaiser,
1220 Kaiser,
1229 König von Jerusalem,
1209 ∞ Konstanze, Tochter König Alfons II. von Aragon,
1225 ∞ Yolanda (Isabella), Erbin des Königreiches Jerusalem,
1235 ∞ Isabella, Tochter König Johanns von England

Enzio
(† 1272)
1238 König von Sardinien,
1238–49 Generallegat Italiens,
1238 ∞ Adelasia, Erbin der sardinischen Judikate von Torre und Gallura,
1249 ∞ Nichte Ezzelinos da Romano

Selvaggia
(† vor 1244)
1238 ∞ Ezzelino da Romano

Friedrich »König von Antiochien«
(† 1256)
Generalvikar der Mark Ancona,
Podestà von Florenz und Generalvikar der Toscana
1236/45 ∞ Margarethe von Poli

Heinrich   Helena   Magdalena   Konstanze   **Konrad** (von Antiochien)
(† 1305)   († 1272)   († nach 1301)
            vor 1269 ∞   ca. 1258 ∞ Beatrix,
            Graf Guelfo von   Tochter des
            Donoratico   Galvano Lancia

Heinrich (VII.)
(† 1242)
1217–35 Herzog von Schwaben,
1212–20 König von Sizilien,
1220–35 römischer König
1225 ∞ Margarete, Tochter Herzog Leopolds VI. von Österreich

Friedrich   Heinrich
(† 1251)   († 1242/47)

Konrad IV.
(† 1254)
1229 König von Jerusalem,
1237 erwählter römischer König,
1250–54 König von Sizilien und römischer König,
1246 ∞ Elisabeth, Tochter Herzog Ottos II. von Bayern

Konradin
(† 1268)
1266 ∞ Sophia, Tochter Markgraf Dietrichs von Landsberg

Margarete
(†1270)
1254/55 ∞ Markgraf Albrecht von Meißen

Heinrich
(† 1253/54)
1247 Statthalter im Königreich Sizilien

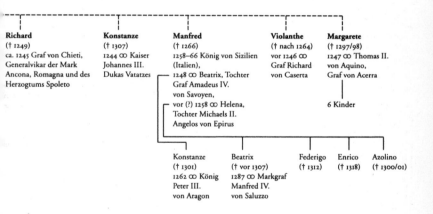

HINWEIS

zum Kapitel V: Begegnung in Bari

Als im Jahre 1950 das alte Stauferkastell zu Bari an der südlichen Adria restauriert wurde, fand man unter vielen Kalk- und Mörtelschichten über der Tür eines Turmgemaches eine Steintafel mit dem lateinischen Text:

Hier hat Franziskus im aschgrauen Gewande eine unkeusche Verführerin mit Feuer bezähmt. Er, der klug mit Flammen auslöschte die Glut der den Wassern entstiegenen Venus, die ihm nahe den Wassern bestürmte, hat in dieser Festung mit der Kraft seiner Tugend der Keuschheit eine Zuflucht gesichert.

INHALT

DER ADLER

I	Monte Malo	9
II	Der Schwur	26
III	La Favara	37
IV	Fernes Grollen	56
V	Begegnung in Bari	71
VI	Der Schwarze Adler	94
VII	Kreuzzug	112
VIII	Sinibald Fiesco	123
IX	Abschied und Herzeleid	137
X	Cortenuova	153
XI	Heiliger Haß	162
XII	Sturm und Stille	182
XIII	Der Zenit	192
XIV	Der Antichrist	204
XV	Der Nächste am Herzen	226
XVI	Der Falconello	242
XVII	Unglück ist Schuld	252
XVIII	Die Stunde	270

DER HASE

I	Ende zu Lavello	293
II	Das neue Paradies	311
III	Die schreckliche Vier	329
IV	Feld der Rosen	345
V	Der Sieger	356
VI	Der Ruf	366
VII	Aufbruch	384
VIII	Karneval	403

IX	Der Meteor	414
X	Vor Tagesbeginn	428
XI	Die Maultiertreiber	441
XII	Astura	451
XIII	Das Opfer	468

EPILOG	485
Zeittafel	505
Die Päpste	507
Stammtafel der Staufer	508
Hinweis	510